PAUL CARELL/DIE WÜSTENFÜCHSE

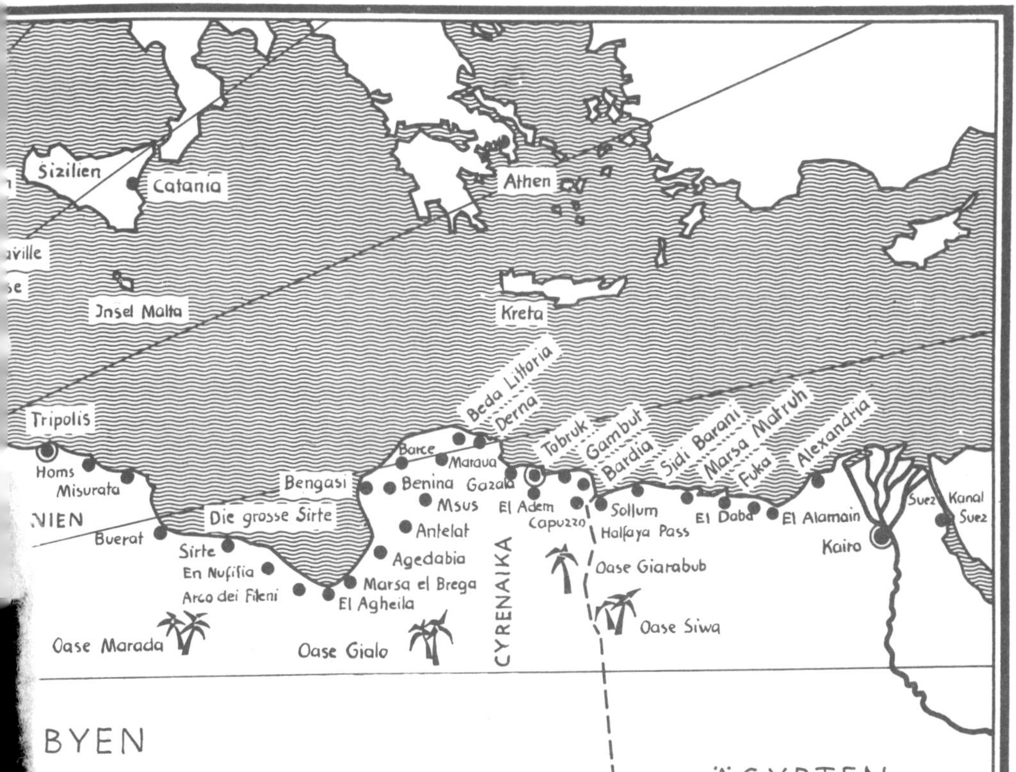
Sizilien
Catania
Athen
Jnsel Malta
Kreta
Tripolis
Homs
Misurata
Bengasi
Die grosse Sirte
Buerat
Sirte
En Nufilia
Arco dei Fileni
El Agheila
Marsa el Brega
Agedabia
Antelat
Msus
Benina
Barce
Maraua
Beda Littoria
Derna
Gazala
El Adem
Capuzzo
Tobruk
Gambut
Bardia
Sollum
Halfaya Pass
Sidi Barani
Marsa Matruh
Fuka
El Daba
El Alamain
Alexandria
Kairo
Suez Kanal
Suez
CYRENAIKA
Oase Giarabub
Oase Siwa
Oase Marada
Oase Gialo
ÄGYPTEN
Oase Kufra

PAUL CARELL

DIE WÜSTENFÜCHSE

MIT ROMMEL IN AFRIKA

VERLAG BUCH UND WELT

Berechtigte Ausgabe für den Neuen Kaiser Verlag — Buch und Welt, Hans Kaiser, Klagenfurt, mit Genehmigung der Ullstein-Verlag GmbH., Berlin

Schutzumschlag: Volkmar Reiter, Reproduktion: Schlick KG., Graz
Druck: Wulfenia Druck, Feldkirchen, Kärnten
Bindearbeit: Kaiser, Klagenfurt

Mit 119 Abbildungen auf Tafeln und 22 Zeichnungen
und Kartenskizzen im Text und einer Übersichtskarte

Dieses Buch konnte nur geschrieben werden, weil mir mehr als tausend Soldaten, Unteroffiziere, Offiziere und Kommandeure geholfen haben. Sie stellten Informationen, Gefechtsberichte, Skizzen und Fotos sowie Erlebnisberichte zur Verfügung. Dafür muß ich allen danken.

Insbesondere gilt mein Dank für Rat und Hilfe dem letzten Oberbefehlshaber der Heeresgruppe Afrika, Generaloberst von Arnim, dem ehemaligen Kommandierenden General des Deutschen Afrikakorps in Libyen und Ägypten sowie des 90. Korps in Tunesien, General der Panzertruppe Nehring, und dem vielerprobten Stabschef des DAK, Generalleutnant Bayerlein.

Verfasser, Mitarbeiter und Ratgeber wurden nur von einem Gedanken geleitet: Einen echten und wahren Bericht vom nordafrikanischen Feldzug zu geben. Den Gefallenen beider Seiten zum Gedenken und den Lebenden zur Mahnung.

Paul Carell

DIE DEUTSCHEN KOMMEN

Die Nacht liegt über Nordafrika. Tiefschwarz und still: Es ist Mitternacht vorbei. Der 31. März hat begonnen. Der 31. März 1941.

In einer Dünenmulde vor El Agheila, am Westrand der Cyrenaika, liegt ein englischer Spähtrupp. Oben auf dem Dünenkopf hocken die beiden Offiziere und blicken mit ihren Nachtgläsern hinüber zum Fort. Schon eine ganze Weile beobachten sie. Leutnant Fred Miller, den seine Freunde ›Dusty‹ nennen, hat lauschend den Kopf gehoben und horcht angestrengt hinüber, dahin, wo die Italiener liegen müssen. Er stößt James Clark an: »Du, Nobby, hörst du's, der Krieg atmet nicht mehr.« Und wirklich: Es ist totenstill. Das große Schweigen der Nacht hat sich über die Wüste gelegt. Oberleutnant James Clark, Nobby genannt, läßt das Glas sinken und lacht: »Der Krieg atmet nicht mehr.« »Mensch, Dusty, Säugling, hast du eine Ahnung. Dieser verfluchte Krieg hält höchstens ein paar Minuten die Luft an; aber atmen wird er immer; immer sag' ich dir! Du und ich, die Palmen, Kairo und Alexandria und die Italianos da drüben, die weiße Moschee und sogar unser Panzer, alles ist kaputt zu kriegen, alles – nur der Krieg nicht.« Er spuckt in den Sand, gewissermaßen als Ausrufezeichen hinter der langen Rede. Und doch atmet der Krieg nicht mehr. Wenigstens im Augenblick nicht: Kein Postenruf. Kein Waffengeklirr. Kein klapperndes Schanzzeug. Nichts tönt vom Feinde herüber.

»Komm«, sagt Nobby, und sie rutschen die Düne hinunter und gehen zurück. »Nichts«, sagt Oberleutnant Clark zu den beiden Soldaten, die auf die Offiziere warten. »Gar nichts los. Die Italiener schlafen.«

Sie setzen sich zu dem Fahrer und dem Funker. Die vier bilden die Besatzung des gelbgrün getarnten britischen Panzerspähwagens, der versteckt zwischen den hohen Dünen steht. Auf dem hinteren rechten Kotflügel trägt der Wagen das Zeichen der britischen Panzerdivision, eine rote Springmaus im weißen Kreis. Flotte Zyniker unter den 11. Husaren pflegen beim Tanztee im Kairoer ›Continental‹ stolz den Damen das Bonmot zu sagen: Die Viertelmillion Italiener unter Graziani seien wie eine Frau vor einer Maus davongehüpft. Von der ägyptischen Grenze bis Tripolitanien. Von Sollum bis El Agheila. Dahin, wo jetzt der Spähwagen steht, um zu beobachten, ob die Italiener vielleicht doch noch mal zurückschlagen wollen.

»Nichts wie Dreck – Sand und Dreck« – schimpft der Oberleutnant James Clark. Zieht sein großes khakifarbenes Taschentuch heraus und schnaubt den Sand aus der Nase. Bis vor knapp einer Stunde hatte der Chamsin geblasen. Chamsin nennen die Engländer den Ghibli, den Sandsturm der nordafrikanischen Wüste, den gelben Wüstenwind, der sich mit seinen staubfeinen Sandkörnern überall einwühlt. Der Sand frißt sich hinter die Schutzbrillen und entzündet die Augenlider. Er macht das Haar hart und zottelig. Trotz des hochgedrehten kugelsicheren Glases vor den Sehschlitzen des Spähwagens liegt dieser verfluchte Sand fingerdick auf den Sitzen. Und er dringt sogar in die Thermosflaschen.

Wie Clark kommt auch Miller von den 11. Husaren, die ihre Pferde gegen Panzer eingetauscht haben und zur 7. Panzerdivision gehören. »Die ruhmreiche Siebente« ist jedoch nicht mehr an der Front. Sie liegt in Kairo zur Auffrischung. Und da die überstürzte Verlegung britischer Fronttruppen von Nordafrika nach Griechenland die Nachrichteneinheiten sehr geschwächt hatte, kamen Nobby und Dusty, als gut ausgebildete Nachrichtenoffiziere, mit ihrem Spähwagen zur 2. Panzerdivision, die zur Zeit die Front gegen die zurückgejagten Italiener bildet. Man sieht an dem krebsroten Gesicht Millers, daß er noch nicht lange mit Sand und Sonne lebt. Die Ersatzabteilung der 11. Husaren hatte den 19jährigen Leutnant erst vor wenigen Tagen nach Kairo fliegen lassen. Es hatte eine freudige Begrüßung mit seinem Freunde James Clark gegeben.

»Du wirst dich an den Chamsin genauso gewöhnen wie an die verdammten Sandflöhe und diese blöden Patrouillen, auf denen man höchstens mal einem Beduinen begegnet«, sagt Clark.

Fahrer Felton hatte inzwischen über einem kleinen Feuer in einem Sandloch das Abendessen zubereitet. Aus einem blauen Paket hat er lange Spaghetti in das kochende Wasser geworfen und ein Glas eingemachter Kirschen mit seinem Bajonett aufgeschlagen. Jetzt essen die vier Soldaten die für Engländer höchst ungewöhnliche Kost. Die Nudeln, der Parmesankäse, das eingemachte Obst sind Beute-Delikatessen, mit denen sie ihren Wagen am 7. Februar, dem Tag der Eroberung von Bengasi, vollgestopft hatten.

Während Oberleutnant Clark, Fahrer Felton und Funker-Korporal Farquhart schweigend essen, stellt der junge Miller neugierige Fragen. Die drei hören deutlich heraus, wie sehr er bedauert, bei der Jagd auf Grazianis Italiener zwischen Dezember 1940 und Februar 1941 nicht dabeigewesen zu sein. Bei diesem tollen englischen Siegeszug in der Wüste Nordafrikas: 10 italienische Divisionen wurden zerschlagen. 130 000 Gefangene gemacht. 400 Panzer und 1200 Geschütze erbeutet. Mensch, so ein Krieg! So ein Sieg! Und selber nicht dabeigewesen! »Erzähl, Clark, wie war das«, drängt Miller.

Als Felton und Farquhart sich in ihre Mäntel gehüllt und unter den Spähwagen gerollt haben, steckt sich Clark eine Players ins Gesicht und erzählt. Zuerst die Geschichte, von der die ganze Armee spricht. Die Geschichte vom ›Hochspannungsbiber‹, den er gefangen hatte und wofür er das M.C., das Military Cross, erhielt.

›Hochspannungsbiber‹ oder ›elektrischer Bart‹ – das war das Stichwort für zahllose Anekdoten in Kairo und London.

›Hochspannungsbiber‹ war der Spitzname für den kleinen schneidigen italienischen Korpskommandeur General Bergonzoli, dessen Name schon aus dem spanischen Bürgerkrieg bekannt war. ›Barba elettrica‹ hatten ihn seine Soldaten getauft; denn angeblich sprühte sein roter Bart Funken. Kein Mensch wußte so recht, warum der ›Hochspannungsbiber‹ über die Fronten hinweg populär geworden war. Aber er war es. Im Siegeszug der Engländer in der Cyrenaika war es zu einer sportlichen Frage geworden, ›Barba elettrica‹ zu fangen. Nach jedem Sieg, nach jeder eroberten Stadt fragte man in den Stäben und fragten die Zeitungen in England: »Ist der ›Hochspannungsbiber‹ erwischt?« Aber es war wie verhext mit dem kleinen italienischen General. Er verlor zwar jede Schlacht und mit der Zeit sein ganzes Korps; aber er selbst entkam immer, aus Sollum, aus Bardia, aus Tobruk, aus Derna.

»Aber in Bengasi, da hab' ich ihn erwischt«, erzählt James Clark stolz. »Als ich ihm meine MP durchs Fenster seines Fiats steckte, sagte er zu mir: ›Sie sind heute ein bißchen zu schnell gekommen.‹ Er sah müde aus. Ich brachte ihn zu General O'Connor und war dabei, wie er verhört wurde. Das werd' ich nie vergessen. Wir haben ihn gefragt, wie er es fertiggebracht hat, so oft zu entwischen. Barba elettrica sagte: ›Wie Sie im Dezember Bardia eingeschlossen haben, bin ich mit einigen meiner Offiziere nachts durch Ihre Linien gewandert. Am Tage haben wir uns in Höhlen versteckt. Fünf Tage brauchten wir, um Tobruk zu erreichen. Als Tobruk fiel, konnte ich mich immer weiter westlich bis nach Derna absetzen. Und als Derna von den Australiern belagert wurde, bin ich die Küstenstraße nach Bengasi gefahren. Aber jetzt haben Sie mich. Diesmal waren Sie zu schnell‹, das waren seine Worte.

Außer ihm haben wir in Bengasi noch ein halbes Dutzend Generale kassiert; den Bersagliere-General Bignani, Artilleriegeneral Villanis, Pioniergeneral Negroni, Panzergeneral Bardini, General Cona und seinen Stabschef General Giuliano. Sie warteten einfach. ›So viel italienische Generale habe ich seit der indischen Truppenschau von 1911 nicht mehr auf einem Haufen gesehen‹, sagte O'Connor zu mir.«

»Gibt's denn überhaupt noch italienische Generale, die man fangen kann?« fragt Fred Miller naiv-witzig. »Wenn du Glück hast, warum nicht. Wir liegen hier noch ein paar Wochen, und dann geht sicher die fröhliche Jagd weiter. Mein Gott, wenn wir doch erst wieder in Kairo wären – oder in Tripolis, da soll's auch ganz munter sein. Die Italiener haben gewöhnlich gute Etappen. Die ziehen mit allem Komfort in den Krieg. In Bengasi erbeuteten wir eine ganze Wagenladung junger Damen, ›nur für Offiziere‹.« Damit ist das Gespräch in der Wüste vor El Agheila zu Ende.

Sie wickeln sich fester in ihre Mäntel. Die Wüstennacht ist kalt. Clark rollt sich auf die Seite. »Paß gut auf, Dusty, daß uns die Italianos nicht klauen.« Schon halb eingeschlafen, knurrt er noch: »Und paß auf, ob der Krieg wieder Luft holt«, und kichert.

Keine Sorge, Oberleutnant Clark. Schlafen Sie schnell. Sehr schnell; denn in zwei Stunden ist es soweit – dann holt der Krieg wieder Luft.

Während die britische Spähwagenbesatzung bei El Agheila unter ihrem Wagen schläft, steht in einem der feuchten, düsteren Zimmer im Hotel d'Italia in Bengasi der englische Generalleutnant P. Neame, Befehlshaber der Cyrenaika und Träger des Victoriakreuzes, mit General M. D. Gambier-Parry, Kommandeur der kürzlich erst aus England nach Nordafrika verlegten 2. Panzerdivision, am Kartentisch. Da liegt der Funkbericht, den Oberleutnant Clark wenige Stunden vorher durchgegeben hat. ›Bei El Agheila nichts Neues, alles ruhig‹, steht darin.

„Wir hätten vor acht Wochen nicht haltmachen sollen in der großen Syrte. Hätten die 800 Kilometer weiterstoßen sollen bis Tripolis. Die Italiener sind fertig«, sagt Neame zu Gambier-Parry. Der nuckelt an seiner Pfeife. »800 Kilometer sind eine lange Strecke. Unsere Panzer waren auch nicht mehr die besten. Und die Truppenabgabe für Griechenland und Kreta kostete drei Divisionen. Und dann die Deutschen. Sie hätten sicher ihre Reserve-Luftlandedivisionen von Süditalien herübergeflogen. Was die Burschen des X. Fliegerkorps können, erfahren wir täglich in Bengasi. Wir können ja kein Schiff im Hafen entladen. Müssen alles von Tobruk herankarren. Hitler kann und will eben nicht zulassen, daß sein Freund Mussolini ganz aus Nordafrika herausfliegt und der weiche Unterleib Europas freiliegt. Daß er dafür zu Opfern bereit ist, zeigt ja die Ankunft der 5. leichten Division in Tripolis. Deutsches Afrikakorps nennen sich die Jungs. Ein hochtrabender Name. Sie machen viel Wind in Tripolis und sind mächtig stolz, daß sie uns mit ihrer Aufklärungsabteilung 3 am 24. März das vorgeschobene Fort El Agheila weggenommen haben.«

General Neame nickt. »Wären wir bis Tripolis durchgestoßen, hätten die Deutschen ihre 5. Leichte nicht landen können«, setzt er hartnäckig seinen Gedanken fort. »Rommel heißt ihr Kommandeur, Erwin Rommel. Soll ein stürmischer Geselle sein. Viel wissen wir nicht von ihm. Aber Ihr I c besitzt sicher ein Dossier.«

General Gambier-Parry ruft ins Nebenzimmer. Und nach einer Minute kommt der I c, ein älterer Major des Intelligence Corps, mit einer roten Mappe. Er liest vor: »Rommel, Erwin, geboren im November 1891 in Heidenheim/Württemberg. 1910 Fahnenjunker in einem württembergischen Infanterie-Regiment. Nach Besuch der Kriegsschule Danzig im Januar 1912 zum Leutnant befördert. Im ersten Weltkrieg an den Kämpfen im Argonnerwald teilgenommen. In Rumänien und Italien eingesetzt. Zweimal verwundet. Auszeichnungen: Eisernes Kreuz I. Klasse und Pour le mérite. Zwischen den beiden Kriegen Regimentskommandeur und Kommandeur einer Kriegsschule. Bei Kriegsausbruch Kommandant des Hitlerschen Hauptquartiers in Polen. Dann Kommandeur der 7. Panzerdivision des XV. Korps.«

Hier unterbricht General Neame den vortragenden I c. »Das war die verdammte Gespensterdivision, die an der Maas durchgebrochen ist, die kenne ich.« Der Major fährt fort: »Am 21. Mai 1940 wurde Rommel bei unserem Gegenstoß vor Arras beinahe gefangen. Er führte seine Division durch La Bassee nach Lille. Erhielt das Ritterkreuz. Soll in jüngster Zeit auch das Eichenlaub bekommen haben. Ist wahrscheinlich bereits seit dem 12. Februar mit seinem Stab in Tripolis.« Der I c klappt den Aktendeckel zu und sieht seine zwei Generale erwartungsvoll an. »Nicht viel«, knurrt Neame. »Woher nehmen, nachdem die Pariser Archive der Franzosen weg sind«, zuckt Gambier-Parry die Schultern. »Wir haben uns ja nie um die deutschen Generale gekümmert. Ja, wenn der Kerl ein Admiral wäre.«

Wieder nickt Neame. Geht zum Fenster. »Soviel ist sicher, Rommel und seine Männer stellen nichts weiter dar als eine Korsettstange für die Italiener. Rommel soll den Italienern den Rücken stärken. Das hat unser Nachrichtendienst von Berlin aus bester Quelle. Es besteht kein Grund, eine offensive deutsche Kriegführung in Afrika zu befürchten. Dazu reicht eine Division nicht aus. Noch dazu aus Soldaten ohne Wüstenerfahrung. Unser Nachrichtendienst im italienischen Gebiet ist zwar nicht immer zuverlässig; aber daß bisher nur die 5. Leichte da ist, das wissen wir. Und daß sie mehr oder weniger eine psychologische Spritze für die durcheinandergeratenen Italiener sein soll, das wissen wir auch. General O'Connor und Wavell haben mir vor drei Tagen in Kairo auf Grund der Geheimberichte aus London bewiesen, daß eine deutsch-italienische Offensive beschränkten Umfangs nicht vor Ende Mai zu erwarten ist. Und auch dazu muß Hitler mindestens noch zwei Divisionen schicken. Nach allem, was unsere Spähtrupps berichten, kann ich dem nur zustimmen. Ich werde General Wavell morgen persönlich in Kairo entsprechend berichten.«

Die Generale Neame und Gambier-Parry kalkulierten in jener Nacht zum 31. März 1941 durchaus nicht leichtfertig. Wavell, der britische Oberbefehlshaber Mittelmeer, hatte Agentenberichte aus Berlin, wonach es Befehle Hitlers gab, die Rommel jegliche größere Angriffsoperation untersagten. Und wenn die Engländer auch den genauen Wortlaut dieser Führerweisungen nicht kannten, so waren ihnen die Informationen aus Berlin und Rom so sicher, daß sie darauf bauten.

Aber manchmal kann auch der beste Geheimbericht aus dem feindlichen Lager zu tödlichen Irrtümern führen. Das ist den Engländern in Afrika zweimal passiert.

Die Agentenmeldungen waren echt. Es waren die Führerweisungen Nr. 18 und Nr. 22. Sie enthüllten Hitlers Pläne. Und die Engländer machten entsprechende Gegenpläne. Aber in Afrika hielt sich ein General nicht an die Pläne seines Führers. Und das brachte einen deutschen Sieg, der um ein Haar zum Sieg über England hätte werden können.

Wie Hitler und das deutsche OKW die afrikanische Karte im deutschen Spiel sahen, zeigen die geheimen Führerweisungen und militärischen Gespräche im Hauptquartier.

Am 12. November 1940 – also vor der italienischen Niederlage in Afrika – sagte Hitler in seiner Führerweisung Nr. 18: »Der Einsatz deutscher Kräfte in Afrika kommt, wenn überhaupt, erst dann in Frage, wenn die Italiener Marsa Matruh erreicht haben. Aber auch dann wird in erster Linie der Einsatz deutscher Fliegerkräfte vorzusehen sein, wenn die Italiener die dafür benötigte Flugbasis zur Verfügung stellen. Die Vorbereitungen der Wehrmachtteile für den Einsatz auf diesem oder einem anderen afrikanischen Kriegsschauplatz sind in folgendem Rahmen weiterzutreiben. Heer: Bereithalten einer Panzerdivision für Einsatz in Nordafrika. Kriegsmarine: Herrichtung der in italienischen Häfen liegenden deutschen Schiffe, die als Transportdampfer geeignet sind, für die Überführung möglichst starker Truppen entweder nach Libyen oder Nordwestafrika. Luftwaffe: Vorbereitungen für Angriffsunternehmungen gegen Alexandria und den Suezkanal, um letzteren für die britische Kriegführung zu sperren.«

Man sieht, daß Hitlers Berechnungen auf der Möglichkeit eines italienischen Durchbruchs an der ägyptischen Grenze beruhten. Er glaubte, die Italiener brauchten dann nur deutsche Panzerhilfe und Luftwaffenunterstützung, um den Suezkanal zu knacken. Welch ein Irrtum!

Drei Wochen später sah die Lage ganz anders aus. Kein Gedanke mehr an eine italienische Offensive. Im Gegenteil. Die Engländer marschierten seit dem 8. Dezember 1940 in Nordafrika stürmisch nach Westen.

Am 10. Dezember mußte Hitler seine früheren Entscheidungen umwerfen und der deutschen Luftwaffe befehlen: »So schnell wie möglich von Süditalien aus in Nordafrika operieren. Es ist die Aufgabe, die britische Marine in Alexandria anzugreifen, aber auch im Suezkanal und in der Meerenge zwischen Sizilien und der Nordküste Afrikas.«

Gleichzeitig befahl Hitler die Vorbereitungen für den Transport der für Nordafrika vorgesehenen Panzerdivision.

Aber alle seine Maßnahmen stehen im Schatten des bereits beschlossenen Rußlandkrieges. Für Hitler ist Nordafrika ein Nebenschauplatz. Er glaubt nicht an entscheidende Erfolge in diesem Raum, und er befürchtet dort auch keine großen Gefahren.

Wiederum drei Wochen später zeichnet sich bereits die italienische Katastrophe ab. Jetzt, am 11. Januar 1941, verkündet deshalb die Führerweisung Nr. 22: »Die Lage im Mittelmeer erfordert aus strategischen, politischen und psychologischen Gründen deutsche Hilfeleistung. Tripolitanien muß behauptet werden.« Trotz dieser so entschlossen klingenden Entscheidung darf man nicht übersehen, daß Hitler in Nordafrika nur an Verteidigungsmaßnahmen dachte. Seiner Meinung nach bestand keine Hoffnung, den Mittelmeerraum zu kriegsentscheidenden Aktionen zu nutzen. Der Mann, der vorhatte, Rußland in sechs Monaten zu schlagen, glaubte nicht, in Nordafrika einen schnellen Sieg erringen zu können. Noch am 8. Januar 1941 meint Hitler, daß es »nicht möglich ist, weder für die Italiener noch für uns selbst, die Offensive gegen Ägypten zu eröffnen.« Wenn überhaupt, so hält er das frühestens im Winter 1941 für möglich. Warum dann? Weil er hofft, Rußland bis dahin vernichtet zu haben. Seine Zuversicht auf den Sieg im Osten ist so groß, daß er noch Anfang Februar erklärt, der Verlust Nordafrikas sei militärisch zu ertragen, müsse aber starke psychologische Rückwirkungen auf Italien haben. »Es muß deshalb unser Bestreben sein, dies zu verhindern.« Die deutsche Luftwaffe müsse eingesetzt und ein ›Sperrverband‹ nach Afrika geschickt werden. Ein ›Sperrverband‹, sagt Hitler und meint die ersten Verbände des Deutschen Afrikakorps in Stärke einer Division. »Eine zweite Panzerdivision kommt nicht in Frage«, erklärt Hitler. Bald mußte er sich wieder korrigieren. Die Schnelligkeit des britischen Vormarsches, der am 6. Februar 1941 Bengasi erreichte, zwang ihn, die deutschen Hilfstruppen zu verstärken. Zur 5. leichten Division sollte die 15. Panzerdivision treten. Kommandierender General der deutschen Truppen in Afrika wurde Erwin Rommel. Feldmarschall v. Brauchitsch übertrug ihm am 6. Februar 1941 den Oberbefehl über das Afrikakorps. Der Vater der Wüstenfüchse betrat die Bühne der Kriegsgeschichte. Aber mit erhobenem Zeigefinger mahnte Hitler, bis zum Herbst 1941 keine Operationen großen Maßstabes in Nordafrika zu unternehmen.

Noch am 19. März war Rommel im Führerhauptquartier. Es wurde ihm ausdrücklich erklärt, daß das Oberkommando zur Zeit keinen entscheidenden Schlag gegen die Briten in Nordafrika zu führen gedenke. Nach dem Eintreffen der 15. Panzerdivision, also Ende Mai, könne er jedoch einen beschränkten Angriff im Raum Agedabia führen. Später könne man vielleicht Bengasi nehmen. Die Pläne sollte Rommel bis zum 20. April im OKW vorlegen. Das war der Fahrplan Hitlers. Und Generalstabschef Halder betrachtete das ganze Afrikakorps nur als eine politische Sache, um Italien bei der Stange zu halten.

Der Generalleutnant Rommel war ein guter Soldat. Er wußte, daß Befehle durchgeführt werden müssen. Er wußte aber auch, daß die hohen Herren in den Stäben an den Schreibtischen in Berlin nicht immer richtig im Bilde waren. Und Rommel war nicht der Mann, eine Siegeschance zu verschenken. Er hatte bald heraus, daß die Briten ihm gegenüber, hinter den Dünen von El Agheila, sich durch die Abgabe starker Truppenkontingente nach Griechenland entscheidend geschwächt hatten. Churchill war so siegessicher gewesen, daß er General Wavell gezwungen hatte, die Stellungen in der Cyrenaika mit geschwächten Verbänden zu besetzen. Dazu kam, daß die Nachschublinie von Kairo nach Bardia und Tobruk und von da bis Bengasi und schließlich bis El Agheila für die an Transportmitteln schwachen britischen Divisionen zu lang war.

Das alles hatte Rommel bald heraus. Und er sah natürlich, daß die Engländer energisch darangingen, ihre schwachen Stellen auszubessern. Vor allem die strategisch wichtige Enge von Marsa el Brega. Und da sollte er warten? Warten, bis der Gegner eine günstige Verteidigungsstellung gut ausgebaut hatte, gegen die vielleicht im Mai vergeblich oder mit riesigen Opfern angestürmt werden mußte? Nur weil Hitler und das OKW in Berlin falsche Vorstellungen vom Wüstenkrieg hatten? Nur weil Mussolini und seinen Generalen in Rom der Schreck über den vernichtenden ›Feldzug der 62 Tage‹ in den Knochen lag? Nein. Zumindest Marsa el Brega, vielleicht sogar Agedabia mußten erobert werden. Mußten jetzt, sofort genommen werden, nicht erst Ende Mai.

Wenn Siege errechenbar wären, dürfte es keine Niederlagen geben. Der Krieg in der Wüste ist anders als an den klassischen Landfronten. Die Wüste ist wie das Meer. Da sind riesige Räume für kühne Überraschungsaktionen auf entscheidende Stützpunkte, deren Eroberung eine ganze Front zum Einsturz bringen kann. Die Italiener hatten das erfahren. In zwei Monaten waren sie 1200 Kilometer durch Nordafrika gejagt worden. Von drei britischen Offensiv-Divisionen mit 31 000 Mann, 120 Geschützen und 275 Panzern. Diese kleine Streitmacht besiegte und vernichtete zehn italienische Divisionen mit über 200 000 Mann. Großbritannien war stolz, Großbritannien hatte endlich wieder Mut zur Hoffnung. Die Italiener hatten zum Teil tapfer gefochten; aber ihre Ausrüstung war miserabel. Sie waren den vollmotorisierten britischen Divisionen hoffnungslos unterlegen. Eigentlich hatten die Engländer nur einen beschränkten fünftägigen Angriff mit lokalen Zielen im Auge gehabt; aber, wie gesagt, die Wüste ist wie ein Meer. Wo ein Stützpunkt bricht, ist gleich ein großer Raum offen. Und wer in der Wüste erst einmal weichen muß, der findet nur wenig Halt. So war es den Italienern gegangen. Merkwürdig, daß die englischen Generale in Bengasi und Kairo nicht daran dachten, daß vielleicht auch ein deutscher General sich dieses Gesetz zunutze machen könnte. Aber General Wavell hatte ja seine Geheimberichte über Hitlers und Mussolinis Pläne. Nach diesen Plänen und nach den Regeln der klassischen Kriegskunst durfte Rommel Ende März 1941 mit seiner Division keine Offensive beginnen. Auf Grund der Anordnungen des italienischen Oberkommandos, dem Rommel unterstand, erst recht nicht. Und weil General Wavell das wußte und mit einem orthodoxen, folgsamen Rommel rechnete, ging er am 30. März 1941 in Kairo ruhig schlafen.

Auch die beiden Generale Neame und Gambier-Parry streckten sich unbesorgt auf ihre Feldbetten im Hotel d'Italia in Bengasi.

Und Leutnant Fred Miller döste bei El Agheila in die stille Wüstennacht. Hörte das Schnarchen seiner Kameraden und wartete darauf, ob der Krieg vielleicht doch wieder Luft holte. Und er holte Luft.

Panzerketten klirrten. Dann Stille. Dann ein Fluch. Fred Miller warf sich herum. Aber er brauchte die anderen nicht zu wecken. Auch Clark war unter dem Spähwagen hervor. Sie lagen auf dem Bauch und blickten hinüber, wo sich wuchtige Schatten rasselnd bewegten. Und sie lauschten. Und hörten Rufe. »Panzer«, flüsterte Miller. »Panzer. Deutsche.« Auf 30 Meter fuhren sie vorbei – nach Süden. »Eins, zwei, drei, vier, fünf«, weiter kam Clark nicht mit dem Zählen. Der sechste kurvte herum – direkt auf sie zu. Der Kommandant stand im Turm. Sah herüber. »Ab«, rief Clark. Fahrer und Funker waren schon im Wagen. Der Anlasser leierte. »Fahr doch, Mensch!« Endlich! Und der rasselnde Schatten war fast neben ihnen. Und sie fuhren. Die Wüste war plötzlich lebendig. Überall diese verfluchten Schatten.

Sie kamen auf die Straße nach Marsa el Brega. Brausten auf das hochgelegene arabische Nest mit der weißen Moschee zu. Der Morgen begann zu dämmern. Ein Morgen fürs Geschichtsbuch.

»Die Deutschen greifen auf breiter Front an. Panzer im Süden und an der Küstenstraße«, rief Oberleutnant James Clark hinüber zum Kommandeur der Aufklärungsabteilung der britischen 2. Panzerdivision, die vor Marsa el Brega lag.

»Die Deutschen greifen an.« Das ging wie ein großes Staunen durch die Abteilung.

Und sie fuhren los, mit ihren Schützenpanzern, den Bren-Carriers. Aber sie kamen nicht weit. Rommels erste Schlacht begann.

Um dreiviertel zehn, genau: um 9.44 Uhr, am 31. März 1941, stoßen die Spähwagen der Stahnsdorfer Aufklärungsabteilung 3 vor Marsa el Brega auf die vorgeschobene Aufklärungsabteilung Latham von der 2. Panzerdivision. Um 9.50 Uhr krachten die ersten Granaten: die Startschüsse für Rommels wilden Ritt nach Tobruk.

Nach dem Duell der Aufklärungskräfte, das mit dem Rückzug der Engländer endete, griffen am Nachmittag die Panzer des Berliner Panzerregiments 5 aus Wünsdorf unter Oberstleutnant Olbrich die eigentliche Marsa el Brega-Stellung an. Vor acht Tagen hatte das Regiment bei der Erstürmung des Wüstenforts El Agheila die ersten Toten, als ein Panzer auf eine Mine fuhr. Es waren die ersten Gefallenen des Deutschen Afrikakorps.

Heute stürmen sie wieder. Der Obergefreite Gerhard Klaue sieht aus seinem Panzer der 8. Kompanie als ersten Feind ein Kamel, das in rasendem Galopp dem Angriffskeil der deutschen Panzer entgegenjagt. Eine teuflische Kriegslist der Tommys? Anscheinend nicht. Das Tier schlägt einen Haken und verschwindet in einer Staubwolke. Die Panzer rollen vorwärts. Vor den starken Tommy-Befestigungen aber kommen sie nicht weiter.

Um 17.30 Uhr folgen kurz hintereinander zwei deutsche Stuka-Angriffe auf die englischen Stellungen. Die schwere Flak nimmt in direktem Beschuß die britischen Artilleriestellungen unter Feuer. Das Thermometer zeigt 38 Grad. Langsam tastet sich die Infanterie durch das wellige Dünengelände vor. Da gehen die ersten Minen hoch. »Pioniere nach vorn!« Sie pflanzen ihre schwarzen Flaggen auf. Räumen eine Gasse. Das dunkle Tuch der Fahnen, das sich im grellen Sonnenlicht von der Wüstenlandschaft abhebt, weist den Kradschützen und den Männern des Maschinengewehr-Bataillons 8 den Weg. Sie stürmen. Die ersten fallen. Aber auch Marsa el Brega fällt, das Wüstentor der Cyrenaika.

Damit ist das nahe Ziel genommen, das von dem italienischen Oberkommando den Deutschen gesetzt und erlaubt war. Rommel aber sieht, daß die Engländer schwach sind. Der britische Oberbefehlshaber hat nicht mit einem deutschen Angriff gerechnet. Darauf sind seine Divisionen nicht gerüstet. Und Rommel tut, was ein kühner General in solcher Stunde tun muß: Er läßt seine Truppen weitermarschieren. Die Ketten der Panzer klirren durch den Sand. Die Reifen der Spähwagen und Kübel knirschen durch die blaugrauen Muschelfelder, die sich hier seit prähistorischen Zeiten zwischen Marsa el Brega und Bengasi in der Sebka, der riesigen Salztonfläche, gebildet haben. Die Fahrzeuge haben Glück, daß in diesen Tagen noch kein Frühlingsregen gefallen ist, der die staubige Tonfläche innerhalb weniger Minuten in einen Sumpf verwandeln kann, in dem Fahrzeuge versinken wie Löffel im Haferbrei.

Den ganzen 2. April über ist Rommels ›wilde Jagd‹ unterwegs. Aufklärungsflugzeuge bestätigen, daß die Engländer noch immer im Rückzug sind. Rommel befiehlt den Angriff auf Agedabia. Es wird genommen. Mit Agedabia besitzt die Truppe die guten Süßwasserquellen dieses Wüsten-Ortes. Und noch immer weichen die Engländer zurück. Noch immer nehmen sie keine Schlacht an. Der britische Oberbefehlshaber Wavell schickt seinen Wüstenspezialisten General O'Connor und den Kommandeur der 11. Husaren, Brigadier Combe, zu General Neame. O'Connor fragt: »Was zum Teufel ist los? Dieser Rommel kann doch nach unseren Informationen keine Offensive machen! Kann nicht! Darf nicht!« General Neame zeigt auf die Meldungen seiner Einheiten. Die Deutschen haben die 3. Panzerbrigade überrannt. In der Front ist ein Loch.

Rommels Befehl aber heißt: Weiter!

Mit den freudigen Meldungen über den stürmischen Rückzug der Engländer prasseln auf Rommels Kartentisch, den er neben seinem Befehlspanzer aufgestellt hat, auch die Notschreie seiner Einheiten: »Kein Benzin mehr! Uns geht der Sprit aus!«

Die Männer vom Nachschub rechnen dem General vor, daß sie mindestens vier Tage brauchen, um genügend Brennstoff für alle Fahrzeuge heranzuschaffen. Aber Rommel zeigt ihnen, was Organisieren ist. Er befiehlt, alle Lkw der Division zu entladen und Leerkolonnen zusammenzustellen: Zurück nach Westen, um Sprit und Munition zu holen! 24 Stunden setzt Rommel für diese Aktion an. 24 Stunden, in denen die Division natürlich bewegungsunfähig ist. 24 gefährliche Stunden. Aber General Neame nutzt sie nicht.

Und die Deutschen schaffen es. In 24 Stunden sind Treibstoff und Munition wieder vorn. Die 5. Leichte kann auftanken und weiterjagen.

Während das Organisationstalent auf der deutschen Seite sich glänzend bewährt, wirkt das Durcheinander auf der englischen geradezu erstaunlich.

Uneinheitliche Befehlsgebung bringt die Truppenführer an der Front zur Verzweiflung.

Ihre Regimenter werden zerschlagen. Aber der Oberkommandierende funkt aus Kairo, er glaube nicht an eine Offensive Rommels mit einer einzigen Division. Wavell gibt aus seinem Hauptquartier Befehle, welche die Anordnungen des Kommandierenden Generals der Cyrenaika widerrufen. Sir Richard O'Connor wiederum übergeht Generalleutnant Neame, der die Truppen in der Cyrenaika befehligt, und wendet sich unmittelbar an die Divisionskommandeure Gambier-Parry und Morshead.

Wavell verliert durch die sich widersprechenden Meldungen von der Front den Überblick und fliegt schließlich selbst in die Cyrenaika. Mit welchen Gefühlen er das tut, kann man sich vorstellen, wenn man bedenkt, daß er noch vor wenigen Tagen dem britischen Außenminister Anthony Eden und dem englischen Generalstabschef Sir John Dill in Kairo ›bewiesen‹ hatte, daß die Deutschen vor Mitte Mai nicht angreifen könnten.

Nach seiner Ankunft in Neames Hauptquartier macht der sonst so kluge Stratege wieder einen Fehler. Er glaubt nicht, daß die Deutschen in die Wüste vorstoßen werden. Der ›unerfahrene‹ Rommel wird auf der breiten asphaltierten Küstenstraße, der Via Balbia, vorgehen, ist Wavells Überzeugung.

»Versuchen Sie, Rommel in die Flanke zu fallen, wenn er auf der Via Balbia gegen Bengasi vorstößt. Bengasi wird sich nicht verteidigen lassen; aber das Plateau« – und dabei zeigt Wavell immer wieder mit seiner großen Hand auf Er Regima – »das müssen wir halten.«

Müssen, Herr General? Was heißt müssen? Sie sind nicht am Zuge. Sie haben sich in Rommel und seinen Soldaten getäuscht. Sie werden sich weiter täuschen. Und das ist teuer.

Wavell läßt sich von den Stabsoffizieren die Liste der Vorratslager zeigen, die in der Wüste angelegt sind. Gut versorgte Lager. Moderne Festungen des motorisierten Krieges. Da ist vor allem Msus, wo der größte Teil der britischen Treibstoffvorräte in unterirdischen Gruben gestapelt liegt. Da ist Mechili, der uralte Karawanenknotenpunkt, den man ›das Herz der Cyrenaika‹ nennt. Das sind die britischen Nachschubinseln im Wüstenmeer.

Aber Wavells Rechnung ist ohne den Wirt gemacht.

Erstens stößt Rommel doch durch die Wüste auf Mechili.

Zweitens hat Rommel eine neue Kampftaktik. Sie beruht auf der Erkenntnis, daß das Hauptproblem des Wüstenkriegs die Brennstoffversorgung ist. Die deutschen Luftstreitkräfte erhalten Befehl, die Zerstörung der britischen Nachschubkolonnen zu ihrem Hauptziel zu machen. Die altmodische Auffassung über die Brennstoffversorgung mittels Wüstenlagern wird den Briten zum Verhängnis.

Am Morgen des 4. April trifft in Msus die Nachricht ein, daß deutsche Panzer auf den Ort stoßen. Die Besatzung des Dorfes jagt daraufhin das riesige Brennstofflager in die Luft. Im Anmarsch waren aber nicht die Deutschen, sondern hinter der Staubwolke verbargen sich die Panzer der englischen 2. Panzerdivision, die tanken wollten. Von dem Sprit, den sie erhofften, sahen sie nur noch einen ungeheuren blauschwarzen Pilz, der sich über Msus ausbreitete und für einen kurzen Augenblick die Sonne verdunkelte. Aus! Die meisten Panzer der Division blieben liegen.

Rommel selbst saust mit den ersten Spähwagen der Aufklärungsabteilung 3 unter Oberstleutnant Freiherr von Wechmar nach Bengasi. In den frühen Morgenstunden des 4. April ist der Hafen erreicht. Die Engländer haben keine Zeit mehr gehabt, die Hafenanlagen gründlich zu sprengen.

Rommel hat ebenfalls keine Zeit, Besichtigungen vorzunehmen. Er beachtet den schönen breiten Marktplatz nicht, auf dem auch an diesem Tage die Araber in ihren weißen Gewändern neugierig herumstehen und jeden Panzer mit orientalischem Jubel begrüßen. Er achtet nicht auf die Erdnuß- und Zitronenhändler, die trotz des Kriegsgeschehens ihre Ware ausschreien. Er lächelt nur über die Limonadenverkäufer, die mit pathetischer Geste an seinen Wagen herantreten, um ihre schmuddelige Brühe anzubieten. Er hat nur einen Gedanken: Weiter!

Er stellt Kampfgruppen zusammen, mit denen er in den breiten Höcker der Cyrenaika hineinstoßen kann:

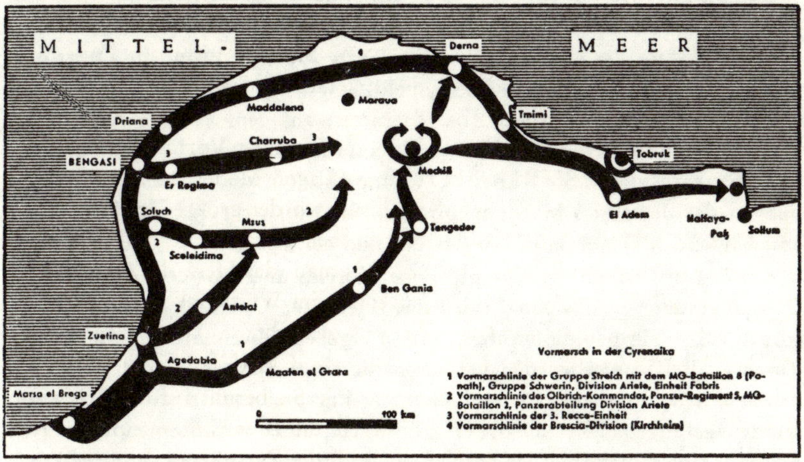

Rommels Stoß durch die Cyrenaika im April 1941.

Von Agedabia aus wird die Kampfgruppe Generalmajor Streich mit dem MG-Bataillon 8 unter Oberstleutnant Ponath und die Gruppe Oberstleutnant Graf Schwerin mit italienischen Verbänden im weiten Bogen auf Mechili angesetzt.

Oberstleutnant Olbrich stößt mit der Masse seines Panzerregiments 5, dem MG-Bataillon 2 und 40 Panzern der italienischen Division Ariete über Msus gleichfalls auf Mechili.

Von Bengasi aus marschiert Generalmajor Kirchheim mit Teilen der Brescia-Division die Via Balbia entlang nach Derna und mit einer südlichen Gruppe auf Mechili.

Die Jagd nach Mechili durch die glühende Stein- und Sandwüste werden die Männer des Afrikakorps, die dabei waren, nie vergessen.

In der ganzen Cyrenaika gab es nur einen Mann, der Rommels Strategie blitzschnell durchschaute. Das war Generalleutnant O'Connor, der kleine drahtige Ire, der in der britischen Armee als der hervorragendste Kenner der Wüste galt. Er war das Gehirn des britischen Nordafrikakrieges. Wavell hatte ihn am 2. April von Kairo an die Front geschickt und Generalleutnant Neame zur Seite gegeben. Er sollte die Cyrenaika retten.

Am 6. April abends verließen Neame und O'Connor Maraua. Sie fuhren quer durch die verlassenen italienischen Siedlungen, wo der Wein schon grün war, und wo in diesen Apriltagen das Korn bereits hoch stand. Sie wollten nach Tmimi, ihrem neuen Hauptquartier, verfranzten sich aber und gerieten auf die Straße nach Derna.

Und plötzlich ist es passiert.

Der Stabswagen, in dem die zwei Generale übermüdet sitzen, wird von deutschen Kradschützen überholt. Es sind Männer der Gruppe Ponath.

Der Beifahrer des englischen Humber-Stabswagens erkennt die Deutschen. Greift blitzschnell zu seinem Lee-Enfield-Gewehr. Schuß. Der Beifahrer im ersten Krad fällt tot zurück. Aber da rattert aus dem zweiten Krad schon eine MP, und der britische Schütze sackt zusammen. General Neame und der alte Wüstenspezialist Sir Richard O'Connor blicken erschrocken in die Mündungen der deutschen Maschinenpistolen. Sie heben die Hände. Die beiden entscheidenden Generale in Nordafrika sind gefangen.

Am 7. April haben die Kampfgruppen Streich und Schwerin den Ort Mechili eingeschlossen. Zweimal wird das ›Herz der Cyrenaika‹, das Wüstenfort mit den Türmen, angerufen, sich zu ergeben. Zweimal weigern sich die Tommys. Bei Dunkelwerden versuchen die eingeschlossenen englischen Einheiten durchzubrechen. General Gambier-Parry und Brigadier Vaugham werden gefangen. Mit ihnen der größte Teil einer indischen motorisierten Brigade, eine Kompanie der berühmten Ragputana-Schützen und das Divisionshauptquartier, im ganzen 2000 Mann. Reiche Beute wird gemacht. Das dritte und letzte As der britischen Generalität in Nordafrika, Gambier-Parry, ist damit auch aus dem Spiel.

Am selben Tag, da Mechili fällt, nimmt die Gruppe Ponath Derna ein. In dem Städtchen versammelten sich in dem Augenblick Tausende von Schwalben zu ihrem jährlichen Flug nach Norden, in die Heimat des Deutschen Afrikakorps. Aber Rommel läßt seine 5. Leichte nicht den Schwalben nachblicken. Er läßt sie kaum Atem holen. Mit den eroberten Vorräten an Wasser, Treibstoff, Proviant aus dem Lager Tmimi wird nun auf Tobruk vorgestoßen. Tobruk, das ist ein Ziel. Tobruk, die Perle Nordafrikas, der Hafen, der Nachschubplatz, der Schlüssel zu Ägypten.

Am 7. April hatte Churchill an General Wavell telegrafiert:

»Das durch die Italiener so gut befestigte Tobruk sollten Sie bestimmt halten können, zumindest bis der Feind starke Artillerie heranführt. Es scheint unwahrscheinlich, daß ihm dies vor Ablauf einiger Wochen möglich ist. Er würde ein großes Risiko eingehen, wenn er Tobruk links liegen ließe und auf Ägypten losginge; es ist ja augenfällig, daß wir auf dem Seewege Verstärkungen hineinwerfen und seine Verbindungswege bedrohen können. So erscheint mir Tobruk als ein Fort, das ohne Gedanken an Rückzug bis zum letzten Mann zu halten ist. Bitte berichten Sie mir Ihre Absichten.«

General Wavell antwortet am 8. April ». . . Tobruk ist keine gute Verteidigungsstellung; der lange Verbindungsweg ist so gut wie schutzlos und entbehrt der nötigen Einrichtungen.« Pessimismus spricht aus diesem Telegramm.

Churchill glaubte – mit Recht – daraus entnehmen zu können, daß General Wavell auch Tobruk räumen wollte. Das alte Streitroß in London wurde böse. General Wavell bekam die Order, Tobruk zu halten. Es war ein schicksalhafter, ein schlachtentscheidender Befehl.

Wegen dieses Befehls stößt Rommel bei seinen Versuchen, Tobruk im Handstreich zu nehmen, auf unüberwindlichen Widerstand. Am 10. April fällt vor Tobruk beim Kilometerstein 16 der Kommandeur der 15. Panzerdivision, General v. Prittwitz. Am Karfreitag, dem 11., und auch am Ostersonnabend, dem 12. April, versucht Rommel mit Teilen des Panzerregiments 5, verstärkt durch die 1. und 2. Kompanie der Panzerjägerabteilung 605, den Verteidigungsgürtel von Tobruk zu durchstoßen. Aber der Angriff bleibt im Artilleriefeuer der 20. australischen Infanteriebrigade liegen.

Pech, denkt Rommel. Und befiehlt vom 13. auf den 14. einen erneuten Angriff. Das MG-Bataillon 8 unter Oberstleutnant Ponath dringt mit beispielhafter Bravour in die Befestigungsanlagen ein. Auch das Panzerregiment 5 überwindet den Panzergraben, bekommt dann aber aus dem Fort Pilastrino starkes Feuer und kann nicht weiter. Die 8. Kompanie wird zusammengeschossen. Der Rest muß weichen. Die italienische Panzerdivision Ariete, die sonst so tapfer kämpfte, zeigt keinen Elan. Ponath und seine Männer werden in einem mörderischen Nahkampf von den Australiern niedergemacht. Der Plan, Tobruk im ersten Handstreich zu nehmen, ist gescheitert.

Aber Rommel ist nicht der Mann, der sich schnell entmutigen läßt. Er glaubt nicht daran, daß die bisher so weichen Briten in Tobruk hart wie Stahl werden; und er will sich durch Tobruk nicht in seinem stürmischen Vormarsch hindern lassen. So spart er die Hafenstadt, die ›Fortress on Sand‹, einfach aus. Zwei schnelle Kampfgruppen bekommen den Befehl, nach Osten zu stoßen, an Tobruk vorbei: die Aufklärungsabteilung 3 unter Freiherr von Wechmar und das Kradschützenbataillon 15 – allerdings ohne die beiden schweren Kompanien, die noch in Italien auf den Abtransport warten –, verstärkt durch die Panzerjägerabteilung 33 mit einer Batterie 8,8 unter Führung von Oberstleutnant Knabe.

Unteroffizier Krügel von der 1. Kompanie des Kradschützenbataillons 15 spuckt in den Sand von Bengasi. Und Unteroffizier Wolff spuckt mit. Dieser verfluchte Sand! Trotzdem haben sie ihn lieber als das gefährliche Mittelmeer, durch das sie vor ein paar Tagen herübergeschippert sind, von Neapel nach Tripolis. Auf dem alten Kasten ›Alicante‹.

Das war eine Fahrt.

Da blieb jeder Spaß im Halse stecken. Richtiger gesagt: Es blieb nichts im Halse stecken. Im Gegenteil. Dafür sorgte die Seekrankheit. Leider blieb Spieß Ebel von diesem Übel ganz unberührt. Er fegte forsch über Deck, und als er seine beiden besten Unteroffiziere mit ihren grünen Gesichtern erblickte, hatte er wohl das Gefühl, solche Männer müßten beschäftigt werden. »Habt beide das EK I und seht aus, als hättet ihr Angst wie der jüngste Rekrut. Los, nach vorne, an die Spitze des Schiffes, auf U-Boot- und Minenwache. Wenn der Kahn sinkt, dann seid ihr schuld.« Darauf hatte er sich umgedreht. Aber dann rief er noch einmal mahnend zurück: »Und wenn ihr noch etwas für Neptun zu opfern habt, dann tut es gleich!«

Es war aber alles gutgegangen. Mit der ›Alicante‹ und mit der Seekrankheit. Nur aus den acht Tagen Ruhe in Tripolis wurde nichts. Am Kai stand schon der Quartiermeister, Hauptmann Otto: »Sofort Abmarsch, Richtung Bengasi.«

Die drei Schützenkompanien des Kradschützenbataillons 15 rollten über die Via Balbia. Jede Kompanie mit 66 Beiwagenkrädern, 25 Lkw und Pkw, 210 Mann stark. Sie kamen nach Bengasi. Die Männer hörten, daß Tobruk ›ausgespart‹ sei. Und erfuhren auch, daß das Bataillon zusammen mit der Panzerjägerabteilung 33 als ›Kampfgruppe Knabe‹ das Fort Capuzzo und die Hafenstadt Sollum nehmen sollte.

Bardia fiel am 11. April. Auf gegen Capuzzo und Sollum!

Capuzzo, Sollum – wie das klang. Wo lagen diese Nester eigentlich? Es waren nur Namen. Bald jedoch sollten sie Geschichte sein. Geschichte. Und Trümmer. Und Friedhöfe.

Es war der 12. April 1941.

Die Kolonne quälte sich über die staubige Piste. 10 Kilometer Fahrt, dann anhalten, Kühler gegen den Wind, Motor abkühlen lassen. Das war die Vorschrift. Sie wurde streng befolgt. Bald zeigte sich jedoch die Untauglichkeit dieser in Europa so brauchbaren Kräder. Es wurde ihnen zuviel zugemutet: drei Mann Besatzung mit MG, Munitionskästen, 3 Rucksäcke, Reservekanister, Wasserkanister, 3 Karabiner. Und fahren. Im losen Sand. Bei 50 Grad ›im Schatten‹. Wo man die Temperatur im Schatten maß, war allerdings jedem schleierhaft, denn Schatten gab es nirgends. Die Kräder waren nicht für 50 Grad und nicht für die Piste gebaut. Sie streikten.

Es war eine saure Fahrt. Kameldorn, Steine, Staub, Hitze, Fliegen. »Eine ideale Kriegslandschaft«, meinte Schriefer, der Melder im Kompanietrupp, »hier kann wenigstens nichts kaputt geschossen werden.« »Außer uns«, antwortete Disque, sein Meldekamerad.

Endlich kam die Nacht. Sie fiel plötzlich und mit dicker Finsternis über die Männer. 50 Kilometer voraus mußte Capuzzo liegen. Zwei Offiziersspähtrupps mit Funkgeräten gingen erkunden. Sechs Jahre später, 1947, kamen sie zurück: aus der Gefangenschaft.

Als die andern am Morgen aufwachten, riefen ein paar Unentwegte: »Fröhliche Ostern!« Ja, richtig, es war Ostern, fast hätte man es vergessen. Ostern in der Wüste. »Wo sollen wir denn hier die Eier verstecken«, meinte einer. Er bekam keine Lacher, denn der Tommy setzte der Kompanie seine Ostereier vor die Nase.

Die Einschläge liegen mitten in der Kolonne. Drei Kräder fallen aus. »Flak nach vorne!« Weiter. Da liegt Capuzzo. Die alte Grenzkaserne der Italiener, ein zertrümmerter Steinhaufen. Früher ein schmuckes Fort mit Mannschafts- und Offiziersunterkünften. Jetzt nur noch Zement in der Sonne. Das Abwehrfeuer der Engländer reißt die ersten Lücken in die Kompanie.

»Wenn wir die Brüder nicht knacken, schießen sie uns zu Mus«, ruft Leutnant Steidle seinem 1. Zug zu. Und zusammen mit Löffelbein vom 2. Zug lassen sie sich nun nicht mehr halten. Wer überleben will, muß vorwärts. Los. Ran an die Ruinen. Da ist Deckung.

Aber jetzt stoßen aus Capuzzo Spähwagen und Selbstfahrlafetten hervor und richten ihr Feuer in direktem Schuß auf die Stürmer. Das ist Kempfs großer Augenblick. Jetzt ist er mit seiner 5-cm-Pak an der Reihe. Diese Panzer-Abwehr-Kanonen sind gegen Spähwagen richtig. »Feuer!« Der erste steht. Der zweite. Der dritte legt sich auf die Seite. Da machen die anderen kehrt. Nun aber hinterher.

Gegen Mittag ist Capuzzo genommen, ›Ridotta Capuzzo‹.

Dieser armselige Trümmerhaufen ist noch nicht einmal mehr ein Dorf. Und sie hatten geträumt von einer Araberbar und von Bohnenkaffee, mindestens von einer Wasserstelle. Aber was sind Träume? Draußen lagen die, die ausgeträumt hatten.

Major Ehle aus Uelzen, der damals die Kompanie führte und mir diese Geschichte erzählte, nickt. »Ja, so war es.« Er schaut auf meine Regale mit den Büchern über die Geschichte der Kriege. Er liest die Titel auf den Buchrücken. Er schweigt.

Ich weiß, was er denkt: Da stehen so viele Bücher. Und es steht ja wohl alles drin. Und im Grunde steht doch nichts drin. Nämlich nichts von dem Gefreiten Günther und seinen letzten Gedanken und seinem letzten verworrenen Traum, als er im Sand vor Capuzzo starb. Nichts von den klagenden, langgezogenen Rufen »Sanitäter!« Nichts vom Feldwebel Mankiewicz, nichts von dem Obergefreiten Brumme, dem Lehrer aus Hagen, der mit einem Bauchschuß seinem Chef noch meldete: »Obergefreiter Brumme verwundet. MG und Munitionskästen zur Stelle«, und dann starb. »MG und Munitionskästen zur Stelle.« Das war seine Pflicht. Die erfüllte er. Noch im Augenblick des Todes. Obergefreiter Brumme aus Hagen in der Altmark.

Von ihm müßte in den Büchern geschrieben werden, denn er und alle die anderen Brummes und Günthers, sie waren es, die die Geschichte machten, die in dicken Büchern kühl oder leidenschaftlich erwogen, gelobt oder getadelt und für die Nachwelt aufgeschrieben wurde. Sie machten sie – mit ihrem Leid, mit ihrem Mut, mit ihrem Blut.

Aber wo käme der Krieg und wo käme der Sieg hin, wollten die Lebenden mit den Toten rechten. So war es in allen Schlachten. So war es auch vor Capuzzo.

Die anderen, die lebten, rissen sich den Kragen auf und lachten, als der Obergefreite Eimecke angekeucht kam: Unter den Rauchwolken und den zerschossenen Ruinen hatte er ein Proviantlager entdeckt. Er brachte Büchsen mit Pfirsichen, Aprikosen und gekochtem Schinken. Und sie feierten Ostern. Sie ahnten an diesem 13. April 1941 noch nicht, daß das zerschossene Nest Capuzzo noch viermal verloren und noch viermal wieder gewonnen werden mußte. Und daß bald ein Friedhof mit Gräbern und Kreuzen hier liegen sollte, auf denen Namen und Nummern fast aller deutschen, italienischen und britischen Afrikaeinheiten stehen würden.

Auch Sollum fiel.

Es war die 3. Kompanie des Kradschützenbataillons 15, die zusammen mit der 1. Kompanie der Panzerjägerabteilung 33 das Gelände von Ober-Sollum und auch den Hafen stürmte. Die Männer sprangen durch die alten verlassenen Stellungen der Italiener. Von Steinnest zu Steinnest die Wadihänge hinauf und dann über das Plateau. Da lag das Mittelmeer vor ihnen. Das sommerlich strahlende blaue Meer.

Sie krallten sich am glühenden Abhang fest, der hinunter nach Sollum führte. Sie sahen die weite Bucht, den breiten weißen Strand. Weit hinten im Dunst ragte der Djebel. Im Hafen lag ein britischer Zerstörer, der aus allen Rohren schoß und den Abhang beharkte. Aber Oberleutnant Krauss machte ihn mit seiner 8,8 still. Ja, die 8,8-cm-Flak, das Wunder des zweiten Weltkrieges. Was wäre der Afrikafeldzug ohne die 8,8 gewesen! Dieses Geschütz war ursprünglich als Flugzeugabwehrwaffe gebaut, wurde aber in Afrika als wirksamste Erdwaffe gegen Panzer und Artillerie eingesetzt. In allen Berichten der Engländer vom afrikanischen Kriegsschauplatz wird von der deutschen 8,8 nur mit Hochachtung und Schrecken gesprochen. »Achtacht«, sagten die Tommys, »Achtacht«, wie die deutschen Landser.

Und noch etwas bewährte sich im Kampf um Sollum: die alten Schützenstellungen der Italiener. Mit Fleiß und großem Geschick waren sie von italienischen Pionieren 1940 gebaut worden. Die Italiener sind ja Genies in Erdarbeiten. Nur halten konnten sie diese Nester nicht. Nun, sie haben andere, liebenswerte Eigenschaften. Freilich, der deutsche Landser fluchte, wenn die Italiener ›stiften‹ gingen. Aber man soll das Kind nicht mit dem Bade ausschütten. Wenn die Italiener gut geführt wurden, kämpften sie tapfer.

Vor Sollum allerdings, vor Capuzzo, am Halfayapaß und vor Tobruk, da bedurfte es statt der schnell aufbrandenden romanischen Bravour der eisernen Härte. Denn die Burschen, die da auf der andern Seite lagen, die Neuseeländer, die Australier und die Engländer der 22. Gardebrigade, die waren hart wie Stahl. Wenn sie angriffen oder sich nachts auf Gummisohlen an die Pak- und die Schützenstellungen schlichen, dann gab es ›jede Menge Rabbatz‹. In langer Hose und Pullover, eine Baskenmütze auf dem Kopf, die Handgranaten in den weiten Hosentaschen und die Maschinenpistole umgehängt, so kamen sie an. Nachts standen sie urplötzlich im Stützpunkt. Warfen ihre Handgranaten. Schossen ihre MP leer, und weg waren sie wieder. Wurde einer gefangen, kriegte man kein Wort aus ihm heraus. Er grinste und zuckte die Schultern: »No answer.« Und dabei blieb's.

Der Raum um Sollum wurde von den Engländern zäh verteidigt. Sie gaben nur schrittweise das Gebiet preis und setzten sich gleich hinter der Stadt im günstigsten Höhengelände fest.

Da liegen sie mit ihren Spähwagen in den Schluchten des Djebel auf Lauer. Feuern auf alles, was sich bewegt. So ist es ratsam, sich am Tage in seinem Steinnest ruhig zu verhalten. Aber die Hitze ist fast noch schlimmer als der Krieg. Und dann die Fliegen! Das feindlichste aller Heere. Sie kriechen zwischen die Lippen. Krabbeln in die Nase. Selbst die freundlichen ›Feldgendarmen‹, wie die zutraulichen Bachstelzen wegen ihres hellen Brustlatzes hießen, halfen da nicht viel, obwohl sie so naseweis waren, daß sie die Fliegen aus dem Gesicht wegpickten. Aber gegen diese unerschöpfliche Armee kam selbst der Bachstelzen-Hunger nicht an.

Durch den britischen Widerstand in Tobruk, weit hinter der Kampflinie Sollum–Capuzzo, ist Rommels Streitmacht in zwei Fronten zerrissen. Das kostet Kräfte. Deshalb will Rommel Tobruk unter allen Umständen erobern, um die Einschließungsverbände für die Weiterführung seines Stoßes freizubekommen. Die Engländer aber wollen Tobruk mit seiner australischen Besatzung unter allen Umständen halten. »Bis zum letzten Mann!« hat Churchill befohlen.

Am 10. April 1941, als Rommels erster Angriff auf Tobruk rollte, waren nun auch die beiden schweren Kompanien des Kradschützenbataillons 15 in Tripolis gelandet. Sie wurden sofort in Richtung Tobruk in Marsch gesetzt. Hauptmann Busch, Führer der 5. Kompanie, der vorausgefahren war, hatte bei Akroma von Rommel persönlich den Befehl zur Bereitstellung zum Angriff erhalten. »Sie müssen dem Engländer mindestens Bataillonsstärke vortäuschen!«

»Vortäuschen«, das war Rommels großer Trick in diesen Wochen. Zwischen Tobruk und Sollum fuhren ständig seine »Staubmacher« und täuschten der englischen Aufklärung Truppenbewegungen vor. Diese List hat viel zu den englischen Fehlentscheidungen beigetragen.

Am 19. April erfolgte der Angriff der beiden Kompanien unter Führung von Major Schraepler, dem Adjutanten Rommels. Rommel selbst beobachtete vom Befehlspanzer aus den Angriff. Alle schweren Waffen des I.-G.- und Pak-Zuges wurden im feindlichen Artilleriefeuer zusammengeschlagen. Ein Einbruch konnte nicht erzielt werden. Über 50 Mann kostete der Angriff.

Endlich, am 30. April, ist es Teilen des Schützenregiments 115 und dem Pionier-Bataillon 33 gelungen, einen tieferen Einbruch zu erzielen. Der stark ausgebaute Ras el Madauer wird von der 3. Kompanie des MG-Bataillons 2 unter der entschlossenen Führung von Gottfried Muntau genommen. Die deutschen Stoßtrupps dringen bis in den ersten Panzergraben vor und halten ihn. Aber schwer sind die Verluste. Auch Oberleutnant Cirener, Ritterkreuzträger und Kompaniechef im Pionier-Bataillon 33, der mehrere Werke des Festungsgürtels unter persönlicher Führung von Stoßtrupps genommen hatte, ist gefallen. Leutnant Friedel Schmidt, Führer des Regiments-Pionierzuges im Schützenregiment 104, wird am Abend des 30. April zur Verstärkung der Kampfgruppe Müller vom Regiment 115 eingesetzt.

Am 1. Mai treten das Kradschützenbataillon 15 und das Schützenregiment 104 zum Angriff an, um den Einbruch des Regiments 115 zu erweitern.

Das Schützenregiment 104, genau gesagt, das I. Bataillon und der Stab, wurden im April nach Afrika geworfen. Bei Schneesturm und Kälte brachen sie vom Truppenübungsplatz Baumholder auf.

Der Ordonnanzoffizier des Regiments, Leutnant Gröger, hatte die Zeitung auf dem Schoß und las vor: Unwahrscheinlich, was die 5. Leichte da unten machte: Agheila, Marsa el Brega, Agedabia, Bengasi, Mechili, Derna und jetzt stand sie vor Tobruk.

Der Stabsarzt dämpfte den Eifer. Dieser kluge, erfahrene Mann lächelte weise und stopfte seine Pfeife: »So schnell geht das alles nicht. Ihr kommt schon noch zurecht, denkt mal an mich«, sagte er.

Sie haben oft an ihn gedacht.

Hinter Rom redeten sie nicht mehr vom Krieg. »18, 20 und die Eins; und 24, 40, 48, Grand Hand!« Das war das Thema: Skat.

Sie sahen Neapel. Aber sie hatten keine Zeit, Neapel zu genießen.

Die Ju 52 standen startbereit auf dem Flugplatz. In die Maschinen wurde hineingestopft, was nur hineinging, auf alle Fälle in jede zwei Fässer Sprit. Das Thermometer zeigte 40 Grad. Vor wenigen Tagen fröstelten sie noch bei minus 2 Grad in der Heimat!

Viele, was sage ich, Hunderttausende kennen den Flug übers Mittelmeer. Sechzehn saßen meist in der vollgestopften Maschine. Unten schimmerte das Wasser. Werden britische Jäger kommen? Wird es gut gehen? Am Horizont der dünne weiße Streifen: Afrika. Die Wüste. Bengasi.

Die Sonne knallt. Der feine rostrote Sand brennt in den Augen. Trotzdem werden die bereitstehenden Lkw mit Hochdruck beladen. Auf vier Rädern geht es weiter ins unbekannte Land. Wohin – das wissen sie nicht.

Nur eins wissen sie plötzlich, es pressiert. Gerüchte gehen um: Tobruk stehe vor dem Fall, und sie sollen noch zum Todesstoß gegen diese wichtige Festung angesetzt werden! Ach, die Parolen!

An einem Steinhaufen, der sich Akroma nennt, wird haltgemacht. Hier ist der Bereitstellungsraum. Vorfeld von Tobruk. Das Grummeln der Geschütze hüllt sie ein.

Hauptmann Distel kommt von der Lagebesprechung und teilt mit, daß der Pionier-Zug sich zum Einsatz fertigmachen muß. Mit Maschinengewehren und Handgranaten geht es im Fußmarsch vorwärts.

Tellereben ist die Steinwüste. Weit und breit keine Erhebung. Kein Haus. Kein Strauch. Gar nichts. Nur Steine und Sand.

Sie passieren die ersten zerfetzten Stacheldrahtverhaue. Panzerspuren. Der Gefechtslärm wird stärker. Da sind die Staubwolken, die von den Artillerieeinschlägen stammen. Eine Wand aus Staub markiert die Frontlinie. Da hinein, in diese Wand, müssen sie. So erlebten die 104er Afrika.

Sie sehen die ersten toten Engländer auf diesem Kriegsschauplatz. Die Gesichter sind von der Hitze unförmig angeschwollen. Die Körper so aufgedunsen, daß die Uniformen geplatzt sind. Drei, vier Australier liegen ganz dicht beisammen. Eine MG-Garbe muß sie erwischt haben. Nur vorbei.

Da kommen die ersten deutschen Landser von vorne. Verdreckt und verkrustet. Ein Feldwebel stolpert vorbei. Er blutet an der Schulter.

Der erste Einschlag in der Nähe. Volle Deckung! Die Nase in den Dreck und weit auseinandergezogen. Es wird Ernst. In Einzelsprüngen arbeiten sie sich vor. Das Kampffeld ist von Toten bedeckt. Sie können noch nicht lange da liegen; denn die Körper sind noch nicht aufgedunsen. Die Grenadiere sehen schnell wieder weg. Wo sind Gräben? Gibt es überhaupt welche? Wo sind die Bunker? Bunker nach Westwallart oder wie sie die Maginotlinie kennt? Aber das gibt es hier offenbar nicht.

Es gibt aber doch Bunker. Ganz gefährliche Dinger. Und das schlimmste ist, man sieht sie nicht.

Die Nacht bricht überraschend herein. Es ist die Nacht des 1. Mai 1941. Der Einsatzraum für den Angriff ist erreicht. Die Verbände von 104 sollen zusammen mit den schwer angeschlagenen Kompanien des Schützenregiments 115 den Brückenkopf beim Fort Pilastrino erweitern. In den Morgenstunden hallen die Befehle. Auf geht's!

Die erste Überraschung ist, daß die deutsche Artillerie in die eigenen Reihen schießt. »Nicht schießen, Deutsche!« Der Ruf pflanzt sich fort. Aber es nützt nichts. Eine Pak wird mitsamt dem Sanitäter zusammengeschossen. Jetzt haut die Artillerie mitten in die rechts der Straße dicht gedrängt liegende italienische Kompanie hinein. Die Männer rufen laut um Hilfe. Endlich kommen aus der linken Flanke die deutschen Panzer. Mit ihnen brechen die Kompanien vor, froh, aus dieser elenden Situation herauszukommen. Auch die Italiener springen auf. Es ist hell geworden. In Einzelsprüngen gewinnt die Kompanie Gelände. Aber die Reihen werden lichter. Minen gehen hoch. Mit zerrissenen Ketten bleiben die Panzer liegen. Die Besatzungen steigen aus und springen zurück. Artillerie peitscht. MG und Granatwerfer bellen. Deckungslos ist das Gelände. Und keine Erde, in die man sich graben kann. Der Boden wie Beton. So wird es 9 Uhr. Um 5 Uhr waren sie zum Angriff angetreten. Der Durst wird furchtbar. Schlimmer aber noch ist die afrikanische Krankheit, die Dysenterie, die fast die Hälfte aller Männer befallen hat. Drüben bei den Kradschützen sind Leutnant Bucher und sein Melder Wievelhofe – beide sind Lehrer – besonders gepackt. Sie haben die Hosen ausgezogen und mit dem letzten Schluck Kaffee ausgewaschen. Auf dem Grabenrand werden sie in der Glutsonne schon schnell trocknen. Aber – rums – ein Granatwerfereinschlag reißt die Hosen in Fetzen. Zwei Tage müssen Leutnant und Melder ohne Hosen Krieg führen.

Bis zum 4. Mai versucht Rommel den Durchbruch nach Tobruk zu erzwingen. Aber seine Kräfte sind zu schwach. Die Abwehr, vor allem die gegnerische Artillerie ist zu stark. Zwar kämpfen die Kradschützen wie die Teufel. Sie holen sich ihre Verpflegung aus den englischen Stellungen. Feldwebel Noack schleppt die Verwundeten aus der Feuerlinie. Aber was nützt es! Schließlich werden die Kradschützen in der Nacht des 4. Mai aus der

Front gezogen und an die Capuzzofront verlegt. Auch die 104er gehen auf eine günstigere Linie zurück. Nur bei Nacht und bei Sandsturm dürfen sie es wagen, aus den Löchern zu kriechen. Dann wird es in den deutschen Stellungen lebendig. Steine werden zusammengetragen und als Schutz gegen Infanteriebeschuß um die flachen Schützenmulden gehäuft.

Leutnant Friedel Schmidt meldet sich bei dem Kampfgruppenkommandeur, Major Müller vom Schützenregiment 115. Sein Gefechtsstand ist im R 6 untergebracht. R 6, R 5 und so weiter heißen die Bunker. Man kann sie erst sehen, wenn man hineinfällt. Sie schließen mit ebener Erde ab. Sind weiter nichts als in den felsigen Boden gesprengte Gräben, die ausbetoniert und mit einem bunkerähnlichen Raum verbunden sind.

Diese geschickte Art der Anlage hat viele deutsche Soldaten das Leben gekostet. Sie überliefen die Bunker, weil man sie nicht sehen konnte, und dann folgte das mörderische Feuer in den Rücken. Das war die Hölle von Tobruk. Zwei dieser verfluchten Bunker – R 5 und R 4 – flankieren den Abschnitt des Pionierzuges von 104. »Sie müssen ausgeschaltet werden«, heißt der Befehl.

Wie einfach das klingt: »Müssen ausgeschaltet werden.« Das Licht kann man ausschalten. Eine Maschine. Aber man schalte mal zwei feuerspeiende Bunker aus. ›Müssen!‹ Und für dieses ›Müssen‹ sind die beiden Pionier-Züge des Regiments bestimmt. Im Morgengrauen soll der Angriff stattfinden.

Kurz vor Mitternacht kommen die Essenträger. Der Schlag Suppe wird heißhungrig verschlungen. Mehr wegen der Wärme als wegen der Güte.

Dann gibt es noch Tubenkäse und Ölsardinen mit Schwarzbrot. Das ist das Standardgericht in Afrika. Zuweilen bringen die Essenträger auch ›Alter Mann‹ beziehungsweise ›Armer Mussolini‹. Konservendosen mit eingemachtem Rindfleisch; und weil sie mit AM gezeichnet sind, hat der Landser gleich den passenden Namen gefunden: ›Alter Mann‹, ›Armer Mussolini‹! ›Asino morte‹ – toter Esel, sagten die Italiener.

Für den Sturm auf R 5 und R 4 sind schwere Waffen als Unterstützung zugesagt: 8,8 Flak, französische Langrohrgeschütze und – die Sensation von allem – ein 21 cm Mörser. Ein Mörser! Das hat es bis jetzt noch nicht gegeben. Dann kann ja gar nichts schiefgehen; denn Steilfeuerwaffen sind in der Lage, die Bunker im Festungsgürtel herauszubrechen.

Im Schutze der Nacht sammeln sich die beiden Pi-Züge bei R 6. In der Morgendämmerung pirschen die Stoßtrupps los. Auf Handgranatenwurfweite vor den feindlichen Werken sollen weiße Leuchtkugeln geschossen werden: Das Zeichen für die schweren Waffen, mit ihrem Feuerschlag zu beginnen. Der Mörser soll die Bunker unter direkten Beschuß nehmen. Dann soll das Feuer vorverlegt werden. Geballte Ladungen in die Gräben. Bunker stürmen. Aushalten bis zur nächsten Nacht. Dann Ablösung. Ein prima Plan!

Lautlos kriechen die Stoßtrupps über den steinigen Boden.

Die Ellenbogen werden blutig. Aber was macht das schon!

Nur kein Laut.

Jetzt reicht's.

Leuchtpistole hoch: Zischend fährt die weiße Leuchtkugel in das Dunkel und erleuchtet mit ihrem magnesiumhellen Schein gespenstisch die Landschaft. Jetzt müßte der Feuerzauber einsetzen.

Müßte!

Aber nichts geschieht.

Erschreckende Stille.

Kein Schuß fällt.

Dafür wird es beim Tommy lebendig. Und sie werden erbärmlich zusammengehauen. Da ruft es auch schon: »Kamerad, hilf mir.« Und hier ein spitzer Schrei. Und dort ein Röcheln.

»Ich bin verwundet«, gurgelt auch der kleine Sigrist. Er ist das Nesthäkchen des Zuges, und jeder hat ihn gern. Wer würde ihn liegenlassen? Hin. Und hochgezerrt. Ein Schuß durch den Mund hat den Kleinen erwischt. Leutnant Friedel Schmidt bringt ihn auf die Beine: »Los, komm!« Und der Kleine wankt neben ihm nach hinten.

Acht Tage später war Sigrist wieder da. Der Schuß war glatt durch den offenen Mund gegangen und neben dem Halswirbel wieder heraus. Wie von Zauberhand an jedem wichtigen Teil vorbei, keine Vene, keine Arterie, keine Sehne und keinen Knochen berührt. Es war eine einfache Fleischwunde. »Der Doktor hat gesagt, ich soll zukünftig mit offenem Mund durchs Leben gehen, dann hätte ich immer Glück!« erzählte der 18jährige Schütze Sigrist, als er wieder bei seiner Truppe eintraf. Er hatte Glück. Er ist davongekommen. Heute geht es ihm gut.

Das Stoßtruppunternehmen ging restlos daneben. Es war nicht herauszukriegen, warum der Einsatz der schweren Waffen nicht funktioniert hatte. Rommel knurrte die Pioniere an: »Was die Engländer bei hellem Tage riskieren, das bringt ihr Trauerklöße nicht mal bei Nacht fertig.«

Die Verlustziffern klettern in die Höhe. Tagsüber liegen die 104er regungslos in den Schützenlöchern. Nur keine Bewegung. Die Australier drüben sind Meisterschützen. Unglaublich ist ihre Treffsicherheit.

Zwölf Stunden lang bei afrikanischer Sonne regungslos in einem Erdloch liegen, ist kein Spaß. Auch wenn es manchen Tag nichts zu essen gibt, ›muß man‹ doch dann und wann eben mal. Man kann es nicht immer bis zur Nacht aufhalten. Aber selbst das Trivialste des Lebens konnte den Heldentod bringen. Den Hintern etwas zu hoch – peng – war es passiert.

Zum Glück gibt es oft Sandsturm. Dann wachsen die Gestalten aus der Erde. Wie Gespenster. Laufen ein paar Schritte. Hinüber zum Kumpel ins andere Schützenloch. Das alles ist bei Sandsturm möglich. Kein Geschütz kann schießen; es gäbe den schönsten Rohrkrepierer. Die Engländer nehmen volle Deckung. Die Deutschen dagegen suchen bei seinem Toben im Schutze der Sandwolken das Leben. So paradox ist der Krieg vor Tobruk.

Am Tage aber ist es gefährlich, sich außerhalb der Deckung zu zeigen. Die Engländer sind von See her so gut mit Munition versorgt, daß sie mit ihren Granatwerfern sogar auf einzelne deutsche Landser schießen können. Als Friedel Schmidt zum Nachbarzug des Leutnants Wettengel muß, haben sie ihn drüben gesichtet. Sie feuern. Schmidt jagt dahin: Drei Sprung, dann blitzschnell volle Deckung. Und wieder. Und noch einmal. Man weiß ja vom Ton, wann man in den Sand muß. Aber dann hat er sich doch verrechnet. Er kommt nicht mehr in den Panzergraben. Es haut ihn um. Halb liegt er im Graben, halb auf der Deckung. Es stinkt erbärmlich. Das ist doch eine deutsche Uniform. Und die Schulterstücke: Er starrt auf diese Schulterstücke: Zwei Sterne und dazwischen ein Äskulapstab. Der vermißte Stabsarzt! Wie lange liegt er schon hier? Mit dem einen weit aufgerissenen Auge?

Bis Mitte Mai lagen die Pioniere vom Schützenregiment 104 noch im Feuerofen vor Tobruk. Dann kam auch für sie der ersehnte Frontwechsel. Sie waren froh, noch einmal davongekommen zu sein. Die Festung hatte sie nicht gefressen. Aber ein noch schlimmeres Drama wartete auf sie.

Auch sie werden, wie die 115er auf die zweite blutige Szene Nordafrikas verlegt: in den Raum Sollum–Capuzzo–Halfayapaß. Denn hier brennt es jetzt.

KAMPFGRUPPE HERFF STÜRMT DEN HALFAYAPASS

Im Laufe des Monats April 1941 hatten Vorausabteilungen der 5. leichten Division den strategisch wichtigen Halfayapaß mit schwachen Kräften besetzt. Damit war vor der Sollum-Front eine sichernde Vorpostenstellung bezogen. Wollten die Briten zu einem Entlastungsangriff in Richtung Tobruk antreten, so mußten sie erst den Halfayapaß in ihren Besitz bringen. Mitte Mai – genau am 15./17. – griff General Wavell mit Verbänden der 22. Gardebrigade an und warf die Kompanie des Kradschützenbataillons 15 und eine italienische Batterie aus den Paßstellungen. Bis auf zwölf Mann wurde die gesamte deutsche Paßbesetzung gefangengenommen. Alle anderen weit gesteckten Ziele des britischen Angriffs scheiterten. Das vorübergehend besetzte Capuzzo und auch Sollum wurden von der Kampfgruppe Herff in wütenden Gegenstößen den Tommys wieder entrissen.

Der Halfayapaß in britischer Hand mußte eine ständige Bedrohung der noch schwachen deutschen Verteidigungsfront im Raume Capuzzo–Bardia sein. Rommel entschloß sich daher, den Tommys den Paß wieder zu entreißen. Angriffstermin war der 26. und 27. Mai. 120 Kilometer war der östliche Kriegsschauplatz um den Halfayapaß von der eingeschlossenen Festung Tobruk entfernt. Es war die Sandwüste von Sidi Omar und Capuzzo mit dem breiten, aber inzwischen zerfledderten Drahtzaun, der einst die Grenze zwischen Libyen und Ägypten markierte. Ein Drahtzaun mitten in der Wüste! 150 Kilometer lang. Die Italiener hatten ihn in früheren Zeiten angelegt als Schutz gegen die aufsässigen und immer zu räuberischen Überfällen auf die italienischen Kolonien bereiten Senussis. Im Frühsommer 1941 ist er kein Hindernis mehr. Der dreifache Zaun ist an vielen Stellen zerschossen, zerrissen, von Panzern zerwalzt. Windschief hängen die Eisenstangen im Draht. Zerbeulte Kanister, leere Benzintonnen, Uniformstücke, gespenstisch leuchtende alte Zeitungen hängen im Drahtgewirr. Manches davon war einmal ein Zeichen für Patrouillen und Aufklärungstrupps. Anderes einfach Strandgut des Krieges.

Hier im Raum Sollum–Capuzzo endet die Wüste auf einem Hochplateau, das zum Meer 200 Meter steil abfällt und auch zur Küstenebene von Sollum hin, nach Südosten, auf 35 Kilometer Länge einen Steilhang bildet. Die Straße aus der Küstenebene auf das Plateau, das ist der Halfayapaß. Die Ränder der Hochebene werden von tiefen Taleinschnitten zerrissen, den ›Wadis‹, Urtälern ausgetrockneter Flüsse, voller Geröll und Felsen.

Hier in den Wadis tobt der Krieg der Grenadiere. Ein harter Krieg. Sie haben sich in den Hängen der Urtäler eingenistet wie Vögel. Oben auf der Hochebene liegen die Tommys.

Am 26. Mai ging es los. Befehl: Kampfgruppe Herff nimmt den Halfayapaß. Wie einfach so ein Befehl klingt. Auf der Karte sah es ja auch ganz einfach aus: Das Panzerregiment 8 unter Oberstleutnant Cramer stößt von Sollum südlich in die Wüste, dreht dann nach Norden und greift die britischen Paßverteidiger von rückwärts an. Die schwere Artillerie des Panzerartillerieregiments 33, Flak und das schon oft bewährte Kradschützenbataillon 15, sowie die alterfahrene 1. Kompanie der Aufklärungsabteilung 33 unterstützen die Panzer des Panzerregiments. Das I. Bataillon des Schützenregiments 104 greift den Paß frontal und zu Fuß an. Aus dem Raum westlich Capuzzo stößt das Panzerregiment 5 mit einer Batterie Artillerie und fünf 8,8-Geschützen, sowie Teilen einer italienischen Artillerieabteilung in einem Scheinangriff in Richtung Süd-Südost, um den Tommy vom Hauptstoß auf den Paß abzulenken. So, wie gesagt, im Befehl und auf der Karte.

Und wie sah es mit den Augen des Soldaten, des kleinen Soldaten aus, der seinen Streifen von Sollum bis auf die Höhen des Passes eroberte?

Das I. Bataillon Schützenregiment 104 hatte bereits am zweiten Tage seines Afrika-Einsatzes beim Kampf um Tobruk seinen Kommandeur verloren. An seine Stelle war der Hauptmann und Kompanieführer Wilhelm Bach gerückt. »Ein Pastor«, grinsten die Landser. »Ein Pastor, und bei diesem Schlamassel! Prost Mahlzeit«, knurrten die Unteroffiziere.

›Ein Pastor‹, das war kein Spitzname, nein, der neue Bataillonskommandeur war Reserveoffizier und wirklich evangelischer Pfarrer in Mannheim.

Als der Leutnant Friedel Schmidt sich bei ihm meldete, war er erstaunt über die gemütliche Atmosphäre. Schmidt hatte sich gerade mit dem Adjutanten und dem Ordonnanzoffizier bekannt gemacht, da teilte sich die alte Militärdecke, die aus dem mit Kisten und Kasten vollgepfropften Raum der Baracke zwei Zimmer machte. Der Mann, der sich durch die graue Decke schob, sah nicht gerade aus, wie man sich gemeinhin einen Offizier vorstellt. Ein freundlicher, liebenswürdiger Herr im gesetzten Alter – Jahrgang 1892 – so um 1,70 Meter groß, ein gemütliches Schnauzbärtchen auf der Oberlippe, nickte dem Leutnant zu. In der linken Hand hatte er seine Zigarre. Er trug lange Pumphosen, war ohne Jacke, und bequem lagen die breiten Hosenträger über den Schultern. »Na, mei Liewer, sind Se gut eingetroffe?« ist die erste Frage an Leutnant Schmidt, noch ehe dieser schulmäßig, streng militärisch, seine Versetzung zum Bataillon melden konnte. »Wollen Se a gut Zigarr rache?« – »Danke, Herr Hauptmann, ich rauche nur Zigaretten, wenn ich eine Zigarre rauche, wird mir schlecht.« »Zigarre rache is awer gesünder, na, dann rachen Se halt a Zigarettche.«

So gemütlich wie die badensische Mundart, verlief auch die Unterhaltung. Der Hauptmann ›rachte‹ mit Hingabe seine Zigarre.

Bei jedem Zug hielt er den Kopf ein wenig schräg. Versonnen und ganz genießerisch. Man hatte den Eindruck, einen glücklichen, ausgeglichenen Familienvater vor sich zu haben.

»Also, mei Liewer, ich hoff' doch, daß es Ihne bei uns gefalle wird!« In seiner ganzen Soldatenlaufbahn hatte dem Leutnant Schmidt nie ein Vorgesetzter die Hoffnung ausgedrückt, daß es ihm gefallen möge. Und noch dazu im Kriege. Und noch dazu am Halfayapaß. Das war Pastor Bach!

Dieser Pastor ist in die Geschichte des Krieges in Afrika eingegangen als eines der leuchtendsten Beispiele soldatischer Tugend. Er hat nie etwas befohlen, was er nicht selbst zu tun bereit gewesen wäre. Die Soldaten liebten ihn, wie Soldaten selten einen Kommandeur geliebt haben. Und als er seine Pflicht getan hatte, legten die Engländer die Hand an den Stahlhelm. Die englischen Zeitungen nannten ihn den Helden vom Halfayapaß – oder auch den ›Pastor des Fegefeuers‹. Aber noch ist es nicht soweit.

Im Wadi Qualala liegt die Kompanie fest. Es sind 56 Grad Celsius im Schatten. Sie können den Sprung über den Wadirand nicht wagen. Hebt man nur den Kopf, dann rattert es los und pfeift über den Stahlhelm. Die ›Ratsch-bum‹, das gefährliche britische Feldgeschütz Kaliber 7,5 cm funkt dazwischen. Niemand weiß, woher der Tommy schießt. Auch der Gefreite Jung vom Funktrupp kann die Stellung nicht ausmachen. Da ruft der Bataillonskommandeur Bach: »Jung, gehen Sie mal zurück und holen Sie die 3,7-cm-Pak heran; das Geschütz soll seitlich von uns in Stellung gehen und die Kerle da drüben bepflastern!« Mit Fluchen und viel Schweiß wird das Geschütz an den befohlenen Platz geschafft. Bringen Sie mal ein Geschütz bei 56 Grad in Stellung!

Aber den Tommy stört die deutsche Pak nicht. Die Schüsse liegen offenbar schlecht. Die Geschützbedienung hat auch keine Lust, den Kopf durch ausgiebige Beobachtung zu riskieren. »Ja, mer misse doch weiter, das hat doch kee Sinn«, meint Hauptmann Bach, und er kraxelt aus dem Wadi. Stellt sich oben auf den Rand. Hat das Glas vor den Augen. Im richtigen Augenblick springt er in volle Deckung! Und die Garben pfeifen über ihn hinweg. Aber er hat die Stellung ausgemacht. Jung muß wieder 'rüber zum Geschütz und Bescheid sagen. 15 Minuten später sind die drüben stumm.

Sie rufen sich zu: »Mensch, der Alte, hast du das gesehen?« Und sie nicken. Und als der Alte den Arm hebt, da springen sie los.

Es ist das 3. Gardebataillon vom Goldstreamregiment, das sich ihnen entgegenstellt. Ein berühmter und tapferer Haufen. Er hält sich noch die ganze Nacht. Aber als am Morgen, bei der rotaufgehenden Sonne, der Sturm der 104er mit aufgepflanztem Bajonett beginnt, so ganz in alter Art, mit Hurra und stolpernd und dumpf die Angst im Kopf: ›Wann hat es dich . . .‹, und als die 3. Kompanie der Kradschützen 15 von der anderen Seite stürmt, die Panzer, Artillerie und Flak von den unpassierbaren Steilhängen das Feuer hinter den Paß legen und die Küstenstraße bepflastern – da ist der Mut der britischen Garde gebrochen. Der Paß war wieder in deutscher Hand.

Dann warfen sich die Landser in den Sand, und der Atem ging schwer. Schlafen. Aber die Rufe ließen sie nicht liegen, die Rufe der Kameraden, die nicht bis hierher gekommen waren. Alle halfen den Sanitätern und trugen die Verwundeten behutsam zusammen. Die Toten wurden begraben. Das klingt so einfach, aber dieser letzte Dienst war schwer. Es dauerte Stunden, ehe man ein Loch im felsigen Erdreich hatte. Dann wurden Steine herangeschleppt. Jeder bekam seine Festung – gegen die Schakale.

Die Lebenden aber begannen auch in die Erde zu gehen. Sie bauten sich Steinnester und Schützenlöcher für das Kapitel, das nun kommen würde. Es hatte bereits vor fünf Wochen in London begonnen.

TIGERWURF UND SOLLUMSCHLACHT

Mitternacht ist vorüber. Draußen trommelt der Landregen über Chequers. Wunderbarer Regen. Wunderbar schlechtes Wetter – denn bei solchem Wetter kamen sie nicht, die ›damned German Flieger‹ mit ihren Bomben. Die Menschen zwischen Dover und Edinburgh hatten noch einmal die Gardine beiseite geschoben, einen Blick hinaus in die klatschende Finsternis geworfen und waren aufatmend ins Bett gegangen.

Auch Winston Churchill, Englands Premier, lag in dieser so unwirtlichen Aprilnacht des Jahres 1941 schon im Bett. Das heißt, er saß. Er hatte sich die Kissen in den Rücken gestopft und blätterte in Telegrammen, die noch spät aus Kairo gekommen waren. Jedoch er strich nicht wie sonst wild mit dem Bleistift in den Schriftsätzen herum, er saß und grübelte.

Es war für ihn eine der schlimmsten Nachrichten gewesen, als er von der Niederlage General Wavells in der Cyrenaika im Frühsommer 1941 erfuhr.

Wie ihn die Sache in den Wochen danach bewegte, zeigt eine Stelle in seinen Memoiren: »Jedem einzelnen von uns zu Hause lag die ganze Zeit über der brennende Wunsch auf der Seele: über Rommel einen Sieg erringen. Rommels Armee zerschmettern, ehe die gefürchtete neue deutsche Panzerdivision Afrika in voller Stärke erreichte und Rommel zu kräftig würde.«

Die gefürchtete neue Panzerdivision war die 15. Panzerdivision, deren Afrika-Einsatz der britische Geheimdienst in Deutschland erkundet hatte.

Alles hing also davon ab, wer das Wettrennen um den Nachschub gewann; kam der britische später als die deutsche 15. Panzerdivision, dann war es mit der Möglichkeit einer britischen Überraschungsoffensive aus. Der britische Nachschub mußte aber später kommen, wenn die Engländer aus Sorge vor den deutschen U-Booten und Fliegerstreitkräften im Mittelmeer weiterhin um ganz Afrika fuhren, um durchs Rote Meer und den Suez-Kanal nach Alexandria zu kommen.

Am 20. April hatte Churchill eine Nachricht von Wavell erhalten, daß die ersten Teile der deutschen 15. Panzerdivision in Tripolis ausgeladen würden. In Wirklichkeit waren diese Verbände, die Aufklärungsabteilung 33, die Panzerjäger-Abteilung 33 und das Kradschützen-Bataillon 15 schon im März und April gelandet und standen längst im Einsatz. Wavell wußte das nicht, er fürchtete, daß die Division Ende des Monats mit 400 Panzern an der Front stehen würde. Das war Alarm. Das konnte das Ende von Englands Stellung in Ägypten werden, wenn nicht schnelle Hilfe kam. In dieser Stunde entschloß sich Churchill zu einem Husarenstück: Am 21. April zwang er die Admiralität, einen Geleitzug mit einer mächtigen Ladung neuer Panzer, der bereits für den Marsch um das Kap der guten Hoffnung herum bestimmt war und bei Gibraltar stand, direkt durchs Mittelmeer zu führen.

Auf fünf großen Handelsschiffen, beschützt von Flottenstreitkräften des Admirals Somerville wurden 295 Panzer und ein halbes Hundert Jagdflugzeuge durch die Enge von Gibraltar nach Alexandria dirigiert.

Natürlich brauchte die Angelegenheit einen Decknamen, damit man in Telegrammen darauf Bezug nehmen konnte. Aber auch nicht einfach so ein ausgeklügeltes Geheimwort. Nein, es mußte sitzen, mußte selbst etwas ausstrahlen auf die Pessimisten. Mußte Funke sein. Und da hatte er es. ›Aktion Tiger‹. Jawohl, und ›Tigerwurf‹ konnte man die kostbare Last mit den neuen tödlichen Panzern nennen. Churchill lehnte sich zufrieden in seine Kissen zurück. Am nächsten Tag telegrafierte er siegessicher an Wavell: »Sollte ›Tiger‹ Sie erreichen, ist der Moment gekommen, zu wagen und zu handeln. Ich habe die schnelle Unterstellung der ›Hurricanes‹ auf Malta unter Ihr Kommando verlangt, sobald der ›Tiger‹ glücklich in der Höhle ist. Dieses Hunnenvolk ist weit weniger gefährlich, wenn es erst einmal die Initiative verloren hat. Alle unsere Gedanken begleiten Sie.«

Londons Gedanken waren in diesen Wochen wirklich nur in Ägypten. Riesengroß war die Gefahr geworden, daß England seine alte Machtstellung am Suezkanal verlor. Churchill atmete auf, als er die Nachricht erhielt, daß der ›Tigerwurf‹ glücklich am 12. Mai in Alexandria angekommen war.

Der ›Tiger‹ hatte das Mittelmeer durchschwommen. Die deutschen U-Boote und die italienische Seekriegsleitung hatten eine große Chance verpaßt. Nur ein einziges Schiff, die ›Empire Song‹, sank mit 57 Panzern und 10 Flugzeugen durch Minentreffer. Die übrigen Panzer und Flugzeuge kamen wohlbehalten in Alexandria an. Darunter 135 der neuesten schweren Infanteriepanzer ›Mathilda II‹ mit 26½ Tonnen Gewicht und einer Panzerung von 78 mm. Außerdem 82 funkelnagelneue Mark II. Dieser schnelle Kreuzerpanzer von 14 Tonnen mit 30-mm-Panzerung und einer 4-cm-Kanone, war die Hoffnung der britischen Führung. Er sollte in der Wüste die große Wende bringen. Dazu kamen 21 Mark VI, ein leichter, schneller Panzer von 5½ Tonnen und 14-mm-Panzerung, mit einer Geschwindigkeit von 60 km.

»Dem ›Tiger‹ brauchen nur noch Krallen zu wachsen«, telegrafierte Wavell am 25. Mai nach London, das hieß, es brauchte nur noch die technische Montage und die Schulung der Besatzung am neuen Kampfgerät durchgeführt zu werden. Am 28. Mai informierte Wavell den Premierminister, daß er bereit sei, mit der neuen Panzerstreitmacht Rommel anzugreifen, das Deutsche Afrikakorps bis Tobruk zurückzuwerfen und die Festung zu entsetzen. Das Kennwort für diese Aktion hatte Churchill erfunden: ›Unternehmen Battleaxe‹ – Unternehmen Streitaxt. Es sollte ein Panzerangriff werden, wie ihn die Wüste noch nicht erlebt hatte. Ein halbes Tausend Panzerkampfwagen würde aufeinanderprallen. Und Churchill war sicher, daß die 250 britischen Kampfwagen besser und – siegreich sein würden.

In der Frühe des 15. Juni 1941 schrillten in allen britischen Stabsquartieren die Telefone, klapperten die Fernschreiber, flitzten Ordonnanzen. Das ganze Spiel, das dem Beginn einer großangelegten, lange geheimgehaltenen, aber gut vorbereiteten Offensive vorausgeht, rollte ab: »Streitaxt ist ausgelöst. X-Tag = 15. Juni. X-Zeit = 4 Uhr.« General Creagh führte die britische 7. Panzerdivision, zu der die mächtigen Infanteriepanzer der 4. Panzerbrigade gehörten. General Messervy kommandierte die 4. indische Division und die 22. Gardebrigade. Den Oberbefehl hatte General Beresford-Peirse. Mit über 200 Panzern und 25 000 Mann zog er in die Schlacht. Ziel: Rommels Streitkräfte stellen, seine Panzer im Raum Sollum–Bardia vernichten. Den Halfayapaß besetzen. Die Landverbindung nach Tobruk herstellen.

Punkt 4 Uhr heulten die Motoren der britischen Panzer auf: die neuen Mark II, die auf Spezialuntersätzen an die Front gebracht worden waren. Dazu noch die dicken Infanterie-Panzer Mathilda II. »Das ist ein Panzer«, sagte Oberleutnant Clark, und Leutnant Fred Miller nickte. Nobby und

Dusty – die zwei, die damals vor El Agheila als erste die deutschen Panzer entdeckten, als Rommels Offensive begann. Ein Sturm, der sie an Tobruk vorbei bis hinter den Halfayapaß trieb! Von den vier Männern, die vor genau $2^1/_2$ Monaten in dem gelbgrün gestrichenen Panzerspähwagen davonjagten und die 2. britische Panzerdivision mobilisierten, lebten nur noch Nobby und Dusty. Fahrer Felton fiel bei Bardia, und Funker Farquart liegt bei Tobruk am Kilometerstein 31 begraben. Von den Deutschen begraben. Nobby und Dusty sind wieder bei ihrer 7. Division. Und sie fahren wieder mit ihren 11. Husaren. »Diesmal geht es andersrum. Diesmal haben wir die besseren Panzer.« Lächelnd sagt es Clark. Er steht mit Dusty im Turmluk des funkelnagelneuen Mark II. Da hebt der Regimentskommandeur den Arm. Stößt die Hand dreimal in die Luft: ›Auf geht's‹. Und sie fahren.

Am Halfayapaß schufteten die deutschen Pioniere seit 14 Tagen am Ausbau der so sauer wieder eroberten Stellung. Wieder ist eine Geschützstellung fertig. Sie freuen sich, wie gut das Werk gelungen ist. Merkwürdig, worüber man sich im Krieg freuen kann. Die 8,8 ist ja auch bei Gott kein Kanönchen, das man so mir nichts dir nichts verstecken kann. Oberleutnant Richter geht 150 Meter von der 8,8 weg, dann legt er sich auf den Boden, um zu prüfen, ob das Geschütz gut getarnt ist. Nichts ist auszumachen. Das Geheimnis liegt in dem berühmten Flimmern der Luft. Alles, was sich in einer Höhe bis zu einem Meter und ein bißchen mehr über dem Erdboden befindet, ist kaum zu sehen. Was aber über anderthalb Meter hinausragt, erscheint um vieles größer.

Die Vierlingsflak der Batterie ist ebenfalls eingebaut. Sie hat ideales Schußfeld. Kein Geländehindernis weit und breit. Die leere Wüste ist ein herrlicher Schießplatz. Man sollte Kriege nur in der Wüste führen. Hinter der Flak liegt gestaffelt die Batterie des Oberleutnants Ermel. Vier 15,5 cm französische Langrohrgeschütze. Sie sind so wuchtig wie ihr Batterieführer gewichtig. Der Würzburger Gewerbelehrer hat seine dicken Brummer in glänzend gebauten Stellungen stehen. Im Anschluß an die Batterie Ermel folgen die Stellungen der Batterie des italienischen Majors Pardi. Es ist eine der besten italienischen Batterien. Sie wird es bald beweisen.

Der Kalender im Unterstand des Pionierzugführers zeigt den 12. Juni 1941. Ein Lkw wird mit T-Minen beladen. Es geht hinunter in die Küstenebene. Minenlegen ist eine gefährliche Arbeit. In Schachbrettform, im Abstand von zwei zu drei Meter werden zuerst Löcher so ausgebuddelt, daß sie auf Lücke liegen. Man kann das mit einer Schablone machen. Alte Füchse aber kennen den Meter auch so. In die Mitte eines jeden Loches kommt ein kleiner Pfahl, ein zweiter seitlich in die Wand. An den Pfählen befestigt man dann einen dünnen Draht, der mit den Zündern am Boden und an der Seite der Mine verbunden wird. Die Raffinesse besteht darin, daß man den Draht so stramm mit den Zündern verbindet, daß bei der kleinsten Bewegung nach rechts oder links oder bei dem geringsten Anheben der Mine das Ganze in die Luft fliegt. Auf dem Deckel der T-Mine ist ein dritter Zünder, der auf Druck reagiert. Tritt man also auf die Mine, die man nicht sieht, geht sie los. Will man sie aus ihrem Versteck holen und versucht, sie hochzuziehen, geht sie auch los. Hat ein Schlauberger die Mine entdeckt, freigeschaufelt und mit Glück den oberen Zünder herausgeschraubt, dann darf er nicht versuchen, sie an der Seite freizubuddeln. Denn wenn er das Teufelsei nur wenige Millimeter dreht oder unglücklicherweise mit der Hand den dünnen Zünddraht erwischt, dann ist es auch passiert und die sechs Kilo in Eisen verpackter, hochexplosiver Sprengstoff gehen mit Donner in die Luft.

Wenn die Arbeit getan ist, werden die Minen auf ›scharf‹ gestellt. Das Minenfeld wird liebevoll getarnt. So, verehrte Tommypanzer, Fahrt frei! ›Der Minenleger, dein Freund, dein Helfer‹, hieß es in Afrika.

Mitten bei der Arbeit brausen drei Hurricanes über den Paß. Sie fliegen Aufklärung. Es liegt was in der Luft. Seit Tagen beharken die englischen Jäger die Stellungen. Eigentlich müßten es die vom X. Fliegerkorps auch schon gemerkt haben. Gerade wollen die Pioniere meckern, da stößt eine Messerschmitt aus der Sonne, setzt sich hinter den letzten Tommy, und schon prasseln die Bordwaffen des deutschen Jägers. Es geht in Windeseile: Eine Rauchfahne. Ein weißer Fallschirm. Und im selben Augenblick schlägt zwischen Halfayapaß und Capuzzo eine Hurricane auf. Eine mächtige Staubwolke und ein riesiger Feuerpilz markieren die Stelle. Die Me zieht hoch.

Für die Wüstenfüchse ist es ein seltenes Schauspiel, zu sehen, was die ›Luftkutscher‹ fertigbringen. Jetzt fegt eine MG-Garbe auf den zweiten Tommy-Jäger. Brennend stürzt auch diese Maschine ab. Der Pilot baumelt am Fallschirm, treibt auf das Meer hinaus. Dort sehen sie schließlich den weißen Punkt heruntergehen. Wird die deutsche Seenotstaffel starten? Nicht nötig; denn bald fischt ein britisches Boot den Flieger auf. Der ganze Luftkampf hat keine Minute gedauert. Die deutsche Maschine kommt zurück, geht tiefer, wackelt mit den Tragflächen und überfliegt den Paß. Sie winken. Am Abend wird in den Stellungen durchgegeben, daß Hauptmann Müncheberg der erfolgreiche Jagdflieger gewesen ist.

Stände die MP nicht am Bettrand, wären nicht Waffenappelle mit mahnenden Worten, man könnte meinen, es wäre kein Krieg. Oder wenigstens große Pause im Drama Halfaya.

Vom ›Ave Maria‹ her, dem Mutter-Gottes-Gebetsstein am Halfayapaß, kommt ein deutscher Panzerspähwagen: Feldwebel Barlesius von der 1. Kompanie der Aufklärungsabteilung 33. »Es tut sich was«, sagt er. »Bei Sidi Omar zieht sich so allerhand zusammen.« Sie sprechen wie Bauern über ein

Gewitter. Sprechen von Orten, die früher keiner auch nur dem Namen nach kannte. Jetzt aber haben diese Orte eine ganz bestimmte Bedeutung. Wenn sich bei Sidi Omar, unten in der Wüste, an der Flanke von Halfaya ›was tut‹, dann ist das eben was anderes, als wenn Bengasi von See her beschossen wird oder bei Tobruk ein Kampfduell stattfindet. Sidi Omar ist ein Angelpunkt. Ein Zentrum der großen Drehscheibe im Raum Sollum–Capuzzo–Halfaya–Tobruk.

Die Nacht vergeht. Nichts ist geschehen. Weiter mit der Arbeit. Und wieder eine Nacht. Die Klamotten kleben am Leib, die Maschinenpistole mit Reservemagazin steht neben der Pritsche. Der MG-Schütze hat sein MG griffbereit neben dem Feldbett. Die Gurte liegen da. Der Schütze 2 hat den Reservelauf tadellos gereinigt und gegen Staub und Sand sorgfältig verpackt neben sich liegen. Die Munitionskästen sind aufgefüllt. Alles ist vorbereitet. Über alles wacht Vater Bach. Er schikaniert nicht. Er nörgelt nicht. Aber wenn er sagt: »Kinder, daß mir . . .«, und dann kommen seine Wünsche, klar, vernünftig, eindrucksvoll. Niemals würde er Unsinn verlangen. Aber was er verlangt, das muß geschehen. Jeder weiß es. Vater Bach, der Kommandeur am Halfayapaß, ist genau der richtige Mann am richtigen Platz. Auch das war eine Kunst von Rommels Führung, ein Geheimnis seiner Siege.

Man schläft nicht gut mit all den Klamotten am Körper. Die Stimmung ist gereizt. Ein Fluch dringt aus dem Nachbarloch herüber: »Himmelheilandssakra, wenn's Köpp hätten wie Ochsen, könnt' man sie totschlagen!« Ja, wenn sie Köpfe hätten wie Ochsen . . . Feldwebel Fleischmann, der Bayer, meint die Sandflöhe. Und sie können einen wirklich zum Wahnsinn treiben. An wen sie geraten und wessen Blut ihnen schmeckt, dem gnade Gott. Die Viecher sind so klein, daß man sie fast nur mit der Lupe sieht. Die Weibchen springen den Menschen an, bohren sich in die Haut, bis nur das letzte Endchen heraussieht. Dann saugen sie Blut. Sie saugen so lange, bis die ursprünglich flachen Tiere kugelrund und dick geworden sind. Der Gefreite Ehrhardt ist vom Scheitel bis zur Sohle im wahrsten Sinne des Wortes tätowiert. Es mußten viele Leute wieder in die Heimat geschickt werden, weil die Sandflöhe sie zum Wahnsinn trieben. Auch ein Mann wie der Feldwebel Fleischmann kann bei solcher Ohnmacht tatsächlich verrückt werden. ›Was soll man denn gegen die Sauviecher machen.‹ Sie haben halt keine Köpfe wie Ochsen. Manche Landser haben ihre Feldbetten beiseite gestellt und sich in Hängematten gelegt. Am Halfayapaß geht das, aber lege sich einer einmal in Libyens Wüste in die Hängematte. Hat er eine, dann hat er noch lange keine Pfähle, es sei denn, er bringt sie aus Europa mit. Und wenn er Pfähle hat, dann soll er erst einmal versuchen, sie in die Erde zu rammen. Und außerdem ist dann doch alle Mühe umsonst. Im Hochsprung überwinden die Flöhe den Abstand vom Boden bis zur Hängematte.

Es sind nicht nur die Sandflöhe, die die Landser reizen. Da sind auch die Parolen, die geflüsterten Parolen, die wie ein Lauffeuer umgehen. Obergefreiter Brindel bringt eine davon taufrisch in das Wadi: ›Die Tommys haben einen neuen Panzer, an dem prallen die Pakgeschosse ab wie die Erbsen. Mark II heißt das Ding.‹ Mark II? Gesehen hat ihn noch keiner, und trotzdem werden Wunderdinge von diesem britischen Panzer erzählt. Es beginnt so etwas wie ein ›Mark-II-Schreck‹. Zu lange ist schon Alarmbereitschaft. Das frißt an den Nerven.

Am 14. Juni abends: Das Feldtelefon rappelt. »Es liegt was in der Luft, heute nacht oder morgen früh«, teilt der Bataillonskommandeur, Hauptmann Bach, ruhig mit. »Sie sind doch ein alter Stoßtruppler und haben einen tüchtigen Pionierzug?« fragt er Leutnant Schmidt. »Jawohl, Herr Hauptmann!« »Für Sie habe ich einen besonderen Auftrag. Sie sind mit dem Pi-Zug Bataillonsreserve, und wenn der Tommy tatsächlich irgendwo einbrechen sollte, dann schmeißen Sie ihn wieder 'raus.« »Jawohl, Herr Hauptmann!« Ganz einfacher Auftrag: Wenn der Tommy irgendwo durchgebrochen ist, dann schmeißen wir ihn einfach wieder 'raus! Ein klarer und selbstverständlicher Auftrag. Klarer geht's nicht. Es klingt so wie im Kochbuch: ›Man nehme . . .‹ und der Kuchen ist fertig. Jawohl, Herr Hauptmann!

Feldwebel Fleischmann, Becker, Brindel, Gerhard und Habel werden unterrichtet. Dann wird gewartet.

Gegen Abend schließen die Pioniere schnell die Minengasse zwischen der 3. Kompanie und der Flakabteilung. Ein Doppelposten wird aufgestellt. Spähtrupps gehen nach vorne. Jeder horcht in seinem Schützenloch. Totenstille am Paß. Alles lauscht in die Dunkelheit. Aber kein Kettengeräusch. Die Sterne stehen klar am afrikanischen Himmel. Der Mond beleuchtet die Wüstenlandschaft grell. Man könnte die Zeitung lesen. Aber wer hat eine Zeitung? Und wer wollte lesen?

›21 Uhr 57‹, tönt es leise aus dem Nachrichtengerät: der deutsche Soldatensender von Belgrad. Dann erklingt Lili Marlen. Wie viele Landser in ihrem Kfz, an den Funkgeräten oder an den Empfängern ihrer Panzer hören jetzt dieses schmalzige Liedchen? Es ging um die ganze Welt:

Vor der Kaserne,
vor dem großen Tor,
stand eine Laterne,
und steht sie noch davor . . .,
so woll'n wir uns da wiedersehn,
bei der Laterne woll'n wir stehn,
wie einst Lili Marlen.

Unsere beiden Schatten
sah'n wie einer aus.
Daß wir so lieb uns hatten,
das sah man gleich daraus.
Und alle Leute soll'n es sehn,
wenn wir bei der Laterne stehn,
wie einst, Lili Marlen.

Schon rief der Posten,
sie blasen Zapfenstreich,
es kann drei Tage kosten,
Kamerad, ich komm ja gleich.
Da sagten wir auf Wiedersehn,
wie gern würd' ich mit dir gehn,
mit dir, Lili Marlen.

Aus dem stillen Raume,
aus der Erde Grund,
hebt mich wie im Traume,
dein verliebter Mund.
Wenn sich die späten Nebel drehn,
werd' ich bei der Laterne stehn,
wie einst, Lili Marlen.

Da saßen sie und lauschten: in Frankreich, in Polen, in Norwegen, auf den U-Booten und in der Wüste. Saßen in Quartieren, in Buden, in Messen und Löchern und träumten der Stimme einer jungen Frau nach. Einer simplen, naiven, spröden Stimme mit einem simplen naiven Lied. Der Schlager der Soldaten. Man ist heute geneigt, dieses Lied in Grund und Boden zu kritisieren, eine Schnulze zu nennen; aber das wäre Unrecht an den Millionen Soldaten, die der Melodie und dem Text lauschten, weil sich darin das Heimweh verkörperte und die rührende Sentimentalität als Gegenstück zur furchtbaren Wirklichkeit des Krieges und des Sterbens stand.

Dieser Song weckte die Gedanken an zu Hause, an den Frieden, an Bräute und Städte und Dörfer. Da kullerten den alten Wüstenfüchsen die Tränen. Aber nicht nur den deutschen Landsern. Der britische Kriegsberichter Alan Moorehead schreibt in seinem Buch ›Afrikanische Trilogie‹: »Nicht allein die deutschen, auch die englischen Soldaten stellten ihre Rundfunkapparate auf sie ein und lauschten jeden Abend. Überall in der Wüste pfiffen englische Soldaten die Melodie.« Ein Lied, ein Schlager ging über die Fronten. Und das Lied von der Laterne vor dem großen Tor war so mächtig, daß englische

Generale ihre Offiziere aufforderten, die Soldaten davon abzuhalten, es zu singen und zu pfeifen und die Sendungen des deutschen Rundfunks zu hören.

Dieses Lied hatte mit dem Kriege Auferstehung gefeiert. Sein Erfolg war nur im Kriege denkbar. 1938 hatte Willy Schäffers im Kabarett der Komiker Lale Andersen den Schlager singen lassen. Er war beim Publikum durchgefallen. Wirkte nicht. Kam nicht an. ›Schmalz‹, sagten die Besucher und lachten. Auch die Schallplatte hatte keinen besonderen Erfolg. In Krefeld jedoch fand sie, ein paar Jahre später, besondere Freunde. Hier lag im Frühjahr 1940 vor dem Frankreichfeldzug die 2. Panzerspähkompanie der Aufklärungsabteilung 3. Im Parkstübchen versammelte sich allabendlich das Unteroffizierskorps; und die Unteroffiziere hörten hier zum erstenmal die Platte mit dem Lied Lili Marlen. Es gefiel ihnen, und so spielten sie es als ihr Leib- und Abendschoppenlied jeden Tag. Zur Kompanie gehörte auch der damalige Feldwebel d. Res. Karl-Heinz Reintgen, der vom Sender Berlin kam. Ihm gefiel Lili Marlen besonders gut. Als die 2. Panzerspähkompanie im Frühjahr 1941 nach Afrika verlegt wurde und Reintgen, der inzwischen Leutnant geworden war, als Sendeleiter am Wehrmachtsender Belgrad wirkte, entschied sich das Schicksal von Lili Marlen: Reintgen hatte die Platte mitgenommen und spielte sie aus Anhänglichkeit zu seiner alten Kompanie, die er dazu mit ein paar freundlichen Worten aus Belgrad besonders grüßte, im Belgrader Wachtposten. Ein paar Tage später war ein riesiges Echo da: Nochmal die Platte Lili Marlen. Und so ertönte von nun an jeden Abend um 21.57 Uhr über den Belgrader Sender das Lied von der Laterne. Und nicht nur an der Front, auch in der Heimat wurden die Gespräche unterbrochen, wenn es auf 22 Uhr ging. ›Stell Belgrad ein‹, hieß es. Man wußte: Die draußen hören es und denken an zu Hause, und wir alle hörten es – dieses alberne Lied, das aber die Augen feucht machte und die Sehnsucht weckte, die simple, naive Sehnsucht.

Das war Lili Marlen – auch ein Stückchen Kriegsgeschichte.

Das Geheul des Schakals bricht am Halfayapaß in das Lied von Lili Marlen und erinnert an die Wirklichkeit. Sie sind nicht zu Hause, die Landser. Sind in Afrika. Aus der unendlichen Weite der Wüste bringt der Aasfresser sich in Erinnerung. Schmutzige, dreckige Raubtiere mit der gesträubten Rükkenmähne und mit dem vom Speichel ewig nassen Maul. Sie schleichen um die Soldatengräber. Scharren die Steine beiseite. Deshalb bekommen die Toten feste Gräber, Gräber wie Festungen.

Die Armbanduhr zeigt 4 Uhr früh. Bald wird es heller Tag sein. Morgengrauen und Abenddämmerung sind Worte, die nicht im afrikanischen Lexikon stehen. Innerhalb weniger Minuten wird es Tag oder Nacht.

Jetzt ist es ganz deutlich: Motorengeräusch. Feldwebel Fleischmann ruft es in die Unterkunft. Das Telefon schrillt. Alarm! ›Motorengeräusch, Motorengeräusch‹ geht es durch alle Stellungen! Die Spannung der Alarmnächte schafft sich Luft. Jetzt wissen sie Bescheid. Gott sei Dank, es ist soweit! Sie denken das nicht aus Kampfwut, nicht aus Heldentum. Ach was, Heldentum! Es ist einfach die Erlösung von der Warterei. Das Gefühl der Angst hat einen greifbaren Feind bekommen. Man kann ihn sehen und bekämpfen.

Langsam schwillt das Dröhnen an. Mit dem Fernglas kann man bereits schwarze Punkte erkennen. Und dort, wo die schwarzen Punkte sind, steht eine riesige Staubwolke am Horizont. Sie kommen.

Es ist die 4. indische Division mit Panzerunterstützung durch die 4. Panzerbrigade.

Hauptmann Bach steht bei der Flak. Die Wunderwaffe 8,8 wird wohl das Hauptwort in den kommenden Stunden zu sprechen haben. »Was denken Sie, Richter, wie weit sind die Panzer noch weg?« »Schätze 3500 Meter, Herr Hauptmann.« Bach, auf seinen Spazierstock gestützt, zieht an seiner Zigarre und meint gelassen: »Do ha mer noch Zeit, Richter!« Aber dann sind sie doch heran.

»Unter keinen Umständen schießen, rankommen lassen«, so lautet der Befehl. Das ist leicht befohlen. Und richtig befohlen. Aber man liege mal da in der Wüste. In einem Steinloch. Und langsam walzen die stählernen Ungetüme heran. Da fängt jede Hand an zu zittern. Die Sonne brennt. Sie blendet und hindert die Sicht. Denn die feindlichen Panzer kommen von Osten und haben die Sonne im Rücken. Das Herz klopft. Totenstille. Und die Panzer mahlen heran. Schwere schwarze Kästen. Mächtige Ungetüme. Da ist er, der gefürchtete Mark II. Immer mehr werden es. Weit hinten kommen die dicken Infanteriepanzer. Langsam. Zu langsam sogar für die Infanterie. Das wird an vielen Stellen ihr Schicksal werden. Noch haben die Stahlkolosse das Dorf Halfaya nicht passiert. »Volle Deckung!« Die feindliche Artillerie hat das Feuer eröffnet. Die Sollumschlacht beginnt. Salve auf Salve fliegt herüber. Das Pfeifen der Granaten und die Detonationen gehen in eins über. Trommelfeuer. Die Erde sprüht von glühenden Granatsplittern. Steinbrocken fliegen durch die Luft. Dazwischen wälzen sich Rauchschwaden. In das leere Wadi zwischen der 3. Kompanie und den Stellungen der Flak haut es immer wieder ein. Kein Mensch, nicht einmal ein Fahrzeug, befindet sich dort. Das ganze Feuer liegt schon Minuten an dieser Stelle. »Nur hinein, was das Zeug hält«, stellt Hohmann befriedigt fest, und Mees ist der Ansicht: »Was dort hinfällt, kriegen wir nicht auf den Kopf.« »Wenn's nur so bleibt«, beten die Männer leise. »Wenn's nur so bleibt.« Nur nicht zeigen, daß das Feuer falsch liegt. So tun, als ob alles schon für den Angreifer halb gewonnen ist. Panzer auf Panzer rollt auf die 3. Kompanie zu. Alles Mark II. Dahinter fahren Lkw auf. Die Infanteristen der 11. indischen Brigade springen ab. Zu Kompanien formiert, marschieren sie hinter den Panzern auf. Unbesorgt. Wie auf dem Exerzierplatz. Und kein Schuß fährt in ihre Reihen. »Die sind da drüben wohl schon hin«, rufen sich die Inder zu. »Ist wohl schon Friedhof bei den Fritzen.« Gefangene erzählen es später und erklärten so den sorglosen Aufmarsch.

Auf der deutschen Seite rührt sich nichts. Warum schießt denn nicht wenigstens die Flak? Bei den Tommys rollen noch immer Lastwagen an. Halten an den Ruinen des Dorfes Halfaya und setzen die Infanterie ab. Sie wissen offenbar nicht, wie nahe sie schon den deutschen Gewehrläufen sind.

Da! Ein peitschender Knall zerreißt die Luft. Er hebt sich von der mächtigen Geräuschkulisse des englischen Artilleriefeuers deutlich ab. Die 8,8 spricht. Und die 8,8 gibt das Kommando: Feuer frei! Jetzt spuckt die deutsche Stellung Feuer und Tod. Lage auf Lage verläßt die Rohre aller Geschütze. Treffer. Stichflamme. Volltreffer! Die schwere Kuppel aus nahtlos gewalztem Stahl wird von dem Unterteil des Mark II gerissen und fliegt einige Meter weiter in den Sand. Das ist die 8,8. »Mensch, hast du gesehen, Mensch, die Achtacht!« rufen sich die deutschen Landser zu. Die Angst ist weg. Na also: Auch der Mark II widersteht der 8,8 nicht. Aber der Tommy gibt nicht auf. Er will die Paßhöhe gewinnen, die Küstenstraße erobern, den Hafen Sollum als Nachschubbasis in seine Hand bekommen.

Die italienische Batterie Pardi liegt jetzt im Feuer der englischen Artillerie. Aber Pardis Männer schießen weiter. Doppelt ist der Gefechtslärm bei ihnen: Abschußknall und Explosionsknall gehen ineinander über. Der lange Major Pardi dirigiert seine Batterie wie beim Übungsschießen. Großartig sind die italienischen Artilleristen. Auch die 2-cm-Flak bellt jetzt dazwischen. Oberfähnrich Genzler nimmt mit direktem Beschuß die Mark II unter Feuer. Schießt, was aus den Rohren will. Wütend stellt er fest, daß es den Ungeheuern nichts ausmacht. Aber wenn er einen, der seitwärts abdreht, am Heck erwischt, wo der Motor nur mit gerillten Platten abgedeckt ist, dann hat auch die 2-cm-Flak Erfolg. Und Oberfähnrich Genzler sucht die Ziele wie auf der Jagd. Beobachtet. Befiehlt. Schießt. Bis ein Volltreffer sein Geschütz zum Schweigen bringt. Als die Sanitäter heranspringen, lebt nur der 19jährige Oberfähnrich noch. Er ist schwer verwundet; aber er kommt davon.

Die Hölle ist ausgebrochen Das ist der moderne Krieg. Technisches Morden. Präzises Verderben. 9, 10, 11 brennende Panzer liegen vor der deutschen Stellung. In die geschlossenen Sturmkolonnen der Engländer feuert die 8,8. Die Wirkung ist fürchterlich. Von diesen Stunden an hieß der Halfayapaß bei den Engländern nur noch der ›Hellfirepass‹, ›Höllenfeuerpaß‹. Und wie ging es in der Küstenebene zu, unten, wo die 1. Kompanie den Tommys den Weg zur Höhenstraße nach Obersollum verlegte? Von der Hochebene aus sahen die britischen Panzer, die sich auf die Stellungen der 1. Kompanie zuwälzten, wie Spielzeug aus. Troßfahrzeuge und Tankwagen folgten hinterdrein. Auch unten hocken die Deutschen in ihren Stellungen und mucksen sich nicht. Genauso, wie es die oben am Paß gemacht hatten. Aber jetzt: Alle Augen sind auf das Minenfeld gerichtet. Erregend sind die Sekunden. Fünf Mark II rollen an. Nur noch wenige Meter vom Minenfeld. Da, eine riesige schwarze Rauchwolke hüllt einen Panzer ein. Dann hört man auch den dumpfen Knall einer Explosion. Der zweite, dritte, vierte und fünfte Mark II rollen weiter. Halten nicht an. Sind nicht von der Explosion gewarnt. Da, wieder einer. Der dritte und vierte laufen ebenfalls auf Minen. Alle vier bleiben regungslos liegen. Vom vierten fliegt der Turmdeckel auf. Ein Tommy steigt aus und springt mit einem Satz von der Höhe des Panzers auf den Boden. Ein Knall. Ein Rauchpilz. In tausend Stücke ist der Panzerfahrer zerrissen. »Himmel, wie kann der Mensch . . .«, knurrt Gefreiter Folz. Es ist kein Triumph in dem Satz. Es ist das Mitleid mit dem Menschen da drüben, der aus einem lahmgeschossenen und damit außer Gefecht gesetzten Panzer ganz unnötiger-, ganz törichterweise ins Minenfeld springt. Das ist es, was Folz ärgert. So was macht man nicht. Es ist nicht mehr das Bewußtsein um den Feind da. Nein, es ist so eine Art Ärger, daß der andere ›die Regeln‹ nicht beachtet, die jeder Landser in Afrika beherrscht. Wenn man schon im Minenfeld steht, dann heißt es schleichen, zentimeterweise mit dem Fuß tastend vorfühlen. Sich herauswinden mit erhobenen Händen. Niemand wird auf ihn schießen. Und da springt dieser Tommy einfach in den Tod.

Nur noch einer der fünf Mark II ist übrig. Gleich muß es auch bei ihm knallen. Aber was ist denn das? Der Panzer ist durch das Minenfeld. Hat die sechs Reihen Minen hinter sich gebracht, ohne daß ihm ein Nagel gekrümmt wurde. Die Männer in ihren Löchern starren wie gebannt. Jetzt wird es Ernst. Ein Mark II ist da. Ein Mark II ist durch das Minenfeld gefahren. Kann die Infanteriestellungen aufrollen. Der Stahlkoloß hat freie Fahrt bis Untersollum. Aber da stoppt der Kasten. Was hat er denn? Angst? Weil er allein ist? Ja, gibt's denn das? Rückwärtsgang rein und zurück ins Minenfeld. Ein Knall, und Nummer 5 hat aufgehört, auf Ketten zu laufen. Die Besatzung hat jetzt begriffen, was los ist. Mit erhobenen Händen schleicht sie aus dem Minenfeld, und zwar der Spur ihres Panzers nach.

Die Sonne beginnt, sich langsam am Horizont zu neigen. Aber noch immer rauschen die Granaten auf die Stellungen am Halfayapaß. Noch immer geht das meiste ins falsche Wadi, wo kein deutscher Landser sitzt. Nur die Batterie Pardi liegt im Feuerorkan. Pardi selbst steht am Geschütz, bei dem es den Richtkanonier erwischt hat. Seine Männer schauen zuweilen schnell nach dem Geschütz, rufen sich zu: »Schau, der Ricardo, na, sollen die Tedeschi mal hersehen.« Später wird Rommel kommen. Und Major Pardi die Hände schütteln. Später. Vorerst ist zum Händeschütteln keine Zeit.

Jetzt greift die britische Infanterie wieder an. In Wellen brechen sie aus den Ruinen des Dorfes Halfaya.

Sie kommen an mit ihren ausholenden Armbewegungen, den Flachhelm schief auf dem Ohr. Die Männer der 11. indischen Brigade und der 22. englischen Gardebrigade. Das sind Kerle. Sie müssen über die spiegelebene Fläche auf die deutschen Stellungen zu, und dort wartet der Tod mit dem Finger am Abzug. Auch Teile der berühmten 11. Husaren sind dabei und indische Kolonialsoldaten. Jeder hat eine Mutter. Jeder liebt das Leben. Aber jeder glaubt, es gäbe nur die eine Pflicht, die Germans aus den elenden Löchern am Halfayapaß zu werfen. Sie werden zusammengeschossen. Aber auch in die deutschen Stellungen reißt das britische Granatfeuer Lücken. Auch dort sterben Söhne und Väter. Die Nacht vom 15. auf den 16. Juni legt sich gnädig über das Schlachtfeld.

Die Sonne des 16. Juni 1941 geht feurig auf, und mit ihr kommt der zweite Tag der Sollum-Schlacht. Um Mittag sind es zwischen 55 und 60 Grad. Und kein Wasser. In der Feldflasche ist noch ein einziger Schluck, mit Anisschnaps vermischt. Das schmeckt zwar scheußlich; aber der Gegenbrand, den es in der Kehle erzeugt, ist ein gutes Mittel gegen den Durst. Ein wirksames Rezept, das von den Italienern stammt.

Während am Halfayapaß die Inder und die Tommys der 4. Panzerbrigade in wilden Panzer- und Infanterieangriffen die Höhenstellungen erneut zu stürmen versuchen, stoßen die beiden anderen Kampfgruppen des Generals Beresford-Peirse links am Halfayapaß vorbei. Die eine parallel zur Küste auf Ca-

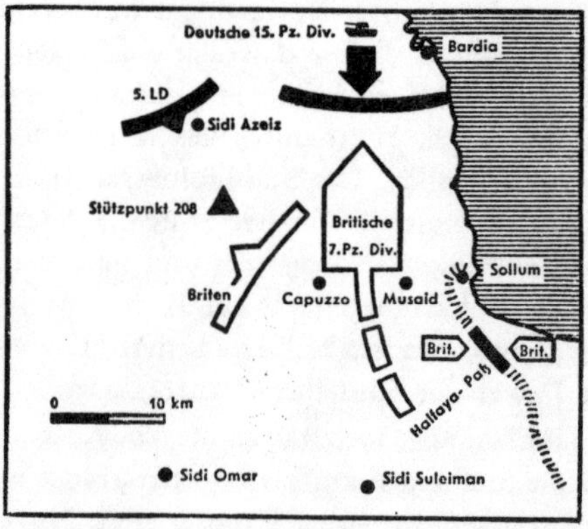

Die erste Phase der Sollumschlacht: Die Lage am 16. Juni morgens.

puzzo–Musaid und gegen die 15. Panzerdivision Rommels, die im Raume Bardia steht. Die andere holt weit nach Süden in die Wüste aus und versucht eine kühne Umgehungsoperation. Die 5. leichte Division soll auf diese Weise nach Norden gedrückt werden, um dann in einem Halbkessel zusammen mit der 15. Pz.Div. durch die stürmisch angreifende englische 7. Panzerdivision in offener Feldschlacht geschlagen zu werden. Der britische Durchbruch in der Mitte gelingt. Capuzzo und Musaid fallen. Die 7. Panzerdivision stößt gegen die deutsche 15. Pz.Div., und der gelingt es nicht, den Sturm zum Stehen zu bringen.

Der erste Teil des britischen Plans ist geglückt. Alles hängt jetzt von zwei Dingen ab: Die deutsche Halfayapaß-Stellung muß fallen, und die Umgehung durch die Wüste muß klappen, so daß die 15. Pz.Div. und die 5. Leichte im Rücken gefaßt werden können.

Der südlichste deutsche Stützpunkt der Sollumfront, an dem die 7. Panzerbrigade bei ihrem Umgehungsmarsch vorbei mußte, trug den Namen 208 und lag tief in der sogenannten Wüste. Stützpunkt ist ein stolzer Name. In Wirklichkeit zeichnet er sich durch nichts von der kärglichen Wüste ab, wenn man nicht die Tatsache eines arabischen Friedhofs als geographische Auszeichnung ansehen will. Italienische Infanteristen und Pionier-Einheiten sowie Angehörige einer deutschen Oasenkompanie hatten 208 ausgebaut. Diese Oasenkompanien, von denen es fünf gab, waren von Rommel zur Eroberung und Besetzung der Wüstenoasen Giarabub, Siwa und Kufra angefordert. Für diese Aufgabe konnte man natürlich nur besonders ausgesuchte Männer gebrauchen. Mit Ausnahme der Offiziere durfte keiner älter als Jahrgang 1914 sein. Die Oasenkompanien haben sich nicht nur im Stützpunkt 208, sondern auch am Halfayapaß und besonders bei Sollum ihre Sporen verdient. Später wurden sie in dem Oasenbataillon z. b. V. 300 zusammengefaßt.

»Schöne Oase«, sagten die Männer, als sie ihren Stützpunkt 208 sahen. Er lag ungefähr 30 Kilometer nordwestlich von Capuzzo. Tief in der Wüste, 400 Meter breit, 600 Meter lang. Bei 60 Grad hatten die Italiener mit Gesteinsbohrern die Stellungslöcher gebaut und die Tarnung für die schweren Waffen hergerichtet. Sie hatten es glänzend gemacht. Auf 20 Meter war kaum eine Kanone festzustellen. Festungskommandant war Oberleutnant Paulewicz. Seine ›Festungstruppen‹ bestanden aus der 1. Oasenkompanie, einem Zug 3,7-cm-Pak, einer MG-Gruppe und einer 8,8-Flakbatterie unter Oberleutnant Ziemer. Stützpunkt 208 war der südlichste Punkt der deutschen Front. Wollten die Engländer ihr Umgehungsmanöver gegen die 5. leichte Division Rommels zum Erfolg führen, mußten sie diesen Stützpunkt knakken. Am 15. Juni geschah noch nichts. Die Engländer waren noch mit dem ersten Akt beschäftigt: Kampf um Halfaya. Durchstoß auf Bardia. Abends riß die Funkverbindung von 208 mit dem Kradschützenbataillon 15 ab. Der Stützpunkt war auf sich selbst gestellt. Eine winzige Insel im Meer der Wüste. Ein Punkt im riesigen Schachbrett der Schlacht.

Am 16. früh, es ist noch dunkel, rollt die 7. Panzerbrigade an. Sie gehört zur ruhmreichen 7. Panzerdivision. Oberleutnant Paulewicz ist bei der ersten Meldung über die Panzergeräusche schon auf den Beinen. Er unterbricht seine Rasur, saust los und ermahnt seine Männer: »Daß mir keiner zu früh schießt; erst wenn Infanterie angreift und die Panzer dicht vorm Stützpunkt sind, ist Feuer frei!«

Schnell wurde es hell. Die Panzer hoben sich vom Himmel und von der Wüste ab, eine mächtige Staubwolke begleitete sie. Paulewicz ging zur 8,8. Durch ihre Ferngläser haben die Artilleristen schon 30 Panzer gezählt. »Wann wollen wir anfangen« fragte Flakoberleutnant Ziemer. »Ich meine, wir lassen die ersten 'reinkommen«, antwortete Paulewicz. »Nur nicht zu früh, sonst drehen sie ab, und wir kriegen Artilleriezunder aus sicherer Entfernung.«

Paulewicz rasierte sich noch schnell fertig. Ein bißchen Unruhe war in ihm. Wie würden seine Männer stehen? Er kannte sie ja erst zehn Tage. Vielleicht fing einer zu früh an zu schießen, oder verlor gar in anderer Form die Nerven.

Die Panzer rollten näher, 70 Stück, zählte Ziemer eiskalt, alles Mark II.

»Nur nicht nervös werden, Kinder«, ermunterte er seine Artilleristen. Jetzt bricht der erste in den Stützpunkt ein. »Feuer frei!« Die 8,8 wummert los, und da fliegt der Panzerturm auch schon mitsamt seinem Geschütz durch die Luft. Und nun geht es Schlag auf Schlag. Der zweite, der dritte Panzer haben Treffer und bleiben liegen. Die Pak bellt los, und die MG hämmern gegen die heranfahrenden Lkw der Engländer. Ihre Schützen kommen gar nicht zum Absitzen. Elf Panzer, elf Mark II, liegen bereits als brennende und rauchende Trümmer dicht vor dem Stützpunkt. Die anderen drehen ab. Die Lkw mit der englischen Infanterie hinterher. Als aus den abgeschossenen Panzern die Verwundeten und Gefangenen geholt werden, ist ein Captain dabei. Der will unbedingt die 8,8 sehen. Als er davorsteht, schüttelt er den Kopf: »Sieht gar nicht so toll aus, aber gegen die ist nichts zu machen; das ist das Unglück der Mark II!« Er hatte recht.

Am frühen Nachmittag startete der zweite britische Panzerangriff. Aber wieder wurden 17 Mark II geknackt. 28 von Churchills prächtigen neuen Panzern lagen tot vor Punkt 208. Der Angriff einer ganzen Panzerbrigade war wiederum abgeschlagen. Das überstieg die Nervenkraft der Engländer. Was sollte das werden? Noch einmal rannten sie an, jagten ihre Infanterie gegen 208, aber keine 300 Meter vor dem Stützpunkt blieb dieser Sturm im Feuer der MG liegen. Der Kampfplatz vor 208 glich einem Panzerfriedhof, voll von brennenden und rauchenden Fahrzeugen. Die Besatzung von 208 selbst hatte zwei Leichtverwundete und eine niedergewalzte Pak. Aber was würde am kommenden Tag werden? Der 8,8-Batterie wurde die Panzermunition knapp. Das Trinkwasser war aufgebraucht. Auch die Pak mußte ihre Munition schon zählen. Wo war der Feind, und wo waren noch eigene Truppen in der deutschen Frontlinie? Am Abend bekam der bastelnde Funker an der Funkstelle wieder Verbindung mit der Division. Dort war man überglücklich, daß der südliche Riegel in der Wüste gehalten hatte. Man schickte Wasser und man schickte Granaten nach 208, und die Männer der Oasenkompanie warteten wieder. Aber die Engländer kamen nicht mehr. Die große Panzerschlacht von Sollum hatte ihren Höhepunkt überschritten. Zwei Punkte in der Rechnung von General Beresford-Peirse hatten nicht gestimmt: Halfayapaß und Stützpunkt 208. An der einen Stelle hatte ein knappes Bataillon, an der anderen etwas mehr als eine Kompanie die Rechnung zunichte gemacht, bei beiden das ballernde Herz, die 8,8.

Das in *Her Majesty's Stationary Office* im Jahr 1956 nach sorgfältigem Quellenstudium erschienene Generalstabswerk über den Krieg in Afrika stellt nüchtern fest: »Die so hoffnungsvoll begonnene Operation ›Battleaxe‹ scheiterte, weil es nicht gelang, die entscheidende Halfaya-Stellung zu nehmen und an dem Stützpunkt 208 vorbeizukommen. Die Tapferkeit und die Feuerkraft ihrer Verteidiger waren zu groß. Die 8,8 erwies sich als eine tödliche Waffe gegen alle britischen Panzertypen. Das Zusammenwirken von Panzern mit weit vorn eingesetzten 8,8-Batterien war für die britische Führung eine Überraschung und ein wichtiger Faktor der Niederlage.

Die Feuerkraft der deutschen Panzerkanonen war der der britischen überlegen.

Der Sieg Rommels war ein Sieg seiner Führung, seiner überlegen kämpfenden Soldaten und seiner besseren Waffen.«

Der Gesamtverlauf der Sollumschlacht war so: Am 1. Tage war die Spitze der 7. englischen Panzerdivision über Capuzzo und Musaid hinausgestoßen und bedrohte Bardia. Capuzzo fiel, Musaid fiel, Obersollum fiel. In Capuzzo war es wild zugegangen. Völlig überraschend waren die 50 Tommy-Panzer vor den Stellungen aufgetaucht. Vollkommen richtig kam für die Kradschützen der Befehl zum Rückzug. Da half nur Laufen, was die Lunge hergab. Aber die Panzer waren schneller. Kamen näher. Immer mehr Soldaten mußten verwundet das Rennen aufgeben.

Eine 8,8 brachte die Rettung. Oberleutnant Tocki von den Panzerjägern 33 hatte sie aus Bardia vorgeholt. Drei Schuß. Drei Panzer außer Gefecht. 40 Panzer stoppten ihren Angriff und nebelten sich ein. Der schneidige Einsatz von Hauptmann Kümmel vom Panzerregiment 8, der mit seinen zwei schweren Panzern mit der 7,5-cm-Kanone ein halbes Dutzend Mark II knackte, nahm den Tommys die Lust, weiterzustoßen. Der ›Löwe von Capuzzo‹ hieß der spätere Eichenlaubträger Kümmel seitdem.

Bei Dunkelheit meldete sich der Obergefreite Ilgenroth mit seinem MG zurück. Er hatte sich durchgeschlagen. »Aber unser Stab ist im Eimer«, erzählte Ilgenroth, »den haben sie hopsgenommen.« Aber sie hatten ihn nicht hopsgenommen. Oberstleutnant Knabe lag mit seinem Ordonnanzoffizier

Oberleutnant Kuhnow, den Feldwebeln Mankiewicz und Goltz mit Melder und Funkern in einem Kanalrohr, das unter einer Straße durchführte, mitten in der Panzerschlacht, zwischen deutschen Gegenstößen und britischen Angriffen. 40 Schritt entfernt lag Knabes zerstörter Wagen, und sie konnten beobachten, wie eine englische Panzerbesatzung die Tropenkoffer nach brauchbarer Beute untersuchte und sich lachend die Uniformstücke Knabes verpaßte. Im Schutze der Nacht schlug sich der Haufen einzeln oder zu zweit zu den deutschen Linien durch. Knabe und Kuhnow wurden von den Sicherungen des Panzerregiments 8, das auf der Straße nach Capuzzo sicherte, aufgenommen.

Bachs Kampfgruppe mit den Männern des I. Bataillons des Panzergrenadierregiments 104 und der zugeteilten Flak und Pak hielt in der Flanke der Engländer unbeirrbar den Halfayapaß. Diese Stellung war entscheidend für den britischen Schlachtplan; denn über den Hafen Sollum und über die Küstenstraße sollte der Nachschub für die große Panzerschlacht im Raume Bardia–Tobruk rollen. »Alles hängt davon ab, ob der Halfayapaß gehalten werden kann; halten Sie den Paß unter allen Umständen«, hatte Rommel an Bach gefunkt. Bach verstand. Fünfmal griff der Tommy an. Immer wieder stürmten die englischen und indischen Bataillone gegen die Stellung. Stunden um Stunden trommelte die Artillerie, und die Wadis hallten gespenstisch von den Einschlägen wider. Aber Bach hielt. Die Munition wurde auch hier knapp. Der Italiener Pardi sammelte alte italienische Artilleriegranaten, die im Wadi lagen, ließ sie putzen, fetten und verfeuerte sie. Bach hielt nicht nur. Er machte sogar Gegenstöße und warf die britische Infanterie aus dem Dorf Halfaya.

Im Zentrum der Schlacht war die Lage eine Zeitlang für Rommel sehr kritisch geworden. Sein Versuch einer Wiedereroberung Capuzzos scheiterte. Das

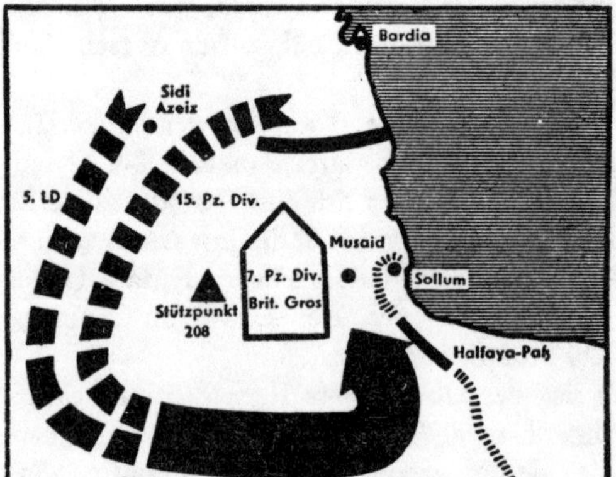

Die zweite Phase der Sollumschlacht: Die Lage am 16. Juni abends.

Panzerregiment 8 der 15. Pz.Div. verlor die Mehrzahl seiner Kampfwagen. Das Panzerregiment 5 wurde wie die Feuerwehr über das Schlachtfeld gejagt. Da entschloß sich Rommel zu einer entscheidenden operativen Maßnahme. Kernpunkt war die Tatsache, daß der Stützpunkt 208 hielt. Das gab ihm die Möglichkeit, die 5. leichte Division mit Richtung auf 208 anzusetzen, um von hier in die Flanke des Gegners zu stoßen. Der Gedanke war einfach und genial: Die Engländer hatten ihn umfassen wollen, nun umfaßte er sie. Drehpunkt war 208. Die 5. leichte Division kämpfte sich im Süden an Sidi Suleiman heran und erreichte am Abend des 16. den Raum ostwärts Sidi Omar. Jetzt handelte Rommel noch kühner. Er zog die Kampfgruppe bei Capuzzo vor der Nase der Engländer weg und warf sie mit in die Angriffsfront der 5. Leichten auf Sidi Suleiman und damit in die Flanke der auf Bardia und den Halfayapaß operierenden Briten. Das brachte die britische Front zum Einsturz. General Beresford-Peirse befahl den Rückzug. Es wurde eine Flucht daraus.

Es war der 17. Juni, der Tag, von dem Churchill in seinen Memoiren schreibt: »Am 17. ging alles in die Brüche.« Es ging in die Brüche, weil ein paar Offiziere und ein paar hundert Landser des Deutschen Afrikakorps am Halfayapaß und im Stützpunkt 208 gehalten hatten. Eine mächtige Schlacht, bei der es im Grunde um ganz Nordafrika ging, war von ihrer Tapferkeit und den darauf gebauten kühnen Entschlüssen Rommels entschieden worden.

Wir müssen ehrlich sein, es war nicht nur die Tapferkeit. Es war auch die Kraft der Waffen und da wiederum die Kraft der Wunderwaffe 8,8.

72 Stunden hatte die Schlacht getobt, die in der Geschichte unter dem Namen ›Battleaxe‹ steht. 72 Stunden hatte der britische Oberbefehlshaber in Kairo, General Wavell, mit Churchills ›Tigerwurf‹ versucht, das Schlachtenglück in Afrika zu wenden. Vergeblich. Noch waren die deutschen Waffen und die deutschen Soldaten besser. Nicht nur die 8,8, auch die deutschen Panzer III und IV. Zwar hatte auch die 15. Panzerdivision schwere Verluste an Kampfwagen; aber die Deutschen holten durch den wohlorganisierten Instandsetzungsdienst die beschädigten Panzer mit Zugmaschinen aus dem Kampfraum und ließen sie von fahrbaren Werkstätten reparieren. Eine Leistung, der die Engländer erstaunt gegenüberstanden und der Churchill in seinen Memoiren große Bewunderung zollt.

›Battleaxe‹ war geschlagen. Die größte Panzerschlacht, die die Wüste bis dahin je gesehen hatte, war zu einem deutschen Sieg geworden.

Die Verluste der Engländer betrugen 122 Gefallene, 259 Vermißte, 588 Verwundete. Über 100 britische Panzer wurden vernichtet. Zahlreiche andere konnten nur schwerbeschädigt auf dem Rückzug mitgeschleppt werden. Die Panzermacht Wavells war dahin.

Die deutschen Verluste betrugen 93 Gefallene, 235 Vermißte und 350 Verwundete. Die Totalverluste an Panzern beliefen sich auf 12, beschädigt wurden 50.

Die bessere Führung und die besseren Waffen hatten gesiegt. Aber der Krieg war nicht zu Ende. Die Briten waren entschlossen, aus ihrer Niederlage zu lernen. Würde Rommel ihnen Zeit dazu lassen? Das war die Frage im Sommer 1941. Aber sie hing nicht nur von Rommel ab.

ENGLISCHES GEHEIMKOMMANDO WILL ROMMEL FANGEN

Rommel galt bei seinen Soldaten als kugelfest. »Für den Alten ist keine Kugel gegossen«, sagten sie staunend oder kopfschüttelnd, wenn er wieder einmal die Gefahr gerochen und ein paar Sekunden vor dem Einschlag einer Granate an seinem Standort mit seinem Kübelwagen Stellungswechsel gemacht hatte. Man lag im Dreck der Wüste und im Hagel der feindlichen MG-Schützen. Konnte die Nase nicht aus dem Schotter heben, ohne Gefahr zu laufen, daß einem das Gehirn ausgeblasen wurde. Der Angriff blieb stecken. Rommel kam angefegt. Stellte sich aufrecht ins Schützenloch. Die Hand über die Augen zum Schutze gegen die Sonne. »Was habt ihr eigentlich? Wenn's drüben knallt, braucht ihr doch nicht gleich in den Dreck zu kriechen!« Kaum war er weg, gab's gleich wieder Verluste. Immer wieder passierte das.

Viele alte Afrikaner haben mir solche Geschichten erzählt; Männer, die das EK I und das Ritterkreuz mit nach Hause brachten und weiß Gott keine Hasen waren. Ja, für Erwin Rommel war keine Kugel gegossen.

Natürlich sprach sich die Legende von Rommels Kugelfestigkeit an den Fronten herum. Gefangene trugen sie übers Niemandsland. Und bald galt Rommel auch bei den Tommys als unbesiegbar. Stirnrunzelnd nahmen die britischen Offiziere den Anekdotenkranz ihrer Männer zu Protokoll und berichteten nach hinten: »Rommels Name allein und seine Legende werden zur psychologischen Gefahr für die britische Armee.«

Auf einem Lkw fluteten am 18. Juni 1941 mit der Masse der Geschlagenen der 7. britischen Panzerdivision auch unsere Freunde Nobby und Dusty, Oberleutnant Clark und Leutnant Fred Miller, zurück. Wie siegessicher waren sie auf ihrem Mark II am 15. ausgefahren. Nun war alles vorbei. Gerade noch rechtzeitig waren sie aus Rommels großen Sack zwischen Sidi Omar, Halfayapaß und Capuzzo gerutscht. Es war ein trostloser Rückzug.

Kann man gegen diese Fritzen denn nichts ausrichten? Sind diese Krauts unbesiegbar? So sinnierten Nobby und Dusty. So sinnierten viele andere Engländer. »Die Moral wird schlecht«, nannte man das in den Stäben.

Knurrend schickte Winston Churchill den Oberbefehlshaber Sir Archibald Wavell aus der Wüste in die Wüste. Machte ihn zum Oberbefehlshaber in Indien. Ein neuer Mann ergriff in Afrika das Steuer, einer, dem der Ruf der unbeugsamen, sturen Energie vorausging: Sir Claude Auchinleck. Würde er mit Rommel fertig werden?

Diesem damned Rommel!

Ja, »dieser damned Rommel«, knurrten Nobby und Dusty auf ihren Lastwagen. »Man müßte ihn umbringen«, sagte Nobby. Dusty schaute auf: »Das wäre so gut wie zwei gewonnene Schlachten, wie ein gewonnener Feldzug. Umbringen. Ja, ach was, noch besser, kidnappen müßte man ihn. Im Triumph als Gefangenen zeigen: Da seht her, das ist er, der große Rommel, der Unbesiegbare, der Kugelfeste – ein PoW! Das wäre ein Schock für die Krauts.« Es wurde den beiden ordentlich wohl bei diesem Gedanken; aber sie kamen nicht dazu, ihn weiter auszuspinnen. Eine deutsche Stuka-Staffel jagte sie noch auf der Flucht.

Kühne Einfälle werden meistens an vielen Stellen reif. Und so war es kein Wunder, daß der Gedanke aus dem Troß der flüchtenden 7. Panzerdivision auch anderswo spukte: Man müßte diesen gefährlichen Rommel beseitigen. Töten. Oder fangen. In Kairo wurde es gewispert. In London: Man müßte...

Erwin Rommel wußte von diesen düsteren Gedanken seiner Gegner nichts. Er war übrigens gerade um diese Zeit seelisch gar nicht so kugelfest und siegessicher, wie ihn die Legende machte. Er hatte Sorgen. Was würde in Afrika weiter werden? Er wußte am 18. Juni, am Tage nach der siegreichen Schlacht, daß der deutsche Angriff auf Rußland bevorstand. Er wußte, daß das für ihn jede Hoffnung auslöschte, großzügig Nachschub an Panzern, Fliegern und Divisionen zu bekommen.

Er wußte ja nur zu gut, daß Hitler und sein Oberkommando des Heeres im kontinentalen Denken verharrten und dem afrikanischen Kriegsschauplatz mit seinen großen strategischen Möglichkeiten wenig Verständnis entgegenbrachten. Der Generalstabschef Halder verfocht den Standpunkt, daß es unmöglich sei, England in Nordafrika zu schlagen; für ihn war der Krieg in Nordafrika lediglich »ein Kampf um Zeitgewinn«.

Man hat oft gesagt, Rommel sei ein hervorragender Taktiker, ein glänzender Truppenführer – aber kein weiträumig denkender Stratege gewesen. Nun, die Geschichte hat immerhin gezeigt, daß Rommels strategische Pläne gar nicht so phantastisch waren, ja, daß sie realistischer waren als die seines Kriegsherrn, der nun, vom Sommer 1941 an, in der Wolfsschanze bei Rastenburg wie ein Waldgeist die Schlachten im weiten Rußland lenkte.

Rommel hatte eine kühne Konzeption, die er auch Hitler und dem OKW vorschlug: Tobruk nehmen. Zum Suezkanal vorstoßen. Aber nicht als Endziel, nein, weiter nach Basra am Persischen Golf, mit Syrien als besetzter Basis und Nachschubgrundlage. Phantastisch? War es phantastischer als Hitlers Plan, über den Kaukasus nach dem Ölgebiet von Baku zu greifen? Sein Plan mißlang. Rommels Plan stand auf viel realeren Füßen. Man lese den Bericht General Auchinlecks Nr. 38 177 über die afrikanische Lage zwischen November 1941 und August 1942. Da erkennt man die erregende Tatsache, daß der britische Oberbefehlshaber in Afrika gerade den Plan fürchtete, den Rommel verfolgte. Es gab keine ausreichenden britischen Kräfte, um Syrien zu verteidigen. Im Irak und in Persien – auf dem Wege zum Persischen Golf – standen nur schwache Kräfte. Cypern war, nach Auchinlecks Meinung, mit Leichtigkeit durch deutsche Fallschirmtruppen zu nehmen. Auchinleck bangte um seine Nordflanke, er betete, daß die deutsche Führung nicht zu einem Unternehmen schritt, wie es Rommel wollte.

Aber im Sommer 1941 stand Rommel nicht nur vor dem Problem der großen Strategie. Er stand auch vor taktischen Sorgen: Was würde geschehen, wenn die Engländer wieder angriffen? Es war doch klar, daß sie in Afrika auf eine Entscheidung drängen mußten. Sie brachten heran, was ihre Schiffe laden konnten. Das britische Übergewicht vergrößerte sich von Tag zu Tag.

›Tobruk muß fallen‹, ob Hitler will, ob das OKW will oder nicht! Das wurde immer mehr zu Rommels beherrschender Idee.

Da erhielt er eine unerwartete Unterstützung. Sie kam vom Abwehrchef Admiral Canaris, dem Mann, der zwischen Widerstand und Pflicht schwankte und neben Taten der Sabotage auch beachtliche Leistungen für die deutsche Kriegführung bewirkte.

In Jerusalem hatte Canaris eine tüchtige Agentin als Schwester in einem britischen Lazarett sitzen. Sie hörte von den englischen Soldaten allerlei Wichtiges. So fielen ihr auch die Bemerkungen eines vertrauensseligen Engländers auf, der wichtigtuerisch von einer bevorstehenden Offensive in Nordafrika plauderte. Die Schwester provozierte weitere Gespräche mit anderen Verwundeten und fand glaubwürdige Bestätigungen für die Information. Sie übermittelte Canaris einen Bericht; und der Admiral fand ihn so eindrucksvoll, daß er ihn an Hitler und Jodl weiterleitete.

Auch Rommel erfuhr davon. Er argumentierte daraufhin: »Um so wichtiger ist die schnelle Einnahme Tobruks.« In beschwörenden Funksprüchen und einem langen Telefongespräch aus Rom mit General Jodl rang er dem OKW die Zustimmung ab. Als sie gegeben war, ging Rommel sofort an die Vorbereitung des Angriffs. Er sollte möglichst schon Ende Oktober stattfinden.

So bestimmte eine als Schwester tätige Agentin in Jerusalem den Lauf des Kriegsgeschehens.

Die Engländer arbeiteten tatsächlich fieberhaft an ihren Offensivplänen. Dabei bewegte sie insbesondere der Gedanke: Rommel muß ausgeschaltet werden. Das Gehirn des deutschen Krieges in Nordafrika muß paralysiert, Rommel getötet oder gefangen werden.

Die Long Range Desert Group war eine glänzende Spezialtruppe für Sabotage und Nachrichtendienst in der Wüste. Sie war das Gegenstück zu den tollkühnen ›Brandenburgern‹, der deutschen Organisation zum Kampf hinter den feindlichen Linien.

Die Long Range Desert Group bestand aus Freiwilligen des Stroßtrupptyps. Ihr Hauptquartier befand sich in den Höhlen der Oase Siwa, später in der Oase Kufra. Von dort aus unternahmen die Ranger verwegene Streifzüge viele hundert Kilometer tief ins feindliche Hinterland. Berühmte Aktionen waren die Einsätze gegen deutsche Feldflugplätze, die ein halbes tausend Kilometer hinter der Front lagen. Die Kommandos waren wochenlang mit ein paar Lastwagen unterwegs wie in einem Kahn auf dem Ozean. Sie kamen an ihr Ziel und zerstörten fast sämtliche Bomber und Jäger. Sprengten die Benzinlager. Brachten den Besatzungen der Horste schwere Verluste bei und schleppten sogar ein halbes Dutzend Gefangene in endlosem Rückmarsch mit in die Höhlen der Oase Siwa.

Wenn man solche Kerle gegen Rommel ansetzen würde! Die könnten den gefürchteten Gegner vielleicht in seinem Hauptquartier abknallen oder sogar fangen. Man müßte nur Rommels Gewohnheiten auskundschaften.

Und das tat man.

Daß sich der britische Geheimdienst dabei einen schrecklichen Schnitzer leistete, führte zu einem der tragikomischsten Ereignisse des Afrikakrieges.

Der Oberquartiermeister der Panzergruppe Afrika, Major i. G. Schleusener, der für den Nachschub verantwortlich war, hatte im Zuge der deutschen Offensivvorbereitungen sein Hauptquartier von der Front weit nach hinten verlegt, in den Raum von Cyrene. Es war ein historischer Raum. Hier standen einst herrliche antike Bauten; denn Cyrene war eine liebliche alte griechische Siedlung. Säulenhallen und Tempel hatten hier gestanden, bis ein mächtiges Erdbeben am Küstenrand der Cyrenaika alles zerstörte. Im Jahre 1913 fanden italienische Soldaten nach einem Wolkenbruch in den Abflußgräben eines der schönsten Kunstwerke der Welt: die Venus von Cyrene.

Man wundere sich nicht über den Wolkenbruch. Mächtige urplötzliche Regenfälle sind hier üblich. Die Ruinenfelder Cyrenes erstreckten sich fast bis zu dem kleinen italienischen Kolonialnest Beda Littoria. Ein arabisches Dorf. Auf dem Abhang ein düsterer Zypressenhain mit der zweistöckigen Präfektur aus Steinquadern. Ringsum wüstes Buschgelände, Schluchten, Höhlen und Felsen. In diese Präfektur zog der Oberquartiermeister im Spätherbst 1941 ein.

Am 17. November bringt der seit Tagen über dem Raum Beda Littoria tobende Herbststurm ein fürchterliches Gewitter mit wolkenbruchartigem Regen.

Der Oberquartiermeister Schleusener ist allerdings nicht in seinem Hauptquartier. Er liegt wie sein tüchtiger Vertreter und 1. Quartiermeister, Hauptmann i. G. Otto, im Lazarett in Apollonia. Schleusener mit Ruhr. Otto mit Lungenentzündung. Auch Ottos nimmermüder Adlatus Lichtwald liegt mit Ruhr im Hospital. Vertreter des Oberquartiermeisters ist daher der Hauptmann i. G. Weitz. Diensttuender 2. Quartiermeister und Kommandeur des Stabsquartiers ist Major Poeschel. Zwei Dutzend Offiziere, Ordonnanzen, Melder, Fahrer und was alles zum Apparat eines Oberquartiermeisters gehört, sitzen in dem düsteren Steinbau der alten Präfektur und hören den Regen prasseln.

Kurz vor Mitternacht sagen die letzten gute Nacht und hauen sich in den verschiedenen Zimmern im Erdgeschoß und im 1. Stock auf ihre Feldbetten.

Posten? Wozu Posten, hier weit hinter der Front. Ein Mann von der Feldgendarmerie sitzt unten im Flur. Er hat lediglich ein Seitengewehr. Er ist weniger als Schutz denn als Wegweiser für spät noch ankommende Kuriere gedacht. Außerdem ist da noch der Soldat Matthe Boxhammer von der Kraftfahrabteilung des Oberquartiermeisters. Er hat Spätdienst beim Wachzelt, wo er sich ab Mitternacht aufs Feldbett strecken darf.

Beda Littoria schläft. Beda Littoria liegt im Frieden.

Aber im Unterholz der Anhöhe lauern Gespenster. Sie haben geschwärzte Gesichter und stecken im britischen ›Battle-dress‹. Manchmal huscht ein Schatten im grellen Schein eines Blitzes. Weg ist er. Grollend murrt der Donner. Das letzte Licht von Beda Littoria geht aus. Es ist zehn Minuten vor Mitternacht.

Sie waren von weit hergekommen, die Gespenster im Zypressenhain von

Beda Littoria. Zwei englische U-Boote, ›Torbay‹ und ›Talisman‹, hatten sie in der Nacht des 15. November in einer kleinen verlassenen Bucht an der Cyrenaika-Küste abgesetzt. Es waren die Männer, die Erwin Rommel zwölf Stunden vor der großen britischen Offensive töten oder fangen sollten.

Um es gleich klarzumachen, daß ich keine Räuberpistole berichte, sei der damalige britische Premierminister Churchill zitiert. Er schreibt im 3. Band seiner Memoiren:

»Wir setzten, um im kritischen Moment das Gehirn und die Nervenzentrale der feindlichen Armee zu treffen, mittels eines Unterseebootes fünfzig Mann des Schottenkommandos unter Oberst Laycock rund dreihundert Kilometer hinter den feindlichen Linien ab. Die dreißig, die bei dem schweren Seegang zu landen vermochten, wurden in zwei Gruppen eingeteilt, die eine, um die Telefon- und Telegrafenverbindungen zu durchschneiden, die andere unter Oberstleutnant Keyes, dem Sohne Großadmiral Keyes, um Rommels Quartier zu überfallen.«

Im Büro des Großadmirals Sir Roger Keyes war alles geplant; denn der Admiral war das Haupt aller Sonderkommandos und aller Spezialeinsätze der britischen Kriegführung. Es war derselbe Admiral, der im Frühjahr 1918 den kühnen Überfall eines britischen Flottenkommandos von See her gegen die deutsche U-Boot-Basis in Ostende kommandiert hatte. Er blockierte damals die Hafenausfahrt mit Zementschiffen und führte damit einen schweren Schlag gegen die deutsche Seekriegsführung. 1941 wollte er einen noch wirksameren landen.

Churchills Meinung war: Wenn es gelingt, Rommel auszuschalten, ist der Sieg sicher; denn der britische Angriff wird auf einen Gegner ohne Führung stoßen. Das schien Churchill und dem Großadmiral jedes Opfer wert. Sir Roger gab dafür das Beste, was er geben konnte: seinen Sohn.

Von hundert Offizieren und Männern, die in London einem wochenlangen harten Training unterzogen wurden, blieben nach der Auswahlprüfung 53 übrig.

Geoffrey Keyes – damals noch Major – hatte sich die härtesten Jungens ausgesucht, die man sich denken kann. Sein Stellvertreter war Captain Campbell, der fließend Deutsch und Arabisch sprach.

Am 15. November gingen sie in einer stürmischen Nacht an der Cyrenaikaküste an Land. Mächtige Brecher schäumten über die ›Torbay‹ hinweg, und das U-Boot wurde hin und her geworfen wie eine Streichholzschachtel. Das ausgesetzte Gummiboot kenterte immer wieder, und die Mannschaft mußte jedesmal aus der eiskalten See gefischt werden. Da gab Keyes den Befehl, daß sich die Männer im Wasser an den Leinen der Gummiboote festhalten und schwimmend zum Lande durchkämpfen sollten. Es gelang. Keyes, Campbell und 22 Mann bekamen schließlich festen Boden unter die Füße.

Bei dem Kommando des Oberst Laycock auf U-Boot ›Talisman‹ ging die Sache schlechter aus. Zwei Mann ertranken. Der größte Teil der Gruppe gab den Kampf mit den Wellen vor Erschöpfung auf und mußte wieder an Bord geholt werden. Nur sieben Mann erreichten den Strand. Damit war das Kommando beinahe auf die Hälfte zusammengeschmolzen. Keyes entschloß sich daher, nur die Hauptaktion gegen Rommel durchzuführen.

Oberst Laycock blieb mit drei Mann an der Landungsstelle als Wache zurück, um die Sicherung für die Wiedereinschiffung nach erfolgter Aktion zu übernehmen. Die übrigen drei Offiziere und 25 Mann marschierten klappernd vor Kälte eine Viertelstunde landeinwärts. Dort wartete ein geheimnisvoller Araber. Es war Oberstleutnant John Haselden, ein führender Offizier der Long Range Desert Group, der seit einiger Zeit, als Araber verkleidet, hinter den deutschen Linien lebte und eine Schlüsselfigur der britischen Nachrichtenarbeit hinter Rommels Front war. Haselden wies den Trupp in das Gelände ein. Erklärte die genaue Lage, die sich Keyes in sein Notizbuch einzeichnete und gab Keyes drei arabische Führer mit. Dann war der Auftrag dieses geheimnisvollen Mannes erfüllt. Englands Nachrichtendienst wollte Haselden durch Teilnahme an der Aktion nicht gefährden. Er verschwand, wie er gekommen war. Keyes und seine Männer machten sich auf den Weg.

In der Nacht des 17. November 1941 steht Keyes mit seinem Kommandotrupp auf einer Sanddüne dicht vor Beda Littoria. Sie orientieren sich. Da sind die Hütten. Dort der Zypressenhain. Mitten drin das mächtige Quadergebäude. Das ist das Ziel. Dort schläft oder arbeitet Rommel – so hat es der britische Geheimdienst festgestellt; so hat es John Haselden auf Grund arabischer Agentenmeldungen bestätigt. So glauben es Keyes und seine Männer. Alle sind sie einem grotesken Irrtum erlegen. Warum? Nun, die Antwort ist gar nicht so schwer. »In den Monaten Juli/August 1941 wurde General Rommel Befehlshaber der neuformierten ›Panzergruppe Afrika‹. Das Oberkommando wurde in Beda Littoria aufgestellt. Chef des Generalstabes war Generalmajor Gause, I a Oberstleutnant i. G. Westphal. Die Geschäftsräume befanden sich im Präfekturgebäude. Außerdem waren noch mehrere Häuser in der Nähe belegt. Die Büros waren an den einzelnen Gebäuden durch Schilder gekennzeichnet, z. B. ›Bef‹, ›Chef‹, ›I a‹, ›I c‹, ›II a‹ und so weiter.

Diese interessante Beschilderung wurde dem britischen Geheimdienst bekannt. Anscheinend fotografierten Agenten die Anlage und die Schilder. Damit schien der Beweis lückenlos, daß in Beda Littoria Rommels Hauptquartier war.

Um die Monatswende August/September 1941 verließ Rommel mit Führungsabteilung und Adjutantur die Cyrenaika und ging nach der Cantoniera Ain el Gazala, 60 Kilometer westlich Tobruk, später nach der Cantoniera

Gambut zwischen Tobruk und Bardia. In Beda Littoria zog der Stab des Oberquartiermeisters ein.

Dies alles blieb jedoch dem britischen Geheimdienst verborgen. Täuschten arabische Informanten die Engländer? War Geldgier von Nachrichtenjägern im Spiel? Jedenfalls glaubte man in Kairo und London noch im November, daß die Präfektur von Beda Littoria Rommel beherberge. Welch ein Irrtum! Aber der Major Keyes wußte von diesem Irrtum nichts. Er glaubte, nun sei das große Ziel erreicht.

In seinem letzten Brief vor der Abreise an seinen Vater hatte er geschrieben: »Wenn die Sache gelingt, wird England ein Stück vorwärts geholfen, und das ist viel wert. Auch wenn ich dabei eingesackt werde.« So ganz unrecht hatte Keyes nicht, auch wenn Beda Littoria nicht Rommels Hauptquartier war. Es war immerhin die Zentrale des Oberquartiermeisters. Hier liefen alle Fäden des Nachschubs zusammen. Hier war das Nervenzentrum der Versorgung der deutsch-italienischen Panzergruppe. Hier konnte böse Verwirrung gestiftet werden.

Der Regen gießt. Blitz und Donner sind – wie bestellt – die Begleitmusik zu dem Abenteuer.

Es ist 23 Uhr 59, als Keyes seine Männer genau nach dem vorberechneten Plan aufgestellt hat. Er selbst, Campbell, der Sergeant Terry und sechs Mann huschen zum Vordereingang. Drei andere zur Hintertür. In der offenen Vordertür steht der Posten. Sergeant Terry soll ihn mit einem Dolch erledigen. Aber weiß der Teufel, der Landser machte vielleicht eine glücklich-unglückliche Bewegung. Das Messer ging vorbei, und im Nu war ein Handgemenge im Gange.

Der Deutsche ruft laut um Hilfe. Aber der Sturm und Donner ersticken seine Schreie. Sturm und Donner übertönen auch die Sprengung des Stromaggregates, das nur 30 Schritt vom Haus entfernt steht und von Keyes' Leuten kunstgerecht in die Luft gejagt wird. Jetzt ist die Präfektur ohne Licht.

Beim Handgemenge im dunklen Flur können die Tommys von ihrer Pistole keinen Gebrauch machen. So versuchen sie, den Posten in den Griff zu bekommen, um ihn zum Schweigen zu bringen. Aber der deutsche Landser ist ein kräftiger Bursche. Er wehrt sich. Schließlich stürzt er gegen die erste Zimmertür im Flur. Das ist das Unglück für Geoffrey Keyes ...

Was sich von diesem Augenblick an in der Präfektur von Beda Littoria abspielte, ist in verschiedenen Versionen von englischer Seite berichtet worden. Churchill schreibt in seinen Memoiren recht unklar: »Der Kommandotrupp drang in Rommels Hauptquartier ein und tötete eine Anzahl Deutsche. Keyes verlor beim Nahkampf im pechschwarzen Raum das Leben. Ein posthumes Viktoriakreuz belohnte seine Bravour. Einzig Oberst Laycock und Sergeant Terry, der hervorragenden Anteil am Angriff auf das deutsche Hauptquartier genommen hatte, fanden nach fünf Wochen wieder Anschluß an unsere Linien.«

Und die anderen? Davon schreibt Churchill nichts.

Auch Desmond Young, der englische Rommel-Biograph, gibt in seinem Buch ›Rommel‹ eine ausführliche Schilderung vom »Überfall« auf Rommels Hauptquartier. Aber auch er war offenbar auf vage Aussagen angewiesen. Die präzise Information über den Verlauf des Unternehmens fehlt. Und die Frage nach dem Verbleib des Kommandos läßt auch er unberührt. Den bisher detailliertesten Bericht über den geheimnisvollen Raid findet der Chronist in der englischen Zeitschrift »For Men only« vom Januar 1957. Danach rief der deutschsprechende Campbell den Posten am Haupteingang heraus, und Keyes erschoß ihn. Dann sprangen Keyes, Campbell und Terry über den toten Mann hinweg und rissen die Tür zum nächsten Raum auf.

»Ein blendendweißes Licht schlug ihnen entgegen«, heißt es in dem Tatsachenbericht. »Die um den Tisch versammelten deutschen Offiziere starrten die Eindringlinge bewegungslos an. Ohne ein Wort zu sagen, feuerte Keyes aus seiner Maschinenpistole auf die besten Männer der deutschen Truppenführung.«

Und dann ging es nach ›For Men only‹ so weiter:

»Zum nächsten Raum. Wieder die Tür aufgerissen. Aber hier war das Licht schon ausgedreht, und ein konzentriertes Pistolenfeuer schlug den Engländern entgegen. Keyes wurde von fünf Kugeln getroffen. Aber natürlich sprang Terry vor und ballerte noch einige Feuerstöße in den Raum.«

Draußen auf der Düne stellte Campbell dann – nach dem britischen Tatsachenbericht – fest, daß Keyes tödlich verwundet war, und er selbst merkte, daß ihm sein Bein zerschossen war. Er übergab den Befehl an Leutnant Cock, der den Rückzug führen sollte. Über den Verbleib des Stoßtrupps wird nichts gesagt. Um die Dramatik vollständig zu machen, heißt es, vier Generalstabsobersten wären mit Sicherheit getötet worden, Rommel habe man leider nicht erwischt, er habe sein Hauptquartier um 20 Uhr 30 verlassen, um an der Hochzeitsfeier eines Scheiks teilzunehmen, und sei 0 Uhr 40 zurückgekehrt, also 35 Minuten nach dem erfolgten Anschlag.

Welches Pech!

Es gibt noch verschiedene solcher Versionen. Sie sind alle sehr dramatisch. Die Engländer sind darin kühn und todesverachtend, die deutschen Offiziere gelähmt vor Schreck ...

Und wie war es wirklich?

Ich glaube, für dieses Stückchen Kriegsgeschichte, das bis in Churchills Memoiren reicht, die Wahrheit gefunden zu haben. Alle deutschen Zeugen, die noch leben, habe ich gehört. Und ihre Berichte ergeben ein lückenloses Bild.

Der 2. Quartiermeister, der damalige Major Hans Poeschel, erinnert sich noch sehr gut der turbulenten Vorgänge jener Nacht und hat mir eine eindrucksvolle Darstellung seiner Erlebnisse und seiner Untersuchungen gegeben. Ich kann sie durch einen Originalbericht ergänzen, den der Unteroffizier Alfons Hirsch und der Gefreite Otto Barth gleich am Tage nach dem Überfall verfaßt haben. Der Feldwebel Lentzen, Stabsarzt Dr. Junge, der Kraftfahrer Friedrich Honold und der Funker Erwin Schauer haben wichtige Einzelheiten zur Klärung des Abenteuers beigesteuert. Und so gibt es, trotz Winston Churchill und aller anderen englischen Quellen keinen Zweifel mehr, daß die Geschichte nach dem Angriff auf den Posten im Hausflur der Präfektur folgendermaßen weiterging:

Als der bärenstarke Wachmann zusammen mit einem Tommy im Ringkampf zu Boden stürzt, schlägt er gegen die Tür des Geschäftszimmers von WuG./Mun. (Waffen und Geräte/Munition). Feldwebel Lentzen und Unteroffizier Kovacic, die in dem Zimmer schlafen, werden wach, springen aus den Betten und reißen die 08 vom Haken. Lentzen springt mit einem Satz zur Tür. Zerrt sie auf. Sucht ein Ziel. Dann hebt er die Pistole und schießt. Aber im selben Moment hat Major Keyes zwei Handgranaten geworfen. Sie gehen an Lentzens Kopf vorbei und explodieren krachend in der Mitte des Zimmers. Den Feldwebel reißt es von den Beinen. Aber da er günstig gestanden hat, ist ihm nichts Ernstes passiert. Kovacic jedoch hat auf dem Wege zur Tür die ganze Ladung abbekommen und liegt tot auf den Fliesen. Oberschirrmeister Bartel, der gerade aus dem Bett springen will, kann sich noch fallenlassen und bleibt unverletzt. Alles geht blitzschnell. Das Nacheinander der Erzählung kann der Einheit des Geschehens gar nicht Rechnung tragen. Hat Feldwebel Lentzen getroffen? Wir werden gleich sehen; denn in dieser Sekunde entscheidet sich das ganze so mühselig organisierte Unternehmen: Oben, im 1. Stock, war der Ordonnanzoffizier, Leutnant Kaufholz, noch nicht eingeschlafen, als die Hilferufe des Postens ertönten. Er war der einzige im Haus, der sie hörte. Er sprang aus dem Bett, mußte aber erst seine Pistole aus dem Koffer holen. Dann lief er auf den Flur und die Treppe hinunter. In diesem Augenblick krachen die Handgranaten im Geschäftszimmer WuG./Mun. Im Explosionsschein sieht Kaufholz die Tommys. Aber auch Captain Campbell hat den deutschen Leutnant gesehen. Kaufholz feuert jedoch zuerst, und der englische Kommandoführer, Major Keyes, sackt mit einem kleinen Schrei zusammen. Im selben Augenblick prasselt Campbells MP los. Der Treppenpfosten splittert. Da hat die Garbe Kaufholz erwischt. Noch während sich der Leutnant im Todesschmerz zusammenkrümmt und niederfällt, drückt er seine Pistole ab und trifft Campbell ins Schienbein, der aufschreit und zusammenbricht.

Die beiden Führer des Kommandos sind auf diese Weise außer Aktion ge-

So begann es: Die ersten deutschen Panzer rollen durch Tripolis. Sie gehören zum Panzerregiment 5. 14 Tage später stürmen sie im Verband der 5. leichten Division durch die Cyrenaika. »Die Deutschen kommen«, das ging wie ein Lauffeuer durch Nordafrika.

Im Frühjahr 1941 kannte die Welt den Generalleutnant Erwin Rommel (l.) noch nicht. »Er soll ein stürmischer Geselle sein«, sagte General Sir Archibald Wavell (r.), als ihm Rommels Ankunft gemeldet wurde.

Die erste deutsche Offensive rollt. Die britischen Streitkräfte wurden völlig überrascht und räumen die Cyrenaika. Am 2. April 1941 nimmt Rommel Agedabia. Die guten Süßwasserquellen dieser Stadt geraten damit in deutsche Hand.

Auch der wichtigste Knotenpunkt der Cyrenaika, das britische Versorgungszentrum Mechili, fällt. In einer wilden Jagd schneller Kampfgruppen wird es den Tommys entrissen.

Die Wüste war ein ideales Gelände für den Kampf der Panzerverbände. Keine Flüsse, keine Wälder, kein Sumpf hinderten Aufmarsch und Sturm der Kampfwagen. Im breiten Flächenmarsch jagten Rommels Panzerregimenter der ägyptischen Grenze zu.

Treffpunkt Wüste: Die Spitze der deutschen Führung in Nordafrika im November 1941 ist versammelt. V. l. n. r.: Oberstleutnant Bayerlein, Feldmarschall Kesselring, Generalmajor Gause, General Rommel, General Crüwell.

Deutsche Stoßtrupps mit Flammenwerfern vor Tobruk. Die Kämpfe um die Höhe Ras el Maddaur im Mai 1941 erinnerten an die Sturmangriffe auf die Höhen vor Verdun im Ersten Weltkrieg.

Sandsturm: eine Riesenwand aus sausendem, brausendem, heißem Sand, das ist der Ghibli, der Schrecken von Mensch und Tier in der afrikanischen Wüste.

Die 8,8-Flak war die Wunderwaffe im nordafrikanischen Kriege und der Schrecken der britischen Panzerfahrer. Oft genug haben die Batterien der 8,8 Schlachten entschieden. Als Churchill im Sommer 1941 von dem neuen englischen Panzer Mark II (unten) die große Wende erwartete, machte die 8,8 die Hoffnung zunichte. Unser Foto links zeigt die Einschußstelle einer 8,8-Flakgranate in der Panzerwand eines Mark II. Der nach außen gewölbte Rand des Einschusses ist typisch, denn durch die Auftreffwucht der Granate weicht das Material ringsum aus. Die 8,8 war immer dabei, seit Rommels Sturm bei El Agheila (siehe unten) begann. Das alte Wüstenfort sicherte die Straße zur Oase Marada.

Die Mine war die unheimliche Waffe des Wüstenkrieges. Ihr heimtückischer Mechanismus hat auf beiden Seiten ungezählte Opfer gefordert. Das Legen (oben), das Aufspüren mit den elektrischen Suchgeräten (rechts) und das Minenräumen (unten) waren die täglichen lebensgefährlichen Geschäfte der Pioniere. Auf keinem Kriegsschauplatz spielte die Mine eine solche Rolle wie in Nordafrika.

Der Gefechtsstand des Fliegerführers Afrika, Generalmajor Fröhlich, bei Gazala im Winter 1941, war bombensicher. Er befand sich in einer alten arabischen Grabkammer unter gewachsenem Felsen. Tagsüber fand der Dienstbetrieb allerdings im Freien statt. Die Büroeinrichtung — zwei Feldbetten, Tischchen mit Telefon und die Funkstelle — waren schnell aus dem düsteren Bunker herausgeschafft.

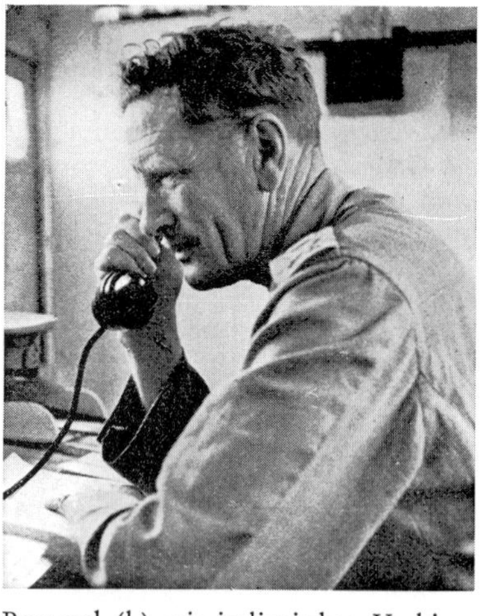

Rommel (l.) mit italienischen Verbindungsoffizieren auf dem Dach seines erbeuteten Mammut-Befehlswagens »Max«. So war man vor der Wirkung der Minen sicher. Sir Claude Auchinleck, Rommels Gegenspieler (oben), kam nur in Krisenzeiten an die Front. Er führte den Krieg von Kairo aus.

Ein düsteres Drama spielte sich im Präfekturgebäude von Beda Littoria ab: Ein englischer Kommandotrupp sollte Rommel in seinem Hauptquartier fangen oder töten. Aber Rommel war gar nicht in Beda Littoria. Die Präfektur war der Sitz des Oberquartiermeisters. Am Haupteingang kam es zum Handgemenge mit dem Posten ...

Am Hintereingang scheiterte alles an einem Wasserkanister, mit dem die Tür verstellt war ..

Im Araberviertel von Beda Littoria wurden die Tommys, die sich hier versteckt hatten, gefangen ...

Auf dem Friedhof liegen die Opfer: vier Deutsche und der Chef des englischen Kommandotrupps.

Hauptm. Kümmel, »der Löwe von Capuzzo«, schoß aus seinem Panzer ein halbes Dutzend Mark II ab.

Feldwebel Barlesius, Spähtruppführer der Aufklärungsabteilung 33. Er fiel in der Winterschlacht 1941.

Auf dem Infanteristen lag auch in Afrika die Last des Krieges. Sein Deckungsloch im Wüstensand — am Tage glutheiß und nachts erbärmlich kalt — wurde nicht selten zum Grab. Der Arco dei Fileni, italienischer Triumphbogen an der Grenze zwischen Tripolitanien und der Cyrenaika. Durch dieses Tor sind viele gezogen, die nicht wiederkamen.

setzt. Im dunklen Flur stehen nur noch Terry und zwei Tommys. Vom ersten Stock tönen Stimmen. Die deutschen Offiziere stürzen aus ihren Zimmern. »Die Überraschung ist vorbei«, denkt Terry. Und wo bleiben denn die anderen, die durch den Hintereingang ins Haus eindringen sollten? Ja, wo bleiben die anderen?

Da prasselt von draußen wildes MP-Feuer. »Setzt der deutsche Gegenstoß ein?« geht es Terry durch den Kopf. Ach, es war wieder einer dieser dramatischen Irrtümer; denn von einem deutschen Gegenstoß konnte keine Rede sein. Etwas Paradoxes, etwas Gespenstisches war passiert: Den Oberleutnant Jäger hatte im Nebenraum vom Geschäftszimmer WuG./Mun. die Detonation der Handgranaten buchstäblich aus dem Bett geworfen. Sein Raum war nur durch Sperrholzplatten vom Geschäftszimmer getrennt. Sie wurden zerfetzt. Jäger sprang im Schlafanzug – eine Kurzschlußreaktion – einfach durch das vom Explosionsdruck aufgerissene Fenster ins Freie. Aber das war sein Unglück. Draußen rannte er, von einem Blitzschein beleuchtet, im gießenden Regen in seinem hellen Pyjama einem Tommy-Posten genau vor die MP. Der Tommy fackelte nicht. Rief nicht: »Hands up!« Was soll man mit Gefangenen? Aus der Hüfte heraus jagte er sein Magazin leer und schoß den Oberleutnant im Schlafanzug einfach auf drei Meter zusammen. Durchsiebte ihm Brust und Leib. Elf Einschüsse bekam Jäger und brach sofort tot zusammen.

Aber diese barbarischen Schüsse rächen sich bitter. Es sind die Schüsse, die Sergeant Terry und seine Männer drinnen im dunklen Flur hören, und die Terry vermuten lassen, daß draußen ein Gefecht begonnen hat. Der Führer beraubt, packt sie alle in der Finsternis die Panik. Raus! Nichts wie weg. Und sie stürzen ins Freie.

Eine ähnliche Wirkung hatten diese Schüsse, die Leutnant Jäger töteten, auf den zweiten Trupp, der noch immer am Hintereingang stand und nicht ins Haus gelangen konnte. Hier waren eigentlich die besten Aussichten – zwar auch nicht Rommel zu erwischen –, aber das Hauptquartier des Oberquartiermeisters fünf Stunden vor der britischen Offensive völlig außer Gefecht zu setzen. Ein Wasserkanister verhinderte das alles. Diesen Wasserkanister hatte Major Keyes nicht in seiner Rechnung gehabt.

Die Hintertür führte in ein kleines Geschäftszimmer, das früher einmal als Küche gedient hatte. Es war vollgestopft mit Aktenregalen und Schreibtischen. Eine kleine Falltür in der hinteren Ecke führte über eine Wendeltreppe in einen Kellerraum. Hier hatten Unteroffizier Alfons Hirsch und der Gefreite Barth ihre Schlafstellen. Und da der Gefreite ein alter Hausvater war, der nichts mehr haßte als abendlich unverschlossene Türen, die Hintertür aber kein Schloß hatte, so stellte er jeden Abend einen vollen Wasserkanister vor die Tür und klemmte ihn hinter einem Aktenregal fest.

Dieser Riegel war mit keinem Dietrich aufzubrechen. So sehr sich die Tommys mühten, die Pforte gab nicht nach. Sie standen noch draußen und beratschlagten, während ihr Chef, Campbell und Terry mit dem ersten Trupp bereits im Hausflur entdeckt worden waren, und die Schießerei begann. Als nun das MP-Feuer, mit dem Oberleutnant Jäger niedergemäht wurde, vom Garten her ertönte, glaubte auch der nervös und verdattert am Hintereingang herumstehende Trupp an eine Falle, wurde von Panik erfaßt – und türmte.

»Die Taschenlampen weg von der Brust«, rief Major Poeschel den im 1. Stock aus ihren Zimmern stürzenden deutschen Offizieren zu; aber da war bereits der ganze Spuk vorbei. Nur von draußen tönte noch einmal eine MP-Salve. Ein langer Schrei ging durch die Nacht. Dann war alles still.

Auf der Treppe fanden sie den toten Leutnant Kaufholz. Im Flur lag ein englischer Offizier mit geschwärztem Gesicht: Major Keyes. Er hatte einen Brustschuß, der quer durch den Brustkorb gegangen war und Herz und Lunge zerrissen hatte. In der Hüfte hatte er eine zweite leichte Schußverletzung. Offenbar stammte der Hüftschuß von Feldwebel Lentzen. Der Todesschuß muß von Kaufholz gekommen sein; denn Keyes hatte, nach Campbells späterem Bericht, im Moment seines Handgranatenwurfs und des Pistolenschusses von Lentzen, Campbell zugerufen: »Verdammt, ich hab eins abbekommen.« Im gleichen Augenblick hatte er im Schein der Handgranatenexplosion Kaufholz auf der Treppe gesehen und Campbell zugerufen: »Achtung, gib es ihm!« Dann war er nach Kaufholz' Schuß zusammengesackt. Fast gleichzeitig ratterte Campbells MP. Und in die Schußfolge hinein krachte Kaufholz' Pistole und zerschmetterte Campbells Schienbein.

Bis zur Tür schleppte sich der Captain noch. Dann stolperte er über die Beine des Postens, der mit dem Oberkörper im Geschäftszimmer lag, den Rücken zersiebt von Handgranatensplittern, aber wie durch ein Wunder nicht lebensgefährlich verletzt.

An diesem Posten war das ganze Unternehmen gescheitert. Er ist der einzige, dessen Namen ich trotz aller Bemühungen nicht feststellen konnte. Wohl, weil er einer Feldgendarmerieeinheit angehörte, deren Männer dem Stab des Oberquartiermeisters persönlich unbekannt waren. Unbekannter Soldat.

Draußen stießen die deutschen Patrouillen nach einer Weile des Suchens auf den toten Oberleutnant Jäger. Aber da hatte doch zum Schluß noch eine MP gerattert und ein Mann im Tode geschrien. Sie suchten eine ganze Zeit; dann hatten sie im Schein ihrer Taschenlampen den vierten deutschen Toten: Es war der Schütze Boxhammer von der Kraftfahrabteilung des Oberquartiermeisters. Matthe Boxhammer aus Malling in Bayern, 20 Jahre alt, hatte Wache gehabt, um spät kommende Kurierfahrer in Empfang zu nehmen und in die Zeltunterkünfte der Kraftfahrabteilung einzuweisen, die drüben an der Via Balbia lagen. Boxhammer hatte in seinem kleinen Zelt offenbar die Hilferufe des Wachtpostens gehört, war aufgesprungen und wacker und ohne Bedenken zum Präfektureingang gelaufen, um dem Kameraden zu helfen. Dabei prallte er mit dem flüchtenden Sergeanten Terry und seinen Männern zusammen, die ihn durch eine MP-Garbe in den Unterleib niedermachten. Völlig zu Recht ist auf der Todesanzeige für Matthe Boxhammer verzeichnet: »Die tödliche Kugel traf ihn, als er einem bedrängten Kameraden zu Hilfe eilen wollte.«

Der Spuk war vorbei. Das mit großem Aufwand in Szene gesetzte Abenteuer war gescheitert. Gescheitert an ein paar Zufälligkeiten und am Einsatz von ein paar Männern. Nicht auszudenken, was passiert wäre, wenn es bei einem lautlosen Eindringen in die Präfektur gelungen wäre, die ganze Apparatur des Oberquartiermeisters fünf Stunden vor der britischen Offensive zu vernichten oder gar ein paar Stunden zur verwirrenden Befehlsgebung an die Panzergruppe zu benutzen.

Bliebe nur noch ein menschlicher Akzent zu setzen; und der liegt in dem, was mir der Chirurg Dr. Werner Junge erzählte:

Der Captain Campbell hatte einen Nahschuß von MP oder Pistole, der ihm das Schienbein in der Mitte etwa vollkommen zertrümmerte. Weitere Verwundungen hatte er nicht. An sich hätte man das Bein amputieren müssen, da die Aussicht auf eine funktionstüchtige Heilung gering und die Gefahr einer schweren Infektion groß war. Auf seine Bitte hin amputierte Dr. Junge nicht und versuchte, das Bein zu retten. Da Junge fließend Englisch sprach, bekam er den Befehl, Campbell auszufragen. Daß dieser Deutsch sprach, hat er sich nicht anmerken lassen. Aber Junge konnte nichts Wesentliches erfahren. Im Gegenteil, Campbell hatte sehr bald spitz, was die Aufgabe des Doktors war, und sagte: »Geben Sie sich keine Mühe, Sie kriegen doch nichts aus mir 'raus.«

Dr. Junge behielt Campbell etwa zehn bis vierzehn Tage in Gips im Lazarett, bis Derna aufgegeben werden mußte und Campbell mit dem Flugzeug in ein italienisches Lazarett transportiert wurde.

»Campbell war ein reizender Mann. Es würde mich als Arzt interessieren, ob er sein Bein behalten hat. Seine ›Wüstenschleicher‹, wie wir die Tommy-Schuhe mit Gummisohlen nannten, habe ich den ganzen Krieg hindurch getragen. Mir haben sie mehr Glück gebracht als ihm. Ich habe allerdings auch nicht so tolle Dinger gedreht wie er!« schrieb mir Dr. Junge.

Und wie war das Schicksal der übrigen Teilnehmer des Kommandos?

Die flüchtenden Tommys hatten nicht gewagt, sofort den Rückmarsch zu den beiden wartenden U-Booten anzutreten. Sie fürchteten eine sofort einsetzende Großrazzia und versteckten sich bei den Arabern. Erst am nächsten

Morgen lief die deutsch-italienische Suchaktion an. Tagelang wurde das Gelände durchkämmt. Die Araberhütten wurden umgekrempelt. Die Feldgendarme durchsuchten jeden Winkel.

Schauten sich die Araber prüfend an. Aber kenne sich einer aus mit den gleichgültig dreinschauenden oder wild gestikulierenden Burschen. Nichts wurde gefunden. Kein Tommy. Kein Uniformstück.

Da kam ein italienischer Carabinieri, der schon jahrelang in dem Gebiet saß und die Eingeborenen wie seine Brieftasche kannte. »Ich werde euch zeigen, wie man so was macht«, sagte er stolz. Er holte sich ein Arabermädchen aus dem Dorf und hatte ein langes gestenreiches Palaver mit ihr. Der Sinn war: ›Du und deine Sippe bekommt für jeden Engländer, den ihr uns verratet, 80 Pfund Mehl und 20 Pfund Zucker.‹

80 Pfund Mehl und 20 Pfund Zucker! – Das war ein Märchenschatz für damalige arabische Verhältnisse. Und die Gier nach diesem Schatz war stärker als die papiernen Pfundnoten der Engländer und der Segensspruch des Obersenussis, den jeder bei sich führte, und der eine Art Schutzbrief war. Die Donna ging und – bald wurden die ersten Engländer angeschleppt, aus den von deutschen Feldgendarmen so gründlich durchsuchten Hütten natürlich. In arabischen Lumpen. Nach und nach kam so fast das ganze Kommando-Team in deutsche Hand.

Nur der listenreiche Sergeant Terry konnte mit zwei Mann entwischen und sich zu den englischen Linien durchschlagen. Die gefangenen Tommys wurden übrigens nicht nach dem Hitler-Erlaß über feindliche Kommandotrupps behandelt, wonach sie hätten erschossen werden müssen. Rommel ordnete an, sie als kriegsgefangene Soldaten zu betrachten.

Der gefallene englische Führer des Kommandos wurde in einer Reihe mit den vier deutschen Toten mit militärischen Ehren auf dem Friedhof von Beda Littoria beigesetzt.

DER VERRATENE OFFENSIVPLAN

Was wären Kriege ohne Verräter! Sie wären Rechenexempel, bei denen der beste Stratege und die tapfersten Soldaten mit den stärksten Waffen immer gewinnen müßten. Aber so ist es nicht. Der Verrat ist der Teufel des Kriegsgottes Mars. Zynisch, höhnend pfuscht er ihm ins Handwerk. Wischt geniale Pläne vom Tisch. Macht Heldenmut und Kriegskunst, Güte der Waffen und Todesmut der Soldaten zur Farce.

Wie viele Schlachten sind durch schmutzigen Verrat entschieden worden? Sicher ebensoviel, wie durch Tapferkeit gewonnen wurden.

Zu allen Zeiten war das so. Aber ein Trost ist bei der Geschichte der großen Verrätereien: Oft brachten sie keine Früchte, weil sie nicht geglaubt wurden. Als der deutsche Meisterspion Cicero, der armenische Kammerdiener des britischen Botschafters in der Türkei, Adolf Hitler die geheimsten Telegramme aus London über die englisch-amerikanischen Kriegspläne verkaufte, glaubte die deutsche Führung nicht an die Echtheit. Hitler vermutete einen raffinierten Trick des englischen Secret Service. Zu spät erkannte er seinen Fehler.

Es kann aber auch einmal anders kommen: Als ein deutsches Kurier-Flugzeug mit den Aufmarschplänen für die Offensive gegen Frankreich im Jahre 1940 aus Versehen auf belgischem Gebiet landete und die Offiziere die kriegsentscheidenden Papiere nicht mehr verbrennen konnten, glaubten die Generale der alliierten Hauptquartiere, Hitler wolle sie mit einem teuflischen Trick zu falschen Entscheidungen verführen. Sie lachten. Änderten ihre Pläne nicht, wie sie es nach den gefundenen Papieren hätten tun müssen; und Hitlers Offensivplan wurde der Grundstein für einen schnellen Sieg im Westen.

Es ließe sich eine Geschichte solcher Beispiele nicht genutzten Verrats schreiben. Es ist das Kapitel, wo der Verräter vergeblich wirkte und der vom Glück Beschenkte die Chance verstreichen oder gar zur Quelle des eigenen Verderbens werden ließ.

Auch der Krieg in der Wüste hatte seine Verräter. Besonders ein Fall steht, von Tragik umwittert, noch immer im Halbdunkel der Geschichte, der blutgetränkten Geschichte der Kämpfe um die entscheidende Festung Tobruk. Diese raffiniert befestigte Stadt, ehemals die zentrale Festung des italienischen Kolonialreiches in Nordafrika, hielt im Herbst 1941 noch immer Rommels Ansturm stand. Churchill selbst hatte beschwörend befohlen: »Halten bis zum letzten Mann!« Und sie hielten ... Die ›Ratten von Tobruk‹ fochten wie die Teufel. Rommels Flanke und Rücken blieben auf diese Weise bedroht. Er mußte seinen Sturm auf Alexandria, Kairo und den Suezkanal einstellen. Wollte er an den Nil, mußte Tobruk fallen. »Es muß fallen«, sagte Rommel. »Es muß fallen«, sagten seine Generale. »Es muß fallen«, sagten die Landser. Aber alle Anstürme blieben erfolglos.

Im November 1941 war es soweit. Die Vorbereitungen zur großen Offensive waren getroffen. Der Nachschub endlich angelangt – wenn auch dezimiert durch die britische Flotte im Mittelmeer.

Anfang November 1941 fährt Rommel in seinem Mercedes-Kübelwagen die Front ab. Ist überall. Und abends sinniert er in seinem Omnibus, der ihm als Wohnwagen dient. Immer noch einmal denkt er den Plan durch. Den Plan, den er mit eigener Hand gezeichnet hat. Die Erfahrungen aller bisherigen Angriffe auf die Festung hat er berücksichtigt. Seine Karte mit den eingezeichneten Einheiten und den Uhrzeiten der verschiedenen Aktionen ist das Heiligtum der großen Offensive. Sie soll nicht nur Tobruks Fall bringen. Sie soll der Anfang sein von Rommels Sturm auf Nil und Suezkanal. Und von dort? Weiter, weiter ist Rommels Traum. Nach Syrien. Vielleicht sogar an den Persischen Golf, um Englands Weltreich im Ölparadies des Nahen Ostens anzugreifen und die Brücke nach Indien herzustellen.

Aber erst Tobruk.

Auf Grund von Rommels Plan wurden von der Führungsabteilung die Einzelheiten auf das geheime Kartenmaterial übertragen; die Einheitsführer mündlich mit den örtlichen Zielen und Aufgaben der Kampfeinheiten bekannt gemacht, und in gemeinsamen Planspielen alles genauestens geübt. Diesmal sollte es klappen.

Bei der 15. Panzerdivision hatte der bewährte Kommandeur, General Neumann-Silkow, eine Sonderformation gebildet, die als eine Art ›Fahrdienstleitung‹ für den Angriff auf die Festung dienen sollte. Die Sonderformation sollte die verschiedenen Einheiten in ihre Angriffsstreifen einweisen, sie an die Übergänge über den Panzergraben führen und bei tieferem Einbruch durch die verschiedenen Festungswerke schleusen. Die Sonderformation kannte jeden Bunker, jeden Graben, jede Batterie. Der Angriff war einstudiert wie selten eine Operation.

Alles war bereit. Die ›Fahrdienstleiter-Einheit‹ hatte Wegweiser und Leuchtkanister vorbereitet. Man wartete auf den Angriffsbefehl. Jeden Tag, jede Stunde konnte es losgehen. Niemand wußte das Datum. Es stand in keinem Papier. Auch nicht auf der von Rommel selbst gezeichneten Karte. Nur Rommel und wenige Eingeweihte wußten, daß der Tag X nach mehreren Verschiebungen auf den 23. November festgelegt war. Da man wußte, daß auch die Briten eine Offensive vorbereiteten, hatte man Stichworte für etwaige feindliche Angriffe ausgegeben: ›Hochwasser‹ für einen normalen Angriff, ›Sintflut‹ für einen Großangriff. Kein Mensch dachte bei dieser Code-Auswahl daran, daß es vielleicht zu einem echten Hochwasser kommen könnte. Am 17. November ging es plötzlich los. Nicht der Angriff, sondern der Regen.

»Regen«, jubelten sich die Landser zu. »Regen«! Und sie hielten die Hände aus den Zelten und die Gesichter ins rauschende Himmelswasser. Überall wurde der Regen, der am 17. November begann, mit Jubel begrüßt. Regen in der Wüste! Wunderbar. Im Djebelgebiet des Halfayapasses hatte es seit 60 Jahren nicht so geregnet. Aber bald wurde es beängstigend. Die Männer der Sonderformation der 15. Panzerdivision lagen in ihren Zelten am Djebelrand ostwärts Gambut. Sie lauschten dem strömenden Guß. Fühlten sich geborgen. Lachten auch noch, als das Wasser in die Zelte kroch. Zogen die Beine an. »Mensch«, überschrien sie den Donner. »Mensch, in der Wüste ersaufen, das ist doch mal was Neues.« Aber gleich darauf blieb ihnen der Spott im Halse stecken. Ein mächtiges Rauschen ertönte gigantisch urweltlich. Und dann war das Wasser vom Hochplateau da. Es hatte sich zu mächtigen Strömen vereinigt. Stürzte den Djebelrand hinunter. Wie eine Lawine. Felsen und Sandmassen mit sich reißend. In Minuten waren die Zelte weggeschwemmt. Lastwagen wurden wie von einer Riesenfaust davongetrudelt und am Felsen zerschellt. Die Hilfeschreie der Männer wurden vom Donner und Brausen erstickt. Manche ertranken – ertranken wirklich mitten in der Wüste. Andere wurden verschüttet. Erschlagen von Felsen und erstickt im stürzenden Sand. Es war eine grausige Nacht. Dabei so dunkel, daß man die Hand nicht vor Augen sah.

Wie bei Gambut war es auch am Halfayapaß. Blitz und Donner erhellten eine gespenstische Szene. »Wie im ›Freischütz‹«, meinte Funker Jung zu seinem Freund Degen sarkastisch. Aber es war kein Theaterspaß. Zelte, Lkw, Ausrüstung, Geschütze gingen auch hier in dem stürmischen Wasserstrom unter. Jung und Degen retteten mit Mühe das nackte Leben. Zelt, Funkausrüstung, Spaten, sogar Brotbeutel und Eiserne Ration waren hin. Sie kletterten hinter einen Felsvorsprung. Rissen einen Italiener in Dekkung, den das Wasser wie einen Kreisel an ihnen vorbeitrieb. »Madonna, madonna«, stammelte er und schluchzte. Zu sehen war nichts; aber aus den Stimmenfetzen war zu entnehmen, daß auch die anderen sich aus ihren Löchern kämpften. »Hilfe muß man holen«, sagte Degen. Und sie tasteten sich vorwärts. Stürzten in Wasserlöcher. Gerieten in Gießbäche. Stolperten über verschüttete Gräben. Wo ehemals die erste Kompanie lag, war Chaos.

Aber da, was ist das? Schüsse. Detonationen. Zuckende Explosionen. Und jetzt begreifen sie: Das sind die T-Minen im Minenfeld. Die deutschen Minen gehen in die Luft, weil der Druck der Geröllmassen die freigewaschenen Teufelseier explodieren läßt. Das Krachen und der Feuerschein der explodierenden Minen konkurrieren mit dem himmlischen Donner und seinem Blitz.

Gott sei Dank, wenigstens kein Angriff der Engländer. Jung und Degen stürzen weiter. Den Paß hinauf zum Bataillonsgefechtsstand. Da starrt man auf die beiden, denn eine Hiobsbotschaft ist da. »Sind die Engländer schon bei der Stellung der ersten Kompanie?« fragt man erschrocken die beiden jammervoll aussehenden Funker. »Engländer?« fragen die erstaunt. »Hochwasser ist das, aber keine Engländer.« Die Offiziere schauen sich an. Sie sind ratlos.

Sie haben das Stichwort ›Hochwasser‹ bekommen. ›Hochwasser?‹ Ist das nun die Warnung vor der Naturkatastrophe, oder ist es das echte Alarmwort für die englische Offensive? Was für eine verrückte Situation. Endlich kam die Erlösung, als das Stichwort ›Sintflut‹ durchgegeben wurde. Nun war alles klar; trotzdem war es wie ein Hohn: Sintflut in der Natur und Großangriff der Engländer. Was sollte daraus werden? Viele Stellungen waren verschwunden. Die Waffen weg. Wie Ameisen stürzten sich die Männer am Halfayapaß an die Arbeit. Wie amphibische Wesen versuchten die Verbände bei Gambut ihre Fahrzeuge flottzumachen.

Der Sonderstab von General Neumann-Silkow trat in Aktion; aber nicht für den Sturm auf Tobruk. Dem waren die Engländer zuvorgekommen.

Hatte die deutsche Aufklärung versagt? War der deutsche Angriff verraten? Man hatte keine Zeit, darüber nachzudenken.

Bisher galt in der Kriegsgeschichte die Behauptung, daß die englische Offensive am 18. November 1941 – fünf Tage bevor Rommel selbst mit seinem Großangriff losschlagen wollte – eines jener merkwürdig zufälligen Ereignisse war: Kriegsglück für Sir Claude Auchinleck, das ihm den Sieg bescherte.

Aber diese Theorie ist falsch. Es ist nicht wahr, daß der Zufall die Hand im Spiele hatte, der Zufall hieß Verrat.

Natürlich hatte der britische Nachrichtendienst von den Offensivvorbereitungen der Deutschen durch Funk-, Luftaufklärung und Agentenmeldungen erfahren. Fieberhaft bemühte sich Auchinleck, nähere Informationen zu bekommen.

Offiziere der Long Range Desert Group unter Oberstleutnant Haselden wurden in arabischer Verkleidung hinter die Linien geschleust. Aber die Nachrichten, die das britische Oberkommando in Kairo erreichten, waren dürftig. Zwar brachten Arabermädchen den Engländern ein paar Informationen. Arabische Kameltreiber in britischen Diensten berichteten von deutsch-italienischen Truppenansammlungen. Aber viel war das nicht. Englands Spione wirkten jedoch nicht nur in Afrika. Sie saßen auch drüben auf dem Festland, in Sizilien und vor allem in Rom. Hier hatte sich der britische Geheimdienst ein paar gute Quellen erschlossen. Der italienische Admiral Maugeri stand nach glaubhaften italienischen Veröffentlichungen in britischen Diensten und informierte die Engländer über die von italienischen Häfen für Rommel abgehenden Nachschubtransporte. Wer wundert sich, daß bis zu 75 Prozent versenkt wurden! Der Umfang des Verrats ist bis heute noch Geheimnis, doch soviel ist sicher, daß Englands Agenten unbezahlbare Informationen geliefert bekamen, auf deren Konto entscheidende deutsche Fehlschläge in Afrika gehen.

Aber der italienische Admiral Maugeri kann nicht die einzige britische Nachrichtenquelle über den afrikanischen Kriegsschauplatz gewesen sein. Auch aus hohen deutschen Dienststellen in Berlin gelangten wichtige Informationen via Rom an die britisch-amerikanische Spionage. Hier schlummert noch ein Kapitel Kriegsgeschichte, das ebenso undurchsichtig wie delikat ist; denn die militärische Nachricht war zum Teil gekoppelt mit politischem Widerstand gegen Hitler; und dieser politische Kampf gegen den deutschen und italienischen Faschismus schnitt sich nicht selten unter dem raffinierten Einfluß des englisch-amerikanischen Nachrichtendienstes mit militärischem Verrat, ohne daß dies der Informant immer durchschaute.

Eine vom britischen Geheimdienst in Italien mit Erfolg angebohrte Quelle war der Unmut manches hohen italienischen Offiziers über die Befehlsgewalt und die Erfolge Rommels in Afrika. Rommels Siege hoben sich so grotesk von den italienischen Niederlagen ab, daß verletzter Stolz, gekränkte Eitelkeit im Bunde mit der Erkenntnis, daß der Krieg doch nicht zu gewinnen sei, dem Einbruch der britischen Spionage in hohe italienische Stäbe Vorschub leisteten. Dazu kam die zum Teil leidenschaftliche Abneigung gegen den Faschismus durch das meist monarchistisch gesinnte Offizierskorps, die sich auf den General Hitlers, Erwin Rommel, übertrug. Die Engländer kannten natürlich die inneren Gegensätze in der italienischen Führung. Die Agenten Londons saßen in Rom, sie hatten ihre Freunde in den hohen Stäben und schürten in den einflußreichen Zirkeln der monarchistisch gesinnten Gesellschaft die Unzufriedenheit.

Es wäre jedoch nichts falscher als die Meinung, das italienische Offizierskorps in Afrika sei schlechthin eine Quelle des Verrats gewesen. Dem war nicht so. Wie wären sonst die großen Erfolge Rommels möglich gewesen. Die italienischen Offiziere waren im allgemeinen tapfer, anständig und mutig. Die italienischen Soldaten taten ihr Bestes. Ihre oberste militärische Führung war jedoch zum Teil miserabel, führte nur mit halbem Herzen die Befehle Mussolinis durch, und mit noch weniger als halbem Herzen folgte sie Rommels Vorschlägen. Die italienischen Landser, die Frontoffiziere und die Frontstäbe taten ihre Pflicht als Soldaten. Ihre Tragik war, daß sie durchweg schlechte Waffen hatten. Ihre Panzer waren praktisch rollende Särge. Ihre Munition war fehlerhaft. Auch hier war wohl nicht nur technisches Unvermögen der so begabten Italiener am Werk, sondern ein großer Teil ging auf das Konto der Sabotage. Und diese Sabotage mündete in einem großen Verrat des Krieges, der bis in die allerjüngste Zeit unbekannt blieb.

Begeistert und dann doch wieder zweifelnd schaute General Auchinleck auf ein Papier auf seinem Schreibtisch. Sein Ic, der Nachrichtenchef, trug ein stolzes Lächeln im gegerbten Gesicht.

»Sure, das ist Rommels Handschrift«, sagt Auchinleck. »Sure, Sir« – sicher, Sir, antwortet der Ic. »Aber das kann doch nicht sein. Das gibt es doch nicht!«

»Es ist aber so, Sir.«

»What a stroke of fortune« – was für ein Glückstreffer – murmelt Auchinleck mit erregter Stimme. »Heaven, das kann Rommels Ende und das Ende seiner ganzen Armee werden.«

Was Auchinleck und seinen Ic so aufregt? Vor ihnen liegt ein Foto. Und diese Fotografie zeigt Rommels eigenhändig gezeichneten Aufmarsch- und Angriffsplan für Tobruk. Alles ist drauf: Wo angegriffen werden soll. Welche Einheiten den Angriff führen. Wo die Reserven stehen. Wo die schwachen Stellen sind. Die Uhrzeiten der einzelnen Angriffe. Alles. Nur eines nicht: das Angriffsdatum. Da steht: Tag X. Aber, was macht das schon. Man hat den Plan des Gegners. Der Traum aller Generale.

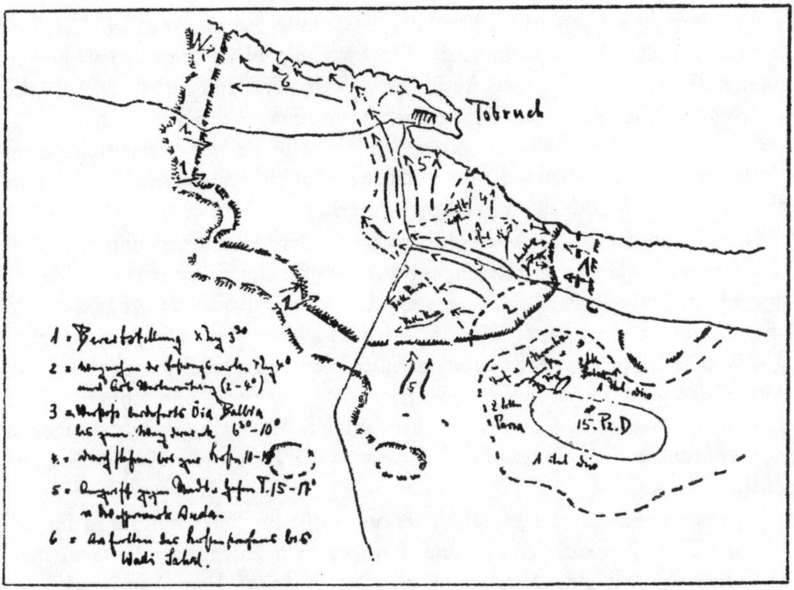

Rommels eigenhändig gezeichneter Angriffsplan für Tobruk, der an Auchinleck verraten wurde. Die Beschriftung lautet:

1. Bereitstellung X-Tag 3.30
2. Wegnahme der Festungswerke X-Tag 4.00 nach Artillerievorbereitung (2.00—4.00)
3. Vorstoß beiderseits Via Balbia bis zum Wegdreieck 6.30—10.00
4. Durchstoßen bis zur Küste 10.00—15.00
5. Angriff gegen Stadt und Hafen T. 15.00–17.00 und Wasserwerk Auda
6. Aufrollen des Küstenstreifens bis Wadi Sahal.

Es gab lange Debatten. War der Plan echt? Oder war es ein Trick des alten Wüstenfuchses Rommel? Zuzutrauen war es diesem fintenreichen Deutschen, der die besten britischen Afrika-Strategen so oft glänzend getäuscht hatte, daß er zu solchen Tricks greifen könnte. Warum sollte der Mann, der mit Panzerattrappen arbeitete, mit staubaufwirbelnden Lastwagen angreifende Panzer vortäuschte und in Wirklichkeit ganz woanders losschlug, diesmal nicht einen falschen Angriffsplan in die Hände der englischen Spionage gespielt haben, um die britische Führung zu täuschen?

Daß die fotografierte Zeichnung und die darauf befindlichen Notizen Rommels Handschrift sind, hat der Intelligence Service zweifelsfrei festgestellt und mit vergleichenden Schriftproben aus Beutedokumenten belegt. Daß die eingezeichneten Daten, Einheiten und die Gesamtkonzeption des Angriffs Rommelschen Geist atmen, erkennt Auchinleck mit einem Blick. Bleibt die Kernfrage: Ist die Quelle sicher?

Aber was ist ›sicher‹ in solchen Fällen? Gerade die ganz großen Verrätereien tragen immer den Stempel der Ungewißheit. Nach langen Erwägungen entscheidet man sich im Stabe Auchinlecks dafür, daß an Echtheit und Quelle des Angriffsplans kein Zweifel bestehen kann. Ein toller Fall! Da hatte man also den Fuchs in der Falle. In seiner eigenen Falle. Er war in der Rolle eines Skatspielers, dessen Karten seinen Gegnern offen vor Augen liegen. Auf diese Weise muß auch der beste Spieler verlieren.

Nachdem sich Auchinleck entschieden hatte, den Aufmarsch- und Angriffsplan Rommels als echt anzusehen, ergaben sich für ihn ein paar entscheidende Fragen, die offenblieben. Zum ersten das Wann. Rommels Angriff stand offenbar unmittelbar bevor. Konnte jeden Tag losbrechen. Die zweite Frage: Wie ist dieser Glückstreffer zu nutzen? Der Plan zeigte, daß Rommel Tobruk von Süden und Osten her angreifen wollte. Morgen, übermorgen schon konnte es soweit sein. Also hieß es: blitzschnelle Inangriffnahme der eigenen Vorbereitungen zum Gegenschlag. Aber was für ein Gegenschlag mußte das sein?

Da bestand einmal die Möglichkeit, die britischen Bereitstellungen im belagerten Tobruk so auf den Rommel-Plan zuzuschneiden, daß die Deutschen bei einem Angriff eine Niederlage erleiden mußten. Aber Auchinleck entschied: »Das ist zuwenig!« Zuwenig für einen so einmaligen Fall. Nein, die ganze, die große, die in Vorbereitung befindliche britische Offensive mußte auf Rommels Plan eingestellt werden. Man müßte ihn angreifen lassen, und, wenn er mitten in der Aktion war, ihm in die ungedeckte rechte Flanke und in den Rücken fallen und zur Vernichtung der ganzen Panzergruppe Afrika ansetzen? Ja, das schien Auchinleck die einzige richtige Nutzung dieser einmaligen Chance. Das bedeutete natürlich, daß man in Tobruk selbst nichts umdisponieren durfte, um Rommels Aufklärung nicht mißtrauisch zu machen. Was lag denn auch an den Verteidigungsstellungen Tobruks? Nicht um die Stadt ging es jetzt mehr, es ging um den Sieg in Afrika.

Und noch etwas mußte geschehen. Der britische Aufmarsch im ägyptischen Raum mußte schnell, aber er mußte vor allem unsichtbar für die deutsche Aufklärung vorgenommen werden. Ran. Schnell. Noch schneller. Auchinlecks Generalstäbler leisteten Glänzendes. Die Truppenverlegungen wurden durch Kamelkarawanen getarnt. Die Stellungen hervorragend verschleiert. Die deutsche und die italienische Luftaufklärung scheiterten an diesen Maßnahmen völlig. Nicht eine einzige verdachterregende Meldung gelangte in Rommels Hauptquartier.

Am 14. November war Auchinleck dank der fast übermenschlichen Leistung der Stäbe und der Truppe mit allen Vorbereitungen fertig. Die Ausgangsstellungen waren erreicht. »Rommel kann anfangen«, sagten Auchinlecks Offiziere und lächelten. Aber er fing nicht an.

Feldmarschall Auchinleck erklärte in seiner ersten Enthüllung über den sensationellen Verrat um Tobruk in der britischen ›Picture Post‹ vom 25. April 1953: »Bei allen Plänen im Kriege gibt es immer noch ein ›Aber‹, und das ›Aber‹ im Falle Tobruk war die Tatsache, daß wir das Datum nicht kannten, das Rommel für seinen Angriff gewählt hatte. Wir wußten, daß der Angriff kurz bevorstand und möglicherweise nur eine Frage von Tagen war, aber es blieb eben ein X, eine Unbekannte.«

Der 14. November ging vorüber. Der 15. auch. Fieberhaft wartete man in Kairo und London auf Rommels Offensive. Auch am 16. geschah nichts.

Am 16. November abends begann London nervös zu werden. Die Angriffseinheiten lagen nun schon seit drei Tagen in den Ausgangsstellungen. Zum Teil mitten in der Wüste. Mit jedem Tag erhöhte sich die Gefahr, daß die deutsche Aufklärung sie entdeckte. Außerdem gibt es zeitliche Grenzen für offensive Ausgangslagen. Auch am 17. November geschah nichts. Und da verlor London die Nerven. Man kann es begreifen, wenn man bedenkt, daß die Engländer alles auf eine Karte – im wahrsten Sinne des Wortes auf eine Karte – gesetzt hatten. Nun kamen die Zweifler wieder zu Wort. Wenn doch alles ein großer Schwindel war? Vertat man dann nicht alle Vorbereitungen? Wurde vielleicht selbst überrascht? Die Funksprüche zwischen London und Kairo jagten sich. Auchinleck wollte weiter warten. Churchill und das Kriegsministerium aber wollten nicht mehr. Churchill glaubte, durch die Kenntnis der deutschen Offensivstellung, durch den eigenen Aufmarsch und die Stärke der 8. Armee sowie durch das Überraschungsmoment auch ohne die Eröffnung des Rommelschen Angriffs den Sieg in der Tasche zu haben. Längeres Warten konnte, seiner Meinung nach, nur alles verderben.

Churchill brachte am 17. November seinen Feldmarschall Auchinleck in die Zwangslage, den Angriffstermin auf den 18. November morgens festzusetzen, indem er einen Tagesbefehl an die Wüstenarmee erließ.

Wie sicher Churchill war, wie er den Sieg schon greifbar nahe sah, geht aus diesem Tagesbefehl hervor. Im Namen Sr. Majestät des Königs wandte sich der Premierminister an die Soldaten: ». . . Zum erstenmal treffen Truppen Großbritanniens und des Empire mit reichlicher Ausrüstung aller Art auf die Deutschen. Die Schlacht wird den ganzen Verlauf des Krieges beeinflussen. Es gilt, den schwersten Schlag zu führen, der für den endgültigen Sieg, für Vaterland und Freiheit bisher geführt worden ist. Die Wüstenarmee wird eine neue Seite der Geschichte schreiben, die mit Blenheim und Waterloo vergleichbar ist. Die Blicke aller Nationen sind auf euch gerichtet. Unser aller Herzen schlagen mit euren. Möge Gott mit dem Rechte sein!«

Churchill beschwor Blenheim. Das ist die englische Bezeichnung für die Schlacht bei Höchstädt vom Jahre 1704, in der der Herzog von Marlborough, ein Ahne Churchills, zusammen mit Prinz Eugen im Spanischen

Erbfolgekrieg die vereinigte französisch-bayrische Armee vernichtend schlug. Und bei Waterloo vernichteten Wellington und der preußische Marschall Blücher 1815 die Armeen Napoleons. So sollte Rommel geschlagen werden.

Was blieb Auchinleck anderes übrig, als das Deckwort ›Crusader‹ auszulösen. Das britische Stichwort für die Offensive, für den Angriff, der in den Morgenstunden des 18. November am Halfayapaß, bei Gambut und an der gesamten übrigen Afrikafront bei den Deutschen die Alarmparolen ›Hochwasser‹ und ›Sintflut‹ auslöste, während der Himmel seine Schleusen öffnete.

Das Unwetter war allerdings nicht nur eine Katastrophe für die deutsch-italienischen Verbände. Es verhinderte auch den von Auchinleck für den Beginn der Offensive sorgfältig geplanten Einsatz der britischen Bomberwaffe, die in einem mächtigen Überraschungsschlag die Verbindungslinien, Nachschubbasen, Häfen und Stabsquartiere zertrommeln sollte. Die RAF-Flieger konnten am 17. und 18. nicht starten. Auf diese Weise waren die Folgen des Unwetters auf beiden Seiten gleichmäßig verteilt.

Während die Deutschen am Halfayapaß und bei Gambut gegen Schlamm und Wasser kämpften; während die Minenfelder von Geröll-Lawinen überflutet wurden und in die Luft gingen, schwere Waffen in den Wassermassen verschwanden; während Rommel sich zu einem Besuch in Rom aufhielt und in Beda Littoria die Toten von Churchills abenteuerlichem Kommando-Unternehmen in die Zelte getragen wurden, brachen die englischen Vorhuten aus ihren verschlammten Löchern, und die Tommy-Panzer wühlten sich auf überschwemmten Wüstenstraßen nach vorn.

Die Schlacht begann. Der Würfel, den ein Verräter geworfen hatte, war gefallen.

Wer war der Verräter? Wer spielte Rommels Plan in die Hände der Engländer?

Eine präzise Antwort könnte nur Feldmarschall Sir Claude Auchinleck geben, der durch eine allgemeine Publikation den Verrat zum erstenmal an die Öffentlichkeit brachte. Aber das britische Kriegsministerium hält wohl die Stunde noch nicht für gekommen, das pikante Verratskapitel aufklären zu lassen. Feldmarschall Sir Claude Auchinleck, an den ich mich durch meinen Gewährsmann in England wegen der verratenen Angriffsskizze Rommels wandte, schrieb: »Ich hatte, wie ich Ihnen zusagte, schon die Feder angesetzt, Ihnen einen Bericht zu schreiben über Rommels Plan gegen Tobruk im Jahre 1941; aber ich muß nun zu meinem Bedauern feststellen, daß mich eine Geschäftsreise gleich nach Weihnachten daran hindert ...«

Feldmarschall Kesselring, damals Oberbefehlshaber Süd in Rom, hat mir geschrieben:

»Ich übernahm Ende November 1941 als ›Oberbefehlshaber Süd‹ das Kommando über die deutschen Luftstreitkräfte im Mittelmeerraum. Ich habe weder von Rommel noch von seinem Generalstab etwas über den Verrat des deutschen Angriffsplans gegen Tobruk im Jahre 1941 gehört. Damit soll aber keineswegs gesagt sein, daß die Verräterei nicht vorgekommen ist.

Aus der auffallend strengen Geheimhaltung, die Rommel später bei seiner Gegenoffensive aus der El Agheila-Stellung zur Wiedergewinnung der Cyrenaika verfügte und walten ließ, kann man mit einer gewissen Berechtigung auf vorhergegangene schlechte Erfahrungen schließen.

Ich selbst habe den Generalstabschef der italienischen Wehrmacht, Marschall Graf Cavallero, mit dem ich in engster Kameradschaft zusammenarbeitete, wiederholt auf die Wahrscheinlichkeit des Verrats der Geleitzüge von Italien nach Nordafrika hingewiesen. Aber ich konnte den Vorhang nicht zerreißen, der die Verräterei schützte. Auch der sonst vorzüglich arbeitende deutsche Funkhorchdienst brachte keine Klärung.

Und doch sprachen unwiderlegliche Beweise für die Unterrichtung der Alliierten über Ort, Zeit und Kurs der auslaufenden Achsen-Geleitzüge. Wiederholt blieben Geleite unentdeckt und unangegriffen, die durch notwendig gewordene unmittelbare Eingriffe von uns ihren Fahrplan ändern mußten. Die gleichen Feststellungen konnten gemacht werden, wenn schnelle deutsche Schiffe ausgelaufen waren. Wo jedoch war die Quelle, aus der die Nachrichten ins feindliche Lager flossen? In einem Gremium der höchsten italienischen und deutschen Führer von Marine und Luftwaffe wurden Zusammensetzung, Beladung, Auslauforte und -zeiten der Schiffe und Geleite bestimmt. Aber war nicht der Gedanke paradox, einem der höchsten italienischen oder deutschen Führer eine verräterische Handlung zuzutrauen? Wußten doch alle diese Männer, daß es nicht mit dem Schiffsverlust und Nachschubausfall sein Bewenden hatte, daß vielmehr viele tapfere italienische und deutsche Matrosen elend im Mittelmeer ertrinken mußten oder mit ihren Schiffen in die Luft flogen. Konnte das ein wissender Mann mit seinem Gewissen vor seinen Soldaten, seinem Volk und Herrgott verantworten?

Wir standen vor einem Rätsel. Durch die Eingliederung deutscher Seeoffiziere und Fliegeroffiziere in den italienischen Nachschubstab waren gegenseitige Überwachung und damit größtmögliche Sicherheit gegen verräterische Handlungen eines einzelnen gegeben.

Die Verluste wurden auch kleiner, hörten zeitweise ganz auf, als die alliierten Luft- und Seestreitkräfte anderweitig, z. B. zum Schutz eigener Geleitzüge gebunden waren oder durch deutsche Luftangriffe und U-Boot-Blockade keine Angriffskraft besaßen. Sie wuchsen wieder unheimlich, wenn große Achsen-Geleite mit dem wichtigsten Nachschubgut auf Fahrt waren. Immer größere Forderungen mußte ich als Oberbefehlshaber Süd an die fliegenden Schutzkräfte stellen, um wenigstens den notwendigsten Nachschub nach Afrika zu bringen. Der Schutz wurde zum Raubbau an den fliegenden

Sicherungskräften, ohne auf dem weiten Meer bei Tag und Nacht an der richtigen Stelle in überlegener Stärke sein zu können. So hatte der Verrat doppelte und dreifache Wirkungen auf den Kampf um Afrika.

Die Nachkriegszeit hat eine Teillösung gebracht: Der Amerikaner Ellis M. Zacharias, der als Hilfsoffizier und später sogar als Leiter im ›Office of Naval Intelligence‹, also dem alliierten geheimen Marine-Nachrichtendienst in Italien, arbeitete, berichtet in seinem Buch ›Secret Missions‹, daß er alles erfuhr, was im italienischen ›Alto Commando Navale‹ – dem italienischen Marine-Oberkommando – geplant wurde. Alle wichtigen militärischen Dinge, die dort behandelt wurden, kamen ihm zur Kenntnis. Er erfuhr die geheimen Vorhaben der Achsenstreitkräfte vom italienischen ›Servizio Informazione Navale‹ – dem italienischen geheimen Marine-Nachrichtendienst. Seine Schlüsselfigur war der italienische Admiral Maugeri. Seine Verdienste wurden von den Alliierten gewürdigt.«

So Kesselring.

Generalleutnant a. D. Fritz Bayerlein, ein enger und vertrauter Mitarbeiter Rommels, teilte mir auf meine Anfrage folgendes mit:

»Ich war zur Zeit der britischen Winteroffensive 1941 als Oberstleutnant Chef des Stabes beim Deutschen Afrikakorps, welches aus einem deutschen und drei italienischen Korps bestand. Zu Beginn der Schlacht war mein Standort bei Bardia, später stets beweglich.

Mir ist im Verlauf der Offensive bekanntgeworden, daß Rommels Angriffsplan gegen Tobruk an die Engländer verraten worden war. Durch die Aussagen englischer Gefangener wurde diese Auffassung erhärtet. Wer der Verräter war, konnte dabei nicht festgestellt werden. Bei vielen Besprechungen im Stabe des DAK vor der Offensive waren zwar höhere italienische Offiziere zugegen, auch bei den Planspielen, wo der ganze Angriff im Sandkasten vorexerziert wurde. Ich möchte aber trotzdem die Italiener nicht irgendeines Verrats im Falle Tobruk bezichtigen nur deshalb, weil in anderen Fällen Verratshandlungen durch Angehörige unserer Verbündeten nachgewiesen werden konnten.«

General der Kavallerie a. D. Siegfried Westphal, im November 1941 Oberstleutnant und I a in Rommels Panzergruppe, sagte mir folgendes: »Seit Ende September 1941 hatte Rommel den Plan, Tobruk in einem groß angelegten Angriff zu nehmen. Er rechnete mit einer neuen englischen Offensive, die für ihn nach der Ablösung General Wavells durch Feldmarschall Auchinleck nur noch eine Frage der Zeit war. Dieser Offensive wollte Rommel mit seinem Angriff zuvorkommen. Es war für ihn daher ein Wettlauf mit der Zeit, als er wegen des Ausbleibens von Nachschub immer wieder gezwungen war, den Angriff auf Tobruk zu verschieben. Um die Absichten des Gegners zu erkunden, wurde von der 21. Panzerdivision am 14. September

1941 ein Aufklärungsvorstoß nach Bir Habata unternommen. Aber er brachte keinerlei Anhaltspunkte für eine bevorstehende englische Offensive. In den nachfolgenden Wochen verstanden es die Engländer meisterlich, durch Tarnung und Abwehr, der deutschen Luftwaffe den Einblick in ihr Hinterland zu verwehren. Auch Agentenmeldungen kamen nicht zu uns durch. So wurde Rommel am 18. November 1941 von der britischen Offensive zwar nicht operativ, aber doch taktisch überrascht.

Es ist mir nicht bekanntgeworden, daß der damals von Rommel für den Angriff auf Tobruk festgelegte Operationsplan dem englischen Feldmarschall Auchinleck in die Hände gefallen war.«

General Westphal meint, daß die Gruppierung der britischen Verteidigungsstreitkräfte in Tobruk selbst nicht darauf schließen ließ, daß den Engländern die Rommelschen Angriffsabsichten von Osten her bekannt waren.

Auch Oberstleutnant von Mellenthin, damals Ic der Panzergruppe, ist dieser Auffassung.

Ich habe auch den langjährigen Schreiber und Sekretär Rommels ausfindig gemacht. Feldwebel Böttcher war vom Sommer 1941 bis Oktober 1944 beim Feldmarschall. Er hatte Einsicht in alle persönlichen und geheimen dienstlichen Schriftstücke. Er verwaltete die Kisten mit den Dokumenten.

Albert Böttcher schrieb mir: »Die äußerst strengen Geheimhaltungsvorschriften mußten bei Feldmarschall Rommel pedantisch genau beachtet werden. Die Wichtigkeit der Befehle und Pläne wurde unterschieden durch die Bezeichnung ›Chefsache‹, ›geheime Kommandosache‹, abgekürzt: ›gKdos‹, und ›geheim‹. Chefsachen wurden ausschließlich durch Generalstabsoffiziere bearbeitet und durch besondere Kurieroffiziere weitergeleitet. Geheime Kommandosachen konnten ebenfalls nur durch Kuriere zu den Einheiten gelangen. Alles andere erledigten Kradmelder oder Postabholer. Die Schreiber wurden sorgfältig ausgesucht und besonders auf die Geheimhaltungsvorschriften vereidigt. Während Chefsachen unter besonderem Verschluß gehalten werden mußten, unterlag die Verwahrung der geheimen Kommandosachen der Obhut der Ordonnanzoffiziere bei den einzelnen Abteilungen. Wer nicht dienstlich damit zu tun hatte, durfte keine Einsicht erhalten. Die Weiterleitung an die italienischen Einheiten und das italienische Oberkommando, das von allen wichtigen operativen Entscheidungen in Kenntnis gesetzt werden mußte, erfolgte über den italienischen Verbindungsoffizier.

Bei der beweglichen Kampfführung und der Eigenart des Feldmarschalls, seinen Führungsstab in der Front mitmarschieren zu lassen, bestand sehr oft die Gefahr, daß alles Material in die Hand des Feindes fiel. Wir haben oft genug mit dem Benzinkanister bereitgestanden, um alles zu vernichten.

Die von Feldmarschall Rommel persönlich angefertigten Handskizzen kamen nach Gebrauch in der Führungsabteilung in der Regel wieder an ihn zurück und in sein Archiv, um später für eigene Arbeiten verwendet zu werden. Die Unterlagen waren ziemlich umfangreich und haben bei der Erstellung der Abschriften viel Schweiß gekostet.

Bei der Weiterleitung von geheimen Angelegenheiten über den Fernschreiber wurde das Chiffrierverfahren angewandt. Der Fernschreiber war allerdings nicht bei der Führungsstaffel, sondern weit hinten im rückwärtigen Gebiet stationiert. Der Funkverkehr spielte sich nur verschlüsselt ab. Der Schlüssel wurde in unregelmäßigen Intervallen geändert. Stellte unsere Abwehr fest, daß der Feind mithörte oder ihm Funkunterlagen in die Hände gefallen waren, wurde sofort der Schlüssel umgestellt. Die Verantwortung für den gesamten Nachrichtenverkehr trug der Armee-Nachrichtenführer.

Die Abwehr unterstand im Operationsgebiet der Abteilung I c unter Oberstleutnant von Mellenthin. Seine Aufgabe war es, Unterlagen über den Gegner zu beschaffen und der Führungsabteilung Material für die Ausarbeitung ihrer Pläne an die Hand zu geben. Besonders interessant waren natürlich Gliederung, Ausrüstung, Herkunftsland und Aufstellung an der Front oder im rückwärtigen Gebiet. Gefangenenverhöre, Abhören des feindlichen Rundfunks, Einsatz der Dolmetscher, Horchkompanie, Funküberwachung, Einsatz von Spezialkräften für Aufgaben im feindlichen Hinterland gehörten in den Arbeitsbereich des I c. Dazu kamen die Angaben und Feststellungen aus den eigenen Truppenteilen. Die Abwehr im nordafrikanischen Hinterland unterstand dem italienischen Oberkommando. Da der Führungsstab Rommels stets in Frontnähe war, mußte die Arbeit oft liegenbleiben, weil Bomber oder Tiefflieger uns beharkten. Die Schreiberei war nicht immer leicht, besonders nachts nicht, wenn das Licht ausfiel und im Zelt oder im Lastwagen bei Kerzenschein gearbeitet werden mußte.« Soweit Albert Böttcher.

»Viele Wege führen nach Rom«, sagt ein Sprichwort. In unserem Fall hat es eine hintergründige Bedeutung. Die Berichte der Sachkenner aus Rommels Stab zeigen, daß ein findiger feindlicher Geheimdienst manche Chance hatte, über Rom an die geheimen Dinge heranzukommen. Bei allen technischen Kontrollen und Sicherungen hing im letzten doch alles am Pflichtgefühl, am Charakter, an Treue oder Untreue von Menschen. Und einer in der Kette, durch die Rommels Plan wanderte, war ein Mann des Feindes. Wer war es? Das letzte Wort in dieser Frage bleibt offen.

AUCHINLECK GREIFT AN

Die ›Ratten von Tobruk‹, wie sich die Australier der Festung stolz nannten, machten in der Nacht vom 17. auf den 18. November 1941 kein Auge zu. Sie lagen in den Ruinen und lauschten dem Regen, dem wunderbaren endlosen Regen, den die Wüste nicht aufsaugen konnte; so viel Wasser stürzte vom Himmel. Seit dem Sommer lag die britische Besatzung eingeschlossen in der Festung am Meer. Freilich, das Meer gehörte ihnen. Trotz aller Verluste kamen britische Schiffe des Nachts heimlich in den Hafen. Brachten den dringendsten Nachschub. Sogar frische Truppen. Sieben Monate konnten auf diese Weise die Verteidiger allen Versuchen Rommels trotzen, die Stadt zu erobern. Als die Parolen umliefen, daß ein neuer Angriff Rommels bevorstehe, kicherten sie in ihren Löchern. Und die ›Ratten von Tobruk‹ hörten in der Nacht des 18. die Worte Churchills aus London: »Die Wüstenarmee wird eine neue Seite der Geschichte schreiben, die mit Blenheim und Waterloo vergleichbar ist.«

»Wir werden«, sagten sie. Und lauschten in den Regen. Sie hörten es nicht; aber sie wußten, daß britische Panzer, Lastwagen, Geschütze sich bereits durch den klebrigen, regennassen Sand quälten. Meilenlange Kolonnen marschierten gegen Westen gen Tobruk. Gegen Rommel.

Eine gewaltige Armada der Wüste mit fast 1000 Panzern und gepanzerten Fahrzeugen rückt an, nur ein halbes Tausend deutscher und italienischer Panzer hat Rommel entgegenzusetzen. Das britische XXX. Korps, das die 7. englische Panzerdivision, die 1. südafrikanische Division und die 22. englische Panzerbrigade umfaßt, kommt aus seinem Bereitstellungsraum um Maddalena und stößt auf Tobruk. Das XIII. Korps mit der 4. indischen Division, der 2. neuseeländischen Division und der 1. englischen Heerespanzerbrigade kommt aus Osten zum Angriff auf die Sollumfront. Schnelle britische Oasentruppen stoßen von Giarabub tief durch die deutsche Front in den Rücken Rommels, um Nachschubwege zu blockieren.

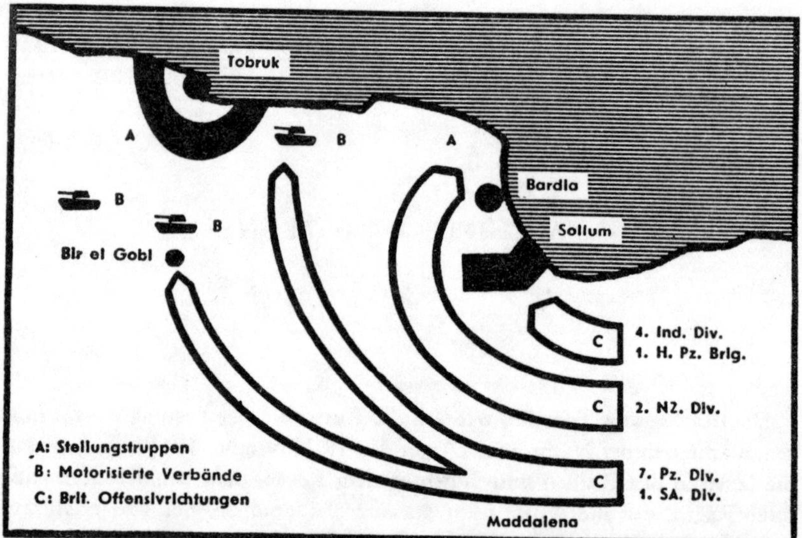

Die englische Offensive vom 18. November 1941.

Nichts, gar nichts von all den gefährlichen Vorbereitungen der Briten hatten die Deutschen gemerkt. Die Luftaufklärung hatte versagt. Noch nicht einmal die Anlage der riesigen britischen Versorgungslager in der südlichen Wüstenflanke war festgestellt worden. Auch Agentenmeldungen waren nicht durchgekommen. Funksprüche nicht aufgefangen, weil Auchinleck strengste Funkstille verfügt hatte.

So zogen durch die sturmgepeitschte Wüstennacht des 18. November riesige Panzerschlangen unbemerkt gen Westen. Tobruk zu entsetzen. Die Deutschen zu verderben. Stückweise gewissermaßen, so wie sie mit ihren Divisionen aufgezeichnet waren in Rommels Karte, die bei Auchinleck in Kairo auf dem Tisch lag.

Es gibt viele deutsche Schlachtberichte über das, was am 18. November begann und am 23., dem Totensonntag, seinen Höhepunkt fand.

Aber die soldatischen Leistungen der deutschen Landser zwischen ›Sintflut‹ und Totensonntag und die Führungskraft Rommels und seiner Offiziere hat noch keiner voll ausgelotet.

Hart nördlich von Gambut springt Unteroffizier Hubbuch von der 8. Kompanie Panzerregiment 8 in den Chefpanzer von Oberleutnant Wuth. Alarm! Geht es gegen Tobruk? Sie haben ja wochenlang geübt, Sandkästen angelegt und Unterricht abgehalten. Ist es soweit? Nein, Unteroffizier Hubbuch, es geht nicht gegen Tobruk, es geht um die eigene Haut. Die Tommys sind da. Und was jetzt kommt, wird hart. Der Oberarzt Dr. Estor wird zu tun kriegen. Und vielen wird er nicht mehr helfen können: Oberleutnant Wuth nicht, und Leutnant Liestmann nicht, ebensowenig wie dem Richtschützen Packeisen, dem Ladeschützen Ohr und vielen, vielen anderen. Sie werden sterben.

Am Halfayapaß arbeiten sie am Morgen des 18. noch an der Beseitigung der Zerstörungen, die der Wolkenbruch an den Stellungen angerichtet hat. Der Chef der 1. Kompanie Schützenregiment 104, Oberleutnant Gehrig, konnte nur mit Mühe vor dem Ertrinken gerettet werden. Feldwebel Ziegler hat wie eine echte Mutter der Kompanie die Männer und die Waffen wieder zusammengesucht. Er ist stolz auf den Obergefreiten Breidert, der sein MG auf einen kleinen Hügel gerettet hat und mit der Zeltplane gegen die Wassermassen schützt. Selbst naß bis auf die Haut und frierend wie ein Hund, wehrte er alle Vorschläge der Kameraden ab, sich ins Trockene zu retten: »Ich kann doch moi MG net allä losse.«

Vor mir liegen Berichte von Männern vieler Einheiten, von Grenadieren, von Panzerfahrern der Panzerregimenter 5 und 8, von Männern des Majors Bach am Halfayapaß; von der Aufklärungsabteilung 33, den Kradschützen, von der Magdeburger Panzer-Nachrichtenabteilung 82, die die zerkämpften Reste der Panzer-Nachrichtenabteilung 33 aufsaugte; von Pionieren, der Flak und der Pak und von Soldaten auf verlorenem Posten: Die legendenumwitterten 361er, die Legionäre des Afrikakorps. Eine Einheit, die sich aus ehemaligen deutschen Angehörigen der französischen Fremdenlegion zusammensetzte. Ursprünglich ›wehrunwürdig‹, fochten sie als tapfere Landsknechte und vollbrachten erstaunliche Leistungen.

Aus allen Berichten und Aussagen über die Winterschlacht 1941 spricht dasselbe: Es war eine Schlacht, wie sie die Wüste Nordafrikas in ihrer blutigen Geschichte noch nie gesehen hatte. Da gab es erbitterte Panzerduelle Tag und Nacht. Da warfen Köche, von ihren Gulaschkanonen gedeckt, Handgranaten unter die Ketten der Mark II und der kleinen Honey-Panzer, die frisch aus den amerikanischen Fabriken in die Wüste gekommen waren. Pakbatterien feuerten, bis sie überwalzt wurden. Die Männer der 2. Kompanie Afrikaregiment 361 sprangen unter dem Feuerschutz leichter Granatwerfer auf britische Panzer, sprengten die Einstiegluken auf, schlugen die Besatzungen mit dem Spaten nieder und fuhren mit den erbeuteten Panzern zum Angriff: Die Furie des Krieges war in der Wüste losgelassen. Nachts huschten deutsche Kommandos mit Decken über das verlassene Schlachtfeld, wickelten die Verwundeten ein, damit sie nicht froren. Man hoffte, daß am anderen Tag Freund oder Feind sie finden und versorgen würde. Und die Opfer der Schlacht lagen und zitterten und beteten oder warteten stumm auf den Tod. Ein Lächeln auf den Lippen oder einen Fluch gegen den Krieg.

Was man den Deutschen gern abspricht, die Kraft der verzweifelten, aussichtslosen Verteidigung gegen einen großangelegten Überraschungsangriff, wurde von Rommels Soldaten mit einer an Unheimlichkeit grenzenden Tapferkeit in der Wüste Afrikas vorexerziert. Diese Tapferkeit, dieser beinahe legendäre Widerstand Mann gegen Mann, Panzer gegen Panzer war es, der Auchinlecks Sturm die Spitze abbrach.

Rommel selbst zeigte sich auf der Höhe seines Könnens. Überall sah man ihn in seinem Kübelwagen, manchmal auch noch in seinem bei Mechili erbeuteten britischen Mammut-Befehlswagen, den die Landser ›Max‹ nannten. Den zweiten, den General Crüwell fuhr, hatten sie ›Moritz‹ getauft.

Am Mittag des 18. November hatte ein deutscher Panzerspähtrupp bei Sidi Suleiman einen Stabswagen der 4. indischen Division, der sich verfahren hatte, überrascht und die Besatzung, darunter einen Unteroffizier, gefangen. Bayerlein ließ den Mann nach Bardia kommen und vernahm ihn. Was zutage kam, verschlug ihm den Atem. Der Stabsunteroffizier hatte eine Karte bei sich, von der er behauptete, es sei der Aufmarschplan Auchinlecks. Er erklärte außerdem, die britische Führung sei im Besitz von Rommels Angriffsplan gegen Tobruk.

Bayerlein telefonierte sofort mit dem Stabe Rommels bei Gambut. Die Meldung erschien den Stabsoffizieren und Rommel selbst so ungeheuerlich, daß sie die Angaben zuerst bezweifelten und die Karte für ein Mittel zur Irreführung hielten. Wieder einmal zeigte sich das Mißtrauen gegen das Glück! Dabei war dieser Glücksfall der Erbeutung von Auchinlecks Offensivplan zu Beginn der Schlacht fast ebenso groß wie Auchinlecks Geheimdiensterfolg mit Rommels Tobruk-Plan.

›Der Verrat von Tobruk‹ hat also sein ungewolltes britisches Gegenstück. Nur mit dem Unterschied, daß Rommel sich erst spät entschließen konnte, die Beute für echt zu nehmen. Sein I c und dessen Gehilfe werteten die Sache trotzdem eifrig aus, und es ist gar kein Zweifel, daß der Unteroffizier der 4. indischen Division seinen Beitrag zu den deutschen Abwehrerfolgen der kommenden Schlacht geleistet hat.

Wie die große Schlacht abrollte, hat mir der damalige Chef des Stabes DAK, Fritz Bayerlein, erzählt.

Teilkräfte der 7. britischen Panzerdivision, voran die berühmten 11. Husaren, waren am 20. November durch die deutsch-italienischen Sicherungsstellungen gebrochen und bis vor Sidi Rezegh an den Djebelrand von Tobruk gekommen. Das DAK operierte erfolgreich gegen diese Teile, zerstörte zahlreiche Panzer und gewann eine günstige Ausgangsstellung zum Angriff gegen den Rücken des weit vorgestoßenen Feindes. Die zahlenmäßige Unterlegenheit der Deutschen zwang Rommel die Taktik auf, die einzelnen feindlichen Verbände nacheinander anzugreifen, um so die Vernichtung der ganzen britischen Offensivgruppe, die von Süden gegen Tobruk stieß, zu erreichen. Aber würde General Cunningham Rommel den Gefallen tun und seine Panzerbrigaden nacheinander ins Gefecht werfen? Er tat es. Er versäumte die Konzentrierung seiner Kräfte.

Das DAK trat am Morgen des 21. November aus dem Raum westlich Sidi Omar zum Angriff gegen den Rücken der 7. Panzerbrigade an. Auf englischer Seite fochten in diesem ersten Duell 200 Panzer, zahlreiche Pak und überlegene Artillerie. Aber das DAK warf die Engländer zurück, setzte sich auf den Höhenstufen am Trigh Capuzzo fest und richtete sich zur beweglichen Verteidigung ein.

Ein Vorstoß der Besatzung von Tobruk in der Nacht vom 20. zum 21. November konnte zurückgeschlagen werden. Der nächste Ausbruchsversuch mit 50 Infanteriepanzern hatte jedoch mehr Erfolg. Verbände der britischen 70. Division stießen auf die Stellungen der italienischen Division Bologna, durchbrachen deren Front, überrannten die Artillerie der Italiener und vernichteten zwei Bataillone mit 35 Geschützen. Die Aufklärungsabteilung 3 riegelte den Einbruch ab; aber die Sorge um dieses Stück Kampffront blieb bestehen.

Für den 22. November hatte Rommel ›bewegliche Kampfführung‹ befohlen. In der Nacht hatte General Crüwell die 15. Panzerdivision unbemerkt vom Feind nach Osten herausgestaffelt und in die tiefe Flanke des Gegners umgruppiert. Die 21. Panzerdivision, früher 5. leichte Division genannt, griff den Flugplatz Sidi Rezegh an und warf den Feind nach Süden zurück. Generalmajor Neumann-Silkow stieß mit der 15. Panzerdivision gegen Flanke und Rücken des angreifenden Gegners vor, kesselte ihn ein, und das Panzerregiment 8 vernichtete die 4. englische Panzerbrigade, einen wichtigen Stoßverband der britischen Offensive.

In der britischen Kriegsgeschichte wird kein Zweifel gelassen, daß der

Ausfall der 4. Panzerbrigade schlachtentscheidend war. Freilich, die nüchterne Feststellung, daß »eine Panzerbrigade vernichtet und mit der Masse in Gefangenschaft geriet«, ist einer jener sachlichen historischen Vermerke, die nicht vermuten lassen, welche Kühnheit und Kaltblütigkeit sich dahinter verbergen.

In den Abendstunden des 22. November 1941 hatte das Panzerregiment 8 des Oberstleutnant Cramer die Fühlung mit dem weichenden Gegner verloren. Völlig unerwartet stößt die I. Abteilung in stockdunkler Nacht auf eine dichtgedrängte Ansammlung von Panzern. Erst auf 8 bis 10 Meter können sie als englische ausgemacht werden. Freund und Feind sind zunächst so überrascht, daß kein Schuß fällt. In Sekundenschnelle reißt Major Fenski, der Kommandeur der I. Abteilung, die Initiative an sich. Er fährt mit seinem Befehlspanzer quer durch die englische Igelstellung. Im Sprechfunk tönen seine Befehle: »Erste Kompanie – rechter Zug – . . .« Und dann dirigiert er die Züge und Kompanien um den feindlichen Panzer-Igel. Der Adjutant, Oberleutnant Beck, schießt pausenlos weiße Leuchtkugeln und läßt bei allen Panzern großes Licht einschalten. Die feindliche Ansammlung wird dadurch taghell erleuchtet. Der Gegner ist wie gebannt. Inzwischen sind Kradmelder mit Unteroffizier Sauter in die Reihen der verblüfften Engländer gedrungen. Die MP hoch: »Hands up!« Eine Panzerbesatzung will abhauen. Sauter springt auf den Panzer. Reißt die halbgeschlossene Luke auf. Eine MP-Garbe hinein. Einige feindliche Panzer im Nordteil der Igelstellung versuchen ebenfalls auszubrechen. »Feuer frei auf ausbrechende Feindpanzer«, tönt es in den Empfängern. Rums! Das hilft. Jetzt ist der Ring um die britische Stellung geschlossen. Um eine Panik zu vermeiden, wird bei der Abteilung durch Funk und Zuruf immer wieder Schießverbot durchgegeben. »Nur auf Feindpanzer schießen, die auszubrechen versuchen.« Dann ertönt Fenskis Befehl: »Kommandanten absitzen, Maschinenpistole mitnehmen, Gefangene machen. Richt- und Ladeschützen bleiben zur Überwachung in den Panzern.«

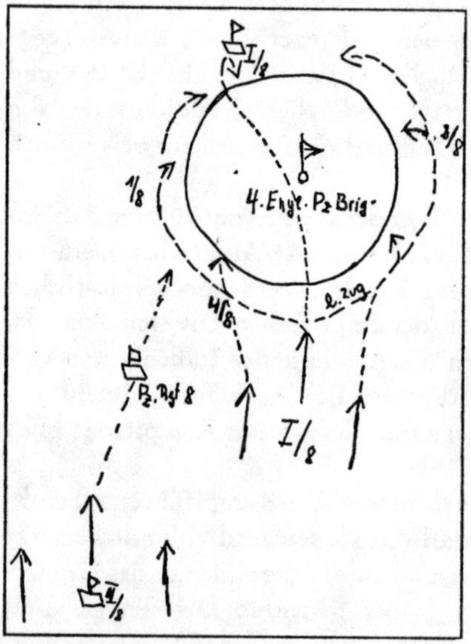

Handskizze von General Cramer über die Vernichtung der 4. britischen Panzerbrigade.

Im grellen Licht der Panzerscheinwerfer werden die Tommys überwältigt. Einzelne Besatzungen greifen zur Waffe und wehren sich. Drei Unteroffiziere Fenskis fallen. Einem englischen Captain gelingt es, drei Panzer in Brand zu stecken. Dann fängt ihn Fenski.

Das war das Ende der 4. englischen Panzerbrigade. Unter den Gefangenen waren 1 Brigadier, 17 Offiziere und 150 Unteroffiziere. 35 Panzer und zahlreiche Gefechtsfahrzeuge wurden erbeutet. Es war eines der tollsten Panzerabenteuer des Krieges.

Am nächsten Tag fiel Major Fenski.

Angriffe aus Tobruk heraus erfolgten an diesem Tage nicht. Aber jetzt traten die Engländer im Osten mit ihrem XIII. Korps zum umfassenden Vorstoß gegen den Rücken der Sollumfront und den Halfayapaß an. Die Stützpunkte hielten bis auf das Fort Capuzzo, das die Neuseeländer eroberten.

Rommel faßte nun folgenden Plan: Erst Vernichtung der auf Tobruk operierenden feindlichen Hauptstoßgruppe durch den konzentrischen Angriff aller beweglichen deutsch-italienischen Kräfte. Dann schneller Vorstoß nach Osten zum Entsatz der Sollumfront.

Hauptkampftag für die erste Aufgabe war der 23. November, der Totensonntag. Rommel saß vom DAK weit entfernt und konnte den Kommandeuren seine Befehle nicht mündlich geben. Was er daraufhin tat, war ungewöhnlich. Er schickte einen langen Funkspruch. Der kommandierende General des DAK, Crüwell, sah sofort, daß die Entschlüsselung der sechs Seiten bis tief in den Vormittag dauern würde. Sollte er warten? Entscheidende Stunden mit der Entschlüsselung vertun?

»Da wir einen ausgezeichneten Überblick über die Feindlage hatten, warteten wir die Entschlüsselung nicht ab, sondern verließen um 5.30 Uhr den Stab des DAK, um uns zur 15. Panzerdivision zu begeben«, sagte mir Bayerlein. »Wir hatten nur den Mammut ›Moritz‹ und zwei Kübelwagen bei uns. Alles andere ließen wir zurück. Unglücklicherweise; denn eine halbe Stunde später wurde der gesamte zurückgebliebene Stab mit dem Ic Graf Baudissin von unbemerkt anrückenden Neuseeländern überwältigt und nach einer stürmischen Gegenwehr gefangengenommen. Crüwell und ich waren diesem Schicksal um Haaresbreite entgangen.«

Ein Stabsoffizier erzählt die Geschichte so: »Als der Korpsstab gerade im Begriff war, vom Djebelrand auf den Trigh Capuzzo hinunterzurollen, wurde es hell. Sofort erkannten wir halbrechts von uns lange Geschützrohre. Gleichzeitig bemerkten wir in allen Himmelsrichtungen zahlreiche Fahrzeuge. Waren die rückwärtigen Teile der 15. und 21. Panzerdivision noch hier? Während wir uns noch darüber unterhalten, pfeifen auch schon die ersten Schüsse. Unsere Kolonne zieht sich sofort auseinander. Unsere Spähwagen und leichte Flak schalten schnell und feuern aus allen Rohren. Dann folgt eine Feuerpause. Wir nutzen sie, springen auf unsere Fahrzeuge und brausen in alle Richtungen mit Volldampf ab. Aber weit kommen wir nicht. Unter dem vereinigten Feuer britischer Panzer, Pak und Infanterie fällt ein Wagen nach dem anderen aus. Wir haben Verwundete und Tote. Die Spähwagen brennen. Explodierende Munition fliegt uns um die Ohren. Schnell werden die wichtigsten Aufzeichnungen vernichtet. Da rollen auch schon die britischen Panzer heran. Es ist die 2. neuseeländische Division des Generals Freyberg. Wir sind gefangen.«

Auch das war der Afrikakrieg: Generale ohne Stab. Alle Experten weg. Kartenmaterial hin. Nachrichtengeräte verloren. Aber Crüwell führte die Divisionen seines DAK weiter.

Am Morgen des 23. November standen die deutsch-italienischen Kräfte südlich Tobruk zum Kampf bereit. Im Raum Sidi Rezegh hielt sich die 21. Panzerdivision abwehrbereit. Die italienischen Panzerdivisionen Ariete und Trieste waren in dem Raum Bir el Gobi versammelt. General Crüwell hatte die Absicht, den Feind im Rücken anzugreifen, und wollte sich vorher mit der von Bir el Gobi anrückenden Ariete vereinigen, um alle vorhandenen Panzer zu einem geschlossenen Einsatz zu bringen. Gegen 7 Uhr 30 trat hierzu die 15. Panzerdivision nach Südwesten an. Alle Kompanien empfingen den Funkspruch: »Der Feind muß heute entscheidend geschlagen werden.« Starke feindliche Panzerverbände wurden um Sidi Muftah erkannt und sofort angegriffen. Es entwickelten sich heftige Kämpfe. Weitere feindliche Gruppen mit riesigen Fahrzeugparks, zahlreichen Panzern und Geschützen wurden festgestellt. Deshalb setzte General Crüwell zu einer noch weiter ausholenden Umfassung an.

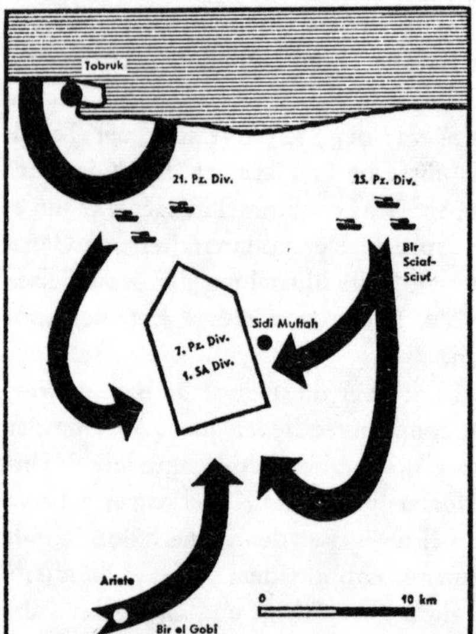

Die Schlacht am Totensonntag, 23. November 1941. Rommel kesselt die britischen Angriffskräfte ein.

Die 21. Panzerdivision stand wieder in schweren Abwehrkämpfen gegen die weiter auf Rezegh stürmenden Feindkräfte der 7. britischen Panzerdivision. In den Mittagsstunden machte die Tobruk-Besatzung mit 60 Panzern und starker Infanterie einen Ausbruchsversuch, um sich endgültig mit den heranrollenden Panzerkräften zu vereinigen. Aber die Italiener des Sperrriegels wehrten sich verzweifelt, und ihre Division Pavia hielt stand. Trotzdem gelang es dem Feind, zahlreiche Stützpunkte der Einschließungsfront an sich zu reißen.

Unter dauernden Kämpfen hatte General Crüwell in den frühen Nachmittagsstunden den Raum im Rücken der Engländer erreicht. Die Angriffsspitzen der Ariete mit 120 Panzern trafen ein. Nun setzte Crüwell die vereinten deutsch-italienischen Panzerkräfte umfassend gegen den Rücken des Gegners ein. Der Angriff lief gut an. Panzerregiment 8 im Schwerpunkt. Rechts Panzerregiment 5 und links die Italiener. Aber bald stießen die Divisionen auf eine breite Geschütz- und Pakfront, die von den Südafrikanern überraschend schnell aufgebaut worden war. Geschütze aller Art und aller Kaliber legten eine Feuerwand vor die angreifenden deutschen Kampfwagen, und es war unmöglich, gegen diesen feuerspeienden Wall hindurchzukommen. Panzer auf Panzer zerbarst im Hagel der Geschoßmassen.

Die 8. Kompanie Panzerregiment 8 hatte hier besonders schwere Verluste. Der Kompanieführer Oberleutnant Wuth wollte es unbedingt schaffen und brach mit seinem Chefpanzer in die feindliche Stellung ein. Aber ein Kopfschuß machte seinem Leben ein Ende. Er fiel seinem Richtschützen Unteroffizier Hubbuch tot in die Arme. Als Leutnant Liestmann, der Zugführer des 2. Zuges, die Kompanie übernehmen sollte, gab sein Panzer auf den Funkspruch schon keine Antwort mehr. Eine 4-cm-Selbstfahrlafette hatte ihn zusammengeschossen. Liestmann konnte zwar die Besatzung mit Ausnahme des toten Fahrers und des Ladeschützen noch ausbooten, aber dann wurde er von einer Maschinengewehrgarbe der Tommys erwischt. Neben ihm auch sein Richtschütze, Unteroffizier Packeisen. Das war das Schicksal eines einzigen Panzerkommandanten und seiner Männer. Aber solche Schicksale gab es viele am Totensonntag 1941. Allein in der II. Abteilung Panzerregiment 8 fielen neben Oberleutnant Wuth und Leutnant Liestmann noch drei weitere Panzerkommandanten – Oberleutnant Köser, Leutnant Adam, Leutnant Pisat – und ihre Besatzungen.

Die gesamte Artillerie mußte in den Kampf geworfen werden, um die Geschütze einzeln niederzuzwingen. Erst am späten Nachmittag gelang es, mehrere Breschen in die Front zu schlagen. Der Panzerangriff kam wieder ins Rollen.

Unter Anwendung aller Tricks der beweglichen Kampfführung wurde der Feind schließlich auf engem Raum zusammengedrängt. Da ihm auch der Stoß aus Tobruk heraus keine Entlastung gebracht hatte, sah er als einzige Rettung vor der Vernichtung Kapitulation oder Rückzug. Über 1000 Gefangene wurden gemacht.

In diesem Augenblick war der Mammut-Befehlswagen ›Moritz‹, in dem Crüwell mit Bayerlein saß, plötzlich von britischen Panzern umstellt. Undeutlich schimmerte auf dem Beute-Mammut das Balkenkreuz als deutsches Kennzeichen. Die Engländer wußten nicht, woran sie waren. »Die Luken unseres Befehlswagens waren geschlossen«, erzählt Bayerlein. »Die britischen Panzerschützen wußten nicht, mit wem sie es zu tun hatten. Einige verließen ihre Mark VI, kamen an den Mammut heran und klopften auf die Panzerplatten. Crüwell öffnete die Luke und sah in das Gesicht eines britischen Soldaten, der wohl auch erstaunt war, auf diese ungewöhnliche Art mit einem deutschen General Bekanntschaft zu machen. Unser Schicksal schien besiegelt. Aber in diesem Augenblick spritzten von irgendwoher Geschoßgarben in die Gegend. Wir warfen uns im Mammut auf den Boden. Eine deutsche 2-cm-Flak hatte die ausgebooteten britischen Panzerbesatzungen unter Feuer genommen. Sie sprangen in ihre Kampfwagen und verschwanden in schneller Fahrt nach Süden. Der Gefechtsstab des DAK war wieder einmal aus einer gefährlichen Lage befreit.«

Der weite Raum südlich Sidi Rezegh war mittlerweile in ein Meer von Staub und Rauch verwandelt. Die Sicht war beschränkt, so daß viele Panzer und Geschütze der Engländer aus dem Kessel nach Süden und Osten ausbrechen konnten, ohne gefaßt zu werden. Aber ein großer Teil des Feindes blieb eingekesselt. Als die Dämmerung hereinbrach, war die Schlacht noch nicht zu Ende. Hunderte von brennenden Fahrzeugen, Panzern und Geschützen erleuchteten das Schlachtfeld der Totensonntagsschlacht. Erst spät nach Mitternacht konnte ein Überblick über das Geschehen gewonnen werden. Die Verbände wurden geordnet, die Verluste und die Erfolge festgestellt, die Gesamtlage beurteilt. Das Ergebnis dieser Schlacht war die Beseitigung der unmittelbaren Gefahr für den deutschen Einschließungsring um Tobruk, die Vernichtung eines großen Teils der gegnerischen Panzerkräfte und die moralische Auswirkung auf den Feind, dessen so fein eingefädelten Plan Crüwell völlig über den Haufen geworfen hatte.

Am Morgen des 24. November meldete General Crüwell an der Achsenstraße General Rommel, daß der Feind bei Sidi Rezegh vernichtet und nur mit Teilen entwichen sei. Sieg! Ein unvorstellbarer Sieg angesichts der Chancen, die der Gegner gehabt hatte, und angesichts der zahlenmäßigen Unterlegenheit der deutschen Verteidigungstruppen. Die Kriegsgeschichte gebietet, General Crüwell und den Verbänden seines DAK den Siegeslorbeer zuzuerkennen.

Rommel müßte nicht Rommel gewesen sein, wenn ihm dieser Sieg nicht Anlaß zu einer kühnen Idee gegeben hätte. Er faßte den Plan, sofort über den Feind an der Ostfront herzufallen und die Neuseeländer und Inder zu vernichten, bevor sie sich mit den Resten der geschlagenen britischen Hauptgruppe vereinigen konnten. Gleichzeitig wollte er Habata und Maddalena weit im Hinterland der Wüste nehmen, um die feindliche Versorgung abzuschnüren. »Wir müssen die Schockwirkung der Niederlage ausnützen und sofort mit allen Teilen nach Sidi Omar vorgehen.« Das war Rommel! Der I a Oberstleutnant Westphal warnte. Aber Rommel ließ sich nicht beirren. Er sah die große Chance: den Feind vernichten, die Tür nach Ägypten aufstoßen.

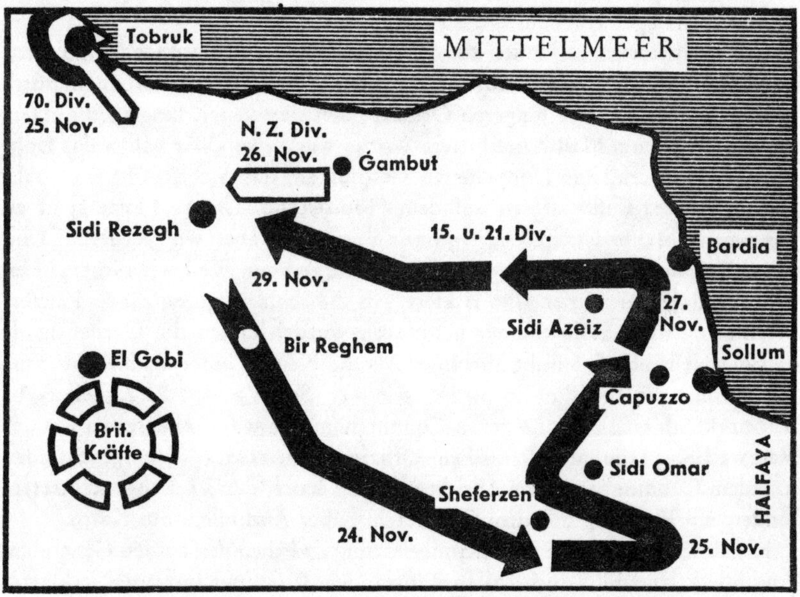

Rommels verhängnisvolle Wüstenfahrt nach der Schlacht vom Totensonntag.

Alle beweglichen Truppen wurden an diesem Unternehmen beteiligt. Südlich Tobruk blieb nur eine schwache Kampfgruppe zurück. Sie stand unter dem Befehl des Artillerie-Kommandeurs Afrika, Generalmajor Boettcher. Der Einschließungsring um Tobruk wurde mit den nichtmotorisierten Kräften aufrechterhalten. »Dieser Entschluß Rommels ist wohl der kühnste, den er je gefaßt hat. Während die Panzer noch mitten in der blutigsten aller Wüstenschlachten standen, hatte er sich zu einem Spiel entschieden, das genial und tollkühn zugleich war«, sagt Alan Moorehead.

Aber dieser kühne Plan basierte darauf, daß die Hauptmasse der Engländer vor Tobruk bereits geschlagen und in wilder Flucht war. Hatte die britische Führung ihre Sache schon aufgegeben?

Müde und voll Bitterkeit stand General Cunningham vor den Offizieren seines Stabes: »Diesen verdammten Deutschen ist nicht beizukommen.« In diesem Satz lag die ganze Verzweiflung über das Scheitern des großen englischen Plans. Mit einer mächtigen Offensive, die auf der Kenntnis des verratenen Rommelschen Aufmarschplans aufgebaut war, hatte Cunningham Tobruk entsetzen und die Achsenstreitkräfte in einer Zange zwischen Sollum, Sidi Omar und Tobruk vernichten wollen. Jetzt war seine Stoßarmee selbst vernichtet. »Wir müssen die Schlacht aufgeben«, erklärte Cunningham. »Müssen nach Ägypten ausweichen, retten, was zu retten ist, und versuchen, einen letzten Sperriegel vor dem Nil zu errichten.«

»Einen Sperriegel aufbauen aus der Flucht heraus?« fragte zweifelnd Cunninghams Stabschef. Und auch die anderen Stabsoffiziere blickten skeptisch auf ihren General. Die jüngeren Offiziere kritisierten seit langem die starre britische Führung. Man hörte bittere Worte, wie diese: »Wir haben das Doppelte an Panzern, das Doppelte an Geschützen, das Siebenfache an Spähwagen. Unsere Luftwaffe ist auf dem Höchststand. Unsere Flotte steht an der Küste. Mannschaftsmäßig sind wir überlegen: aber wir verlieren. Und warum verlieren wir? Weil wir portionsweise fechten. Weil wir nichts riskieren, wie Rommel immer alles riskiert. Als die Schlacht gegen die 7. Panzerdivision und die Südafrikaner geschlagen wurde, kamen die Gardebrigade und die Neuseeländer nicht zu Hilfe. Als die Neuseeländer im Kampf standen, kamen die Inder nicht. So ist es immer. So ist es seit El Agheila.« Es war praktisch eine Revolte gegen Cunningham. Sie war zu begreifen aus der Verzweiflung, die alle britischen Offiziere beherrschte. Wenige Stunden nachdem Cunningham seine Absicht geäußert hatte, den Rückzug anzutreten, landete ein Flugzeug mit dem Oberbefehlshaber Auchinleck aus Kairo.

Es gab eine stürmische Auseinandersetzung zwischen den beiden Generalen. Auchinleck verschloß sich allen Einwänden Cunninghams und erklärte: »Diese Schlacht darf nicht mit einer Niederlage enden, es wäre das Ende in Nordafrika, es wäre die britische Niederlage am Nil.« Der sonst so kühle Auchinleck, der knochentrockene Engländer, wurde von jenem Feuer ergriffen, wie es in der britischen Geschichte in mancher Krise aufgeflammt ist. Auchinleck ließ alle kühle Vorsicht fahren, und es stand etwas vom Pokergeist der alten britischen Abenteurer und Seeräuber in ihm auf. »In dieser Stunde bin ich entschlossen, den letzten Mann und die letzte Kanone zu opfern, um die Niederlage abzuwenden. Die 8. Armee wird durchkommen oder nicht mehr zurückkehren.« Das Wort stand im Raum. Die Offiziere hingen an dem Gesicht Auchinlecks. Cunningham schaute resigniert zu Boden. Was dachte er? Was denken wir?

Pathetische Worte! Worte, die in unseren deutschen Ohren keinen guten Klang haben, weil wir sie zu oft als Einleitung großer Tragödien des letzten Krieges gehört haben. Aber es gibt geschichtliche Stunden, die vom Pathos entschieden werden.

Auchinleck setzte General Cunningham ab. Auf dem Schlachtfeld. Vor dem Feind gewissermaßen. Eine erregende Maßnahme. An Cunninghams Stelle trat General Ritchie. Ein Mann, der auch fest mit der alten britischen Strategie der Vorsicht verwachsen war. Angesichts des eisernen Befehls von Auchinlecks blieb ihm aber keine andere Wahl, als alles auf eine Karte zu setzen. Er fing die Panik der 7. Panzerdivision auf. Er ließ flüchtende Offiziere mit vorgehaltener Pistole zum Stehen bringen. Er griff zu gewagtesten Aktionen, um der Truppe wieder Kampfgeist zu geben und die stürmische deutsche Angriffskraft so lange aufzuhalten, bis die englischen Verbände organisiert waren.

Ritchie und Auchinleck scheuten kein Mittel, um ihr Ziel zu erreichen. Da waren zum Beispiel die ›Jock‹-Kolonnen, die Kampfgruppen des Brigadiers Jock Campbell. Der britische Kriegsberichter Alan Moorehead schreibt über diese Spezialeinheiten:

»Der Befehl jedes Kampfgruppenführers lautete einfach: Los! In den Rücken des Feindes! Greift alles an, was euch unter die Augen kommt! So wurden die Partisanenkämpfer der Wüste geboren. In größter Eile ließ Auchinleck die Verbände verstärken und zum Einsatz bringen. Innerhalb von ein paar Tagen hatte er über zwanzig Gruppen hinter den feindlichen Linien. Sie brannten, plünderten, schossen, brachen ein, lagen im Hinterhalt, in den Dünen der Wüste, lockten feindliche Panzer in falsche Fahrtrichtung, zerstörten Telefonleitungen, legten irreführende Fahrtspuren an, brachten Fuhrparkkolonnen auseinander, beschädigten Flugplätze und sammelten Informationen. Es war nur ein Notbehelf für die Zeit, in der die 8. Armee verzweifelt an ihrer Neuformierung arbeitete, aber es hatte sofortige und starke Wirkung.«

Man muß dieses Bekenntnis über die Einsätze der britischen Wüstenpartisanen beachten, um die nach dem Kriege gerade von englischer Seite so hart verurteilten Einsätze der ›Brandenburger‹ im richtigen Licht zu sehen. Diese deutschen Gegenspieler von Jock Campbells Kampfgruppen und der Long Range Desert Group vergalten Gleiches mit Gleichem. Sie drangen in waghalsigen und abenteuerlichen Einsätzen bis Kairo vor, operierten hinter den Stabsquartieren des Gegners, sprengten Brücken, unterhielten Funknester und fügten dem Feind im rückwärtigen Gebiet schwere Verluste zu.

Die Jock-Kolonnen richteten vor allem bei italienischen Einheiten im rückwärtigen Armeegebiet großes Unheil an. Die italienische Feldgendarmerie war deshalb besonders scharf bei der Bekämpfung dieser Wüstenpartisanen.

Der Obergefreite Gerhard Freydank tankte eines Tages mit seinem Wassertrupp an der Süßwasserquelle in Derna. Er wurde von einem deutsch sprechenden jungen Araber, Mitte Zwanzig, gebeten, er möge ihn auf dem Lkw ein Stück mitnehmen. Freydank lehnte ab: Verboten. Da zeigte der Araber, der seinem Aussehen nach vornehmer Herkunft sein mußte, stolz und geheimnisvoll einen Ausweis vor, in dem das deutsche Oberkommando ersuchte, dem Inhaber des Papiers Hilfe und Unterstützung zu bieten, da er in deutschen Diensten stehe. Unterschrift: Rommel. Natürlich nahm Obergefreiter Freydank den Mann mit. Auf der Piste nach Sollum wurden sie von einer italienischen Feldgendarmerie-Streife angehalten. Die Italiener besahen sich den Araber mißtrauisch. Holten ihn aus dem Auto. Der braune Mann protestierte heftig und forderte die Deutschen auf, ihn zu verteidigen; aber die Italiener winkten ab. Sie zogen ihn aus und fanden, was sie suchten: Zwischen den Schenkeln trug er eine Spezialtasche aus marokkanischem Leder, voll ägyptischer Pfundnoten, italienischer Lire und – britische Sonderausweise für die im deutsch-italienischen Hinterland operierenden Jock-Kolonnen. Obergefreiter Freydank stieg erschrocken in seinen Lkw. Da hatte er ja einen feinen Fahrgast befördert. Er wandte schnell den Kopf, als er den Araber bettelnd vor den Italienern auf die Knie fallen sah und trat aufs Gaspedal. Nur fort. Schwach bellten die drei Pistolenschüsse ins Knattern seines Ford-Motors: eine kleine Tragödie am Rand des großen Krieges, am Rand der großen Piste. Und weiter fuhren die Trecks, rasselten die Panzer, knatterten die Kräder. Weiter. Die Wüste verträgt viel Blut.

Inzwischen nahm die Schlacht um Tobruk ihren Lauf. Rommel war im Glauben an den schon erfochtenen Sieg über die Stoßarmee der Engländer zu seinem kühnen Raid gestartet. Am Morgen des 24. November, als General Crüwell den Erfolg seiner Totensonntagsschlacht gemeldet hatte, war Rommel in seinen Kübelwagen gesprungen und hatte seinem Ia Oberstleutnant Westphal zugerufen: »Ich fahre nach Sidi Omar, führe die 21. Panzerdivision gegen den Halfayapaß.« Westphal wollte Einwendungen machen. Er hatte die ersten Meldungen der Luftaufklärung bekommen, wonach die Briten sich bei Bir el Gobi erneut bereit stellten. Aber Rommel hörte gar nicht zu. Er zog seinen Chef des Stabes, Generalmajor Gause, in den Kübelwagen und brauste davon. Er fuhr in rasender Fahrt durch die in Flucht und Auflösung befindlichen gegnerischen Verbände gen Südosten. Auf die ägyptische Grenze zu. Er wollte die im Raum Sollum operierenden Kräfte – die 2. neuseeländische und die 4. indische Division – überraschend zerschlagen, ehe sie sich mit den flüchtenden englischen Verbänden vereinigen konnten. Er wollte außerdem durch den ägyptischen Grenzraum hindurch auf Habata und Maddalena stoßen und damit das britische Hauptquartier und die großen englischen Versorgungsbasen zerstören. Die ganze britische Armee wollte er so im überraschenden Angriff von ihren Versorgungsbasen abschneiden und dann vernichten. Rommel jagte wie der Teufel vor der 15. und 21. Panzerdivision her, auf Sidi Omar zu. Die Fata Morgana eines entblößten Ägyptens vor

Augen, den Suezkanal, den Nil, den großen Sieg. Er wußte nicht, daß Auchinleck vor Tobruk die Panik gemeistert hatte.

Mit 80 Sachen brauste Rommel dahin. Die Funkstaffel hinterher. Aber bald blieben die Funkwagen zurück. Rommel fuhr ohne sie weiter. Am Abend war Sidi Omar erreicht. Die britische Führung war betroffen. Wo kamen die Deutschen her? Wo wollten sie hin? Rommel schickte die 21. Panzerdivision sofort weiter gegen Sidi Suleiman, um die Halfayafront vom Osten abzuriegeln. Er führte die Division selbst durch den tief gestaffelten Drahtzaun bei Gasr el Abid an der ägyptischen Grenze; und zwar durch eine Bresche, die die Engländer für ihre Offensive geschlagen hatten. Die 15. Panzerdivision bekam den Befehl, den Feind bei Sidi Omar zu werfen. Das Panzerregiment 5 hatte Rommel für diesen Angriff der 15. Panzerdivision unterstellt.

Aber die Sache lief nicht, wie sie laufen sollte. Es war wie verhext. Die 4. indische Division hatte sich knapp vor Rommels Angriff mit Verstärkung um Sidi Omar festgesetzt. Rommels Kräfte waren zu schwach. Wieder hatte er zu kühn geplant. Der deutsche Angriff scheiterte. Das Panzerregiment 5 hatte schwere Verluste. Sein hervorragender Kommandeur, Oberstleutnant Stephan, fiel. Die Nacht senkte sich über die Wüste. Gespenstisch leuchteten die brennenden Panzerwracks. Daneben lagen die Toten. Freund und Feind dicht beieinander.

Rommel hatte inzwischen die 21. Panzerdivision weiter nach Norden begleitet und zum Angriff auf die Neuseeländer angesetzt, die die Sollumfront bestürmten. Generalmajor von Ravenstein sollte mit der 21. Panzerdivision nach der Zerschlagung der Neuseeländer tief nach Ägypten hineinstoßen.

Auf dem Rückweg nach Sidi Omar zur 15. Panzerdivision blieb Rommels Wagen mit Motorschaden liegen. Der deutsche Oberbefehlshaber stand mit Gause allein in der nächtlichen Wüste. Mitten auf einem riesigen Schlachtfeld. Niemand wußte, wo die eigenen Verbände waren und wo der Feind sich bewegte. Ein merkwürdiger Zufall fügte es, daß in dem riesigen Wüstenmeer ausgerechnet an dieser Stelle der Mammut ›Moritz‹ von General Crüwell mit Bayerlein vorbeikam. Sie sahen den deutschen Wagen. Hielten an. Mein Gott! Rommel! »Nehmen Sie uns mit«, lachte der, dabei klapperte er vor Kälte.

Wer aber glaubt, nun wäre alles gutgegangen, der irrt, denn auch Crüwell und Bayerlein waren ohne Begleitung. Sie hatten sich mit ihrem Mammut verfranzt, und nur diesem Umstand verdankte Rommel seine Rettung. Die Führung der Achsentruppen in Afrika kurvte nun in einem einzigen Fahrzeug, das mit seinem Holzboden noch nicht einmal gegen Minentreffer sicher war, in der nächtlichen Wüste herum. Da, plötzlich entdeckten sie Panzer. Jawohl, aber keine deutschen, sondern Panzer der 4. indischen Division. Welch ein Glück, daß die deutsche Führung in einem Beute-Mammut sitzt, der den

Indern nicht auffällt. Rechts und links klirren die Panzer nur meterweit entfernt neben ihnen dahin. Flitzen indische Kradmelder vorbei. Endlich ist man am Drahtzaun. Aber kein Loch zum Durchschlüpfen. Unmöglich, den Zaun zu durchfahren.

Rommel wird wütend: »Ich übernehme die Führung selbst.« Schiebt den Ordonnanzoffizier beiseite und dirigiert den Fahrer: nach rechts, nach links. Aber auch Rommels legendärer Orientierungssinn versagt diesmal. Wieder gerät der Mammut in eine britische Fahrzeuggruppe. Es sind schwere britische Dodges. Welch eine Ironie! Neben den Engländern die deutsche Führung: Afrikakrieg!

Während Rommel auf seiner Wüstenfahrt von seinem Stab abgeschnitten war, trat bei Tobruk das ein, was Westphal befürchtet hatte: Die englischen Kräfte im Raum Sidi Rezegh hatten sich durch Auchinlecks Initiative wieder gefangen und griffen nun die vom DAK entblößte Front an. Aus der Festung Tobruk machten die Besatzungstruppen gleichzeitig wieder Ausfälle. Der deutsche Belagerungsring um Tobruk wurde von den Engländern gesprengt. Die Kampfgruppe Boettcher stand in einem vernichtenden Feuer. Vergeblich versuchte Westphal seinen Oberbefehlshaber Rommel zu erreichen, um ihn von der Lage zu unterrichten. Fünf ›Störche‹ gingen auf der Suche verloren. Die Funkstellen jagten Suchspruch auf Suchspruch in den Äther. Nichts!

Da entschloß sich Westphal zum selbständigen Handeln. Er rief das DAK per Funk in den Krisenraum Tobruk zurück.

Der Funkmelder Karl Dorn sauste mit dem eben empfangenen Spruch zum I a der 21. Panzerdivision, Major Freiherr von Süsskind. Dieser stand neben Ravenstein, der übermüdet und mitgenommen aussah. Der Melder reichte das Papier hin und forderte pflichtgemäß seine Quittung, Ravenstein unterschrieb. Las. Und folgte. Er biß sich mit seinen wenigen Panzern durch die Neuseeländer zurück. Zurück nach Tobruk. Es war also nichts mit Rommels Prophezeiung: »Sie können heute den Feldzug beenden.«

Als Rommel nach seiner nächtlichen Wüstenfahrt von dem Rückzugsbefehl an Ravensteins 21. Panzerdivision erfuhr, tobte er erst, denn er glaubte an einen feindlichen Trick und einen gefälschten Funkbefehl. Als er dann aber auf der großen Karte in seinem Gefechtsstand die Lage vor Augen sah, sprach er kein Wort mehr und legte sich schlafen. Am anderen Tage billigte er Westphals Befehl. Er begriff, daß der I a seiner Armee als operatives Gewissen eine Entscheidung hatte fällen müssen; und die Zwangslage hatte den Entschluß diktiert, das wagemutige Abenteuer des Befehlshabers abzubrechen. Rommel selbst hätte es vielleicht nicht getan. Hätte anders auf die Lage um Tobruk reagiert. Wer weiß es? Rommel hat sich dazu nie geäußert.

Er sprang wieder in seinen Wagen und fuhr von Truppenteil zu Truppenteil, um die immer stärker werdenden Schwierigkeiten zu meistern. Er fuhr durch die feindlichen Linien; überquerte einen von Engländern belegten Flugplatz. Wurde gejagt. Beschossen. Aber an diesem Mann bewahrheitete sich, was der Preußenkönig Friedrich der Große festgestellt hat: Ein erfolgreicher General darf nicht nur tüchtig sein, sondern er muß auch Fortune haben! Und Rommel hatte Fortune.

In sausender Fahrt wird ein kleiner Sandhügel überquert, da – ein Lazarett, ein neuseeländisches Lazarett. Jetzt nur keine Nervosität. Rommel steigt aus. Befiehlt seinem Fahrer und dem Ordonnanzoffizier, um das Zeltlager zu fahren und am Ausgang auf ihn zu warten. Er selbst marschiert mitten hinein in die Zeltstadt. Spielt den Sieger. Tut so, als ob Lazarett und umliegendes Terrain in deutscher Hand seien. Begrüßt die Offiziere des Wachkommandos und die Ärzte jovial. Erkundigt sich, was fehlt; verspricht, sofort eine Sendung von Medikamenten zu veranlassen. Verabschiedet sich. Die britischen Stabsärzte salutieren. Weg ist er. Zehn Minuten später merken die Neuseeländer bei der Ankunft eines britischen Transportes, was Rommel ihnen für einen Streich gespielt hat. Die Geschichte geistert in Windeseile durch Nordafrika.

Aber was nützt alle Bravour von Generalen, Offizieren und Soldaten! Ein Unstern steht über der Novemberschlacht.

Generalmajor von Ravenstein soll, nach Churchill, im Augenblick des Rückrufes dicht vor einem riesigen britischen Versorgungslager gestanden haben. Noch eine Viertelstunde Marsch – und er hätte Auchinleck durch die Vernichtung der entscheidenden Versorgungsbasis in eine fürchterliche Situation gebracht.

Noch immer wehrte sich Rommel gegen die Erkenntnis, daß aus dem Sieg am Totensonntag eine Niederlage wurde. Er wollte nicht wahrhaben, daß der Abzug des DAK aus der Tobrukfront Auchinleck eine unerwartete Chance gegeben hatte. Beide Seiten kämpften mit dem Mut der Verzweiflung. Die Engländer, weil sie wußten, daß ihre Niederlage den deutschen Sieg in Nordafrika bedeutete. Die Deutschen, weil sie wußten, daß eine Niederlage das Blut und den Schweiß eines ganzen Jahres zunichte machen würde.

Es gab keine Fronten mehr. Rommel hatte alle Kräfte, die er an die Sollumfront geschickt hatte, jetzt auch selbst zurückbeordert zum Kampf um Tobruk. Die Männer Bachs am Halfayapaß fochten auf verlorenem Posten. Aber sie fochten.

Inzwischen bahnte sich General Freyberg mit seinen Neuseeländern aufs neue von Osten her den Weg nach Tobruk mit dem Bajonett. Seine Verbände hatten zwei mächtigen Angriffen von Panzern und Artillerie standgehalten und griffen jetzt wieder an.

Dabei machten sie einen wertvollen Fang: Sie erwischten den Kommandeur der 21. Panzerdivision, General von Ravenstein. Über diese Gefangennahme ist viel Phantasievolles geschrieben worden. Ich habe mir deshalb die Geschichte von General von Ravenstein selbst erzählen lassen.

In der Nacht zum 28. November war Ravenstein beim Befehlswagen des Kommandierenden Generals Crüwell eingetroffen und hatte den Anmarsch der 21. Panzerdivision gemeldet. Damit hatte Crüwell wieder zwei Panzerdivisionen zur Verfügung, und er entschloß sich, die günstige Lage sofort auszunutzen. Er befahl für den 29. November den Angriff beider Divisionen auf die britischen Kräfte bei Sidi Rezegh. Dieser Stoß sollte die Lage im Raum südostwärts von Tobruk wenden. Bevor General von Ravenstein in der Nacht wieder zu seiner Division fuhr, wurde vereinbart, daß am 29. um 7 Uhr eine gemeinsame Befehlsausgabe bei der 15. Panzerdivision stattfinden sollte. In seinem Kübel brauste Ravenstein davon. Auf dem Schoß die Karte, in die Bayerlein mit Blaustift ein Kreuz eingezeichnet hatte: Dort sollte die 15. Panzerdivision stehen. Es waren 16 Kilometer Wüstenfahrt. Der Obergefreite Hans Kränzke aus Berlin-Oberschöneweide fuhr in alter Manier nach Kompaßzahl und Tacho, unterstützt vom Schützen Peltel, dem 18jährigen Bäcker aus Berlin, der in der Division einer der hellsten und umsichtigsten Pfadfinder war, in Afrika ›Franzer‹ genannt. Aber zuweilen erwischte es eben auch die besten ›Franzer‹.

Im Morgengrauen sahen sie Fahrzeuge am Horizont. Es war der Karte nach der Raum, wo Bayerlein sein Kreuz eingezeichnet hatte. Also die 15. Panzerdivision, dachte Ravenstein. Aber plötzlich knallte es. Aus 20 Meter Entfernung prasselte heftiges MG-Feuer los. Der Wagen stand. Brannte. Fahrer Kränzke war verwundet. Raus aus dem Kübel. Deckung. Aber es war zu spät. Sie befanden sich mitten in einer gut getarnten Stellung der Neuseeländer. »Hands up!« General Freyberg erhielt die Nachricht beim Frühstück, daß der gefürchtete Ravenstein von der 21. Panzerdivision sein Gefangener war.

General von Ravensteins Gefangennahme hatte noch ein abenteuerliches Nachspiel, das sich ein paar Monate später auf dem 30 000 Tonnen großen Truppentransporter ›Pasteur‹ abspielte. 1100 deutsche Kriegsgefangene sollten mit dem ehemaligen Luxusdampfer ›Pasteur‹ von Kairo nach Kanada gebracht werden. Britische Urlauber und Frauen und Kinder der ehemaligen englischen Besatzungstruppen im Nahen Osten befanden sich ebenfalls an Bord. Die deutschen Gefangenen lagen – getrennt nach Offizieren und Landsern – im Zwischendeck und im Bootsdeck. Die beiden Generale, Schmitt und von Ravenstein, hatten auf dem D-Deck die Kabine 269. In der Nachbarkabine waren der Oberfeldarzt Dr. Werlemann, der Assistenzarzt Wingender und der katholische Kriegspfarrer Frense aus Hamm untergebracht. Es war eine eifrige Skatrunde. Aber sie spielten keinen Skat, sondern brüteten über Fluchtplänen. Und die Sache schien gar nicht so aussichtslos. Die ›Pasteur‹ fuhr durchs Rote Meer. Wenn man mit Stoßtrupps die britische Schiffsbesatzung überwältigte, war es nicht mehr schwer, mit Hilfe der deutschen Handelsschiffsoffiziere, die sich unter den Gefangenen befanden, das Schiff nach Singapur zu steuern. Alle Vorbereitungen wurden sorgfältig getroffen. Messer gebastelt und versteckt. Totschläger fabriziert. Kommandos zusammengestellt und auf ihre Aufgaben eingeübt. Natürlich mußte ein großer Teil der in den unteren Decks liegenden Gefangenen eingeweiht werden. Arzt und Pfarrer besorgten das bei ihren Besuchen. Sie mahnten zwar zur Verschwiegenheit, aber es wurde trotzdem zuviel gequatscht. Die britischen Wachmannschaften schnappten dies und das auf, merkten etwas von der Nervosität und dem Eifer unter den deutschen Landsern. Sie schleusten deutsch sprechende Spitzel unter die Gefangenen. Dann packten die Tommys zu.

Am 11. März um 23 Uhr nachts dringt der britische Kommandant Walsh mit bewaffneten Matrosen in die Kabine 269 ein. Die Generale werden in zwei dunkle Einzelzellen der Schiffsarrestanstalt gesteckt. In den drei anderen Zellen sitzen der Major Bach, Pfarrer Frense und der Arzt. Die britischen Matrosen wollen die Generale als Haupt der Verschwörung ins Meer werfen; denn auf dem Schiff hat sich das Gerücht verbreitet, die Deutschen hätten bei einem Erfolg ihrer Meuterei Frauen und Kinder in die Rettungsboote stecken und einfach dem Meer überlassen wollen. Natürlich war das Unsinn. Und natürlich begriff das auch bald die Besatzung der ›Pasteur‹.

Die Afrikaner haben in Kanada später noch manchen Fluchtplan geschmiedet. Wo sie auftauchten, da fanden die Ausbrecherplaner unter den U-Boot-Männern und Fliegern immer sofort freudige Kumpane. Die Kämpen der Wüste brachten auch als Gefangene den Atem des Abenteuers mit in die Lager und hinter den Stacheldraht. Es war der Geist der Panzermänner, der Kürassiere des modernen Krieges. Panzeraufklärer und Kradschützen waren die Husaren. Einer, der diesen Typ großartig verkörperte, war ein Feldwebel, den viele Afrikasoldaten kannten, Feldwebel Barlesius.

Als die britische Offensive an der Sollumfront losbrach, war Barlesius von der 1. Kompanie der Aufklärungsabteilung 33, die damals Hauptmann Héraucourt führte, mit seinem Spähtrupp am Feind. Weit südlich Bir er Reghem durchstieß er dichte und starke Sicherungslinien der 7. britischen Panzerdivision. Von seinem Einsatz brachte er das Ergebnis mit, daß der Feind einen Großangriff mit Stoßrichtung auf Tobruk unter starker Abschirmung nach Nordosten führe. Barlesius' Meldungen galten bei allen Stäben etwas. ›Der Generalstäbler der Feldwebel‹ hieß er, und es galt als ausgemacht, daß seine Beförderung zum Offizier schon entschieden war. Dieser Feldwebel hatte bereits den ganzen Sommer 1941 hindurch von seinen Fahrten glänzende und zuverlässige Aufklärungsergebnisse mitgebracht. Er war ein echter Husar der Wüste. Er hatte an der ägyptischen Grenze Wache gehalten. In dem trostlosen Gemäuer von Gasr el Abid. Bei dem öden Steinhaufen Sidi Suleiman. Im heißen Sand bei Bir Nuh. Oder wo sonst ihn der Befehl hinstellte in der unendlichen Weite der Wüste.

Am 25. November, einem der härtesten Tage der Aufklärungsabteilung 33, kehrte auch Barlesius nicht zurück. Erst mehrere Tage später wurde sein Fahrer Schossarek schwer verwundet in einem Lazarett aufgefunden. Sein Funker Naumann war tot eingeliefert worden. Schwer verwundet hatte er noch die Funkunterlagen vernichtet. Barlesius selbst war durch Granatvolltreffer gefallen. Irgendwo in der Wüste, am Rande der Sahara, fand er sein Grab. Ein Soldat, ein Kamerad, von dem viele sagten: »Einen bess'ren find'st du nicht!«

Die Schlacht um Tobruk beendete auch für zwei andere Bekannte unserer Geschichte Krieg und militärische Laufbahn: Nobby und Dusty, die es inzwischen zum Captain und Oberleutnant gebracht hatten, mußten ›in den Sack‹, wie die Engländer die Gefangenschaft nannten:

Leutnant Wolff von der Aufklärungsabteilung 3 steht mit seinem Spähwagen und beobachtet eine englische Kolonne, die im Panzergeleitzug nach Westen rollt. Sechs schwere Panzer und eine Batterie auf Selbstfahrlafetten. Was kann er mit seinem Bordkanönchen da ausrichten? Er läßt die Kolonne vorüberziehen und will gerade wieder Fahrt aufnehmen, da sieht er einen Pkw, der rund 300 Meter hinter der Kolonne fährt.

»Den holen wir uns.« Schnell hat er ihm den Weg verlegt. Der Pkw stoppt. Vier Engländer heben die Hände. Als Leutnant Wolff den Kopf aus dem Turm steckt, wird er von dem Offizier der Tommys angerufen: »Sind Sie von der Aufklärungsabteilung 3 oder 33?« Wolff guckt erschrocken noch mal genauer hin. Nein, es sind wirklich Engländer. »Hände hoch und aussteigen!« befiehlt er. Bordkanone und Pistole sind zum Nachdruck auf den Pkw gerichtet. Die Tommys werfen ihre Waffen weg. Lässig stehen die zwei Offiziere da, und wieder fragen sie Wolff in gutem Deutsch: »Nun sagen Sie schon, sind Sie von der AA 3 oder 33?«

»Habe ich Sie, oder haben Sie mich gefangen?« fragt ebenso lachend der Leutnant Wolff. Dann sammelt er die Waffen ein und untersucht den Pkw. Whisky, zwei elegante Lederkoffer, Karten, Decken und Verpflegung. Er wirft einen traurigen Blick auf die Schätze, dann befiehlt er: »Einsteigen und mir nach, beim geringsten Versuch auszubrechen, knallt es!« »Aber wollen wir nicht erst einen Whisky trinken?« fragt der eine der beiden britischen Offiziere, der Captain. Mit einer Daumenbreite aus der Flasche prosten sie sich zu. »Wetten, daß Sie heute noch mein Gefangener werden«, unkt der Captain grinsend.

Beinahe wäre es schon auf der Fahrt dazu gekommen. Die Aufklärungsabteilung 3 war inzwischen abgeschnitten. Am Djebelrand unweit Gambut stand sie und sichtete ringsum nur feindliche Verbände.

»Na, Wölffchen, wen bringen Sie denn da?«

»Hab' noch keine Zeit gehabt, nachzusehen«, meldet Leutnant Wolff seinem Kommandeur, Oberstleutnant Freiherr von Wechmar, und gibt die abgenommenen Truppenausweise und Karten ab.

»Sind jedenfalls von derselben Fakultät wie wir und freche Burschen obendrein«, erklärt er den Fall.

»Natürlich, Husaren, 11. Husaren«, liest Wechmar aus den Soldbüchern.

»Woher kommen Sie?«

»Direkt aus Kairo, Herr Oberst, hatten den Urlaubsschein nach England schon in der Tasche. Als wir von der Offensive hörten, haben wir kehrtgemacht und wollten jetzt zu unserem Truppenteil.«

»Pech gehabt«, meint Wechmar. »Jetzt müssen Sie bei uns bleiben. Es tut mir leid, aber ich kann Sie nicht in ein Gefangenenlager bringen lassen.«

»Gott zum Gruße«, sagt in diesem Augenblick Toni Streit, Leutnant und Ordonnanzoffizier beim Divisions-Sonderkommando. Als Leutnant Wolff ihm seine ›Beute‹ aufhalsen will, protestiert er: »Geht nicht, wir haben schon alle Wagen voll mit euren Gefangenen.«

»Muß gehen!«

Major Ehle, dem der Weg zur Division abgeschnitten war, hatte sich der Aufklärungsabteilung angehängt und auf seinen drei Mannschafts-Lkw mehr Engländer als Deutsche. Also die englischen Begleitmänner des Pkw auf einen Lkw, den deutsch sprechenden Captain zum Major in den Wagen und im englischen Pkw Leutnant Streit mit einem deutschen Fahrer und dem anderen britischen Offizier, einem Oberleutnant.

»Herr Major, ich glaube, Sie werden heute noch mein Gefangener«, fing der Captain das Gespräch wieder an, als er das erste Stück Kommißbrot gegessen hatte.

Oberst von Wechmar fuhr an der Spitze der Abteilung und hatte befohlen: »Stoß ich auf starken Feind, schieße ich grüne Leuchtkugeln, und die ganze Kolonne macht kehrt. Dann führt Hauptmann Kiehl, der am Schluß der Kolonne fährt. Stößt Kiehl auf Feind, schießt er grün, und wir machen wieder kehrt. Alles dicht aufschließen, und Anschluß halten.«

»Schon dreimal hatten wir kehrtgemacht, dreimal hatte es gebumst«, erzählt Major Ehle die Geschichte dieser merkwürdigen Fahrt in einem riesigen Wüstenkessel. Der englische Captain wurde immer vergnügter. ›Wieder grün‹, rief er. Er stand wie die deutschen Offiziere aufrecht im Kübelwagen. Die Sache war für ihn ein wunderbarer Sport. ›Kehrt, Herr Major‹, rief er schon wieder. Plötzlich stopp! Funkverbindung mit der Division. Jetzt wußten sie, wo das Ziel war. Da hatte Hauptmann Kiehl auch schon die weiche Stelle in der britischen Front gefunden. Mitten durch eine englische Kolonne ging die wilde Jagd aus der Umklammerung hinaus. So schnell war es gegangen, daß die Tommys gar nicht begriffen, was geschah; und als Rittmeister Mitros – jetzt am Schluß der Kolonne –, die Zigarre in der einen Hand, in der anderen die Winkerkelle, das Zeichen zum Folgen gab, fuhren zwei britische Lkw, beladen mit Kraftstoff, arglos mit.

Der britische Captain fluchte wunderbar. Er fluchte wie ein deutscher Landser. ›Solche Idioten, solche verdammten Idioten! Surrounded about and about – vollkommen eingeschlossen – und dann lassen sie uns wieder 'raus!‹

Übrigens: In Heidelberg hatte der Captain studiert, daher das gute Deutsch. Während der drei Tage und Nächte, die er mit Ehle herumkurven mußte, gab es noch manche heitere und ernste Situation. »Ziemlich frech sind die beiden ja«, meinte der Fahrer, Obergefreiter Voigt, »aber schließlich können sie ja nichts dafür.« Sie schliefen einträchtig mit im Kübelwagen. Sprangen mit heraus, wenn es krachte. Suchten sich eine Deckung und kamen dann wieder zurück. Und wie es bei Ehle war, so ging es im Wagen von Toni Streit zu, bei dem der Tommy-Oberleutnant fuhr und bald leicht wienerte.

Dann war es vorbei. Bardia war erreicht. »Wir versprechen, nicht auszukneifen, aber übergeben Sie uns bitte nicht den Italienern« – bitterernst war auf einmal der Captain, sogar ›bitte‹ hatte er gesagt. Er wollte es nicht begreifen, daß die Deutschen ihn loswerden mußten, und er ging schließlich ›böse‹ davon.«

WO BLEIBT GAMBARA?

Sie saßen an der Schattenseite ihres Lkw und sprachen über Gott und die Welt. Ja, sie sprachen wirklich über Gott und die Welt, die Männer des schweren Maschinengewehr-Zuges und ihr Leutnant Dreyer. Und trotz Hitze und Fliegen kamen sie in Harnisch. »Niemand stirbt gern, es ist ein Unsinn, das zu fordern«, sagte Dreyer und antwortete damit einem forschen Gefreiten. »Niemand stirbt gern, das gehört zur menschlichen Natur. Selbst Christus am Kreuz klagte über den Tod«, fügte Dreyer hinzu. Sie wußten alle, daß ihr Leutnant Pfarrer war. In Hitzacker. Ein beliebter Pfarrer mit einer netten Frau Pfarrerin und fünf prächtigen Kindern, die sie alle von den Fotos kannten. Aber Dreyer war auch ein beliebter und tüchtiger Offizier. Dieser oder jener im Zug kam jedoch nicht zurecht mit der Tatsache, daß ein tüchtiger Gottesmann auch ein tüchtiger Leutnant sein konnte. Ein Leutnant, der sich glänzend auf sein sMG verstand und der bei den Kradschützen einen guten Namen hatte. Und so kam denn auch die spitze Frage von einem jungen Soldaten: »Kann man als Pfarrer Offizier sein und töten?« Dreyer sah ruhig auf: »Man darf, Sie sehen es ja an mir.«

»Und die Bibel?« war die zähe Gegenfrage. »Hm«, machte Dreyer. Er wollte gerade zur Übersetzung von ›töten‹ und ›morden‹ in der Heiligen Schrift sprechen. Aber diese Antwort blieb in der glutheißen Wüste Afrikas unausgesprochen. Sie wurde nicht gegeben. An diesem Tage nicht. Und nie mehr in Afrika – jedenfalls nicht von Leutnant Dreyer. Denn es gab Alarm.

Ein Melder hetzte heran. Ein Befehl kam: Alarmeinsatz gegen Sidi Azeiz. Es blieb keine Zeit mehr zum Diskutieren. Das eiserne Muß war da, lebendig, in Gestalt eines Generals.

Es war eine jener verworrenen Lagen, wie sie zwischen Juni und November 1941 im Raum Tobruk–Sollum immer wieder eintraten. Die Engländer waren vorgestoßen. Sie hatten Sollum und Sidi Omar besetzt. Nördlich und westlich von Capuzzo und Sidi Azeiz waren feindliche Panzerkräfte gemeldet. Die 15. Panzerdivision wartete vor Bardia auf Rommels Befehle. Das verstärkte Pionierbataillon 33 wurde zum Angriff auf Sidi Azeiz angesetzt.

Es wurde eine Schlacht mit Überraschungen. Spähtrupps hatten zwar gemeldet, Sidi Azeiz sei nur schwach besetzt; aber als man zum Ende kam, brachte das Bataillon zwei Generale und 700 Gefangene ein; 60 Geschütze und 100 Fahrzeuge wurden erbeutet. Einer von den gefangenen britischen Generalen war der aus Griechenland und Kreta bekannte Brigadegeneral Hargest. Er war über seine Gefangennahme beleidigt und deprimiert und stand lässig an seinem Wagen, als Rommel vorbeikam. Der drehte sich um und sagte: »Sie vergessen die guten Sitten; das ist mir bei einem englischen General neu.« Hargest verstand sofort und legte die Hand an die Mütze. Rommel salutierte ebenfalls und fügte versöhnlich hinzu: »Sie haben keinen Grund, deprimiert zu sein, Sie haben mit Ihrer Truppe tapfer gefochten!«

Leutnant Dreyer bekam den Auftrag, die beiden Generale nach Bardia zu bringen. Als er spät abends noch nicht zurück war, machte sich sein Kommandeur Sorgen. Sie wurden nicht geringer, als Obergefreiter Willy Voigt berichtete, Leutnant Dreyer sei in dem Wagen der Generale mit dem englischen Fahrer dem Transport der übrigen Tommys nachgefahren. »Na, dann gute Nacht«, sagte Major Ehle, »dieser Optimist Dreyer, der immer ans Gute glaubt! Die Briten sind natürlich irgendwo nach Sollum abgedreht, und Dreyer ist schon POW.« Aber da hätte man den Obergefreiten Voigt sehen sollen. Er war beleidigt wie ein Kavalier, den man des Falschspiels bezichtigte. »Mit Leutnant Dreyer nicht, Herr Major, der bringt die nach Bardia, da setz' ich meinen Kopf.« »Mann, Voigt«, knurrte Ehle, »stellen Sie sich doch mal vor, Sie sitzen am Steuer unseres Kübels, neben Ihnen ein englischer Leutnant und hinten drin ...« Ehle machte eine Pause, man merkte, daß es ihm gegen den Strich ging, einen deutschen General auch nur theoretisch in die Rolle eines Gefangenen zu versetzen. Der schlaue Voigt witterte sofort, woran es haperte, und sprang ein: »Ich weiß schon, was Herr Major sagen wollen. Ich sitze am Steuer und hinten drin General von Esebeck und General Kirchheim, und ich soll sie in Gefangenschaft – sagen wir nach Sollum – fahren, mit nur einem englischen Leutnant neben mir und sonst weit und breit nichts. Natürlich fahre ich dann nicht nach Sollum, sondern irgendwo auf der Piste zockele ich klamheimlich auf Bardia zu, aber –«, und hier machte nun Voigt eine lange Pause und ein wichtiges Gesicht – »aber nicht, wenn ein Leutnant Dreyer neben mir sitzt. Der kennt jedes Eckchen, jede Piste, der hat sich in Frankreich nie verfranzt und fand in Capuzzo mit verbundenen Augen jedes Schützenloch. Der weiß sogar, wo zwischen Tobruk und Halfaya eine Gazelle steht und ein Skorpionenpärchen seinen Familiensitz hat. Nee, Herr Major, mit Arnold – Verzeihung, mit Leutnant Dreyer nicht; der bringt die Tommys hin, wo sie hin sollen, da freß' ich einen Kameldornbusch!« Voigt war stolz auf seine lange Rede. Und sein Major war fast überzeugt. Er sicherte sich den Abgang und erteilte gleichzeitig eine Rüge für ›da freß' ich einen Kameldornbusch‹, indem er sagte: »Das kann ich Ihnen flüstern, den Kameldornbusch, den fressen Sie, wenn Sie unrecht haben; und wenn ich acht Stunden danebenstehen soll.« Jedoch der Obergefreite Willy Voigt brauchte das dornige Wüstengebüsch nicht unter den Augen seines Majors zu kauen, denn eine halbe Stunde später kam Marschbefehl nach Bardia. Alles war schrecklich neugierig; Voigts Gespräch mit Major Ehle war schnell durchs Bataillon gelaufen. Nur im sMG-Zug Dreyers war kein Mann aufgeregt: »Der Arnold? – Mensch, der sitzt in Bardia und die Tommy-Generale auch – da freß' ich ...« Weiß der Kuckuck, was sie alles fressen wollten.

Keiner brauchte etwas zu fressen. Die Generale waren da. Und Leutnant Dreyer auch. Man fand ihn zwar nicht gleich. Er saß beim italienischen Kaplan und hatte während eines langen Gesprächs über Gott und die Welt die Zeit und den Krieg vergessen. Er mußte ›einen ausgeben‹, und zwar von dem Chianti, der in der großen Flasche war, die ihm der Kaplan geschenkt hatte. Dreyer teilte sie bis zum letzten Tropfen aus.

Es war ein trauriger Abschied für die Männer seines Zuges, als Dreyer Ordonnanzoffizier der 15. Panzerdivision wurde. Dieser Pfarrer aus Hitzacker war eben ein besonderer Leutnant. Der konnte mitten in der Wüste eine Gazelle braten, daß einem das Wasser im Munde zusammenlief. Er konnte einen Spähtrupp führen, ohne daß es knallte; er befahl nicht, einen Verwundeten aus der Frontlinie zu holen, sondern sprang selber 'raus, viele Male. Und er verband auch gleich, und – niemand fand solche Worte, wenn es galt, einen zu beerdigen. Dann senkten selbst die harten Jungs aus dem Kohlenpott nicht nur halbwegs den Kopf, wenn das Vaterunser kam, sondern sie glaubten. Weil der, der es ihnen vorbetete, auch glaubte.

Mit diesem Glauben ist er auch gestorben, im September 1942 auf dem Hauptverbandsplatz vor El Alamein. Mit lauter Stimme betete er das Vaterunser, wie er es vor seinen Männern so oft gebetet hatte: »... und vergib uns unsere Schuld ...« Leutnant Dreyer, der Pfarrer aus Hitzacker. Warum ich diese Geschichte erzähle, die nur am Rande des großen Orlogs ›Krieg‹ spielt? Nicht, um dem Krieg seine grausame Härte zu nehmen. Nicht, um durch Anekdoten von der düsteren Furie abzulenken. Ich erzähle sie, um zu zeigen, wie sich in Nordafrika trotz allem ein Stück Menschlichkeit, mitten im massenvernichtenden, hypermodernen Krieg erhalten hatte. Der Wüste waren ja alle, Feind und Freund, ausgeliefert. Hier war der Krieg noch irgendwie Abenteuer der Soldaten, die unter sich waren. Es war die harte, sengende, alle bedrohende leere Wüste, die die Regeln prägte; aber es war ebensosehr der Geist der Soldaten, die dort fochten und befahlen, daß diese Regeln eingehalten wurden. Meistens jedenfalls. Nicht immer.

Am 2. Dezember 1941 schickte Rommel folgenden Funkspruch an das Führerhauptquartier in Rastenburg: »In den ununterbrochenen schweren Kämpfen vom 18. 11. bis zum 1. 12. wurden 814 Panzerkampfwagen und Panzerspähwagen des Feindes vernichtet, 127 Flugzeuge abgeschossen. Die große Beute an Waffen, Munition und Fahrzeugen ist noch nicht zu übersehen. Die Gefangenenzahl hat 9000 überschritten, darunter 3 Generale.« Mit diesen Zahlen ist nüchtern belegt, was sich in den furchtbaren Tagen vom 18. November bis Anfang Dezember in Nordafrika abgespielt hatte.

Aber noch war das Drama nicht zu Ende. Brust an Brust gewissermaßen, wie Gladiatoren, rangen Rommel und Auchinleck um Tobruk, den Eckpfeiler Ägyptens.

Rommels Aufklärung hatte festgestellt, daß die Briten unermüdlich neue Truppen heranführten. Um Bir el Gobi ballte Auchinleck eine Kräftegruppe zusammen, die Rommels Belagerungsfront um Tobruk endgültig aus den Angeln heben sollte.

Rommels Gegenzug hieß angreifen. Der Ostteil der Einschließungsfront von Tobruk wurde aufgegeben, um Verbände freizubekommen. In der Nacht vom 4. zum 5. Dezember rollte das DAK durch den nur noch drei Kilometer breiten Korridor zwischen El Duda und Sidi Rezegh nach Westen. Der Schlag sollte gemeinsam mit einem von Nordosten kommenden italienischen Korps geführt werden. Da aber die Italiener weder versammelt noch angriffsbereit waren, mußte das DAK am Mittag des 5. Dezember allein zum Kampf antreten. Nur die nordwestlich El Gobi stehende tapfere Jungfaschisten-Division stieß zum DAK. Der erste Sturm traf auf die britische Gardebrigade und kurz darauf auf die neuausgestattete 7. britische Panzerdivision. Was Rommel für zerschlagen angesehen hatte, war also bereits wieder als kampfkräftige Truppe auf dem Schlachtfeld. Das Wunder des britischen Nachschubs zeichnete sich ab. Während das DAK bei Bir el Gobi mitten im Kampf stand, trat die 70. britische Infanteriedivision in seinem Rücken aus Tobruk heraus gegen die geschwächte deutsch-italienische Einschließungsfront zum Sturm an. Die entscheidende Höhenlinie Duda–Belhamed wurde genommen. Rommel war den gegnerischen Kräften nicht mehr gewachsen. Trotzdem versuchte er noch, eine Wendung zu erzwingen. Übermenschliches forderte er von seinen Soldaten und Offizieren.

Am 6. Dezember tritt das DAK wieder an. Entweder es gelingt, den Gegner zu schlagen, oder die Niederlage ist nicht mehr aufzuhalten. General Crüwell und seine 15. und 21. Panzerdivision gehen verbissen in die Schlacht. Und wieder sind es die Ariete und Trieste, die nicht mitgehen. Die italienischen Befehlshaber melden, daß ihre Divisionen abgekämpft und nicht mehr einsatzfähig seien. Dabei hätte ein italienischer Beitrag zur Schlacht das Geschick vielleicht wenden können. Die Briten weichen bereits vor den verzweifelten Schlägen des DAK auf Bir el Gobi zurück, die Chance ihrer Einkesselung bietet sich an. Aber die Divisionen des DAK reichen dazu nicht aus. Die Italiener müßten heran. Sie brauchten gar nicht zu fechten. Nur die Flanken zu sichern. Die Kesselränder zu schließen.

Crüwell sieht die Chance, die große, die letzte Chance vor Augen. Funkspruch um Funkspruch jagt er an Rommel und an den italienischen Korps-Kommandeur Gambara. Er bittet. Er fleht. Er befiehlt. »Wo bleibt Gambara?« läßt er seine Funker immer wieder im Klartext an Rommel rufen. »Wo bleibt Gambara?« Es wurde ein geflügeltes Wort.

Gambaras Divisionen erschienen nicht auf dem Schlachtfeld. Gambara kam nicht. Die Gesichter der deutschen Offiziere waren hart und verbittert, und es war in diesen Tagen nicht gut für einen italienischen Offizier, unter ihre Augen zu geraten.

Am 7. Dezember tobte der Kampf noch immer. Jetzt drohte sogar für Rommels DAK die Gefahr, von den zahlenmäßig überlegenen Engländern an den ungeschützten Flanken überflügelt und eingekesselt zu werden. Panzer um Panzer der Deutschen blieb im Sand liegen. Zerschossen. Ohne Sprit. Brennend. Einer der glänzendsten Truppenführer in Afrika, der Chef der 15. Panzerdivision, General Neumann-Silkow, fiel, im Turmluk seines Befehlspanzers stehend, durch einen Volltreffer. Er war ein General, der von den Soldaten verehrt und geliebt wurde. Sie kannten alle diese Geschichte, die ein paar Tage vor seinem Tod spielte:

Stützpunktkampf. Ein englisches Versorgungslager soll genommen werden. Bis auf 200 Meter haben sich die Panzer der 15. Panzerdivision herangekämpft. Kradschützen absitzen und stürmen! Dicht hinter den Panzern, die unter heftigem Artillerie- und Panzerbeschuß stehen, springen die Kradschützen von ihren Fahrzeugen ab und gehen zum Angriff vor. General Neumann-

Silkow steht wie immer mit seinem Befehlspanzer in vorderster Linie und beobachtet aus geöffnetem Turm. Da ruft ihm ein Kradschütze zu: »Mensch, mach die Klappe zu!« Er hat bei dem Feuerzauber weder den Befehlspanzer noch den General erkannt. Denkt, es ist ein Feldwebel im Turmluk. Als der Kradschütze wegen des Artillerie- und Panzerfeuers, das sich auf die vordersten Panzer konzentriert, dicht neben Neumann-Silkows Panzer Deckung nehmen muß, ruft er wieder hinauf: »Mach bloß den Turm zu! Du kriegst sonst noch eins verpaßt!« Und wie zur Bekräftigung donnert ein Einschlag vor den Panzer, so daß der besorgte Kradschütze das Gesicht in den Dreck preßt. Da ruft der Mann im Panzerluk: »Macht, daß ihr weiterkommt, damit ihr aus dem Feuer 'rauskommt!« »Gute Idee«, schreit der Kradschütze, »kannst dich nachher zum Beuteempfang bei mir melden!«

Der Stützpunkt wurde genommen. Obergefreiter Potas war Meister im ›Organisieren‹. Nachdem er als einer der ersten im Stützpunkt war, interessierte ihn nur noch die Beute. Das war allerdings auch seine Aufgabe; denn jede Kompanie hatte ihren besonderen Beutetrupp; und Potas bei den Kradschützen war darin geradezu ein Genie. Er hatte einen sechsten Sinn für neue englische Fahrzeuge, für Kraftstoff, Wasser und Verpflegungsdelikatessen. Klar, daß Potas den besten englischen Lkw schon aufgetankt und voll beladen hatte, als gesammelt wurde. In diesem Augenblick kam General Neumann-Silkow angefahren. Er rief den Chef der 1. Kompanie: »Ich sollte mich bei einem Ihrer Männer melden, zum Beuteempfang«, sagte er lachend. »Das kann nur Potas gewesen sein«, meinte Leutnant Buhr. »Potas, zum Kompanieführer!« Potas kam. Mißtrauisch. Welcher Landser ist nicht mißtrauisch, wenn der Ruf erschallt: Zum Chef! Neumann-Silkow erkannte Potas sofort wieder: »Wo bleibt die versprochene Beute, Obergefreiter?«

Potas – wie immer in nicht ganz vorschriftsmäßiger Haltung – entschuldigte sich umständlich. Wollte eine Rede halten: Herrn General nicht erkannt und so ... Aber Neumann-Silkow fiel ihm ins Wort: »Davon ist nicht die Rede, Obergefreiter; aber ich will meine versprochene Beute haben!«

»Sofort, Herr General!«

Potas sauste ab und kam mit drei Kameraden zurück. Voll beladen. Brachte Schokolade, Zigaretten, Fleischdosen. »Habt ihr auch selbst noch genug?« fragte Neumann-Silkow. Ein so erstauntes Gesicht hatte wohl noch nie ein General bei einem Landser gesehen. Dieses Gesicht sagte: So blöd kann doch gar kein Landser sein, einem General so viel Beute abzugeben, daß er selbst nicht immer noch genug hat. Neumann-Silkow verstand und verschwand lachend mit seinen Paketen. Er hat die Schokolade und die Konserven nicht mehr verbrauchen können. Auch Obergefreiter Potas fiel sechs Monate später als Fahrer einer Selbstfahrlafette des Leutnants Servas am 1. Juni 1942 vor Got el Ualeb.

Dem Stärkeren weichen ist der zweitbeste Teil der Tapferkeit! Rommel wußte das, und Rommel handelte danach. Und weil er das tat, bedeutete Auchinlecks Sieg nicht die vollständige Niederlage der Achsenstreitkräfte in Afrika. Später, als ›der Führer‹ den alten Grundsatz, dem Stärkeren zu weichen, auch für den Wüstenkrieg nicht mehr gelten läßt, als die Befehle kommen: »Halten oder sterben« – ist es auch hier zu Ende. Noch aber rettet Rommels Mut zum Rückzug das Deutsche Afrikakorps.

Am 15. Dezember meldet Rommel dem Oberkommando der Wehrmacht: »Nach vierwöchigen ununterbrochenen und verlustreichen Kämpfen zeichnet sich trotz hervorragender Einzelleistungen ein Nachlassen der Kampfkraft der Truppe ab, zumal der Nachschub an Waffen und Munition völlig ausgeblieben ist. Die Armee beabsichtigt daher, den Raum um Gazala am 16. Dezember noch zu halten. Der Rückzug über El Mechili–Derna spätestens in der Nacht vom 16. auf den 17. Dezember wird aber unvermeidlich sein, um der Überrundung durch den überlegenen Feind und damit der Vernichtung zu entgehen.«

Dieser Rückzug aus der in acht blutigen Monaten erkämpften Cyrenaika kann nicht als trockenes kriegsgeschichtliches Ereignis dargestellt werden. Das mögen die Strategen tun. Diese dramatischen Tage vom Jahresende 1941 müssen von Männern geschildert werden, die selbst über die staubigen Pisten hasteten; tagsüber kämpfend, nachts marschierend. Bei Hitze und Sandsturm und bei nächtlicher Kälte. Ständig im Kampf; oft Tage ohne Verpflegung, mit gezählten Tropfen Sprit; und noch schlimmer: ohne Wasser. Kein Wunder, daß die Verbände zusammenschmolzen.

»Wie stark ist das Kradschützenbataillon noch?« fragte Major Kriebel, der Ia der 15. Panzerdivision.

»5 Offiziere, 14 Unteroffiziere, 58 Mann, 3 Selbstfahrlafetten, 10 Lkw, 5 Pkw-Kübel, 6 Kräder!« meldete Leutnant Kordel, Adjutant des Kradschützenbataillons.

»Ist das alles?«

»Jawohl, alles, Herr Major!«

Ja, das ist alles. Vor Wochen waren es noch 480 Mann. Die fehlenden liegen in den Gräbern von Sidi Rezegh, vor Sollum, weit in der Wüste zwischen Tobruk und Sidi Omar, oder sie wurden gefangen.

Major Kriebel wandte sich an Oberstleutnant Ballerstedt: »Der Divisionskommandeur wünscht, daß die Kradschützen jetzt nicht mehr als Nachhut eingesetzt werden. Der Rest soll für die Neuaufstellung erhalten bleiben.«

»Aber heute müssen sie noch mal«, sagte Ballerstedt. Noch einmal.

»Bis zum Morgengrauen Solluch halten!« lautete der Befehl. Also wieder einmal ›halten‹. Als letzte vorn stehen, den Rückzug decken, den Feind aufhalten, bis es nicht mehr geht, dann weg – wenn's noch klappt.

Solluch liegt westlich Bengasi. Als die Kradschützen am Nachmittag als letzte Einheit hier durchfuhren, waren ihnen die Engländer schon auf den Fersen. Die Zeit reichte kaum, sich aus den ›freigegebenen‹ Proviant-, Munitions- und Kraftstofflagern einzudecken. Dann waren die Lager in die Luft geflogen. Rums. Stichflamme. Qualm. Wieder gingen unschätzbare Werte in Flammen auf.

Der temperamentvolle Leutnant Kordel, der gerade zwei Semester Philosophie hinter sich gebracht hatte, als der Krieg kam, stand mit dem Ordonnanzoffizier, Leutnant Dreyer, und Leutnant Servas abseits der Via Balbia mit den kläglichen Resten des Bataillons.

»Kehrt marsch, nach Solluch – Lage wie gestern, halten bis morgen früh.«

»Wenn nicht der Tommy schon dort ist«, knurrte Kordel.

Servas führte die Spitze, sie bestand aus den Selbstfahrlafetten – Beutekanonen, von den Engländern geholt und von Servas zur Berühmtheit im ganzen DAK gemacht –, einem Pkw-Kübel mit MG-Besatzung und zwei Melde-Kradfahrern.

»Solluch feindfrei und von einer Kompanie besetzt.« Mit dieser Meldung kam der Gefreite Raugs von einem Spähtruppunternehmen zurück. Tatsächlich hatte sich die 11. Kompanie des Infanterieregiments 361 schon in Solluch zur Verteidigung eingerichtet, ein Panzer IV, der wegen Kettenschadens nicht mehr fahren konnte, stellte die Artillerie. »Bei denen riecht's wie im Friseurladen«, berichtete Raugs. Kein Wunder, sie hatten in Bengasi gerade noch ein unversehrtes deutsches Lager mit Seife und Toilettensachen vorgefunden. Hatten sich eingedeckt. Mindestens 10 Zahnbürsten besaß jeder. Und Seife fürs ganze Leben. Dazu englische Riechwässerchen, die der deutsche Intendanturrat selbst aus englischer Beute gehamstert hatte. Da saßen sie nun auf verlorenem Posten und freuten sich ihrer Habe.

»Kradschützenbataillon sichert am Djebelabstieg südwestlich Solluch«, hieß der neue Funkbefehl. »Na – dann Gott zum Gruße«, verabschiedete sich der Kommandeur vom Chef der Kompanie, dem kaum eine Chance blieb, der Gefangenschaft zu entgehen. »Wenn es irgend möglich ist, holen wir Sie ab.«

Bei Solluch springt der Djebel gut 15 Kilometer zurück in die Wüste. Dort führen laut Karte zwei Pisten über den steilen Kamm. Kurz vor Dunkelwerden trifft die Spitze des Bataillons ein. Man findet eine unbewegliche Kompanie, die zehnte vom Infanterieregiment 361, die in der Ebene vor dem Djebel sichert. Weil sie nichts zu fahren haben, sind sie Nachhut geworden.

»Djebel feindfrei, aber jenseits britische Spähwagen, Lkw und Panzer«, meldet der Kompanieführer.

Beim Erkunden der zweiten Piste stößt Leutnant Servas gerade in dem

Augenblick auf einen von der anderen Seite heraufkommenden englischen Spähwagen, als er mit seiner Lafette die Höhe des Djebel erreicht hat. Überraschendes Zusammentreffen. Wer zuerst schießt, hat gewonnen. Servas schießt zuerst. Schießt den Engländer zusammen, und der versperrt nun den Weg für seine nachdrängenden Kameraden. Zwei Spähwagen kann Servas noch erledigen. Dann muß er abhauen. Eine ganze britische Aufklärungsabteilung rollt den Djebel herauf.

»Schlechte Aussichten für morgen früh, da werden die von oben Scheibenschießen auf uns machen«, beurteilt Feldwebel Friedrich die Lage. Über ein schweres Maschinengewehr verfügt er noch. In einer Senke werden die Fahrzeuge notdürftig versteckt. Am Djebelrand ein Vorposten mit Krad aufgestellt. Alles übrige buddelt sich in einem weit auseinandergezogenen Halbkreis ein.

Die 10. Kompanie erhält Befehl abzurücken. »Halten Sie sich nach Nordwesten, und wenn Sie die Via Balbia erreicht haben, dann schaffen Sie es!« Leutnant Kordel fährt hinüber nach Solluch, um zu sehen, ob das Bataillon dort Stellung bezogen hat. Nach drei Stunden kommt er zurück. Er hat ein kleines, höchstens zwei Stunden altes Lämmchen im Arm. Er hatte sich in der stockdunklen Nacht auf der Rückfahrt verfranzt, war bei einem arabischen Hirten mit einer Schafherde gelandet, und der hatte ihm das kleine Lamm zum Geschenk gemacht. »Konnte ich doch nicht ablehnen«, meinte Kordel. Obergefreiter Siegfried Behrens, der das kleine Lamm begutachtete, schüttelte den Kopf. Seine Altmärker Bauernseele war getroffen: »Dat kleine Lamm müssen wir zurückbringen, Herr Leutnant, schlachten lohnt nich, Milch haben wir nich, dat arme Vieh stirbt uns.«

»Mensch, Behrens«, sagt Leutnant Kordel, »denk lieber darüber nach, wie wir morgen hier 'rauskommen. Wenn du da eine gute Idee hast, verspreche ich dir, das Lamm lebendig mit zurückzubringen.«

Man ahnte nur, daß die Nacht wich; denn wenn man es erst sah, dann war es auch schon Tag. Die Vorposten meldeten: »Tommy macht sich fertig, Motoren brummen schon.«

Sie peilten die Lage, das erste Büchsenlicht mußte genutzt werden. Dem Tommy sollte der Schrecken in die Knochen fahren. Er mußte hier Front vermuten. Und dann – auf und davon!

Jetzt traten Djebel und Abstieg klar im aufsteigenden Tag hervor. Die Nacht war um. Die ersten englischen Spähwagen kamen langsam herunter. Ob Servas sie nicht sah? Er stand mit seinen Lafetten gedeckt in einer Mulde. Jetzt mußte er doch schießen! Rums. Rums. Rums. – Die ersten drei Schüsse! Na also. Und nochmal drei. Drei Einschläge. Drei Abschüsse. Kordel, der Philosoph, schlug sich vor Begeisterung auf die Schenkel. Ja, mitten im tödlichen Inferno kann sich ein Mensch plötzlich freuen, weil er ›siegt‹. So ist das.

Drüben am Abstieg sprangen die Tommys aus den Spähwagen. Das MG harkte dazwischen. Noch hatten die Briten die deutschen Stellungen nicht ausgemacht. Sie feuerten mit ihrer Ratsch-Bum wild ins Gelände. Aber dann saßen die Einschläge im Halbkreis des Bataillons. Der Sanitätsfeldwebel Schulze hörte immer öfter den Ruf, der so durch Mark und Bein ging: »Sanitäter, Sanitäter!«

Noch einmal feuerten alle Waffen 'raus, was 'rausging. Den Tommys Feuerzauber vorspielen, mächtige Frontstellung mimen, dann – ›absetzen zu den Fahrzeugen!‹ Es war wieder einmal soweit. Sie hatten es im Dezember schon ein dutzendmal durchexerziert: Zurückspringen. Hinwerfen. Frontmachen. Schießen. Dann sprang der andere, der noch vorn lag. Aber diesmal mußte es noch schneller gehen! Leutnant Servas schoß, was aus den Rohren wollte. Aber nicht auf den Djebel. Er schoß nach rechts; denn dort kamen die Tommys auf Lkw und Spähwagen. Servas stand hinter seinen Lafetten: »Feuer!« Und wieder: »Feuer!«

Inzwischen sprangen die anderen auf die Fahrzeuge und sausten los. Richtung Nordwest. ›Absetzen‹ nannten es die Krieger. Nur der Obergefreite Voigt mußte warten, bis er seinen Stab im Wagen hatte. Dann jagte auch er davon, um die Spitze zu gewinnen. Aber da blieb doch ein Lkw stehen? Tut uns leid, Kameraden! Das ist das Schicksal der Nachhut. Ihnen blieb nur noch die Gefangenschaft.

Servas machte es wieder meisterhaft. Brauste mit seinen Lafetten voraus. Blieb stehen. Schoß. Sauste weiter. Wenn sie die Selbstfahrlafetten nicht gehabt hätten. Diese großartige englische Waffe.

Plötzlich sahen sie Zelte. Araber? Aber die schossen doch. Im knienden Anschlag. Wie im Kolonialkrieg. Sie feuerten auf etwas, das vor ihnen lag. Und standen da nicht Flugzeuge am Boden? »Italiener«, rief plötzlich Behrens. Tatsächlich. Die Araber schossen auf italienische Flugzeuge, die auf einem Wüstenflughafen standen. Jetzt war die Spitze des Bataillons mitten unter ihnen. »Ihr Schweine!« Die Araber warfen sich demütig in den Sand. Aber Leutnant Kordel und seine Männer hatten weder Zeit noch Lust, sich mit ihnen zu befassen. Durch zu dem italienischen Feldflughafen. Und da erlebten sie eine noch größere Überraschung: Mit erhobenen Händen standen die Italiener da. Sie hielten das heranbrausende deutsche Bataillon für Engländer.

Servas funkte mit seinen drei Pak schon zwischen die anstürmenden britischen Spähwagen. Da kriegten auch die Italiener wieder Mut. Sie sausten an ihre drei Flakgeschütze und zu ihren vier Panzern. Und wie aus dem Boden gewachsen waren mit einemmal zwei italienische Kompanien da.

Das deutsche Beispiel feuerte sie an. Sie schossen, daß es nur so rauchte. Schon vor zwei Stunden waren englische Spähwagen am Feldflughafen erschienen und von den Italienern abgewiesen worden. Als sie aber die Kradschützen angebraust kommen sahen – es schien ihnen kein Zweifel, daß es Engländer waren –, da hatten sie den Mut verloren. Jetzt waren sie wieder munter und freuten sich wie die Kinder. »Avanti, avanti!« Froh, daß ihnen jemand einen Befehl gab, sprangen sie auf ihre Lkw und in ihre drei Flugzeuge, gaben Gas und brausten davon.

Major Ehles Männer konnten sich nicht von den schönen Zelten der italienischen Flieger trennen und – luden sie auf. Als der Bataillonskommandeur sich bei Oberstleutnant Bayerlein meldete, nickte der: »Wieder mal Glück gehabt.«

Ja, die Kradschützen schon; aber die 11. Kompanie des Regiments Panzenhagen war in Gefangenschaft geraten. »Jetzt haben wir nur noch neun Fahrzeuge. Neun kleine Negerlein . . .«, deklamierte Servas. »Haben noch drei Pak . . .«, fiel Kordel ein. »Reimt sich nur auf Zack . . .«, sagte grinsend Leutnant Dreyer.

Dreyer, Servas, Kordel: keiner kehrte nach Hause zurück. Dreyer und Servas wurden neun Monate später vor El Alamein beerdigt. Kordels Grab liegt in Rußland.

DER PASTOR DES FEGEFEUERS

Seit dem 21. November 1941 hielt bei Sollum die 10. Oasenkompanie mit Resten der 12. und dem Stab des Oasenbataillons z. b. V. 300 unter Hauptmann Enneccerus die Stellung. Am 11. Januar 1942 waren es noch 70 Mann, die auf verlorenem Posten aushielten. Auch am benachbarten Halfayapaß stand Major Bach mit seinem Haufen und sperrte den Engländern die Küstenstraße zu ihrer weit vorgeschobenen Front. Nacht für Nacht versuchte der Gegner, in die Stellungen bei Sollum einzubrechen. Mann gegen Mann wurde gefochten.

Am 10. Januar 1942 ließ Enneccerus die letzte vorhandene Verpflegung ausgeben: 20 Gramm Brot, eine Handvoll Reis, ein Löffel Rosinen – pro Mann. Die Stimmung sank unter Null. »Es muß Schluß sein«, sagten die Männer. Am folgenden Morgen griff der Engländer an. Und die gestern gemurrt und gesagt hatten: »Es muß Schluß sein«, schossen. Sie schossen, was das Zeug hielt. Ein feindlicher Einbruch in Zugstärke zwischen Stützpunkt und Bataillonsbunker wurde von dem Funktrupp des Bataillons abgewehrt. Gefangene gemacht. Die Stellungen blieben in deutscher Hand.

»Am Morgen des 12. Januar begann das Trommelfeuer aller englischen Batterien und Granatwerfer auf unsere Stellung«, steht in einem Bericht des Bataillons Enneccerus. »Die schon vorher schwer beschädigten Häuser wurden dem Erdboden gleichgemacht. Der erste Angriff wurde abgewehrt. Erneuter Angriff. Im Bataillonsbunker nur noch Leuchtmunition. Als die letzte Leuchtpatrone verschossen war, schickte Hauptmann Enneccerus einen Gefangenen mit der weißen Fahne heraus. Kapitulation. Befehl von Hauptmann Enneccerus an seine drei Stützpunkte: ›Waffen vernichten! Antreten zur Übergabe!‹

Schwarz vor Schmutz, zerlumpt, verlaust, halb verhungert, zermürbt in 56 Tagen ununterbrochenen Kampfes standen sie da.

›Kameraden‹, sagte der Hauptmann, ›Kameraden‹ – dann schüttelte er nur den Kopf und drehte sich schnell weg. Er wollte wohl die nassen Augen nicht sehen lassen. Er dachte wohl an die Toten. Sollum war gefallen.«

Und wie war es am berühmten Halfayapaß? Am alten vielumkämpften Schlüsselpunkt auf dem Wege nach Ägypten?

Ich habe von zwei Männern einen Bericht über dieses Drama erhalten, das Drama, das Major Bach bei den Engländern den Ehrentitel einbrachte: der Pastor des Fegefeuers.

Ich will an diesem Bericht nicht viel ändern, sondern ihn in seiner persönlichen dramatischen Unmittelbarkeit wiedergeben:

»Das Wasser wird immer knapper. Nachdem Untersollum gefallen ist, haben die Engländer unsere einzige Wasserstelle besetzt. Die Lippen springen auf. Die Kehle ist eingetrocknet. Es muß etwas geschehen. Vater Bach befiehlt einem Stoßtrupp, die Wasserstelle für kurze Zeit in unseren Besitz zu bringen. Krieg um Wasser! Oberleutnant Eichholz von der 2. Kompanie bekommt den Auftrag: ›Wasserstelle mit Stoßtrupp erobern, halten, bis Wasserwagen betankt, dann Rückzug!‹ Eichholz und sein Stoßtrupp schaffen es. Die Engländer werden überrumpelt, aber im nächtlichen Durcheinander eröffnen die beiden deutschen Stoßtrupps, mit denen Eichholz die Wasserstelle von zwei Seiten angreifen läßt, das Feuer aufeinander. Ein Obergefreiter fällt, der Ruf eines Verwundeten nach dem Sanitäter klärt das Unheil auf. Mit einem Toten, einem Verwundeten und vollem Wasserwagen kehrt die Expedition zurück. Dem Gefreiten Jung wäre das Abenteuer beinahe noch schlecht bekommen. Um für sich und seine Kameraden einen zusätzlichen Kanister zu schöpfen, kam er ins Zeitgedränge, wurde in der Aufregung vergessen und erst nach langem, einsamem Fußmarsch kurz vor Tagesanbruch von seinem Kameraden Braun mit dem Krad geholt. Den Kanister voll Wasser hatte Jung bei sich. Wie einen Schatz hatte er ihn allein durch die Nacht geschleppt. Soviel war ein Kanister Wasser wert am Halfayapaß, um Weihnachten 1941. Weihnachtsgrüße von zu Hause allerdings gab es nicht. Auch keinen Kerzenbaum. Nur die Worte von Vater Bach, der als Major und Pfarrer die Heilige Geschichte vorlas. Und dann gab es einen Sonderbecher – Wasser. Die Weihnachtsglocken wurden ersetzt durch die britischen 25-Pfünder, die auf unsere Felsenhöhlen trommelten: Heiliger Abend.«

Vergeblich versuchte Rommel, den Nachschub an Lebensmitteln und auch an Wasser durch Versorgungsflugzeuge von Kreta aus zu organisieren. Schon beim zweiten Anflug waren die britischen Nachtjäger da. Die Ju's wurden abgeknallt. Schließlich kam keine mehr durch.

In den Felsenschluchten der Wadis warteten sie auf den Weckruf der Nacht. Aus Gräben, Unterständen und Geschützstellungen, aus den Schlupfwinkeln des Trosses und der Feldküchen stiegen dann mit verstaubten Uniformen und dreckverkrusteter Haut schmale graue Gestalten. Sahen aus wie Gespenster. Menschen aus einer anderen Welt. Sie streckten und dehnten sich und holten Luft.

»Nachts lebten wir«, erzählt ein anderer. »Nachts kam auch die Verpflegung: zwei Becher Wassersuppe, eine Büchse ›Alter Mann‹. Ein Becher Salzwasserkaffee – pro Tag für drei Mann wohlgemerkt; zum Sterben zuviel, zum Leben zuwenig, vom Kämpfen nicht zu reden. ›Bei dieser Nahrung ist das Leben nur im Liegen zu ertragen‹, war ein geflügeltes Wort im 3. Zug.«

Der Tommy ahnte natürlich genau, wie es in den Stellungen des Halfayapasses aussah. Nach den blutigen Abfuhren, die er sich bei seinen Eroberungsversuchen geholt hatte, verlegte er sich aufs Aushungern.

Mitte Januar kamen in den Abendstunden ein paar hundert Italiener der Division Savona unter Führung des Generals di Giorgis am Paß an. Sie hatten sich mit Rommels Genehmigung aus ihrem Stützpunkt westlich des Halfayapasses zu Bachs Stellung durchgeschlagen und waren eine tapfere Verstärkung, aber auch eine zusätzliche Belastung für die spärlichen Rationen. Nach einer Woche war das Ende gekommen.

Hauptmann Voigt, der älteste Kompanieführer, wurde als Parlamentär zu den Südafrikanern geschickt. Nach seinen Vorverhandlungen über die Kapitulation fuhren Major Bach und Leutnant Schmidt vom Pionierzug zur Übergabeverhandlung. Die Südafrikaner waren fair, und die Verhandlungen gingen glatt und schnell. Als Bach unterschrieben hatte und aus dem Zelt trat, zwinkerte Leutnant Schmidt dem Fahrer seines Kfz 15 zu. Der verstand und wechselte wortlos die weiße Fahne von der rechten auf die linke Seite des Autos. Warum? Nun, es war der letzte militärische Kniff der Offiziere und Soldaten des Mannheimer Pastors. Nachdem die Kapitulation unterschrieben worden war, durfte Bach ja keine militärischen Befehle mehr zur Zerstörung von Waffen und Gerät geben. So hatten sich seine Offiziere einen Trick ausgedacht. Ehe Bach zur Kapitulationsverhandlung fuhr, hatte er befohlen: Der erste deutsche Posten, der den zurückkommenden Wagen mit der weißen Flagge auf der linken Seite sichtete, sollte per Telefon dem Bataillonsgefechtsstand melden: »Weiße Flagge links!« Weiße Flagge links aber war das verabredete Zeichen, in den Stellungen sämtliche Geschütze, Fahrzeuge und Geräte zu sprengen. Wären die Verhandlungen über eine ehrenhafte Kapitulation gescheitert, dann wäre die weiße Flagge rechts geblieben, und das hätte bedeutet, alle Waffen schußklar zu halten.

Der Trick klappte. Der Wunsch des südafrikanischen Generals, wenigstens eine 8,8 unversehrt in seine Hände zu bekommen, ging auf diese Weise nicht in Erfüllung.

Am Halfayapaß war am 17. Januar 1942 strahlend die Sonne aufgegangen. Feuerrot, purpurn und violett glühten die weitgeschwungenen Bogen des Gebirges im Morgenlicht. Kein Schuß fiel. Die ausgemergelten Gestalten wankten aus ihren Schützenlöchern. Stolperten dem Sammelplatz zu. Nach Wochen war das Bataillon erstmals wieder am Tage beisammen. Man begrüßte sich. Hunger, Durst, Schmutz hatten die Gesichter verändert. Alt sahen sie aus. Alt und müde. Die Südafrikaner kamen. Sie verteilten Wasser und Verpflegung. Die Schwerverwundeten wurden versorgt. Dann meldeten die Kompanieführer: Fertig zum Abmarsch. Da, in diesem Augenblick begann die düstere Tat am Halfayapaß, die als böses Kapitel im Geschichtsbuch steht. Urplötzlich ging es los: Eine schwere Batterie aus Richtung Salzsee feuerte in die angetretenen Formationen. Die Einschläge lagen genau in der 1. Kompanie von Oberleutnant Dr. Gehring. Es war fürchterlich. Erst waren die Männer starr. Dann spritzten sie in gewohnter Weise auseinander. »Diese Hunde«, schrien sie, »diese Hunde!« Drüben stand der Major, bleich wie die Wand vor dem südafrikanischen Offizier. Der war nicht weniger entsetzt. Endlich schwieg das Feuer. Auch die Südafrikaner lagen am Boden. Waren nervös. Was werden die Deutschen machen? Werden sie sich von der Wut fortreißen lassen? Werden sie Rache nehmen an der Wachmannschaft? So fragten sie sich wohl. Wenige Minuten später kam ein britischer Melder. Flüsterte mit dem südafrikanischen Offizier. Der trat zu Bach und ließ durch den Dolmetscher übersetzen: ›Free French Forces – Truppen des Generals de Gaulle‹ haben befehlswidrig auf die zur Kapitulation angetretenen deutschen Soldaten geschossen. Major Bach sagte kein Wort.

Dann fuhren sie ab. Der deutsche Wehrmachtbericht meldete, sie hätten bis zur letzten Patrone gekämpft. Das klang großartig; aber es war nicht so. Krieg ist nie großartig. Patronen hatten sie noch genug. Der Hunger und der Durst zwangen sie in die Knie. Vater Bach, der Major und Pfarrer aus Mannheim, einer der tapfersten Soldaten in Afrika, wußte aber auch um das alte Wort: Dem Stärkeren weichen ist der zweitbeste Teil der Tapferkeit.

MALTA FRISST DEN NACHSCHUB

Die düstere Kulisse von Rommels Kampf in Afrika war der Nachschub. Von den Wehrmachtberichten verschwiegen, von der Tragik eines aussichtslosen Wettrennens mit dem Tod umwittert, fuhren Kapitäne und Matrosen der Handelsmarine für Afrika. Und fuhren fast alle in den Tod.

Hinter jedem Soldaten, der eine Kugel abfeuerte, einen Panzer fuhr, zum Feindflug startete, stand eine Kette unsichtbarer Helfer, ohne die weder geschossen, noch gesiegt werden konnte: die Männer der rückwärtigen Dienste, die in langen Kolonnen die Waffen, die Munition, den Treibstoff und die Verpflegung – den Nachschub eben – an die Front brachten. Es sind im zweiten Weltkrieg mehr Siege durch einen gut funktionierenden Nachschub und mehr Niederlagen durch Material- und Treibstoffmangel entschieden worden, als man gemeinhin glaubt. So auch in Nordafrika. Niemand darf deshalb von den Wüstenfüchsen und ihren Leistungen sprechen, ohne die Handelsschiffe der Afrikageleite, die Transportflieger und die Nachschubbataillone zu erwähnen. Der Krieg in Afrika wurde verloren, weil die oberste Führung das schwierige Problem des Nachschubs über ein nicht beherrschtes Meer und durch die unendliche Weite der Wüste nicht zu meistern verstand.

Zwischen Sizilien und Tripolis liegen 500 Kilometer Mittelmeer. Auf dem Grund dieser Meeresstraße ruhen wohl ebenso viele Soldaten wie im afrikanischen Sand. Und mehr Kriegsmaterial, als die Deutschen und Italiener in Nordafrika jemals zum Einsatz brachten.

Denn das Mittelmeer beherrschten die Engländer. Wer in Afrika siegen wollte, mußte die britischen Flottenstreitkräfte vernichten. Mußte Malta niederkämpfen, das Ausgangsbasis für Luft- und Seeangriffe gegen den deutsch-italienischen Nachschub war.

Das war das Hauptproblem für den Krieg in Afrika. Zwar täuschten die ersten schnellen Siege Rommels über dieses Problem hinweg; aber bald sollte es sich in ganzer Größe stellen.

Die meisten der rund 250 000 deutschen Afrikasoldaten kennen die Stunden der Überfahrt von Neapel oder Tarent. Nur ein kleiner Teil der Wüstenfüchse und später die Tunesienverbände wurden mit Flugzeugen hinübergeschafft – was übrigens auch kein Spaß war; aber es dauerte wenigstens nur ein paar Stunden. Die Reise auf den vollgepfropften Seetransportern dagegen nahm nicht selten 84 Stunden in Anspruch. Für viele 84 Stunden Seekrankheit. Für alle 84 Stunden Spannung. Und nicht selten die Angst: Geht es gut oder nicht? Kommen die Tommys oder nicht? Wenn dann die Alarmsirenen heulten, wenn das Brummen der britischen Torpedoflieger ertönte, die von Malta heranbrausten, wenn die Bordflak zu bellen anfing, dann saßen die Landratten hilflos da und zogen den Kopf ein. Immerhin, gegen die Flugzeuge gab es die Flak. Aber wenn es einfach mitten ins Skatspiel oder in das Dahindösen rumste, wenn alles durcheinanderflog und der Ruf durchs Schiff jagte: »Torpedotreffer!« – wenn der Bug sich neigte, und das Rennen um Leben und Tod begann, das war fürchterlich. Kam man noch ins Wasser, oder mußte man zwischen Kisten und Waffen ersaufen? Das war die Frage, die durchs Gehirn schoß.

Lange bevor an der nordafrikanischen Front deutsche Soldaten kämpften, gab es im Mittelmeer schon die ersten Toten der deutschen Handelsmarine. Ihr Grab blieb ohne Kreuz. Von Januar bis Mai 1941 gingen elf deutsche Nachschubschiffe mit 42 000 BRT verloren. Am 16. April mußte ein ganzes Geleit deutscher Handelsschiffe daran glauben. Der Angriff des britischen Flottenverbandes erfolgte um 2.20 Uhr morgens und dauerte eine halbe Stunde. Die Schiffe ›Arta‹, ›Aegina‹ und ›Iserlohn‹ sanken vor Tagesanbruch. Die ›Adana‹ hielt sich brennend bis 16 Uhr, versank dann aber auch in den Wellen. Am nächsten Tag folgte ihr die ›Samos‹. Am 1. Mai 1941 donnerte es dreimal zwischen Neapel und Tripolis. Die ›Larissa‹ wurde von einer Mine in die Tiefe gerissen. Britische Torpedos versenkten die ›Arcturus‹ der Argo-Reederei. Ein paar Stunden später ereilte die ›Leverkusen‹ der Hapag das gleiche Schicksal – ein herrliches Schiff mit 7386 BRT. Und so ging es weiter. Sie wehrten sich verzweifelt, die alten bewährten Schiffe der deutschen Handelsmarine und ihre Seeleute.

Kapitän Morisse von der ›Arcturus‹ war gegen 8 Uhr morgens auf die Brücke gekommen, hatte den Kurs kontrolliert, einen Rundblick genommen, noch einen Schwatz mit dem italienischen Verbindungsoffizier gemacht. Da donnerte eine gewaltige Erschütterung durchs Schiff. Torpedotreffer! Der Flakstand wurde weggefegt. Aber das Schiff sank nicht gleich. Es blieb Zeit genug, um in die Boote zu gehen. Geleitfahrzeuge fischten Besatzung und Soldaten auf. Nun war die ›Arcturus‹, die so manche Fahrt zwischen Neapel und Tripolis gemacht hatte, auch hinüber. Sie gehörte zur Klasse der ›Mittleren Geleite‹, die in Neapel beladen wurden. Immer zur Hälfte für die Italiener, die andere Hälfte für das Deutsche Afrikakorps. Auf den italienischen Schiffen war es genauso. Diese Vereinbarung war zuerst eine gerechte Ordnung; aber durch die großen Verluste, die die Italiener in der ersten Hälfte 1941 erlitten, und mit Zunahme der deutschen Truppen auf dem nordafrikanischen Kriegsschauplatz ergab diese fünfzigprozentige Aufteilung ein ungleiches Nachschubverhältnis, worüber sich Rommel oft genug beklagte.

Noch auf der letzten Reise war die ›Arcturus‹ glücklich davongekommen. Sechs Stunden war der Geleitzug von britischen Torpedofliegern gejagt worden. Manchem Landser an Bord hatte der Atem gestockt, wenn die Lufttorpedos nur ein paar Meter hoch über das Schiff ›rutschten‹. An der Pier von Neapel hatte sich das alles sehr einfach angehört. Da hatte der Kapitän auf einer Kiste gestanden und den Männern einen Vortrag gehalten: »Rauchen bei Nacht an Oberdeck verboten! Keinerlei Lichtquellen dürfen zu sehen sein! Die Schiffe haben völlig abgeblendet zu fahren! Niemand darf eigenmächtig das Schiff verlassen oder über Bord springen, was immer auch geschehen mag. Der Befehl zum Verlassen des Schiffes kommt nur von der Kommandobrücke!«

Sehr viele Landser hatten noch niemals das Meer oder ein so großes Schiff gesehen. Sie freuten sich auf das Abenteuer. Aber im Ernstfall war dieses Abenteuer eine eklige Sache. »Lassen Sie Ihre Hirngespinste sausen«, hatte der Kapitän in Neapel gesagt, »an Bord unserer Schiffe werden Sie zur See gefahren, wie es sich gehört.« Wie es sich gehört! »Es sind genügend Rettungsflöße an Bord. Sie alle sind eingeteilt. Was auch passiert, immer ist ein Seemann da, der befiehlt. Fällt der Kapitän, dann haben wir noch einen 1., 2. und 3. Offizier, und jeweils der Nachfolgende wird das Kommando übernehmen. Niemals werden Sie von uns im Stich gelassen werden.« So hatte der Kapitän gesagt. Und so hielt er es auch. Die Landser stellten ihre Feldküchen auf und kochten sich ihr Essen. Denn wie sollte die Kombüse der kleinen Frachtschiffe für die 600 Menschen kochen?

U-Boot-Alarm. Die ersten Flugzeuge zeigten sich. In weißer Hose, Khakihemd und Schwimmweste, den Stahlhelm auf, so stand der Kapitän auf dem Peildeck seines Schiffes, von dem aus er alles übersehen konnte. Die Augen aller Landser waren auf ihn gerichtet. Anfliegende Flugzeuge von Steuerbord. Anfliegende Flugzeuge achteraus! Viele Male war es gutgegangen, bis zum 1. Mai.

Als der Leiter der Seetransportstelle in Tripolis, der bewährte Korvettenkapitän Meixner, dieses Mal an die Pier kam, konnte er den Kapitän der ›Leverkusen‹ und Kapitän Morisse von der ›Arcturus‹ als Schiffbrüchige in Empfang nehmen; Kapitän Morisse hatte nach der Versenkung seines Schiffes im Wasser die Schuhe ausgezogen, um besser schwimmen zu können. In Tripolis hatte er das Pech, keine passenden Schuhe zu finden. Man sah ihn ein paar Tage im ›Uaddan‹, dem vornehmen Hotel von Tripolis, barfuß herumstolzieren.

Im Hafen von Tripolis lag in jenen Maitagen auch das mächtige italienische 10 000-Tonnen-Schiff ›Birmania‹ mit einer Munitionsladung. Kapitän Morisses früherer 1. Offizier, Hoppe, war als Superkargo für den deutschen Teil der Ladung verantwortlich. Am 4. Mai besuchte ihn Kapitän Morisse. Nach einem Schnaps verabschiedete er sich. Morisse war noch keine 200 Meter vom Schiff entfernt, als die Luft von einem Donnerschlag zerrissen wurde. Morisse sprang in das Gebäude der Kommandantur. Da erfolgte eine zweite Explosion. Über dem Hafen stiegen tiefschwarze Qualmwolken gen Himmel. Was war passiert?

Die ›Birmania‹ war in die Luft geflogen! Die daneben liegende, mit Benzin beladene ›Citta di Bari‹, ein italienischer Hilfskreuzer, war gleichfalls explodiert. Da die ›Birmania‹ gerade gelöscht wurde, befanden sich sehr viele Araber, aber auch viele deutsche Soldaten auf den Schiffen und am Kai. Die Verluste waren erschreckend hoch: auf deutscher Seite 28 Tote und 38 Verwundete. Die Italiener hatten 42 Tote und 50 Verwundete zu beklagen. Dazu kamen 150 Tote und viele Verwundete bei den arabischen Hilfskräften.

Auf der Pier sah es wie nach einem schweren Bombenangriff aus. Das Heck der 10 000 Tonnen großen ›Birmania‹ wurde durch die unvorstellbare Wucht der Explosion auf den Kai geschleudert. Hauptmann Hailer vom Entladestab kam dabei auf wunderbare Weise mit dem Leben davon. Das Heck donnerte über ihm zu Boden. Sarg? Oder Bunker? Hailer erwachte unter dem seltsamen Dach, das ihn wie ein mächtiger Panzer vor dem Splitterregen geschützt hatte. Seine drei Mitarbeiter, die wenige Schritte von ihm entfernt gestanden hatten, waren tot.

Experten kamen schnell auf die Spur der Tragödie: Der deutsche Anteil der ›Birmania‹-Ladung hatte aus kleinen 10-Kilo-Fliegerbomben bestanden. Jeweils zehn Stück waren durch ein Blech zusammengehalten, auf dem sich eine Sprengpatrone befand. Die Patrone wurde scharf, sobald das Bombenbündel abgeworfen war. Nach einer eingestellten Zeit, meistens nach zwei bis drei Sekunden, löste sich das Blech durch die Patronenexplosion, und jede Bombe machte einzeln ihren Weg. Die Zünder waren so empfindlich, daß zum Beispiel nur der Zweig eines Baumes gestreift zu werden brauchte, um die Bombe sofort zur Explosion zu bringen. Darin bestand der Trick dieser teuflischen Waffe, deren Sprengkraft speziell Marschkolonnen und andere lohnende Ziele ohne Deckung treffen sollte.

Diese kleinen Teufelsbomben kamen in Afrika zum ersten Male zum Einsatz. Der Konstruktion war alle Aufmerksamkeit gewidmet worden, aber man hatte es unterlassen, für den Transport die richtigen Kisten zu konstruieren. Die Bomben waren in Transportkisten verpackt, in denen sie zu lose lagen. Beim Beladen der Schiffe wurden die Kisten natürlich auch geworfen. Die Bombenbündel rutschten in den Behältern herum. Manche verdrehten sich auch in den Kisten. Auf diese Weise wurden die Zünder, die nur mit einem einfachen Stift gesichert waren, scharf. Jetzt genügte die kleinste Erschütterung, um die Bomben hochgehen zu lassen. Da die ›Birmania‹ auch noch große Fliegerbomben geladen hatte, kann man sich vorstellen, was passieren mußte, wenn auch nur eines der kleinen Teufelseier explodierte. Niemand konnte den Hergang genau rekonstruieren; aber offensichtlich war beim Absetzen einer Kiste eine der kleinen, scharf gewordenen Bomben explodiert und hatte die Katastrophe ausgelöst. Rommels rechte Hand in allen Nachschubfragen, Hauptmann Otto, der spätere Oberquartiermeister, war einige Minuten vor der Explosion von Bord gegangen.

Otto und der verantwortliche Mann der Seetransporte, Korvettenkapitän Meixner, waren noch mit der Aufklärung der furchtbaren Katastrophe beschäftigt, als eine neue Hiobsbotschaft eintraf. Zwei weitere italienische Schiffe waren mit der gleichen tödlichen Ladung Fliegerbomben im Anlaufen.

Meixner dirigierte sie auf Reede. Die Anker durften nicht geworfen, sondern mußten vorsichtig von Hand heruntergehievt werden. Aber was nun? Meixner stand vor einer schweren Frage. Berlin war durch die Katastrophe auf der ›Birmania‹ kopflos geworden. Hermann Göring, voll Sorge wegen der Verpackung seiner Fliegerbomben, telegrafierte: ›Schiffe auf See transportieren und in die Luft jagen, unter keinen Umständen Menschenleben gefährden.‹ Er hatte gut befehlen! In die Luft jagen! Jedes Schiff und jede Ladung stellte doch ein Stück Schicksal für Rommels Armee in Nordafrika dar.

Meixner befand sich in einer verzweifelten Lage. Es gibt kaum einen

Afrikakämpfer, dem dieser hervorragende Offizier nicht bekannt ist. Er war kein Mann der sturen Befehlsausführung. Er hatte im ersten Weltkrieg einen italienischen Zerstörer durch Rammstoß versenkt. Fünfmal war er aus italienischen Gefangenenlagern entwischt, fünfmal hatte man ihn wieder eingefangen. Zwischen den beiden Weltkriegen hatte Meixner Jura studiert. 1940 wurde er als Kapitänleutnant z. b. V. wieder in die Kriegsmarine geholt. Er war Instrukteur des Unternehmens ›Seelöwe‹, des Landungsplanes gegen England, gewesen. Dann kam er nach Tripolis. Er war mehr als einer der ›engsten Mitarbeiter Rommels‹. Er war ein Freund des schwäbischen Draufgängers; und diese Freundschaft hatte ihren Anfang mit einem Disput genommen, in dem Meixner klarstellte, daß er die Fähigkeiten Rommels im Landeinsatz durchaus respektiere, daß er ihn aber doch bitten müsse, in Marinefragen nicht reinzureden; denn davon verstehe er nichts.

Dieser Meixner mußte nun eine Lösung finden zwischen Görings Befehl und dem Willen, die Schiffe ohne Opfer zu entladen. Eines war sicher, wenn es eine Katastrophe gab, war ihm das Kriegsgericht gewiß. Meixner ließ sich einen Mann kommen, den er als erfahrenen und tapferen Fahrensmann kannte: den Kapitän des deutschen Dampfers ›Menes‹, Kapitän Reinen. Der saß in Tripolis fest, weil sein Schiff einen Torpedotreffer erhalten hatte. Meixner fragte Reinen: »Glauben Sie, daß wir die Schiffe löschen können, und würden Sie freiwillig die Löschung eines Schiffes übernehmen?« Kapitän Reinen sagte: »Ich mache es.« Und der Adjutant Meixners, Oberleutnant Krüger, sagte dasselbe. Sie suchten sich je zehn deutsche Freiwillige. Die italienischen Besatzungen verließen die Schiffe. Und dann begannen sie das lebensgefährliche Geschäft.

Wie auf der ›Birmania‹ lagen die Kisten mit den Bomben auf einer Ladung schwerer Fliegerbomben. Ganz vorsichtig wurde die erste Kiste abgehoben. Geöffnet. Waren die Sicherheitsstifte noch in der richtigen Lage? Ja. Ab damit. So ging es Kiste für Kiste. Aber nur nicht leichtsinnig werden! Schon die vierte zeigte eine Bombe, wo der Sicherungsstift weggerutscht war. Sie war scharf. Jetzt wurde es ernst. Kapitän Reinen und ein Feuerwerker stellten die Höllenmaschine vorsichtig beiseite. Reinen hielt den Bombenkörper, und ein Feuerwerker löste das Blech. Er nahm die scharfgewordene Bombe heraus, setzte sich damit in eine Ecke und drehte vorsichtig den Zünder ab. Kapitän Reinen stand dabei und sah sich die Sache genau an; denn der Feuerwerker war nur für einen Tag ausgeborgt, er mußte zurück ins Munitionsdepot, um wichtige Vorbereitungen für die geplante Offensive zu treffen. Dann mußten Reinen und Krüger die Sache selber machen. Also aufpassen! Am ersten Tag entdeckten sie sechs scharfgewordene Bomben. Am zweiten Tag neun. Am dritten vier. Fünf volle Tage brauchten sie zum Löschen. 22 Bomben waren durch die falsch konstruierten Kisten scharf geworden.

Sechzehnmal saßen Reinen und Krüger nach dem Abmarsch des Feuerwerkers auf einer Kiste und drehten dem Tod den Hahn ab. Sechzehnmal den Tod vor Augen und in den Fingerspitzen. Jedesmal schickten sie ihre zehn Männer von Bord. Sechzehnmal fünf Minuten. Der Schweiß tropfte ihnen von der Stirn. Die Stille des Laderaums war Himmel und Hölle zugleich. Jede Drehung des Gewindes ein Schritt durchs Weltall. Beide Schiffe und die gesamte Ladung wurden gerettet. Der Handelsschiffskapitän Reinen erhielt als erster ›Zivilist‹ das EK I. Auch Oberleutnant Krüger wurde es verliehen.

Dies ist nur eine der stillen Heldentaten, die ›Rommels Spediteure‹ vollbrachten. Von ihnen erfuhr die Öffentlichkeit während des Krieges nichts. Ihr Geschäft, ihre Leistung und ihr Sterben mußten ›geheim‹ bleiben. Der Gegner durfte nicht wissen, wie die lebenswichtige Transport- und Nachschublage war, wie viele Schiffe von Neapel oder Tarent nach Tripolis, Tobruk, Bengasi gelangten, wie viele versanken und wie viele noch fuhren. Die Bilanz, die sich in den Geheimakten des Oberkommandos der Marine abzeichnete, war allerdings erschütternd.

Der Laie hat ja kaum eine Vorstellung davon, was die Meldung bedeutete, Schiff Sowieso wurde durch britische Marinestreitkräfte oder durch eine Bristol Blenheim im Mittelmeer versenkt. Nehmen wir einmal die ›Preußen‹, die am 22. Juli 1941 südlich von Panteleria nach Bombenvolltreffer unterging. An Bord befanden sich 600 Soldaten und 64 Besatzungsmitglieder. Rund 6000 Tonnen Munition aller Kaliber. 1000 Tonnen Benzin. 1000 Tonnen Nahrungsmittel. 3000 Sack Post. 320 Fahrzeuge, vom Panzer bis zum Omnibus, vom Lkw bis zum Krad. Ein besonders wertvoller Teil der Ladung waren die ersten 1800-Kilo-Bomben für die Luftwaffe und die erste Batterie von 21-cm-Geschützen. Die gesamte Ladung ging verloren. 200 Soldaten und Matrosen fanden den Tod. Die ›Preußen‹ ist nur ein Beispiel für die vielen Versenkungen auf dem Wege von Italien nach Afrika. Gäbe es Grabsteine für Schiffe, die Straße von Sizilien zu den nordafrikanischen Häfen wäre mit ihnen gepflastert.

Die Quelle all dieser Nachschubübel aber hieß Malta. Die Felseninsel, Hauptstützpunkt für die britischen Seestreitkräfte, U-Boote und Kampfflugzeuge im Mittelmeer, war ein wichtiger Faktor für den britischen Sieg in Nordafrika. Die Felsen von Malta machten alle Tapferkeit der deutschen Afrikakämpfer, alle Kühnheit zunichte. So paradox es klingen mag, der Wüstenkrieg in Nordafrika wurde auf See entschieden. Die Niederlage Rommels hieß: Malta. Wer über den Krieg in Afrika spricht, muß das wissen.

Wer vor dem Krieg Malta besuchte, fand ein Eiland mit grünen Wiesen und wogenden Getreidefeldern. Mit Fischernetzen auf den Felsenklippen und uralten Steinhäusern. Als Landwirte, Händler, Fischer und Seefahrer verdienten sich die Malteser auf der dichtbevölkerten Insel ihr Leben. Malta ist die Heimat einer beliebten europäischen Delikatesse: des Thunfisches.

Vom Hafen La Valetta ging ein Fahrstuhl hinauf zur Stadt. Ihren Namen hat sie vom ersten Großmeister des Malteserordens. Die Geschichte dieses Ordens repräsentiert die alte Festung, die lange Zeit Sitz des britischen Gouverneurs war. Kaiser Karl V. gab im 16. Jahrhundert die Insel dem Johanniterorden zum Lehen. Eine abenteuerliche Geschichte hat diese Insel, die wie eine natürliche Seeräuberfestung am wichtigen Verkehrsweg zwischen westlichem und östlichem Mittelmeer liegt. Immer hat Malta eine Rolle gespielt. Die Phönizier überwachten hier den Handel zwischen Orient, Europa und Afrika. Um 400 saßen die Karthager darauf. 218 v. Chr. die Römer. Ostgoten, Wandalen und Byzantiner kämpften um den Schlüsselpunkt, von dem man den Mittelmeerhandel kontrollieren konnte. Die Araber holten sich Malta 870. 200 Jahre später setzten sich Normannen darauf fest. 1798 eroberte Napoleon die Hauptinsel und die kleine Nebeninsel Gozo. Die Engländer besetzten beide 1800. Sie bauten Malta zur stärksten Flotten- und Luftbasis des Commonwealth aus.

See- und Fliegeroffiziere bestimmten das Leben an Land, britische Kriegsschiffe das Bild des Hafens. Große Docks und Reparaturwerkstätten waren in den Naturhafen gebaut. Malta war schön. Stolz. Und mächtig. 90 Kilometer Luftlinie von Sizilien entfernt strafte diese Festung Mussolini Lügen, der das Mittelmeer als ›Mare nostro‹ – unser Meer – bezeichnete. Nein, das Mittelmeer war Englands Meer. Und wer auf diesem Meer Soldaten transportierte, der mußte Malta niederkämpfen oder ihm tödlichen Tribut entrichten.

»Wären die Italiener Japaner gewesen, dann hätten sie am 10. Juni 1940 den Krieg mit einem Überfall auf Malta eröffnet, das damals nur eine geringe Verteidigungsbereitschaft besaß. Denn was für die Japaner Pearl Harbour war, mußte für die Italiener Malta sein.« Das ist die Meinung eines der sachlichsten Marine-Experten des zweiten Weltkriegs, des deutschen Vizeadmirals Assmann.

Aber die Italiener waren keine Japaner. Nachdem sie im Sommer 1940 an Deutschlands Seite in den Krieg eingetreten waren, begnügten sie sich mit dem Versuch, die britische Hauptfestung im Mittelmeer durch Luftangriffe niederzuhalten. Luftangriffe, sage ich; aber in Wahrheit waren es nur Nadelstiche. Kein Furioso mit Feuerhagel und Bombenteppichen, eher Einzelfeuer von Luftkavalieren, eine Art Turnierreiterei der Luft. Ein deutscher Admiral, der Chef des Marineverbindungsstabes in Rom, Weichold, machte am 9. August 1940 zum erstenmal den Vorschlag, Malta zu erobern. Aber die Italiener winkten ab, und auch die deutsche Führung erkannte zuerst die überragende strategische Bedeutung der Insel für den Krieg in Afrika nicht.

Anders die Engländer. Obgleich sie sich auf ihrer Mutterinsel Britannien von Hitlers Plan ›Seelöwe‹, dem Invasionsplan gegen England, schwerstens bedroht fühlen mußten, schickten sie beträchtliche Verstärkungen nach Malta.

So wurde es für die Italiener immer aussichtsloser, Malta zu erobern. Ob sie es überhaupt je hätten nehmen können, kann bezweifelt werden, denn Italien war ja völlig ungerüstet in den Krieg gegangen.

Nichts war vorbereitet. Der Marschall Badoglio hat mir selbst einmal in vorsichtigen Worten dargelegt, wie es war. Und nimmt man heute die Kriegsakten dazu, so hat man ein rundes Bild. Mit Staunen hatte Mussolini 1939 die deutschen Siege in Polen verfolgt. Gebannt sah er die Alpenjäger des Generals Dietl Narvik nehmen. Kopfschüttelnd quittierte er die Tatsache, daß Dänemark und Oslo ohne Schuß in deutsche Hände fielen. Mit wachsendem Entsetzen sah der Duce, wie Hitlers Armeen die gerade bei den Italienern bis dahin so gefürchteten Heere Frankreichs wegfegten. Hitler, den Mussolini als seinen Schüler betrachtete, raste als Sieger durch Europa. Er plante sogar eine Landung in England. Sah nicht alles so aus, als ob in einem Dreivierteljahr der Krieg zu Ende sein würde? Zu Ende mit einem unvorstellbaren Sieg der Teutonen. Dann würde ›der Führer‹ den Frieden diktieren. Und was war mit Italien? »Wenn Italien mit am Tisch der Friedensrichter sitzen will, die die Welt verteilen, muß es in den Krieg eintreten, muß es schnell in den Krieg eintreten«, beschwor Mussolini am 26. Mai seine Marschälle Balbo und Badoglio. Sie standen wie versteinert im mächtigen Saal des Palazzo Venezia. In den Krieg eintreten?

Mussolini bemerkte die abweisende Haltung. Balbo, der Befehlshaber der italienischen Streitkräfte in Nordafrika, blickte zu Badoglio, dem Generalstabschef der Armee. Da hob der Duce die Hand, und in feierlichem Tone sagte er: »Ich unterrichte Sie davon, daß ich gestern durch Kurier an Hitler eine schriftliche Erklärung gesandt habe, um ihm zu versichern, daß ich nicht beabsichtige, mit den Händen in der Tasche zuzusehen, und daß ich vom 5. Juni an zu einer Kriegserklärung an Frankreich bereit bin.«

Da trat Badoglio einen Schritt vor: »Duce, Sie sind darüber unterrichtet, daß Italien militärisch absolut unvorbereitet ist. Sie haben die Routine-Berichte gelesen. Von unseren Divisionen sind 20 Prozent einsatzfähig. Über 70 Prozent unserer Panzerdivisionen haben keinen einzigen Panzer. Wir haben noch nicht einmal die ausreichende Zahl von Hemden für alle Soldaten. Wie sollen wir Krieg führen? In unseren Kolonien fehlt jegliche echte militärische Ausrüstung. Unsere Handelsflotte befindet sich auf Fahrt in allen Meeren.« Badoglio wollte weitersprechen. Mussolini aber winkte ab: »Die Geschichte ist kein Rechenexempel mit Hemden«, sagte er.

So ging Italien in den Krieg. Badoglio demissionierte nicht. Die Generale revoltierten nicht. Wie sollten sie auch? Sie hätten dann ja zugeben müssen, daß sie zehn Jahre mit Glanz und vielen Worten die Tatsache verschwiegen hatten, daß die italienische Armee ein unbrauchbares Instrument war.

Freilich, bei der Marine sah die Sache besser aus. Und auf die Marine komme es ja an – meinte Mussolini. Er hatte nicht ganz unrecht. Denn wo sollte die italienische Armee 1940 fechten? Aber die Marine! 6 Schlachtkreuzer, 29 Kreuzer, 59 Zerstörer, 69 Torpedoboote und 115 U-Boote standen in den Katalogen. War das nichts? Italien hatte immerhin die größte U-Boot-Flotte der Welt. Was hatte England im Mittelmeer dagegenzusetzen? Was hatten die geplagten Engländer in Ägypten schon für Truppen stehen? 35 000 Mann. Keine schweren Panzer. Dagegen stand Marschall Balbo in Libyen mit 14 Divisionen, insgesamt 220 000 Mann. Sie hatten zwar auch keine schweren Panzer. Hatten noch nicht einmal genug leichte. Nur vier Divisionen waren einigermaßen kriegsmäßig ausgerüstet, nur zwei waren motorisiert. Aber immerhin: 220 000 Mann gegen 35 000. Die mußten doch die Briten einfach überrennen.

Wir wissen, wie ›das Überrennen‹ ausging. Wir wissen, wie Hitler in Berlin mit Schrecken die Gefahr erkannte, daß Mussolini aus Afrika verjagt wurde. Was zur Folge haben mußte, daß der ›weiche Unterleib Europas‹ dem Zugriff der Engländer preisgegeben wäre. Das war der Grund dafür, daß Hitler das schnell zusammengestellte Deutsche Afrikakorps unter Rommel als ›Sperrverband‹ nach Afrika warf. Wären diese deutschen Divisionen ein halbes Jahr früher nach Afrika geschickt worden, wie General Guderian Ende Juni 1940 vorgeschlagen hatte, dann hätten sie den Krieg dort schon im Herbst 1940 entscheiden können. Dann wären wahrscheinlich Alexandria, der Suezkanal und Kairo in die Hände der Achse gefallen.

Bevor das erste deutsche Schiff mit der Vorausabteilung des Afrikakorps nach Tripolis fuhr, hatte das deutsche Oberkommando das X. Fliegerkorps unter General Geissler mit rund 200 Flugzeugen, die bald auf 500 erhöht wurden, nach Sizilien verlegt. Die Aufgaben für die Stuka-, Kampf- und Jagdverbände lauteten: Kampf gegen die britischen Seestreitkräfte im Mittelmeer. Sicherung des Nachschubs für Afrika. Recht bald kam die erste Machtprobe.

Am 7. Januar 1941 wurden britische Seestreitkräfte sowohl im östlichen als auch im westlichen Mittelmeer, gegen Malta steuernd, gemeldet. Von Gibraltar kommend hatten vier Dampfer eine wertvolle Ladung für Malta und Griechenland an Bord. Die Engländer fuhren schwer gesichert; aber auf Grund ihrer Erfahrungen mit der italienischen ›Schönwetterflotte‹, wie Churchill die italienischen Seestreitkräfte getauft hatte, waren sie nicht allzu besorgt. Am Nachmittag des 9. Januar stürzten sich zum erstenmal zahlreiche italienische Torpedoflugzeuge südlich von Sardinien auf das Geleit. Die Anwesenheit der deutschen Luftwaffe wirkte auf die italienischen Flieger Wunder. Auch zwei italienische Torpedoboote griffen das Geleit an. Die feindlichen Einheiten gerieten in die neugelegten deutschen Minensperren. Zwei Dampfer flogen berstend in die Luft. Kurz vor Mittag, am 10. Januar, stand das Kernstück des Geleits, der britische Flugzeugträger ›Illustrious‹, etwa 100 Seemeilen westlich von Malta. Seine Ladung bestand aus Flugzeugen für die Insel. Sie wurden dringend erwartet.

An Deck dieses Trägers setzte gerade die Torpedofliegerstaffel zum Start an, da pfiffen deutsche Stukas – Ju 87 und Ju 88 – zum Angriffssturz herunter. Die Bomben rissen das Flugzeugdeck auf. Riesige Brände schossen gen Himmel. Die Ruderanlage wurde getroffen. Der Träger fuhr einen Kreis. Und immer wieder brausten italienische Torpedoflieger und deutsche Stukas heran und knallten dem lahmen Riesen ihre Bomben aufs Deck. »Aber nur die deutschen Angriffe waren erfolgreich«, heißt es im amtlichen britischen Seekriegswerk über diese Schlacht. Innerhalb von 10 Minuten explodierten sechs deutsche 500-Kilo-Bomben auf dem Deck des Flugzeugträgers.

»Erster Zusammenstoß der britischen Seestreitkräfte im Mittelmeer mit der deutschen Luftwaffe«, funkte der britische Admiral nach Kairo und London. Dort nahm man die Mitteilung stirnrunzelnd zur Kenntnis.

Aber wo blieb die italienische Flotte? Wo blieb die Armada Mussolinis? Sie kam nicht. In glänzender seemännischer Leistung brachte der britische Kommandant die ›Illustrious‹, mit den Schrauben steuernd, nach Malta. Jedoch der Tag war noch nicht zu Ende. Der Kreuzer ›Southampton‹ erhielt einen Minentreffer und dazu einige Fliegerbomben. Damit gab es einen britischen Kreuzer weniger im Mittelmeer.

Den deutschen Fliegern ließ der Flugzeugträger ›Illustrious‹, der im Hafen von Malta lag, keine Ruhe. Immer wieder griffen sie an, so daß die Engländer zur Verteidigung alle Flugzeuge einsetzen mußten, und dadurch der britische Einsatz gegen Achsengeleite völlig unterblieb. Die deutschen Transporte nach Tripolis blieben unangefochten. Und das war eine der wichtigsten Voraussetzungen für Rommels ersten Siegeslauf. Von Jägern geschützt, starteten die deutschen Flugzeuge Tag und Nacht von Sizilien gegen die Insel Malta. Die Bomben krachten auf das kleine Eiland, auf Hafenmolen, Reparaturwerkstätten und Versorgungslager, Schiffe und Flugplätze. Am 7. März 1941 berichtete der Vizeluftmarschall Maynard von Malta nach Kairo, daß er die ›Sunderlands‹ und ›Wellingtons‹ nicht mehr gegen die schnellen deutschen Jäger schützen könne. Darauf wurde ihre Verlegung nach Ägypten verfügt. Am selben Tag sandte der Gouverneur von Malta, General Sir William Dobbie, einen Hilferuf an seinen Oberkommandierenden. Die feindlichen Luftangriffe seien so schwer, daß Malta seine Bedeutung als Luft- und Flottenstützpunkt zu verlieren drohe. Kairo schickte ›Hurricanes‹ nach Malta. Aber die deutschen Luftangriffe auf die Insel gingen weiter. In der Zeit von Januar bis Juni 1941 verloren die Engländer 78 Flugzeuge.

Während die italienischen Angriffe vom Juni 1940 bis zum Januar 1941 im Felsennest Malta kaum nennenswerten Schaden angerichtet hatten, sah es nach fünf Monaten deutscher Luftangriffe auf der Insel sehr viel bedenklicher aus. Trotz der natürlichen Felsenhöhlen, die als Bunker ausgebaut waren, überstieg die Zahl der Toten und Verwundeten 400. Die Bevölkerung von Malta grollte. Sie verweigerte den Einsatz bei den Aufräumungsarbeiten. Im März begann die Insel zu hungern. Strenge Rationierung der Lebensmittel wurde angeordnet. Malta begann sturmreif zu werden. Die britischen Kommandostellen schafften Infanterieverstärkungen von Ägypten auf die Insel, denn sie erwarteten jeden Tag das Ereignis, das ihrer Meinung nach im Hinblick auf die Weiterführung des Kampfes in Nordafrika für die Achse zwangsläufig sein mußte: die Invasion. 8 Bataillone und ein Regiment hatten die Engländer zur Verteidigung bereit. Dazu wenige Batterien Artillerie vom Kaliber 3,7 Zoll und 6 Zoll sowie ein paar 18pfündige Geschütze. An Panzerkräften stand nur eine Spezialgruppe des Königlichen Panzerregiments zur Verfügung, die aber lediglich mit zwei leichten und vier Infanteriepanzern ausgerüstet war. Es sah schlecht aus für Malta. Jetzt war für die Achsenmächte die Chance da, im Mittelmeer die Kriegsentscheidung gegen England zu erringen. Zwingend bot sich der Plan des Großadmirals Raeder an: Malta nehmen und damit die Voraussetzung für einen ungehinderten massierten Nachschub nach Afrika schaffen. Dadurch wäre Rommel in die Lage versetzt worden, seinen Sieg in der Cyrenaika mit der Eroberung Ägyptens zu krönen. Churchill hätte eine solche Entwicklung politisch nicht überlebt.

Aber was tat Hitler? Er marschierte am 22. Juni 1941 gen Moskau. Er griff Rußland an, das Getreide lieferte und Öl, das zwar unzuverlässig war, aber noch keinen Angriff auf Deutschland im Auge hatte. Noch nicht.

Die Folge des Rußlandkrieges war, daß Teile des X. Fliegerkorps von Sizilien an die Ostfront abgezogen wurden. Die Bomben auf Malta wurden spärlicher. Churchill verstärkte das Felsennest. Und sofort holten britische See- und Luftstreitkräfte wieder zu tödlichen Schlägen gegen Rommels Nachschub aus. Und Rommel stand vor Tobruk in einem verzweifelten Ringen – weil er nicht genug Nachschub hatte.

Aber war denn Malta überhaupt zu erobern? Das ist eine Frage, die in der deutschen Kriegsberichterstattung bis heute immer wieder gestellt wird. Ich meine, Malta war zu erobern. Die gelungene deutsche Operation gegen Kreta am 20. Mai 1941 hatte den Beweis erbracht, daß sogar eine 33mal größere und besser bewaffnete Insel aus der Luft genommen werden konnte. Es war die erste Eroberung einer Insel in der Weltgeschichte durch Fallschirmtruppen. Sie war gelungen. Hier auf Kreta hatte der legendäre Ikarus einst vor Jahrhunderten versucht, den alten Traum der Menschheit zu verwirklichen: Fliegen. Er klebte sich Flügel mit Wachs an den Körper, aber er stürzte ins Meer.

Der deutsche Major Koch jedoch, der am 20. Mai 1941 um 7 Uhr 30 mit seinem Lastensegler durch die flimmernde Luft Kretas schwebte und an der Spitze des I. Bataillons des Fallschirmsturmregiments auf der Insel landete, war nicht ins Meer gestürzt. Mit ihm brummten die gewaltigen Luftflotten der Ju 52 heran, die ihre Fallschirmjäger absetzten. Tausende von modernen Nachfahren des Ikarus, voll bepackt mit Waffen und Munition, zierten schaukelnd wie weiße Wölkchen den stahlblauen Himmel. Sie sprangen auf die zerklüftete Insel, aus der ihnen Tod und Verderben entgegenspien. Wie hat Churchill von ihnen später gesagt? »Diese tapferen und unbedingt zuverlässigen Fallschirmjäger waren die Blüte des deutschen Nachwuchses.« So war es. Der Stabshornist Ernst Springer vom ersten abspringenden Bataillon, ein Oberjäger aus Oberschlesien, setzte schon in der Luft die Trompete an den Mund und blies das alte Angriffssignal. Es hallte wie eine gespenstische Siegesfanfare aus dem Himmel zu den verwirrten Maoris der 5. neuseeländischen Brigade: »Kartoffelsupp, Kartoffelsupp ...«

Kreta wurde genommen. Die erste Luftlandung der Weltgeschichte war ein Erfolg. Allerdings ein teuer erkaufter Erfolg. Die Fallschirmjäger hatten furchtbare Verluste. Schon in der Luft wurden sie zur Zielscheibe für die MG der Verteidiger. Leblos oder verwundet hingen viele an ihren weißen Schirmen. Wurden nach der Landung über den Boden geschleift, bis ein Strauch, ein Stein Halt bot, und der weiße Schirm sich wie ein großes Leichentuch über seine traurige Last legte. Die junge deutsche Elitewaffe der Fallschirmjäger wurde bei ihrem ersten großen Einsatz im wahrsten Sinne des Wortes geopfert. Aber Kreta, der mächtige Inselriegel zwischen Griechenland und Tobruk, war in deutscher Hand. Verzweifelt telegrafierte Churchill an Roosevelt:

»Der Kampf Großbritanniens ist unwiderruflich verloren, wenn die Vereinigten Staaten ihre Hilfe nicht vervielfältigen.«

Es gab in der deutschen militärischen Führung zahlreiche Männer, die diesen teuer erkauften Sieg zum Angelpunkt weiterer entscheidender Operationen gegen das britische Weltreich im Mittelmeer und in Afrika machen wollten. Raeder war der Hauptfürsprecher. Und vor nichts hatte Churchill in diesen Wochen mehr Angst als vor einer deutschen Landung auf Malta. Am 28. Mai 1941 schickte er ein Telegramm an General Wavell in Kairo, in dem er voll tiefer Sorge Malta schon verloren und die Verbindungslinie nach Ägypten schon zerstört sah.

Aber Hitler sah den Wink des Schicksals nicht. Er wies auch den Plan des Fliegergenerals Student zurück, der Cypern nehmen wollte, um von dort eine Luftlandeoperation gegen den Suezkanal vorzubereiten. Aber auch dazu sagte Hitler nein. Die schweren Verluste von Kreta bedrückten ihn. Dazu kam, daß Mussolini den Ehrgeiz hatte, einen Angriff auf Malta in eigene Regie zu nehmen. Was davon zu erwarten war, sah Hitler klar vor Augen. Aber er hatte nicht den Mut, Mussolini zu kränken. Der beginnende Rußlandfeldzug ließ dann alle Pläne gegen Malta zweitrangig werden. Die Rechnung dafür mußte das Deutsche Afrikakorps zahlen.

Vom Juni bis Oktober 1941 wurden von den deutsch-italienischen Nachschubtransporten nach Afrika 40 Schiffe mit 179 000 BRT versenkt. Im September wurden fast 40 Prozent aller abgesandten Schiffe vernichtet. Zu den entsetzlichen Einbußen an Soldaten und Kriegsmaterial trat jetzt die Verknappung an Schiffsraum. Infolgedessen fiel die Nachschubtonnage für Rommel im Oktober auf 50 000 BRT, von denen 63 Prozent versenkt wurden. Im November gingen nur noch 37 000 BRT an Rommel ab, 77 Prozent davon wurden von den britischen See- und Luftstreitkräften auf den Grund des Meeres geschickt.

Es war auszurechnen, wann Rommels Kriegführung in Nordafrika durch die Nachschubblockade zum Erliegen kommen mußte. Jetzt begriff es auch Hitler. Jetzt war Alarm im Hauptquartier. Ein Funkspruch holte von der Ostfront einen Mann, der alles wenden sollte: Kesselring.

Der Landser in Afrika spürte die Folgen der düsteren Tragödie des Nachschubs am unmittelbarsten. Er sah zwar das strategische Problem nicht, wußte nichts von der gefährlichen Rechnung über die versenkte Tonnage; aber er sah, daß seine Kompanie nicht aufgefüllt wurde. Sah, daß keine Panzer kamen. Kein Sprit. Kein Bier. Und nichts von den kleinen Delikatessen, die das Leben in Afrika ein bißchen erträglicher hätten machen können. Freilich, manchmal schenkte der Himmel, besser das Meer, einen märchenhaften Schatz.

Die Männer der Aufklärungsabteilung 33 lecken sich bei der Erinnerung an diesen Zufall noch heute die Lippen.

Die Spähtrupps der 33er mußten sich durch Funkspruch zurückmelden, wenn sie die deutschen Linien wieder erreicht hatten. Dem Divisionskommandeur fiel auf, daß an die Rückmeldung ein merkwürdiges Codewort gehängt war. Es lautete ›Tiger‹. Er fing an, nach diesem Geheimwort zu forschen; und er war nicht schlecht erstaunt, als er feststellte, daß es nichts anderes bedeutete als die Mitteilung an den jeweiligen Kompaniechef, daß der Spähtrupp erst noch – zum Baden ging.

Aber eines Tages wurde es dem Rittmeister Héraucourt von der 1. Kompanie der Panzeraufklärungsabteilung 33 doch ungemütlich, als Spähtruppführer Leutnant Engelhart nach seiner ›Tiger‹-Meldung stundenlang ausblieb. Endlich kam er.

Er tat sehr geheimnisvoll. Er habe etwas gefunden, womit sein Kompaniechef bestimmt nicht rechnen würde, lächelte Engelhart. Damit zog er auch schon eine Flasche echten schottischen Whisky aus der Hosentasche. Was er über den Fund erzählte, war mehr als aufregend. Rittmeister Héraucourt glaubte es nicht. »Kommen Sie mit!« trumpfte Engelhart auf. Nun war Héraucourt doch neugierig. Sie machten sich auf den Weg zur Steilküste bei Bardia. Und da – lag das Geheimnis: In einer kleinen Bucht war ein Wrack gestrandet. Genauer gesagt: ein halbes kleines Schiff, dessen Heck fehlte, und das offenbar angetrieben war. Am Bug stand der Name ›Helka‹. Ganz deutlich war es zu lesen: ›Helka‹. Héraucourt und Engelhart schwammen hinüber, und was der Leutnant seinem Chef im Bauch des halben Schiffchens anbot, war hinreißend. Der vordere Laderaum voller Kisten: Obst, Gemüse, Fett – alles in wunderbaren Dosen. Dazu Schokolade, Zigaretten und – Whisky. Die Turnschuhe und was sonst alles noch für die bequemlichkeitsliebenden Engländer vorhanden war, nahmen die beiden gar nicht zur Kenntnis. Zurückschwimmen. Die Kompanie mobilisieren. Ausladen. Das war eins. Fünf Tage dauerte das Geschäft. Aber selten wurde in Afrika in der glühenden Sonne so fröhlich geschwitzt wie in der versteckten Felsenbucht bei Bardia. Die Kisten wurden zu Wasser gelassen, auf Schlauchboote verladen und dann in mühseliger, dreiviertelstündiger Ruderfahrt zu einem kleinen Strand gebracht. Von dort wurden sie mit Trägerkolonnen den Steilhang des Djebel hinaufgeschleppt und auf Lastwagen verladen. 400 Flaschen Whisky. Es wurden fröhliche Tage für die Panzeraufklärer. Sodawasser war zwar in der Ladung der ›Helka‹ nicht enthalten, aber der schottische Whisky schmeckte auch pur; und ein Schuß in das salzige Trinkwasser machte sogar dieses zu einer Delikatesse. Obgleich manche andere Einheit mit davon profitierte, reichte der Vorrat lange. Und dabei war es nur die Hälfte eines kleinen Schiffes gewesen. Ein winziges Schiff, eines von den vielen englischen und deutschen Schiffen, die im Mittelmeer zusammengeschossen und versenkt wurden. Krieg – idiotischer Krieg.

HOCHZEIT IM WADI EL FAREGH

»Wann war es, als wir hier schon einmal langkamen?« Ja, wann war es? Vor neun Monaten – so ungefähr. Aber damals ging es vorwärts. Auf Tobruk zu. Alexandria hieß das Ziel. Kairo, Suezkanal.

Mensch!

Jetzt geht es den Weg zurück. Und Rückzüge haben keine Lieder. Rückzüge sind doppelt so lang und doppelt so schwer.

»War denn der Weg vorwärts auch so schlecht?«

Er war es; aber sie hatten es nicht gespürt. Siege nehmen die Last. Siege machen den Tornister leichter.

Wie lange war es her, seit man am Totensonntag des Jahres 1941 noch vor Tobruk gefochten hatte?

Nur ein paar Wochen; aber es scheinen Monate zu sein. Jeder Tag ein Gefecht. Jeder Tag eine Schlacht gegen die stürmisch drängenden und den endgültigen Sieg suchenden überlegenen Verbände der britischen 8. Armee. Man wußte nicht mehr, wo Feind und wo Freund standen. Stellungen wurden erobert und wieder aufgegeben. Wer eben gefangen war, marschierte nach Stunden schon wieder als Kämpfer. Verbandsplätze wechselten oft drei-, ja viermal am Tag den Besitzer. Die deutschen und die britischen Ärzte kümmerten sich schon nicht mehr darum; sie blieben in ihren Operationszelten und arbeiteten einfach nebeneinander weiter. So ging es drei Wochen. Von Anfang bis Ende Dezember 1941.

Und dann kam der Winterregen. Es wurde kalt in Afrika.

Rommel wußte, daß es im modernen Krieg im afrikanischen Raum nicht um den Besitz eines Wüstenstreifens ging, weder um die Marmarica noch um die Cyrenaika. Der Krieg in der Wüste konnte nur durch die Vernichtung des Gegners entschieden werden. Ein Geländegewinn war noch kein Sieg, ein Geländeverlust noch keine Katastrophe. Das hatte Rommel am besten erfahren. Die Engländer auch. Aber trotzdem machte der britische Oberbefehlshaber Auchinleck denselben Fehler wie sein Vorgänger Wavell: Er verwechselte das eine mit dem anderen.

Am 26. Dezember 1941 berichtet Reuter aus Kairo den Londoner Zeitungslesern: »Die Reste des Deutschen Afrikakorps und der italienischen Armee fluten längs der Syrte auf der nach Tripolis führenden Straße zurück. Das Hauptziel, die Vernichtung der feindlichen Streitkräfte in der westlichen Wüste, ist erreicht. Die deutschen Panzerstreitkräfte sind zerschlagen. Es gibt nur noch eine Handvoll deutscher Panzer – und die versuchen, voll Panik, nach Tripolis zu entkommen!«

Die Geschichte des letzten Krieges ist reich an solchen verhängnisvollen Irrtümern. Hitler unterlag ihnen, aber, wie wir sehen, auch Churchill.

In London riß man sich Ende Dezember 1941 die Extrablätter aus den Händen. Man jubelte: Rommel ist geschlagen, Rommel ist vernichtet!

Vorsichtig, Mister Brown in London! Glauben Sie nicht alles, was man Ihnen berichtet. Sie sind ja weit weg von Afrika. Und selbst Leute, die näher dran sind, die zum Beispiel in Tripolis sitzen, irren sich. Sie kennen Rommel nicht und nicht den deutschen Landser. Dieser Rommel hat einen zähen Willen und – einen Plan. Zwar hat er Ärger mit dem italienischen Oberbefehlshaber, denn der wiederum hat Sorge wegen der politischen Wirkung eines Rückzuges. »Ich gehe zurück, denn ich muß zurück, sonst verliere ich nicht nur eine Schlacht, sondern meine Armee«, knurrt Rommel den italienischen Armeegeneral Bastico an. So fließen die Achsendivisionen seit Anfang Dezember 1941 aus dem Kampfraum bei Tobruk zurück nach Westen. Aber es wird keine Flucht – wie damals bei den Italienern im Winter 1940/41. Gut gelenkt, kämpfend zieht sich das Afrikakorps zurück. Sperrverbände unter tapferen Offizieren sichern den Rückzug: Kradschützen, Panzeraufklärer, Flakeinheiten und Oasenkompanien.

Am 16. Dezember kommt Marschall Graf Cavallero noch einmal aus Rom zu Rommel und beschwört ihn, die Cyrenaika nicht aufzugeben: »Eine sichtbare Niederlage ist für Mussolinis Stellung gefährlich«, sagt er.

»Und eine totale Niederlage mit dem Verlust der ganzen Armee und ganz Nordafrikas?« fragt Rommel spitz zurück.

Ausgerechnet der General Gambara springt Cavallero bei und verlangt die Aufhebung des deutschen Rückzugsbefehls. Ausgerechnet! Wie war es doch vor 10 Tagen, als General Crüwell seine verzweifelten Funksprüche durch die Wüste jagte? Als für die 15. und 21. Panzerdivision des DAK bei Bir el Gobi die Chance eines Sieges zum Greifen nahe lag? »Wo bleibt Gambara?« hatte Crüwell gefunkt. Aber Gambara kam nicht. »Meine Truppen sind abgekämpft«, antwortete er. Als wenn die Landser der 15. und 21. PD nicht abgekämpft gewesen wären!

Rommel läßt sich nicht beeindrucken. Seine Parole heißt: »Kämpfend zurück auf eine brauchbare Verteidigungsstellung.« Und diese Stellung konnte nach allen Erfahrungen nicht irgendwo in der Cyrenaika liegen. Denn es hatte sich gezeigt, daß sie im Ernstfalle nicht zu verteidigen war. Die einzige Chance lag in jenem günstigen Raum, wo die Engländer schon einmal gestoppt worden waren. Damals im Winter 1940, als Wavell die Italiener von der ägyptischen Grenze über die Via Balbia bis in den Bogen der Großen Syrte gejagt hatte. Dort, wo Rommel vor neun Monaten zu seiner ersten Offensive angetreten war.

Ja, der Krieg ist wie Ebbe und Flut. Und vorerst war für Rommel Ebbe. In der Nacht zum 21. 12. 1941 standen die Kradschützen des Majors Ehle, verstärkt durch eine Batterie Panzerartillerie und eine Kompanie Panzerjäger 33, bereits südostwärts von Agedabia. Sie spielten wieder einmal Nachhut. Waren Feuerwehr. Das Afrikakorps igelte in der Wüste. Es waren die entscheidenden Tage, in denen sich zeigen mußte, ob Rommel die günstige Brega-Stellung erreichen und den Siegeszug der nachdrängenden Briten stoppen konnte. Die Engländer versuchten, Rommels Plan zu vereiteln. Aber aller Mut nützte ihnen nichts. Ihre langen Nachschubwege nahmen ihnen die Stoßkraft. Und Rommels Nachhuten, wie die Männer der Kampfgruppe Ballerstedt, schlugen immer wieder die vorschnellenden Angriffsspitzen der Engländer ab. Sie schlugen den Gegner zusammen und spritzten auf ihren Kübeln, Lkw und Selbstfahrlafetten wieder davon. Freilich, langsam fiel bei den deutschen Verbänden Fahrzeug um Fahrzeug aus, Rommels Rezept dagegen: ›Fahrzeuge müssen bei den Engländern besorgt werden.‹

Vom 27. bis 29. Dezember versetzte das DAK den Engländern in der Abwehrschlacht von Agedabia schwere Schläge. Die britischen Panzerkräfte wurden praktisch vernichtet.

Die Silvesternacht des Jahres 1941 lag kalt und pechschwarz über der

Wüste. Die Leuchtzeichen englischer Spähtrupps standen rings am Nachthimmel: Wegweiser für die Versprengten. Durch Leuchtsignale schoß man sich in Afrika zu den verlorenen Einheiten zurück.

Und dann blickte einer auf die Uhr. Silvester! »Noch ist altes Jahr; aber in zehn Minuten können wir 1942 auf die Befehle schreiben.«

Auf die Minute wollte der Regimentsadjutant Marwan-Schlosser vom Flakregiment 135 seinen Tropenbecher Schampus leeren. Eine ganze Beuteflasche hatte er ergattert und zur Kühlung in ein Sandloch gestellt.

Es war eine feuerkräftige Streitmacht, die Major Hecht, der Regimentskommandeur, bei Agedabia als Sperriegel glänzend placiert hatte. Die nichtmotorisierte Reserveflakabteilung 114 verteidigte mit dreizehn 8,8-cm-Kanonen und je neun 3,7-cm- und 2-cm-Flakgeschützen den nördlichen Sektor. Die Italiener standen mit sieben 8,8-cm-Geschützen in ihrem östlichen Abschnitt. Motorisierte Reste der Flakregimenter 18, 33 und 35 verblieben beim DAK und waren für bewegliche Kampfführung bestimmt. Listenreich hatte Rommel die Aufstellung ganzer Batterien von Scheingeschützen befohlen. Die Reserveflakabteilung 114 vollbrachte das Wunder, in der Wüste die hierzu notwendigen Materialien aufzutreiben. Und die Kanoniere lachten sich ins Fäustchen, als der Tommy tonnenweise Artilleriegranaten gegen diese Potemkinschen Kanonen verfeuerte.

Hauptmann Marwan-Schlosser hatte den letzten Brief von zu Hause hervorgeholt, und beinahe hätte er darüber den imaginären Glockenschlag 12 der Silvesternacht verpaßt. Aber noch rechtzeitig genug löste er den Draht von der Flasche Veuve Cliquot, lächelnd, die Gedanken beim alten Wilhelm Busch: ›Wie lieb und mild perlt doch die Blase der Witwe Cliquot in dem Glase.‹ Der Pfropfen knallte – und ja, was war denn das? Wie ein millionenfaches Echo donnerte im selben Augenblick an der ganzen Front ein mächtiger Feuerschlag los. Das konnte doch nur ein Großangriff sein. Der Adjutant sauste aus dem Zelt. Auch Major Hecht stürmte aus dem seinen: Grüne – rote – gelbe – weiße Leuchtzeichen zischten in den Nachthimmel. Dazu knallten und krachten die Abschüsse von Artillerie, MG und Karabinern. Tausende von Leuchtspurgeschossen jagten kometengleich über den Himmel.

Aber es war keine Schlacht. Die ganze Armee Rommel begrüßte das neue Jahr. Begrüßte es auf ihre Art. Und das Herz der Landser lachte, als die garbengebündelte Feuerkrone über der Wüste stand. Wer hätte ihnen Einhalt gebieten können oder auch wollen? Zwar protestierten die Italiener sofort telefonisch, aber der unverwüstliche Bayerlein antwortete: »Beruhigen Sie sich doch, bei Ihnen ist es doch dunkel, was soll Ihnen da schon passieren!«

Es war ein phantastisches Bild. Die Leuchtkugeln zauberten eine bunte Kulisse, und im grellen Licht erhoben sich bedenkenlos und fröhlich die Männer aus ihren Schützenlöchern. Und dann, ja dann passierte es. Und wäre es nicht wahr, hätten es nicht Zehntausende noch im Gedächtnis, wer wollte wagen, es zu erzählen. Es war der Trotz, der sich manifestierte. Es war das Anklammern an eine Idee – denn ohne eine Idee war doch diese Tragödie, das Kämpfen und Sterben, nicht zu ertragen. Und sie glaubten noch an ihre Idee. Wenn sie auch – vielleicht – längst abgenutzt, mißbraucht, verraten war. Aber sie glaubten noch, die Landser. Und einer fing an. Und die anderen fielen ein: In der Neujahrsnacht 1942, in der Wüste bei Agedabia: ›Deutschland, Deutschland über alles ...‹ Abgehetzt, müde, verdreckt; die Beine wie in Zement verpackt; in durchschwitzten und versandeten Strümpfen und zerrissenen Schuhen; zusammengeschlagen auf Kompaniestärken von 10 bis 20 Mann ... aber sie sangen. Am anderen Tag stand im Funkspruch der 22. britischen Panzerbrigade nach Kairo: ›Rommels Verbände haben vielleicht keine Panzer mehr; aber von einer geschlagenen Armee zu sprechen, wäre verfrüht. Das Afrikakorps sang gestern nacht in seinen Feldstellungen die deutsche Nationalhymne. Wir sollten uns nicht darüber täuschen, daß diese von einem ungebrochenen Offizier befehligten Soldaten nicht geneigt sind, den Kampf aufzugeben.‹ Hätte der englische General am Neujahrsmorgen den Kommandeur der 15. Panzerdivision, General von Vaerst, begleitet, als er die Schützenlöcher abschritt, dann hätte er vielleicht noch ganz anders gefunkt. Aus jedem Schützenloch klang dem General die vorgeschriebene Meldung entgegen. Nur ein Posten hatte das Glas vor den Augen und meldete nicht. »Bessere dich im neuen Jahr«, munterte der General ihn auf. »Wünsche Herrn General das gleiche«, klang es ihm fröhlich zur Antwort. Und der alte Vaerst lachte.

Am 4. Januar 1942 hatte das Afrikakorps die Marsa el Brega-Stellung erreicht. Bei wütendem Regensturm richteten sich die zusammengehauenen Verbände zur Verteidigung ein. Das erste Bataillon des Panzergrenadierregiments 115 mit den Resten des Kradschützenbataillons, die zum Teil auch zum MG-Bataillon gesteckt wurden, damit dort wieder drei einsatzfähige Kompanien vorhanden waren, bezog Stellung südlich des Wadi el Faregh. Die Zugmaschinen fuhren zurück, um die steckengebliebenen Lkw zu holen. Das Bataillon richtete sich ein, und der Winterregen kam wie gerufen, um endlich die verfilzten Bartsäcke abzuschaben und die Wäsche zu waschen. Die Fahrzeuge wurden eingebuddelt. Die Männer saßen in ihren Sandlöchern. Froren. Warteten.

Schirrmeister Dierichsweiler fuhr eifrig Spähtrupps, um unter den Augen der Engländer zerschossene Fahrzeuge auszuschlachten und neue zu erbeuten. Leutnant Ruf hatte bald wieder drei voll einsatzbereite Pak mit geländegängigen Zugmaschinen beisammen. Der Krieg begann wieder ruhig zu atmen, im Wadi el Faregh und überall zwischen Marsa el Brega und Marada.

Am 6. Januar. Noch immer heult der Sturm. Der Himmel beschert Regen und jagt prasselnde Sandwolken über Fahrzeuge und Zelte. Der Ghibli rast, der Genosse der Wüste zu allen Jahreszeiten. Im Sommer überpudert er die schweißnassen Gesichter mit rötlich-gelbem Staub. Im Wüstenwinter jagt er den Sand wie winzige Granatsplitter über Mensch und Tier und zerbeißt Zelte und Mäntel. Er gehört zum Krieg in Afrika wie die Fliegen, das Salzwasser und der ›alte Mann‹, die unvermeidliche Konserve. Für den Angreifer ist er schlimmster Feind, für den Verteidiger aber wohlmeinender Freund. Und das Afrikakorps hatte ihn diesmal zum Freund.

Endlich klarte das Wetter auf, und es kamen ruhige und sonnige Tage. Die am 5. Januar bezogenen neuen Stellungen konnten besehen werden: gegen Süden das mächtige Wadi el Faregh, das größte Trockental der Syrte-Region. Dichtes Buschwerk stand im Talgrund, und von der Höhe des Djebelrandes bot sich ein weiter Blick auf die kahlen, leblosen Einöden der Libyschen Wüste. Gleich Inseln liegen ein paar besiedelte Oasen darin: im Süden Marada, der am weitesten vorgeschobene Stützpunkt der deutsch-italienischen Front, die rechte Flanke der Breda-Stellung. 190 Kilometer weiter östlich die Oasengruppe von Gialo, altes Karawanenzentrum an der Piste nach Kufra. Gialo ist seit November 1941 in englischer Hand und bildet seitdem die vorgeschobenste Position der gefürchteten ›Long Range Desert Group‹. Ihre Kommandos kreuzen im Inneren Libyens und fahren quer durch die Wüste zu ihren gefährlichen Sabotageakten. Im Dezember 1941 waren sie sogar an der Küstenstraße aufgetaucht, und die verwegenen Männer des Oberst Haselden hatten Tankwagen und Lkw der Italiener zusammengeschossen und kurz vor Weihnachten sogar auf dem deutschen Flugplatz von Agedabia ein gutes Dutzend deutscher Bomber vernichtet. Was schmieden sie wohl zur Zeit für Pläne? Geduld, wir werden sie bald wieder treffen. Auch ihre Zwillingsbrüder auf deutscher Seite, die Brandenburger, werden sich in Marsch setzen. Es wird gefährliche Verwicklungen geben.

Zunächst begegnet uns die schwere Kanonenbatterie 902. Die Artilleristen haben ein paar ungestörte Ruhetage zwischen den Küstendünen westlich von El Agheila. Die sauren Wochen von Sidi Rezegh und El Adem sind vergessen. Natürlich nicht richtig vergessen. Denn wie am Totensonntag die Granaten genau zwischen den britischen Panzern lagen, sie wegschleuderten, als wenn die Faust eines Riesen dazwischengefahren wäre, das kann man nicht vergessen! Aber schließlich mußten die Männer von 902 doch türmen. Im strömenden Regen ging es durch die Cyrenaika. Dort war es auch, wo die verwaiste Batterie ihren neuen Chef bekam: Hauptmann Grimm. Trotz seines Namens ein gemütlicher Herr, ein tapferer Soldat und ein hervorragender Artillerist. Diese ruhigen Männer liebte der Landser. Und er brauchte sie in den aufregenden Tagen des Rückmarsches. Denn in Sichtweite der deutschen Truppen zogen die englischen Verbände. Man konnte sie sehen. Und die Pessimisten schlossen schon Wetten ab, daß der Tommy vor ihnen ›an der berühmten Ecke‹ bei Agedabia lauern würde, um sie zu vereinnahmen. So, wie er es mit den Italienern im Februar 1941 gemacht hatte, als ihm 20 000 Italianos in die Falle gingen. Jetzt, im Dezember 1941, hatte der Engländer offensichtlich dasselbe Manöver im Auge. Es wurde Zeit, mit leichtem Gepäck zu reisen. Nur Sprit, Munition und Lebensmittel zählten. Alles andere ging über Bord. Auf Befehl des Chefs mußte der Batterieschneider seine Bekleidungskiste aufmachen, die er glücklich durch alle Fährnisse gebracht hatte. Zähneknirschend sah er zu, wie seine sorgsam gehüteten Netzhemden, Hosen und Stiefel im Handumdrehen ihre Abnehmer fanden. Aber der Spaß wurde erst richtig, als auch der Rechnungsführer Haare lassen mußte: Der Inhalt seiner Batteriekasse wurde gleichmäßig aufgeteilt: »In aner sauberen Kluft und mit Geld in der Tasch'n woll'n mir durch Kairo marschieren, wann's uns do no derwisch'n sollten, die Bazi ...«, war der münchnerische Kommentar Hauptmann Grimms zu dieser nicht alltäglichen Verfügung.

Aber die englischen ›Bazi‹ erwischten die Mannen der Kanonenbatterie 902 nicht. Sie kurvten geschickt aus der Cyrenaika heraus, rollten durch Bengasi, wo sie im Feldpostamt noch einen Sack Briefe vorfanden, ergatterten in den riesigen Verpflegungslagern ein paar Kisten mit Sardinen und Schnaps und verkrümelten sich dann in den Dünen zwischen der Via Balbia und dem Strand. Geschafft. Rommels Stellung nahm sie auf. Sie machten kehrt, das heißt Front nach Osten.

Und so lagen sie am Steilrand des Wadi und blickten hinaus ins Niemandsland. Dann und wann rollten ein paar britische Panzerspähwagen heran. Dann brüllten die beiden Kanonen auf, jagten ein paar schwere Koffer hinüber. Turmhohe Rauchsäulen schossen in den blaßblauen Winterhimmel. Das schmeckte den Engländern nicht. Endlich kam auch der Nachschub. Kesselrings Luftflotte 2, die von der Ostfront nach Sizilien verlegt worden war, sicherte über dem Mittelmeer und ermöglichte fast verlustlose Transporte. Wenn das vor Monaten schon so geklappt hätte! Italienische Panzer, Pak und Infanterie kamen an. Und dann der großartigste Haufen: die Fallschirmjäger der Kampfgruppe Burckhardt. Verwegene Burschen unter einem verwegenen Kommandeur. Sie brachten ihre eigene Kampfmethode mit: kleine motorisierte Stoßtrupps, zwei Volkswagen, von einigen Beiwagenkrädern umschwärmt, darauf ein paar bis an die Zähne bewaffnete Fallschirmjäger, so stießen sie weit nach Süden vor. Sie sahen toll aus. Als einmal einer ihrer Spähtrupps bis vor Marada kam, wo italienische Truppen lagen, kriegten es die italienischen Posten beim Anblick der wilden Gesellen so mit der Angst, daß sie auf alle Fälle erst mal fragten: »Engländer oder Deutsche?«

Immer brachten sie etwas mit nach Hause. Gefangene. Fahrzeuge. Fressalien. Zigaretten. Mindestens ein paar Hammel. Eines Tages erschienen sie mit Trommeln und merkwürdigen Trompeten: Musikinstrumente einer indischen Einheit.

Abend für Abend hämmerten nun die Trommeln und plärrten die Trompeten. Ein findiger Kopf hatte eine Art Teufelsgeige konstruiert, die rasselnd und scheppernd den Takt angab. Burckhardt und seine Männer waren bald der Schrecken der Tommys in der ganzen Cyrenaika. Als ihn die Engländer später fingen, meldete der britische Wehrmachtbericht stolz: ›Major Burckhardt, der Kommandeur der deutschen Fallschirmjäger Rommels, wurde gefangen. Sein Verlust ist für die Deutschen bedeutsamer als die Einbuße mehrerer Generale.‹

Mitten in das Idyll bei der Kanonenbatterie 902 im Wadi el Faregh platzte eines Tages ein dickes gelbes Kuvert. Es kam aus der Heimat und sah mächtig amtlich aus. Der Brief war noch keine halbe Stunde im Chefzelt, da dröhnte die Stimme des Schreibstubenbullen durch die Stellung: »Gefreiter Raskowski zum Chef.« Paul Raskowski, ein alter Hase, der schon Polen und Frankreich mitgemacht hatte, flitzte vorbei, baute sich kurz vor dem Zelteingang auf, verschwand darin. Nach geraumer Zeit tauchte Paul wieder auf. In der Hand das gelbe Kuvert. War er erschrocken? Erschüttert? Auf jeden Fall war er furchtbar aufgeregt und setzte sich etwas knieweich auf einen Funkkasten. Anton, sein bester Freund, dessen lose Schnauze auch dann nicht verstummte, wenn es mulmig wurde, trat neugierig hinzu: »Na, Paulchen, was ist los? Was ist es denn, 'ne Erbschaft oder's Ritterkreuz?« Ein verlegener Blick traf den Spötter. Merkwürdig, wie verlegen selbst alte Landser in gewissen Minuten werden können. »Ich heirate – übermorgen«, brachte Paul schließlich hervor. Anton machte runde Augen. »Heiraten – übermorgen – bist du krank?« Aber Paul wurde jetzt stolz: »Ferntrauung«, sagte er. »Mensch«, sagte Anton. »Mensch!« Und weg war er. Jagte wie ein Troubadour durch die Stellung: »Paulchen heiratet fern!« Von da an überstürzten sich die Ereignisse. Was die Landser aus dem Bräutigam herausbrachten, ließ sie staunen.

Kurz bevor die Batterie von Deutschland nach Neapel verlegt worden war, hatte Paul seine Braut kennengelernt. Es war Liebe auf den ersten Blick; und Paul hatte für den nächsten Urlaub die Verlobung verabredet. Aber die Braut wollte nicht mehr warten. Sie hatte ihm geschrieben, aber gerade diese schicksalsschweren Postsäcke versanken wohl irgendwo im Mittelmeer. Paul selbst hatte in dem Schlamassel der letzten Monate keine Zeit zum Schreiben gefunden. Da hatte das Mädchen die Sache in ihre Hände genommen. Und so kam der amtliche Brief an den Chef, in welchem von ›Urlaub zwecks Heirat‹ geschrieben stand. »Sollte aber«, so hieß es weiter, »der Gefreite aus militärischen Gründen nicht abkömmlich sein, dann möge eine Entscheidung herbeigeführt werden, ob der Paul Raskowski mit einer Ferntrauung einverstanden sei.« Die nötigen Papiere lagen bei. Und da die militärische Bürokratie auf Ordnung und Ehre gesonnen war, hatte man in diesen Papieren auch gleich den Tag der Trauung festgesetzt: den 11. Januar. ›Zustimmung genügt.‹ Der zustimmende Funkspruch ging ab. Paul war überwältigt von soviel amtlicher Aktivität. Also am 11. Januar! Auf dem Kalender zeigte das Blatt den 9. Fieberhafte Tätigkeit erfaßte die Einheit. Erst wurde die Bühne gebaut: ein Stück ›schöner Wüste‹. Mitten hinein eine große Kiste, mit Flaggentuch bespannt: das Rednerpult für den Chef. Links und rechts davon Gewehrpyramiden. Aber der Batterievater fand nach kritischer Prüfung, daß der Gesamteindruck der Szenerie zu nüchtern wäre. »Mit Gewehren und Fahne ist das nicht gemacht«, sagte er. Hier gehören ein paar Palmwedel her. Zwei Beiwagenkräder brausten auf der Maradi-Piste nach Süden, um das Grünzeug heranzuholen. Zwei Volkswagen stoben das Wadi entlang. Zwei breitschultrige Männer darin. Im Zivilberuf Schlachter. Sie hatten den Auftrag, nicht ohne drei, noch besser aber mit vier Hammeln zurückzukommen.

Am Vormittag des 11. Januar 1942 strahlte die Sonne von einem wolkenlosen Himmel. Die Batterie war angetreten. Vor der flaggengeschmückten Kiste hatte Paul Aufstellung genommen. An Stelle der abwesenden Braut war er flankiert von seinem Freund Anton und dem Schreibstubengewaltigen, die beide als Trauzeugen fungierten. »Batterie – stillgestanden! Die Augen – links!« Blickwendung. Meldung an den Chef. »Rührt euch!« Und dann hielt der Alte eine prächtige Rede, die selbst den Abgebrühtesten der Batterie das Herz warm machte. Er zauberte die Heimat herbei, die ein paar tausend Kilometer entfernte Heimat, wo zur selben Stunde ein Mädchen vor dem Altar stand und an die Wüste dachte – wenigstens an Paul. Und über das Meer und über halb Europa hinweg gab sie dem Gefreiten im Wadi el Faregh das Jawort. Das belustigte Grinsen war aus den Gesichtern verschwunden. Als sie wegtraten, drückten sie alle Paul die Hand. Die ernste Stimmung hielt jedoch nicht lange an. Der neugebackene Ehemann gab selbst das Zeichen zum Beginn des ›inoffiziellen Teils‹. Der Chef hatte zwei Flaschen Kognak als Hochzeitsgeschenk gespendet. Die italienische Pakbedienung neben der Batterie, die auch von der Sensation gehört hatte, schleppte einen Kanister Vino rosso an. Ein Oberfeldwebel von den Fallschirmjägern holte drei Flaschen eines höllisch scharfen Getränks aus dem Beiwagen seiner Maschine. Jeder war glücklich, etwas beizusteuern, wenn in diesem Krieg ein echter Grund zum Feiern war, zum Leben statt zum Sterben. Der Clou aber waren die vier Hammel. Hannes und Wilhelm hatten die Tiere von einem Araber ›eingehandelt‹. Mit Hilfe einer mächtigen Dosis englischen Beute-Currys und einem Sack Zwiebeln verarbeitete Jupp alles zu einem delikaten Gulasch.

Als das Wüstendunkel hereinbrach, eisig und sternenübersät, rüstete Paul zur ›Hochzeitsnacht‹. Er zog sich mit ein paar guten Freunden und einer vollen Flasche in sein Zelt zurück. Draußen bummerten die Fallschirmjäger auf den indischen Trommeln. Im Norden, über El Agheila, blitzte das Wetterleuchten explodierender Bomben in den Himmel. Salut für den Gefreiten Raskowski im Wadi el Faregh, einer ruhigen Ecke der breiten Rückzugsfront Rommels zwischen Marsa el Brega und der Oase Marada.

Ein paar Dutzend Kilometer davon entfernt zog sich Hauptmann Marwan-Schlosser vom Flakregiment 135 die Decke über die Ohren: »Dieses verdammte Viech«, knurrte er. Nacht für Nacht ging das nun schon: Eine Hyäne schlich um die Stellungen und heulte ihren schauerlichen Ruf in die Nacht. Gestern war sie ins Kasinozelt eingebrochen und hatte sich die Schnauze an leeren Konservendosen zerrissen. Aber sie kam immer wieder und war nicht zu fassen. Nur einmal hatte sie ein Posten im Morgendämmern über eine Düne ziehen sehen. Nacht für Nacht heulte das Biest seinen Hunger in den Sternenhimmel. Die deutschen Landser hörten es. Und wohl auch die Tommys, die in den kalten Sandlöchern auf Vorposten lagen oder sich auch in ihren Zelten die Decken über die Ohren zogen. »Warum geht's nicht weiter«, fragten sie dann morgens. »Warum machen wir den Germans nicht endlich den Garaus? Sie sind doch auf der Flucht. Haben wir sie 800 Kilometer gejagt, um sie jetzt wieder in Ruhe zu lassen? Was tut man denn in Kairo eigentlich?«

IN BENGASI BRENNEN SIEBEN MILLIONEN ZIGARETTEN

In Kairo hatte der weihnachtliche Siegeslauf der 8. britischen Armee einen Taumel der Begeisterung erzeugt. Hier, wo auch im Winter der Sonnenschein wärmt, sah man alles in den rosigsten Farben. In der Stadt waren die Bars und Klubs von Urlaubern überfüllt. Immer neue Nachtklubs wurden aufgemacht. Einer sogar auf einem luxuriösen Hausboot auf dem Nil.

Nichts war in Kairo knapp. Freilich, die Preise stiegen, aber die britischen Soldaten hatten Geld genug. Und wo sollten sie es anders ausgeben als in Kairo? Kairo lachte. Kairo wiegte sich in Sicherheit. Als Ende Januar die Nachricht kam, daß Rommels Kampfgruppen am Halfayapaß und bei Sollum kapituliert hätten, als die Bilder durch die Zeitungen gingen, die Major Bach, den berühmten ›Pastor des Fegefeuers‹, als Prisoner of War zeigten, da kannten die Hoffnungen der Kairoer Stäbe keine Grenzen mehr. Bald würden viele Hunderte von Panzern zum neuen großen Ansturm nach vorn rollen. Die 8. Armee würde wieder marschieren. Unaufhaltsam. Nach Tripolis, und man würde den ›damned Germans‹ und ihrem Rommel den Rest geben. Menschen hatte man ja genug, man brauchte nur noch ein paar hundert Maschinen, Panzer, Flugzeuge, Kanonen – sagte Kairo.

Und die Maschinen kamen: amerikanische Flugzeuge, amerikanische Panzer. Der britische Oberbefehlshaber Auchinleck spazierte in Kairo im Rosengarten seines Hauptquartiers und entwickelte Pläne für die Vernichtung Rommels. Dann und wann blieb er stehen, um sich fotografieren zu lassen: Sieger von morgen! Aber im Rosengarten von Kairo wurde die Rechnung ohne den Wirt gemacht.

Erwin Rommel saß in El Agheila nicht in einem Rosengarten. Am 10. Januar war er auf seinem neuen Gefechtsstand eingetroffen und inspizierte mit Oberstleutnant Westphal, der den Chef des Stabes vertrat, die Stellungen. Westphal erinnert sich noch sehr genau, wie er mit Rommel in der Wüste herumkutschierte. An der Front befanden sich nur noch die Trümmer des X., XX. und XXI. italienischen Korps. Die Verbände des DAK wurden aufgefrischt. Nachschub kam endlich heran. Kesselrings Luftflotte 2 sicherte die Transporte. Aber würde Rommels Streitmacht ausreichen, einen ernsthaften Angriff der Briten abzuweisen? Zwar waren die Engländer durch ihre langen Nachschubwege schwer behindert, aber trotzdem wurden sie doch mit jedem Tag stärker.

Westphal schlug eine baldige Offensive vor. Man müsse dem Gegner zuvorkommen, ehe er wieder angriffsbereit sei, war sein Argument. Die ganze Nacht saß Rommel in seinem Wohnwagen wach. Karten, Fliegerbeobachtungen, Abhörberichte über feindliche Funkmeldungen und die Feindlage-Meldungen der letzten Tage lagen auf der Schreibplatte und auf den Stühlen. »Der Alte sinniert«, sagte Feldwebel Böttcher, der persönliche Schreiber Rommels. Ordonnanzen wurden aufgerufen; und immer wieder kamen sie zu Böttcher und forderten aus seinen zahlreichen Kisten und Mappen Geländeskizzen, alte Angriffspläne, Notizen. Immer wieder! »Da wird was gebraut«, sagten die Ordonnanzen.

Allerdings! Es wurde etwas gebraut.

Endlich, um halb fünf, knipste Rommel die Schreibtischlampe aus und warf sich auf sein Feldbett. »Wecken um halb sechs«, befahl er noch. Der Morgen des 13. Januar 1942 brach an.

Als Erwin Rommel zu seiner üblichen Morgenbesprechung erschien, sahen alle Offiziere seinem Gesicht an, daß er ›etwas auf der Pfanne hatte‹. Er strahlte, und bei den Begrüßungsworten verfiel er mehr als sonst ins Schwäbeln. Dann aber blieb den Offizieren die Spucke weg.

»Wir greifen an«, sagte Rommel.

Wir greifen an? Wir? Wo wir uns eben mühselig in eine Auffangstellung gerettet haben, die Kompanien zum Teil nur noch 30 Mann stark sind und der Fahrzeug- und Waffenpark durch die Rückzugskämpfe dezimiert ist! Und dann angreifen? So schoß es den Offizieren durch den Kopf. Jeder von ihnen wußte, daß der Tommy die Verbände seiner 8. Armee zum letzten Sturm aufschloß. Jeder von ihnen sagte sich jeden Morgen, daß der anbrechende Tag ohne einen englischen Angriff ein Geschenk des Himmels sei. Man konnte die Verteidigung verbessern und den ›Ostwall von Tripolitanien‹ zu einem Wall ausbauen.

Nur Westphal war von Rommels Eröffnung nicht überrascht. Er lächelte. Er hatte die letzten Tage Stunden um Stunden mit Rommel zusammengesessen.

»Wenn wir dem Tommy bis Februar Frist geben, haut der uns in die Flucht. Nichts kann die 8. Armee dann mehr aufhalten. Wenn auch unser Nachschub jetzt besser rollt, seit Kesselrings Luftflotte 2 Malta und die britische Flotte niederhält – aber so schnell kriegen wir keine genügenden Kräfte und vor allem nicht genügend schweres Material herüber.« Das waren Rommels ständige Worte.

Und jedesmal fügte er – nach einer kleinen Pause – wie im Selbstgespräch hinzu: »Also dürfen wir nicht warten. Also müssen wir dem Tommy das Konzept verderben.« Ein bitteres ›Also‹!

Alles, was Rommel in den letzten Tagen mit Westphal durchgesprochen und in der letzten Nacht zum 13. Januar noch einmal genau überlegt hatte, trug er nun am Morgen seinem Stabe vor. Sein Plan war ein kühnes Wagnis.

Der eigentliche Zweck seiner Offensive sollte sein, den feindlichen Aufmarsch zu stören und die zu erwartende britische Offensive hinauszuzögern. Sollte sich die Sache jedoch günstig anlassen, so konnte immer noch eine Erweiterung des Plans ins Auge gefaßt werden. Es war ein Verzweiflungsschritt! Aber Rommel sah keine andere Möglichkeit: Um der sicheren Niederlage zu entgehen, mußte er den Engländern das Gesetz des Handelns entreißen. Zuerst ließ der listige Rommel das Gerücht verbreiten, er wolle die Brega-Stellung räumen. Mit Windeseile ging die Parole durch die Quartiere und Stäbe und gelangte auch zu den Italienern: »Rommel will noch weiter zurück.« Den italienischen Stabsoffizieren fuhr der Schreck in die Glieder. Sie alarmierten Rom: »Rommel will noch weiter zurück!« Und in Rom blieb bekanntlich kein Geheimnis geheim. Es gelangte von den Stäben in die Boudoirs schöner Frauen; zu den Friseuren; schlich von Blumenstand zu Blumenstand, durch die Bars und die Hotelhallen: »Rommel kann nicht mehr halten; Rommel will bis Tripolis zurück.« Das italienische Oberkommando beriet, ob es bei Rommel anfragen sollte; aber man ließ es.

Dafür lagen in Kairo am 18. Januar auf dem Tisch des britischen Oberkommandierenden die Agentenberichte aus Rom, Neapel und dem Hinterland der deutschen Front: »Rommel plant weiteren Rückzug«, hieß es darin.

»Vorsicht«, sagte Auchinleck zu seinen Offizieren. »Vorsicht. Bei diesem Fuchs weiß man nie, woran man ist.« ›Stärkere Aufklärung‹ wurde befohlen. Die Ergebnisse schienen eindeutig: Keinerlei Bewegungen auf der Achsenseite zur Front. Obgleich die britischen Aufklärungsflieger wie die Luchse aufpaßten, konnten sie nichts anderes feststellen. Freilich, nachts konnten sie nicht aufklären. Was nachts geschah, sahen sie nicht. Aber da waren ja die britischen Agenten hinter der deutschen Front. Und auch sie berichteten: »Rommel plant Rückzug!« Jetzt wollte es Auchinleck genau wissen. Schließlich konnte es ja dem Krieg in Afrika eine entscheidende Wendung geben, wenn man rechtzeitig erfuhr, daß Rommel zum Rückmarsch entschlossen war. Wenn man ihm dann mit einer britischen Offensive in den Rücken fiel, dann konnte das vielleicht der große Sieg werden. Also Augen auf!

»Was weiß Berlin?« fragte Auchinleck.

»In Berlin liegen keinerlei Informationen über entscheidende Maßnahmen Rommels vor. Auf keinen Fall plant er einen Angriff«, war die Antwort der unterirdischen Front.

»Was weiß das italienische Commando Supremo?«

»Commando Supremo weiß nichts, fürchtet aber einen Rückzug Rommels.«

»Was weiß die italienische Heeresgruppe Bastico?«

»Heeresgruppe Bastico kennt nur Gerüchte über Rückzugspläne Rommels. Deutscher Angriff? Kein Gedanke daran. Das müßte man wissen.«

Auchinleck und seine Abwehrexperten nickten lächelnd: »Funktioniert ganz gut, unser Nachrichtendienst!«

Am 19. Januar setzte ein fürchterlicher Sandsturm ein. Keine britische Aufklärung möglich.

Am Abend des 20. Januar beginnen in Marsa el Brega Häuser zu brennen. Im Hafen explodieren Schiffe. Es sind leere Häuser, und es sind alte Schiffswracks, die Rommel listig in die Luft gehen läßt. Aber das sehen die britischen Agenten und die britischen Nachtaufklärer natürlich nicht. Die V-Leute der britischen Spione berichten ihren Auftraggebern, was deutsche Offiziere erzählen. Und die britischen Agenten funken nach Kairo: ›Die Deutschen stecken ihre Vorratslager in Marsa el Brega in Brand. Nicht mehr fahrbereite Schiffe werden im Hafen gesprengt.‹ Die Aufklärungstrupps der vorgeschobenen britischen Einheiten bestätigen die Brände und die Explosionen. Also folgert Kairo: Rommel trifft die letzten Vorbereitungen zum Rückzug. Rommel weicht.

General Auchinleck schlägt in der Stabsbesprechung mit der Hand auf die Mappen mit den Funkmeldungen von der Front? »Sirs – der letzte Akt bricht an. Rommel weicht. Er kann nur bis Tripolis zurückgehen. Stellen Sie sich auf einen langen Vormarsch ein. Organisieren Sie den Nachschub. Schnell! Wir dürfen den Deutschen keine Zeit zu einem gemütlichen Rückzug lassen. Die Schlacht, die wir jetzt zu schlagen haben, heißt Nachschub. Der Feind heißt nicht mehr Rommel, sondern Straße, Sand, Dreck und Steine. Der Feind heißt Faulheit, jene Faulheit, die beim Ausladen der Schiffe in Suez herrscht. Wenn wir diese Feinde überwinden, gehört uns der Sieg. Denn Rommel weicht!« Und sie strahlen in Kairo. Prosten sich zu: »Cheerio – Rommel verbrennt seine Lager. Cheerio – Rommel weicht!«

So war es in der Nacht zum 21. Januar 1942 in Kairo. Erst am hellen Morgen schlenderten viele Stabsoffiziere und Urlauber über die Schâri Kâmel nach Hause in ihre Quartiere. Und drüben auf dem Nil, in dem eleganten Wohnschiff der Tänzerin Hekmat Fahmi, klang um 8 Uhr noch immer Grammophonmusik: »Cheerio – Rommel türmt!« Die schöne Hekmat Fahmi warf ein Champagnerglas gegen die Mahagonitäfelung. »Auf den Sieg!« rief sie. Auf wessen Sieg? Aber das schien ihren britischen Offiziersgästen nicht zweifelhaft zu sein.

Im gleichen Augenblick, da die Tänzerin Hekmat ihr Sektglas zerschmetterte – um 8 Uhr, am 21. Januar 1942 –, riß ein Mann im zerschlissenen arabischen Burnus, der sich Mohammed Ali nannte, aber in Wirklichkeit ein Späher der britischen Long Range Desert Group des Geheimdienst-Obersten Haselden war, vor einer Cantoniera, einem Straßenwärterhaus, weit hinten in Tripolitanien, erst die Augen und dann die Ohren auf. Ein deutscher Feldgendarm heftete gewichtig einen Zettel an die Tür der Cantoniera. Deutsche und italienische Landser von Nachschubeinheiten drängten sich hinzu. Die hinten standen, lamentierten: »Vorlesen, vorlesen!« Ein junger Unteroffizier schob sich neben den Feldgendarm und rief ihm über die Schulter: »Gebt doch Ruhe, ich lese vor, es ist ein Tagesbefehl von Rommel, wir greifen wieder an!«

»Was« riefen die Männer, »wir greifen wieder an?«

»Mensch!«

»Ruhe!« rief der Unteroffizier und begann zu lesen. »Deutsche und italienische Soldaten ...«

Mohammed Ali, der Mann im zerschlissenen Burnus, glaubte, die Welt ginge unter. Was er hörte, wollte nicht in seinen Kopf. Gestern abend erst hatte er einen Funkspruch nach Kairo abgesetzt, in dem er berichtete, was sich die Landser erzählten, recht unbefangen erzählten in seiner, des ›Arabers‹ Gegenwart, der ›anscheinend‹ kein Wort Deutsch verstand, in Wahrheit aber berlinern konnte wie ein Droschkenkutscher vom Potsdamer Platz. Und was hatte er den Gesprächen der Landser entnommen und nach Kairo berichtet? »Rommel plant Rückzug. Auffangstellungen werden vorbereitet!« Und was las dieser deutsche Unteroffizier nun seinen Kameraden vor? Hier ist es im Wortlaut, wie es damals an dem Straßenwärterhaus in Tripolitanien hing:

Der Befehlshaber
der
Panzergruppe Afrika

H. Qu.

H.Qu.,den 21.1.42.

Armee – Tagesbefehl.

Deutsche und italienische Soldaten!

Ihr habt schwere Kämpfe gegen weit überlegenen Feind hinter Euch. Euer Kampfgeist aber ist ungebrochen.

Zur Zeit sind wir zahlenmässig stärker als der Feind vor unserer Front. Zur Vernichtung dieses Gegners tritt daher die Armee heute zum Angriff an.

Ich erwarte, dass jeder Soldat in diesen entscheidenden Tagen das Letzte hergibt.

Es lebe Italien! Es lebe das Grossdeutsche Reich! Es leben unsere Führer!

Der Befehlshaber:
Rommel
General der Panzertruppen.

Verteiler
bis zu den Divisionen.

Wie Mohammed Ali hinten in Tripolitanien, so rissen auch vorn bei Marsa el Brega die britischen Vorposten die Augen auf, als sie um 8 Uhr 30 am 21. Januar die deutschen Panzerkolonnen anbrausen sahen. »Alarm. Deutscher Angriff. Rommel kommt!«

Die Überraschung war vollkommen. Rommels Trick war gelungen. Gewarnt durch die Verrätereien, hatte er sich einen raffinierten Plan zur Täuschung des Gegners ausgedacht. Er hatte die Rückzugsgerüchte von wenigen Stabsoffizieren planmäßig ausstreuen lassen. Aller Verkehr zur Front war nur nachts erfolgt. Die letzten Offensiv-Vorbereitungen am 19. Januar waren durch den mächtigen Sandsturm wunderbar von der Natur selbst getarnt worden. Die Kommandeure der verschiedenen Einheiten waren erst in letzter Minute in die Angriffspläne eingewiesen worden. Das italienische und deutsche Oberkommando – einschließlich des Führerhauptquartiers in Rastenburg – hatte Rommel nicht verständigt. Er kannte die Lecks der Geheimhaltung. Nur den Stabschef des italienischen Oberkommandos in Nordafrika, General Gambara, hatte Rommel persönlich, aber doch recht unklar, unterrichtet. »Kleine Sache«, hatte er gesagt. »Kleine Sache, die ganz geheim – ein Kommando-Unternehmen gewissermaßen – durchgeführt werden soll.« Gambara hatte Betriebsstoff und Kolonnenraum zur Verfügung gestellt und im übrigen sich keine grauen Haare wachsen lassen. Er hatte geschwiegen. Auch seinen Chefs gegenüber. Kleine Sache! Warum Unruhe stiften? Aber die kleine Sache wurde ein Paukenschlag, der nicht nur durch Nordafrika bis Kairo dröhnte, sondern durch die ganze Welt donnerte: Rommel greift wieder an.

Auf deutscher Seite tauchte bei diesen Kämpfen eine neue Division auf: die 90. leichte Division. Sie war aus der Division ›Afrika z. b. V.‹ gebildet worden, die an der Tobruk-Belagerungsfront erfolgreich gekämpft hatte. Ihr Kommandeur, Generalmajor Sümmermann, war auf dem Rückzug nach El Agheila gefallen. Nun wurde sie von Generalmajor Veith übernommen, der von Rußland kam.

Rommels Plan sah folgendermaßen aus: Eine Kampfgruppe unter Führung von Oberstleutnant Werner Marcks mit Teilen der 21. Panzerdivision und der 90. leichten Division sollte die Via Balbia entlang gegen die Stellungen der englischen Gardebrigade stürmen, ein Loch in die feindlichen Linien boxen und dann auf Agedabia stoßen. Das XX. italienische Korps mit der Masse der noch nicht motorisierten 90. leichten Division sollte folgen. Dies war der nördliche Arm der Zange. Das DAK bildete den südlichen Zangenarm und sollte durch die Wüste, entlang dem Wadi el Faregh, nach Nordosten vorstoßen und zusammen mit der nördlichen Kräftegruppe die zur Offensive aufmarschierten britischen Verbände einschließen und vernichten. Den weiteren Ablauf der Offensive wollte Rommel vom Gang der Schlacht abhängig machen.

Es war ein kalter, sonniger Wintermorgen, als Rommel um 6 Uhr vom Gefechtsstand aufbrach, um sich zur Kampfgruppe Marcks zu begeben. Vor der Abfahrt trafen zwei Funksprüche vom Führerhauptquartier in Rastenburg ein. Der eine besagte, daß die ›Panzergruppe‹ in ›Panzerarmee Afrika‹ umbenannt wurde, der andere übermittelte Rommel die Verleihung der Schwerter zum Ritterkreuz mit Eichenlaub.

Bereits um 11 Uhr vormittags hatte sich die Kampfgruppe Marcks durch die feindliche Verteidigungsstellung geschlagen. Das italienische Korps unter seinem neuen Kommandeur, General Zinghales, den man den italienischen

Guderian nannte, konnte nachgezogen werden. Die Gruppe Marcks stieß sofort weiter auf Agedabia. Es wurde am nächsten Tag überraschend genommen. Die britischen Mark VI kamen gar nicht ins Gefecht, weil ihnen schon im Anmarsch das Benzin ausging. Die Treibstoff- und Munitionslager waren nämlich von der deutschen Kampfgruppe überrannt.

Wie verwirrt die Engländer durch den Überraschungsangriff waren, beschreibt Alan Moorehead in seiner Afrikanischen Trilogie: »Vom ersten Augenblick an versagte die Zusammenarbeit unserer Verbände völlig. Die Führungsstäbe waren durch die Überraschung wie vor den Kopf geschlagen. Die Infanterie der vorderen Linien bekam keine Hilfe; die Reserven lagen entweder untätig hinten, oder – wenn sie vorzugehen versuchten – fanden sie den Weg vom stürmisch vordrängenden Feind versperrt. Dann strömten die Deutschen in drei starken Kolonnen unmittelbar in die britischen Linien hinein. Sie entfalteten sich, und das alte Spiel entwickelte sich: Einzeln wurden die britischen Verbände einer nach dem anderen vernichtet. Innerhalb von zwei Tagen war die britische Offensivfähigkeit dahin.«

Ja, so war es. Es liest sich einfach. Aber so leicht war es nicht.

Wir aber, wir Schlachtenbummler, fahren die Schlacht an der Seite des Adjutanten vom Flakregiment 135 mit. Einer Einheit, die in jenen Kämpfen eine besondere Rolle spielte. Erst am 19. Januar hatte Rommel den Kommandeur, Major Hecht, zu sich rufen lassen und ihm knapp eröffnet: »Ich

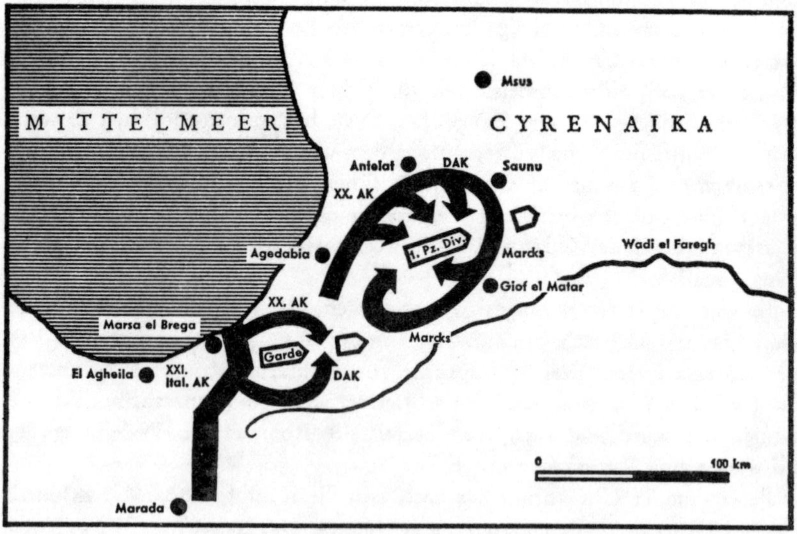

Rommels zweite Offensive gegen die Cyrenaika: Die Lage am 22. Januar 1942.

beabsichtige, den aufmarschierten Feind überraschend anzugreifen. Beginn am 21. früh. Ihr Flakregiment hat mit möglichst starken Teilen den Angriff zu unterstützen.«

Die Verbände des Regiments wurden auf den nördlichen und südlichen Arm der Zange verteilt. Nach der Einnahme von Agedabia bekam der nördliche ›Armee-Flakhaufen‹ den Auftrag, die motorisierten Kräfte für den weiteren Vormarsch zu verstärken. Alles wurde nach vorn gezogen. Auch aus der Reserveflakabteilung 114 wurde eine schwere Batterie behelfsmäßig motorisiert. Die restlichen Batterien von 114 blieben zum Luftschutz um Agedabia. Inzwischen war das DAK bis in den Raum Antelat-Saunu vorgestoßen und hatte die 1. britische Panzerdivision eingeschlossen. Am 24. Januar wollte Rommel dieser manövrierunfähigen englischen Panzerdivision den Garaus machen. In mehreren Kolonnen setzte er zur Jagd an. Rommel selber führte die Spitze seiner Kampfstaffel, der auch die behelfsmäßig motorisierte Batterie 114 und der Regimentsgefechtsstab des Flakregiments 135 angehörten. »Wir hatten rund 60 Kilometer hinter uns gebracht«, berichtet Hauptmann Marwan-Schlosser, »als sich die Ruinen von Giof el Matar am Horizont abhoben. Da hielt Rommel plötzlich an: ›Flak nach vorn, schießen!‹ befahl er. Wir Flakartilleristen sahen uns fragend an: ›Wohin sollen wir schießen, Herr General?‹ – ›Na, sehen Sie nicht da vorn die feindlichen Fahrzeugansammlungen!‹ Major Hartmann, der Kommandeur von 114, suchte nach einem Ziel für seine 8,8. Er schüttelte den Kopf. Da rief Rommel bereits nach einem weißen Leinentuch. ›Ein Parlamentär muß hinüber!‹ Und da war schon ein Mann mit einem Bettlaken: ›Wackeln Sie nur tüchtig mit Ihrer weißen Fahne, dann ergeben sich die Tommys schon. Gehen Sie hinüber, erklären Sie ihnen, daß sie eingeschlossen sind, wir machen inzwischen ein bißchen Staub.‹

›Staub machen!‹ ertönte der Befehl. Und schon wirbelte alles, was Räder hatte, durch die Gegend. In diesem Augenblick landete neben uns ein Fieseler Storch. Sofort entschied Rommel. ›Der Parlamentär soll hinüberfliegen.‹ Noch immer suchte Major Hartmann mit dem Glas den Horizont ab und schüttelte den Kopf. Aber was half's? Der Storch startete. Der Parlamentär schwenkte darin seine weiße Fahne. Und dann landete er drüben. Aber nichts rührte sich. Dann kam der Storch zurück. Das Gelände war völlig feindfrei. Rommel hatte die durch den flimmernden Dunst hochgezogenen Kameldornbüsche für Fahrzeuge angesehen.« So was passierte im Afrikakrieg oft; und es wäre nicht erzählenswert, wenn sich aus der Episode nicht der suggestive Optimismus erkennen ließe, den Rommel in jeder Situation ausstrahlte.

Vor der Front des Panzerregiments 8 waren es keine Kameldornbüsche, die sich vom Horizont abhoben. Oberstleutnant Cramer läßt das Regiment aufmarschieren. Weit außen die vier Panzer des linken Zuges der 4. Kompanie. »Achtung, Apfelsine zwo, Feindpanzer links angreifen«, tönt im Sprechfunk die Stimme des Zugführers. ›Apfelsine‹ ist das Deckwort für die beiden außen fahrenden Panzer des Zuges; und der Kommandant von ›Apfelsine zwo‹ hat verstanden. »Turm 11 Uhr Feindpanzer«, ruft er in sein Bordmikrophon. Drinnen im Panzer hören es Fahrer, Richtschütze, Ladeschütze und Funker. »Turm 11 Uhr« heißt nach dem Beispiel der Uhr in Fahrtrichtung etwas nach links. »Achthundert«, ruft jetzt der Kommandant; also Entfernung 800 Meter. »Panzergranate, Feuer frei!« Drinnen im stickigen Kasten, wo 60 Grad Hitze herrschen, haben Richt- und Ladeschütze wie ein Uhrwerk gearbeitet. Geladen. Turm und Kanone gerichtet. Visiert. Der Fahrer hat den Panzer zum Stehen gebracht; denn nur bei stehendem Panzer soll geschossen werden. Jetzt drückt der Richtschütze auf den elektrischen Auslöseknopf: Rums. Die 7,5-cm-Kanone hat gesprochen. »Fünfzig mehr«, tönt es in den Hörmuscheln der Männer aus dem Mikrophon des Kommandanten. Also 50 Meter lag der Schuß zu kurz. Die neue Granate rein. Neue Entfernung einstellen. Visieren. Druck auf den Knopf. Rums. »Im Ziel«, ruft der Kommandant.

Jetzt wirft der Tommy von Bengasi her eine indische Division in die deutsche Flanke. Das kann gefährlich werden. Aber Rommels Funk-Horchdienst ist auf Draht. Er hat einen britischen Funkspruch aufgenommen, wonach dieser Verband 30 Kilometer nördlich von Agedabia verhalten soll, als Auffanglinie gewissermaßen. Der englische Befehlshaber, General Ritchie, will die Division im allgemeinen Schlamassel nicht ›verheizen‹ lassen. Er will die Deutschen bluffen. Aber nun, da die deutsche Führung seine Absicht kennt, ist seine Maßnahme witzlos. Rommel entschließt sich daher, ohne Rücksicht auf die indische Division mit geballter Kraft gegen die 1. englische Panzerdivision zu kämpfen.

Der Erfolg gab ihm recht: 12 Flugzeuge, 96 Panzerfahrzeuge und 38 Geschütze wurden erbeutet. Über 1000 Gefangene gemacht, darunter der Stab der englischen Panzerdivision. Ein mächtiges Versorgungszentrum mit unerschöpflichem Material fiel in deutsche Hände. Staunend standen die Landser vor den Schätzen. Mein Gott, was hatten diese Tommys für Material, was für Kostbarkeiten! Nur schade, daß die Taschen zu klein waren und im Kriege Waffen wichtiger als Players Navycut, Orangenmarmelade, Whisky und Keks. Die Techniker machten noch einen besonderen Fang, indem sie eine feindliche Panzerwerkstatt mit 30 fix und fertig reparierten britischen Valentine-Panzern erbeuteten.

Als Rommel sich im Storch mit Westphal einen Überblick über das Schlachtfeld verschaffen wollte, gab es ein gefährliches Abenteuer. Es war einer von jenen Zwischenfällen, der zeigt, wie Schlachten und Feldherren im Kriege am Faden des Glücks hängen.

Rommel und Westphal sitzen im Fieseler Storch. Fliegen in niedriger Höhe einen Fahrzeugpulk an, in dem sie den Stab Crüwell vermuten. Da prasselt wütendes Flakfeuer herauf. Engländer! Der Storch wird durchlöchert wie ein Sieb. Fetzen und Splitter fliegen. Aber Rommel behält kaltes Blut. Er diktiert das Hakenschlagen: ›Nach rechts – nach links – hoch – 'runter.‹ Während sie wie in einem Karussell kurven, entdeckt Westphal plötzlich zwölf Hurricanes über dem Storch. Das ist das Ende, schießt es ihnen durch den Kopf. Aber gottlob sehen die Hurricanes den kleinen Floh unter sich nicht. So kommen sie glücklich aus dieser Misere. Aber an diesem Tage ist es wie verhext. Auf dem Rückflug erwischt sie wieder eine versprengte feindliche Einheit. Wieder wird der Storch durchlöchert. Und wieder kommt Rommel mit Mühe zwar, aber unverwundet, hinter die deutschen Linien. Nur eine winzige Strähne weniger Glück – und Rommel und Westphal wären den Tommys tot oder lebendig in die Hände gefallen. Glück? Schicksal? Zufall? Vorsehung? Wer weiß es!

Schon nach der Schlacht um Msus war Rommels Plan praktisch gelungen, die britischen Offensiv-Vorbereitungen zu zerschlagen und damit Zeit zu gewinnen. Aber Rommel war nicht der Mann, der sich nach den überraschenden und glänzenden viertägigen Erfolgen zufriedengab. Zwar erschien Marschall Cavallero aus Rom auf dem Schlachtfeld, um Rommel zu beschwören, seine Offensive nicht weiter fortzusetzen. Feldmarschall Kesselring flog mit dem Italiener zum Gefechtsstand Rommels. Nicht nur der verletzte Stolz über Rommels eigenmächtige und verborgen gehaltene Offensive war der Grund, daß die Italiener bremsten. Es war die Furcht vor einem militärischen Rückschlag. Wie Fritz Bayerlein mir erzählte, schrieb Rommel über den dramatischen Kampf mit den italienischen Kommandostellen in sein Tagebuch:

»23. Januar. Marschall Cavallero brachte heute aus Rom Richtlinien des Duce zur weiteren Kampfführung . . . Rom ist mit meinem Angriff nicht einverstanden und möchte ihn beenden. Cavallero sagte: ›Nur 'raus aus der Offensive und wieder zurück in die Brega-Stellung.‹ Gegen diese Zumutung setzte ich mich zur Wehr und eröffnete ihm, daß ich entschlossen sei, mit dem Feind so lange, wie es meine Truppen und mein Nachschub erlauben, abzurechnen. Jetzt sei endlich die Panzerarmee wieder am Zuge, und die ersten Schläge hätten gesessen . . . Es würde weiter geschlagen. Marschall Cavallero beschwor mich, dies nicht zu tun . . .«

Rommel gab nicht nach. Cavallero zog knurrend ab. Aber seine Antwort bestand darin, daß er die italienischen Korps dem Kommando Rommels entzog und sie nicht aus dem Raum Agedabia–Marsa el Brega herausließ. Wollte Rommel weiterkämpfen, dann konnte er es nur mit den deutschen Einheiten tun. Und er tat es.

Warum verhielten sich die italienischen hohen Stäbe so vorsichtig? Wir Deutschen neigen dazu, darüber ein verachtendes Urteil zu fällen. Aber so einfach liegen die Dinge nicht. Die italienische Führung war jedem kühnen Entschluß abhold. Der italienische Soldat focht wacker und tapfer; nicht sein Mut, sondern seine Waffen waren schlecht. Außerdem sah das italienische Volk nicht ein, weshalb Mussolini mit Blut und Tod noch ein weiteres afrikanisches Kolonialgebiet erobern wollte. Schließlich war ja das italienische Kolonisationsgebiet groß genug. Die italienischen Militärs sahen die Dinge aus diesem Blickwinkel, und sie konnten nicht begreifen, daß dieser Deutsche, Erwin Rommel, nach einem 800 Kilometer langen verlustreichen Rückzug gleich wieder ans Siegen dachte und daß seine zusammengeschlagene Armee ihm wieder vertrauensvoll folgen würde. Das hielten die Italiener für verrückt. Für solche Abenteuer war die italienische Armee nicht geschaffen. Sie war altmodisch. Schon die äußeren Formen zeigten das. Das Offizierskorps schleppte auch im Kriege einen riesigen Troß mit. Kellner aus den besten italienischen Hotels waren als Ordonnanzen tätig und servierten auch in den Wüstenzelten Nordafrikas für die Generale mit weißen Handschuhen. Neben der Offiziersküche gab es eine Feldwebel-, eine Unteroffiziers- und eine Mannschaftsküche. Während in den Offiziersmessen drei Gänge gereicht wurden, blieb dem Soldaten im Grunde nur seine Büchse ›Alter Mann‹. Staunend schaute der italienische Landser auf die Deutschen, bei denen General und Schütze an der Front dieselbe Verpflegung hatten.

Es sollte nur eine bewaffnete Aufklärung werden, als Rommel am 21. Januar aus der Marsa el Brega-Stellung heraus angriff. Der überraschende Stoß warf die sorglosen Tommys um. Da faßte Rommel den Plan, auch nach Bengasi zu greifen.

Es war Frühling geworden in der Wüste. Der Kalender zeigte zwar erst Ende Januar des Jahres 1942, aber Nordafrika hat andere Gesetze als Europa. In den eben wiedereroberten Stellungen bei Msus lagen die deutschen Landser und schauten staunend auf die ungewohnte Frühlingspracht am Wüstenrand der Cyrenaika. Die Krokusse blühten und dufteten. Größer als zu Hause in der Altmark oder in Schwaben, in Ostpreußen oder am Rhein. Gelb, rot, blau blühten zahllose exotisch anmutende Blumen. Eine Symphonie der Farben. Ein Protest der Natur gegen das böse Urteil der Menschen über Nordafrika. Ein wunderbarer, wenn auch nur kurzlebiger Frühling. Die Sonne brannte vom Himmel. Der Frieden atmete in langen Zügen. Der Frieden einer kurzen Kriegspause. Kein Schuß zerriß die Ruhe. Kein langgezogener klagender Ruf nach dem Sanitäter. Es gab keinen Gestank nach verbranntem Öl, keinen Leichengeruch. Dafür duftende Blumen. Wie man den Frieden liebt, wenn er dicht neben dem Krieg steht. Wie man den Duft der Blumen atmet, wenn er den Geruch des Todes verdrängt.

Die Männer hatten sich vor ihren Schützenlöchern und Grabenstücken Schildkrötengehege angelegt. Andere freuten sich an den Chamäleons, die mit ihren langen Zungen unermüdlich und artistisch Fliegen fingen. Die Landser setzten die possierlichen Tierchen auf weißen Sand, dann auf grünen Kameldorn und dann schnell auf ein rotes Taschentuch. Und es gab immer wieder ein staunendes: »Mensch, sieh doch, sieh ...«, wenn das Chamäleon seine Farbe wechselte und sich seiner Unterlage anpaßte.

Und dann erst die Schildkrötenrennen! Man brauchte dazu einen alten Tisch oder wenigstens die Platte davon, um das seitliche Ausbrechen der Läufer zu verhindern. Die alten Afrikaner unter den 115ern gewannen mit ihren Favoriten fast immer. Sie blinzelten sich zu, trieben die Wetten hoch – und gewannen. Ja, die 115er aus Hessen waren helle, so wie sie stolz waren, die Tradition des Großherzoglich-Hessischen Leib-Infanterie-Regiments fortzuführen.

»Zehn Goldflake auf Napoleon.«

»Fünfzehn Players auf Auchinleck. Ach was! Zwanzig Senior Service auf Wilhelm.« Das war die Kavalierszigarette der Engländer, das feinste Kraut aus den Beutebeständen.

Dieses Gebot erwies sich nie als verkehrt. Wilhelm gewann immer. Wilhelm war eine großartige Möglichkeit, den Bestand an englischen Beutezigaretten zu vergrößern. Und wer wollte das nicht gern angesichts der vertrockneten, zerbröckelnden deutschen Stäbchen, die mangels Tropenpackung unter der Sonne wie Stroh wurden. Wilhelm war eine Landschildkröte; und Landschildkröten waren eben schlauer als Sumpfschildkröten. Darin lag der Trick der alten Landser: Sie gingen nie mit einer Sumpfschildkröte ins Rennen, obwohl diese schnittiger aussah. Wilhelm war ein toller Renner; und allen Verlockungen und Ratschlägen der Küchenbullen zum Trotz blieb er vor dem Suppentopf bewahrt. Man schenkte ihm aus Dankbarkeit sogar die Freiheit, als es plötzlich hieß: aus der Traum! Schluß mit den drei Tagen Frieden! Es gibt wieder Krieg!

Durch Abhörberichte der Horchkompanie erfuhr Rommel, daß in den britischen Stäben Unsicherheit darüber bestand, ob man Bengasi und Mechili verteidigen könne. Das war Wasser auf Rommels Mühle. Er wollte den Briten die Entscheidung abnehmen und beschloß, den für den Nachschub so wichtigen und leistungsfähigen Hafen Bengasi anzugreifen.

Wieder spielte für Rommel das Moment der Überraschung eine entscheidende Rolle. Im Frühjahr 1941 hatte er Bengasi vom Süden her genommen. »Die Engländer werden daraus gelernt haben, deshalb müssen wir es diesmal anders machen«, sagte er zu Westphal. Er entschloß sich daher, von Msus aus nach Bengasi vorzustoßen und die Hafenstadt überraschend vom Landinnern her zu nehmen. Mit diesem Trick wollte er gleichzeitig den westlich von

Bengasi stehenden Briten den Rückzugsweg abschneiden. Freilich geboten die Geländeschwierigkeiten und der Mangel an Treibstoff eine Beschränkung der einzusetzenden Truppen.

Rommel fuhr mit seiner Kampfstaffel bei der Kampfgruppe Marcks. Dieser kräftige Stoßverband, zu dem auch das verstärkte MG-Bataillon 2 und die Flakkampfgruppe des Major Hecht gehörten, sollte quer durch das Bergland der Cyrenaika auf Bengasi vordringen. Die Kampfgruppe des Oberst Geißler hatte den Auftrag, an Mechili vorbeizustoßen und Maraua zu nehmen und damit das Bengasi-Unternehmen nach Osten abzusichern. Sie bestand aus Teilen des Panzergrenadierregiments 115, zwei Kompanien Panzerjäger 33 und einer Batterie Panzerartillerie.

Mühselig hatte sich die Kampfgruppe durch das schwierige Gelände gearbeitet. Die Dunkelheit brach herein. Ein Spähtrupp kehrte zurück: »Unten im Tal starke englische Kolonne mit ungefähr 20 Geschützen und 100 Fahrzeugen«, lautete die Meldung. Der Tommy war unbesorgt. Aus dem Talkessel leuchteten die brennenden Spirituskocher herauf. Geschirr klapperte. Sie machten Abendbrot. »Leise, leise«, lautete Geißlers Befehl; und dann wurde in stockdunkler Nacht die Pak nach vorn in Stellung gebracht. »Angriff morgen früh beim ersten Büchsenlicht.« Die Nacht war so finster, daß die Stellungen für die MG nur ertastet werden konnten. Die Kanonenbatterie konnte sich unmöglich Geschützstellungen suchen. Sie blieb feuerbereit auf dem Anmarschweg.

Frühaufsteher waren die Engländer nicht. Das war eine ihrer menschlichen Schwächen und eine bekannte Tatsache. Darauf baute Geißler seinen Plan. Um 3 Uhr morgens kam sein Befehl durch die Stellungen: »Feuer frei auf weißes Leuchtzeichen!« Leutnant Ruf mit seinen drei Pakgeschützen konnte die Zeit kaum erwarten. Undeutlich tauchten die ersten Umrisse der englischen Geschütze und Lkw auf. Keine Bewegung bei ihnen. Die deutschen Kompanien saßen verfolgungsbereit auf ihren Fahrzeugen.

Jetzt! Weiße Leuchtkugel. Und fast im selben Moment die ersten drei Pakschüsse. MG-Feuer rattert auf. Die Artillerie wummert. Unten ist die Hölle los. Erschrocken, irre, sinnlos springen die Engländer auf ihre Fahrzeuge. Fahren an. Schießen ins Blaue. Leere Fahrzeuge versuchen davonzujagen. Männer rennen brüllend hinterher. Stichflammen. Die Apokalyptischen Reiter reiten. Sie reiten alles zu Tode.

Nun fahren die deutschen Lkw los. Hinunter in den Talkessel. Der Weg muß freigemacht werden von zerschossenen Fahrzeugen. Kommandos zum Sammeln der Verwundeten und Gefangenen.

Da steht ein englischer Wohnwagen. Davor ein baumlanger britischer Major. Er hat die Hände gefaltet und steht betend vor seinem Freund, einem Oberleutnant, der tot neben dem Wagen liegt. Auch ein englischer Arzt kniet daneben. Der Bataillonsarzt Dr. Gödde von den 115ern springt von seinem Kübel. Aber hier ist nicht mehr zu helfen. Zusammen mit dem englischen Arzt kümmert er sich um die Verwundeten. Wie versteinert steht der britische Major neben dem Toten.

Ein Leutnant tritt hinzu: »Kommen Sie, Major«, sagt er ruhig. Der Engländer schaut ihn erstaunt an, dann nickt er und geht zur Gefangenen-Sammelstelle.

Hauptmann Schuster, der Adjutant von Geißler, uralter Afrikaner und ein Mordskerl, berühmt und beliebt bei den 115ern, schüttelt den Kopf: »Das geht an die Nieren«, sagt er. Und wie zu sich selber: »Betet und vergißt den Krieg. Schlimm für einen Major, und doch kann einem so ein Mann nur gefallen.«

Die Kampfgruppe Geißler fuhr mit Spitze und Spähtrupp weit voraus auf Maraua. Der 28. Januar war angebrochen. War das noch Afrika? Was für ein Land! Grünende Büsche, Wiesen, Zypressen, Birken, Kiefern und überall Blumen. Man begreift mit einem Schlag, daß hier einst die Kornkammern Roms waren, ehe die Wüste sich immer weiter nach Norden fraß. Jetzt kommt sogar ein Bach. Eine Holzbrücke darüber. Das könnte in Niedersachsen sein. Aber der Krieg kennt keine Achtung vor den Reizen der Natur und vor der Idylle.

Am frühen Morgen überfliegen britische Jabos die Gruppe Geißler. Man hält sie für Briten, und es fällt kein Schuß. Aber dann kommt doch ein schmetternder Krach. Das rechte Vorderrad des Befehlskübels fliegt in die Luft. Minen, schön vor der Brücke placiert! Fahrer Herringer will aus dem Wagen springen, aber Leutnant Moritz hält ihn fest: »Bleib sitzen, Mensch, sonst springst du direkt in den Himmel!« Vorsichtig schleichen sie aus dem Wagen, der Reifenspur nach. »Pionierzug nach vorn!« Die Minen sind schnell entschärft, trotzdem fährt die Masse des Bataillons durch den Bach, um dem Artilleriefeuer zu entgehen, das jetzt auf der Brücke liegt. Ein Spähtrupp kommt zurück: »Höhe vor Maraua feindfrei!« Toni Streit, der Ordonnanzoffizier von 115, nickt: »Dann werden wir ja bald einen neuen Kommandeur-Pkw ›Made in England‹ haben.«

Die Kompaniechefs werden in ihre Streifen eingewiesen. Zwei Spähtrupps setzen sich in Richtung Bengasi und Mechili in Marsch. »Bataillon angriffsbereit«, meldet der Kommandeur von 115.

Wie aber verlief inzwischen Rommels Sturm auf Bengasi?

Rommel ist mit der Kampfgruppe am 28. Januar um 17 Uhr aufgebrochen. Aber das Unternehmen scheint zuerst unter einem Unstern zu stehen. Ein Sandsturm mit wolkenbruchartigem Regen bricht los. Zwei Stunden dauert das Unwetter. Einzelne Teile der Kampfgruppe, die das Wetter gerade beim Durchschreiten eines Wadis erwischt hat, sitzen völlig fest. Frierend und hungernd warten sie auf den nächsten Morgen. Aber gibt es überhaupt ein Vorwärts in diesem aufgeweichten Boden? Man müßte nicht in Afrika sein! Unter den Strahlen der Morgensonne trocknete am 29. früh alles wie ein Spuk wieder weg. Freilich, die schweren Zugmaschinen waren zurückgeblieben. Dafür ging's um so schneller vorwärts.

Das alte Türkenfort Er Regima wird besetzt. Weiter!

Rommel an der Spitze.

Nach Benina hinein!

In letzter Minute startet eine Staffel Ju 52, die die Engländer erbeutet hatten, und braust davon. Schade!

Dafür aber säumen mächtige, märchenhafte Versorgungslager die Straße. Es waren neue Lager der Engländer, die sie im Vertrauen auf ihre bevorstehende Offensive für den Marsch nach Tripolis angelegt hatten. Dazwischen alte deutsche Versorgungslager, die beim Rückzug im Dezember 1941 liegengeblieben waren. Ja, der Krieg kennt keine Sparsamkeit, er ist der größte Verschwender. Da lagen Schätze. Ganze Städte konnten damit satt gemacht werden.

Für die britische Besatzung in Bengasi gab es jetzt keine Rettung mehr. Der Kommandeur der indischen Brigade in der Stadt jagte die Zerstörungskommandos los. Gespenstisch begannen vor der Silhouette der mächtigen weißen Kathedrale die Feuer der Versorgungslager zu brennen. Sieben Millionen Zigaretten gingen in Flammen auf. Tonnenweise wurde der Rum ein Raub des Feuers. Hunderttausend Kilo feines Corned beef schmorten in gesprengten Lagern. Trotzdem blieb noch genug übrig.

Die Kampfgruppe Marcks brachte die ersten großen Kolonnen an Gefangenen ein und meldete die Beute vieler Fahrzeuge, die versucht hatten, aus Bengasi auszubrechen. Aber Rommel hörte kaum hin. Er wollte nach Bengasi hinein. Dann aber gab es noch einmal Staunen und Schmunzeln im Stab. Die Funkstelle eines leichten Panzerspähwagens hatte einen Staatsfunkspruch Mussolinis aufgefangen. Der Duce stellte Rommel anheim, ›bei sich bietender günstiger Gelegenheit Bengasi zu nehmen‹, aber die rückwärtigen Stellungen der Italiener bei Agedabia und Marsa el Brega sollten intakt bleiben. Rommels Antwort konnte nur sein: »Bengasi bereits genommen!«

Um 12 Uhr am 30. Januar 1942 rückte Rommel an der Spitze seiner Kampfstaffel in die Hauptstadt der Cyrenaika ein. Lärmend liefen ihm die Araber entgegen und schwenkten die grünen Fahnen des Propheten. Er zog durch eine Stadt, die vom Kriege verwüstet war. Aber die Araber jubelten, wie sie Wochen vorher auch die britischen Panzer jubelnd willkommen geheißen hatten.

So kühn, wie Rommel plante, so vorsichtig konnte er auch sein. Als er von Geißler Meldung erhalten hatte, daß die Kampfgruppe zum Sturm auf

Das war die »Birmania«-Katastrophe im Hafen von Tripolis: Mit einer mächtigen Detonation und einer Explosionswelle wie ein Atompilz fing es an (rechts). Dann flogen die Trümmer von zwei 10 000-Tonnen-Dampfern wie von Teufelshand geworfen über die Kais. Schlecht verpackte Fliegerbomben waren bei den Löscharbeiten explodiert. Oben: die »Citta di Bari« brennt. Die Trümmer der »Birmania« sind weit über den Kai verstreut.

Kapitän Reinen von der »Menes« (dritter von rechts) verhütete durch freiwilligen Einsatz eine Wiederholung der »Birmania«-Katastrophe.

So sahen deutsche Flugzeuge die schicksalhafte Insel Malta. Eine deutsche Ju 88 überfliegt den Insel-Hafen La Valetta.

Hochwasser in der Wüste: Mit einem Wolkenbruch begann die britische Novemberoffensive 1941. Nur mühselig konnten sich die britischen Lastwagen-Geleitzüge in dem überschwemmten Gelände vor Tobruk fortbewegen. Links: Gefreiter Orth von den »Kibitzen«, den vorgeschobenen Posten des Luftnachrichtenregiments Afrika, sucht seine Habe in der überschwemmten Stellung zusammen.

Der 150 km lange Drahtzaun an der libysch-ägyptischen Grenze. Einst gegen die Überfälle der Senussis errichtet.

Die Trümmer von Sidi Azeiz. »Sidi Abseits«, sagten die Landser.

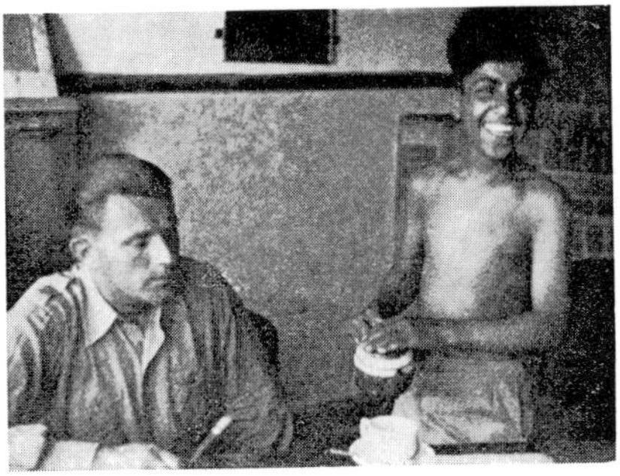

Hauptmann i. G. Otto, Oberquartiermeister und Seele des Nachschubs, mit seinem arabischen Boy Atia. Atias Schwester ist heute mit einem Prinzen von Libyen verheiratet.

Rommel im Gespräch mit Fliegerführer Afrika, General Geissler, in Derna. Rechts: Oberstleutnant Westphal.

Britischer Bataillonsstab in einer alten römischen Grabkammer. Wo einst die Toten ruhten, haben die Schreiber ihre Schlafstellen. Ihre Spitznamen stehen drüber: Sleepy, der müde Otto; Bashful, der Geschamige; Grumpy, der Meckerer; Dopy, der Bekloppte.

Steine, Sand und Gräber: Sidi Rezegh, Drehpunkt der großen Schlacht am Totensonntag.

Oberst Crasemann, Pz. Art. 33, mit Oberstleutnant Bayerlein.

Major Kurt Ehle, Kradschützen 15.

General Neumann-Silkow, 15. Pz.-Div.

Im Morgengrauen des 23. November 1941 stürmte australische Infanterie mit aufgepflanztem Seitengewehr gegen die deutschen Stellungen an den zerklüfteten Hängen von Sollum.

Leutnant Arnold Dreyer, der Pfarrer aus Hitzacker.

Major Wilhelm Bach, der Pfarrer aus Mannheim.

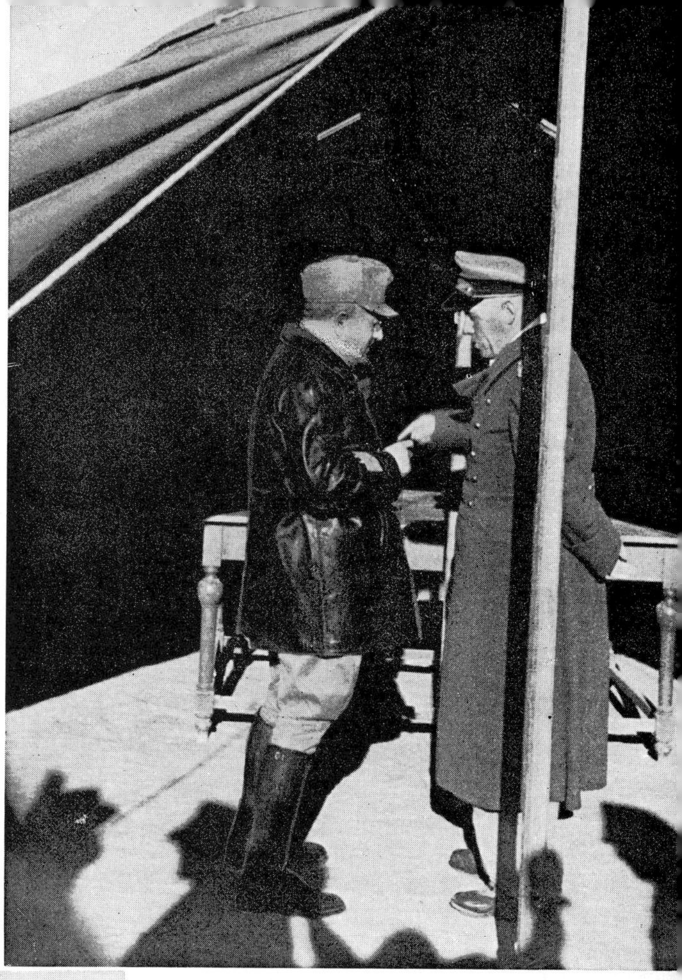

Rommel mit dem Chef des italienischen Generalstabes Marschall Graf Cavallero.

Rommel bei dem italienischen Major Pardi (5. von rechts), der sich mit seiner Artillerieabteilung am Halfayapaß auszeichnete. Er feuerte mit alten Beutegranaten und stand schließlich selber als Richtkanonier am Geschütz.

Mit Vorschlaghämmern und Preßluftbohrern wurde der Halfayapaß zu einer mächtigen deutschen Verteidigungsstellung ausgebaut. Vergeblich stürmten die Engländer drei Monate dagegen an. Aber dann schnitten sie den Deutschen die Wasserstellen ab. Für kurze Zeit gelang es zwar, den Brunnen am Feigenwäldchen (unten) mit einem Stoßtrupp zurückzuerobern. Aber schließlich zwang der Wassermangel Major Bach doch zur Kapitulation.

Bengasi, die vielumkämpfte Hafenstadt der Cyrenaika, mit den weithin sichtbaren Kuppeltürmen der Kathedrale. »Wartet ein paar Monate, dann werden wir wieder hier sein. Wir wünschen fröhliche Weihnachten«, schrieben deutsche Landser in der zweiten Hälfte Dezember 1941 im Hotel d'Italia auf die Tischplatte, als sie die Stadt räumen mußten. »Wir werden erfreut sein, euch wiederzusehen«, schrieben die Tommys darunter, fotografierten das Ganze und brachten das Bild in die Presse. Pech: Am 30. Januar 1942 war Rommel wieder da.

Leutnant Servas, Pz.-Grenadierregiment 104, berühmt durch seine Selbstfahrlafetten.

General Ritchie wurde nach der Totensonntagsschlacht Befehlshaber der 8. Armee. Er flog einen erbeuteten Fieseler Storch, wie Rommel zeitweilig einen Beute-Mammut fuhr.

General Krause mit seinem Ordonnanzoffizier Hauptmann Rudolph vor Agedabia.

Major Burckhardt, Führer einer Kampfgruppe.

Oberstlt. Frhr. v. Wechmar, Aufklärungsabteilung 3.

Oberst Wolz, Kommandeur des Flakregiments 135.

Ferntrauung in der Wüste. Der Gefreite Raskowski (M.) gab im Wadi el Faregh sein Jawort.

Maraua bereitstehe, stoppte er diesen Angriff. Das war im selben Augenblick, als Major Ehle gemeldet hatte: »I. Bataillon angriffsbereit.« »Mit Angriff auf Eintreffen MG-Bataillon warten. Bengasi genommen«, lautete Rommels Funkbefehl an Geißler. Er wollte kein Risiko an der Abschirmstelle für die Operation bei Bengasi. Als die Sonne schon tief am Horizont stand, traf das MG-Bataillon 2 der Kampfgruppe Marcks bei Geißler ein. Und dann ging es auch hier rund. Wie gewöhnlich war Feldwebel Mankiewicz auch diesmal mit ein paar Flaschen ›Offensivgeist‹ zur Stelle. Für alle Chefs und die Zugführer eine Daumenbreite. Nur Rittmeister Mitros nahm – wie immer – zweimal zwei. Er war Ostpreuße.

Zu Beginn der Nacht war Maraua in deutscher Hand. Verzweifelt stand der britische Oberbefehlshaber Auchinleck am Abend des 30. Januar in seinem Hauptquartier vor den Karten.

»Das also ist das bittere Ende des Winterfeldzugs, der uns nach unseren Plänen bis Tripolis bringen sollte«, sagte er zu seinen deprimierten Stabsoffizieren. Einen nach dem anderen schickte er in Sonderflugzeugen an die Front, um Ordnung in den britischen Rückzug zu bringen. Wo aber sollten die zurückflutenden englischen Verbände halten? Wieviel Kräfte hatte dieser Rommel noch? Wohin zielten seine Pläne? Schon kamen die ersten Meldungen von Rommels Vorstoß auf Derna.

Gab es kein Halten, gab es keine Widerstände für diesen Wüstenfuchs?

Doch! Auch Rommel war an die Gesetze des Nachschubs und an den Kräfteverschleiß gebunden, und so konnten die Engländer in der Gazala-Linie eine Abwehrfront errichten. Diese Gazalafront hatte jetzt für die Tommys dieselbe Bedeutung, wie die Marsa el Brega-Stellung vor drei Wochen für Rommel gehabt hatte.

In 17 Tagen hatte Rommel fast alles zurückgewonnen, was er in fünf Wochen schwerster Kämpfe verloren hatte. Aber zu einer Wiedereinschließung von Tobruk reichte seine Kraft nicht aus. Tobruk blieb britisch. Und alle Hoffnungen der Engländer kreisten erneut um diese ›Festung im Sand‹. Würde sie wieder, wie im Sommer 1941, der Pfahl im Fleische Rommels werden? Die unsprengbare Pforte vor Ägyptens Toren? Das Schicksal des Afrikakorps?

BOMBEN AUF FORT LAMY

Unteroffizier Hein kurbelt vorsichtig an seinem Funk-Horch-Empfänger ›Cäsar‹. Hält inne. Lauscht: Tüt-tüt – titt-titt-tüt –. Nein, das ist er nicht. Wieder nicht. Seit zwei Tagen sitzen sie in Agedabia morgens zwischen 8 und 9 und abends zwischen 20 und 21 Uhr im Funkwagen des ›Fliegerführers Afrika‹ und tasten die Wellen ab. Sie lauschen in den zirpenden, tickenden Strom, der durch die Atmosphäre zieht. Aber was ihre Ohren suchen, ist nicht dabei. »Nichts«, sagt Hein resigniert und nimmt die Hörer vom Kopf. Die Uhr zeigt 20 Uhr 10. Es ist Freitag, der 23. Januar 1942. »Versuch du es noch bis halb neun«, sagt Hein und reicht Wachsmuth den Kopfhörer. Der setzt ihn auf. Dreht an der Scheibe des Empfängers. Lauscht. Unteroffizier Hein setzt sich die Mütze auf und will zum Essen gehen. Er hat die Tür schon in der Hand, da hält ihn der Ruf von Wachsmuth fest: »Da ist er!« Im Funkwagen wird es ganz still. Kein Mann bewegt sich. Hein bleibt an der Tür wie versteinert stehen. Auch die anderen blicken alle zu Wachsmuth. Der lauscht angestrengt und seine Hand fliegt übers Papier. Leise tritt Hein hinzu und blickt ihm über die Schulter. VQBJ – VQBJ – VQBJ – immer wieder, immer wieder. Wachsmuth blickt zu Hein auf. Sie lächeln. »Das sind sie.« – »Auf die Taste, Wachsmuth, auf die Taste!« Und der Obergefreite hämmert in die Pause des Rufzeichens von VQBJ nun seine Antwortmelodie in den Äther.

Im gleichen Augenblick tönt 1200 Kilometer von Agedabia entfernt, in der Wüste Äquatorialafrikas, da, wo seit Jahrtausenden nur der Wind und die Sonne zu Hause sind, ein Schrei: »Wir haben Verbindung!« Und ein Hauptmann der deutschen Luftwaffe springt auf. Stürzt zu dem Funker, der im Sand neben seinem kleinen 3-Watt-Agentensender hockt. Auch die anderen drängen herbei. Bärtige, halbverdurstete Männer: Leutnant Franz Bohnsack, der italienische Major Conte Vimercati-Sanseverino, Leutnant Fritz Dettmann, Feldwebel Heinrich Geißler. Sie starren auf den Funker Wichmann, der, von einer Kerze beleuchtet, mit vorgebeugtem Kopf auf die tikkenden Töne lauscht. Ihre Gesichter strahlen. Zum erstenmal seit zwei Tagen lachen sie auch hier, 1200 Kilometer von Agedabia entfernt.

Und oben, in Agedabia, lauschen sie auf das leise Zirpen aus der weiten, endlosen Wüste Zentralafrikas. Mühselig und mit vielen Rückfragen entschlüsseln sie: »Sonderkommando Blaich meldet erfolgreichen Feindflug mit Volltreffer auf die Treibstofflager und Flugzeughallen von Fort Lamy am Tschad-See. Auf Rückflug vor zwei Tagen wegen Treibstoffmangel in unbekanntem Gebiet notgelandet. Notlandeplatz ungefähr im Kartenraum Tuommo. Wasservorrat geht zu Ende.«

Die Kunde vom Funkspruch des Sonderkommandos Blaich ist wie ein Lauffeuer durchs Hauptquartier des Fliegerführers geeilt. Generalmajor Fröhlich steht jetzt selber im Funkwagen und diktiert die Antwort: »Werden Italiener veranlassen, Hilfsaktion einzuleiten. Von hier aus mit Wüstennotstaffel keine Hilfe möglich. Alle verfügbaren Flugzeuge bei der Offensive im Einsatz. Funkverkehr morgen früh 8 Uhr. Ende.«

»Ende«, tickt der Funker in Agedabia in die Taste. »Ende«, murmelt Wichmann, weit unten in der Wüste, als er den Schluß der Meldung schreibt. Dann springt er auf. Und entgegen aller militärischen Disziplin umarmen sie sich. Sie tanzen fröhlich im Sand vor ihrer He 111, die wie ein bizarrer Wundervogel in dieser gottverlassenen Wüste steht. Die Zeltplanen zum Schattenspenden hängen wie phantastische Flaggen an den Tragflächen. Die Schlafsäcke liegen im Sand. Heinrich Geißler, der Bordmechaniker, baut sich vor Hauptmann Blaich auf: »Für diese Nachricht gibt es doch einen zusätzlichen Tropfen Wasser von dem Rest, Herr Hauptmann? Nur ein paar Tropfen.« Alle schauen auf Blaich. Aber der schüttelt den Kopf. Und da erstirbt das Lachen auf den Gesichtern. Sie begreifen: noch ist es nur eine Verständigung über 1200 Kilometer. Noch sitzen sie gefangen in der endlosen Sahara: Und in dem 20-Liter-Kanister, aus dem sie vor zwei Tagen die ersten Becher zapften, sind nur noch elf Liter. Sie gehen zu ihren Schlafsäcken. Schweigend. Schweigend wie die Wüste, die sie gefangen hält.

Werden sie aus dieser Gefangenschaft wieder herauskommen? Oder wird die Wüste ihr Grab? Geißler steht noch einmal auf und geht um das Flugzeug. Er holt sich einen Stein, den er schon am Morgen nachdenklich betrachtet hatte. Morgen früh wird er beginnen, seinen Namen darauf zu ritzen: Für alle Fälle, damit man später einmal weiß, wem die gebleichten Knochen gehörten, wo die Männer blieben, die im Frühjahr 1942 eine so phantastische Leistung vollbrachten. Hier ist ihre Geschichte:

Fast genau in der Mitte des riesigen Kontinents Afrika, auf der Linie, die seine breiteste Stelle markiert, liegt ein See. Ein mächtiger See von 200 Kilometer Länge: der Tschad-See. Er wird gespeist von zwei Flüssen, dem Logone, dem ›giftigen Fluß‹, und dem Chari. Von Norden her gesehen ist diese Wasserbastion mit dem mächtigen Tschad-See die Grenze der Sahara. Vom Süden aus betrachtet ist der See der letzte Wall der zentralafrikanischen Urwaldvegetation gegen die immer mehr nach Süden dringende Wüste. Ein Nordwall des Urwalds, eine riesige Wassersperre der Vegetation gegen die Majestät des Nichts. Wüste und Urwald ringen hier miteinander. Aber die Wüste siegt. Der Nordpassat treibt den Sand unablässig, unermüdlich, im ewigen Spiel gen Süden. Schon sind Teile des Sees versandet, verschüttet; im Osten ist er bereits in viele kleine Teiche zerschnitten. Und weiter rieselt der Sand. Ficht gegen Wasser und Wald. Im Würgegriff. Still, ohne Aufsehen, ohne Eruption, ohne Schrei. Lautlos, wie es der Wüste gemäß ist.

Aber der Tschad-See ist nicht nur ein geologisches Wahrzeichen. Er ist auch ein Schnittpunkt des Afrikaverkehrs, der Afrikastrategie und der Weltpolitik im schwarzen Kontinent. Hier, an dieser Stelle der tropischen Wildnis, treffen sich die Grenzen der ehemaligen deutschen Kolonie Kamerun, Nigerias, Äquatorial-Afrikas und Französisch-Westafrikas.

Und wie sich hier die Natur eine natürliche Bastion geschaffen hat, so haben auch die Eroberer und Pioniere der kolonialen Epoche an dieser Stelle ein Fort errichtet: Fort Lamy. Es liegt fast genau in der Mitte Afrikas. Eine moderne Ritterburg der Herrscher über einen Kontinent am Schnittpunkt wichtigster Verkehrswege: Von der atlantischen Küste her, vom Hafen Duala ist Lamy Wegkreuz nach Belgisch-Kongo und nach Algier. Flankenfeste und Flankenbedrohung für Libyen und – um das Jahr 1942 – Drehscheibe für den Landweg vom Atlantischen Ozean, wo die amerikanischen Versorger ankommen, nach Ägypten.

Wer begreifen will, gegen welchen gegnerischen Kräfteeinsatz das Deutsche Afrikakorps und Rommel mit bescheidensten Mitteln kämpften, der muß wissen, daß dieser Krieg nicht nur im Norden, in der Küstenregion, geführt wurde, sondern seine Auswirkungen bis tief nach Zentralafrika hatte. Auch im Fort Lamy wurde gegen Rommel gekämpft. Mit Nachschub und – mit großer Strategie. Hier war der für Rommels Operationen unangreifbare Nachschubumschlagplatz nach Ägypten. Und für de Gaulles Truppen, die sich im Tibesti-Gebirge festgesetzt hatten und Rommels Flanke von Südlibyen aus bedrohten, war hier der große Sammelplatz, die Ausgangsbasis weitgesteckter Ziele.

In Berlin wußte man wenig von diesen afrikanischen Geheimnissen. Man kannte die kontinentale Strategie der Westmächte nicht und hatte auch keine Ahnung davon, daß die Alliierten ihre Nachschubrouten quer durch Afrika nach Ägypten legten. Man wußte nichts von Lagos, wo die Großniederlassungen der Standard Oil und Shell waren. Und nichts von Duala und Brazzaville in Belgisch-Kongo, von wo Sprit und Öl nach Fort Lamy transportiert wurden.

Aber es gab einen Mann, der das alles wußte. Einer jener großen Einzelgänger, der nicht am politischen oder strategischen Schalthebel saß. Ein Pionier. Ein Forscher aus Leidenschaft. Plantagenbesitzer. Abenteurer im echtesten Sinne des Wortes. Alter Afrikaner. Und der einzige Soldat der deutschen Wehrmacht, der sich 1939 mitsamt einem Flugzeug zum Dienst in der Luftwaffe gemeldet hatte: Theo Blaich. Er flog – wenn man so sagen darf – mit seiner ›Taifun‹ für Rommel. In einem Geheimbericht, den er im Januar 1942, vor Rommels Offensive verfaßte, stand folgendes: »Fort Lamy ist der Sammelpunkt der feindlichen Operationen. In diesem Knotenpunkt vereinigen sich sämtliche Verbindungsstraßen, um sodann nach Osten auf der von hier das ganze Jahr hindurch befahrbaren Straße zum Endpunkt der Nilbahn zu stoßen. Unbedroht vom Feind hat der Gegner die Wichtigkeit dieser Nachschubstrecken von der Westküste Afrikas zum Nil rechtzeitig erkannt und dementsprechend ausgebaut. Der nach Norden vorgeschobene Stützpunkt Tibesti, der als Brückenkopf zwischen Libyen und dem Tschad-See-Gebiet in den Händen de Gaulles ist, bedeutet eine Bedrohung der Libyschen Wüste und somit unserer Nachschublinie Tripolis–Bengasi. Die südlibysche Grenze muß deshalb gesichert werden, damit feindlichen Einbrüchen aus Zentralafrika erfolgreicher Widerstand entgegengesetzt werden kann. Die andere Möglichkeit bestünde in militärischen Unternehmungen mit dem Ziel, die Nachschublinie Fort Lamy–Nil laufend zu stören oder ganz in Besitz zu nehmen.«

Staunend lasen das die Generalstäbler in Berlin: »Die Linie Fort Lamy-Nil in Besitz nehmen? Dieser Mann ist verrückt!« Aber Theo Blaich gab keine Ruhe. »Zumindest Störaktionen aus der Luft sollten gegen den wichtigen Knotenpunkt Fort Lamy unternommen werden«, bohrte er.

Störaktionen. Aus der Luft. Und gegen einen Ort, den 2500 Kilometer Sahara von den Einsatzhäfen der deutschen Luftwaffe in Nordafrika trennten. Rommel las die Berichte Blaichs mit Bedacht. Ihm waren Kühnheit und Phantasie nicht verdächtig. Er saß vor den Karten, nickte. Zirkelte sein grünes R auf den Bericht und schickte ihn an den Fliegerführer Afrika. Es wurden noch viele Namenszüge auf den Bericht Blaichs geschrieben, aber alle überstrahlte das grüne R. Und so starteten an dem Tage, da Rommel seine neue Offensive begann, an jenem historischen 21. Januar 1942, einem Mittwoch, ganz im geheimen, sechs Flieger zu einem Husarenstück, das zu den großen Abenteuern der modernen Zeit gehört und verdient, in den Anhang der Kriegsgeschichte aufgenommen zu werden: Sonderkommando Blaich fliegt gegen Fort Lamy.

Campo Uno, Lager 1, ist ein Flugplatz der Natur. Eine feste Sand-Kieselsteinschicht bedeckt den Untergrund. Die natürliche Start- und Landebahn ist nach allen Seiten unbegrenzt. Windschützende Höhenzüge rahmen den einsamsten Fliegerhorst der Welt.

Sie sind vom Flugplatz der Oase Hun am 20. Januar hier gelandet. Und sie sind die einzigen Gäste auf diesem kuriosen Rollfeld aus Wüste, ohne die kleinste Bretterbude, ohne irgend etwas außer Sand und Kiesel. Sie – das sind Hauptmann Theo Blaich und seine ›Taifun‹, Leutnant Franz Bohnsack, der Flugzeugführer einer He 111; Feldwebel Geißler, der Bordmechaniker; Unteroffizier Wichmann, der Bordfunker, und Leutnant Dettmann, der Kriegsberichter. Der Mann, der allen seinen Berichten von Krieg und Luftkämpfen jenen Schimmer von Geist und Geschichte verlieh, der nie in den unangenehmen Ton des Hurra verfiel und den alle Flieger liebten wegen seines Muts und seiner Ritterlichkeit. Er war – glaube ich – der einzige Kriegsberichter, der das Deutsche Kreuz in Gold erhielt.

Und dann ist noch einer da, der mit von Campo Uno gegen Fort Lamy starten wird, ein Mann, der wie eine Figur aus der Cäsarenzeit wirkt: Major Roberto Conte Vimercati-Sanseverino. Er ist der Wüstenspezialist der italienischen Armee in Afrika. Er entdeckte auch Campo Uno, als er 1935 auf einem seiner Streifzüge auf dem federnden Teppich von Sand und Kieseln landete. Er patroullierte die Höhen ab und markierte den idealen Feldflugplatz im unerforschten Gebiet am Rande der südlibyschen Sahara mit weißen Steinen. Seitdem gibt es ›Campo Uno‹.

Vimercati ist ein weitgereister Mann; aber seine Liebe gehört der Sahara; dem Reich von Wind, Sand und Sternen. Seit 16 Jahren steht er als Offizier in Libyen. Seine Kameraden nennen ihn ›Prinz von Gialo‹, nach der alten Oase, zu der es ihn immer wieder hinzieht.

Vimercati kam am 20. Januar mit einer großen ›Savoia‹ in Campo Uno an. Sie bildet den Versorger, das Spritmagazin für den Einsatz gegen Fort

Lamy und für den Rückflug. In Campo Uno wird die ›Savoia‹ warten. Ihre Besatzung und die Kameraden der Oase Hun werden die Stunden zählen, bis die deutsche He 111 von ihrem kühnen Raid zurück ist. Sie sind rührend besorgt, diese Italiener: Scorzone, der wieselschnelle Funker, dessen Shorts viel zu lang sind und ihm das Aussehen eines Kobolds geben; der schlanke Leutnant Duarte, der immer seinen Windhund ›Biri Bici‹ bei sich hat; die Sergeanten D'Agata, Zaratini und Tuilani; die Bordmechaniker Masuade und der Mann mit dem herausforderndsten Namen, der so gar nicht zu ihm paßt: Alfredo Scandalo.

Ach, es ist schön in Campo Uno. Schön für den, der die Wüste liebt und der Wasser hat und ein Zelt gegen die unbarmherzige Sonne.

Vimercati prüft gerade sein ›Einmannhaus‹, ein Gebilde aus Zelt, Schlafsack und Bett, das ein erfahrener ›Saharianer‹ immer bei sich hat, wie der europäische Bürger seinen Zigarrenabschneider. Franz Bohnsack, der Pilot der He 111, ein geborener Flieger, immer die Ruhe und immer mit einem gesegneten Appetit, ist am Kochtopf beschäftigt, in dem das Wasser über dem Spirituskocher brodelt. Geißler, der Bordmechaniker, dreht an Schrauben und klopft an Verspannungen. Dettman träumt in den Sonnenuntergang. Die Nacht bricht herein. Sie ›bricht‹ wirklich – in Sekundenschnelle –, und sie kriechen in ihre Schlafsäcke.

»In bocca al lupo«, rufen die Italiener den Männern zu, ›in den Rachen des Wolfs‹, das ist ›Hals- und Beinbruch‹. Es ist Mittwoch, der 21. Januar, 8 Uhr morgens. Federnd rollt die He über den Sand. 5000 Liter Benzin an Bord, ein fliegender Tank.

Die Motoren donnern. Bohnsack sitzt bierruhig am Knüppel. Blaich als Kommandoführer und Beobachter hat die gerollte, 2½ Meter lange Karte auf dem Schoß. Vimercati registriert scharfäugig die Landschaft. Das Tibesti-Gebirge taucht auf. Seine Häupter ragen bis 3000 Meter in den Dunst des Morgens. Vimercati und Blaich machen eifrig Aufzeichnungen, denn die Karte von diesen Gebieten ist weiß: terra incognita, unbekanntes Land. Sand und Dünen. Kein Wasser. Keine Vegetation. Hier lebt nur der Wind. Hier atmet kein Tier, keine Pflanze. Noch keines Menschen Fuß hat diesen Boden betreten.

Das Wetter ist schlecht. Sturm kommt auf. »Wir werden mehr Sprit brauchen als berechnet«, knurrt Bohnsack. Und jeder Liter ist doch scharf kalkuliert. Ganz scharf, denn in Hun haben sie ihnen das beste und ruhigste Wetter vorausgesagt! War doch sogar ein Meteorologe der deutschen Luftwaffe im italienischen Stützpunkt aufgetaucht. Die weiße Mütze schief auf dem Ohr, hatte er fröhlich mit sächsischer Mundart gemeldet: »Ich bin der abkommandierte Wetterfrosch, um für Sonderaktionen mit meiner Weisheit zur Verfügung zu stehen.« Eine schöne Weisheit!

»Dieser verfluchte Wetterfrosch«, murrte Bohnsack vor sich hin. Die anderen sind nicht besser auf den Wetterfrosch aus Sachsen zu sprechen. Sie wissen nicht, daß der Mann gut gearbeitet hat, sehr gut sogar, nur nicht für die Männer in der He 111, die gegen Fort Lamy fliegt. Der Wetterfrosch war ein bei den Italienern gerade und zufällig um die Zeit ihres Starts eingeschleuster britischer Agent von Jack Campbells wagemutigen Sabotagetrupps. Als er sich nach dem Abflug der He verdrücken wollte, erwischte ihn ein italienischer Hauptmann durch einen jener dummen Zufälle, die auch der gerissenste Spion nicht berechnen kann.

Wenn die Männer des Sonderkommandos Blaich zurückkehren sollten, werden sie von dem fröhlich sächselnden Meteorologen nur noch ein Kreuz auf einem Grabhügel vorfinden. Einen Namen trägt es nicht; denn der Jock-Kolonnenmann hatte sich geweigert, ihn zu nennen: »Schreiben Sie: ein Angelsachse«, hatte er lächelnd unter Anspielung auf seine sächsische Mundart gesagt. Er hatte sie sich beim Studium in Dresden erworben.

Aber wie gesagt, das wußten Bohnsack und Blaich, Vimercati und die anderen in der He am 21. Januar vormittags noch nicht, als sie dem Tschad-See zubrausten und sich über den Wind und zunehmend schlechte Sicht ärgerten.

Gegen Mittag kommen die östlichen Ausläufer des Tschad-Sees in Sicht. Das Wasser glitzert unter den Sonnenstrahlen. Bei dieser Markierung ist das Ziel nicht mehr zu verfehlen. Die Sicht wird zwar immer schlechter. Ein graugelber Schleier hängt in der Luft: Das ist der Harmattan, der trockene, staubführende Passatsturm Äquatorialafrikas. Das Bordthermometer zeigt in 2500 Meter Höhe 22 Grad Celsius. Sie ahnen die tropische Mittagsglut, die unten mit 45 bis 50 Grad herrscht.

In einer mächtigen Schleife fliegt Bohnsack nach Süden, um Straßen und Flußschiffahrt der strategischen Drehscheibe Lamy aufzuklären. Gegen 14 Uhr 30 geht es auf Nordkurs.

»Gefechtsstände besetzen«, tönt Blaichs ruhige Stimme.

Wird es gutgehen?

Die Umrisse der Stadt werden sichtbar. Schnell verschärft sich das Bild: die geraden Straßen, die verworrenen Viertel der Eingeborenen, der Flugplatz. Die Verschlüsse der Kameras klicken.

Der Flugplatz Lamy hat zwei große Hallen. Daneben die Depots. Mächtige weite Flächen mit halb eingegrabenen Benzinfässern. Sie sehen alles wie im Sandkasten. Und keine Abwehr. Schlafen die?

»Reihen- oder Einzelwürfe?« fragt Bohnsack zu Blaich hinüber. »Reihenwürfe«, antwortet Blaich. Bohnsack nickt und stellt seine Abwurfvorrichtung ein. 16 Bomben sind an Bord. 16 mal 50 Kilo mit Tod und Verderben.

»Ziel ist anvisiert.« »Fertig zum Wurf.«

Blaich nickt.

Bohnsack drückt auf den Knopf.

Man hört im Flugzeug keine Detonation; aber man sieht die Explosionen. Feuerblitze zucken auf. Rauchpilze wachsen empor. Ein Meer von Brand und Qualm breitet sich aus. Die Hallen splittern. Die Explosionsflammen springen durch die Treibstofflager. Sie schreien es sich zu. Sie brüllen. Sie sind halb verrückt. Die Nervenbelastung muß 'raus: »Es brennt, es brennt.« Und kein Schuß der Abwehr. Als sie bereits 100 Kilometer vom Ziel entfernt sind, sehen sie noch immer den mächtigen Rauchpilz: Das Zeichen des Krieges steht über dem Tschad-See, tief in Zentralafrika. Ein Husarenstück der Kriegsgeschichte ist geglückt.

In sechs Wochen wird das Deutsche Oberkommando durch die Aussage des französischen Korporals Pierre Veraut, der am 21. Januar Fort Lamy erlebt hatte und am 7. März in Südlibyen gefangen wurde, erfahren, wie überrascht man am Tschad-See über das Auftauchen eines deutschen Kampfflugzeuges war. Man vergaß vor Schreck, der Flak einen Feuerbefehl zu geben. 400 000 Liter Flugbenzin und die gesamten Ölvorräte gingen in Flammen auf. Zehn Flugzeuge wurden zerstört. Alle Anlagen schwer beschädigt. Fort Lamy war für Wochen mattgesetzt.

Um 8 Uhr waren sie vom Campo Uno gestartet. Um 14 Uhr 30 hatten sie Fort Lamy mit Bomben belegt. Jetzt flogen sie schon wieder vier Stunden mit Nordkurs. Im Westen kommen die untrüglichen Zeichen des sinkenden Tages. Die Sonne fällt schnell. Sie malt gigantische Schatten aus Dünen und Steinen. »Liegen wir auf Kurs?« fragt Bohnsack. Aber er bekommt keine Antwort. Kein Mensch kann sich bei diesem Schattenspiel orientieren. Sie haben noch für eine halbe Flugstunde Benzin. Werden sie Campo Uno, diesen winzigen Punkt im abendlich bizarren Wüstenmeer, finden? Vimercatis Augen tasten die Wüste ab. Manchmal schüttelt er den Kopf. Die Zeit verrinnt wie der Sand im Winde. Der Sprit auch. Und dann ist es sicher: Sie schaffen es nicht. Sie werden Campo Uno vor der anbrechenden Nacht nicht mehr finden. In einer Viertelstunde ist der Sprit alle. Sie müssen beim letzten Schein des Tages einen Landeplatz finden. Müssen 'runter. In die Wüste. »Schleppantenne ausfahren«, befiehlt Bohnsack. 100 Meter lang ist die Antenne für den starken 70-Watt-Sender.

»Wichmann«, ruft Blaich. Der beugt sich zum Chef. Dann funkt er SOS. Aber es kommt keine Antwort.

»Festschnallen und festhalten«, kommt Bohnsacks ruhige Stimme.

Gas weg. Stille.

Da heulen die Motoren wieder auf. Franz muß durchstarten: ein Wadi. Nur noch ein Atemzug lang kann Dämmerlicht sein. Dann muß sekundenschnell die Wüstennacht kommen.

Wieder Gas weg.
Bleibt es dabei?
Ja.
Sie halten die Luft an.
Knallt es?
Fliegen ihnen die Fetzen der Wanne um die Ohren?
Nein.
Mit ein paar sanften Sprüngen steht die He.

Schweigen. Alle blicken hin zu Vimercati. Zu dem Mann der Wüste. Der greift in die Tasche und holt sein goldenes Zigarettenetui heraus. Macht es auf. Drei Zigarillos sind drin, denn er raucht nie eine Zigarette. Er nimmt die kleinen Zigarren heraus. Bricht jede in zwei Hälften. Packt sie wieder ein. Sechs Stück werden es so. Sechs Stück? Sechs Tage? Rechnet der alte Wüstenfuchs Vimercati mit sechs Tagen? Wichmann, der Funker mit Leib und Seele, denkt sofort an seinen kleinen Funkkasten, den Blaich vorsorglich beschafft hat. Es ist ein Drei-Watt-Agentengerät, ein Koffersender mit Batteriebetrieb, denn der Flugzeugsender ist ja nur bei laufenden Motoren zu benutzen. Wichmann baut schnell seine Antenne auf. Es ist kurz vor 20 Uhr: die verabredete Stunde für den Funkkontakt mit der Funkzentrale des Fliegerführers in Agedabia. Bei einer flackernden Kerze sitzt er im Sand und klopft auf die Taste: VQBJ, VQBJ, das Rufzeichen des Kommandos. Immer wieder. Dann macht er Pause. Lauscht. Nichts. Und noch einmal: VQBJ–VQBJ–VQBJ. Pause. Lauschen. Nichts. Nach einer halben Stunde gibt es Wichmann auf. Es gilt, mit der Batterie zu sparen.

»Auf zum Biwak«, versucht Bohnsack zu witzeln. Der Notproviant wird aus der Maschine geholt. Vier Zeltplanen bergen Schlafsäcke, Moskitonetze und Gummimatratzen. Eßbestecke, Trinkbecher, Marschkompaß, Gewehre, Haumesser, Sturmstreichhölzer, Zigaretten, Handspaten. Nichts ist vergessen. In sechs großen Büchsen ist Proviant eingelötet. »Ein Mann für sechs Tage«, steht auf der Dose. Da sind sie wieder: die sechs Tage. Und für sechs Tage ist reichlich gesorgt: Landjäger, Schweinefleisch, Schinkenkeks, würzige Sachen, schöne Sachen – wenn man genug dazu zu trinken hat. Auch Kondensmilch, Vitamindrops, Fruchtschnitten, Feldzwieback, Teetabletten, Salz, Zucker und Knäckebrot sind da. Mein Gott, was so eine Dose enthält. Sie bewundern die Schätze. Aber wo ist das Wasser? Wasser zum Schinkenkeks und zu dem Knäckebrot, zu den würzigen Landjägern und dem Schweinefleisch? Da schleppt Geißler einen Kanister heran. Einen. 20 Liter sind drin. Blaich erfaßt sofort die Situation: »Trinkwasser wird rationiert. Pro Mann einen Viertelliter um 8 Uhr morgens und einen Viertelliter um 17 Uhr abends. Kochwasser wird extra ausgegeben.« Kochwasser? Nun, sie werden nicht viel kochen, am wenigsten Erbsen mit Schweinefleisch oder gebrühte Landjäger. Vielen Dank! Versöhnlich sagt Blaich. »Heute abend gibt es einen großen Topf Tee, mit zwei Liter Wasser!« Bohnsack kocht ihn über der Spiritusflamme. Das Wasser summt. Teetabletten hinein. Noch eine. Ach, wie das duftet. Und nun der Zucker. Franz kramt die Packung mit der Beschriftung Zucker hervor. »Sehr süß«, bittet Vimercati genießerisch. Und Bohnsack löffelt hinein. Ah! Dann wird verteilt. »Na, dann zum Wohle«, sagt Wichmann, aber prustend spuckt er den Tee in den Sand. Sie kosten. Mein Gott: Versalzen. Total versalzen. Bohnsack blickt verzweifelt wie ein geprügelter Hund. Er hält die Packung, aus der er gelöffelt hat, an die Kerze: Zucker steht darauf. Ganz eindeutig, groß gedruckt: Zucker. Er hält allen die Packung hin. Sie kosten vorsichtig von der feuchten Fingerkuppe: Salz. In der Salzpackung aber ist der Zucker. Zwei Liter Wasser zum Teufel. Sie können das Leben bedeuten. Verflucht. Was sie weiter schimpfen, steht in keinem Wörterbuch. Selbst der Maggiore murmelt ganz ungewohnte italienische Kraftausdrücke. Franz Bohnsack aber fühlt den Vorwurf, daß er nicht vorher gekostet hat, als Wichmann spitz sagt: »Man soll sich nicht auf Gedrucktes verlassen.« Jeder bekommt noch einen Viertelliter Wasser. Dann kriechen sie in die Schlafsäcke.

Der Notlandeplatz liegt in einem riesigen Talkessel. Im Osten zwei Bergzüge. Im Süden ein hoher Felsenthron. Nach Norden zwei Steinhügel von merkwürdiger Form. Sie tauften sie bald. Und der Name wurde Sinnbild ihrer verzweifelten Lage: »Am Arsch des Propheten.«

Die erste morgendliche Wasserausgabe wird eine aufregende Handlung. Blaich stellt den Kanister auf die Tragfläche der He. Damit er ganz ruhig schütten kann. Den ersten Becher drunter. Vorsichtig. Ein zweiter Becher wird noch unter den ersten gehalten, damit kein Tropfen danebengeht. Ein dritter Becher unter den Rand des Kanisters, damit abrollende Tröpfchen aufgefangen werden. Wichmann eilt nach dem Morgentrunk sofort an sein ›Klavier‹ und hämmert wieder in die Taste. Aber wieder vergeblich. Vimercati sitzt unter der Tragfläche über die Karte gebeugt. Schließlich bleibt sein Finger auf einem Punkt liegen. Aber er sagte nichts.

Wichmann und Geißler gehen auf ›Erkundung‹. Sie wollen den Tafelberg besteigen und sehen, ob es eine Orientierung gibt. Zum Greifen nahe liegt der Berg. Aber die beiden marschieren und marschieren. Der Berg bleibt immer gleich nahe und gleich weit entfernt. Nach zwei Stunden begreifen sie: Die dünne trockene Luft macht eine korrekte Entfernungsschätzung unmöglich. Der Tafelberg bleibt viele Kilometer entfernt. Halb verdurstet kehren die beiden nach vier Stunden zurück. 36 Grad zeigt das Thermometer im Schatten der Tragfläche. Die Luft ist knochentrocken. Kein Wunder. Sie befinden sich an einem der trockensten Breitengrade der Erde: Jahresdurchschnitts-Feuchtigkeit 18 Prozent gegenüber 65 Prozent in Berlin.

Der Durst quält. Bohnsack rechnet auf der Karte. Er meint, sie könnten höchstens 200 Kilometer vom Campo Uno entfernt sein. Aber was besagt das? Sie sind ein Punkt im Wüstenmeer. »Wir müssen Funkverbindung kriegen.« Das wird zur beherrschenden Idee. Sie diskutieren. Und so kommt die Nacht. Das Thermometer sinkt von 36 Grad auf 8 Grad Kälte.

Wichmann setzt sich an sein ›Klavier‹. Er tickt und lauscht. Tickt und lauscht. Aber die Welt, die riesige Welt gibt keine Antwort.

Am zweiten Morgen: Immer noch keine Funkverbindung. Wichmann bastelt aus Zeltstöcken einen zweiten Antennenmast, so daß nun eine V-förmige Richtantenne mit Richtstrahler nach Agedabia gespannt werden kann. Alle warten gespannt auf die Funkstunde. Wichmann sitzt pünktlich am ›Klavier‹. Zehn Minuten schon hämmert er sein Rufzeichen. 10 Minuten. Und es ist wie eine Ewigkeit. Da macht er einen Ruck mit dem Kopf. »Empfang«, schreit er. »Ja, ich höre sie, sie rufen uns«, und sein Stift geht über die Funkkladde: VQBJ – VQBJ – lang lang – kurz – kurz lang kurz kurz – lang kurz kurz – kurz – lang kurz: »Melden« und immer wieder: »Melden« tickt es leise in die Hörer. Pause. Jetzt hämmert Wichmann auf seine Taste: »Hier VQBJ – hier VQBJ, hören Sie uns?« Sie sehen es an Wichmanns Gesicht: Er hat Funkverbindung. Schon kommt das Zeichen von Agedabia zurück. Wichmanns Stift huscht über das Papier. »Das Buch«, ruft er. Bohnsack springt in die Maschine, um ›das Buch‹ zu holen. ›Das Buch‹ ist ›Abel mit der Mundharmonika‹ von Manfred Hausmann. Es bildet die verabredete Schlüsselunterlage für den chiffrierten Funkverkehr: Seite 63, von oben zu lesen. Wichmann entziffert: »Verstanden, aber sehr schwach. Bitte geben Sie.« Und Wichmann gibt durch, daß sie ihren Auftrag mit Erfolg ausgeführt haben und ohne Wasser in der weiten Sahara notgelandet sind.

Er sitzt zwei Stunden am Kasten. Seine Finger zittern. Immer wieder fragt Agedabia zurück: »Nicht verstanden, wiederholen.« Und Wichmann wiederholt. Bis sie oben alles wissen.

An Schlaf denkt in dieser Nacht natürlich keiner. »Werden die Italiener uns finden?« das ist die Frage, die jeden bewegt.

Am dritten Tag, es ist Samstag, der 24. Januar, kommt ein Sandsturm auf. Ein dichter, gelbbrauner Schleier hängt über dem Talkessel. Ein Südwest springt heulend gegen das Flugzeug. »Bei diesem Wetter kann keine Maschine fliegen. Da gehen selbst die Vögel zu Fuß«, sagt Bohnsack resigniert. Sie ziehen sich in die He zurück.

Am Abend bekommt Wichmann wieder Funkverbindung. Die italienische Suchaktion ist eingeleitet. Aber sie blieb bisher erfolglos, tickt es herunter.

Der Sonntag dämmert herauf. Der vierte Tag in der Wüste. Sie sind ausgemergelt. Die Lippen aufgesprungen. Die Zunge ist dick mit bitterem Belag überzogen. Der normale Stoffwechsel hat aufgehört. Alle Gedanken kreisen um Wasser. Das Leben besteht nur aus 8 Uhr morgens und 17 Uhr abends. Wunderbar, wenn der erste Schluck des Viertelliters den Mund füllt. Dettmann bringt es fertig, eine Stunde mit seinem Becher auszukommen. Blaich gibt einen Sonderviertelliter aus, weil Sonntag ist. Sie liegen und dösen. Haben böse Gedanken. Deshalb erzählt Blaich seinen Traum aus der letzten Nacht. »Ich betrat mit Bohnsack ein vornehmes Weinlokal in Rom. Wir bestellten zwei große helle Biere. Der Kellner war entsetzt. Er holte den Geschäftsführer. Der bot den schönsten Wein an. Nein. Wir wollen Bier. Helles. Der Besitzer kam. Er brachte seine Weinkarte mit. Sehen Sie, meine Herren, ich habe den schönsten Tropfen von Rhein und Mosel, den herrlichsten Burgunder, Bordeaux. Nein, nein, wir wollen Bier, Bier. Helles. Der Besitzer schüttelte den Kopf. Immer schneller. Wie ein Kreisel. Da wachte ich auf und – hatte schrecklichen Durst.« Sie lachten gequält.

In der Funkstunde hören sie, daß die Italiener noch immer suchen. Noch immer – und ohne Erfolg. Sollte man sie bis Montag nicht entdeckt haben, sollen am Dienstag von 16 bis 16 Uhr 20 mit dem großen Flugzeugsender Peilzeichen gegeben werden, um die Suche zu erleichtern. Das Suchflugzeug muß sich dann allerdings innerhalb der 100-Kilometer-Reichweite des Senders befinden, sonst werden sie nicht gehört. Zum Glück ist noch so viel Sprit im Tank, um einen Motor laufen lassen zu können, damit der Langwellensender in Betrieb genommen werden kann.

Der fünfte Morgen kommt. Er hält eine Überraschung bereit. Beim Aufwachen sehen sie den blätterlosen Dornbusch neben dem Flugzeug mit kleinen blauen Blüten übersät. Dabei schien dieser Busch ohne Leben zu sein. Seine Zweige waren trocken wie Glas. Stieß man dagegen, brachen sie ab. Geißler starrt auf das Wunder. Springt auf. Holt sich den Spaten und gräbt ein Loch in den Sand. ›Wo ein Busch blüht, muß Wasser sein‹, ist seine Theorie. Und er läßt sich nicht davon abbringen. Er gräbt und gräbt. Der Sand rutscht immer wieder in das Loch. Der Schweiß rinnt Geißler übers Gesicht. Dann taumelt er erschöpft unter die Tragfläche. »Wasser«, murmelt er, »Wasser«.

Der Tag vergeht, und die Italiener finden sie nicht.

Dienstag, der 27. Januar. Sechster Tag. Kurz vor 16 Uhr läßt Geißler mit dem Rest des Sprits den linken Motor anlaufen. Der große Sender arbeitet. Der unsichtbare Peilstrahl läuft. Wenn die Retter in einem Umkreis von 100 Kilometern in der Luft sind, müssen sie gleich kommen. Sie stehen mit den Leuchtpistolen bereit. Warten 5 Minuten, 10 Minuten, 20 Minuten. »Stellen Sie ab«, sagt Blaich zu Geißler. Aber der Mechaniker bettelt: »Noch 5 Minuten, Herr Hauptmann.« »Stellen Sie ab, Mann!« Geißler steht wie eine Wand: »Es ist die letzte Chance, Herr Hauptmann. Lassen Sie den Motor weiterlaufen, bis er von selber ausgeht.«

Blaich geht ruhig auf Geißler zu, spricht wie zu einem Kind: »Wir müssen doch noch ein paar Tropfen behalten, Mensch, und sei es nur, um ein Feuer zu machen.«

Geißler steht da, den Kopf schief, als lausche er, dann geht er und stellt den Motor ab. Die Angst greift nach ihnen.

Der Tiefpunkt ist erreicht. Um 17 Uhr gibt Blaich die letzten halben Becher Wasser aus. Sie sehen es: Seine Hand zittert. Dieser alte Afrikaner zittert. »Ohne Wasser gibt es nichts mehr zu befehlen«, sagt er dann ruhig. »Jeder wird zu überlegen haben, was er ab morgen früh zu tun gedenkt.« Sie hocken auf den Schlafsäcken unter der Tragfläche.

Was jeder zu tun gedenkt!

»Die Todesart ist freigestellt«, murmelt Franz Bohnsack. Geißler meißelt weiter seinen Namen in den flachen Stein. Bohnsack sieht ihm zu. Dann springt er auf. »Nein«, ruft er wie beschwörend, »sie müssen kommen. Die lassen uns doch hier nicht verrecken!«

Und als wäre es eine Zauberformel, so reißt es sie hoch: »Ein Flugzeug!« Sie rennen nach den Leuchtpistolen.

Narrt sie der Durst? Sind sie schon wahnsinnig? Nein. Ein italienischer Aufklärer ist da. Eine ›Ghibli‹. Sie feuern wie verrückt ihre Leuchtkugeln in die Luft: rote, weiße, grüne.

»Er fliegt auf uns zu«, schreit Geißler.

Der Prinz von Gialo steht wie ein Standbild, die Hände mit dem Fernglas über der Brust: »Eine ›Ghibli S 1‹, Tenente Duarte«, sagt er sachlich. Er kennt seine Männer. Aber diese Feststellung soll wohl nur die Erregung verbergen, die in seinen Augen zu lesen ist.

Funker Scorzone ist der erste, der aus der kleinen ›Ghibli‹ springt. In seinen Händen schwenkt er zwei italienische Feldflaschen. Er lacht und saust auf seinen kurzen Beinen heran. Sie taumeln ihm entgegen. Und da sind auch schon die anderen. Duarte – er ist es wirklich –, D'Agata und Tuliani. Sie wissen, was fehlt: Jeder trägt eine Flasche oder gar einen Kanister in der Hand. Und die Begrüßung, die Umarmung, die Tränen müssen warten, bis jeder sich sattgetrunken hat.

Es ist wie das schönste Fest. Jeder hat eine Flasche am Mund. Vimercati und auch Blaich haben sogar einen ganzen Kanister angesetzt; und der Wasserkommissar, der sechs Tage jeden Tropfen gezählt hat, läßt das Naß vorbeilaufen in das Hemd, über die Brust und sagt nur: »Ah!« als er absetzt.

Die Italiener lassen ihnen Melonen da und Wasser. Unerschöpflich viel Wasser. Dann brausen sie wieder davon. Nach Campo Uno, das wirklich nur eine halbe Flugstunde entfernt liegt. Morgen früh wollen sie Sprit bringen.

Die Peilung hatte sie gerettet. Aber die Italiener hatten die Peilzeichen nicht in der Luft aufgefangen, sondern waren gelandet. Hatten den Peilrahmen aufgestellt, um den Standort ganz genau berechnen zu können. Deshalb hatte es noch so lange gedauert, bis sie kamen. Es war wirklich die letzte Chance gewesen; denn auch die Batterie des Koffergerätes war leer. Es war die schönste Wüstennacht, die sie bald umfing. Sie hatten Spaghetti gekocht und Schweinefleisch. Tee getrunken und Wasser geschlürft. Wasser. Dann hatten sie sich in die Schlafsäcke gerollt.

Es ist noch dunkel, als sie erneut Motorendonner über sich hören. Wieder schießen sie hoch. Jagen Leuchtzeichen in die Luft. Sind das schon die Italiener? Bohnsack steht mit vorgeneigtem Kopf: »Nein«, sagt er schließlich, »das ist eine Ju 52.« Die Maschine kreist über ihnen. Mit dem ersten schimmernden Licht des Tages landet sie. Wirklich eine Ju 52. Und heraus springt Oberleutnant Becker von der Wüstennotstaffel. Und das ist nun richtige Begrüßung: mit Umarmung und Lachen. Und mit einem Frühstück aus Kaffee und Mettwurstbroten, die Becker mitgebracht hat.

Um 12 Uhr nachts war die Ju von Agedabia aus gestartet. »Ohne Starterlaubnis«, sagt Becker lachend. »Ihr seid ja seit sieben Tagen das Gesprächsthema aller Horste. Und als gestern abend von euch keine Funkmeldung mehr kam, da habe ich gesagt: Versuchen muß ich's. Und meine Besatzung war der gleichen Meinung.« Und sie versuchten das tolle Abenteuer. Gegen den Befehl. Der Zufall lenkte den Knüppel.

Drei Fässer Benzin hat Becker mit. Die pumpen sie der He gleich in den Bauch. Und als oben in Agedabia die Botschaft von den Italienern eintrifft, daß das Kommando Blaich gefunden ist und am anderen Morgen geholt werden soll, da fliegt die He mit dem Geheimzeichen VQBJ bereits nach Campo Uno. Und von dort nach Norden.

Am neunten Tag nach dem Start kurven sie endlich wieder über der Oase Hun. Auf der Piste zieht eine Kamelkarawane, bedächtig wie der Schritt der Ewigkeit.

VORSPIEL ZUR SOMMERSCHLACHT 1942

Der Obergefreite Gustav Großmann aus Bochum-Langendreer stand schwitzend vor seinem Backofen. Und der Backofen stand in der Oase Umm er Rzem nahe Derna, mitten im Backofen der Wüste. Die Wagen der Bäkkerkompanie trugen ein grünes Herz: das Symbol Thüringens; denn aus Thüringen stammten die meisten Bäcker der Kompanie, und mit Hingabe buken sie nicht nur Kommißbrot, sondern auch Brötchen und Kuchen. Gustav Großmann aber wollte heute, in den frühen Morgenstunden des 20. März 1942, der Korpsbäckerei mal zeigen, was ein richtiger Bäckermeister auch im Wüstensande Afrikas zuwege bringt. Mit seinem Freund Rudi Funke aus Heiligenstadt hatte er eine Buttercreme- und eine Schokoladentorte ›gebaut‹. Die Kameraden standen herum, um zu sehen, was daraus geworden war.

Zwei mächtige duftende Meisterwerke standen auf dem Brett vor dem Ofen. Fein und kunstvoll war die Garnierung gespritzt. »Mensch«, sagten sie bei der Begutachtung, »Mensch, so was hat die Wüste noch nicht gesehen.«

Dieser Meinung war auch General Crüwell, als ihm am Nachmittag des 20. März zu seinem 50. Geburtstag unter den Palmen von Umm er Rzem die Torten präsentiert wurden. Er war aus dem Armeehauptquartier herübergekommen, um auf seinem alten Gefechtsstand mit den Offizieren des DAK einen Geburtstagsschluck zu trinken. General Crüwell, der bewährte erste Kommandeur des DAK, vertrat seit Anfang März als stellvertretender Oberbefehlshaber der Panzerarmee Generaloberst Rommel. Das DAK führte seitdem Generalleutnant Walther Nehring.

Neben Palmen und riesigen Kakteen hatten die Bäcker ihre Torten auf einer Tafel aufgestellt, mit Plätzchen garniert, dazwischen eine Flasche französischen Beute-Schampus.

Ach, wie liebenswert bürgerlich konnten die Krieger sein. Aber schließlich liebten ja auch die Heiligenstädter und die Wuppertaler, die Sondershäuser und die Dortmunder – wie alle die zahllosen Männer – das Kuchenbacken mehr als das gegenseitige Totschlagen. Im Grunde hätten sie alle mit den Tommys aus Wales und London, aus Manchester und Edinburgh lieber Kaffee getrunken als sich gegenseitig umgebracht.

Für General Crüwell wurde es für viele Jahre sein letztes Fest. Ja, es war eine wohltuende Pause, die von den deutschen Einheiten genossen wurde, nachdem sie die Engländer Ende Januar mit letzter Kraft bis Gazala geworfen und den größten Teil der Cyrenaika wieder besetzt hatten. Beide Parteien waren erschöpft. Abgekämpft. Beide machten Pause. Rüsteten für eine neue Runde im großen Spiel um Ägypten, um Suez, um Afrika und den Vorderen Orient.

Die Verbände wurden ›aufgefrischt‹, wie man in der Soldatensprache sagt. Unteroffiziere und Mannschaften kamen aus den Lazaretten und vom Heimaturlaub zurück. Das Kradschützenbataillon 15 zum Beispiel wurde wieder ein echter Kampfverband von vier Kompanien. Am 15. März stand es wieder geschlossen im Karree des Feldgottesdienstes. Am 4. April ist einjähriges Jubiläum in Afrika. Diesmal wird es bei der 21. Panzerdivision gefeiert, denn die Kradschützen sind als III. Bataillon des Regiments 104 zur 21. Panzerdivision des Generals v. Bismarck getreten. Mit Feldküche und Troß – darunter zwei Rinder, fünf Fässer Rotwein und ein Lkw voll Flaschenbier ›Löwenbräu Export‹ – trifft das kampferfahrene und sturmerprobte Bataillon bei der Division ein. Das Regiment 104 ist nach dem Aderlaß am Halfayapaß vollkommen neu aufgestellt worden. Die Reste des alten stolzen Regiments aus der Pfalz füllen knapp das II. Bataillon, und das I. Bataillon ist aus dem früheren MG-Bataillon 8 gebildet.

Ja, daran merkt man, wie viele in den Gräbern der Wüste liegen oder verwundet in die Heimat geschafft werden mußten.

Wie bei den 104ern ist es bei den 115ern. Auch bei den Regimentern der

90. Leichten: 200 und 155. Ebenso bei der Artillerie und der Flak. Auch die Fliegerverbände, die Pioniere, die Oasenkompanien mußten nach den mörderischen Winterschlachten und der Januar-Offensive neu aufgestellt werden; von den dezimierten Panzerregimentern 5 und 8 ganz zu schweigen.

Mit den neuen Soldaten und den neuen Waffen kam auch eine zivilisatorische Errungenschaft nach Afrika, die – zwar nicht sehr delikat – aber wegen des Aufsehens in der ganzen Panzerarmee Erwähnung verdient: Die Flak der Kampfstaffel Rommel hatte ein transportables Feldklo erhalten. Es war das einzige seiner Art auf dem nordafrikanischen Schlachtfeld, und es erregte mit seinen Herzchen in den Türen den Neid aller Verbände, die sich durchweg mit dem legendären ›Spatengang‹ behelfen mußten.

Auch die Engländer rüsteten zu neuen Taten. Die deutsche Aufklärung berichtete von mächtigen Schanzarbeiten in der Gazalastellung. Der britische Nachschub rollte von Ägypten über die Küstenstraße nach Tobruk. Der geheime deutsche Nachrichtendienst meldete merkwürdige Feldbefestigungsarbeiten, die auf eine neue Taktik Auchinlecks und Ritchies schließen ließen.

Rommel, der sich ein Jahr ununterbrochen in der Wüste befand und während dieser Zeit keine Möglichkeit zu einem mündlichen Gedankenaustausch mit der obersten deutschen Führung gehabt hatte, drängte schon seit Anfang Februar 1942 auf eine Rücksprache im Führerhauptquartier. Mitte Februar hatte er seinen Besuch angekündigt. Als Antwort kam ein Funkspruch wunderlichen Inhalts: Rommel möge melden, ob die Lage so gefestigt sei, daß seine auch nur vorübergehende Abwesenheit vom Kriegsschauplatz erwägenswert wäre. Rommel funkte lakonisch zurück, daß er es nur auf Grund der gefestigten Lage unternehme, vorübergehend nach Europa zu fliegen. Aber das OKW war damit noch nicht zufrieden. Es sandte einen weiteren Funkspruch: »Bitte Eintreffen in Rom melden. Über Weiterflug nach Ostpreußen folgt dann Weisung.« So gängelte man vom grünen Tisch in Rastenburg den Mann, der gegen alle Erwartungen und Voraussetzungen die Lage in Nordafrika wieder zum Guten gewandt hatte. Nein, man liebte ihn nicht, den Draufgänger aus Afrika, den dickköpfigen Schwaben, der Siege erfocht, wo das OKW Niederlagen errechnet hatte.

Am 15. Februar 1942 um 4 Uhr früh starteten Rommel und Westphal von einem Feldflugplatz bei Misurata in Tripolitanien nach Rom. Es war der erste Flug in der neu hergerichteten He 111 vom Typ 6. Der Flugzeugführer Rommels, Oberleutnant Hermann Giesen, erinnert sich noch genau an den Tag. Hitler hatte angeordnet, daß Heerführer nur noch mit mindestens dreimotorigen Maschinen fliegen durften. Nun war aber die dreimotorige Ju 52 für Afrika zu langsam. Die Condor oder die Ju 90 wären als viermotorige Maschinen passend gewesen, aber der Nachrichtendienst des Gegners hätte den besonderen Verwendungszweck dieser auffallenden Maschinen wahrscheinlich schnell erkannt. Daher erhielt Rommel eine Sondergenehmigung für die weniger auffällige He 111. Sie war mit drei bequemen Sesseln, einem Kartentisch und einem kombinierten Schrank für Erfrischungen ausgerüstet, hatte aber die Bewaffnung einer normalen Kampfmaschine. General Westphal hat mir von dieser Reise erzählt: Der Empfang bei Mussolini im Palazzo Venezia war wie immer freundlich und liebenswürdig. Aber militärische Ergebnisse kamen dabei nicht heraus. Mussolini hütete sich schon lange, in der Kriegführung eigene Entscheidungen zu treffen, obwohl er nominell allein den Oberbefehl im Mittelmeerraum führte.

Am 16. ging der Flug weiter nach Wiener Neustadt, wo Rommel seiner Familie einen kurzen Besuch abstattete. Am 17. Februar landete die He auf dem Flugplatz in Rastenburg, in dessen Nähe die ›Wolfsschanze‹, Hitlers Hauptquartier, lag.

Rommel und Westphal hatten geglaubt, ›der Führer‹ würde den Ereignissen in Nordafrika besonderes Interesse entgegenbringen. Aber weit gefehlt. Seine Gedanken waren nur beim Feldzug gegen Rußland. Die Mißerfolge vor Moskau füllten sein ganzes Denken aus. Er ließ den ausführlichen Vortrag Rommels über die britische Winteroffensive, den deutschen Gegenangriff im Januar und die gegenwärtige Situation in Afrika fast teilnahmslos über sich ergehen.

Schließlich drängte Rommel: »Mein Führer, wie sind die Absichten des deutschen Oberkommandos für die weitere Kriegführung in Nordafrika und im Mittelmeerraum für das Jahr 1942?« Hitler antwortete ausweichend. Auf den Vorschlag Rommels, Malta zu nehmen, ging er überhaupt nicht ein. Mehr als die orakelhaften Worte: »Wenn wir uns zu einer weiteren offensiven Kriegführung im Mittelmeerraum entschließen, dann ist nichts gut und teuer genug, um hierfür eine gesunde Grundlage zu schaffen«, war nicht aus ihm herauszukriegen. Auch Jodl, mit dem Westphal am Abend des 17. und am Vormittag des 18. Februar längere Zeit unter vier Augen sprach, war nicht zu einer klaren Stellungnahme zu bewegen. Im OKW standen sie im Banne des Ostkrieges, sahen in Afrika einen kleinen Nebenschauplatz und begriffen die kriegsentscheidende Position des Kampfes gegen Großbritannien in Nordafrika nicht. Begriffen nicht, daß England in Ägypten zu schlagen war und das Empire hier seine verwundbarste Stelle hatte. Churchill setzte in Afrika alles auf eine Karte. Er sah in Afrika Englands entscheidende Front. Aber Hitler und das OKW begriffen das nicht oder wollten es nicht begreifen. Bedrückt verließen Rommel und Westphal Ostpreußen.

Wie sehr Hitler bei diesem Gespräch offenbar unter dem Eindruck der Schwierigkeiten des Winterkrieges an der Ostfront stand, und deshalb mißgelaunt und deprimiert keine Neigung hatte, sich mit Afrika zu beschäftigen, beweist die Tatsache, daß er zwölf Tage früher, am 5. Februar, in einem Gespräch mit General Nehring viel aufgeschlossener für die afrikanischen Probleme war. Nehring kam von der Ostfront und war auf dem Wege nach Afrika, wurde von Hitler empfangen und sprach mit ihm in Gegenwart von Jodl und General Buhle 50 Minuten lang. Zum Krieg in Afrika meinte Hitler, es sei wichtig, so weit vorzustoßen wie möglich und an der afrikanischen Front starke britische Kräfte zu binden. Gut wäre es, wenn Tobruk genommen werden könnte. Ihm schwebe vor, dann einen Minenriegel quer durchs Mittelmeer an der schmalsten Stelle zu legen, um den Nachschub zu schützen. Allerdings bestünden gegen diesen Plan nach Auffassung der Marine erhebliche Schwierigkeiten. Die Leistungen der Panzerarmee lobte Hitler und sagte wörtlich: »Sagen Sie Generaloberst Rommel, ich bewundere ihn.«

14 Tage später merkte Rommel von dieser Bewunderung nicht mehr viel.

Auf dem Rückflug nach Afrika sprach Rommel dann noch einmal mit Mussolini und versuchte, den Duce für seine Pläne zu gewinnen. Mit beredten Worten trug er seine Gedanken vor. Erstens: Wegnahme von Malta, um diese ständige Bedrohung des Versorgungsweges nach Afrika endlich auszuschalten. Zweitens: Eine neue Offensive mit dem Anfangsziel, Tobruk zu nehmen.

Wenn allerdings die Vorbereitungen für die Eroberung Maltas längere Zeit in Anspruch nehmen sollten, schlug Rommel vor, die Teilziele zu tauschen.

Aber auch Mussolini war zurückhaltend. Endlich, Anfang April, gewann Rommel das Führerhauptquartier und Mussolinis Commando Supremo für seine Pläne. Sein Hauptargument war, daß die Engländer auch schon für eine Sommeroffensive rüsteten und daß es darauf ankomme, Auchinleck zuvorzukommen. Fieberhaft arbeitete Rommel an den Offensivplänen. »Nachschub«, hieß sein ständiger Ruf, »noch mehr Nachschub.« Aber damit sah es Anfang April noch schlimm aus. Malta, die große Spinne, fraß Schiffe und Männer und Waffen. Im März waren bei einem Bedarf von 60 000 Tonnen Nachschubgut nur 18 000 auf afrikanischem Boden angekommen.

Aber jetzt begann Kesselring mit der Luftflotte 2 seine Bombenangriffe auf das Felsennest. Es sollte sturmreif geschossen werden. Die Eroberung aus der Luft sollte möglichst noch vor Rommels Offensive beendet sein. Die 2. deutsche Fallschirmjäger-Division wurde dafür nach Italien verlegt. Aber bald zeigte sich, daß die Italiener niemals vor Ende Juni mit ihren Vorbereitungen für die Invasion Maltas fertig würden. Also stellte Rommel – wie vorgesehen – den Fahrplan um: Erst Offensive mit dem Ziel der Eroberung Tobruks, dann Invasion Maltas.

Mit dieser Änderung im Kursbuch des Afrikakrieges begann eine entscheidende Entwicklung. Noch ahnte niemand, daß es eine tragische Entwicklung werden sollte.

Kesselrings Stukas hämmerten weiter auf die Felseninsel. Zerbombten den Hafen. Walzten die Kais und die Befestigungsanlagen nieder. Zerstampften die Flugfelder. Admiral Cunninghams Schiffe flohen aus dem Bombenregen. Die Royal Air Force konnte nicht aufsteigen. Rommels Nachschub blieb unbehelligt. Kaum ein Schiff der Achse ging von April bis Mitte Mai 1942 verloren. Wenn es eines Beweises bedurfte, wie wichtig es war, Malta vollständig auszuschalten, hier war er. Aber es wird sich trotzdem zeigen, daß Hitler und Mussolini dieser Beweisführung nicht folgten. Dabei waren die Engländer sich schon klar, daß sie Malta auf die Dauer nicht würden halten können. Churchill sah mit Angst und Schrecken dem Tage entgegen, da der entscheidende britische Stützpunkt des Mittelmeerkrieges fiel. Als Lord Gort das Kommando auf der Insel übernahm, ließ ihm Churchill sagen: »Sie werden vielleicht die tragische Aufgabe zu erfüllen haben, Malta dem Feinde zu übergeben.« General Auchinleck in Kairo prophezeite düster: »Ohne Malta ist Ägypten nicht zu halten.« Aber in Rastenburg begriff man es nicht.

Die Stukas und Kampfflieger der 2. Luftflotte in Sizilien wußten nichts von den Irrtümern der obersten Führung. Sie bombardierten Malta. Sie schufen die Voraussetzung für Rommels Offensive. Zwei Monate lang gehörte die Herrschaft im Mittelmeer der deutschen Luftwaffe. Die Zeiten waren vorbei, da von dreizehn Ju 52, die von Kreta kamen, acht oder neun die Beute der britischen Malta-Jäger wurden. In Bengasi landeten die Geleitzüge der Italiener. In Tripolis wurden schwere Panzer, 8,8-Geschütze und Granaten über die Kais gehievt. Nachschub!

Der Sommer kam. Die Wüste kochte. Noch spät nachts waren Steine und Sand warm wie der Malzkaffee in der Feldflasche. 40, 50, 58 Grad zeigte das Thermometer. In Büchern stand, daß unter solchen Lebensbedingungen der weiße Mann nicht arbeiten, geschweige Krieg führen könne. Im Panzer sitzen? Unmöglich. Nichts war unmöglich.

Engländer, Deutsche und Italiener saßen in den glühend heißen Panzern, die zu Hunderten zusammengezogen wurden. Infanteristen und Flaksoldaten bauten Stellungen. Pioniere buddelten bei 50 Grad Minen ein. Die Männer wurden braun, mager und sehnig, ihre Haut ledern. Die Fliegen stürzten sich auf sie. Der Sand verfilzte die Socken und die Wäsche. Die Sandflöhe zerbissen die Haut. Die Ruhr überfiel Männer und Offiziere. Aber sie machten sich zur neuen Schlacht bereit. Zehn Suezkanäle hätte man mit dieser Kraft, dieser Energie und diesem Opfersinn bauen können. Einen wollte man erobern.

Rommel wußte, daß die Briten eine Offensive planten. Die Engländer wußten, daß Rommel dasselbe vorhatte. Wer würde das Rennen mit der Zeit gewinnen? »Werden die Tommys uns diesmal zuvorkommen?« fragten die deutschen Landser.

»Wird uns Rommel diesmal zuvorkommen?« fragten die Tommys. Sie sagten »Rommel«. Rommel war für sie der Inbegriff der kühnen Tricks, der Blitzangriffe, der wilden Jagden quer durch die Wüste und über die Pisten. Diese Personifikation des Feindes in einem tapferen, fairen, schneidigen, schon legendären deutschen General war für die seelische Kraft der englischen Truppe gefährlich: »Rommel kommt«, das war wie ein furchtbarer Zauberruf. Das britische Oberkommando kannte die Wirkung solcher psychologischen Vorgänge. Deshalb gab General Auchinleck einen interessanten Befehl heraus. Er ist ein seltenes kriegsgeschichtliches Dokument. Hier ist es in der Originalübersetzung, wie sie General Nehring in seinen persönlichen Kriegsakten aufbewahrte:

»Befehl des britischen Oberbefehlshabers im Mittleren Osten.

An alle Gruppenleiter und Abteilungsleiter im Großen Hauptquartier und bei den Truppen des Mittleren Ostens.

Es besteht wirklich die Gefahr, daß unser Freund Rommel eines Tages deswegen der ›schwarze Mann‹ für unsere Truppen wird, weil sie über ihn soviel reden. So energisch und fähig, wie er ist, ist er deswegen auf keine Weise ein Übermensch. Selbst wenn er ein Übermensch wäre, wäre es nicht wünschenswert, daß unsere Soldaten ihm übernatürliche Kräfte zulegen würden. Ich bitte daher, mit allen Mitteln der Auffassung entgegenzutreten, daß Rommel irgend etwas anderes ist als ein gewöhnlicher deutscher General. In erster Linie muß aufhören, daß wir von Rommel sprechen, wenn wir den Feind in Libyen meinen. Wir müssen von den Deutschen oder von den Truppen der Achse oder vom Feinde, niemals aber in besonderem Sinne von Rommel sprechen. Ich bitte darauf zu achten, daß das ausgeführt wird und daß alle unteren Kommandeure belehrt werden, daß die Sache psychologisch sehr bedeutsam ist.

gez. C. I. Auchinleck,
Ob. Kommandierender der Kräfte des Mittleren Ostens

PS. Ich bin nicht eifersüchtig auf Rommel.«

Das Postscriptum: »Ich bin nicht eifersüchtig auf Rommel«, zeigt jenen persönlichen Akzent, wie man ihn in britischen Befehlen hoher Kommandeure oft findet. Eine Gewohnheit, die in der deutschen Befehlsgebung undenkbar wäre.

DIE FLAK RETTET DAS DAK

Auchinleck hatte ursprünglich Mitte Mai zur Offensive antreten wollen. Aber dann kamen die Meldungen von Rommels starkem Panzernachschub, und Auchinleck meinte, die britische Überlegenheit sei noch nicht groß genug. So verschob das britische Kriegskabinett die Offensive auf Mitte Juni. Eine verhängnisvolle Entscheidung.

Rommel hingegen hatte seit April seinen Angriffsbeginn auf den 26. Mai festgelegt. Wieder setzte er einen Trick an den Beginn seines Planes. Dieser ergab sich aus der besonderen Art der britischen Verteidigungsstellungen. Die Gazalafront, in der sich die Tommys verschanzt hatten, war ein technisches Wunderwerk. Sie reichte von der Küste bis Bir Hacheim tief in der Wüste und war 65 Kilometer lang. Ein raffiniertes Verteidigungssystem aus einzelnen festungsartigen Minenstützpunkten, sogenannten ›Boxen‹ von zwei bis vier Kilometer Durchmesser. Die ›Boxen‹ sahen so aus: Erst kam ein breiter Rundum-Drahtverhau. Dann ein tiefgestaffeltes Minenfeld mit artilleristisch gesicherten Rändern, Horchposten, Maschinengewehrnestern, Vorposten. Mittendrin die Besatzung, durchweg in Brigadestärke. Sie hatte alles, um sich lange Zeit zu verteidigen. Hinter den ›Boxen‹ lagen dann die operativen Reserven, die Panzerkräfte und die motorisierten Verbände.

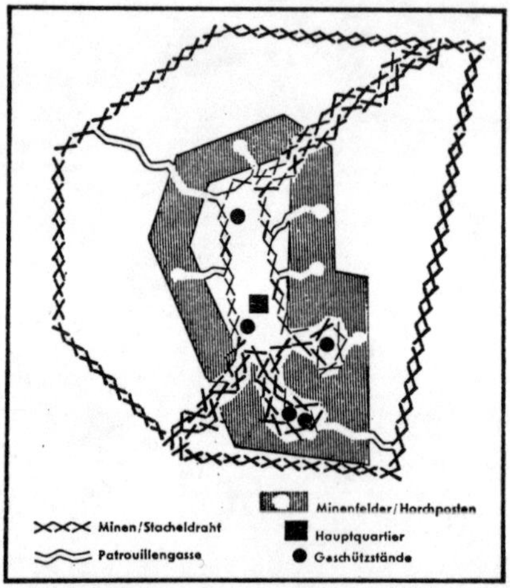

Burgen aus Draht und Minen, das waren die »Boxen« der Gazala-Stellung.

Die Besatzung hatte die Aufgabe, die Minenfelder zu bewachen, damit sich der Gegner nicht ungestört – wie es bis dahin geschehen konnte – eine Gasse durch den Minengürtel bahnte. Darüber hinaus waren die ›Boxen‹ Widerstandsnester, die ein offensiver Gegner, der die Front durchbrochen hatte, erst beseitigen mußte, wenn er nicht Gefahr laufen wollte, daß in seinem Rücken und an seiner Flanke ständig Störangriffe auf die Nachschublinien stattfanden. Befaßte sich aber der Angreifer mit den ›Boxen‹, dann konnten die Panzerkräfte, die weit außerhalb dieser Rundumstellungen lagen, auf ihn angesetzt werden.

Rommel hatte nur zwei Möglichkeiten für seine Offensive gegen Tobruk. Entweder: einen Frontalangriff auf die ›Boxen‹-Stützpunkte, Durchbruch und Vernichtung der feindlichen Panzerkräfte – oder eine Umgehung der Gazala-Stellung im Süden. Stoß durch die Hintertür der offenen Wüste ins Herz der Verteidigungsanlage, Trennung der britischen Streitkräfte in den ›Boxen‹ von den rückwärtigen Panzerkräften und stückweise Vernichtung der gegnerischen Streitmacht.

Rommel wäre nicht Rommel gewesen, wenn er nicht den zweiten Weg gewählt hätte. Und natürlich täuschte er dem Gegner einen Frontalangriff vor.

Er hatte zwei deutsche und eine italienische Panzerdivision, je eine deutsche und italienische motorisierte Division und vier italienische Infanteriedivisionen. General Ritchies 8. Armee bestand aus zwei motorisierten Divisionen und einer Infanteriedivision in der Gazalastellung. Zwei weitere verstärkte Divisionen igelten zurück bis nach Tobruk–El Adem. Zwei Panzerdivisionen hielt er als bewegliche Hämmer bereit. Britische Gardebrigaden, eine Brigade Freie Franzosen und indische Brigaden lagen in den ›Boxen‹. Alles in allem hatte jede Armee etwa zehn Divisionen mit 100000 Mann. Auf Rommels Seite standen 320 deutsche und 240 ›leichte‹ italienische

Panzer sowie 90 motorisierte Geschütze. Ritchie besaß 631 Panzer, erhielt aber später noch über 250 Panzer dazu.

Das war die mächtigste Panzerarmada, die bis dahin je auf einem Schlachtfeld gesehen worden war.

»Um 14 Uhr angreifen? Am hellichten Nachmittag? Menschenskinner, das Ding stinkt doch, das gefällt mir gar nicht«, knurrte der Obergefreite Bruno Preuß von der 2. Kompanie der 361er. Bruno fing jede Rede mit ›Menschenskinner‹ an, und es war auch sein üblicher Schluß. ›Menschenskinner‹ nannten sie ihn deshalb beim wilden Haufen der 361er von der 90. leichten Division. Es waren die ehemaligen Fremdenlegionäre, die Feuerwehr der Fußtruppen in Afrika. Tolle Soldaten. Großartige Kameraden. Wenn Rommel in die Nähe ihrer Regimentsstellungen kam, pflegte er zu seinem Fahrer Huber zu sagen: »Ketten Sie die Ersatzreifen an, wir kommen zu den 361ern!«

Am 26. Mai, zur ungewöhnlichen Angriffszeit von 14 Uhr, waren die 361er die Kerntruppe von General Crüwells Frontalangriff auf die Gazalastellung. Links und rechts standen italienische Infanteristen von zwei Korps. Hinter ihnen marschierten motorisierte Verbände des DAK auf. Mit viel Panzerattrappen und ›Staubmaschinen‹, Flugzeugmotoren auf Lastwagen, die mit ihren Propellern so viel Sand aufwirbelten, daß die feindliche Aufklärung eine ganze Panzerarmee dahinter vermutete.

Das war der Trick. Die Engländer sollten glauben: Hier im Nord- und Mittelabschnitt der Gazalastellung trete Rommel frontal mit allen Kräften an.

Das Ganze war wie eine mächtige Theaterregie: Auf die Minute donnerte die Artillerie auf breiter Front los. Hämmerten die MG. Wie ein Erdbeben erschütterte es die Wüste. Stukas donnerten über die ›Boxen‹. Leutnant Pfirmann, der 19jährige Chef der 2. Kompanie des Regiments 361, stieß den Arm in die Luft. Geduckt sprangen die alten Hasen aus der Fremdenlegion gegen die Minenfelder. Bruno Preuß und sein Freund Erich waren als erste bei den englischen Vorposten, den ›Boxen‹ der 50. Division. »Hands up!« Als Antwort pfefferte ihnen ein südafrikanischer Maschinengewehrschütze aus seiner versteckten Stellung eine Garbe vor die Füße. Der Wüstendreck flog ihnen um die Ohren. Im Hinwerfen schoß Preuß sein MP-Magazin leer. Dann lagen sie fest. Auf der ganzen Front schlossen sich die schmalen Drahtverhaugassen der ›Boxen‹. Draht und eine Million Minen lagen vor den Angreifern von der Küste bis Bir Hacheim. 65 Kilometer lang.

In den britischen Stäben herrschte – wie immer und überall bei Großangriffen – Verwirrung. Was war los? Was beabsichtigte der Feind? Wo war sein Schwerpunkt? Die englische Luftaufklärung konnte nicht viel ausrichten. Aber sie stellte doch den Massenaufmarsch motorisierter Verbände hinter den frontal angreifenden Infanteristen fest. Also wollte Rommel durchbrechen! Aber General Ritchie war vorsichtig mit seinen Prognosen. Er kannte den Fuchs Rommel.

Die Leuchtkugeln erhellten das Schlachtfeld. Die Sanitäter sprangen durch die zerfetzten Drahtverhaue. Noch immer grummelte die Artillerie, ratterten die Stöße der MG. Hinter den deutschen Linien wurde es merkwürdig lebendig. Aber nicht für einen neuen Angriff. Alles, was die Abendaufklärung der Engländer noch festgestellt hatte – aufmarschierende motorisierte Einheiten und Panzerverbände –, veränderte sich mit einem Schlag: Sie zogen ab. Schwenkten nach Süden, dem Versammlungsraum der mächtigen gepanzerten Angriffsgruppe zu, die den eigentlichen Schlag führen sollte, durch die Wüste, Bir Hacheim umgehend, mitten in den Rücken der feindlichen Verteidigung. Pünktlich um 20 Uhr 30 kam von Rommel das Deckwort: ›Venezia‹.

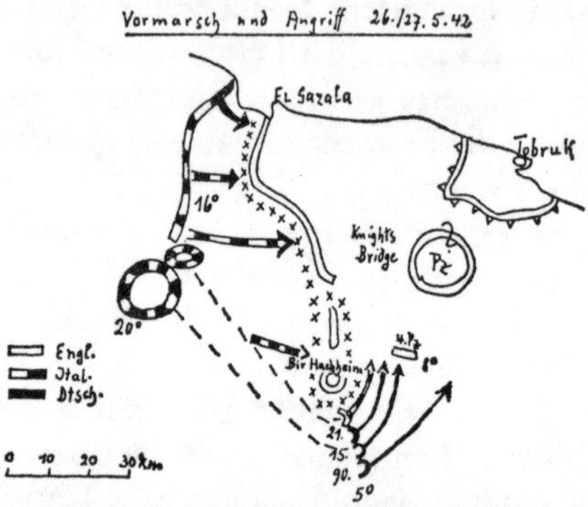

Eine Handskizze General von Vaersts vom Angriff auf die Gazala-Stellung.

Wie ein riesiger Gespensterzug setzten sich in der mondhellen Nacht 10 000 Fahrzeuge der Offensivgruppe in Bewegung. Fünf Divisionen rollten nach Kompaß und Kilometerzähler durch die Wüste.

An den Lenkrädern der Lkw und der schweren englischen Beutelastwagen saßen die alten erfahrenen Füchse von Rommels motorisierten Divisionen. Saßen ›die Kapitäne der Pisten‹, die Nachschubfahrer in den Drei-Tonnern. Die Männer, von denen kein Wehrmachtbericht und kein Tagesbefehl der Kriegsgeschichte kündet. Sie fuhren auf kochenden Pisten, fuhren durch kalte Nächte und rasenden Sandsturm 200, 300, manchmal 700 Kilometer. Sie reparierten ihre Wagen bei 50 Grad. Und wie oft! Denn acht bis zehn Reifenpannen am Tag waren keine Seltenheit. Die Reifen platzten wie Luftballons. Die Wagenheber sanken tief in den Sand. Da war niemand, der half. Niemand, der befahl. Aber sie flickten. Schwitzten. Setzten sich wieder an den Lenker und fuhren. Immer bedroht von Jabos. Von feindlichen Spähwagen. Übermüdet. Ausgemergelt. Sie waren Fahrkünstler, Pfadfinder. Die Truppe liebte sie.

Wo der Staub am dicksten wirbelt, muß der Vordermann sein. Also ran, aufschließen, Fühlung halten. Die ›Ausgucks‹ liegen auf den Schutzblechen der Vorderräder. Sie haben sich am Kühler festgeklammert. Einen Meter weit haben sie auf diese Weise Sicht. »Tempo, Tempo«, rufen sie ihren Fahrern zu. Dann wieder stoppen sie plötzlich ab, um einen Zusammenstoß zu vermeiden.

Aber am schlimmsten sind die Kradfahrer dran. Sie kriegen den Dreck kübelweise ins Gesicht geschleudert. Ihre Maschinen mahlen sich fest. Sie müssen abspringen. Schieben. Zerren.

»Kradfahrer vor!« Aus aller Not müssen sie helfen: Munition vorholen. Paks herandirigieren. Verwundete aus der Feuerlinie zurückbringen.

Da steht bei der 9. Kompanie vom Grenadierregiment 104 der Obergefreite Borstel aus Stendal, Malergeselle von Beruf. Schon im Polenfeldzug war er Kradmelder. Als die Kompanie im Waldgefecht von Odrzywol in einer Stunde 52 Mann verlor, kurvte er ohne Rücksicht auf die polnischen Baumscharfschützen mit seinem Beiwagenkrad durch die Kiefern. Brachte Munition vor. Schaffte Verwundete zurück. Er war auch in Frankreich dabei. Hatte an der Rhône und in den Savoyer Alpen Spähtrupps gefahren.

Seit Anfang April 1941 fuhr er in Afrika. Bei allen Gefechten war er dabei. Die Ruhr hatte ihn erwischt. Fast zum Skelett abgemagert, sitzt er jetzt wieder auf seiner Maschine. Einer von hunderttausend, die die Last des Krieges tragen. Warum eigentlich? Warum drücken sie sich nicht? Warum fahren sie? Schwitzen? Kämpfen? Sterben? Wenn man den Obergefreiten Borstel gefragt hätte, so hätte er wahrscheinlich keine bündige Antwort geben können. Er hätte wohl mit den Schultern gezuckt und gesagt: »Wer Schiß hat, der ist gleich verloren!« Kradfahrer nach vorn!

Wie die Neger sehen sie aus. Schwarz-grau. Der Obergefreite Hermann Thiel flucht leise vor sich hin und setzt immer wieder seine englische Ginflasche aus Steingut an die Lippen. Bohnenkaffee ist drin. Schmeckt zwar salzig – wie immer –, spült aber den Dreck aus der Kehle. Sie fahren. Das Ziel heißt: Küstenstraße westlich Tobruk. Für die Landser bedeutet das Dreck und Hitze irgendwo in der Wüste. Für Rommel aber heißt es: das Aufmarschgebiet der 8. Armee hinter der Gazalastellung in zwei Teile zerschneiden; die gespaltenen und voneinander getrennten Verbände des Gegners getrennt schlagen. Ein uralter Grundsatz, nach dem schon Napoleon marschierte, Friedrich der Große focht und die Griechen kämpften. Wird der Coup gelingen? Es sieht ganz so aus.

Der Morgen des 27. Mai blendet auf. Die riesige Schwenkung um den britischen Südflügel bei Bir Hacheim ist geglückt. Es geht nach Norden. Eine italienische Panzerdivision auf dem linken Flügel; die 90. leichte Division und die zusammengefaßten Aufklärungsabteilungen auf dem rechten Flügel; in der Mitte die zwei Panzerdivisionen des DAK: die 15. rechts, die 21. links. Ziel ist die Küstenstraße zwischen Tobruk und der Front.

In breiter Keilgliederung fährt an der Spitze der 15. Panzerdivision das Panzerregiment 8 unter Oberstleutnant Teege. Vorn die leichten Kompanien, dahinter die schweren. 180 Panzer hat das Regiment. Die I. Abteilung jagt auf einer Frontbreite von 3 Kilometern und 1 bis 1,5 Kilometer tief gestaffelt dahin. Die II. Abteilung hat sich rechts hinter die erste geschoben. Von der Luftaufklärung liegen noch keine Morgenmeldungen vor. Erdaufklärung ist nicht möglich, weil die Aufklärungsabteilung 33 für einen Sondereinsatz gegen Tobruk aus der Division herausgenommen worden ist. Irgendwo muß der Gegner mit seinen Panzerverbänden stehen.

Und da ist es auch schon soweit.

Im Kopfhörer von Hauptmann Kümmel, genannt der ›Löwe von Capuzzo‹, der die I. Abteilung führt, klickt es. Und dann: »Feindliche Panzer, 12 Uhr.«

Da sind sie.

Auch drüben bei den Tommys haben sie die heranbrausende wilde Jagd entdeckt: »Es sieht so aus, als ob der Jerry mit einer Panzerbrigade kommt«, meldet Leutnant James Steel in seinem Aufklärungspanzer von den 8. Husaren im Sprechfunk an den Regimentsstab. Gleich darauf korrigiert er: »Es ist mehr als eine Brigade. Es ist das ganze verdammte Afrikakorps. Alarm, Alarm.«

Die Schlacht hat begonnen.

Und beim Panzerregiment 8 beginnt sie so: »Feindpanzer. 12 Uhr. Angriff, Angriff«, summt es in den Empfängern aller Panzer.

Noch sieht man nur ein paar dunkle Punkte am Horizont. Die Masse der feindlichen Panzermacht steht geschickt getarnt hinter einer kleinen Bodenwelle. Mit hoher Geschwindigkeit hält Hauptmann Kümmel darauf zu. Die ersten eigenen Schüsse. Der Feind antwortet. Fahren. Halten. Schießen. Und wieder: Fahren. Halten. Schießen. Einer bleibt liegen. Noch einer. Was ist denn das? Wieso schießen und treffen die Tommys auf größere Entfernung als wir? Rums! Schon wieder ein Volltreffer in einen deutschen Panzerwagen III. Da ist doch eine Teufelei am Werke. Die Kommandanten heben die Gläser an die Augen. Diese Silhouetten da drüben sind doch neu. »Mensch, da wirft einer ja Attrappen ab.« Und dann steht da ein ganz ungewohnter Panzer. Feuert. »Verflucht.«

Ja, das ist die erste große Überraschung. Der amerikanische Panzer ›Grant‹ ist auf dem Schlachtfelde. Mit seiner 7,7-cm-Kanone ist er dem deutschen Panzer III mit dem 5-cm-Geschütz weit überlegen. Nur Panzer IV ist ihm gewachsen. Aber leider ist er nur mit dem kurzen Rohr im Kampf und hat so eine geringere Reichweite als der ›Grant‹. Von dem Panzer IV Langrohr gibt es nur ein paar, die noch dazu ohne panzerbrechende Munition sind.

Es wird ein harter Kampf. Als die Männer vom Panzerregiment 8 die ersten Verwundeten aufnehmen, wissen sie: Drüben kämpft die neuaufgestellte 4. englische Panzerbrigade. Sie sind also wieder da, die ›Vierer‹, und heute revanchieren sie sich für den Totensonntag 1941, an dem Major Fenski mit der I. Abteilung des Panzerregiments 8 die ganze Brigade einsackte.

Ihre Revanche ist in jeder Hinsicht vom Glück begünstigt. Nicht nur die überraschende Ausrüstung mit der neuen Panzerkanone wirkt sich aus. Auch die deutsche Artillerieunterstützung für das Panzerregiment 8 bleibt lange Zeit aus. Die Batterien des Panzerartillerieregiments 33 wurden durch die starke Feuerwirkung der neuen Feindpanzer durcheinandergebracht. Außerdem hatten die Batterien mit den im Morgengrauen rasch vorgehenden Panzern nicht Schritt halten können und lagen weit zurück. Dazu kam, daß die Batterieführer der I. Abteilung zum ersten Male in Panzern II fuhren, die vom Panzerregiment zur Verfügung gestellt worden waren. Das erwies sich als ein Fehler. Die Batterieführer waren in diesen Panzern zu unbeweglich und fielen mehr oder weniger aus. So focht das Panzerregiment 8 praktisch ohne Artillerieunterstützung. Links neben Panzerregiment 8 kämpft unter gleich schweren Bedingungen das Panzerregiment 5 der 21. Panzerdivision unter Oberst Gerhard Müller. Der Abteilungskommandeur Martin fällt durch Volltreffer in vorderster Linie.

Wütend versuchen die Panzer Teeges an die ›Grants‹ mit ihrer größeren Schußweite heranzukommen. Ein geschickt angesetzter Stoß der II. Abteilung in die Flanke der Tommys bringt schließlich die Entscheidung. Die Panzertaktik der deutschen Kommandanten feiert Triumphe; und es gelingt den Pfälzern, die Briten zu werfen. Die 8. Husaren werden so gut wie aufgerieben. Die 3. Royal Tanks verliert 16 Panzer ›Grant‹.

General von Vaerst, der Divisionskommandeur der 15. Panzerdivision, zu der das Panzerregiment 8 gehört, braust in seinem Befehlswagen nach vorn. Als er an der Spitze der vordersten Panzerkompanie vorbeikommt, ruft der Kompanieführer herüber: »Welche Marschrichtung?« Ehe Vaerst antworten kann, ruft dessen Adjutant dem Kompaniechef zu: »Dorthin! Dort fährt Rommel.« Es klingt wie aus dem Lesebuch, aber es war wirklich so: Der Oberbefehlshaber fuhr, wie so oft, inmitten seiner Panzerverbände und zeigte ihnen den Weg.

Die 4. britische Panzerbrigade hatte der Sperriegel vor dem Aufmarschraum von Auchinlecks 8. Armee sein sollen. Rommels Panzerregimenter hatten ihn gesprengt. Der Weg durch die Hintertür war frei. Die 90. Leichte unter Generalmajor Kleemann, drei Aufklärungsabteilungen und das XX. italienische motorisierte Korps können auf diese Weise nach El Adem schwenken, um die Besatzung Tobruks festzunageln und die Engländer von ihren östlichen Nachschublagern zu trennen. Dieser Teil des Planes gelingt.

Die 21. und 15. Panzerdivision unter Nehring stoßen weiter nach Norden vor. Parallel zur Gazalastellung. Die englischen Panzerdivisionen sollen, getrennt von ihren Nachschubbasen, gestellt und nacheinander vernichtet werden. Dieser Teil des Planes gelingt nicht. Das wissen jedoch die Männer in den Panzern, auf den Lkw und Krädern am 27. Mai noch nicht. Sie fahren. Schießen. Sitzen ab. Schießen und fahren. Die 21. Panzerdivision kämpft sich bis Akroma vor. Die Infanteristen und die Panzermänner sehen die Via Balbia vor sich. Dahinter rauscht das Meer. Das Ziel.

Ist der Feind schon geschlagen? Niemand will es so recht glauben. Aber es geht doch vorwärts! Und weil es vorwärts geht, ist die Stimmung gut. Aber nicht immer bedeutet der Sturm nach vorn auch den Sieg.

Oberleutnant Paulewiecz, Kompaniechef im II. Bataillon des Panzergrenadierregiments 104, hat an kritischen Tagen stets seine besondere Pointe. Diesmal braucht er sie nicht zu suchen. Er hat Geburtstag. Zwei Stunden vor Dunkelwerden erwischt er den englischen Lkw, den er zur Feier braucht: vollbeladen mit Bier in Büchsen und Whisky – in Flaschen natürlich. Das reicht für die ganze Kompanie. Die Flaschenhälse werden an den Lkw abgeschlagen. Schnaps ist auch in Afrika ein Stimmungsmacher. Den Regimentskommandeuren ist jedoch nicht wohl. Sie wissen, daß das Tagesziel des DAK nicht erreicht wurde. Die Feindverbände zwischen der Gazalastellung und Tobruk konnten nicht vernichtet werden. General Ritchie tat nicht, was Rommel erhoffte. Er stellte sich nicht zum Kampf. Er wich mit seinen Panzerkräften nach Osten aus und jagte an den langen Flanken der marschierenden Armee von über 10 000 Fahrzeugen entlang. Seine neuen Panzer ›Grant‹ fügen den deutschen Panzern schwere Verluste zu. Die Royal Air Force bombt Nachschubkolonnen zusammen. Angriffe aus den ›Boxen‹ der umgangenen Gazalastellung – vor allem Bir Hacheim – fügen Rommel schwere Verluste zu.

Das Glück scheint diesmal nicht auf Rommels Seite zu sein. Nicht nur der neue Panzer ›Grant‹ ist eine böse Überraschung, die dem deutschen Nachrichtendienst völlig verborgen geblieben war; auch eine neue Pakkanone der Tommys taucht auf.

Das 6-Pfünder-Geschütz, also etwa 7,5-cm-Kaliber, haut in die deutschen Panzer. Ja, die Tommys haben schon einiges gelernt, und Amerikas Hilfe zeichnet sich ab.

Der zügige Vormarsch stoppt. Der Plan Rommels, vom Süden bis zur Küste durch Ritchies Hinterland zu fahren und die britischen Kräfte zu teilen, mißlingt. Zwar stoßen die Panzerspähwagen der 90. Leichten bis El Adem, und das Gros des DAK kommt weit nach Norden, die Spitzen stoßen sogar bis an die Küstenstraße vor; aber da tritt ein anderes Mißgeschick ein. Der ganze Troß des DAK wird abgeschnitten.

Und dann wird es plötzlich klar: Nicht Ritchie, sondern Rommel sitzt in der Falle. Die Verbindungslinien der nach Nordosten vorgestoßenen 90. Leichten zum DAK werden abgeschnitten. Ritchies Panzer trennen gleichzeitig die im Norden kämpfenden Panzerdivisionen von Troß und Nachschub. Es stellt sich heraus, daß der deutschen Aufklärung schwere Fehler unterlaufen sind. Rommel ist über die Anwesenheit starker englischer Panzerverbände nicht unterrichtet. Er hat nicht nur vom Panzer ›Grant‹ nichts erfahren und nichts von dem neuen 6-Pfünder-Geschütz; er kannte vor allem auch die teuflische Einrichtung der Gazala-Stützpunkte nicht genau und wußte nicht, wie stark die ›Box‹ Knightsbridge besetzt war. Am Spätnachmittag des 27. spitzt sich die Lage zur großen Krise zu. Im Norden liegen die Panzerverbände fest. Im Osten ist die 90. Leichte eingekeilt. Die Truppe ist erschöpft. Kein Nachschub. Kein Wasser. Die Verwundeten können nicht versorgt und nicht abtransportiert werden. Sie liegen in der Wüste. Was ist zu tun? Der I a der Armee, Westphal, kann Rommel nicht erreichen, der vorn bei den kämpfenden Verbänden ist. Westphal stieß mit seinen Funkstellen zum DAK Nehrings, und gemeinsam versuchen sie die Lage zu meistern.

General Nehring hat mir von der Situation am Nachmittag des 27. folgendes Bild gegeben: Um 16 Uhr erfolgte ein Angriff von ungefähr 65 schweren Panzern von Osten her in die Flanke der nach Norden angreifenden 15. Panzerdivision. Das zum Flankenschutz angesetzte Bataillon wurde zerschlagen. Die rückwärts folgenden Trosse und Versorgungsfahrzeuge fluteten nach Süden und Westen zurück. Die Lage für die Division, deren Panzer weit voraus waren, wie für das ganze DAK mußte auf diese Weise in kurzer Zeit kritisch werden.

Das ist eine jener Situationen, aus denen militärische Katastrophen für ganze Armeen entstehen. Es sind aber auch die Augenblicke, da ein einziger kühner Gedanke die Niederlage wenden und sogar in einen Sieg verwandeln kann. Der Mann, der einen solchen kühnen Gedanken hatte und die Kriegsgeschichte um eine neue Taktik bereicherte, hieß Walther K. Nehring. Der Mann, der die Idee verwirklichte, war Oberst Alwin Wolz.

General Nehring und der Kommandeur des Flakregiments 135, Oberst Wolz, sahen sich bei einer Erkundung plötzlich mitten in deutschen Troßverbänden, Nachschubkolonnen und Stäben, die vor dem englischen Panzerangriff zurückfluteten. Oberst Wolz berichtete mir darüber: »Nach längerem Herumkarren stießen wir auf die fliehenden Fahrzeuge der Korps-Führungsabteilung, die ihrerseits wieder von flüchtenden Divisions-Gefechtstrossen durchrollt wurden. Wir verloren unsere gesamte Regiments-Gefechtsstaffel, so daß unsere Führungsgruppe einmal auf vier Mann zusammengeschmolzen war. In der zurückflutenden Masse sah ich auch einige Flakkanonen 8,8. Wir sausten in den Haufen hinein und standen plötzlich Rommel gegenüber, der im Fluchtstrom völlig eingekeilt war. Wütend pfiff er mich an, die Flak sei an dem ganzen Schlamassel schuld, weil sie nicht schieße. Ich schüttelte mich ein wenig und stürzte auf die Geschütze zu. Brachte sie zum Halten. Bekam drei 8,8 zusammen. In den nächsten Minuten schaffte ich noch die andere Hälfte der schweren Flakbatterie der Korps-Kampfstaffel herbei. Da brauste in 1500 Meter Entfernung auch schon die feindliche Panzer-Armada heran. 20, 30, 40 schwere Feindpanzer. Vor ihnen die flüchtenden Nachschubkolonnen des DAK, die ja durchweg ohne Waffenschutz fuhren und deshalb einem Panzerangriff hilflos ausgeliefert waren. Mitten in dem Chaos: Rommel, Stäbe des DAK, Regimentsstäbe, Nachrichtenwagen, kurzum, die Muskulatur und das Nervenzentrum der vorn kämpfenden Verbände.

Eine große Entscheidung lag in der Luft. Besser gesagt, eine Katastrophe. So schnell wie noch nie waren die Geschütze meiner Batterie in Stellung gebracht. Als ich Feuer frei geben wollte, stutzte ich. Im Fernglas beobachtete ich, daß die Feindpanzer im Begriff waren, in das den rechten Korpsflügel sichernde Infanteriebataillon einzudringen. Wenn das erst geschehen war, konnte ich nicht ohne Gefährdung der eigenen Truppe schießen lassen. Es mußte also schnell, und es mußte sicher geschossen werden: Feuer frei! Die 8,8 wummerte ihre Granaten heraus. Erste Treffer. Der Engländer stoppte. Auch die bereits in unser Bataillon eingedrungenen Panzer wurden durch den unerwarteten Widerstand aus dem Konzept gebracht und setzten zurück. Aber sie formierten sich zu neuem Angriff.

›Eine Flakfront‹, rief General Nehring. ›Wolz, Sie müssen aus allen verfügbaren Geschützen eine Flakfront als Panzerabwehrflanke aufbauen.‹ Das war die Idee der Stunde. Zum Glück kam Major Gürke mit einer weiteren schweren Batterie heran. Nach einer halben Stunde traf der Armeeadjutant mit der zur Armee-Kampfstaffel gehörenden schweren Flakbatterie ein, die Rommel persönlich herandirigiert hatte. In fieberhafter Eile konnte ich so eine Flakfront von 3 Kilometer Breite den englischen Panzern gegenüber aufbauen.«

Kaum hatte Wolz seinen mächtigen Kanonenwall errichtet, da kamen sie auch schon wieder: Hellgelb die Türme. Die Befehlspanzer hatten an der Stabantenne den Wimpel. 1200 Meter. Feuer frei! 16 Flakkanonen 8,8 donnern wie eine feuerspeiende Wand ihre Granaten gegen die immer wieder angreifenden britischen Panzer. Geschütz Dora erzielt auf 1600 Meter mit drei Schuß bei zurückfahrendem ›Grant‹ einen Volltreffer. Dieser Sprache war auch der neue amerikanische Panzertyp nicht gewachsen. Sie feuerten, was die Rohre hergaben. Verbissen griff der Tommy immer wieder an. Er kannte seine Chance und wollte sie nutzen. Aber als die Nacht hereinbrach, blakten die Rauchsäulen von zwei Dutzend Feindpanzern vor der Front der Flak. Es war der erste Fall in der Kriegsgeschichte, daß ein Kommandeur der Flakartillerie seine schweren Einheiten im geschlossenen Einsatz gegen Panzerfeind kämpfen ließ. Aber noch war die Sache nicht ausgestanden. Der Tommy führte Artillerie heran und hämmerte damit gegen die Flakstellungen. Er wollte um jeden Preis ›die Wand von Stahl‹ eindrücken. An dieser Wand aber hing das Schicksal des DAK.

General Nehring hatte seinen Gefechtsstand etwa einen Kilometer hinter der Flakfront aufgeschlagen und unterstrich damit die entscheidende Bedeutung dieses Frontabschnittes. In einem unaufhörlichen Feuerhagel hämmerte die feindliche Artillerie auf die Batterien. Bei einzelnen Geschützen fiel zeitweise die ganze Besatzung aus. Major Gürke und Oberst Wolz fuhren unermüdlich die Geschützfront ab, um die Bedienungen anzufeuern; denn ein Zusammenbruch des Sperriegels hätte für das ganze DAK unabsehbare Folgen gehabt. Wie ein Segen begann schließlich ein Ghibli sein brausendes Lied und hüllte alles in seinen schützenden Staubmantel.

Die Gefahr war zunächst gebannt; aber die große Krise war damit noch lange nicht behoben. Die Lage bei den Panzern spitzte sich wegen der mangelnden Versorgung immer mehr zu.

»Was ist mit Crüwells Frontalangriff?« fragt Rommel seinen Stabschef Gause am Abend des 28. Mai. Und er fügt gleich seinen Befehl hinzu: »Er muß von Westen durch die Minensperre stoßen, um uns den Rücken frei zu machen.« Crüwell wird per Funk mobilisiert.

Lassen wir General Crüwell selbst erzählen, was geschah:

»In der Nacht vom 28. zum 29. Mai ging ein Funkbefehl des Generalobersten Rommel ein, der den sofortigen Angriff eines mir unterstellten italienischen Korps anordnete. Ich sandte den Artilleriekommandeur, Oberst Krause, zu dem italienischen Generalkommando voraus. Er sollte Sorge tragen, daß ab 8 Uhr 30 ein Posten bereitstünde, der durch Leuchtkugeln meinem Storch die italienische Front anzeigen sollte. Ich startete gegen 8 Uhr 30. Mein Pilot hatte die richtige Karte nicht zur Hand. Der Fliegerführer Afrika, General v. Waldau, gab ihm genaue Instruktionen: erst bis Punkt Segnali, dann genau Richtung Osten. Bald fiel mir auf, daß wir immer noch genau der Sonne entgegenflogen. Der Flugzeugführer beruhigte mich. Wir könnten die Leuchtkugeln nicht verfehlen, meinte er. Aber dann war es auch schon passiert: Wir waren über den englischen Linien. Wir flogen in etwa 150 Meter Höhe. Bekamen MG-Feuer. Eine Geschoßgarbe ging ins Heck, die zweite durchlöcherte den Motor, die dritte traf den Flugzeugführer. Er fiel tot zur Seite. Wie durch ein Wunder stürzte das Flugzeug nicht ab, sondern schwebte aus und machte selbsttätig eine Bauchlandung, wobei das Fahrgestell vollständig abriß. Es splitterte und krachte um mich herum; aber zum Glück war die Tür nicht verkeilt. Ich war in der vordersten englischen Linie der Box, die von der 150. britischen Brigade besetzt war. Zahlreiche Tommys stürzten herbei und nahmen mich gefangen. Nach einem Jahr stellte ich bei General Krause, der in Tunis in Gefangenschaft geraten war, fest, daß die verabredeten Leuchtkugeln nicht geschossen worden waren, weil der damit beauftragte

Offizier gerade in dem Augenblick, als ich vorbeiflog, in seinem Unterstand ans Telefon gerufen worden war.«

Ja, genauso war es am 29. Mai 1942 vormittags gewesen. Natürlich verzögerte sich der Frontalangriff des italienischen Korps. Zwar sprang Feldmarschall Kesselring sofort in die Bresche und übernahm Crüwells Kommando an der Gazalafront. Er bot Rommel sofort an, sich ihm – der Feldmarschall dem Generalobersten – zu unterstellen.

Rommel hält Lagebesprechung. Nehring, Gause, Westphal, Bayerlein – alle machen kein Hehl daraus, daß sie die Lage für sehr ernst halten. Sie fordern Durchbruch aus der Umklammerung.

Nachdem Crüwell nicht vorgestoßen war, blieb als einziger Weg der Stoß durch die Gazalastellung nach Westen, um wieder Anschluß an die Nachschubbasen zu bekommen. Rommel zögert; aber dann stimmt er zu. Die Schlacht ist verloren; aber vielleicht kann ein kühner Entschluß das Schlimmste wenden.

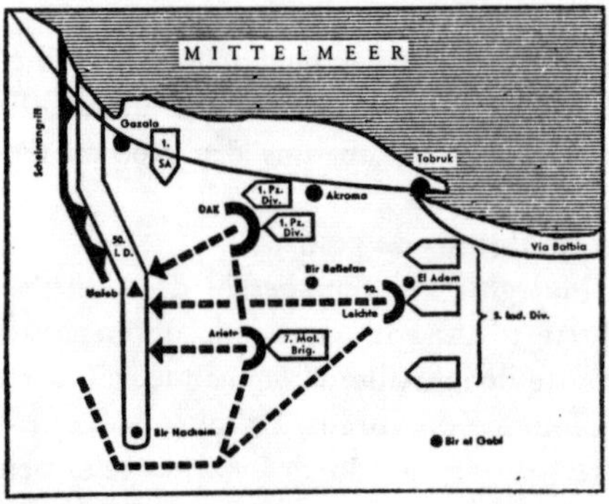

Die Schlacht um die Gazala-Front vom 27. bis 30. Mai 1942.

Am 30. Mai kurz nach Mitternacht wird der Plan ins Werk gesetzt. Gegen Morgen ist der starke feindliche Minengürtel der Gazala-Hauptkampflinie von rückwärts her, von Osten, erreicht. Es heißt nun, eine Gasse durch die britischen Minenfelder zu schlagen und das ersehnte Nachschubventil zu öffnen. Rommel überläßt dem Feind das Schlachtfeld. Überläßt ihm den Ruhm eines Sieges. Nur nicht sinnlos kämpfen ist seine Parole.

Noch ist die kühne Operation nicht geglückt. Eine Minengasse ist zwar schnell geschlagen. Die italienische Division Trieste hat von Westen her gut vorgearbeitet. Aber jetzt macht sich die britische Organisation der ›Boxen‹ böse bemerkbar. Die deutsche Führung kennt die Box Got el Ualeb nicht. Dort aber sitzt, mitten im Minengürtel, die 150. britische Brigade, 2000 Mann mit 80 schweren Panzern Mark II. Sie halten die Minengassen unter Artilleriefeuer. So wird eine Durchfahrt am Tage unmöglich und selbst nachts noch ein gefährliches und verlustreiches Abenteuer. Dazu kommt, daß General Ritchie die Schwerfälligkeit und Unentschlossenheit, die seiner Taktik bisher immer anhingen, überwunden hat. Er hat seine Panzerverbände neu formiert und greift an. Bei Knightsbridge hält die englische Garde. Sie hält gegen die nach Westen durchbrechende 90. Leichte und die Aufklärungsabteilungen 3 und 33 sowie die bewährte gemischte Aufklärungsabteilung 580 unter Rittmeister von Homeyer. Die Verbände der 21. und 15. Panzerdivision sind in Gefahr, überflügelt zu werden. Den rettenden Ausbruch nach Westen aber verhindert immer noch der britische Stützpunkt Got el Ualeb.

Rommels Absetzbewegungen deutet General Ritchie als Niederlage. »Rommel weicht«, funkt er nach Kairo.

»Bravo, 8. Armee, geben Sie ihm den Rest«, antwortet Auchinleck ins Hauptquartier Ritchies. Aber noch ist es nicht soweit.

»Got el Ualeb muß fallen. Die 150. britische Brigade muß aus ihrer Burg geschlagen werden!« befiehlt Rommel hart. Es ist die letzte Möglichkeit. Gelingt dies nicht – dann ist Rommel wahrscheinlich am Ende und seine Armee auch. Rommel weiß es. Die Kommandeure wissen es. Die Soldaten spüren es. So hängt das Schicksal eines Kriegsschauplatzes – wie so oft in der Geschichte der Kriege – von der Kampfkraft einer Brigade ab und von der Frage, ob der Befehl zu ihrer Vernichtung durchführbar ist.

Es ist der 1. Juni 1942. Wer ihn in Afrika erlebt hat, wird ihn nie vergessen. Es geht ums Ganze.

Rommel setzt das Panzerregiment 5 persönlich an, um Got el Ualeb zu stürmen. Vergeblich! 12 Panzer bleiben im Minenfeld liegen. Die ›Kampfstaffel Kiehl‹ greift an. Aber das britische MG-Feuer und massierte Artillerie schlagen auch diesen Sturm zusammen.

So geht es also nicht. Die Kommandeure stehen am Scherenfernrohr und haben die Feldstecher vor den Augen: Wo sind diese verfluchten MG-Nester? Wo ist das Minenfeld zu Ende? Nehring und Bayerlein zeichnen in ihre Karten, was sie erkennen. Dann wird entschieden: »Das alte Kradschützenbataillon muß her, das III. Bataillon der 104er.«

Der Bataillonsstab hat seinen Gefechtsstand in einem gut zwei Meter tiefen Sandloch. Dicht daneben ist eine 8,8 in Stellung gegangen.

Da, ein deutscher Stuka-Verband fliegt an. Voll Spannung beobachten alle, ob er auf die vor der Front stehenden englischen Panzerverbände abladen wird. Da ruft Oberleutnant Kordel: »Verflucht, die klinken jetzt schon aus!« Tatsächlich!

Sie pressen sich auf den Sandboden, da kracht es schon. Die 8,8 und die Zugmaschine sind getroffen. Explodierende Munition macht es unmöglich, zu helfen. Überall Verwundete. Überall brennen Lkw aus. Der Tommy nutzt sofort die Lage und greift an. Mit Mühe kann er abgeschlagen werden. Die Flüche der Landser sind nicht niederzuschreiben. In die Kampfpause tönt der Ruf: »Kommandeur und Adjutant zum Divisionsgefechtsstand!«

General von Bismarck, der Kommandeur der 21. Panzerdivision, sitzt in seinem Omnibus und zeigt auf einen am Horizont stehenden ausgebrannten Panzer. »Sehen Sie den Panzer, Ehle?«

»Jawohl, Herr General!«

»Dort liegt der englische Stützpunkt Got el Ualeb. Sie haben den Auftrag, mit Ihrem Bataillon den Stützpunkt zu nehmen. Es ist schwer, Ehle. Alle Angriffe sind bisher gescheitert. Erkunden Sie und berichten Sie mir, wie Sie es machen wollen. Es eilt, Ehle«, fügt Bismarck hinzu und abschließend: »Unterstützt wird der Angriff von einer Abteilung Artillerie unter Major Beil.«

Auf dem Weg zur Erkundung trifft Ehle Major Beil, der mit General Nehring und Oberst Bayerlein bei einer 8,8 steht. Nehring und Bayerlein erklären die Lage. Bayerlein orientiert den Adjutanten Oberleutnant Kordel auf der Karte. Plötzlich ruft einer: »Achtung! Tiefflieger!« Da kracht es auch schon. Und Ehle hat es erwischt. Verwundet. Er wird Got el Ualeb nicht mehr nehmen. Hauptmann Reißmann übernimmt das Bataillon und den Angriff. Leutnant Wolff berichtet darüber: »Alles kam auf eine gute Bereitstellung, schnelles Vorbrechen und schnellstes Fahren an. Beim ersten Büchsenlicht gab ein Artilleriefeuerschlag das Zeichen zum Angriff.

9. Kompanie links, 10. Kompanie rechts, Bataillonsstab in der Mitte, so geht es im 60-Kilometer-Tempo auf die drei Kilometer entfernte englische Stellung los. Bei jeder Kompanie ein Pioniertrupp: gegen den Draht und die Minen. Der 10. Kompanie gelingt es im ersten Schwung, durch das Minenfeld durchzubrechen. Aber die 9. bleibt mittendrin liegen. Das ganze Feuer des Stützpunktes konzentriert sich auf die Männer und ihre Fahrzeuge. Hauptmann Reißmann brüllt seinem Ordonnanzoffizier zu: »Wolff, sausen Sie hinüber zur 9., die Männer müssen aus den Minen. Liegenbleiben ist schlimmer als stürmen.«

›Keine Bewegung quer zum Feind‹, besagt die Vorschrift. Richtig gedacht. Aber soll man erst drei Kilometer zurücklaufen und dann wieder drei Kilometer vor? Am Schreibtisch mag das richtig sein. Wer aber tut es im Ernstfall? In schnellen Sprüngen jagt Wolff zur 9. Aber die Dienstvorschrift hat doch recht. Der Tommy sitzt in seinen tadellos eingebauten Stellungen. Gut getarnt. Er braucht nur hinzuhalten. Und er hält hin. So erwischt es Leutnant Wolff. Der Splitter eines Explosivgeschosses durchschlägt ihm die Schulter. Wolff läuft. Kommt stolpernd bis zur 9. Feldwebel Friedrich fängt ihn auf. Der holt sich nach Wolffs Befehl die Pioniere und einige bewährte Männer. Räumt eine schmale Minengasse und schleust die Kompanie hindurch.

Nun rollt die Sache. Drei Sprünge. Hinwerfen. Wieder drei Sprünge. Dieses verfluchte Tommy-MG da drüben. Aber jetzt schweigt es. Ladehemmung? Schnell. Schneller. Wer gewinnt? Die Tommys zurren noch am Gurt. Da ist Feldwebel Friedrich ran: »Hands up!« Die Hände fliegen hoch. So werden die ersten Stellungen des englischen Stützpunkts geknackt. Mit Handgranaten und MP wird gefochten. Mann gegen Mann. Die Artillerie Beils hämmert in direktem Beschuß in die getarnten Stellungen der Briten. Stukas heulen heran. Laden ab. Diesmal präzise.

Mitten im Kampf steht Rommel plötzlich neben Reißmann. Rechts und links rattern die MG ihre Gurte leer. Da ruft Rommel: »Der Feind ist weich, Reißmann, winkt's mit weißen Tüchern, dann ergibt er sich.« Wie immer, wenn er aufgeregt ist, schwäbelt er. Jetzt winken, denkt Reißmann. Das ist eine fixe Idee vom Alten. Die Tommys fechten doch wie die Teufel. Was soll man da mit Winken ausrichten? Aber als Rommel anfängt, sein weißes Taschentuch zu schwenken, winken die anderen mit. Die wenigsten haben allerdings weiße Taschentücher. Sie nehmen die Schals. Einer hat sein Hemd über den Kopf gezogen und schwenkt es wild. Und das Erstaunliche geschieht. Die Tommys kommen aus ihren Stellungen und heben die Hände. 2000 Mann ergeben sich. Ergeben sich den 300 Mann des III. Bataillons Panzergrenadierregiment 104. Die 150. Brigade kapituliert. Auchinlecks Chance, Rommel den Rest zu geben, ist zerbrochen. Vergeblich hoffte Rommel, daß der am 29. Mai über Got el Ualeb abgeschossene und gefangene General Crüwell noch in der ›Box‹ sei. Aber die Briten hatten ihn einige Stunden vor dem deutschen Angriff aus dem Stützpunkt im Spähwagen herausgeschleust. Der englische Offizierskoch wurde gefangen. Er erzählte, daß er Crüwell ein Rumpsteak mit allen Raffinessen gebraten habe, aber dem General habe es nicht geschmeckt.

Die Verluste des III. Bataillons waren schwer. Unter den vielen gefallenen Offizieren und Männern war auch ein ganz alter Krieger. Zwar noch jung an Jahren, ein Obergefreiter, einer, den sie alle liebten: der Obergefreite Borstel. Wieder war er auf seinem Krad dabei. Eines der wenigen Kräder, die im Bataillon noch funktionierten. Er brachte die ersten Verwundeten zurück. Fuhr mit Munitionskästen wieder vor. Durch Minengassen, auf die sich das feindliche Feuer konzentrierte. Viermal gelang ihm die Fahrt hin und zurück. Aber bei der fünften erhielt er den in Afrika so gefürchteten Bauchschuß. Er hatte einen Schwerverwundeten im Beiwagen. ›Der muß zum Verbandsplatz‹, war Borstels Gedanke. ›Muß, sonst stirbt er, und ich auch.‹ Deshalb warf sich Borstel nicht vom Krad. Rief nicht nach dem Sanitäter, sondern fuhr, die linke Hand auf seine Bauchwunde gepreßt, die rechte am Lenker. So schaffte er es bis zum Verbandsplatz. Dort fiel er vom Krad. Stunden später war er tot.

Es war der Verbandsplatz am Trigh Capuzzo, und mancher Landser erinnert sich heute noch an ihn. Und wer Siege bewertet, sollte die Verbandsplätze nicht übersehen.

Gnadenlos schien die Sonne am Trigh Capuzzo. Die Verwundeten schrien vor Schmerz und schrien nach Wasser.

Die niedrigen Tragbahren standen dicht nebeneinander im Sand. Die Sanitäter hasteten durch die Reihen der Tragen. »Noch eine Decke«, rief der Sanitätsunteroffizier. Und er schob sie vorsichtig einem Artilleristen unter die zerschmetterten Glieder: »Wird schon werden, Kamerad; ich gebe dir gleich eine Spritze, wird schon werden.« Und der Artillerist nickte. Angst in den Augen. Wird es werden?

Abends sollte der erste Transport zum Hauptverbandsplatz abgehen. Die Sanitäter konnten kaum noch auf den Beinen stehen. Der Unterarzt wankte.

Um 20 Uhr war die Kolonne von 100 Lkw fahrbereit. Nur wenige Sankas standen zur Verfügung. 120 Kilometer waren es bis zum Hauptverbandsplatz bei Tmimi.

Hinten im Lkw lag Hauptmann Eckert von der Kampfstaffel Kiehl. Auch ihn erwischte es vor Got el Ualeb. Daneben Generalleutnant von Vaerst, der schon am 27. verwundet worden war. Neben ihm zwei Soldaten mit Brustschuß. Dazwischen noch ein schwer Beinverletzter. Was hilft es, daß man versucht hat, sie so weich wie möglich zu betten? Der Fahrer kann sich den Weg nicht aussuchen.

Es wurde eine grausige Fahrt. Schon nach den ersten 500 Metern begannen sie zu stöhnen. Dann zu schreien. Aber weiter ging die Fahrt durch Löcher, über Steine. Nur nicht vom Wege abkommen. Nur nicht auf eine Mine geraten. Fünf Panzer und fünf Spähwagen gaben der Kolonne das Geleit. Vorwärts. Vorwärts. Der Tommy hatte die Minengassen ausgemacht und schoß mit Artillerie hinein. Vorwärts.

Wer kann das aushalten, wenn sie hinten wie wahnsinnig schreien! Und wie sollen jene, die da schreien, es aushalten!

Der Fahrer hielt. Wer anfassen konnte, half die Schwerverwundeten neu zu betten. Aber da spritzten auch schon die Artillerie-Einschläge um den Wagen. Weiter. Längst ist die Kolonne auseinandergerissen. Immer wieder muß gehalten werden.

19 Stunden dauerte die Fahrt. 19 Stunden Schmerzen hatten die Verwundeten fast zum Wahnsinn getrieben.

Auch auf dem Hauptverbandsplatz kann kein Apfel zur Erde. Ärzte und Rotkreuzschwestern sind erschöpft. Sie arbeiten weiter. Bei brütender Hitze. In staubigen Zelten. Der Schweiß rinnt ihnen in Strömen über den Körper. Aber es ist Eis da. Und es ist Beutesekt da. Wer ihn verträgt, bekommt ihn. Auch Rotwein gibt es. Und eisgekühltes Zitronenwasser. Und immer neue Verwundetentransporte. Die Gesichter der Ärzte und Schwestern sind hart.

Im großen stickigen Operationszelt klappern die Instrumente. Sparsam fallen die Worte.

»Bluttransfusion«, sagt der Internist nach einem Blick in das gelbe Gesicht des Verwundeten, der auf dem Operationstisch liegt.

Das Leben rinnt durch den Schlauch.

Der Chirurg tritt heran.

»Narkose, anfangen, bitte.«

»Acht, neun, zehn, elf, zwööölf ...«

»Skalpell.«

Schweigen. Hände gehen hin und her. Schweiß wird von der Stirn des Operateurs getupft. Die Luft ist wie Gift. »Puls wird schwach.«

Hasten. Flüstern. Der Operateur richtet sich auf. Blickt auf die Schwesternhände mit der Spritze.

»Puls ist da.«

»Klemme.«

»Tupfer.«

»Puls wird schwach.«

»Kampfer.«

»Puls setzt aus.«

Lauschen. Gespannte Gesichter.

»Kein Puls.«

Eine Schere fällt in die Tupferschale: »Exitus!«

Der Stabsarzt Dr. Linz richtet sich auf. Müde und zerschlagen: verloren, wieder einmal verloren. ›Exitus‹ hat gewonnen. Exitus, wie sie in der Fachsprache den Tod nennen. Sie kennen ihn. Sie wissen, daß er das Zelt gar nicht verläßt. Er sitzt im Sand. Und wartet: der nächste.

Glücklich, wer dem Tod auf dem Hauptverbandsplatz entwischt und nach Derna kommt. Ins Lazarett am Mittelmeer.

Auch Major Ehle, der verwundete Kommandeur des III. Bataillons vom Grenadierregiment, das Got el Ualeb knackte, und die 150. Brigade zur Aufgabe zwang, kommt nach Derna. In dem kleinen Zimmer sind schon zwei Betten belegt: ein Generalmajor und ein Oberstleutnant, nach den Uniformröcken zu schließen, die über den Stühlen hängen. Sie schlafen schon unter den Fliegennetzen. Auch Major Ehle rollt sich auf die Seite. Als er aufwacht, sieht er durch sein Fliegennetz Feldmarschall Kesselring im Zimmer stehen. Und nun erkennt er auch seine beiden Zimmergenossen: Generalmajor Gause, den Stabschef Rommels, und Oberstleutnant Westphal, den Ia. Auch sie mußten bei Got el Ualeb zahlen. Gause wurde durch einen Artillerieeinschlag gegen einen Panzer geschleudert und erlitt eine Gehirnerschütterung. Westphal bekam einen Granatwerfersplitter in den Oberschenkel.

Kesselring ist nicht gerade guter Stimmung. »Lieber Gause, ich will Sie ja nicht aufregen, aber so geht's nicht. Es ist unmöglich, daß der Generaloberst Rommel immer in der vordersten Linie herumfährt. Er ist doch kein Divisions- oder Korpskommandeur mehr. Als Armeeführer muß er erreichbar sein. Das müssen Sie ihm beibringen.« Kesselring wettert noch eine ganze

Weile. »Herr Feldmarschall, der Generaloberst ist einfach nicht zu halten. Er fährt los, und dann halten die Funkwagen das Tempo nicht durch oder werden abgeschossen. Bis wir eine andere Funkstelle erreicht haben, ist es meist schon zu spät. Aber wie soll er auch hier in Afrika von hinten führen? Es ist nun mal ein Krieg, in dem alles nur von vorn entschieden werden kann.« Und da schaltet sich auch Westphal ein: »Herr Feldmarschall, wir können Rommel nicht festbinden. Man muß für wichtige Entscheidungen das Gelände vor Augen haben.« Kesselring jedoch ist nicht so leicht zu bekehren. »Das kann einmal ein großes Unglück geben, meine Herren.«

DIE HÖLLE VON BIR HACHEIM

»Rein in den Wagen, Bayerlein, ich führe selbst gegen Bir Hacheim.« Mit diesen Worten begrüßte Rommel seinen neuen Chef des Stabes, Oberst Fritz Bayerlein, der am 1. Juni 1942 für den verwundeten Generalmajor Gause vom DAK zur Panzerarmee kommandiert wurde. Das war typisch für Rommel. Eben hatte er sich der tödlichen Umklammerung eines überlegenen Feindes entzogen und Ritchie das Schlachtfeld überlassen, da holte er schon wieder zum Angriff gegen einen Schlüsselpunkt der feindlichen Front aus.

Rommel hatte eine Kampfgruppe zusammengestellt aus Verbänden der 90. Leichten, mit einigen Panzern des DAK, der Aufklärungsabteilung 33 und der italienischen Division Trieste. Seit dem 26. Mai lagen die Italiener vor Bir Hacheim. Sie hatten den Stützpunkt gleich zu Beginn der Offensive nehmen sollen, waren aber keinen Fußbreit in die Stellungen hineingekommen. Rommel schüttelte darüber den Kopf: »Eine ganze Division«, sagte er böse, »na, das werden wir bald haben.«

Aus diesem »Na, das werden wir bald haben«, wurde die härteste Schlacht in Afrika. Bir Hacheim, der südliche Eckpfeiler der Gazalafront, die Tobruk abschirmte, wurde von der ersten Freien französischen Brigade und einem Bataillon jüdischer Freiwilliger unter General Pierre Koenig verteidigt.

General Ritchie wußte, weshalb er diese kampfentschlossenen Verbände nach Bir Hacheim gelegt hatte. Hier war der Drehpunkt der Gazalafront. Stürzte Bir Hacheim, dann war die ganze Gazalalinie nicht mehr zu halten. Dann war das letzte Bollwerk vor Tobruk gefallen. Hielt aber Bir Hacheim, dann blieb dieser Stützpunkt bei jedem Vormarsch eine ständige Flankenbedrohung. Für Ritchie galt daher: Bir Hacheim muß halten. Für Rommel war es eine operative Notwendigkeit: Bir Hacheim muß fallen!

Zunächst versuchte es Rommel mit seiner berühmten ›Taschentuchtaktik‹. Aber bei Bir Hacheim glückte es nicht. Die deutschen Panzer wurden abgeschossen, und wütendes MG-Feuer beharkte Rommel und die winkenden Vorhuten. »Na, denn nicht«, meinte Rommel, und zu Bayerlein gewandt: »Angriff!«

Die 3000 Franzosen und 1000 Angehörigen des jüdischen Bataillons lagen in glänzend ausgebauten Stellungen. Die ebenerdigen gutgetarnten MG- und Artillerie-Nester waren nicht auszumachen. 1200 solcher Kampfstände zählte man später. Und daraus prasselte ein wütendes Feuer. Aus allen Ecken wurde flankierend geschossen. Die französische Artillerie schlug jeden Angriff zusammen. »Stukas!« befahl da Rommel. Funkspruch an Kesselring. – Antwort des Feldmarschalls: »Stukas kommen!« Sie kamen. Und bombten.

Aber die französischen Pioniere hatten ganz schmale Gräben und enge Nester gebaut. Wenn eine Bombe nicht direkt hineinfiel, richtete sie kaum Schaden an. Und dann funkte General Koenig an den britischen Befehlshaber Ritchie: »Schicken Sie Jäger.« Ritchie schickte. Und da die Stukas den wendigen Jägern gegenüber hilflos waren, wurde die Sache sehr schlimm. Viele Stukas wurden mitten im Angriff erfaßt und stürzten als rauchende Fahnen ab. Rommel sah erschrocken dieses Unglück.

Kesselring flog herbei und zürnte: »So geht es nicht, Rommel! Greifen Sie doch das verfluchte Nest mit allen verfügbaren Erdtruppen an! Geben Sie die spärliche Kampfgruppentaktik auf!«

Rommel befahl die Flak heran, die bewährte Feuerwehr der Panzerarmee. Oberst Wolz, der Chef des vielerprobten Flakregiments 135 mit den verschiedenen Abteilungen und Batterien anderer Flakregimenter, deren Nummern für alle Zeiten ins Buch der afrikanischen Kriegsgeschichte geschrieben sind, trat an. Der Kampfbericht nennt alte Namen: I./Flak 43, II./Flak 25, I./Flak 18, I./Flak 6. Den Erdeinsatz der Flak unterstützten die Aufklärungsabteilung 3, die Panzerjäger 33, die Grenadiere der 90. Leichten und der italienischen Division Trieste. Kampfgruppe Wolz griff an.

Aber was im Kampf gegen die 150. Brigade der Engländer bei Got el Ualeb so bravourös gelungen war, hier gelang es nicht. Wo die deutschen Pioniere nachts eine Minengasse räumten, hatten die Franzosen am Morgen neu vermint. Sie schleusten Nachschub an Munition durch den viel zu weitmaschigen Einschließungsring und schossen zu jeder Stunde ein in Afrika noch nicht erlebtes Trommelfeuer auf die Angreifer. Rommel wurde wütend. Er ließ nachts ständig Leuchtzeichen schießen und die taghell erleuchteten feindlichen Verteidigungsanlagen mit dauerndem Maschinengewehrfeuer belegen, um die Franzosen zu zermürben. Doch wenn am Morgen die deutschen Verbände stürmten, schlug ihnen das Abwehrfeuer in unverminderter Stärke entgegen. Hartnäckig verschloß sich Rommel den Einwänden von Oberst Wolz, daß die Angriffskräfte zu schwach seien. Die Kampfstaffel Kiehl verblutete. Die Flak hatte schwere Verluste. Was ein Handstreich werden sollte, wurde allmählich zu einer wütenden Schlacht.

Zum Glück für Rommel schaute der britische Oberbefehlshaber Ritchie dem Ringen um Bir Hacheim ziemlich tatenlos zu. Statt zielbewußt alle seine Kräfte zusammenzufassen und zu einer breitangelegten Entlastungsoffensive gegen den Nordflügel Rommels zu schreiten, wo die Masse des DAK stand, machte er nur zusammenhanglose Angriffe bei Got el Ualeb gegen die dort stehende italienische Division Ariete. Diese Chance nutzte die Führung des DAK aus, und griff selbständig – da mit Rommel keine Sprechverbindung bestand – die zerstreut und ›laurig‹ fechtenden britischen Panzerbrigaden umfassend an.

Die 15. Panzerdivision, die Oberst Crasemann stellvertretend für den verwundeten General von Vaerst führte, griff von Süden an. Ihr Panzerregiment 8 stieß quer durch ein vermintes Drahthindernis nach Bir el Tamar. Die 21. Panzerdivision von Osten. Noch glaubten die Briten, sie seien in der Offensive gegen die italienischen Panzer der Ariete. Da waren sie bereits in eine Panzerschlacht mit dem DAK verwickelt.

Wenn eine solche Panzerschlacht geschlagen ist, sieht alles einfach aus. Man rekonstruiert die Irrtümer. Man bewertet die Befehle, und Sieg oder Niederlage werden ein wohlbegründetes Ganzes. In Wirklichkeit ist es ganz anders. In der beweglichen Panzerschlacht kann häufig keiner der Beteiligten den Lauf der Dinge klar überblicken. Weder der Mann im Panzer noch der Regimentskommandeur, weder der Stabsoffizier noch der General. Alles ist ständig in Fluß. Die Meldungen, die an die rückwärtige Zentrale kommen, sind meistens überholt, und ehe ein Befehl von dort zurückkommt, ist es oft zu spät, weil die Kampflage sich inzwischen verändert hat. Die britischen Generale, die nach alter Manier weit hinter der kämpfenden Front führten, waren auf diese Weise völlig ausmanövriert. Rommel und seine Kommandeure fuhren die Schlachten im Befehlspanzer oder im Kübelwagen mit.

Allerdings sahen auch sie dabei immer nur Ausschnitte des großen Geschehens. Deshalb lag die Verantwortung oft allein bei den Führern aller Dienstgrade bis herab zum Panzerkommandanten. In ihren stählernen Kampfmaschinen mußten sie ihre Entscheidungen treffen. Allein mit ihren Männern, ihrem Mut und ihrer Angst. Freilich, sie wußten: Rommel ist auf dem Schlachtfeld. Er fährt mit seinem Ordonnanzoffizier im Kübelwagen oder in seinem Panzerspähwagen ›Greif‹ die Angriffe mit. Es geschah immer wieder, daß ein Panzerkommandant, der unentschlossen seinen Panzer halten ließ, hartes Klopfen gegen den stählernen Koloß hörte. Öffnete er die Luke, dann sah er Oberleutnant Frhr. v. Schlippenbach, Rommels Ordonnanzoffizier, mit einer Brechstange ›Anklopfer‹ spielen. Die Brechstange mußte dafür in Rommels Wagen extra mitgeführt werden. Sie war so etwas wie der Exerzierstock der Preußenkönige in moderner Form. Rommel stand im Kübel; und kaum zeigte sich der Panzerkommandant im Turm, dann schrie er: »Fahrt's los! Fahrt's los! Angriffe werden nicht im Stehen gefahren.« Einmal ging diese Kampfaufmunterung allerdings beinahe schief. »Wieder hatten wir uns«, erzählte mir Oberleutnant von Schlippenbach, »hinter einen stehenden Panzer gesetzt. Schon war ich, mit der Brechstange bewaffnet, aus dem Kübel gesprungen. Da bekommt der Panzer Beschuß. Der Fahrer schmeißt den Rückwärtsgang rein und retiriert genau in unseren Wagen Rommel konnte gerade noch rechtzeitig herausspringen.«

Wie unterschiedlich die Methode der Kampfführung in diesem Zeitraum bei Rommel und den Engländern war, zeigt folgendes Ergebnis.

General Messervy, der Kommandeur der 7. englischen Panzerdivision, befahl der 4. Brigade, die vorstoßende 15. Panzerdivision Rommels anzugreifen. Der Brigadegeneral machte Einwände. Über offenen Sprechfunk ›diskutierte‹ er mit dem Kommandeur der 2. Panzerbrigade die Lage. Der glänzend organisierte deutsche Horchdienst hörte solche Gespräche mit. Auch diesmal. Nach dem amtlichen britischen Kampfbericht blendete sich ein Offizier des deutschen Abhorchdienstes, der das Gespräch der beiden britischen Generale mithörte, mit den Worten ein: »Thank you very much for your valuable information – vielen Dank für Ihre wertvolle Information!« Das war bei allem Witz natürlich eine gefährliche Indiskretion. Aber sie hat nicht geschadet.

Der Angriff des DAK frappierte die Tommys. Sie wollten noch immer nicht glauben, daß Rommel, der eben erst durch das Loch von Got el Ualeb entkommen war, schon wieder die Initiative auf dem Schlachtfeld hatte.

Die 15. Panzerdivision zerschlägt die 5. indische Division. Dabei wird die 10. Brigade vernichtet. Der Kessel um diese Brigade wird im Norden von einer Kompanie des Panzerregiments 5 unter Oberleutnant Riepold geschlossen. General Nehring fährt den Angriff im Kübelwagen mit und sperrt eine

Lücke im weitmaschigen Einschließungsring mit seiner 5-cm-Begleit-Pak, die ausbrechende Panzer unter Feuer nimmt. Der 18jährige Gefreite Baier aus Neckarsulm hat im Schlamassel der Schlacht plötzlich einen flüchtenden Tommy vor der Pistole. Der sieht aus wie ein einfacher Landser. »Welche Einheit?« fragt Baier. Der Gefangene schüttelt den Kopf. Das ist sein gutes Recht. Er braucht keine militärischen Geheimnisse preiszugeben. »Welcher Dienstgrad?« Das muß er sagen. Und er sagt es: »General of an Indian Brigade.« Der Gefreite Baier muß ein sehr ungläubiges Gesicht gemacht haben; denn der Gefangene holt zum Beweis seine Generalsschulterstücke aus der Hosentasche und zeigt sie vor. Es ist Desmond Young, Kommandeur der 10. indischen Brigade. Nach dem Kriege wurde er Rommels vielbeachteter Biograph.

Ähnlich wie der 5. indischen Division, so geht es auch der 2., 4. und 22. englischen Panzerbrigade. Sie verlieren 170 Panzer. Die 201. Gardebrigade geht fast geschlossen in Gefangenschaft. Rommel zerschlägt die 8. Armee stückweise, weil die 8. Armee nur stückweise kämpft.

Aber die 8. Armee ist stark. Viel stärker als Rommels Armee. Intakte Kräfte sitzen noch im Nordteil der Gazalastellung, in Tobruk, in Knightsbridge und in El Adem. Würde sie eine entschlossene und geschulte Führung zur Offensive zusammenfassen, so könnte für Rommel die Lage wieder so gefährlich werden wie vor einigen Tagen bei Got el Ualeb. Er hat ja seinen Rücken noch nicht frei, denn noch immer hält Bir Hacheim.

»Das verfluchte Bir Hacheim!« wie Rommel in jenen Tagen so oft sagte. Seit einer Woche rennen seine Kampfgruppen von Südosten gegen den Stützpunkt. Stukas haben in mehr als 1000 Einsätzen ihre Bomben über den Stellungen abgeladen. Aber es hat nichts genützt. Da entschließt sich Rommel, die Sache anders anzupacken: Er läßt die Pionierbataillone 33, 200 und 900 durch die ausgedehnten Minenfelder zwischen Got el Ualeb und Bir Hacheim von Norden nach Süden angreifen.

Am Morgen des 8. Juni stehen die Pioniere etwa 7 bis 8 km nördlich von Bir Hacheim. Da erscheint Rommel. Der Armeepionierführer Oberst Hecker erhält den Auftrag, einen Teil seiner Verbände herauszuziehen und zusammen mit zwei italienischen Bataillonen eine Kampfgruppe zu bilden, die nunmehr Bir Hacheim von Norden nehmen soll. »Meine Kräfte reichen für diese Aufgabe wohl kaum aus, Herr Generaloberst«, wendet Hecker ein. Rommel entscheidet daraufhin, daß stärkere Verbände eingesetzt werden. Er verspricht Hecker Teile des Sonderverbandes 288. Diese Elite-Einheit war unter Oberst Menton ursprünglich für den Einsatz im Irak bestimmt, im März 1942 aber nach Afrika verlegt worden. Von den 288ern sollen die Gebirgsjägerkompanie, die Panzerjägerkompanie und der Aufklärungszug zum Angriff mit herangezogen werden. Hecker erhält auch noch Einheiten der

Kampfstaffel Kiehl mit elf Panzern, Spähwagen und einer 8,8-cm-Flakbatterie zugeteilt. Schließlich kommen noch eine Artillerieabteilung und eine schwere Batterie, sowie Flakkräfte des Oberst Wolz als Flankenschutz dazu: eine beachtliche Streitmacht. Hecker gliedert seine Verbände in zwei Kampfgruppen. Beide stoßen von Norden vor, teilen sich aber zu einer umfassenden Klammer. Die Führung der linken Kampfgruppe übernimmt Hecker; den Befehl über die rechte hat Hauptmann Hundt aus dem Pionierbataillon 200 übernommen.

Die Sache fängt gar nicht gut an. Schon während der Bereitstellung verstärkt sich das Artilleriefeuer aus Bir Hacheim. Dann greifen britische Jabos an. Die Pioniere, die einen Angriffsstreifen räumen, liegen unter schwerem Beschuß. Um 17 Uhr gibt Hecker Befehl zum Angriff.

Der Oberst fährt im Panzerspähwagen stehend vor den italienischen Bataillonen. Mit einer Hand hält er sich am Turm fest, die andere stößt immer wieder in die Luft: »Avanti! Avanzate! – Vorwärts!« Der Angriff bekommt Schwung. Aber die feindliche Artillerie und die Minen reißen immer mehr Lücken in die Reihen der Stürmer. Von den sechs italienischen Kompaniechefs fallen in kürzester Zeit drei. Das deckungslose Gelände ist eine schreckliche Todesfalle. Von den elf Panzern der Kampfstaffel Kiehl schießt die hervorragend getarnte feindliche Pak sechs ab, vier laufen auf Minen.

Unteroffizier Karl Erich Schulz steht an seiner 8,8 und feuert in direktem Beschuß auf erkannte MG- und Granatwerfer-Nester.

»Gräben mit hochgelegtem Sprengpunkt ausräuchern«, befiehlt Hauptmann Hundt. Und sie ›räuchern‹.

Der stellvertretende Geschützführer, Obergefreiter Gerhard Schmidt, sackt zusammen. Eine MG-Garbe hat ihn erwischt. Ein anderer springt an seinen Platz. Stellungswechsel.

Die 4. englische Panzerbrigade, die Panzerfeuerwehr der Briten, versucht von Osten her einen Entlastungsangriff gegen Heckers linken Flügel. Doch da steht Oberst Wolz. Seine 2-cm-Flak muß einen fürchterlichen Blutzoll entrichten, und auch die schwere Flak hat hohe Verluste. Aber der englische Panzerangriff wird abgeschlagen.

Bis zum Abend haben sich Heckers Kampfgruppen auf 500 Meter an die äußere Befestigungslinie von Bir Hacheim herangefochten. Die Gebirgsjäger setzen den Angriff auch nach Anbruch der Dunkelheit fort. Es gelingt ihnen, gemeinsam mit Pionieren, einige der vordersten MG-Stellungen zu nehmen. Hauptmann Thumser, Chef der Gebirgsjäger-Kompanie des Sonderverbandes 288, springt mit der MP unterm Arm mitten unter eine Grabenbesatzung des jüdischen Bataillons: »Hände hoch!« Die Gefangenen werden nach hinten gebracht. Zermürbte, abgekämpfte Männer mit angstflackernden Augen. Werden die Deutschen ihnen Pardon geben? Sie geben.

Die Nacht legt sich auf das Schlachtfeld. Die Verwundeten werden geborgen. Die Schlacht macht eine Pause. In der Morgendämmerung des 9. Juni sollen Stukas noch einmal einen mächtigen Schlag gegen Bir Hacheim führen, bevor die Verbände zum letzten Sturm antreten.

Hecker fährt weit ins Minenfeld, um die Wirkung des Stukaschlages zu beobachten. Der Morgen bricht mit afrikanischer Plötzlichkeit an. Hecker schaut auf die Uhr. In den Himmel. Kein Stuka ist zu sehen. Kein vernichtender Bombenteppich geht auf die Festung Bir Hacheim nieder. Durch ein Versehen in der Befehlsübermittlung ist der Angriff gar nicht angesetzt worden. Für Hecker wird dieses Versehen lebensgefährlich. Die Franzosen haben im Nu seinen Spähwagen ausgemacht. MG, Pak und Artillerie feuern. In rasender Fahrt sucht der Fahrer zu entkommen. Aber da ist es passiert: Wumm! Mine! Hecker wird gegen die obere Panzerplatte geschleudert und trägt eine Kopfverletzung davon. Zusammen mit dem Dolmetscher Hauptmann Klemke, dessen Fuß gebrochen ist, dem Fahrer und dem Chef der schweren Batterie kann sich Oberst Hecker zu einem ausgebrannten Panzer schleppen und dort seinen Gefechtsstand einrichten.

Als Hecker schließlich am 9. Juni Bericht erstattet, brach es böse aus Rommel heraus: »Dieses verfluchte Bir Hacheim hat uns nun genug Opfer gekostet. Ich reibe mich dabei auf. Ich lasse das Fort jetzt liegen. Und wir gehen gegen Tobruk!«

Hecker antwortete – nach einem Bericht, den mir der General zur Verfügung stellte: »Herr Generaloberst, geben Sie mir noch ein Bataillon deutsche Infanterie, um den Angriff fortzusetzen. Jetzt, nachdem wir bereits einige Stützpunkte genommen haben, bin ich überzeugt, den Kampf erfolgreich beenden zu können.« Rommel besprach sich mit Bayerlein. Als er zurückkam, sagte er: »Sie haben recht, Hecker, ich werde Ihnen den Oberstleutnant Baade mit wenigstens einem Bataillon geben.«

Oberstleutnant Baade ist der Kommandeur des Panzergrenadierregiments 115 und hat zwei Bataillone mit schweren Waffen und einen Regimentsstab mit allen technischen Führungsmitteln.

Bis zum Eintreffen der Kampfgruppe Baade donnern nun endlich und diesmal pünktlich und präzise die Stukas ihre Bomben auf die Befestigungsanlagen. Die deutsche Artillerie feuert aus allen Rohren.

Am Abend des 9. Juni sind beide Bataillone der 115er zur Stelle und greifen sofort an. Aber dieser Gegner in Bir Hacheim ist unvorstellbar hart. Mitten im deutschen Feuerhagel geht durch die 1200 Festungsnester ein Tagesbefehl General Koenigs: »Wir haben an dieser Wüstenecke zu beweisen, daß Franzosen kämpfen und sterben können.«

Und durch die Stellungen des jüdischen Bataillons läuft der Befehl von Mund zu Mund: »Kämpft, das Judentum der Welt sieht es.«

Am Abend des 10. Juni 1942 sind die Bataillone Baades und die unverwüstlichen Pioniere und Gebirgsjäger Heckers tief in das Stellungssystem eingebrochen. Sie liegen vor den Mauerresten des alten Wüstenforts.

General Koenig funkt an Ritchie: »Bin am Ende. Feind steht vor meinem Gefechtsstand.«

General Ritchie wußte nichts anderes zu antworten als: »Versuchen Sie auszubrechen!«

Die letzte Tragödie begann.

Seit dem 6. Juni lag auch Hauptmann Briel mit seiner Kampfgruppe als südlicher Riegel vor Bir Hacheim. Das Panzergrenadier-Bataillon Kayser, Teile des Fla-Bataillons 606 und der Panzerjägerabteilung 605 unter Führung von Hauptmann Schulz bildeten die Stoßverbände der Kampfgruppe. Der Versuch, die Festung am 7. Juni in einem Frontalangriff zu nehmen, war gescheitert. Die Minenfelder und die Artillerieabwehr waren für die Kräfte Briels zu stark gewesen. So lag die Kampfgruppe mit dem Auftrag vor Bir Hacheim, Ausbruchs- und Entsatzversuche zu verhindern.

In der Nacht des 10. Juni brachte ein Spähtrupp einen Gefangenen ein, der beim Minenräumen im englischen Minenfeld erwischt worden war. Die Vernehmung ergab aufregende Informationen. Die eingeschlossenen Teile hätten den Befehl, durch bestimmte bereits geräumte Minengassen auszubrechen und Anschluß an die britischen Truppen zu suchen, sagte der Gefangene aus. Späh- und Panzerwagen würden am frühen Morgen von Süden her bis an die deutschen Stellungen vorstoßen und die Legionäre aufnehmen. Daraufhin schlichen die Melder der Kampfgruppe durchs Gelände. Im Flüsterton wurden Befehle weitergegeben. Briel und Kayser sprangen von Geschütz zu Geschütz, von MG zu MG: Sämtliche Rohre wurden genau auf die Ausbruchsstellen gerichtet. In die Magazine und in die Gurte kam alle nur verfügbare Leuchtspurmunition. Die Fernsprechtrupps legten Draht bis in die vorderste Linie. Posten mit Leuchtpistolen wurden im Gelände verteilt. Die ganze Kampfgruppe stand feuerbereit. Briel hatte strikten Befehl gegeben, das Feuer nur auf sein Leuchtzeichen hin zu eröffnen. Erst wenn er das ›Sternenbündel Grün – mit rotem Vorsignal‹ in den Himmel jagen würde, sollten Geschütze und MG sprechen.

Eine besondere Überraschung hatte Briel noch in Gestalt der ersten sechs MG 42 bereit. Das Fla-Bataillon 606 hatte sich diese ›neue Wunderspritze‹ vom OKH organisiert. Urlauber hatten sie mit nach Afrika gebracht. In einem abgelegenen Wadi waren die Schützen ausgebildet und zu einem MG-Zug zusammengefaßt worden.

Um Mitternacht hörten die vorgeschobenen Posten ein immer stärker werdendes Motorengeräusch aus Bir Hacheim. Ketten rasselten. In den Minenfeldern wurden Drähte geknackt. »Noch nicht«, flüsterte Briel seinem Melder zu. »Noch nicht.« Aber als der Feind Nebelgranaten schoß, um sich unsichtbar zu machen, stieß Briel den Gefreiten Batz an: »Los!« Strahlend hell wurde das Gelände von den grünen Sternen beleuchtet. Und im selben Augenblick ging die Hölle los. Eine Hölle aus Feuer, Explosionen und Tod. Der künstliche Nebel nutzte Koenigs Legionären nichts. Die Leuchtspurgeschosse zischten in die Feindfahrzeuge. Zum erstenmal hörten auch die deutschen Landser die eindrucksvollen Feuerstöße der MG 42 mit 25 Schuß in der Sekunde.

An anderen Stellen der weitgedehnten Einschließungsfront kam es mit den ausbrechenden Legionären zu erbitterten Nahkämpfen. Mann gegen Mann. Mit Spaten. Pistole. Seitengewehr und Handgranaten. Nur die Hälfte der noch kampffähigen Truppe mit ihrem General konnte so Rommels Einschließungsring durchbrechen und zu den Linien der 7. englischen Brigade gelangen.

In der Morgendämmerung des 11. Juni zeigten die Reste der Besatzung von Bir Hacheim weiße Tücher. Als die Kampfgruppen das verwüstete Schlachtfeld besetzten, fanden sie 500 Verwundete und eine kleine Nachhut vor.

Mit dem Fall des Eckpfeilers Bir Hacheim war die Gazalalinie für General Ritchie unhaltbar geworden. Die Voraussetzung für Rommels Angriff auf Tobruk war erfochten.

Verzweifelt stand die britische Führung vor dem Verlust Bir Hacheims. Ist denn diesen Deutschen nicht beizukommen? Gibt es kein Rezept gegen Rommel? So fragte man in den britischen Hauptquartieren. Staunend stand man vor dem Phänomen Rommel, der wider alle überkommenen Regeln der Kriegskunst focht und – siegte.

Obgleich z. B. das Gesetz des Kriegshandwerks befiehlt, daß der Angreifer stärker sein soll als der Verteidiger, war der Angreifer Rommel fast immer zahlenmäßig unterlegen. Er hielt sich nicht an die überlieferten Grundsätze. »Was kümmert mich die zahlenmäßige Überlegenheit der englischen Panzer, wenn ihr Befehlshaber sie nur stückweise einsetzt. Gegen die Stücke bin ich mit meiner Armee immer noch stärker.« So sagte Rommel einmal einem gefangenen englischen Panzergeneral. Und die Engländer lernten es vorerst nicht. Die großen Abenteurer der See brachten es nicht fertig, in Afrika alles auf eine Karte zu setzen. Noch nicht. Und so bestimmte Rommel, wo gefochten wurde, so diktierte er das Gesetz des Handelns.

Noch in der Stunde der Kapitulation von Bir Hacheim warf er alle seine Kräfte nach Norden. Der große Schlag gegen die britischen Panzerverbände sollte geführt werden. Vor genau einer Woche stand Rommel noch mit einem Fuß in einer katastrophalen Niederlage. Jetzt hielt er bereits den Zipfel des großen Sieges wieder in der Hand.

Wieder wurde gefahren. ›Doppelschuß weiß‹ – zwei große Leuchtkugeln, gleichzeitig senkrecht aus zwei Pistolen geschossen – das war das Erkennungszeichen für den Bereitstellungsraum der 21. Panzerdivision. Auch versprengte Verbände oder solche, die sich verfahren hatten, forderten es durch vereinbarte Leuchtzeichen oder durch Funkspruch an. Schnell wurde dann der Kompaß auf das Leuchtzeichen eingestellt. Dabei prägte man sich das darunter- oder darüberliegende Gestirn genau ein: weiter. So fuhr auch Leutnant Schulze vom Panzergrenadier-Regiment 104 durch die Wüste zwischen Bir Hacheim und Knightsbridge. Bei einer Spähfahrt hatte er sich verfranzt.

Auf dem Rücksitz des Pkw sitzt der Gefreite Müller. Die Maschinenpistole im Anschlag: gegen die Überraschungen der Wüstennacht. Der Fahrer achtet auf Motor und Fahrweise. Leutnant Schulze sieht nur auf den Kompaß, den er in beiden Händen zwischen den Knien hält. »Zwei Strich nach links – so, gut – etwas rechts – so, jetzt gerade auf den Mittelstern der Kassiopeia los.« Nanu, da drüben hält doch etwas Dunkles? Vorsichtig herangefahren. Die Tür geöffnet. »Are you English?« tönt es herüber. Müller hebt langsam die MP; aber der drüben hat Lunte gerochen. Er drückt auf die Tube und verschwindet. Weiter. Irgendwo rechts klickt und klappert das typische Geräusch eines fahrenden englischen MG-Trägers, der kleinsten englischen Panzerart. Und was ist das, das leise und beständige Tack-Tack-Tack? Es ist die Wüstenratte. Ja, es gibt sie wirklich, so wie es auch den Wüstenfuchs gibt. Und in der Paarungszeit klopfen die Ratten-Männchen in drolliger Weise mit dem Schweif auf den Wüstenboden, um ein Weibchen anzulocken.

Es ist 2 Uhr 45, und noch immer hat Leutnant Schulze mit seinem Spähtrupp keinen Anschluß. Sie müssen jetzt schon auf den linken Außenstern der Kassiopeia zuhalten, da sich ja das Firmament für das Auge des Beschauers nach rechts dreht.

»Halt, wer da?«

»Kurfürst.«

»Ach, ihr Armleuchter, seid ihr endlich da!«

Gott sei Dank, wieder ›freundliche Worte‹. Und im Regimentsverband geht es weiter – nach Norden, der Küste zu.

TOBRUK FÄLLT

Seit sechs Monaten vermißte Leutnant Pfirrmann von der 2. Kompanie des Afrika Regiments 361 seinen Unteroffizier Brockmann. Er war unter den ehemaligen deutschen Fremdenlegionären berühmt gewesen als Organisationsgenie. Eines Tages, während der Novemberschlacht 1941, war er von einer Hamstertour nicht zurückgekehrt. ›Vermißt‹ stand in den Listen. Vermißt. Jenes düstere Wort, das vieles bedeuten kann. Was es alles bedeuten kann, zeigt das Schicksal von Unteroffizier Brockmann.

Es ist der 12. Juni 1942. Die 90. Leichte kämpft vor el Adem und schlägt sich mit der 29. indischen Brigade herum, die sich in den ›Boxen‹ verschanzt hat. Verbände der 21. Panzerdivision fechten sich gleichfalls nach Osten durch. Die große entscheidende Schlacht um die letzten Bastionen von Ritchies Stellungssystem um Tobruk zeichnet sich ab.

Oben, bei Derna, weit im Hinterland der Front, in der Messe des Flugplatzes Derna Süd, wo die Stuka- und Jägergeschwader des Generalmajors

Seidemann stehen, wollen sie den Geburtstag des Leutnants v. Rantzau feiern. Sie sitzen und schwatzen von Gott und der Welt. Auch davon, daß immer wieder warnende Befehle kommen, wachsam zu sein wegen der Sabotage der ›Long Range Desert Group‹. Schon ein paarmal mußten Fliegerhorste daran glauben. Die Maschinen wurden gesprengt und die schlafenden Besatzungen niedergemacht. Aber allzu ernst nimmt man solche Warnungen nicht. Trotzdem liegen die MP überall griffbereit.

Draußen ist tiefe Nacht. Und in dieser Nacht fährt der Hauptmann der ›Long Range Desert Group‹, James Bray, mit zwei Lastwagen voll vermummter Männer durch die Wüste. Es ist eine gemischte Gesellschaft: Engländer, Franzosen, auch Deutsche. Jetzt halten sie. Teilen sich in zwei Gruppen. Leise werden die Befehle wiederholt: »Die Flugzeuge mit Handgranaten zerstören. Unterkünfte angreifen. Nachrichtenleitungen sprengen. Höchstens ein bis zwei Gefangene mitbringen.« Sie sitzen auf, und weiter geht die Fahrt. Der französische Leutnant, der die eine Gruppe führt, ist aufgeregt. Immer wieder mahnt er den Fahrer, vorsichtig zu fahren. Immer wieder blickt er auf den Kompaß. »Gleich muß es soweit sein«, murmelt er. Da hält der Fahrer plötzlich den Wagen an.

»Was ist los?«

»Lassen Sie mich einmal Umschau halten, Herr Leutnant, ich weiß hier Bescheid.« Mürrisch stimmt der Leutnant zu: »Mais vite – aber schnell.« Weg ist der Mann. Die anderen kauern im Wagen und warten. Eine Minute. Zwei. Drei. Nach fünf Minuten warten sie noch. Und als der französische Leutnant des britischen Sabotagetrupps gerade einen leisen Fluch ausstößt, wird drüben, in der Flugleitung des Flugplatzes die Tür aufgerissen. Ein Soldat, verdreckt und in merkwürdiger Montur, steht atemlos da: »Die Tommys sind da. Draußen. Ein Kommando von zehn Mann. Ich habe sie hergeführt. Sie wollen den Flugplatz sprengen. Los. Schnell.« Wie der Blitz sind Offiziere und Männer der Flugleitung hoch. Sie fragen nicht. Sie zögern nicht. Sie greifen sich Handgranaten und MP und unter der Führung des merkwürdigen Warners geht es hinaus.

»Merde«, flucht der französische Leutnant, »wo bleibt der Kerl?« »Wenn das nur kein faules Ding ist«, sagt ein anderer auf französisch. »Ich habe diesem Boche nie getraut.« »Quatsch«, wirft der Sergeant Michèle ein. Der Allemand ist richtig. Der war bei den Nazis im KZ, weil er bei uns in der Fremdenlegion gedient hat. Dann haben sie ihn in dieses verdammte Regiment 361 gesteckt, wo es keine Fahrzeuge gibt und wo sie nur mit der MP und der Handgranate kämpfen müssen; denn man traut ihnen nicht.« »Aber . . .«, will ein anderer fortfahren, der Satz wird jedoch nie beendet. Denn in diesem Augenblick sehen sie heranhuschende Schatten. Hören sie ein deutsches Kommando. Sie wollen zu ihren Waffen greifen. Zu spät. Handgranaten krachen. Die Benzinkanister explodieren. Der Sprengstoff detoniert. Sie schreien. Verwundete stöhnen. Ein paar springen aus dem Wagen. Aber MP-Garben strecken sie nieder. Nur einer huscht davon. Der französische Leutnant. Die Deutschen jagen ihm nach, aber die Wüste hat ihn verschluckt. Er ist der einzige, der nach Tagen zu einer englischen Einheit zurückfindet und erzählen kann, was geschah.

Drei Mann des Kommandos blieben am Leben und wurden gefangen. In der Messe von Derna Süd aber steht der Mann, der den Anschlag vereitelte. Der Fahrer der ›Long Range Desert Group‹, der das Kommando bis vor den Flugplatz brachte. Sein Name ist – Brockmann, Unteroffizier Brockmann. Nach seiner Gefangennahme durch die Engländer im November 1941 suchte der alte bewährte Organisator den Unannehmlichkeiten der Gefangenschaft möglichst aus dem Wege zu gehen. Sein früherer Dienst in der französischen Fremdenlegion machte ihn vertrauenswürdig. Er ließ sich bei der ›Long Range Desert Group‹ anwerben und meldete sich zum Einsatz.

Der Kompaniechef aus dem Regiment 361, der mir den durch englische Akten verbürgten Vorgang berichtete – wobei ich bemerke, daß der Name des Unteroffiziers geändert wurde –, schrieb mir: »Bis zum heutigen Tage könnte man darüber streiten, mit welchen Maßstäben diese Tat zu messen ist. Eines steht jedoch fest: Sie war die Frucht der Zweideutigkeit, in die der ehemalige Fremdenlegionär im dritten Reich gestellt war. Das Band zwischen ihm und seinem Vaterland war durch die ursprüngliche Diffamierung, der er als Fremdenlegionär ausgesetzt war, gelockert und konnte auch durch verliehene Wehrwürde und Orden meist nicht wieder festgeknüpft werden.«

Ja, so war es wohl mit den Zigeunern der Wüste, wie sich viele 361er zuweilen selbst nannten. Sie waren vielleicht schlechter ausgerüstet als alle anderen Einheiten. Meistens marschierten sie durch die Wüste, wenn die anderen Regimenter fuhren. Aber sie waren tapfere Soldaten. Und im Punkt Kameradschaft ließen sie sich von keiner Einheit übertreffen. Entgegen vielen Behauptungen und Legenden muß gesagt werden, daß sich die ehemaligen Legionäre mit den meisten ihrer besonders ausgewählten Offiziere großartig verstanden. Wer als Offizier allerdings nicht mit den Männern umzugehen verstand, tat gut daran, sich recht schnell abkommandieren zu lassen.

Fast an allen Brennpunkten des Afrikakrieges waren die 361er dabei; und wo sie angriffen, da gab es ›Rabbatz‹, wie sie es nannten. Sie liebten kein Pathos, und die Worte Patriotismus und Nationalismus schätzten sie nicht. Sie fochten nicht für irgendwelche Ideale. Ihnen ging es nur um soldatisches Bestehen und Durchhalten. Sie waren Landsknechte geworden. Wenn einer vom Beutezug heimkehrte, brachte er immer ›für alle‹ etwas mit. Und wohl in keiner Einheit sorgte der Küchenbulle so für seine Männer wie Erich Leibenguth in der 2. Kompanie der 361er. Diese menschlichen Dinge hielten sie zusammen. Die Kompanie war ihr Zuhause, und sie sagten als alte Legionäre nicht Wüste, sondern im Araberdialekt ›Bled‹ – und das heißt zu deutsch: Heimat.

Major Hardy schob den Becher mit Tee zur Seite, als ihm Sergeant Cooper die Funkkladde ins Zimmer brachte. »Funkspruch aus Kairo, Sir«, meldete Cooper. Der Major nickte. Las. Stutzte. Blickte auf Datum und Uhrzeit des Funkspruchs und erhob sich kopfschüttelnd, um den Text ins Zimmer des Befehlshabers der 8. Armee zu bringen.

Ritchie stand am Fenster des ramponierten ehemaligen italienischen Verwaltungsgebäudes in Gambut und blickte auf die zerschossenen Häuser des Marktplätzchens. Der sonst so bier-ruhige Mann trommelte nervös auf das Fenstersims. An der großen Lagekarte stand der Kommandierende General des XXX. Korps, Norrie, und versuchte, ein Bild von der Kampfsituation zu geben und seine Meinung über die notwendigen Entschlüsse zu begründen. Was General Norrie in nüchternen Worten über die Lage seiner 1. und 7. Panzerdivision an diesem 12. Juni 1942 darlegte, war eine Tragödie. Stückweise, schlecht geführt, hatten die britischen Panzerverbände versucht, in den letzten 24 Stunden nach dem Fall Bir Hacheims die nordwärts zur Küste stoßenden Verbände Rommels aufzuhalten. Aber nichts war gelungen. Brigadegenerale befolgten die Befehle nicht. Sie stritten sich darüber, ob sie angreifen sollten oder nicht. Der Kommandeur der 7. englischen Panzerdivision, General Messervy, hatte sich nicht durchsetzen können und war zu seinem Armeeführer gefahren, um sich Rat zu holen. Er überließ seine beiden Brigaden sich selbst. Verfuhr sich, geriet in deutsche Verbände und fiel den ganzen Tag für die Führung seiner Division aus. Die Folgen hatten nicht auf sich warten lassen. Vergeblich hatte Generalmajor Lumsden versucht, mit seiner 22. Panzerbrigade der 7. Division zu Hilfe zu eilen. Er brauchte elf Stunden, bevor er Verbindung mit seiner Korpsführung erhielt.

Wieder nutzte Rommel das britische Führungschaos für seine Siege. Seine Panzerkräfte schlugen die verzettelt kämpfenden Brigaden der Engländer zusammen. Und so war am Nachmittag des 12. Juni die britische Panzerwaffe nur noch ein Schatten ihrer selbst. Die Wüste war übersät mit ›Grants‹, ›Crusaders‹, ›Stuarts‹.

Wenn auch General Norrie das ganze Ausmaß der Katastrophe noch nicht übersah, so war die Darstellung, die er General Ritchie in Gambut gab, doch alarmierend genug. »Wir haben Rommels Stoß zur Küste keine wirksame Panzerkraft entgegenzustellen; kommen die Deutschen aber ans Meer, so sind unsere beiden noch kampfkräftigen Divisionen in der Gazalastellung, die 1. Südafrikanische und die 50. Englische, abgeschnitten und verloren.« Das Wort stand noch im Raum, als Major Hardy, Offizier im Stabe Ritchies, mit dem Funkspruch aus Kairo ins Zimmer trat: »Sir, der Oberbefehlshaber meldet aus Kairo seine Ankunft. Er trifft in einer Stunde ein.« Ritchie und Norrie sahen sich an. Sie wußten, daß das kein fröhlicher Besuch wurde.

Sir Claude Auchinleck, der Oberbefehlshaber, tobte nicht. Aber auch aus seinen sparsamen Sätzen waren Zorn und Bitterkeit zu hören. Ein Feind, den er vor zehn Tagen für geschlagen gehalten hatte, der eingekesselt war, ohne Nachschub, dem er, Auchinleck, ›den Rest‹ hatte geben wollen, war dabei, die 8. Armee Englands zu zerschlagen. War denn dieser Rommel mit dem Teufel im Bunde? War keiner der britischen Frontgenerale ihm und seinen Kommandeuren gewachsen? Die englischen Generale und Stabsoffiziere hörten mit steinernen Gesichtern die Strafpredigt ihres Oberbefehlshabers. Die jüngeren hatten einen verbissenen Ausdruck im Gesicht. Sie schwiegen; aber sie hätten gern gesprochen. Und was sie sagen wollten, war dies: ›Solange wir den zweiten Weltkrieg mit den Methoden des ersten führen, werden wir nie gewinnen. Solange unsere Generale nicht begreifen, daß eine andere Epoche des Kriegführens angebrochen ist, in der schnelle Panzerverbände das Denken in starren Fronten überholt machen, werden wir mit noch so viel Stärke die Verlierer sein. Unsere Generale erwägen und zaudern, warten auf Befehle, sitzen hinten in ihren Stabsquartieren. Rommel, Nehring, Kleemann, von Bismarck, Crasemann, und wie die deutschen Kommandeure alle heißen, fahren an der Spitze ihrer Panzerverbände, der Flak und der motorisierten Infanterie. So können sie in jeder Krisensituation sofort die erforderlichen Befehle geben. Und was tun die englischen Befehlshaber? Bei uns in den Stäben wird um Kompetenzen gestritten. Es ist kein einheitlicher Wille da. Kein Siegesbewußtsein. Kein Feuer. Nur kalte, altmodische Strategie, die in Kairo gemacht und in Gambut in langwierige Befehle umgesetzt wird. Aber ehe ein Funkspruch von Gambut an das XIII. oder XXX. Korps, an die 7. Panzerdivision oder die Panzerbrigaden gelangt, vergehen Stunden, und dann hat sich die Lage längst verändert.‹ Das alles möchten die jungen Stabsoffiziere ihrem Oberbefehlshaber sagen. Und sie möchten ihm sagen, daß sie verzweifelt sind über die sinnlose Tapferkeit, mit der zum Beispiel die Männer der 6. südafrikanischen Feldbatterie kämpften, als sie den Rückzug der schottischen Garde fast bis zum letzten Mann deckten. Der Batteriechef, Major Newman, hatte jedes Geschütz mit einem Offizier besetzt und gegen die Panzer des deutschen Panzerregiments 5 in direktem Beschuß feuern lassen. Aber was nutzte das? Im zusammengefaßten Feuer der deutschen Panzer und Artillerie wurden seine acht Geschütze und die Hälfte der Bedienungen einschließlich des Chefs und der meisten Offiziere zusammengeschossen. An der letzten Kanone hatten Leutnant Ashley und sein Funker gestanden, bis sie von einer Panzergranate zerfetzt wurden. Für nichts und wieder nichts – höchstens für die Geschichtsbücher. Aber Rommels Panzer scherten sich nicht um den Heroismus für die Geschichtsbücher. Die 21. und die 15. Panzerdivision des DAK unter Nehring stießen immer weiter vor. Immer der Küste zu. Immer noch im Rücken der mit Front nach Westen und mit Gewehr bei Fuß stehenden 1. südafrikanischen und 50. englischen Division, die Ritchie in und um Gazala liegen ließ.

Nein! Diese konservative Strategie der Briten in Nordafrika war Rommels Elan nicht gewachsen. Dieser Mann und seine Kommandeure verkörperten den Panzerkrieg des zweiten Weltkriegs, die bewegliche, schnelle Panzerschlacht. Wenn sie in vorderster Front die Angriffe mitfuhren, so taten sie das nicht aus falsch verstandenem Schneid. Sie taten es aus der richtigen Bewertung der Panzertaktik und der Psychologie der Truppe. Rommel hat das einmal klar ausgesprochen. »Die Masse der kämpfenden Truppe unterliegt in der schnellen und strapaziösen Panzerschlacht immer bald einem gewissen Ruhebedürfnis. Keine Armee besteht nur aus Helden. Es wird dann einfach gemeldet, es gehe aus diesen oder jenen Gründen nicht mehr. Gegen diese natürlichen Ermüdungserscheinungen muß der Befehlshaber persönlich mit seiner Autorität ankämpfen und Soldaten und Offiziere aus ihrer Apathie reißen. Der Befehlshaber muß der Motor des Kampfes sein. Man muß auf dem Schlachtfeld, auch in der vordersten Linie, ständig mit seiner Kontrolle rechnen.« Die jungen britischen Stabsoffiziere begriffen dieses Geheimnis der Rommelschen Kampfführung. Ihre Generale begriffen es nicht.

Aber in keiner Armee haben die jungen Stabsoffiziere zu reden, wenn die Generale diskutieren. Und so schwiegen sie auch in Gambut. Schwiegen und hörten die Worte Ritchies, zu denen Auchinleck sogar zustimmend nickte, als wären sie ihm aus der Seele gesprochen: »Auch Rommel ist kein Übermensch. Auch seine Verbände haben schwere Verluste. Wir sind den Deutschen zahlenmäßig noch gewachsen, und wenn wir die Abnutzungsschlacht fortführen, so muß auch ihnen der Atem ausgehen. Und selbst wenn Rommel mit schwachen Verbänden die Küstenstraße erreicht, so müssen sie geworfen werden.« Dieser optimistische Ton gefiel Auchinleck; allen Oberbefehlshabern gefällt Optimismus. Und so war das Fazit der langen Beratung: die Schlacht in der Frontlinie von Gazala bis El Adem fortzuführen, bis Rommel die Luft ausgehen würde. Noch ehe er nach Kairo zurückflog, funkte der britische Oberbefehlshaber Auchinleck an Winston Churchill in London: ›Atmosphäre hier gut. Die Lage wird ruhig und entschlossen beurteilt. Moral der Truppe gut. Feindabsichten sind anscheinend nicht nach Plan verlaufen ... Auchinleck.‹

Das war nun wieder ein Telegramm nach dem Geschmack Winston Churchills. Und der drahtete zurück: ›Ihre Entscheidung, zu kämpfen, begrüße ich außerordentlich. Ihr Erfolg hängt nicht nur von den Waffen ab, sondern von der Willenskraft. Gott segne Sie alle. Winston Churchill.‹

Und so fochten die Tommys im großen Wüstenviereck mit Tobruk, Gazala, Knightsbridge und El Adem an den Ecken. Die Garde ließ sich bei Knightsbridge zusammenschlagen. Die Inder bei Akroma. Die britischen Panzer konnten nicht ausweichen. Wo Rommels zusammengefaßte Panzerverbände auftauchten, mußten die Engländer die Schlacht aufnehmen. Denn ausweichen bedeutete: den Weg freigeben zur Küste und nach Tobruk. So bestimmte Rommel, wo gefochten wurde.

Wo würde Rommel angreifen? In Knightsbridge? Bei Gazala oder bei El Adem? Was sollte Ritchie tun? Schickte er alle seine Panzer an einen Schwerpunkt, so bestand die Gefahr, daß Rommel an den schwachen Stellen durchbrach. Hielt Ritchie seine Panzer zurück, so bestand die noch größere Gefahr, daß Rommel den Festungsgürtel von Tobruk erreichte. Rommel zerschlug mit seinen vorwärtsstürmenden Panzerdivisionen die zersplitterten Kräfte, die ihm Ritchie entgegensetzte. Ein nicht zu unterschätzender Trumpf dabei war die 8,8, mit der er hier und dort zusammengefaßte britische Panzerangriffe zerhämmerte. Das DAK stürmte an den brennenden englischen Panzerwracks vorbei. Die Wucht des deutschen Angriffs zersprengte die englischen Formationen. Mit unheimlicher Präzision exerzierten Rommel und der Kommandierende des DAK, General Nehring, die moderne Schlacht: die Zerstörung der Panzerkraft des Feindes – die eigentliche Schlacht von wirklicher Bedeutung im zweiten Weltkrieg. Das Rückgrat der 8. britischen Armee wurde gebrochen. General Auchinlecks Flugzeug war in der Nacht des 12. Juni noch nicht in Kairo gelandet, als man sich im englischen Hauptquartier in Gambut bereits klar wurde, daß die britische Panzerwaffe dahin war. Der bewegliche Wall von Stahl, der die britische Infanterie in der Gazalastellung und die Festung Tobruk geschützt hatte, war zerbrochen. Rommel war Herr der Wüste zwischen Bir Hacheim und Tobruk. Zwar hatte General Ritchie noch völlig intakte voll ausgerüstete Infanteriedivisionen – jede mit 10 000 Mann – zur Verfügung. Aber was nützten sie 1942 in einem Panzerkrieg, in dem wenige Panzer die Stellungen eines ganzen Infanterieregiments aufrollen konnten, weil eine ausreichende panzerbrechende Abwehr fehlte.

Am 14. Juni gab General Ritchie einen Befehl, der im Gegensatz zu den Maßnahmen stand, die Oberbefehlshaber Auchinleck vor 36 Stunden angeordnet hatte. Er löste das Stichwort ›Freeborn‹ aus. Und das bedeutete: Die 1. südafrikanische und die 50. englische Division räumen ihre Stellungen in der nördlichen Gazalafront, versuchen nach Tobruk hineinzugelangen, beziehungsweise sich an Tobruk vorbei bis zur ägyptischen Grenze zurückzuziehen.

Auchinleck protestierte aus Kairo heftig. Er beschwor Ritchie telefonisch, das Vorfeld von Tobruk nicht aufzugeben. Aber die Lage, wie sie Auchinleck aus Kairo beurteilte, deckte sich nicht mit der Situation, vor der Ritchie stand. Hangend und bangend blickte man in London und Kairo nach Tobruk. Was würde aus der ›Festung im Sand‹, dem großen Stützpunkt vor Ägyptens Toren, werden? Würde sie wieder – wie vor einem Jahr – gehalten werden können? Würde Rommel die Kraft haben, sie sofort anzugreifen? Oder würde er sich wieder mit einer Einschließung begnügen müssen?

Rommel aber sah sein großes Ziel greifbar vor Augen. Ein Jahr, ein ganzes Jahr hatte er um diese Situation gekämpft: nach der Zerschlagung der britischen Panzerkräfte die Masse der britischen Infanteriedivisionen von der 8. Armee abzuschneiden und gefangenzunehmen. Dann im schnellen Stoß Tobruk zu nehmen. Was konnte ihn dann noch von Kairo und Alexandria fernhalten? Der Griff nach dem Nil bot sich an, nach dem Öl des Vorderen Orients, nach dem Persischen Golf.

Aber auch Rommels Divisionen waren schwer angeschlagen. Zwar stieß die 15. Panzerdivision in den Morgenstunden des 15. Juni über die Via Balbia ans Meer. Aber das III. Bataillon der 115er und sechs Panzer III, die den Straßensperriegel bildeten, waren nicht stark genug und wurden von den verzweifelt kämpfenden Briten, die nicht in die Gefangenschaft wollten, überrannt. Deutsche Artillerie, Panzer und Stukas nahmen daraufhin die Via Balbia mit den Fluchtkolonnen der Südafrikaner unter schwerstes Feuer. Die alte und viel umkämpfte Straße am Meer stand in Flammen.

Von Panik getrieben, fluteten die Verbände der 1. südafrikanischen Division ohne ihre schweren Waffen nach Tobruk hinein. Auch die britische Garde, die Knightsbridge verteidigt hatte, verließ den heißumkämpften Sandstreifen und setzte sich nach Osten ab. Alles war in Bewegung. Nachts zogen Engländer und Deutsche – oft nur in einer Entfernung von ein paar hundert Metern – aneinander vorbei. Aber die 50. britische Division fand einen ganz kühnen Weg des Ausbruchs: in kleinen Gruppen stießen die Einheiten nach Westen durch die italienischen Verbände. Nach Westen, nicht nach Osten. Eine Flucht nach vorne. Verdutzt standen die Italiener vor den unerwarteten Angriffen. Die Tommys stießen tief ins Hinterland der deutschen Versorgungslinien, dann in die Wüste, um Bir Hacheim herum, und bekamen so wieder Anschluß an die britischen Verbände bei Maddalena. Gerettet! Aber ohne schwere Waffen. Für den Entscheidungskampf um Tobruk fiel damit auch diese Division aus. Noch immer glaubte Winston Churchill in London, daß Tobruk gehalten werden könne. Sein Telegramm vom 15. Juni an Auchinleck lautete: ›Lassen Sie so viele Truppen in Tobruk wie notwendig sind, um mit Sicherheit den Platz zu halten.‹ Und als Auchinleck zustimmte, funkte Winston Churchill: ›Das Kabinett ist glücklich zu wissen, daß Tobruk mit allen Mitteln verteidigt wird.‹

Natürlich hatte sich Rommel für den Angriff auf Tobruk wieder einen Trick ausgedacht. Um den Gegner irrezuführen, ließ er seine beweglichen

Kräfte an der Stadt vorbeistoßen. Nur die Fußtruppen marschierten vor dem Westsektor der Festung auf. Dadurch sollte bei den Engländern der Eindruck erweckt werden, als ob Rommel – wie vor einem Jahr – wieder an Tobruk vorbei direkt auf die ägyptische Grenze zustoßen wolle. Rommel befand sich an der Spitze der 90. Leichten, die am 19. Juni Bardia erreichte. Eifrig ließ er unverschlüsselte Funksprüche absetzen. »Der Alte ist aber offenherzig«, brummte Karl Dorn in seinem Funkwagen bei der Panzernachrichtenabteilung 200. ›Unternehmen Himmelbett‹ geisterte durch die Funksprüche; und jeder mußte glauben, ›Unternehmen Himmelbett‹ sei eine Sache, die um Bardia spielte. Auch die Engländer glaubten es. Der deutsche Funkhorchdienst meldete, daß die englischen Kommandostäbe die Anwesenheit Rommels vor Bardia herausbekommen und ihrerseits die Nachricht an ihre Führungsstäbe weitergegeben hätten: ›Achtung, Rommel führt Stoß auf ägyptische Grenze.‹ Genau das war der Zweck der Übung. Daraufhin kehrte Rommel um und begab sich zu seinen südostwärts von Tobruk bereitstehenden Stoßdivisionen des DAK und des XX. italienischen motorisierten Korps, die auch ihrerseits kehrtgemacht hatten und sich in den Nachtstunden nahe an die Festung herangeschoben hatten.

Kurz vor Morgengrauen, am 20. Juni, bezog Rommel mit dem Führungsstab seinen vorgeschobenen Gefechtsstand. Es war Sonnabend. Die Sonne leuchtete rot durch den Bodennebel. Rommel stand allein. Immer wieder schaute er auf die Uhr. Vor der Brust hing der Feldstecher. Die Schirmmütze schützte die stets leicht zugekniffenen Augen. Dann und wann schaute er durchs Glas hinüber nach Tobruk. Ab und zu ging er hinter einen kleinen Sandhügel, der als Deckungswall diente, und wanderte nachdenklich hin und her. Rundum war es morgendlich still. Langsam rückten die Zeiger der Uhr auf 5 Uhr 20. In der Ferne kam ein leises Brummen auf. Jetzt waren kleine Punkte hinten am Himmel zu erkennen. Stukas, Kampfflugzeuge, Bomber. Alles was an deutschen und italienischen Flugzeugen in Afrika verfügbar war, sollte mit einem mächtigen Bombenschlag den Angriff an der Südostecke Tobruks einleiten.

»Major Wolf«, rief Rommel. Ein Grinsen ging über die Gesichter des Stabes. Es gab keinen Major Wolf. Aber es gab einen Major Fuchs. Und der war Verbindungsoffizier des Fliegerführers Afrika zu Rommel. Rommel aber konnte sich den Namen Fuchs nicht merken. ›Der Mann mit dem Tiernamen‹ wurde bei ihm schließlich als ›Wolf‹ einrangiert. Und so war auch diesmal wieder das Echo auf Rommels Ruf ›Major Wolf‹ von seiten eines Stabsoffiziers: »Major Fuchs zum Generaloberst.«

»Wo bleibt der Wolf?« knurrte Rommel. Da war er schon: »Major Fuchs zur Stelle.« Aber Rommel blieb bei seinem Wolf: »Hören Sie, Wolf, ist Vorsorge getroffen, daß die Flugzeuge genau abwerfen?«

»Die Verbände sind genau eingewiesen, Herr Generaloberst«, antwortete Fuchs. Und da hörte man von der Festung her auch schon eine gewaltige Explosion. 80 Stukas und über 100 Bomber warfen ihre Bombenlast ab.

Der erste Schlag war gefallen. Die zweite Schlacht um Tobruk entbrannt.

Hohe Staubfontänen sprangen aus den südöstlichen Befestigungswerken, wo die Inder lagen. Drahthindernisse, Betonbrocken, Waffen wirbelten durch die Luft. In immer neuen Einsätzen brausten Bomber und Stukas heran. Auf diese Weise wurde eine Wirkung erzielt, als wenn 600 Bomber im Einsatz wären. Einschlag auf Einschlag verwüstete das Flächendrahthindernis vor dem Befestigungsgürtel auf fünf Kilometer Breite.

Nun begann der Akt der Panzerdivisionen: Unter ihren Kommandeuren General v. Bismarck, 21. Panzerdivision, und Oberst Crasemann, der noch immer die 15. Panzerdivision führte, fuhren sie zum großen Sturm, unterstützt von Panzergrenadieren der selbständig eingesetzten Schützenbrigade 15 unter ihrem oft bewährten Kommandeur Oberst Menny.

Das I. und II. Bataillon Panzergrenadierregiment 361 verdiente sich von Rommel ein Sonderlob. Die 8. Kompanie von Oberleutnant Jörns stürmte als erste Infanterieeinheit das Hafenviertel. Unteroffizier Wilshaus kämpfte mit seinem Zug den Widerstand der Marinetruppen nieder. Der Bataillonskommandeur Hauptmann Kleemann bekam von Rommel für die Leistung seiner Männer das Ritterkreuz umgehängt.

Auch die 8. Kompanie vom Panzerregiment 5 war wieder dabei. Mancher erinnerte sich noch an den Ostermontag vor einem Jahr. Auch damals wollten sie Tobruk nehmen. Sie waren schon bis zu dem berüchtigten Straßenkreuz durchgestoßen, als der Tommy hinter ihnen die Einbruchstelle abriegelte und sie zusammenschlug. Zu Fuß waren die meisten Panzerbesatzungen zurückgekommen, froh, daß sie ihre Knochen heil aus dem Feuerkessel von Tobruk retten konnten. Wie würde es diesmal gehen? Die Festung war bestimmt nicht schwächer als vor einem Jahr. Breite Drahthindernisse, mächtige Panzergräben, raffinierte Geschützstellungen sicherten die Hafenstadt. Auch in der Kopfstärke war die Besatzung ungefähr so stark wie damals. 30 000 bis 40 000 Mann. Nur in einem Punkt war sie nicht gleich. Die britischen Verbände – Inder, Südafrikaner, Inselbriten – waren zum großen Teil von den vorausgegangenen Kämpfen an der Gazalafront zermürbt. Die Stimmung war schlecht. Man glaubte nicht an den Sieg. Und als gar der Londoner Rundfunk in einem Kommentar den Satz fallen ließ: »Tobruk ist nicht kriegsentscheidend für die Operationen in Nordafrika«, da protestierte der Festungskommandant, der südafrikanische General Klopper, mit Recht wütend ›gegen diesen moralischen Tiefschlag‹.

Die 8. Kompanie vom Panzerregiment 5 bestand noch aus zwei Zügen Panzer IV. Der Rest war an den Vortagen ausgefallen und lag verstreut in der Wüste oder in der Werkstattkompanie. Bedächtig rollten die Stahlkolosse nach vorn. Im Morgenlicht beobachtete Kompaniechef Oberleutnant Koch durch das Scherenfernrohr, wie die Pioniere unter Feindbeschuß eine Panzerbrücke über den Panzergraben legten. Im Schatten des Kampfruhmes, der immer auf die fechtenden Verbände fällt, vollbrachten diese ausgezeichneten Handwerker und Techniker des modernen Krieges eine glänzende Leistung. Vorsichtig pirschten sich die Panzer heran und fuhren einzeln über die Brücke. Noch ein paar hundert Meter, dann mußten die verfluchten Bunker kommen, in die Felsen gesprengte Nester, die man erst sah, wenn man dicht davorstand. Die Männer Kochs wußten das noch vom vorigen Jahr.

Eigentlich müßte jetzt die versprochene Stuka-Unterstützung einsetzen. Jeder Panzer hatte Handrauchsignale mitbekommen, um die deutsche Angriffsspitze zu markieren, damit die Stukas genau vor der Front die betonierten Artillerie- und MG-Nester zerschlagen konnten. Und da waren sie auch schon, die Artilleristen der Luft. Die Handrauchzeichen 'raus. »Violett werfen«, tönte es in den Kopfhörern der Panzermänner. Es klappte wie auf dem Exerzierplatz. Dicht über die Panzertürme hinweg heulte die erste Stuka-Kette, und hundert Meter weiter krachten haargenau ihre Bomben ins feindliche Stellungssystem. Da nahm auch Oberleutnant Koch den Kopf in den Turm, was man sonst in Afrika nur selten tat, weil man durch die versandeten Sehschlitze nichts erkennen konnte. Noch mitten im Krachen der Bomben gaben die Panzer Vollgas. Hinein in die Staubwolken.

In schnellen Sprüngen arbeiteten sich nun auch die Infanteristen der Panzergrenadierregimenter an die MG-Nester heran und räucherten sie aus.

Bei der 15. Panzerdivision war der Übergang über den breiten Panzergraben um 8 Uhr 30 gelungen. Pioniere und Stoßtrupps hatten großartig vorgearbeitet. Leere Öl- und Benzinfässer waren in den Graben geworfen. Mitten bei der Arbeit war Rommel erschienen: »Beeilung, Männer, Beeilung, wir sind am Drücker«, war seine Aufforderung. Und da rollten auch schon die ersten Panzer vom Panzerregiment 8 und Fahrzeuge der 3. Kompanie Panzerjägerabteilung 33 holpernd über den Graben. Inzwischen hatten Pioniere Minengassen geräumt, Drahthindernisse weggeschnitten.

Das berühmte Straßenkreuz bei Sidi Mahmud, wo die Asphaltstraße der Via Balbia nach el Adem abzweigt, war wieder – wie vor einem Jahr – erreicht. Aber diesmal war es keine Mausefalle. Zwar spien drüben am Djebelrand wieder die Pakkanonen Feuer und Blitz; aber da brauste eine neue Stuka-Welle heran. Die präzise Unterstützung aus der Luft gab dem Angriff das Gepräge. Das war die Überraschung für die Tommys. Die Übereinstimmung zwischen Luftbombardement, Panzerstoß und Infanterie zermürbte den britischen Widerstand in den Befestigungswerken des Vorfeldes der Hafenstadt. Freilich, es wurde ein harter, stundenlanger aufreibender Kampf.

Die ersten englischen Artilleriebeobachter ergaben sich. Die 5-cm-Pak der Panzerjäger schoß die MG-Nester der Südafrikaner zusammen. Immer wieder sprangen die Männer von den Zugmaschinen. Pistole in der Faust. Rein in die wellblechgedeckten Unterstände. Meistens kamen sie mit Gefangenen heraus: Südafrikaner mit ihren Burenhüten. Gefreiter Fritz Hoffmann vom 2. Zug, 3. Kompanie, Panzerjäger 33, brachte einen, den alle bestaunten: Einen Riesenkerl mit einem mächtigen schwarzen Schnurrbart. Der Mann hatte schreckliche Angst, daß er erschossen würde. Er betete ständig leise vor sich hin. Aber nach der ersten Zigarette, die ihm Hoffmann reichte, ging ein Lächeln über sein Gesicht. Ja, die Zigarette!

In einem Punkt stimmte Rommels Rechnung leider nicht: Das XX. italienische motorisierte Korps lag immer noch vor der ersten britischen Befestigungslinie und kam keinen Meter vorwärts. Auf diese Weise wurde die 15. Panzerdivision des DAK bei ihrem zügigen Vorgehen stark flankiert, und das britische Artilleriefeuer konzentrierte sich auf sie. Auch die Panzerkompanie von Oberleutnant Koch bekam das zu spüren. Starkes Pakfeuer funkte in die Kompanie. Außerdem schossen von der Küste her schwere ortsfeste Batterien, die ihre Rohre geschwenkt hatten, mit großem Kaliber auf die deutschen Angreifer. Die Luken der Panzer wurden dichtgemacht. Das war sicherer. Aber dafür stieg in den Stahlkästen das Thermometer auf 50 Grad. Funkmeister Schroedter im Chefpanzer kam sich vor wie in der Hölle; denn sein Sitz war direkt neben dem Getriebe. Für ihn spielte sich die Schlacht in den Kommandosprüchen und Meldungen ab, die er auffing. Von Durst gequält, griff er sich eine englische Dose Kondensmilch. Aber das klebrige Zeug brachte ihm nur einen Hustenanfall ein. Er riß die Luke etwas auf, um Luft zu schnappen. Im gleichen Moment detonierte seitlich eine Granate. Die Luke wurde ganz aufgerissen. Dreck und Steine flogen in den Panzer. Aber der Motor dröhnte weiter. Vorsichtig, fast tastend, schob sich der Panzer vorwärts. Da, halblinks am Hügelrand, Feindpanzer. Wieder machten die Engländer ihren alten Fehler. Sie fuhren quer zum Hang und zeigten ihre Breitseite, die man leichter trifft und die schwächer gepanzert ist als der Bug. »Achtung, 10 Uhr, 800 Meter, Feindpanzer – Feuer frei«, ging der Funkspruch Kochs an seine Panzerwagen, die in breiter Formation rechts und links vom Chefpanzer rollten. Koch selbst nahm sich den Mark VI vor, der an seiner Antenne einen Wimpel flattern ließ: Dort fuhr der Kommandeur des gegnerischen Verbandes. Merkwürdig, daß die Tommys es nicht aufgaben, ihre Befehlspanzer so sichtbar kenntlich zu machen. Der dumme Stoffwimpel wurde stets zum Verhängnis: denn war der Führungspanzer weg, war der Rest meistens leichter zu bekämpfen. »Los – Panzergranate 'rein, 10 Uhr, 800.«

»Geladen«, meldete der Ladeschütze; »fertig!«, der Richtschütze. »Feuer!«

»Zu kurz, 50 mehr.«

Treffer!

Der britische Befehlspanzer drüben stand. Brannte. Seine Luken flogen auf; aber die anderen Tommys warteten nicht auf die Besatzung. Sie drehten ab, und Oberleutnant Koch rollte auf den abgeschossenen Panzer zu. Ein englischer Oberleutnant und sein ›Gunner‹ kamen mit erhobenen Händen heran, beide leicht verwundet. Verbandszeug 'raus. Die Engländer nickten. »Thank you.« Aber was machen wir mit euch? überlegte Koch. Und dann entschied er: »Ihr müßt auf unserem Wagen mit, sonst verkrümelt ihr euch wieder.«

Und weiter ging's. Die Tommys saßen hinter dem Turm in Deckung. Links fuhr die 6. Kompanie. Aber was war das? Der Wagen von Leutnant Frank-Lindheim bekam einen Volltreffer und brannte. Wo kam das her? Da sah Koch auch schon ein paar hundert Meter vor sich ein englisches Geschützrohr auf seinen Wagen zuschwenken. »Tempo, Sprenggranate, 12 Uhr Pak.« Zu spät. Der Engländer schoß schneller und – traf. Der Turm wurde aufgerissen und ließ sich nicht mehr drehen. Der Fahrer war verwundet. Raus!

In einem Deckungsloch, 20 Meter neben ihrem Panzer, fand sich die Besatzung wieder. Auch die beiden gefangenen Tommys waren dabei. »Have a cigarette?« Der Tommy hielt Koch grinsend seine Schachtel hin. »Nee, Tommy, jetzt nicht.«

Es war reichlich ungemütlich. Artillerieeinschläge ringsum. Bloß nicht hierbleiben, dachte Koch. Da der Fahrer verwundet war, sprang er selbst mit ein paar Sätzen hinüber zu seinem angekratzten Panzer. Rein. Auf den Fahrersitz. Gang 'rein. Hin zum Decklungsloch. Blitzschnell saßen alle auf – auch die Engländer. Und dann ›raus aus dem Feuerzauber. Erst jetzt merkte Oberleutnant Koch, daß auch er einen Granatsplitter im Oberschenkel hatte. Funkmeister Schroedter spürte seinen kleinen Splitter noch viel später.

Inzwischen war ein Wagen der Instandsetzungsstaffel herangebraust. Während sie noch verhandelten, ob der Kasten wieder flottgemacht werden könne, fegte ein kleiner Schützenpanzerwagen heran. Darin saß – Rommel. Koch humpelte zu seinem Oberbefehlshaber und machte Meldung. »Sie müssen zum Hauptverbandsplatz, liegt bei El Adem«, rief Rommel und dirigierte auch schon einen Pkw seiner Kampfstaffel herbei, um den verwundeten Panzerfahrer, den Panzerkommandanten und die beiden Tommys nach hinten transportieren zu lassen. Der Panzerfahrer wurde allerdings wieder ausgeladen. Er konnte nicht sitzen und mußte auf einen Sanka warten. Koch und Fahrer Jäntsch brausten mit den beiden Gefangenen los. Quer durch die Wüste, Richtung El Adem. Die Schlacht lag sehr bald weit hinter ihnen. Auf einmal fiel dem Oberleutnant Koch etwas ein: Kein Mensch hatte im Eifer des Gefechts die beiden Kameraden von der gegnerischen Feldpostnummer auf Waffen untersucht. Koch selber hatte seine Pistole im Panzer gelassen. Wenn jetzt einer der Tommys ein Schießeisen zog!

»Sag mal«, fragte da Koch vorsichtig den Fahrer Jäntsch, »haben wir eigentlich eine Pistole hier?«

»Keine Ahnung, vielleicht hinten im Gepäck«, war die Antwort. Als sie ausgesprochen war, bekam Jäntsch rote Ohren. Er merkte wohl, was Frage und Antwort bedeuteten. Der britische Oberleutnant aber begann zu lächeln. Langsam griff er in seine Tasche. Hatte er vielleicht verstanden? Und hatte er vielleicht eine Pistole? »Please«, sagte er und – legte Koch seinen Browning in den Schoß. »Do you now want a cigarette?« – Die Players schmeckte vorzüglich.

Die Schlacht um Tobruk aber tobte weiter. Die deutsche Artillerie war nach vorn gezogen worden und feuerte in direktem Beschuß auf die Befestigungsanlagen. Schuß auf Schuß hämmerte aus den Rohren der Panzerartillerieregimenter der beiden 15. Panzerdivisionen des DAK. Obergefreiter Hans M. Pfaff von der Artillerieabteilung 408 der 21. Panzerdivision stand an seinem schweren 10,5-cm-Geschütz. 80 Schuß jagten sie in 30 Minuten hinüber in die Bunker. Sie schleppten schweißgebadet Munition heran. Wie ein Geschenk des Himmels fanden Kanoniere einen alten deutschen Granatenstapel, der noch vom vorigen Jahr hier lagerte. »Mensch«, riefen sie, »das ist ein Ding!« Und das Kaliber stimmte sogar. Als die 250. Granate aus dem Rohr heraus war, hieß es: Stellungswechsel. Und so ging es weiter. Schießen. Aufprotzen. Ein paar hundert Meter weiter. Und wieder dasselbe. Sie holten die Panzerspitzen und die Infanterie ein. Auf kürzeste Entfernung feuerten sie auf Pak- und MG-Nester. Das hielt kein Verteidiger aus. Um 18.30 Uhr hatte die 15. Panzerdivision den Feind aus dem Fort Gabr Gasem geworfen. Um 19 Uhr kapitulierte das Fort Pilastrino. Jetzt waren zwei Drittel des Festungskampffeldes in deutscher Hand.

An der Spitze seiner Kampfstaffel, genannt ›die Kampfstaffel des Oberbefehlshabers‹, meistens aber nach ihrem Kommandeur ›Kampfstaffel Kiehl‹ geheißen, hatte Rommel den entscheidenden Einbruch des DAK begleitet. Die Kampfstaffel, die Rommels persönlichem Befehl unterstand, war die Idealform einer schnellen Kampfeinheit, die aus dem Wüstenkrieg erwachsen war. Sie hatte ungefähr Bataillonsstärke und bestand aus einer Panzerkompanie, einer gemischten Kompanie von Pak und Flak, 7,5-cm-Selbstfahrlafetten, 5-cm-Pak, 3,7-cm-Pak und 2-cm-Flak. Ferner einem Zug Panzerspähwagen und Funkwagen. Mit dieser Truppe griff Rommel immer wieder an den Brennpunkten der Schlacht in das Kampfgeschehen ein. Am Djebelabstieg zur Stadt ließ er Bunker knacken; und am berühmten Straßenkreuz von Tobruk sah man den alten Minenspezialisten Rommel eigenhändig mit seinen Männern Minen einer Panzersperre ausbuddeln, um seinen Fahrzeugen den

Weg freizumachen. Und so lernte der Gefreite Kurt Kind aus Völklingen an der Saar vor Tobruk von seinem Oberbefehlshaber, wie man die gefährlichen Teufelseier aus dem Sand graben muß.

Inzwischen saß der südafrikanische Festungskommandant, General Klopper, verzweifelt in seinem Hauptquartier innerhalb des Befestigungsgürtels. Gleich zu Beginn des deutschen Angriffs war sein Hauptquartier von Stukas zerbombt worden. Auch sein neues Quartier wurde von einer Bombe getroffen. So wurde der Oberbefehlshaber der Festung in den kritischen Stunden von einem Platz zum anderen gejagt. Seine Verbindung mit den Truppen war unterbrochen. Schon ab Mittag konnte Klopper keine Befehle mehr geben. General Ritchie, der zum Rapport nach Ägypten geflogen war, schaute vom Nil dem Todeskampf Tobruks untätig zu. Überall in der Stadt brannte es. Klopper meldete Ritchie: »Die Lage ist hoffnungslos. Ich will versuchen, nach Westen auszubrechen.«

In Kairo wartete man. In London fieberte man. Dann kam Kloppers letzte Meldung: »Zu spät. Die meisten Transportmittel sind zerstört. Können uns nicht mehr bewegen. Werde Widerstand so lange fortsetzen, bis wichtigstes Material vernichtet ist.« Was General Klopper nicht meldete, war, daß ein Trupp Soldaten seines Begleitkommandos sich seines Kommandeurwagens bemächtigt hatte und damit geflohen war. So aufgelöst waren die Verteidiger von Tobruk, der legendären Festung, die vor einem Jahr Rommels Sturm 28 Wochen erfolgreich getrotzt hatte. Die vorausgegangene Gazalaschlacht, der Feuerorkan der Artillerie, die Stuka-Angriffe und der unaufhaltsame Einbruch der Truppen des DAK in den verminten und verdrahteten Verteidigungsgürtel hatten die altbewährten Verbände der 8. Armee zermürbt.

Am 21. Juni morgens um 5 Uhr fuhr Rommel an der Spitze seiner Kampfstaffel in die Stadt Tobruk ein. Er fuhr in einen Trümmerhaufen. Es gab nicht mehr viele heile Häuser. Nur die Moschee war wenig beschädigt. Aber sonst waren Hafenanlagen und Straßen ein Gewirr von Trümmern und Ruinen. Im Hafenbecken lagen die Wracks vieler Schiffe, die zum Teil durch direkten Beschuß der 21. Panzerdivision versenkt worden waren. Masten und Schornsteine ragten traurig in den Himmel. Auf der Via Balbia nahm Rommel um 9 Uhr 40 die Kapitulation von General Klopper entgegen. Rommel, der an den brennenden Wagenparks und explodierenden Vorratslagern vorbeigefahren war, befand sich in böser Stimmung über das Zerstörungswerk der britischen Sprengkommandos. Klopper bekam es zu spüren: »Wenn Sie die Transportmittel zerstören, muß ich die Gefangenen zu Fuß durch die Wüste marschieren lassen. Und wenn Sie gar die Verpflegungslager sprengen, dann werden Ihre Soldaten nichts zu essen haben«, knurrte Rommel. Klopper antwortete kühl: »Ich befolge nur meine Befehle, Herr Generaloberst.« Etwas leiser fügte er hinzu: »Den Befehl zur Sprengung der Verpflegungslager habe ich nicht gegeben.« Rommel und Bayerlein ersuchten den geschlagenen General, in ihrer Wagenkolonne in die Stadt zurückzufahren. 33 000 Gefangene strömten, humpelten, wankten zu den Gefangenen-Sammelstellen. Der Engländer Alan Moorehead schreibt in seinem Kampfbericht: »Es war eine schwere, eine vollständige Niederlage. Allein an Ausrüstung hatte der Feind die größten Werte erbeutet, die man je in der Wüste gesehen hatte. Die Straße nach Ägypten war offen; und Rommel, der Tobruk in genau einem Tag erobert hatte, war entschlossen, auf dieser Straße nach Ägypten zu ziehen.« Ja, das war Rommel. Würde er bald am Nil stehen? Würden seine Offiziere den alten lieben Traum verwirklichen können: an der Bar von Shepheards Hotel ihren Whisky zu trinken? Es sah ganz so aus, und auch Rommel hoffte es. In seinem Tagesbefehl lesen wir: »Soldaten der Panzerarmee Afrika! Jetzt gilt es, den Gegner vollends zu vernichten. In den nächsten Tagen fordere ich nochmals große Leistungen von euch, damit wir unser Ziel erreichen.«

Unser Ziel!

Das Ziel hieß Nil. Der Sieg von Tobruk sollte das Sprungbrett dazu sein.

Rommel stand als Feldherr auf der Höhe seines Ruhms. Aus Rastenburg erhielt er die Kunde von seiner Beförderung zum Generalfeldmarschall. »Marschall Rommel«, würde es von nun ab heißen. Der Mann, der die Hauptlast des mühevollen Kampfes mit den Panzerverbänden des DAK getragen hatte, Walther Nehring, wurde zum General der Panzertruppe befördert. Rommel gab ihm seine alten Generalobersten-Sterne für den neuen Rang. Auch die italienischen Generale Cavallero und Bastico wurden von Mussolini zu Marschällen ernannt.

Die Landser in Tobruk nahmen die Beförderungen und den Ordenssegen auf ihre Art hin und labten sich an der reichen Beute. Die Männer der Panzernachrichtenabteilung 200 freuten sich wie die Kinder, als Karl Dorn mit einer Kiste echter deutscher Blutwurst ankam. Die Engländer hatten sie vor einem Jahr von einer deutschen Einheit erbeutet. Nun war sie wieder da: eine Kiste Blutwurst. Auch ein Symbol im Wandel von Sieg und Niederlage.

ADMIRAL CANARIS GREIFT EIN

In der Kairoer Bar Kit-Kat beginnt das Leben erst nach Mitternacht. Dann kommt die leichte Brise vom Nil. Die Palmen wippen leise. Der Himmel schaut dunkel und sternenvoll auf die Tanzfläche aus polierten Steinplatten. Nur die lange Bar, die sich im Halbrund um Bühne und Tanzfläche erstreckt, ist überdacht. Die hohe Mauer rings um die eleganteste aller Kairoer Kabarett-Bars läßt keine Möglichkeit für Zaungäste. Immer wieder verneigt sich der gewichtige Portier in Galauniform vor den Gästen. Sie kommen in ihren Autos. Männer mit Geld. Damen in eleganten Kleidern. Arabien und Europa spielen hier in der feuchtheißen Sommernacht des Jahres 1942 noch Frieden. Ägypten ist ja ›neutral‹, obwohl es die Militärbasis Englands für den Krieg in Nordafrika ist und Kairo eine wimmelnde Etappenstadt Großbritanniens. Aber König Faruk und sein Kabinett legen Wert darauf, im Schatten des britischen Hochkommissars neutralen Staat zu demonstrieren. So herrschen in Kairo Krieg und Frieden zugleich. Vom Krieg spürt man – vorerst – nur die schönen Seiten, besonders das Geschäft. Und nachts suchen englische und ägyptische Offiziere in Zivil ein bißchen Vergnügen. Die reiche Jugend Kairos, die Söhne der Paschas und Beys, der Großgrundbesitzer, die Schwarzhändler – sie alle tragen das Geld zum Markt der nächtlichen Freuden. Ägyptische Effendis mit dicken Brieftaschen, Ölmanager Arabiens mit ihren kostspieligen Freundinnen und – nicht zu vergessen – die Schar derer, die am Rande des Krieges leben, von dunklen Machenschaften, von Spitzeldiensten und von gefährlichen Einsätzen an der Front der Spionage. Sie alle lechzen abends nach einem – verdammt teuren – Whisky-Soda, einem Pernod oder Gin-Fiz. Wer Wert auf Reputation legt, trinkt Champagner. Und wer auch hier als guter Mohammedaner gelten will, der bleibt beim Mokka. Freilich, selbst dem strenggläubigsten Moslem gestattet der Prophet einen Schnaps, wenn der Kopf ein bißchen heiß ist, der Magen leicht verstimmt, denn dann ist es Medizin. Der Prophet läßt mit sich handeln. Er kannte seine Orientalen, als er vor 1300 Jahren den Koran schrieb.

Lampions tauchen das Gartenrund in buntes Licht. Gespräche summen. Gelächter ertönt. Stille liebt der Orientale nicht. Die Tanzkapelle spielt schmalzige europäische Tangos und wippende Foxtrotts. Dazwischen die Spezialität des Hauses: arabische Tänze. Heute steht eine besondere Delikatesse bevor – Hekmat Fahmi tritt auf. Hekmat Fahmi, die schönste Bauchtänzerin im Orient. Wo sie tanzt, da gibt es Beifallsstürme. Da fliegen die Blumenbuketts. Da flitzen die Pagen mit den Visitenkarten reicher Verehrer. Hekmat bewegt sich wie eine Königin mit Gefolge, so zahlreich sind ihre Gönner und Freunde. Ihr wahres Interesse allerdings besitzt nur ein junger ägyptischer Bey, der erst seit einiger Zeit wieder in der Kairoer Gesellschaft aufgetaucht ist. Hussein Gaafar ist sein Name. Er hat viel Geld, viel Witz, viel Lebenslust und viel Zeit – die wichtigsten Dinge, um die Freundschaft einer so berühmten Tänzerin zu erringen. Alle Welt hält ihn für einen reichen Nichtstuer. In Wirklichkeit ist er ein Agent der deutschen Abwehr, Hans Eppler, der zusammen mit seinem Freund Hans Gerd Sandstede in Kairo im Sondereinsatz ist. Sandstede figuriert als der amerikanische Freund, als verrückter Amerikaner und Ire von Geburt, der seinen amerikanischen Paß benutzt, um sich dem Krieg für England auf seine Art zu entziehen. Peter Monkaster heißt er dem gefälschten Paß nach; sein Spitzname ist Sandy.

Das Kit-Kat ist bis auf den letzten Tisch gefüllt. Die Tanzpaare drehen sich nach dem zur Zeit beliebten Schlager: ›Le soleil a rendezvous avec la lune, mais la lune n'est pas là.‹ Überall an den Tischen wird mitgesummt: ›Mais la lune n'est pas là‹ – Aber der Mond ist nicht da! Und sie witzeln – weil er hell am Himmel steht.

Hussein Gaafar sieht sich nach dem Kellner um. Da fällt sein Blick auf den großen Tisch neben der Bar. Dort sitzen ein halbes Dutzend junge ägyptische Offiziere in Zivil. Unter ihnen auch Leutnant Anwar el Sadat. Man sieht ihn oft mit einem breitschultrigen Oberleutnant namens Abdel Nasser, wenn dieser aus seiner Garnison in Südägypten mal nach Kairo kommt. In den Kasernen zwinkern die Offiziere sich zu, wenn die Namen der beiden genannt werden: Nasser und Sadat sind keine Freunde Englands. Sind Männer, die auf ihre Stunde warten. Männer aus einer der verschiedenen geheimen Zellen, die um Ägyptens Unabhängigkeit von England kämpfen. Sie knüpfen Fäden zu allen Unzufriedenen. Sie begehren sogar gegen König Faruk auf und gegen die Paschas, die es mit England halten. Man flüstert: Sie wollen eine Revolution. Aber die meisten Ägypter haben bisher nur darüber gelacht. Hussein Gaafars und Sadats Augen, die sich im Kit-Kat begegnen, sagen: ›Hallo, auch da?‹ Aber nur die Augen, und nur den Bruchteil einer Sekunde dauert diese Verständigung. Sonst verrät keine Geste, kein Wink, kein Gesichtszug, daß man sich kennt.

Mitten im Tanz flackert plötzlich Erregung auf. Sie kommt mit den letzten Gästen. Die tragen Extrablätter in den Händen und reden aufgeregt. Was sagen sie? »Tobruk«, hört man immer wieder. Tobruk! Und da ist ein solches Blatt auch schon am Tisch der ägyptischen Offiziere. Einer liest laut vor, und dann springt die Nachricht über die Tische. Wo man nicht verstanden hat, fragt man die Kellner. Oder die Boys, jene smarten, frechen Bürschchen, die nirgends so galant, nirgends so hochmütig sind wie in Kairo. Und die lassen sich vor allem an den Tischen, wo Engländer sitzen, nicht zweimal fragen: »Rommel hat Tobruk genommen. In einem Tag. Die 8. Armee Englands ist auf der Flucht. Und die Deutschen jagen hinterher. Durch den ägyptischen Zaun. Hierher, Sir, hierher nach Kairo.« Und mit hochmütiger Gelassenheit ziehen die Boys die Augenbrauen hoch und sagen gewichtig: »Vielleicht sind die Allemanis übermorgen schon hier, und Rommel-Pascha« – sie sagen Rommel-Pascha als Zeichen ihrer Verehrung – »trinkt dann einen Whisky mit seinen Offizieren an diesem Tisch.« Ja, so sagen sie frech. Und in ihren Augen steht die Freude über den Schreck ihrer englischen Zuhörer.

»Damned«, murmelt der seriöse, grauhaarige Herr, der sich vor ein paar Minuten nach höflicher Bitte noch an Hussein Gaafars und Sandys Tisch gequetscht hat. Er entschuldigt sich gleich wegen des Wortes ›damned‹, das kein Gentleman gebraucht. Aber Hussein Gaafar, alias Hans Eppler, nickt verständnisvoll: »Schlimme Nachricht«, sagt er.

»Sehr schlimm«, antwortet der Gentleman, dem man auf hundert Meter den in Zivil verkleideten Kolonialoffizier Seiner Britischen Majestät ansieht. »Unbegreiflich«, fügt er dann hinzu. Man spürt seine Verlegenheit. Dabei sollte man meinen, daß Major Dunstan seine Gefühle beherrschen kann, denn er ist Abteilungschef des britischen Intelligence Service in Kairo. Abwehr III, würden wir in Deutschland sagen: Spionage-Abwehr.

»Ja, dieser verdammte Rommel«, sagt Hussein Gaafar. Freund Sandy ist platt, mit welch ehrlicher Entrüstung das herauskommt.

So ehrlich, daß Major Dunstan überzeugt ist, einen englandfreundlichen jungen Ägypter getroffen zu haben. »Ja, ein Teufel ist dieser Bursche. Weiß der Himmel, wie er das wieder gemacht hat. Tobruk! Acht Monate hat es im vorigen Jahr standgehalten. Und nun – in einem Tag! Unfaßlich!« sagt der Major.

Hussein winkt pathetisch ab: »Die 8. Armee ist doch noch intakt. 30 000 Mann werden in Tobruk draufgehen. Gut. Aber Ägypten steckt noch voll von britischen Soldaten. Und schließlich ist ja auch noch die 10. Armee da. Was soll sie in Syrien? Die muß doch jetzt zu unserem« – er sagt betont: zu unserem – »Schutz hierher. Sie können doch Kairo nicht erobern lassen.«

Major Dunstan hat einen Augenblick ein mißtrauisches Gefühl; aber dann sieht er die begeisterten Augen Husseins. Da kann er nicht widerstehen: »Sie können beruhigt sein, mein Herr, die 10. Armee wird nicht in Syrien zuschauen, wenn Rommel kommt.«

Sandys Augen lächeln: »That's fine«, sagt er – das ist fein. »Eine gute Nachricht.« Bei Gott: eine gute Nachricht. »Na, und außerdem haben wir ja schließlich auch noch eine ägyptische Armee«, fährt Hussein beflissen fort. Der Major drückt seine Players aus.

»Ägyptische Armee? Verzeihen Sie, ich will Sie nicht kränken; aber sehen Sie, dahinten sitzt sie. Glauben Sie, daß die über Tobruk sehr traurig sind?« Und der Major zeigt auf den Tisch, an dem Sadat mit seinen Freunden sitzt.

Sandy will etwas antworten, aber Hussein legt ihm die Hand auf den Arm: »Hekmat Fahmis Auftritt«, sagt er. Und da braust auch schon der Applaus auf. Übertönt alle Gespräche. Hekmat. Da steht sie auf der Bühne. »Ein Wunder – wie die Gärten der Semiramis«, sagt der Major.

Diese Frau ist wirklich schön. Arabisch schön. Kein hochbeiniges Girl amerikanischen Typs. Eine Araberin mit vollendeten Formen, katzenhaften Bewegungen, herrlichen Augen. Ein echt ägyptisches Profil. Und welch vollendete Tanzkunst! Nein, so etwas sah man außerhalb Kairos noch nie – weder im Wintergarten oder in der Scala von Berlin, noch in den Folies Bergères in Paris oder im Café de Paris am Piccadilly Circus in London. Niemand im Kit-Kat und nur wenige in ganz Kairo wußten, daß diese Frau eine wichtige Nachrichtenquelle der deutschen Abwehr war.

Als Hekmat ihren Tanz beendet hat, bricht der Sturm der Begeisterung los. Die Zuschauer toben. Blumen fliegen. Dann aber geschieht etwas Ungewöhnliches. Ein Ruf schallt durch den Saal. Er kommt von dem Tisch der jungen ägyptischen Offiziere. Sie rufen: »Hekmat, tanz den Tobrukwalzer.« Sie rufen es arabisch, aber viele Engländer haben es verstanden. Ein Hexenkessel bricht los. Pfuirufe rasen durch den Saal. Bravorufe. Auch Major

Dunstan ist aufgesprungen. Die Bulldogge steht ihm in den Augen. Wie durch einen Blitz ist selbst hier – in einer Bar – das ägyptische Problem plötzlich erhellt worden. Das Problem einer an den kolonialen Ketten rüttelnden Nation. Und der Blitz heißt Rommel.

Der Blitz hat in ganz Kairo gezündet. Extrablätter werden ausgerufen. Menschengruppen diskutieren. Über den Nil tönen Geschrei und Gesang. Drüben, auf der Schâri Wagh el-Birket, tobt ein Demonstrationszug von Studenten. »Vorwärts, Rommel!« schreien sie.

In Washington ist es ebenfalls heiß in dieser Nacht des 21. Juni 1942. Rund 12 000 Kilometer von Kairo entfernt, im Weißen Haus der Hauptstadt Amerikas, sitzen Winston Churchill und Franklin D. Roosevelt. Der britische Premierminister ist nach den USA geflogen, um mit dem US-Präsidenten die Kriegslage zu besprechen. Es sind nicht viele gute Dinge, die sie sich zu sagen haben. Europa ist von der französisch-spanischen Grenze bis nach Narvik in der Hand der Deutschen. In Asien sind die Japaner auf ihrem Siegeszug. Die alte britische Festung Singapur hat kapituliert. Hitlers U-Boote schicken Millionen Tonnen auf den Meeresgrund. In Rußland stürmen die deutschen Divisionen zur Wolga. Stalin ruft verzweifelt nach der zweiten Front. Aber wo sollen Amerika und England Hitler angreifen?

Zunächst einmal sind sie froh, daß sie sich verteidigen können. Roosevelt und Churchill erörtern im Arbeitszimmer des amerikanischen Präsidenten gerade, ob Rommel wohl noch die Kraft habe, Tobruk einzuschließen. Da tritt ein Offizier ins Zimmer. Salutiert. Reicht Roosevelt wortlos eine Meldung. Der Präsident liest. Liest offenbar ein zweites Mal. Sein Gesicht ist starr geworden. Die Gespräche verstummen. Man spürt, es ist etwas passiert. Roosevelt reicht Churchill das Papier. Der liest und erbleicht. Was steht darin? Niemand kann die Dramatik dieser Minuten eindrucksvoller, erregender, echter schildern, als Winston Churchill es in seinen Memoiren selber getan hat: »Ich las: ›Tobruk hat kapituliert; 25 000 Mann in Gefangenschaft.‹ Das kam so überraschend, daß ich es nicht zu fassen vermochte und Lord Ismay bat, telefonisch in London rückzufragen. Wenige Minuten später brachte er mir die von Admiral Harwood aus Alexandria eingegangene Meldung: ›Tobruk ist gefallen; Situation hat sich dermaßen verschlechtert, daß Möglichkeit baldiger schwerer Fliegerangriffe gegen Alexandria besteht. Angesichts der bevorstehenden Vollmondphase verlege ich gesamte Flotte aus dem östlichen Mittelmeer in den Süden des Kanals, um dort die Entwicklung abzuwarten.‹

Das war«, fährt Churchill in seinen Memoiren fort, »einer der schwersten Schläge, die mir aus dem ganzen Kriegsverlauf in Erinnerung geblieben sind. Nicht nur waren die militärischen Auswirkungen beklagenswert, weit schwerer war das Ansehen der britischen Armee betroffen. In Singapur hatten sich

85 000 Mann einer kleineren Anzahl Japaner ergeben, und jetzt legten in Tobruk 25 000 (tatsächlich waren es 33 000) kampferfahrene Soldaten ihre Waffen vor einem vielleicht halb so starken Gegner nieder. War der Fall für die Kampfmoral der Wüstenarmee typisch, so ließen sich die über Nordafrika hängenden Katastrophen überhaupt nicht übersehen. Ich versuchte gar nicht erst, mein Entsetzen vor dem Präsidenten zu verbergen. Der Augenblick war zu bitter. Niederlage ist eines, Schande ist ein anderes ... Roosevelt sagte nur: ›Was können wir tun, um euch zu helfen?‹ Ohne zu zögern antwortete ich: ›Geben Sie uns so viele Sherman-Panzer, als Sie entbehren können, und schicken Sie sie schnell nach dem Nahen Osten.‹«

Eine Hoffnung, eine damals vage abenteuerliche Hoffnung hatten Roosevelt und Churchill in dieser dramatischen Situation des Jahres 1942. Sie trug den komischen Decknamen ›Tube Alloys‹ und war – die Atombombe. Amerikanische und englische Forscher waren dem Geheimnis der Kernspaltung für die Zwecke einer atomaren Sprengbombe auf der Spur. Die Unkenntnis darüber, wie weit die deutschen Forscher waren, die Angst, daß sie weiter sein könnten als die Männer in den anglo-amerikanischen Laboratorien, ließ Roosevelt und Churchill jetzt, im Sommer 1942, den Entschluß fassen, das Projekt ›Tube Alloys‹ mit aller Kraft und unter Aufbringung aller Energie vorwärtszutreiben.

Und so beschlossen die beiden Staatsmänner den Bau einer atomaren Bombe. Das große Gespenst unserer Zeit wurde in die Arena gerufen. Es war ein Augenblick, der in der Geschichte der Menschheit immer verzeichnet sein wird. Und dieser Augenblick stand im Zeichen der Angst vor Rommel. Im Schatten des deutschen Sieges von Tobruk beginnt die atomare Epoche.

Aber wird die Atombombe noch rechtzeitig fertig werden? Ist bis dahin nicht Ägypten längst verloren? Dieser Rommel stößt ja bereits am 21. Juni auf Marsa Matruh und über Ägyptens Grenze. Er zielt auf Alexandria, auf Kairo, auf Suez. Ein paar hundert Kilometer trennen ihn noch vom Herzen Arabiens. Wer kann ihn aufhalten? Das Schicksal der britischen Weltreich-Basis Ägypten scheint besiegelt zu sein.

Nicht nur die Deutschen sind die Gefahr für Englands Macht im Nahen Osten. In der Altstadt Kairos, in den Garnisonen des Landes sitzen die Widerstandsgruppen, die Ägypten von England befreien wollen. Noch sind es nur kleine Zellen. Politische, militärische, religiöse Zirkel. Noch sind sie nicht vereinigt, nur einig im Haß gegen England, im Traum für Ägyptens Freiheit. Aber jeden Tag können sie zur gefährlichen Organisation werden. Und wenn die Deutschen die Verschwörer gar für ihre Zwecke einspannen, dann könnte aus den fanatischen Offizieren um Leutnant Sadat und Oberleutnant Nasser, aus den Freunden des Generals El Masri Pascha oder den Kumpanen der Majore Zulfikar und Abdel Rauf eine »5. Kolonne« werden.

Auch in den deutschen Hauptquartieren hat man schon seit 1940 diesen Gedanken gehabt.

Im Frühjahr 1940 reifte im Kopf eines deutschen Abwehrmajors ein kühner Plan. Im sommerlichen Budapest hatte ein Major der Abwehr I den ehemaligen k. u. k. Hauptmann Laszlo Graf v. Almaszy kennengelernt. Der war Wüstenexperte und hatte jahrelang als Vermessungsspezialist für das kartographische Institut der ägyptischen Regierung gearbeitet, die Sahara überflogen und in Kairo viele Freunde gewonnen. Almaszy wurde für die deutsche Abwehr gewonnen und zum Hauptmann der Luftwaffe ernannt. Sein erster Vorschlag war, den Anfang Januar 1940 von den Engländern kaltgestellten Generalstabschef der ägyptischen Armee, El Masri Pascha, für die deutsche Sache zu gewinnen.

El Masri war ein Feind der Briten. Er sympathisierte mit Offizieren wie Abdel Nasser und hoffte, wie so viele, auf einen deutschen Sieg über England, weil er sich davon Ägyptens Freiheit versprach. Dieser Mann konnte auf deutscher Seite ein mächtiger Trumpf sein.

Im Berliner Hauptquartier des Admirals Canaris war man nicht schlecht erstaunt, als der Major der Luftwaffe und Abwehroffizier, Nikolaus Ritter, den Vorschlag machte, den General El Masri nach Deutschland zu holen, notfalls zu entführen. Canaris hielt die Sache zuerst für eine verrückte Idee. Aber dann änderte der phantasiebegabte Admiral seine Meinung. »Plan El Masri verfolgen, in vier Wochen Bericht«, lautete seine Aktennotiz.

Ritter stellte ein Sonderkommando im Rahmen des X. Fliegerkorps zusammen. Knüpfte einen Kontakt zum ungarischen Gesandten in Kairo, der gerade zur Berichterstattung in Budapest war. Man sagte dem gescheiten Diplomaten mit dem Gesicht eines Professors zwar zuerst nicht ganz genau, was man vorhatte. Es gehe um Kontakte mit El Masri, sagte man, und daß man in Kairo einen Geheimsender für die wichtigen Wettermeldungen in Betrieb nehmen wolle. Das letzte stimmte sogar. Der Gesandte war bereit zu helfen.

Major Ritter hatte inzwischen sein Sonderkommando auf etwa 10 Mann gebracht. Neben v. Almaszy alles Leute von der Abwehr: Funker, Chiffreure, Dolmetscher, Fahrer. Alles Spezialisten aus den Dolmetscher-Kompanien oder der Stahnsdorfer Funkaußenstelle des OKW.

Der Gesandte in Budapest packte den Agentensender Ritters in sein Kuriergepäck und brachte ihn unangefochten nach Kairo. Aus diplomatischer Vorsicht stellte er ihn nicht in der Gesandtschaft auf, sondern übergab ihn einem Geistlichen österreichischer Nationalität, der in ungarischen Diensten stand. Der Pfarrer war ein leidenschaftlicher Nachrichtenmann. »Ich werde es schwer haben mit meinem Herrgott, wenn ich einmal Rechenschaft geben muß über meine Tätigkeit in Kairo«, pflegte er oft im Freundeskreis zu sagen. Und versonnen fügte er gewöhnlich hinzu: »Reicht die Liebe zum Vaterland aus, um Vergebung zu erlangen?« Nun, der ungarische Pfarrer hoffte es. Er wählte für die Installation des Geheimsenders den sichersten Platz, den man sich denken kann: unter dem Altar der St.-Theresien-Kirche im Kairoer Stadtteil Shoubrah.

Der Gesandte und sein Funker wurden zu eifrigen Kirchgängern; denn nur so konnten sie unverdächtig an ihre ›Arbeitsstelle‹ gelangen. Nur während des Gottesdienstes konnten sie funken und empfangen. Und so steht die düstere Tatsache in der Geschichte des geheimen Krieges, daß oben in der Theresienkirche zu Kairo feierlich das Te Deum durch das Kirchenschiff hallte, unter dem Altar aber die Hand des Funkers über die Sendetaste glitt: »Achtung, Achtung, RBQX ruft die Zentrale. Bitte kommen.« Und wenn sich die Zentrale der deutschen Abwehrstelle in Derna gemeldet hatte, gab der Funker seinen Spruch: »Punkt 1: Wetterlage.« Es folgte ein genauer Wetterbericht. »Punkt 2: Pascha teilt heute mit.« Und dann folgten die Informationen von El Masri Pascha, der den Decknamen Pascha hatte.

El Masri machte zuerst den Vorschlag, man sollte ihn mit einem U-Boot aus der Berollos-See im Nildelta abholen. Das war natürlich undurchführbar. Man einigte sich dann, daß ihn ein deutsches Flugzeug an einem noch näher zu vereinbarenden Ort in der Wüste vor Kairo abholen sollte.

Nach der Einnahme von Kreta, am 20. Mai 1941, bekam Ritter vom X. Fliegerkorps endlich zwei He 111 für den Pascha-Einsatz. Sie wurden aus dem Bestand des Kampfgeschwaders 26 genommen. Almaszy, der die Wüste wie seine Westentasche kannte, hatte als X-Punkt einen Platz beim roten Djebel an der Oasenstraße gewählt.

Der Pascha konnte in seinem Auto in ein paar Stunden von Kairo aus den Punkt erreichen. Eine Stunde vor Sonnenuntergang sollte er eintreffen. Ein Landekreuz auslegen. Dann sollte eine von Ritters He 111 landen und ihn aufnehmen, während die zweite in der Luft blieb und Sicherung flog.

Die Maschinen standen schon für den ersten Versuch startklar, als via Derna aus der St.-Theresien-Kirche in Kairo der Funkspruch ankam, El Masri habe einen Autounfall gehabt und könne nicht rechtzeitig zur Stelle sein. Am Sonnabend, dem 7. Juni 1941, schließlich aber war es soweit. Um 15 Uhr erfolgte der Start.

Die Sicherungsmaschine mit Major Ritter flog Hauptmann Haller. Hauptmann Blaich war Beobachter. Hauptmann v. Almaszy flog mit der zweiten He, die El Masri an Bord nehmen sollte. Die Maschinen trugen deutsche Kennzeichen.

Um 18 Uhr war der vereinbarte Landeplatz erreicht. Aber nichts war zu sehen. Almaszy ging mit seiner Maschine herunter. Brauste im Tiefflug die Piste in Richtung Kairo entlang, um festzustellen, ob El Masri vielleicht noch unterwegs wäre. Nichts. Nach 15 Minuten kehrte Almaszy um. Die Türme von Kairo lagen im Licht der untergehenden Sonne vor ihm. Es war ein Katzensprung bis zur ägyptischen Hauptstadt, wo das britische Hauptquartier saß. Aber wo war El Masri Pascha? Wurde der Plan verraten?

Am nächsten Morgen zur festgesetzten Stunde meldete der Funker aus der Theresienkirche in Kairo: »Pascha wahrscheinlich verhaftet. Vermutlich Verrat im Spiel. Fürchten, daß unser Sender und unsere eigene Position gefährdet. Deshalb wird Kontakt abgebrochen. Ende.«

Was war wirklich geschehen? Erst lange nach dem Kriege konnte ich alle Informationen zusammenbekommen, um diese Frage zu beantworten.

El Masri wollte in einem ägyptischen Militärflugzeug zum Abholplatz fliegen. Er zog den Geschwaderkommandanten Hussein Zulfikar ins Vertrauen. Der setzte für den Flug den Tag fest, an dem er auf dem Kairoer Flugplatz Heliopolis Dienst hatte. Natürlich mußte auch der Pilot unterrichtet werden. Während die Maschine aufgetankt wurde, begab sich dieser zur Flugleitung, um sich abzumelden. Der britische Kontrolloffizier fragte ihn angeblich ziemlich mißtrauisch aus. Man startete. Aber wenige Minuten später schon drückte der Pilot die Maschine wieder herunter: ein britisches Flugzeug tauchte auf. Verlor der Pilot die Nerven? Oder bekam er die Maschine nicht wieder in die Gewalt? Jedenfalls setzte er zur Notlandung an. Streifte dabei eine Baumgruppe und stürzte in die Krone eines Ölbaumes. Die Maschine ging zu Bruch. Der Pilot flüchtete. Der General wurde von einer ägyptischen Feldwache aus dem Baum geholt. Glücklicherweise gehörte der Wachhabende zur Gruppe der revolutionären ägyptischen Offiziere. Als nach einem Telefonat mit dem Flugplatz Heliopolis der Befehl des englischen Kontrolloffiziers kam, den General zu verhaften, war sofort ein älterer Major, der gleichfalls zu den Widerstandsleuten gehörte, bereit, die Rolle El Masris als ›Double‹ zu übernehmen und sich für ihn abführen zu lassen. El Masri aber floh. Erst drei Monate später bemerkten die Engländer den Irrtum, fingen und internierten den richtigen. Ägypter sollten ihn bewachen. Aber welcher Ägypter war damals nicht bereit, beide Augen zuzudrücken, wenn El Masri Pascha einen längeren Spaziergang machte und zum Schlafen nicht ins Camp zurückkam! So gelang es El Masri, mit den Verschwörern um Nasser weiter in Kontakt zu bleiben. Erst viel später wurde El Masri in Palästina interniert.

Aber von all dem erfuhr das Sonderkommando Ritter nichts. Zwar gab es in Kairo ein gut funktionierendes italienisches Nachrichtennetz, das ein Offizier namens Nani leitete. Die deutsche Abwehr hatte sich mit ihrer Athener Stelle in dieses Netz ›Roberto‹ eingeschaltet und profitierte vom Mai 1941 bis Januar 1942 von diesem italienischen Spionagezentrum. Aber konnte man sich auf die italienischen Informationen verlassen? Mitte Juni 1941 fand am Tirpitzufer in Berlin eine neue Besprechung statt. Canaris selber präsidierte. »Rommel braucht zuverlässige Informationen aus der britischen Etappe in Ägypten«, begann der Admiral. »Seine Strategie ist auf Trick und Überraschung gestellt. Jede Nachricht, die ihm dabei hilft, ist mehr wert als 20 Panzer – die er sowieso nicht kriegt, weil sie für Rußland gebraucht werden«, pointierte Canaris.

Man beschloß ein neues, wagemutiges Abenteuer: Zwei Spezialagenten sollten nach Kairo und Haifa geschleust werden.

Kurz nach der Berliner Besprechung erschienen im Quartier des Sonderkommandos Ritter in Derna zwei neue Gesichter: ein freundlicher Mann um die fünfzig, sehr pfiffig und sehr jüdisch aussehend. Sein Name war Klein. Patachon nannten sie ihn. Und der dazugehörige ›Pat‹ war ein blauäugiger und sehr sportlich aussehender Mann mit Namen Mühlenbruch. Beide sprachen glänzend arabisch. Mühlenbruch sogar mehrere Dialekte. Beide hatten lange in arabischen Ländern gelebt. Klein in Alexandria. Mühlenbruch in Haifa. In diese Städte sollten sie zurückkehren. Sie sollten Geheimsender installieren und ihre Nachrichtentätigkeit durch Anwerbung weiterer Agenten und Kontaktmänner aus der ägyptischen Widerstandsbewegung ausbauen. Das war der erste Versuch, Männer der geheimen deutschen Front in die ägyptische Zentrale Großbritanniens zu schleusen.

Es gab lange Diskussionen darüber, welcher Weg angewandt werden sollte. U-Boot? Nein. Im Auto durch die Sahara? Unmöglich. Also: Absetzen durch Flugzeug.

Von der Oase Farafrah geht ein Karawanenweg nach Deirut am Nil. Etwa 100 Kilometer von dem Fluß entfernt weiß Almaszy einen Hügel, der als markanter Punkt aus der Wüste herauswächst. Hart südlich davon verläuft ein breiter Streifen festen Serirbodens, auf dem ein Flugzeug leicht landen kann. Die Entfernung von Derna beträgt knapp viereinhalb Flugstunden, also neun bis zehn Stunden für Hin- und Rückflug. Aber wie sollen die abgesetzten Agenten die hundert Kilometer Wüste bis ins Niltal überwinden? Zu Fuß? Das wäre der sichere Tod. Almaszy weiß einen Ausweg. Er ist die Strecke vor dem Kriege einmal mit dem Auto gefahren. Ein Auto kann man im Flugzeug nicht mitnehmen. Aber wie ist es mit einem Motorrad? Das läßt sich bestimmt verstauen. Es wird gemessen und gerechnet: Entfernung, Zeiten, Gewicht, Benzinverbrauch, Proviant, Kleidung, Geld usw. usw. Die Rechnung geht auf. Ein leichtes Motorrad wird nach langem Suchen gefunden. Die Flugzeuge treffen ein. Am 16. Juli 1941 ist alles bereit.

Die Luft über dem Flugplatz in Derna ist glühend wie die Hölle. Die Sache fängt nicht gut an. Das Flugzeug, das landen und die Agenten absetzen soll, hat einen Reifendefekt. Ritter steht vor der Frage, die Aktion zu verschieben, oder seinen Plan zu ändern.

»Die Aktion muß steigen«, befiehlt er. Das Sicherungsflugzeug wird zum Agententräger, der andere lädierte Vogel bekommt die Sicherungsaufgabe in der Luft. Und ab geht's. Erst in niedriger Höhe. Als man in feindbedrohtes Gebiet kommt, wird auf 2000 Meter hochgezogen. Auch hier ist die Luft noch voller Sandstaub. Also höher: 3000, 4000 Meter. Die Motoren dröhnen. Eine Stunde. Zwei Stunden. Drei. Vier. Nach fast fünf Stunden deutet der Beobachter auf einen Höhenzug. Sie drücken den Vogel auf einige hundert Meter herunter. Die Sonne steht schräg hinter ihnen. Sie müssen sich beeilen. In 1000 Meter Höhe kreist die Sicherungs-He. »Warum landet denn der Mensch nicht?« brummen sie oben. »Warum landen wir nicht?« fragt auch Major Ritter. Aber der junge Flugzeugführer sucht noch immer nach einem passenden Platz. »Runter, Mann«, kommandiert jetzt Hauptmann Leicht. Klein und Mühlenbruch, die im Bombenschacht auf Vorrat schlafen, werden wachgerüttelt.

Landeklappen ausfahren.

Festhalten.

Jetzt muß die Maschine aufsetzen.

Aber der Pilot braust weiter in Bodennähe über die Piste.

»Mann, landen Sie doch«, ruft Hauptmann Leicht dem Flugzeugführer zu. Aber der landet nicht. Wie der Sand in einer Sanduhr, so verrinnt der Tag, und in den nächsten Sekunden wird die Nacht hereinbrechen. Dann aber kann kein Mensch mehr ausmachen, ob nicht auf dem harten Serirboden, der ein glänzendes natürliches Rollfeld ist, ein Felsbrocken liegt.

»Runter Mann, 'runter!«

Noch erkennt man schwach die Windrichtung an den Schwaden einer abgeworfenen Rauchbombe. Der Feldwebel setzt zur Landung an. Aber da reißt er das Flugzeug wieder hoch.

»Was ist los?« ruft Ritter. Da sehen sie schon selber, was los ist. Am Horizont fährt langsam in einer Staubwolke ein britischer Spähwagen durchs Gelände. Die He, bei der vor dem Flug wegen der großen Benzinlast die Bordkanone und die Panzerplatten entfernt wurden, kann natürlich kein Gefecht wagen. Also aus dem Wege gehen. Sie fliegen in einer weiten Schleife zurück. Dann setzt der Feldwebel zum zweitenmal zur Landung an. Die untergehende Sonne wirft seltsame Schatten über die kleinen Bodenerhebungen. Jetzt muß die He aufsetzen. Alle halten sich fest. Aber da startet der Flugzeugführer wieder durch. Hauptmann Leicht reißt den Kopf zum Piloten herum. Schaut ihn fragend an.

»Die Bodenerhebungen sind zu grob. Da machen wir Bruch«, stößt dieser mit rotem Gesicht hervor.

»Mensch, das sind doch nur Schatten. Jeder Zentimeter Dreck sieht unter den letzten Sonnenstrahlen wie ein Hindernis von einem halben Meter aus.

Der Boden ist eben wie die Piste in Tempelhof«, schreit Hauptmann Leicht. »Setzen Sie auf, setzen Sie auf!«

Zu spät.

Der Pilot hat die Maschine schon zu einer neuen Landeschleife 'rumgezogen. Als er wieder im Landewind liegt, verschwindet die Sonne. Er setzt trotzdem noch mal an.

»Los!«

»Gas weg!«

Aber da ist die Piste wie mit einem schwarzen Tuch zugedeckt. Afrikas Nacht ist da. Der junge Pilot wagt die Landung nicht. »Es geht nicht«, murmelt er. Ritter und Leicht starren ihn an.

»Feldwebel, wissen Sie, was Sie da tun?« fragt Ritter scharf. Da wird der Feldwebel störrisch: »Ich habe die Verantwortung für die Maschine, Herr Major, wenn ich Bruch mache...« Er spricht den Satz nicht zu Ende. Aber alle wissen, was er sagen will. Wenn er Bruch macht, kommt es auf sein Konto. Und er war ja mit seiner Maschine für die Landung nicht vorgesehen. Er sollte nur Sicherung fliegen. Oben, in tausend Meter Höhe, da fliegt der erfahrene Pilot, der mit seiner Maschine ausersehen war, die Landungsaktion durchzuführen.

»Die Agenten müssen springen«, sagt Hauptmann Leicht zu Ritter.

»Und das Motorrad?« fragt Ritter. »Die beiden können doch nicht zu Fuß hundert Kilometer durch die Wüste bis ins Niltal laufen. Wir haben für drei Tage Wasser und Verpflegung disponiert – aber nicht für einen wochenlangen Fußmarsch.« Klein und Mühlenbruch, die im Bombenschacht liegen, verstehen von alledem kein Wort.

Mühlenbruch klettert hinauf zu Ritter. »Was ist los, Herr Major?« Der winkt ärgerlich ab und wendet sich Leicht zu: »Nein, nein, springen ist unmöglich. Wir müssen die Sache vertagen. Hoffentlich gibt uns das Kampfgeschwader die Maschinen noch ein zweites Mal.«

»Hoffentlich«, sagt Hauptmann Leicht sehr betont. »Hoffentlich!«

»Zurück nach Derna«, befiehlt Ritter daraufhin böse. Mühlenbruch schüttelt den Kopf und kriecht wieder in den Schacht zu Klein, um ihn zu informieren. Niemand spricht ein Wort. Hauptmann Leicht trommelt auf der Lehne des Beobachtersitzes. Ritter hadert mit sich, weil er den Wechsel der Maschinen vornahm. In Gedanken sieht er das enttäuschte Gesicht Almaszys vor sich, wenn er ihm von dem Mißgeschick erzählen wird.

Das Donnern der Motoren und das Vibrieren des Stahls machen müde und dösig. Die afrikanische Nacht blickt mit Millionen Sternen durch die Kanzel.

Der Funker bastelt an seinem Gerät und stellt auf Empfang. Die verabredete Sendezeit rückt heran. Er lauscht. Da sind sie, die Männer aus der Funkbude in Derna: Kurz lang, lang kurz, lang kurz – in der He fliegt der

Bleistift übers Papier. Und dann ertönt die Stimme des Funkers: »Landeverbot für Derna. Feindlicher Angriff. Ausweichhafen anfliegen!«

Auch das noch. Alle Blicke wandern zum Brennstoffzeiger am Armaturenbrett. Reicht der Sprit bis Bengasi? »350 Kilometer Umweg. Vielleicht schaffen wir's«, sagt Hauptmann Leicht. Aber während sie noch rechnen, beginnt der linke Motor zu spucken. Die Verstellatte funktioniert nicht. Der Motor fällt praktisch aus.

Jetzt hilft nur eins: Trotz des englischen Luftangriffs Derna anfliegen. Da rattert am Heck das MG los: britische Bomber. Der Pilot drückt die Maschine nach unten. Weicht in großem Bogen aus. Hat sich denn alles gegen dieses Unternehmen verschworen?

»Empfangsgerät ausgefallen«, meldet der Funker.

»Suchen Sie einen Notlandeplatz an der Küste«, befiehlt Ritter.

»Unmöglich, Herr Major. Wie soll ich den schmalen Küstenstreifen finden?« Er geht noch tiefer.

»Wir sind überm Wasser«, konstatiert Leicht.

»Wir haben noch Sprit für zwanzig Flugminuten.«

»Funker, geben Sie SOS Seenotlandung.« Und Leicht sagt kalt: »Flugzeugführer, vergessen Sie nicht, vor dem Aufsetzen aufs Wasser Schwanz nach unten.«

Es ist stockfinster. Dann Totenstille: die Motoren schweigen.

»Festhalten!«

Ein harter Aufschlag. Zu hart. Aber die He 111 schwimmt. Die leeren Tanks halten sie über Wasser.

Der Funker, der Bordmechaniker und die Agenten Klein und Mühlenbruch waren rechtzeitig zum hinteren Ausgang gekrochen. Da der Schwanz der He zuerst aufs Wasser setzte und dann erst – durch das plötzliche Bremsen – die Kanzel hart aufprallte und unter Wasser gerissen wurde, sind sie bis auf Mühlenbruch gut über die Landung gekommen. Mühlenbruch aber ist durch eine nach vorn rutschende Kiste eingeklemmt worden. Die anderen bemerken das in der Dunkelheit und der ersten Aufregung gar nicht. Sie stemmen die Tür auf und sind im Nu an Deck. Dort kramen sie das Schlauchboot hervor. Da schwimmt auch schon der Flugzeugführer zu ihnen heran. Aber wo ist Mühlenbruch? Wo Ritter und Hauptmann Leicht?

Der Funker kriecht in die Maschine zurück. Stößt auf zusammengedrückte Spanten, das Motorrad und die Verpflegungskiste. Er fühlt ein Bein: Mühlenbruch! »Mühlenbruch«, schreit der Funker. Zerrt an dem Bein. Kein Laut. Keine Bewegung. Mühlenbruchs Kopf und Brust sind eingeklemmt. Er ist schon tot oder schwer verletzt und bewußtlos. Zur Kanzel durchzukommen ist für den Funker unmöglich. So kriecht er zurück.

Und was ist in der Kanzel los? Dort gluckert das Wasser durch die Einstiegklappe, durch die sich der unverletzte Flugzeugführer gerettet hat. Ritter aber sitzt halbbetäubt auf seinem Sitz. Er ist bei der Landung mit dem Kopf gegen die Wand geschlagen. Das Wasser steht ihm schon bis an die Knie. Er versucht vergeblich, sich hochzuziehen. Der rechte Arm ist ihm zerschlagen. Vor ihm, auf dem Beobachtersitz, sitzt Hauptmann Leicht. Schon bis an die Brust im Wasser. Auch er versucht mit müden Bewegungen aus seinem Sitz freizukommen. Aber seine Arme sinken immer wieder ins Wasser. Der Kopf fällt nach hintenüber. »Leicht«, schreit Ritter, »Leicht, los, wir müssen raus, was ist mit Ihnen?« Leicht murmelt etwas. Dann kommt er zu sich und zieht sich bis an die Ausstiegklappe heran. Ritter hilft mit der Schulter nach. Und da ist Leicht auch schon draußen. Er läßt sich ins Wasser gleiten, und hinten ziehen sie ihn an Deck.

Jetzt klettert Ritter auf den Pilotensitz, zieht sich mit der Linken hoch zur Ausstiegklappe. Ein paarmal rutscht er ab. Aber dann kniet er doch auf der Kanzel. Er will verschnaufen. Da hört er Leicht rufen: »Runter, Herr Major, die Kanzel muß gleich abbrechen.« Und Ritter läßt sich ins Wasser fallen. Er hat keine Schwimmweste und nur seinen linken Arm zum Schwimmen. Der rechte hängt wie Blei herunter und schmerzt erbärmlich. Er kann nur auf dem Rücken liegen, treibt ab. Laut rufend, halten die am Schlauchboot hantierenden Männer Verbindung mit ihm. Endlich haben sie das Boot flott und rudern heran. Gluckernd und rauschend geht die He in die Tiefe. Für Mühlenbruch der Sarg.

Zwölf Stunden schwimmen sie schon. Vier Mann im Boot, zwei hängen immer draußen an den Notgriffen im Wasser; denn das kleine aufgeblasene Rettungsboot hat nur für vier Platz. Ritters rechter Arm ist gebrochen und verrenkt. Klein hat eine gequetschte Schulter, Leicht ein paar gebrochene Rippen. Die drei Gesunden paddeln. Eine Nacht. Und den anderen Tag bis zum Mittag. Dann wirft die Brandung sie an Land. Zwischen Barce und Derna. Sie quälen sich in einem schrecklichen Durstmarsch durch die Wüste bis in ein Araberdorf. Dort holt sie ein Storch der Wüstennotstaffel. Die zweite He ist mit dem letzten Tropfen Sprit glücklich nach Bengasi gekommen.

Das war das Ende des ersten Versuchs der deutschen Abwehr, zwei Agenten nach Alexandria zu schleusen. Der Fliegerführer Afrika machte seinem Zorn in harten Worten Luft. So bald sind von ihm keine Flugzeuge wiederzubekommen. Ritter wurde nach Deutschland ins Lazarett geflogen. Sein Kommando übernahm Almaszy.

UNTERNEHMEN ›CONDOR‹

Der alte Ägyptenspezialist Almaszy wußte besser als jeder andere, was Kairo als Nachrichtenzentrum bedeutete. Er kannte zum Beispiel den Wert der Funksprüche, die der amerikanische Militärattaché in Kairo nach Washington schickte und die von der deutschen und italienischen Abwehr dank der kühnen italienischen Agentin Bianca Bergami entziffert wurden. Rommel erhielt dadurch seit August 1941 wertvollste Informationen, die für manchen seiner militärischen Coups in Nordafrika entscheidend waren.

Aber diese Quelle kann einmal versiegen, sagte sich Almaszy. Keine militärische Führung darf sich darauf verlassen, daß ein Einbruch in die geheime Nachrichtengebung des Feindes von Dauer ist. Ein kleiner Fehler, eine Indiskretion, ein Verrat – und schon ist die Quelle verdorben.

Noch erhielt Rommel im Winter 1941 die Geheimnisse; aber Almaszy zitterte bei dem Gedanken, daß die Panzerarmee eines Tages ohne die entschlüsselten Informationen des amerikanischen Militärattachés aus Kairo sein könnte. Schließlich stand ja auf Rommels Fahrplan für das Jahr 1942 der Durchstoß der Panzerarmee Afrika zum Nil. Von der Abwehr verlangte Rommel daher eingehende Feinderkundungen im ägyptischen Raum, Vorbereitung der Besetzung wichtiger strategischer und wirtschaftlicher Punkte, Sicherung gegen Überraschungsgefahren, Abwehr von Sabotagemaßnahmen beim deutschen Einbruch in das Nildelta.

Rommel bestand mit der ihm eigenen Hartnäckigkeit auf der Lösung der Aufgabe. Nach den Erfahrungen mit der Aktion El Masri Pascha und dem Versuch Ritters, die Agenten Klein und Mühlenbruch nach Kairo zu schleusen, sahen erfahrene Männer wie Graf Almaszy nur eine Möglichkeit: die Agenten mußten quer durch die Wüste auf dem Landwege nach Ägypten gebracht werden.

Canaris ernannte Almaszy zum Chef des Unternehmens. Als Agenten wurden zwei Männer ausgewählt, die in der Berliner Zentrale der Abwehr tätig waren und lange Jahre in Nordafrika gelebt hatten: Eppler und Sandstede. Das Transportkommando und die technische Organisation stellte das Lehrregiment ›Brandenburg z. b. V. 800‹, eine Abwehrtruppe, die Admiral Canaris direkt unterstand und deren Namen von der Stadt Brandenburg entliehen war, wo im Jahre 1939 die erste Kompanieeinheit von z. b. V. 800 für den Polenfeldzug aufgestellt worden war. Im Oktober 1940 war daraus schon ein Regiment, im Dezember 1942 eine Division geworden. Wo an den verschiedenen Kriegsschauplätzen Sondereinsätze, Kommandounternehmen, Operationen im feindlichen Hinterland notwendig wurden, traten ›die Brandenburger‹ in Aktion. Die Angehörigen waren meistens Auslandsdeutsche und beherrschten durchweg eine oder zwei Fremdsprachen wie ihre Muttersprache. Oft besaßen sie auch noch ihre Originalpässe, die sie als Angehörige von Feindstaaten auswiesen. ›Die Brandenburger‹ waren die Verkörperung der modernen Kriegslist. Sie haben – wie die entsprechenden Organisationen auf der Gegenseite – zum Teil Phantastisches geleistet.

Auch alle Teilnehmer der Aktion ›Salam‹, wie das Deckwort für Almaszys Marsch durch die Wüste lautete, entstammten dem Regiment Brandenburg oder waren ihm für die Dauer des Unternehmens unterstellt. Mit wenigen Ausnahmen handelte es sich um Leute, die lange im Orient gelebt hatten, die Landessitten beherrschten und auch gesundheitlich in der Lage waren, die vor ihnen liegenden Strapazen zu überstehen.

Die Vorbereitungen für das Unternehmen nahmen rund dreieinhalb Monate in Anspruch. Infolge der militärischen Rückschläge, die Rommel im Winter 1941/42 erlitt und die ihn von Tobruk, Sollum und dem Halfayapaß bis El Agheila zurückwarfen, mußte die vorgesehene Absprungbasis weiter zurückverlegt werden. Es ergab sich schließlich, daß von Tripolis aus eine Wegstrecke von rund 3000 Kilometern zu durchfahren war, um den geplanten Absetzpunkt der Agenten, Assiut am Nil, zu erreichen. 3000 Kilometer, das ist die Entfernung von Madrid bis Moskau oder von Nordnorwegen bis Sizilien. Ein großer Teil davon ging durch Feindgebiet und Wüstengelände, das noch keines Menschen Fuß betreten hatte, ohne die Möglichkeit, Wasser, Brennstoff oder Verpflegung zu ergänzen. Da damit zu rechnen war, daß die Transportkolonne sich tagelang verbergen mußte, wurde eine Verproviantierung für insgesamt sechs Wochen vorgesehen. Die Luftwaffe stellte sie zur Verfügung, da das Heer nicht über die notwendigen Spezialnahrungsmittel verfügte. Zur Überwindung von Sandstrecken in der ›großen Sandsee‹ der Sahara wurden für die Fahrzeuge Strickleitern mit starken Sprossen entwickelt und mit Sondergenehmigungs-Scheinen des OKW durch eine Berliner Firma hergestellt. Diese Strickleitern sollten untergezogen werden, wenn die Räder im Flugsand durchzudrehen drohten oder festsaßen. Außerdem war noch die Beschaffung einer ganzen Menge von Sondermaterial notwendig, dessen Herstellung – geheime Herstellung wohlgemerkt – im dritten Kriegsjahr auf große Schwierigkeiten stieß.

Ein Problem besonderer Art waren die Funkgeräte. Sie mußten eine große Reichweite haben, aber auch im Nahverkehr verwendbar sein. Sie durften an Größe und Gewicht ein bestimmtes Maß nicht überschreiten. Es war eine Glanzleistung, daß die Techniker der Funk-Außenstelle des OKW in Stahnsdorf diese Geräte im Laufe der vorgeschriebenen Zeit entwickelten und herstellten.

Anfang Februar 1942 starteten die beiden Agenten und drei Funker mit dem Material unter der Führung des Wachtmeisters von Steffens von Berlin nach Tripolis. Mit der Bahn ging es nach Neapel, von dort aus erfolgte der Weitertransport durch zwei Ju 52. Das ist leichter gesagt als getan. Der gesamte Luftfrachtraum war für den unmittelbaren Nachschub der Afrika-Armee in Anspruch genommen. Der Wachtmeister fuhr nach Rom und holte sich dort von der Luftflotte die beiden notwendigen Maschinen für seinen Transport. Geheim, geheim – das erschwerte alle Beschaffung; aber ein Wachtmeister der Abwehr kannte das ›Sesam-öffne-dich‹.

In Tripolis requirierte man eine Villa, in der das Hauptquartier des Unternehmens untergebracht wurde. Dann begann die Arbeit an den Fahrzeugen. Es waren englische Beutefahrzeuge ausgesucht worden. Und zwar zwei Ford-de-Luxe-Pkw und zwei Ford-Mannschafts-Transportwagen von $1^{1}/_{2}$ Tonnen, sogenannte ›Flitzer‹. Sie wurden sorgfältig überholt und eingefahren. Als Bewaffnung dienten lMG, die so auf dem Führerhaus montiert wurden, daß der Beifahrer sie bedienen konnte.

Da die größte Strecke der Expedition durch unbekanntes Gebiet ging, das auf keiner Landkarte verzeichnet war, konnte nur nach Kompaß gefahren werden. Drei der Fahrzeuge hatten einen Askania-Kreiselkompaß, das Führungsfahrzeug außerdem noch einen Sonnenkompaß für alle Fälle. Die Kolonne fuhr mit dem für deutsche Militärfahrzeuge üblichen Balkenkreuz. Allerdings wurde es so mit Sand überspritzt, daß es gerade noch in der nächsten Nähe erkennbar durchschimmerte. Auf diese Weise war den Völkerrechtsregeln Genüge getan. Bei der Uniformierung machte man es genau so: Man fuhr in deutschen Uniformen, um zu verhindern, daß die Teilnehmer im Falle einer Gefangennahme als Spione standrechtlich erschossen würden.

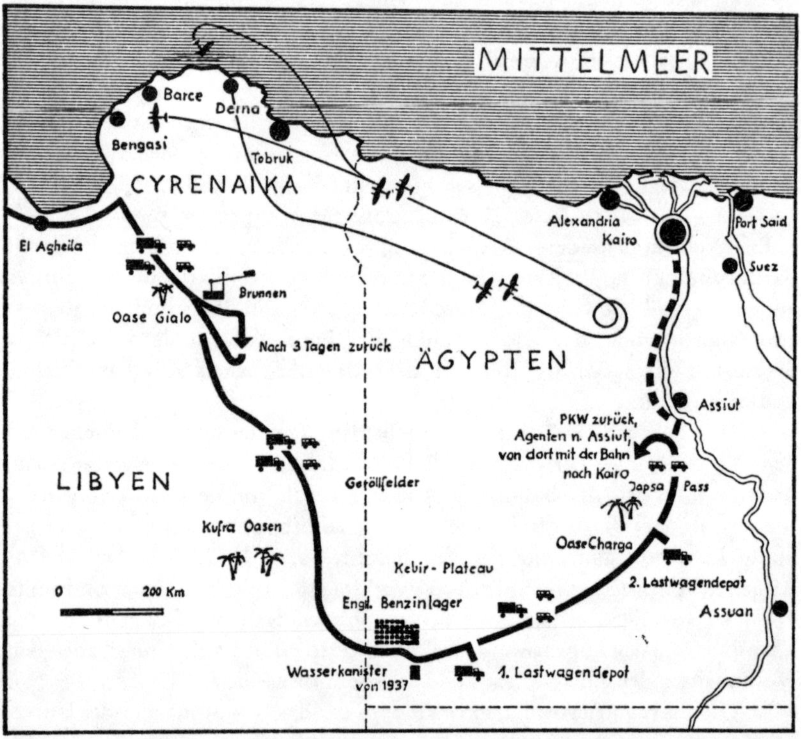

Geheimkommandos sollten Rommel Nachrichten aus Kairo beschaffen. Dünne Linie: Der vergebliche Flug der Agenten Klein und Mühlenbruch. Dicke Linie: Der 3000 km lange Weg des Unternehmens Salam/Condor mit Eppler und Sandstede.

Am 29. April 1942 war es dann soweit. In Etappen wurde die verhältnismäßig leichte Strecke bis zur Oase Gialo zurückgelegt, die von italienischen Truppen besetzt war. In Gialo stellte sich die erste peinliche Überraschung heraus: die italienischen Karten stimmten nicht. Sie gaben durchgehend bis zur englischen Militärstation Dachla ›Serir‹ an, das heißt, harten, glatten

Sandboden, auf dem man in schnellem Tempo fahren konnte. Nach Eingeborenenaussagen und nach den Erfahrungen von Almaszy mußte jedoch etwa 50 Kilometer östlich der Piste Gialo-Kufra ein Dünengürtel liegen, den man nur durch die sogenannten Dünenkorridore überwinden konnte, was Zickzackfahren und daher Verlust an Zeit und Brennstoff zur Folge haben mußte. Ein Erkundungsflug Almaszys bestätigte die riesigen Dünenfelder von ein paar hundert Kilometern Durchmesser. Damit war die Brennstoffberechnung über den Haufen geworfen. Neue Berechnungen wurden angestellt und die notwendigen Ergänzungen vorgenommen. Dann kam die zweite Überraschung: das Trinkwasser der Oase erwies sich als nicht ›transportfest‹. Die Kanister mußten aus einem 20 Kilometer entfernten Brunnen neu aufgetankt werden.

Almaszy war sich ziemlich klar, daß die Sache auf Leben und Tod ging. Sie starteten bei Sonnenaufgang. Immer zwei und zwei in den Fahrzeugen. Voran Almaszy und Eppler. Insgesamt umfaßte das Kommando acht Mann.

Almaszy streckte den Arm aus dem Wagenfenster und stieß die Faust dreimal nach oben: Tempo! Der harte Serirboden war fest wie eine Betonstraße. Der Wind von Jahrtausenden hatte den Flugsand vom harten Kieselgrund gefegt. So konnte man mit hundert Sachen darüber hinpreschen. Sorglos. Denn es gab keine Telegraphenmasten, keinen Graben, keinen Bordstein. Die ›Straße‹ war unübersehbar breit. Die Fahrer klemmten das Lenkrad mit zwei Hölzern auf Kompaßkurs. Traten auf's Gaspedal, und ab ging's. Aber am zweiten Tag war der Spaß vorbei. Wie die Wellen des Ozeans bei Wind. Denn es gab keine Telegraphenmasten, keinen Graben, keinen Bordstein. Die ›große Sandsee‹ versperrte ihnen den Weg. Hier war noch nie ein Auto gefahren, geschweige denn eines Menschen Fuß gegangen. Aber gerade hier wollte Graf Almaszy mit seinen neun Mann durch.

Sanddünen der Sahara zu überqueren ist eine besondere Kunst. Der Wagen wird rechtwinklig zum Dünenkamm gestellt. Dann geht es mit Vollgas hinauf. Auf den Kopf der Düne zu. Aber nicht zu weit, sonst stürzt man mit dem überhängenden Dünenkopf zehn, zwanzig, ja, sechzig Meter in den Dünenkrater. Da gibt es kein Ausbuddeln mehr. Kurz vor dem Dünenkopf heißt es also, das Steuer herumreißen, und in sausender Fahrt geht es die andere Seite schräg zum Kamm hinunter. Vollgas und Schwung sind nötig, um die nächste Düne zu bezwingen. Dann kommt wieder dasselbe Spiel. Es ist wie in der Achterbahn.

Zwei Tage machten sie das schon und waren höchstens 40 Kilometer vorwärtsgekommen. Und alles bei 50 Grad Hitze. Nachts hingegen fiel das Thermometer auf 8 Grad, so daß die Männer entsetzlich froren. Am dritten Tag bekam der Unterarzt den Wüstenkoller. Eine Erschöpfungskrankheit, die mit Kreislaufstörungen und Bewußtseinstrübungen auftritt. Mit so einem

Schwerkranken – und ausgerechnet dem Arzt – war die Fahrt nicht fortzusetzen. An eine schnelle Beendigung des Deliriums war nach alten Erfahrungen nicht zu denken. Zeit zu vertrödeln und zu lagern, wäre sinnlos gewesen. Um das Pech vollzumachen, streikte bei dem altbewährten Wachtmeister von Steffens auch noch das Herz. Monatelang hatte auf ihm die aufreibende Mühe der Ausrüstung und technischen Vorbereitung gelegen. Er war die Seele des technischen Teils vom Unternehmen ›Salam‹. Alles hatte er genau berechnet und mit den Dienststellen um jede einzelne Dose Zungenwurst, um den Bohnenkaffee, ja sogar um die Majoran-Ration gerungen. Selbst um das Wasser hatte sich Steffens gekümmert. Zum Glück; denn Almaszy hatte auf Grund eines italienischen Gutachtens die Kanister schon aus dem Brunnen in Gialo füllen lassen; aber da fragte ein arabischer ›Hilfswilliger‹, ob man etwa das Wasser lange aufheben wolle. »Natürlich«, knurrte Steffens. »Was geht das dich eigentlich an?« Der Wüstensohn winkte erschrocken ab: »Nein, nein, Herr, ich meine nur, dieses Wasser hält sich nicht, das wissen wir doch. In drei Tagen ist es verdorben.«

Während Graf Almaszy auf die italienische Sachkenntnis vertraute, schickte Wachtmeister von Steffens eine Wasserprobe an die bewährten Spezialisten der deutschen Wasserbaukompanie 659. ›Nicht länger als drei Tage haltbar‹, lautete das Gutachten. Daraufhin wurden die Wasserkanister aus dem 20 Kilometer entfernten Bir Butafall gefüllt.

20 Stunden hatte für Steffens der Tag bedeutet. Jetzt präsentierte ihm die Sahara die Rechnung. Und das mit einem Arzt, der nicht helfen konnte. Almaszy entschied, was jeder in dieser Lage entschieden hätte: Zurück! Fünf Tage nach dem Abmarsch waren sie wieder in der Oase Gialo.

Im Grunde genommen aber war dieses Unglück ihr Glück. Almaszy wußte nun, daß auch er die ›große Sandsee‹ nicht bezwingen würde. Und so tüftelte er nach neuer Verproviantierung einen anderen Marschweg aus.

Am 11. Mai zogen sie wieder los. Diesmal ohne Arzt und ohne von Steffens. Auch Unteroffizier Beilharz blieb wegen Krankheit zurück. Sie fuhren die berühmte ›Balificata‹ hinunter, eine von den Italienern mit langen Eisenstäben und Vermessungspyramiden gekennzeichnete Route, die um die ›Sandsee‹ herumführte. Die Sonne der Sahara war wieder ihr Begleiter.

Am sechsten Tag begegnete ihnen etwas, was der deutsche Afrikaforscher Friedrich Hornemann im Jahre 1798 zum erstenmal sah und folgendermaßen beschrieb: ›Wir reisten sieben Tage in einer schwarzen felsigen Wüste, die sicher eine der traurigsten Gegenden der Welt ist. Wahrscheinlich hat dieses Wüstenplateau sein schaudervolles Ansehen vulkanischen Ausbrüchen zu verdanken.‹

In ein solches riesiges Geröllfeld aus schwarzen Basaltblöcken geriet auch das Kommando Almaszy. Gàret nennen es die Beduinen. Die Geröllfelder sind das Produkt urweltlicher Eruptionen. Die Felsblöcke, die, wie von Teufelshand geworfen, den Boden bedeckten, waren zum Teil so groß wie die Autos; dazwischen lagen kleine Brocken von Faust- bis Kopfgröße.

Almaszy fuhr Spähtrupp. Ein paar Stunden blieb er weg. Dann kam er zurück. Er hatte eine leidlich passierbare Route erkundet. Mühselig, im Zehn-Kilometer-Tempo, quälte sich das Kommando durch den Irrgarten. Nach sechs Stunden hatten sie es geschafft. Vor ihnen lag, majestätisch und bizarr, das Kebir-Gebirge. Ein riesiges Plateau, das nach Westen zu 700 bis 800 Meter hochragt, nach Osten aber abgeflacht in die Sandwüste übergeht.

Wieder fuhr Almaszy voraus. Dieser liebenswerte Abenteurer, dessen Name immer mit der Panzerarmee verbunden bleiben wird, bewegte sich in der Sahara, als hätte er, wie ein Beduine, sein ganzes Leben dort zugebracht. Sein Ortsgedächtnis war wie ein Fotoapparat: Was er einmal gesehen hatte, war in seinem Gehirn unauslöschlich fixiert. In seinem weichen ungarischen Tonfall erzählte er den Männern des Kommandos: »Hier bin ich 1930 herumgekurvt; 1932 habe ich als erster Europäer vom Osten her das Gilf Kebir überschritten und bin nach Kufra gefahren. Mein Freund, der Engländer Clayton, war damals mein Begleiter. Heute fährt er bei den Long Rangers und wartet darauf, mich zu fangen. Ja, damals waren wir die dicksten Freunde, und wir haben zusammen die legendenumwitterte Oase Zarzura gesucht, die ›Oase der kleinen Vögel‹. Ich habe sie gefunden und dem Dichter Arnold Höllriegel die Möglichkeit geboten, sein Buch über dieses Märchen zu schreiben. Das Märchen einer vergangenen Welt. Mit den uralten Weidegründen der viehzüchtenden Tibbus und den Zeugnissen einer einst üppigen Vegetation. Im Herbst 1933 habe ich Professor Leo Frobenius, den großen deutschen Afrikaforscher, zu den Wundern der Höhlenzeichnungen des Gilf Kebir geführt. Sie befinden sich hier am Westhang ganz in der Nähe, drüben im versteckten Wadi Sura, dem ›Tal der Bilder‹, wie ich es getauft habe und wie es seitdem in den Landkarten verzeichnet steht. Als erster weißer Mann habe ich die jahrtausendealten farbigen Höhlenzeichnungen gesehen. Ihre Beschreibung durch Professor Frobenius bewirkte eine Revolution in der Beurteilung der afrikanischen Kulturgeschichte. Wenn wir Zeit hätten, könnten wir auch die Steinpyramide suchen, die ich zu Ehren des ägyptischen Prinzen und Wüstenforschers Kemal el Din Hussein 1933 errichtet habe und in der eine Urkunde von mir mit meinem Namen liegt.« Almaszy erzählte das alles wie jemand, der in Mitteleuropa sein Geld als Reiseführer verdient. Liebenswerter Almaszy: Herrenreiter. Ungarischer Monarchist. Putschist und Verschwörer für Kaiser Karl nach dem ersten Weltkrieg. Abenteurer. Sportflieger. Rennfahrer. Wüstenforscher. Jetzt Kämpfer für Deutschland. Wüstenschleicher für Rommel.

Es galt nun den Paßweg über das Gebirge zu suchen. »Ich bin ihn 1937 von Osten her heruntergekommen. Also muß ich auch den Eingang von der Westseite finden«, sagte Almaszy. Ja, immer hatte er seine Expeditionen vom Osten, vom Niltal her gemacht. Als Pfadfinder für die Ägypter und für die Engländer; für Forscher, Globetrotter und Strategen. Der Graf aus Ungarn war der beste Führer in der Wüste Libyens gewesen. Aber sie hatten es ihm nicht gedankt. Hatten ihn herablassend behandelt, und nun revanchierte er sich. West-östlich ging sein Weg. Gegen England. Gegen den Nil.

Almaszy fand mit seinem ausgezeichneten Spürsinn sogar ein Wasserdepot, das er im Jahre 1937 am Fuße des Gilf el Kebir angelegt hatte. Das in verlöteten Kanistern vergrabene Wasser war noch trinkbar. Almaszy schlug einen Kanister auf und goß seinen Männern die zusammengehaltenen hohlen Hände voll. Vorsichtig kosteten sie. Nun, es war kein Schwarzwälder Quellwasser. Es war warm. Aber es schmeckte nicht viel schlechter als das, was sie in ihren Kanistern hatten. Lachend tranken sie und schütteten sich dann übermütig ein paar Hände voll ins Gesicht. Köstliche Vergeudung!

Gleich hinter Almaszys Wasserstelle wurde dann der erste Flitzer in einer Felsspalte abgestellt: Als Depot für den Rückmarsch.

Ein verschlüsselter Funkspruch unterrichtete den Stützpunkt Gialo und die Funkstelle des Kommandos bei Rommels Panzerarmee über den Verlauf des Marsches. Die Funker Aberle und Weber, zwei ›Brandenburger‹, nahmen in einem Zelt bei Mamelin in der Cyrenaika den Spruch auf. Die Panzerarmee konnte auf diese Weise die Spur des geheimnisvollen Kommandos ›Salam‹ verfolgen.

Nach drei Stunden hatte Almaszy den Paß über das Kebir-Gebirge gefunden.

Oben auf dem Plateau ließ er halten. Und begann in aller Ruhe, die Hochflächen des 250 Kilometer langen Gilf el Kebir zu vermessen. »Ist doch ein glänzender, riesiger Naturflugplatz«, sagte er. »Mir fiel das 1937 schon auf. Hier kann eine ganze Luftflotte auf einmal landen. 700 Kilometer vom Nil!« Und Almaszy vermaß.

Am Abend des 22. Mai, einem Samstag, sahen die Männer Almaszys die Lichter der Oase Charga in der Senke zu ihren Füßen glitzern. Um kein verräterisches Feuer anzünden zu müssen, begnügten sie sich mit kalter Verpflegung: Zunge in Dosen, Dauerbrot, kaltem Tee und als Nachtisch Schokolade. Wer rauchen wollte, mußte sich in eines der Autos setzen. Dann krochen sie in die Schlafsäcke. Zum erstenmal gab es verschärften Wachdienst.

Strahlend ging am anderen Morgen die Sonntagssonne auf. Wie ein Märchen lag Charga da. Eine weitverstreute Oasengruppe. Dort gab es Wasser. Frisches Wasser. Und Grün. Und Schatten. Und Menschen. Die Menschen, die jetzt da unten in den Holzbaracken lagen, waren ›Feinde‹. Ein Umfahren des zweiten Oasengebietes war unmöglich. Aber wahrscheinlich war nicht jeder der kleinen Palmenflecken von Militär besetzt. Darauf bauten sie ihren Plan, einfach drauflos zufahren.

Sie fuhren zu sechst in zwei Pkw: Almaszy im ersten Wagen. Der Hauptpaßweg führte zu einer Abzweigung. Die ging auf eine winzige Oase zu: »Hoffen wir das Beste«, brummte Almaszy. Aber es kam das Schlimmste: Die kleine Oase, auf die der Paßweg zulief, war besetzt. Ein paar Fahrzeuge und Soldaten standen unter den verstaubten Palmen. Jetzt half nichts mehr. Drüben hatten sie die beiden Pkw offenbar auch schon gesehen. »Weiter«, befahl Almaszy. »Pistolen klarmachen.« Es waren Ägypter und keine Tommys, die als Besatzung der Oase fungierten.

Der Posten hob die Hand.

Stoppen.

»Los, Eppler, sagen Sie ihnen, daß wir das Vorkommando der Division sind«, sagte Almaszy auf Englisch zu Eppler. Der beugte sich aus dem Wagen und sagte auf Arabisch: »Vorkommando des Divisionsgenerals.« Und dann deutete er mit dem Daumen zurück, hinauf auf das Plateau: »Vielleicht kommt der General auch gleich hier durch.«

Was für einen Verdacht soll ein ägyptischer Posten hegen, wenn ihm, ein paar tausend Kilometer von der Kampffront entfernt, in der finstersten Etappe, in seinem Kairoer Arabisch von Soldaten in verstaubten Uniformen ein General angekündigt wird? Er winkte nur, und Almaszy und Eppler hörten ihn knurren: »Hoffentlich bleiben wir von eurem General verschont.«

»Hoffentlich nicht«, murmelte Almaszy und dachte an Rommel.

Vollgas und ab. Am frühen Nachmittag standen sie nach der Überquerung des Japsa-Passes am Rande der Wüste und blickten hinunter auf Assiut. Ins Niltal.

Die Palmen wiegten sich in einer leichten Brise. Die Baumwollfelder leuchteten herauf und schmiegten sich dicht ans glitzernde Band des Nils. Almaszy holte seine Kleinbildkamera hervor, mit der er unterwegs immer schon fotografiert hatte. Er knipste den Wegweiser. ›Assiut 10 Kilometer‹ stand darauf. Und gleich daneben ein Schild: ›Gefährliches Gefälle. Im kleinen Gang fahren‹, in Arabisch und Englisch.

›Gefährliches Gefälle‹, sagte Almaszy zu Eppler und versuchte seiner Stimme einen harmlosen Ton zu geben. Sie rauchten schweigend noch eine Zigarette. Dann holten die beiden Agenten ihre Zivilsachen aus dem Koffer.

Die Abwehr in Berlin hatte nicht vergessen, Firmenzeichen Kairoer Geschäfte in ihre Jacken und Hosen nähen zu lassen. Es war alles gut bedacht.

Die Brieftaschen waren genauso gut bestückt: mit persönlichen Briefen und Fotos. Dazu Rechnungen. Hotelzettel, Schlüsselbunde mit Zünd- und Kofferschlüssel eines amerikanischen Buick. Ägyptisches Kleingeld. Ein Kalender des Automobilklubs von Kairo, vollgeschrieben mit Notizen, Verabredungen – kurzum alles, was zwei junge Männer in der Tasche tragen, die mit der Geschichte einherkommen, von einem Autotrip in die Wüste nach Kairo zuzurückzukehren. Dann wurde der Koffer mit dem Geheimsender aus dem Wagen geholt und der zweite mit Geld. 20 000 Pfund. Nach damaligem Kurs 400 000 Mark. Als der Oberzahlmeister Gärtner in Berlin das Geld einpackte, hatte ihm das Herz geblutet. 400 000 Mark. Es waren keine falschen Pfundnoten, wie zuweilen heute noch in Ägypten gemunkelt wird. Es waren alte, schöne britische Pfunde.

Der Abschied war kurz und schnell. »Nur keine Sentimentalitäten«, sagte Almaszy. »Auf Wiedersehen in Kairo. Besorgt uns ein anständiges Quartier.«

»Machen wir«, antwortete Sandstede, und Eppler bekräftigte es mit seinem üblichen: »Na klar.« Dann marschierten die beiden los. Jeder einen Koffer in der Hand.

Almaszy machte kehrt und fuhr mit seinen Männern über 2000 Kilometer durch die Wüste wieder zurück. Sie vermaßen das Gelände wie auf einer Expedition. Zeichneten Karten und Skizzen. Sie pirschten sich in Sichtweite an englischen Kolonnen vorbei. Sie fanden unterwegs noch eine Wüsten-Tankstelle der Long Range Desert Group, bestehend aus fünfzehn Lastwagen mit Wasser, Sprit und eingelöteten Lebensmitteln. Was sie brauchen konnten, nahmen sie mit. Der übriggebliebene Sprit wurde in den Sand gegossen. Sand auch in die Motoren geworfen. Stolz funkte Unteroffizier Woermann das verabredete Erfolgszeichen in den Äther nach Mamelin; und die Gegenstelle bei Rommel antwortete: ›Verstanden.‹ Es war das letztemal, daß sie auf der Rückfahrt Funkverkehr hatten. Denn von nun an bekamen sie keine Antwort mehr. Erst als Almaszy Anfang Juni vor Bir Hacheim sein Kommando bei Rommel zurückmeldete, die Hand an die Mütze legte und sagte: »Herr Generaloberst, Unternehmen ›Salam‹ erfolgreich beendet, Aktion ›Condor‹ kann beginnen«, da erfuhr er, was passiert war. Rommel selbst erzählte es ihm, und es war nicht zu überhören, daß ihm die Sache peinlich war. Er hatte Aberle und Weber bei Beginn der Mai-Offensive von Mamelin weggeholt und seiner Funkstaffel einverleibt. Jeder Mann wurde schließlich gebraucht, und auf die Funksprüche aus Kairo konnten die beiden genausogut in seinem Stab warten und daneben noch etwas anderes tun – meinte Rommel. Aber dann war das Unglück am 27. und 28. Mai gekommen. Es waren die Tage, da das DAK hinter der Gazalalinie der Engländer in arge Bedrängnis geriet. Aus allen Richtungen waren die Tommys gekommen, und eines Morgens mußte Rommel, halbrasiert und den Seifenschaum noch im Gesicht, mit seinem Stab retirieren. In dem Durcheinander wurden Teile von Rommels Nachrichtenstab gefangen. Darunter unglücklicherweise auch der Funkwagen mit Aberle und Weber und allen Unterlagen für ›Condor‹. Almaszy verschlug es den Atem, als er das hörte. Mußte das sein? ging es ihm durch den Kopf. Mußte ein so fein eingefädeltes Unternehmen, auf das die Berliner Zentrale soviel Sorgfalt verwendet hatte, auf diese Weise aufs Spiel gesetzt werden? Weil zwei Mann unbedingt mit in den Einsatz sollten? Almaszy versuchte, über die Peinlichkeit der Unterredung hinwegzuhelfen, indem er von ›Salam‹ erzählte und sagte: »Herr Generaloberst, ich hätte ein ganzes Regiment mit zum Nil nehmen können.« Rommel schlug ihm auf die Schulter, teilte ihm die Beförderung zum Major mit und sagte lachend: »Graf Almaszy, ich hoffe, bald auf einem kürzeren Wege mit meiner ganzen Armee hinzukommen.« Charmant antwortete der ungarische Graf: »Herr Generaloberst, unsere beiden Männer werden sicher eine Villa bereithalten – wenn die Engländer sie nicht inzwischen geschnappt haben.«

Eppler und Sandstede waren mit ihrem Geheimsender auf abenteuerliche Weise glücklich nach Kairo gekommen. Sie mieteten sich auf einem Nil-Wohnschiff ein. Eppler spielte mit Erfolg den jungen reichen Ägypter Hussein Gaafar; Sandstede den verrückten Amerikaner irischer Abkunft, Peter Monkaster. Sie bauten seelenruhig ihre Antennen auf das Dach ihres Wohnschiffes und suchten Kontakt mit den ägyptischen Widerstandsbewegungen. Der heutige Minister der Vereinigten Arabischen Republik in Kairo, Anwar el Sadat, war einer von Epplers Kontaktmännern. Sadat war Leutnant bei einer Nachrichteneinheit der ägyptischen Armee. Er war ein guter Freund Abdel Nassers, des heutigen Präsidenten der Vereinigten Arabischen Republik, der damals noch Oberleutnant war und im Sudan Dienst tat. Sadat fungierte als Nassers Vertreter im Kreise der revolutionären antibritischen Offiziersgruppe in Kairo. Der damalige Leutnant Sadat schaffte den beiden deutschen Agenten über den geheimen politischen Salon der Madame Amer die Verbindung zu dem ehemaligen Generalstabschef der ägyptischen Armee, El Masri Pascha, dem Mann, den Major Ritter im Flugzeug hatte entführen wollen. Über diese antibritischen militärischen Revolutionszentren bekamen Eppler und Sandstede glänzende geheime Informationen. Das As war die berühmteste Kairoer Tänzerin jener Zeit, Hekmat Fahmi. Ihre guten Beziehungen zu englischen Offizieren brachten hervorragendes Nachrichtenmaterial. Die schöne bewunderte Bauchtänzerin haßte England. Sie war zu jeder Tat gegen ›die Feinde‹ bereit. Und Eppler war nicht prüde im Nehmen. Hekmat unterrichtete Eppler über die Verlegung von Teilen der 10. britischen Armee aus Syrien und Palästina nach Ägypten. Sie informierte die beiden deutschen Agenten über die Lieferung von 100 000 Minen für die Alameinfront, woraus – zu einer Zeit, als es noch keineswegs klar war – geschlossen werden konnte, daß hier Englands große Verteidigungslinie gebaut würde. Auch die Verlegung von General Freybergs 2. neuseeländischen Division nach Marsa Matruh erfuhr Eppler von Hekmat noch vor dem Abmarsch der Divisionen.

Funker Sandstede, alias Peter Monkaster, saß immer zur verabredeten Stunde an der Taste seines Funkgerätes und lauschte. Nichts. Neben ihm lagen seine Sprüche, die sorgfältig nach der englischen Ausgabe des Romans von Daphne du Maurier ›Rebecca‹ verschlüsselt waren. Drei Exemplare der gleichen Auflage hatte die Abwehr aus Portugal beschafft: eines für die Gruppe ›Condor‹, eines für Aberle und Weber, und eines lag in Athen bei der Funkausweichstelle der Abwehr.

Hussein Gaafar und Peter Monkaster, die beiden Männer der deutschen Abwehr, die für Rommel Auge und Ohr sein sollten, saßen recht verdrossen in ihren Plüschsesseln beim Whisky. Was hatte der über 2000 Kilometer lange Marsch mit Almaszy durch die Wüste genutzt? Was war aus den Hoffnungen geworden, die die Berliner Abwehr und Rommel auf die Aktion ›Salam‹ und ›Condor‹ gesetzt hatten? Ein großes Spiel war vertan.

Eppler und Sandstede waren zwar glücklich bis nach Kairo gekommen. Hatten die Sendeantennen auf ihrem Wohnschiff montiert. Ihr V-Mann-Netz arbeitete. Die Tänzerin Hekmat Fahmi brachte glänzende Informationen. Der Kontakt zu den antibritischen ägyptischen Widerstandsbewegungen war gut. Aber Früchte trug das alles nicht.

Warum nicht? Ja, warum nicht?

Über dieses Warum gibt es verschiedene Versionen. Der heutige Minister Abdel Nassers, Anwar el Sadat, schreibt darüber in seinem ›Geheimtagebuch der ägyptischen Revolution‹, Eppler habe ihm gemeldet, daß sein Sender nicht in Ordnung sei, er bekomme mit seiner deutschen Gegenstelle keine Verbindung. Sadat, der als Offizier einer Nachrichtenabteilung Spezialist für Funkverbindungen und Funkgeräte war, versprach, sich den Apparat anzusehen. »Als ich die beiden Deutschen auf dem Wohnschiff besuchte«, berichtete Sadat, »hielt ich vergeblich Ausschau nach dem Sender. Ich hatte zwar die auffallenden Antennen auf dem Bootsdach gesehen; aber von einem Sendegerät konnte ich nichts entdecken. Da führte mich Eppler an einen Radioschrank mit Plattenspieler. Ein Druck auf eine Feder ließ den hölzernen Deckel hochgehen, und es wurde ein Hohlraum sichtbar, in dem der Sender mit Schaltbrett und Sitzgelegenheit montiert war. Sogar eine Lampe war darin, so daß man ruhig den Sender bei geschlossenem Musikgerät bedienen konnte, während der Plattenspieler seine Melodien dudelte. Auch ein noch so argwöhnischer Spitzel wäre wohl kaum darauf gekommen, daß in einem solchen Möbelstück ein deutscher Heeressender versteckt war und von einem Agenten der deutschen Abwehr betrieben wurde.« Sadat untersuchte den Sender aufs genaueste, konnte aber, wie er sagte, keinen Fehler entdecken. Was Wunder, daß der argwöhnische ägyptische Revolutionär auf den Gedanken kam, die beiden Deutschen wollten vielleicht gar nicht funken.

Der fanatische Kämpfer in der Widerstandsfront Abdel Nassers erzählt weiter: »Das Wohnschiff war eine Behausung wie ein Märchengemach aus ›Tausendundeine Nacht‹, wo alles zum trägen Behagen und zur Sinnesfreude einlud. Eine zersetzende Umgebung; und vielleicht hatten die beiden jungen Spione dabei etwas zu sehr vergessen, welch heikle Aufgabe ihnen anvertraut war.« So Sadat.

Aber was Sandstede und Eppler nicht wußten, wußte auch Sadat nicht: daß die deutschen Funkgegenstellen die ersten Rufe von ›Condor‹ zwar gehört hatten, aber nicht antworten wollten.

Die Lösung des Rätsels hat mir der Chef aller deutschen Sonderkommandos in Mittelost, Major S., anvertraut. Er war der Mann, der unter dem Decknamen ›Angelo‹ in der Welt der Abwehrexperten beiden Seiten bekannt war. Sein richtiger Name ist bis heute unbekannt geblieben, und ich will es nicht sein, der das Geheimnis lüftet.

Als ›Angelo‹ von der peinlichen Gefangennahme Aberles und Webers erfuhr, gab er sofort an alle zuständigen Funkstellen die Weisung, keine Funkmeldungen von ›Condor‹ mehr entgegenzunehmen und sich auf keinen Funkverkehr einzulassen. Den deutschen Abwehrspezialisten war klar, daß Aberle und Weber früher oder später ihre wenn auch beschränkte Kenntnis vom Unternehmen »Condor« preisgeben mußten. Waren ihre Funkunterlagen unversehrt in englische Hand gefallen – was zu befürchten war und übrigens auch stimmte –, dann hatten die britischen Spezialisten Anhaltspunkte genug, die beiden Funker in die Zange und in Verhöre dritten Grades zu nehmen. Hatten die Engländer genug erfahren, dann konnten sie selbst in das Funkspiel eintreten, um die deutschen Gegenstellen irrezuführen. Jede Information von ›Condor‹ wäre also wertlos gewesen. Der Befehl von ›Angelo‹, erst gar keinen Kontakt mit Eppler und Sandstede aufzunehmen, war also sinnvoll und für die Sicherheit der beiden Agenten nützlich. Nur so hatten beide eine Chance, eventuell über die Runden zu kommen. Die Frage war, wer den Kampf mit der Zeit gewinnen würde: Würden Rommels Panzer eher in Kairo sein als die britische Abwehr auf dem Hausboot am Nil? Nun, die Engländer waren schneller. Sandstede und Eppler wurden im September 1942 auf ihrem Hausboot verhaftet.

VORWÄRTS ZUM NIL

Im Mittelmeer baden war der Traum eines jeden Afrikasoldaten – vom Landser bis zum General. Deshalb krönten der Kommandierende General des Deutschen Afrikakorps, Nehring, und sein Chef des Stabes, Oberst Bayerlein, am Nachmittag des 22. Juni 1942 den deutschen Sieg in Tobruk auch mit einem Bad. Beinahe wäre es schiefgegangen; denn als Feldwebel Voller mit dem Pkw vor einem kleinen, scheinbar verlassenen Steinhaus hielt, traten plötzlich zwei britische Soldaten heraus, abgerissen und halb verhungert, aber jeder eine Pistole in der Hand. Sie waren aus Tobruk geflüchtet und hielten sich hier versteckt. Weder der General noch der Oberst noch der Feldwebel hatten auf ihrer Badepartie eine Waffe griffbereit. Aber Nehring behielt die Nerven. Er sprach die beiden Tommys an und überwand so den kritischen Moment. Noch während des Gesprächs traf der Funkwagen ein, der den General stets begleitete, aber langsamer gefahren war. Die unangenehme Lage war vorüber. Da Nehring und Bayerlein keine

Lust hatten, sich durch einen ›Gefangenentransport‹ den Badeausflug zu verderben, nahmen sie den Tommys die Pistolen ab und schickten sie zur Stadt. Sie sollten sich in einem Gefangenenlager melden. Aber die Engländer waren nun einmal entschlossen, nicht in die Gefangenschaft zu gehen. Sie schlugen sich seitwärts in die Wüste. Und so kann die britische Kriegsgeschichte stolz von dem Abenteuer Leutnant Baileys und des Sergeanten Norton berichten, die nach 38tägigem Fußmarsch längs der Küste wieder die britischen Linien erreichten.

Aber kehren wir an den Strand von Tobruk zurück. Kaum hatten Nehring und Bayerlein gebadet, da rief sie ein Melder ins Hauptquartier: Funkspruch vom Feldmarschall, sofort zu ihm kommen. Was sie dort erwartete, war Rommels viel diskutierte, viel bewunderte und viel geschmähte Entscheidung, nach dem Sieg von Tobruk ohne Pause den Marsch auf Alexandria anzutreten.

Dem Feldmarschall schien das große Ziel nach der britischen Niederlage bei Tobruk in greifbare Nähe gerückt. Freilich, auch die deutschen und italienischen Verbände hatten die Einnahme Tobruks und die vorangegangenen Siege mit schweren Opfern an Menschen und Material bezahlen müssen. Eine Pause schien geboten. Nicht nur aus taktischen, sondern auch aus anderen Erwägungen. Denn noch immer war das Nachschubproblem die ernsteste Sorge. Und das Nachschubproblem hing an der britischen Felseninsel Malta. Nur mit einem deutschen Malta hätte Rommel ungehindert an jeder Stelle Nordafrikas Krieg führen können. Malta in englischer Hand lassen, hieß bei jedem weiteren Vorstoß nach Osten das Schicksal herausfordern.

Der ausgezeichnete I c im Stabe Rommels, Oberstleutnant F. W. v. Mellenthin, formulierte das Problem in seinem Buch ›Panzer Battles‹ so: »Eine ernste Entscheidung war zu treffen. In den ursprünglichen Plänen, auf die sich Hitler und Mussolini Ende April geeinigt hatten, war festgelegt worden, daß nach der Einnahme Tobruks die Panzerarmee an der ägyptischen Grenze verhalten sollte, bis alle verfügbaren See- und Luftstreitkräfte Malta sturmreif gemacht und Fallschirmjägerverbände es genommen hatten. Der Gedanke war vollkommen richtig; denn mit dem Fall von Malta waren die Nachschubverbindungen nach Nordafrika gesichert, und der Angriff auf das Nildelta konnte ohne Nachschubsorgen durchgeführt werden. Am 21. Juni, am Tage der Einnahme Tobruks, flog Feldmarschall Kesselring nach Afrika, und ich war bei seinen Gesprächen mit Rommel im Befehlswagen anwesend. Rommel bestand darauf, seinen Siegeszug fortzusetzen und nicht auf die Einnahme Maltas zu warten. Kesselring führte aus, daß ein Vormarsch nach Ägypten angesichts der nahen britischen Etappe nur erfolgreich sein könne bei voller Unterstützung durch die deutsche Luftwaffe. Wenn diese aber gewährt werde, könne die Luftwaffe ihre erfolgreichen Operationen zur Niederhaltung Maltas nicht fortsetzen. Daraus ergebe sich zwangsläufig die Gefahr, daß Rommels lange Nachschublinien ernsthaft bedroht würden. Kesselring bestand deshalb auf dem ursprünglichen Plan und forderte eine Zurückstellung der Invasion Ägyptens bis zur Einnahme Maltas. Rommel widersprach nachdrücklich, und die Diskussion wurde heftig. Die beiden deutschen Marschälle konnten sich nicht einigen. Der italienische Generalstab, die deutsche Seekriegsleitung und Feldmarschall Kesselring opponierten weiter. Rommel funkte an Hitler und erbat eine Entscheidung. Und Hitler telegrafierte an Mussolini: ›Duce, die Siegesgöttin lächelt im Leben gewöhnlich nur einmal‹. So wurde schließlich die schwere Entscheidung getroffen, den Angriff auf Malta bis September zurückzustellen und alle verfügbaren Kräfte für Rommels Offensive ins Nildelta bereitzustellen. War diese Entscheidung richtig?«

Es ist interessant zu hören, wie Rommel seinen Entschluß begründete. Generalleutnant Bayerlein hat mir die Argumente des Feldmarschalls berichtet: »Ich muß mit aller Gewalt vermeiden«, so sagte Rommel, »daß die Briten wieder irgendwo eine neue Front aufrichten und dieser Front frische Verbände aus dem Nahen Osten zuführen. Die 8. Armee ist jetzt außerordentlich schwach. Ihr Rückgrat sind zwei britische Infanteriedivisionen. Die Panzerverbände, die in aller Eile aus dem ägyptischen Hinterland zugeführt worden sind, können keine nennenswerte Schlagkraft besitzen.«

Und noch ein Argument hatte Rommel auf seiner Seite: Wann würden die Italiener mit den Vorbereitungen zur Landung auf Malta fertig sein? War die Operation nicht schon einmal festgesetzt und verschoben worden, weil die italienischen Vorbereitungen nicht abgeschlossen waren? Der Duce wollte auf keinen Fall die Eroberung Maltas den Deutschen allein überlassen; und Hitler war nach den schweren Verlusten, die Kreta gebracht hatte, auch bereit, die Italiener zu beteiligen. Damit hing die Frage der Invasion Maltas zu einem wesentlichen Teil am italienischen Generalstab. Und da hatte Rommel nun einmal seine Vorbehalte.

Rommel war sich im übrigen seiner Sache sehr sicher. Er wußte, daß die Briten Teile ihrer 10. Armee aus Syrien abzogen, um sie an der nordafrikanischen Front einzusetzen. Er wußte auch, daß amerikanische Panzerverbände auf dem Kriegsschauplatz zu erwarten waren. Er kannte die Unentschlossenheit der Engländer, Marsa Matruh zu halten. Woher wußte er das alles? Er wußte es aus den entschlüsselten Funksprüchen des amerikanischen Militärattachés in Kairo. Sein ausgedehnter Funkverkehr mit Washington konnte dank der italienischen Agentin Bianca Bergami, in Rom und Berlin mitgelesen werden. Bianca, die Tochter eines hohen Offiziers der faschistischen Miliz, hatte den Code aus der amerikanischen Botschaft in Rom ›beschafft‹.

Neben den Informationen aus den Kairoer Telegrammen des amerikanischen Militärattachés lieferte auch die Horchkompanie an der afrikanischen

Nach einem verlustreichen Rückzug sammelte das DAK im Januar 1942 zu einem neuen überraschenden Angriff. Rommel kam wieder einmal den Briten zuvor.

Die Kradschützen hatten es schwer, ihre Kräder waren für die Wüste nicht geeignet.

General Hans Cramer, Kommandeur Panzerregiment 8, führte später das DAK.

Die Fahrt in die Gefangenschaft, v. l. n. r.: Major Bach, General Schmitt und General v. Ravenstein.

Auch das ist Nordafrika: In den kurzen Wochen des Frühlings ist die Cyrenaika ein blühender Garten. Dieser Birkenweg könnte ebensogut durch Niedersachsen führen.

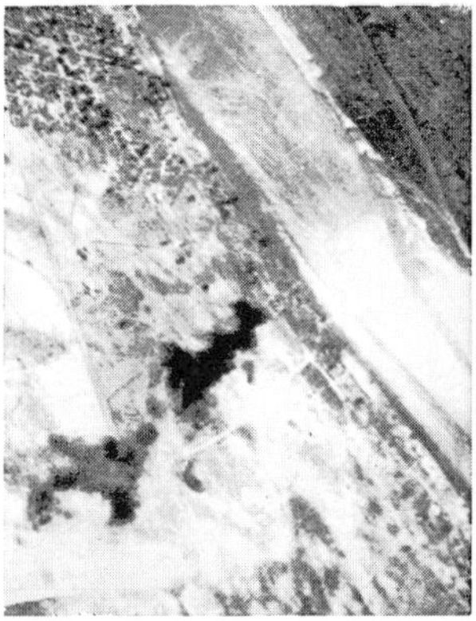

Hauptmann Blaich (links) führte das deutsche Fliegerkommando gegen den französischen Nachschubplatz in Zentralafrika, Fort Lamy (M.). Auf dem Rückflug ging das Benzin aus, und Pilot Bohnsack (gz. rechts) mußte notlanden. Sechs Tage warteten sie in der glühenden Wüste auf Rettung. Dann kam ein italienisches Suchflugzeug. Wasser! Funker Wichmann setzte einen ganzen Kanister an. Mechaniker Geißler leerte die Feldflasche des Italieners Scorzone auf einen Zug.

Die Flak zeichnete sich in Nordafrika besonders aus: Die I/Flak-Rgt. 43 stellte drei Ritterkreuzträger. V. l. n. r.: Oberleutnant Gellert, Major Gürke, Oberwachtmeister Bösel.

Ein interessantes Dokument: die Gefangennahme von Desmond Young, Kdr. 10. indische Brigade, durch die Gefreiten Baier und Mau (oben rechts).

Oberst Baade.

Major Hecht.

Die Flakkräfte der Kampfgruppe Wolz hatten an der Eroberung Bir Hacheims wichtigen Anteil. Im Erdeinsatz schossen sie Bunker und Befestigungen sturmreif. Die 2-cm-Flak (unten) der 4. Kompanie I/43 erlitt dabei schwere Verluste.

Eins der eindrucksvollsten Fotos des Afrikakrieges: 29. Mai 1942 zwischen 6 und 7 Uhr. Der Kampf um die Gazalalinie ist auf dem Höhepunkt angelangt. Rommels Divisionen sind weit ins Hinterland der britischen Front gestoßen. Da wird der Troß des DAK durch britische Panzerkräfte abgeschnitten. Im Sandsturm fluten die Kolonnen einen Djebelhang hinunter. Erst eine Flak-Front rettet die Situation.

Der amerikanische Panzer »Grant« mit seiner 7,5-cm-Kanone war für die deutsche Führung eine böse Überraschung. Nur Panzer IV mit dem langen Rohr war ihm gewachsen. Aber wenn die 8,8 in Stellung ging, wie auf unserem Foto Geschütz »Dora« von I/Flak 43, dann mußte auch der »Grant« dran glauben.

Ernste Gesichter: Rommel und sein Erster Generalstabsoffizier Oberstleutnant i. G. Westphal im Kampfgelände südlich Tobruk bei der schwierigen Lage im Dezember 1941.

General Crüwell bekam am 20. März 1942 zu seinem 50. Geburtstag von der Korpsbäckerei des DAK eine Buttercremetorte geschenkt. Unter den Palmen der Oase Umm er Rzem wurde sie ihm von Stabszahlmeister Langer und den beiden Bäckern Gustav Großmann und Rudi Funke präsentiert. Zwei Monate später wurde Crüwell über den englischen Linien abgeschossen, gefangengenommen und in einem britischen Spähwagen zum Verhör gefahren.

Diese Aufnahme vom 20. Juni 1942 ist ein interessantes kriegsgeschichtliches Dokument: Rommel bespricht mit dem Kommandierenden General des DAK, Walther K. Nehring (r.), und dem I c der Panzerarmee v. Mellenthin den Angriff auf Tobruk.

Schwarze Flagge vor Tobruk: das Zeichen der Pioniere für geräumte Minengassen (r.). Durch diese Gassen brausten die Panzer. Unten: Deutsche motorisierte Pak in Marsa Matruh.

An abgeschossenen deutschen Panzern vorbei erkämpft sich Oberleutnant Koch mit der 8. Kompanie Panzerregiment 5 den Weg durch nach Tobruk. Aber schließlich erwischte es auch ihn. Rommel ließ ihn in einem Kübel seines Begleitkommandos nach hinten bringen.

Tobruk war nach der Einnahme durch Rommels Panzerarmee ein Trümmerhaufen. Tagelang brannten die Öltanks und Versorgungslager, die von den Verbänden des südafrikanischen Generals Klopper vor der Kapitulation in Brand gesetzt worden waren.

Der Wüstenexperte der deutschen Abwehr, Graf Almaszy (l.). Oben rechts: El Masri Pascha, Ägyptens Generalstabschef. Er sollte im Flugzeug an einem geheimen Treffpunkt vor Kairo abgeholt werden. Das Unternehmen

scheiterte. Die beiden Agenten Klein und Mühlenbruch (rechts) sollten in der Wüste abgesetzt werden und mit einem Motorrad nach Kairo fahren. Aber der Pilot verpaßte die Landung. Auf dem Rückflug gab es Bruch. Mühlenbruch kam dabei um. Die Besatzung der He wurde gerettet. Ein neuer Versuch Almaszys, deutsche Agenten nach Kairo zu schleusen, gelang. In einer abenteuerlichen Fahrt durch die Wüste brachte er mit einem Sonderkommando Hans Eppler und Hans Gert Sandstede an den Nil. Linkes Bild von l. nach r.: Eppler, Sandstede, Munz, Almaszy, Woermann. Almaszys Wagen waren sorgfältig ausgerüstet. Auch Strickleitern hatte man mit für »weiche Stellen« im Wüstensand (unten).

Front Rommel glänzende Unterlagen über die Feindlage. Mehrere ernste Krisen des Feldzuges bis zur Alamein-Schlacht wurden durch die Leistungen der Horchkompanie gemeistert. Diese fing die britischen Sprüche der Feldfunkstellen auf, peilte jede Station, verfolgte ihre Bewegungen und entzifferte schließlich auch den englischen Schlüssel. Rommel wußte also viel, sehr viel über die Pläne, Absichten, Bewaffnung und Truppenmassierungen seines Gegners; und er wußte es zu nutzen. Die unbezahlbaren Quellen flossen genau bis Ende Juni 1942. Bis zu dem Tage, da Rommel seine Offensive gegen Alexandria begann. Dann versiegten sie. Der Code wurde plötzlich geändert. Jetzt hätte man ›Condor‹ in Kairo gebraucht. Jetzt war der Fall eingetreten, den Almaszy vorausgesehen, besser vorausgefürchtet hatte und weshalb er so gedrängt hatte, Eppler und Sandstede nach Kairo zu bringen. Aber ›Condor‹ waren die Flügel verbrannt.

Daher erfuhr Rommel eine entscheidende Sache nicht: In welchem Ausmaße nämlich die Briten 60 Meilen vor Alexandria noch eine Verteidigungsstellung ausbauten, die Alamein-Front. Eine Befestigung von 60 Kilometer Breite, zwischen El Alamein und der unbefahrbaren Kattara-Senke im Süden. Es war der letzte Wall vor dem Nil. Was Rommel insbesondere nicht wußte, war die Tatsache, daß die Engländer italienische Kriegsgefangene, darunter hochqualifizierte italienische Pioniere, beim Ausbau dieser Stellungen einsetzten. Die in Erdarbeiten glänzenden Italiener bauten ihnen gute Minenfelder, Unterstände, Schützengräben, Verschanzungen.

Am 22. Juni rollten Rommels Panzerverbände nach Osten. Rommel selbst passierte am 23. Juni den ägyptischen Grenzzaun, über den die 90. leichte Division schon weit hinausgestoßen war. Beutedokumente und entschlüsselte englische Funksprüche hatten erwiesen, daß Auchinlecks 8. Armee bei Marsa Matruh Stellung beziehen sollte. Rommel trieb seine Divisionen zur Eile an. Der Sprit ging aus. Aber am Bahnhof Habata wurde ein beträchtliches englisches Benzinlager erbeutet, und mit diesem Sprit jagten Rommels Panzerdivisionen weiter. Vorwärts. Vorwärts zum Nil.

Es waren tolle Tage. Oft fuhren deutsche und britische Fahrzeugkolonnen nur 500 Meter voneinander entfernt, in gleicher Richtung, nach Osten.

Sämtliche alten bewährten Einheiten, denen wir schon begegnet sind, fuhren wieder mit im endlosen Zug durch die Wüste.

Da ist Leutnant Servas vom Panzergrenadierregiment 104 mit seinen Selbstfahrlafetten.

Da ist auch Leutnant Hans Schulze vom alten Kradschützenbataillon 15. Am 24. Juni schießt er von einer vorbeibrausenden britischen Kolonne einen Panzer und einen Lkw zusammen. In seinem Kfz 15 fährt Schulze mit seinen Männern hinüber, einen Kilometer weit, weil sie hoffen, Beute zu machen und die eintönige Rindfleischkost ›Alter Mann‹ mit englischem Corned beef, Sliced Bacon und Mixed Pickles aufzubessern. Aber sie finden einen Haufen britischer Schwerverwundeter. Unverwundete Tommys sind dabei, sie zu verbinden. Keine Sanis, sondern alle bis an die Zähne bewaffnet.

Die Engländer reißen nicht die Gewehre hoch. Werfen keine Handgranaten. Das Elend der verwundeten Kameraden hält sie in Bann. Und auch Schulze und seine sechs Mann werden von diesem Elend gepackt. Sie springen aus ihrem Kfz, kramen ihre Verbandspäckchen heraus und helfen verbinden. Aber da kommt ein neuer Troß englischer Fahrzeuge. Ein kurzer Blick zwischen Schulze und einem Tommy-Sergeanten. Der Leutnant ruft seinen Männern zu: »Einsteigen!« Er tippt an seine Mütze. Der Tommy an seinen Stahlhelm. Einer hält dem Gefreiten Müller noch schnell ein Päckchen Zigaretten hin. Der nimmt sie dankend an. Dann geht's davon. Es wird nicht hinter ihnen hergeschossen. Niemand hält sie auf. Keiner ruft: ›Hände hoch!‹ Alle, Tommys und Deutsche, würden das in diesem Augenblick nur lächerlich finden. Wahrscheinlich denken sie alle wie der Gefreite Müller: »Und in einer halben Stunde schießen wir uns wieder gegenseitig tot. So was Dummes, so was Dummes!«

Rommel stieß mit drei Kampfgruppen in den Raum von Marsa Matruh. Nach alter Taktik war sein Ziel, die Panzerkräfte des Feindes zu stellen und die Infanterie einzukesseln. Die Vernichtung der britischen Panzerkräfte war die Aufgabe des DAK mit der 15. und 21. Panzerdivision, die südlich von Marsa Matruh vorgingen. Das III. Bataillon Schützenregiment 104 unter Hauptmann Reißmann nahm trotz wütenden britischen Artilleriefeuers einen entscheidenden südlichen Punkt der Befestigungslinie an der Piste von Marsa Matruh zur Oase Siwa. Zuerst schien die Sache wieder schiefzugehen. Die Engländer setzten Panzer zum Gegenstoß an. Der Gefreite Susenberger hatte gerade seinen Funkspruch ans Regiment gegeben: ›Feindliche Panzer im Angriff, erbitte dringend Verstärkung‹, da pfiffen ihm auch schon die Kugeln um die Ohren. Ehe er seinen Kopfhörer runter hatte, stand ein Tommy mit der Maschinenpistole vor ihm: »Hände hoch! Los!« Susenberger war der einzige, den die Tommys erwischt hatten. Sie schleppten ihn hinüber in ihre Stellung, luden ihn nach der ersten Vernehmung auf einen Lastwagen. Und ab ging es mit dem gesamten Troß des Stützpunktes in Richtung Marsa Matruh.

Es war inzwischen dunkel geworden. Kaum eine Viertelstunde waren sie gefahren. Da begann ein toller Feuerzauber: die Tommys waren auf eine Flakabteilung des Oberst Wolz gestoßen. Alles suchte Deckung; nur der deutsche Gefreite nutzte die Gelegenheit, sich seitwärts in die Kameldornbüsche zu schlagen. Bei einem neuen Granateinschlag warf er sich in ein Erdloch und – fiel auf einen Tommy. Susenberger hielt diesem die eigene MP vor den Bauch. So saßen sie im Schein der krachenden deutschen

Flakgranaten, bis ein Leutnant der Leichten Flak 6/18 die beiden entdeckte. Susenberger meldete sich bei Hauptmann Reißmann mit den Worten zurück: »Gefreiter Susenberger mit einem gefangenen Engländer aus britischer Gefangenschaft zurück.«

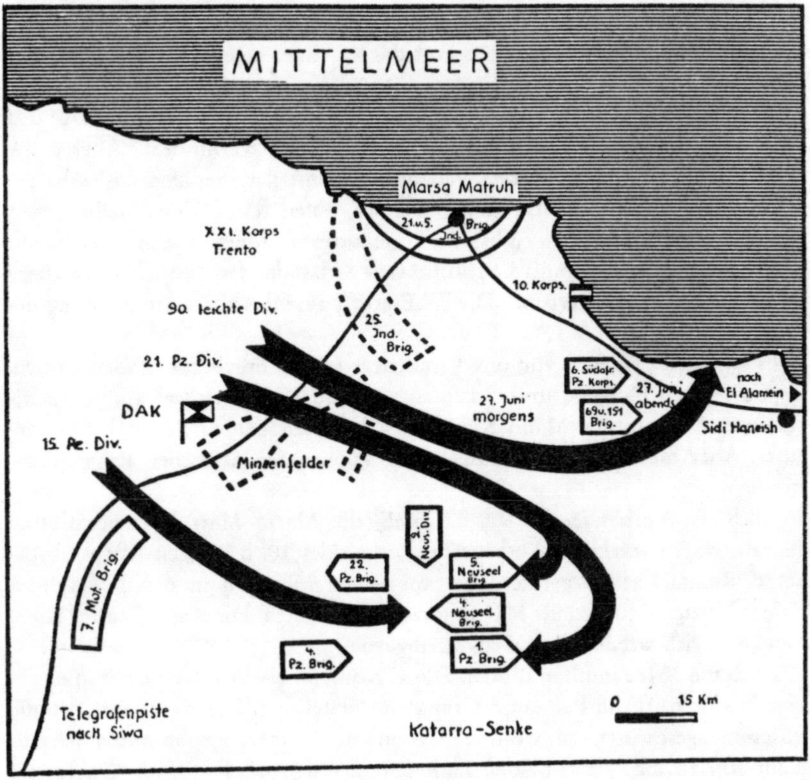

Rommels kühne Schlacht um Marsa Matruh am 26./27. Juni 1942.

Im Laufe des 26. und 27. Juni stießen Rommels Divisionen an Marsa Matruh vorbei. Die 15. und 21. Panzerdivision vernichteten die im Süden zusammengefaßten britischen Panzerkräfte. Es kam zu heftigen Kämpfen mit der 2. Neuseeländischen Division. Rommel hatte diesen Eliteverband unter General Freyberg in Marsa Matruh vermutet; und bis in die jüngste Zeit wurde dieser Irrtum in vielen deutschen Kriegsgeschichtswerken beibehalten. In Wirklichkeit leitete General Freyberg, verwundet, mit verbundenem Kopf, den Kampf seiner Maoris gegen die 21. Panzerdivision. An der Spitze der 5. Brigade fuhr General Kippenberger und feuerte die schreienden

Maoris an. Die 90. leichte Division drehte inzwischen nach Norden ein, und die Kampfgruppe Marcks sperrte mit der I/Flak 6 die Küstenstraße nach Osten ab. Die scheinbar letzte Befestigung vor Alexandria war eingeschlossen. Darin lag das Gros der britischen Infanterie: die 10. indische Division, Teile der 5. indischen Division, die 50. englische sowie die Südafrikaner. Wenn es Rommel gelang, diese Streitmacht zu fangen, dann war der Sieg vollkommen, dann war das Rückgrat der 8. Armee gebrochen, dann war der Weg nach Alexandria endgültig frei.

Alles kam darauf an, den Ausbruch der feindlichen Verbände aus Marsa Matruh und aus dem Kessel des DAK im Süden zu verhindern. Aber es erwies sich als zu schwer, in der weiten Wüste mit den wenigen und sehr geschwächten Divisionen, die Rommel hatte, einen festen Einschließungsring um einen starken Gegner zu bilden. In mächtigen Stößen boxten sich die gut motorisierten neuseeländischen Infanterieverbände des Generals Freyberg durch die 21. Panzerdivision. Die RAF griff pausenlos zur Unterstützung des Ausbruchs an.

Es gab Kampfszenen von unvorstellbarer Härte. Freybergs Maoris kamen, an Lastwagen hängend, mit Buschmessern und Kriegsgeschrei an. In fürchterlichen Mann-gegen-Mann-Kämpfen gab es auf beiden Seiten hohe Verluste. Aber die Masse der Neuseeländer konnte den deutschen Ring durchbrechen.

Auch die Verbände der 90. Leichten, die Marsa Matruh eingeschlossen hatten, waren stärksten Ausbruchsversuchen des 10. britischen Korps ausgesetzt. Rommel selbst geriet dabei mit seinen Männern in den Nahkampf. Seine Offiziere mußten als MG-Schützen einspringen. Die Kampfstaffel Kiehl bewährte sich wieder einmal als ›Leibgarde‹.

Auch die 361er mußten bluten. Die 4. Kompanie von Leutnant Stähler geriet in eine britische Pak- und Granatwerferstellung. Die Kompanie drohte, zusammengeschossen zu werden. Die meisten Fahrzeuge brannten bereits. Laut schrien die Verwundeten nach Sanitätsunteroffizier Busch. Da rettete ein echtes Legionärsstück den Rest der Kompanie: Unteroffizier Rosenzweig und Gefreiter Schwarz stürmten wütend, ohne Befehl, jeder mit einem MG im Hüftanschlag feuernd, gegen die britische Stellung. Die Tommys zogen die Köpfe ein, und die Kompanie bekam soviel Zeit, Deckung zu suchen. Rosenzweig und Schwarz bezahlten die Rettung ihrer Kompanie mit dem Leben.

Die Kampfgruppe Holzer vom Sonderverband 288 unter Oberst Menton bekam die ganze Wucht eines Ausbruchsunternehmens von Teilen der 50. englischen Division und südafrikanischen Artillerie-Einheiten zu spüren. Stabsoffiziere, Zahlmeister und die Männer des Funktrupps fochten mit Pistole, Handgranate und Seitengewehr. Die Gruppe Leutnant Kiefer wurde eingeschlossen. Sie bildete einen Igel. Schoß die britischen Lastwagen in Brand. Versperrte so den Ausbruchsversuch aus einem Wadi. Die Männer fochten verzweifelt gegen die anrennenden Inder und Südafrikaner. Der Obergefreite Johannes Müller von der 8. Kompanie, Oberwachtmeister Tauch, Unteroffizier Langer und Leutnant Kiefer warfen sich die Handgranaten zu, die sie – in Deckung hinter einem Lastwagen – mitten in die anstürmenden Südafrikaner schmissen. Wer von den Angreifern dann noch durchkam, rannte ins aufgepflanzte Bajonett oder vor die Läufe der Pistolen.

An vielen Stellen der Einschließungsfront spielten sich solche Szenen ab. Die 7. Flakbatterie II/25 – sie führte stolz als taktisches Zeichen einen Tannenbaum – hatte den Auftrag, die Telegraphenpiste, den Verbindungsweg zwischen Marsa Matruh und der im Süden gelegenen Oase Siwa zu sperren. Die sechs Geschütze der Batterie gingen östlich der Piste in Stellung. Zur Sicherung wurde die Kommandogerätsbedienung befohlen. Mit Meßstaffelführer, Wachtmeister Frey, übernahmen 16 Mann diesen Auftrag. Sie hatten ein einziges MG, zwei MP, Karabiner, ein paar Pistolen und das Seitengewehr. Mitten ins Abendessen kam der Alarm. Die Südafrikaner und Inder brausten heran. Obergefreiter Heinz Britz lag als Schütze 1 am MG und hämmerte auf den ersten Lastwagen los. Die Tommys stoppten. Eröffneten ihrerseits das Feuer. Plötzlich schwieg das deutsche MG. »Heinz, schieß doch, schieß doch!« schrie ihm der Gefreite Anton Staudenmeyer zu. Aber Heinz Britz schoß nicht mehr und gab auch keine Antwort. Eine MG-Garbe hatte seinem Leben ein Ende gemacht. Die Tommys rollten an. Da ertönte hinter ihnen der Ruf: »Schußfeld frei für Pak!« Und dann schoß deutsche Pak in die Fahrzeugpulks der Tommys. Griffen 8,8-Batterien von der rechten Flanke her in das Gefecht ein. Entlang der Telegraphenpiste tobte plötzlich eine Schlacht. Britische Nachtflugzeuge setzten ihre Tannenbäume und warfen Bomben. Zahlreiche Fahrzeuge der Briten brachen durch. Andere loderten als brennende Fackeln. Mit ihnen verbrannten und verkohlten Verwundete und Eingekeilte. Wer diese Nächte in Afrika erlebt hat, wird sie nie vergessen.

Entgegen der häufig vorgebrachten Ansicht, daß die britischen Ausbruchserfolge aus Marsa Matruh auf das Konto der Italiener gingen, muß festgestellt werden, daß dies unrichtig ist. Rommels Einschließungsring war zu schwach; die ausbrechenden britischen Verbände, die gut motorisiert waren, fochten mit verzweifelter Tapferkeit. Die englische Luftwaffe konnte von den Flugplätzen des nahen ägyptischen Hinterlandes wirksame Unterstützung bringen. Die italienischen Verbände kämpften außerordentlich tapfer. Das ist um so bemerkenswerter, als ihre Ausrüstung zum großen Teil schlecht, ihre Panzer miserabel und ihre schweren Waffen spärlich waren. Die Panzerdivision Ariete und die motorisierte Division Trieste wurden bis auf 14 Panzer, 30 Geschütze und 2000 Mann zusammengeschlagen. Aber sie standen. Der Kommandierende General des XX. italienischen Korps, General Baldassare, und der Korps-Artillerieführer, General Piacenza, fielen an der Spitze ihrer Truppe durch britische Fliegerbomben.

Bei dieser Gelegenheit möchte ich ein Wort der Verteidigung für die so oft und nicht selten so ungerechtfertigt geschmähten ›Itaker‹ sagen, gerade auch im Hinblick auf die kommenden Ereignisse vor El Alamein.

Wer die Leistung der italienischen Soldaten beurteilen will, muß davon ausgehen, daß sie von Anfang an in jeder Hinsicht überfordert waren. Mussolini hatte ihnen versprochen, das Imperium ›mit ihren 7 Millionen Bajonetten‹ wiederzuerobern. Aber die Bajonette steckten auf veralteten Flinten.

Eine einzige Panzerdivision brachte die italienische Heeresleitung nach Afrika. Sie hieß Ariete, und es war ein stolzer Name aus glorreicher Vergangenheit. Aries ist die lateinische Bezeichnung für Widder. Und auch der gefürchtete Rammbock hieß so, die gigantische Kriegsmaschine, mit der die Römer die Festungen der alten Welt zwischen Spanien und Syrien aufbrachen. Die ›Arietes‹ der alten Römer erregten die Bewunderung und den Schrecken der Völker. Die Panzer der Ariete Mussolinis aber fanden nur den Spott der Feinde und das Mitleid der Bundesgenossen. Der Schrecken waren sie nur für die eigenen Besatzungen. 12 Tonnen Gewicht, eine unzulängliche Panzerung und eine 4-cm-Kanone – was sollte man damit gegen englische Pak und englische Panzer ausrichten? Sandsäcke, die rings um die Tür gepackt waren, sollten den bedauernswerten Männern in den ›fahrenden Särgen‹ ein bißchen zusätzliche Sicherheit bieten. »Die Chance, in einem solchen Panzer einen Angriff zu überleben, gar nicht zu reden vom Erfolg, lag jenseits des Bereiches, dem die Tapferkeit als sittliche Tat angehört«, schrieb mir der deutsche Chefdolmetscher beim XX. italienischen Korps, Dr. Monzel. Er hat recht.

Die anderen Waffengattungen waren kaum besser dran als die Panzer. In mancher Hinsicht befanden sich die Italiener in derselben Lage wie unser Volkssturm am Ende des Krieges, als die Amerikaner kamen. Aber jeder deutsche Landser und jeder deutsche Offizier weiß, daß die Italiener trotz dieser miserablen Ausrüstung oft erstaunlich zäh und verbissen gekämpft haben. Das ›Nono Bersaglieri‹ – Bersaglieri-Regiment 9 – braucht sich, wie die Bersaglieri überhaupt, keine einzige soldatische Schwäche nachsagen zu lassen. Darüber hinaus aber gilt es, noch eins zu erwähnen: Die zahlreichen Arbeitsbataillone der Italiener haben Ausgezeichnetes geleistet. Die Umgehungsstraße von Tobruk war ein großartiges Werk italienischer Straßenbaukunst. Wenn auch der Durchschnittsitaliener zum Heroismus des soldatischen Kämpfens und Sterbens nicht dieselbe Veranlagung zeigte wie die Soldaten einiger anderer Völker, so bewiesen Hunderttausende in Nordafrika doch jenen bitteren Heroismus mühseliger harter Arbeit unter den schwierigsten Bedingungen.

Die Amerikaner servierten im letzten Krieg ihrem GI bis in die vordersten Stellungen ein beachtliches Menü. Unsere deutschen Feldküchen lieferten eine handfeste Hausmannskost. Was aber der italienische Soldat aus seiner Gamella, seinem Eßnapf, löffelte, war kraft- und saftloses Arme-Leute-Essen. Und trotzdem focht er. Und starb. Und das Wort ›Camerata‹ hatte für ihn einen echten Sinn. Viele deutsche Soldaten haben es erfahren.

Am 28. Juni gegen 17 Uhr traten die 90. leichte Division mit der Aufklärungsabteilung 580, eine Reihe Kampfgruppen, darunter die von Kiehl und Hauptmann Briel mit seinem Fla-Bataillon 606, sowie der Sonderverband 288 mit Teilen des X. und XXI. italienischen Korps zum Angriff auf Marsa Matruh an. Rund 8000 in der Festung verbliebene Südafrikaner und Inder verteidigten zäh die gut ausgebauten Stellungen.

Aber in den frühen Morgenstunden des 29. Juni fiel der letzte Schuß. 40 Feindpanzer waren im Festungsbereich zusammengeschossen. 6000 Tommys marschierten in deutsche Gefangenschaft. Die letzte Befestigung vor Alexandria mit ausgebautem Hafen war gefallen. Es war ein großer Sieg, die 90. Leichte wurde im Wehrmachtsbericht genannt; aber der erstrebte große, letzte Sieg über Auchinlecks Feldarmee war es nicht.

Rommel hatte sein Ziel, die Masse der britischen Infanterie in Marsa Matruh zu fangen und damit die Besetzung einer neuen britischen Verteidigungslinie vor Alexandria zu verhindern, nicht erreicht.

Der britische Oberbefehlshaber konnte den Großteil seiner Infanterie in die Alamein-Stellung zurückführen und damit den allerletzten Sperriegel vor dem Nil aufbauen.

Die Männer der Kampfgruppe Briel waren noch dabei, in den britischen Versorgungslagern von Marsa Matruh nach dem Rechten zu sehen, Bier, Konserven, Zigaretten zu fassen und ein paar fröhliche Tage vorzubereiten, da kam Alarm.

Um 11 Uhr hatte Unteroffizier Schmidt, der Führer des Funktrupps, seinem Kampfgruppenkommandeur einen Funkspruch von Rommel gebracht. Der Text lautete: ›Hauptmann Briel mit Kampfgruppe sofort nach 586 – links 9, Rommel.‹ Um 11.05 Uhr trat die Kampfgruppe an, und nach wenigen Minuten stand sie marschbereit an dem befohlenen Kartenpunkt. Rommel erschien.

Er klappte seine Karte auf und begann: »Also, Briel, Sie stoßen mit Ihrem Haufen nach Alexandria vor und bleiben erst stehen, wenn Sie die Vororte erreicht haben. Die Tommys sind sowieso weg.« Der Feldmarschall machte eine kleine Pause. Lächelte und sagte: »Und wenn ich morgen nachkomme, dann fahren wir zusammen nach Kairo zum Kaffeetrinken.«

Hauptmann Briel, der erste Ritterkreuzträger der Heeres-Flak, der Mann, der das erste Deutsche Kreuz in Gold erhielt, das nach Afrika kam, war manchen merkwürdigen Befehl von Rommel gewöhnt. Aber das verschlug ihm doch den Atem. Mein Gott, das war ja der Sieg. Der westfälische Draufgänger reckte sich: »Jawohl, Herr Feldmarschall.« Und dann: »Welche Verbände werden mir unterstellt?« Es mußte ja schließlich noch etwas zu seinem Haufen hinzukommen. Sein Fla-Bataillon 606 war schon ziemlich zusammengeschmolzen. An einsatzfähigen Waffen hatte Briel noch: eine 4-cm-Kanone, eine 5-cm-Pak, vier 2-cm-Kanonen, zwei Mörser und die 7. Batterie 10,5 cm vom Artillerieregiment 33. Das Geschütz von Leutnant Gräb fehlte allerdings noch und stieß erst später zur Batterie.

Rommel sah Briel lächelnd an: »Briel, fahren Sie los, ich schicke noch nach, was ich fassen kann.« Tatsächlich wurde der Verband zusehends größer. Zwei Selbstfahrlafetten, tschechische 38-t-Panzer mit deutscher 7,5-cm-Pak der Panzerjägerabteilung 605 kamen dazu, die bereits bei Bir Hacheim mit der Kampfgruppe Briel gefochten hatten. Und dann sogar noch das ganze Panzergrenadierbataillon Kayser, das ebenfalls schon bei Bir Hacheim mit dem Kampfverband Briel die französischen Ausbruchsversuche bekämpft hatte. Schließlich kamen noch zwei Panzerspähwagen. Und ab ging es. Wie hatte Rommel gesagt? »Bleiben Sie erst stehen, wenn Sie in Alexandria sind.«

Es war eine tolle Fahrt. Wo sich ein britischer Verband in den Weg stellte, wurde er umgangen, dann in die Zange genommen, bis er wich oder sich ergab. Feindliche Kräfte in den Flanken wurden nicht beachtet. Vorbei hieß die Parole. Nach Alexandria, nach Kairo.

Im Stabe der Panzerarmee schüttelte der Ic immer wieder den Kopf, wenn er die stündlichen Funklagemeldungen von Briel las. »Das gibt's doch gar nicht«, knurrte der versierte Generalstäbler. »Lassen Sie wiederholen«, befahl er dem Funkmeister.

Aber es blieb dabei: »14 Uhr 30 – Ziel I erreicht.

14 Uhr 50 – Ziel II erreicht.

15 Uhr 35 – Feuergefecht mit feindlichen Spähwagen. Drei Panzer abgeschossen. Verluste: Eine 4-cm-Kanone, eine 2-cm-Kanone, eine Karette, eine 10,5-cm-Kanone.

18 Uhr 02 – Tagesziel erreicht – Kampfgruppe igelt sich ein.«

Wer Ziel I, II und das Tagesziel als Kartenpunkte kannte, wußte, daß Briel mit seinen Leuten vor El Daba stand. »Wenn es so gut geht, dann gibt es kein Einigeln«, war Rommels Meinung. Befehl: Kampfgruppe Briel stößt auf El Daba und nimmt den Stützpunkt.

Um 22 Uhr 10 funkte Briel: »El Daba genommen, stoßen weiter auf Abd el Rahman.« Die Panzerarmee verfolgte Briels Berichte. »Der bringt es fertig und fährt wirklich bis Alexandria«, sagten die Offiziere kopfschüttelnd.

Inzwischen war auch das Gros der 90. Leichten über die Küstenstraße zum Vormarsch nach Osten angesetzt. Auch die Ketten der 21. und 15. Panzerdivision rasselten nach Osten, in die von der Marsa-Matruh-Front zurückflutenden Engländer hinein. Richtung Alexandria. Richtung Kairo.

Weit vorn aber jagte Briel.

Doch auch das kühnste Unternehmen hat seine natürliche Grenze, die in der physischen Leistungskraft der Soldaten liegt. Kein Befehlshaber kann sie überziehen. Wenn die Glieder schwer wie Blei sind, wenn das Gehirn keinen klaren Gedanken mehr fassen kann, dann helfen keine Worte, kein noch so großer Schluck Beute-Gin und keine Befehle mehr, dann muß eine Pause gemacht werden. Dann fallen die Männer auf die Erde oder lassen, am Steuer sitzend, den Kopf auf die Brust sinken und schlafen.

Tief in der Nacht befahl Briel nordöstlich Abd el Rahman Halt. Nicht nur die Soldaten waren todmüde; auch die Fahrzeuge streikten. Die Landser rollten sich in ihre Decken und warfen sich unter die Wagen.

»Wie weit noch?«

»Rund hundert Kilometer.«

Hundert Kilometer bis Alexandria. Von El Alamein, das noch zwischen ihnen und dem Nildelta lag, wußte Briel nur das, was auf der arabischen Karte verzeichnet war: daß es ein kleines Nest war mit einem Bahnhof; und daß die Engländer dort offenbar ihre Truppen neu gesammelt hatten. Von den Minenfeldern um den Ort El Alamein wußten die deutschen Stäbe nichts. Wußten nichts von den tief gestaffelten Minenriegeln, die italienische Kriegsgefangene und britische Pioniereinheiten in wochenlanger Arbeit südlich von El Alamein, am Ruweisat-Rücken und am Ende der Kattara-Senke, gebaut hatten. Zwar waren diese Stellungen erst dürftig besetzt. Nur die 1. südafrikanische Division lag seit einer Woche in dem Stützpunkt, dazu die 6. neuseeländische Brigade und die 18. indische. Sonst nichts. Wenn Rommel den Engländern keine Zeit ließ, aus den zurückflutenden Divisionsverbänden Stützpunkt-Besatzungen zu machen, dann würde die Alamein-Front nicht viel halten können. Wenn!

Hauptmann Kayser übernahm mit seinem Bataillon die Sicherung der Küstenstraße. Spähtrupps gingen in die Nacht. Auch am nächsten Morgen blieb die Kampfgruppe Briel in ihrer Stellung, um Waffen und Fahrzeuge instand zu setzen. Aufklärungskräfte stießen nach Osten. Sie stießen an der berühmten Weißen Moschee vorbei. Kamen an den Bahnhof. Ein paar Waggons standen auf den Schienen. Sonst nichts. Auch hier hatten sich noch keine britischen Einheiten niedergelassen. Briel tastete weiter vor. Bis an den Minenriegel von El Alamein; und da erst kam der erste Widerstand. Scharfes Abwehrfeuer empfing die Deutschen. Ihre Spähwagen kehrten um. Mit dem Glas sah Briel den Kolonnenverkehr auf der Küstenstraße. Der Tommy fuhr aus Alexandria und Kairo heran, was er greifen konnte, um die letzte Bastion vor dem Nildelta zu besetzen.

»Wie weit ist es noch?«

»Von hier noch 85 Kilometer.«

Noch 85 Kilometer bis Alexandria.

»Also dann morgen«, lachten Briels Männer. Aber aus dem Morgen wurde nichts. Während sie am Vormittag des 30. Juni ihre Fahrzeuge wieder kampfklar hatten, waren die Panzer der 15. und 21. Panzerdivision bereits über die Linie El Quseir, El Daba hinausgestoßen. Auch die 90. Leichte hatte sich in der Küstenregion schon über Fuka durch zurückflutende Engländer hindurchgeschlagen und nach Überwindung von Minengürteln und britischer Artillerie den Raum El Daba erreicht. Aber hier hämmerten britische Jabos und Tiefflieger auf sie ein. Rommel, der wieder an der Spitze fuhr, schlug seinen Gefechtsstand in den Baracken eines Verpflegungslagers von El Daba auf. Dann erwischten auch ihn die Kampfflieger der Royal Air Force. Der Stab wurde etwas zurückverlegt. Jedoch auch hier fielen bald Bomben. Man spürte zum erstenmal die neu sich abzeichnende Gefahr: den massierten Einsatz der britischen Luftwaffe, die von den nahen Horsten um Kairo und Alexandria aufstieg und mit Leidenschaft focht. »Ohne Rücksicht auf Ver-

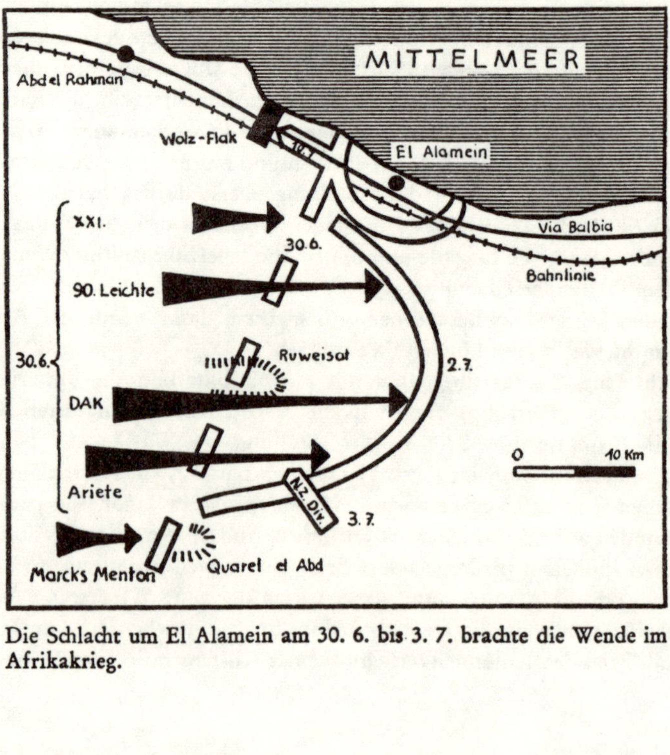

Die Schlacht um El Alamein am 30. 6. bis 3. 7. brachte die Wende im Afrikakrieg.

luste«, so hatte Churchill aus London befohlen, sollte die englische Luftwaffe den Vorstoß Rommels stoppen.

Der Krieg in Nordafrika eilte seinem Höhepunkt zu. Würden Deutschlands Panzer an den Nil gelangen? Würde Englands alte Weltreichsposition fallen? In dieser Frage lag eine atemberaubende strategische Chance für Deutschland:

Syrien, der Irak und Persien im deutschen Griff.

Die Türkei ausflankiert und an Deutschlands Seite gezwungen.

Rußlands orientalische Flanke bedroht.

Das alles schien am 30. Juni 1942 handgreiflich nahe. Rommel sah zwischen sich und seinen Zielen nur noch eine scheinbar flüchtende britische Armee, die sich in El Alamein anschickte, den letzten Widerstand zu leisten. Dieser Widerstand mußte gebrochen werden.

Im Laufe des Nachmittags befahl der Generalfeldmarschall die örtlichen Kommandeure in seinen Gefechtsstand auf der Küstenstraße zwischen El Daba und Sidi Abd el Rahman, um die weiteren Operationen zu besprechen. Oberst Bayerlein mußte aus der südlichen Wüste vom Gefechtsstand des Kommandierenden Generals Nehring 50 Kilometer mitten durch zurückflutende Kolonnen der 1. britischen Panzerdivision schleichen. Stundenlang fuhr er in englischen Trecks. Ein Sandsturm machte den Tag zur Nacht.

In der Besprechung wurde der Angriff auf die Alamein-Stellung für den nächsten Tag, den 1. Juli, befohlen. Für das DAK lautete der Befehl: »Vorstoß im schärfsten Tempo über El Fajade auf Kairo.« Als Bayerlein vorsichtig auf den übermüdeten Zustand der Divisionen des DAK hinwies, meinte der Chef des Stabes der Panzerarmee betont zuversichtlich: »Das werden die Männer noch schaffen. Beeilen Sie sich aber, damit die Briten keine Zeit finden, die große Nilbrücke bei Kairo zu sprengen.« So optimistisch war man.

Briel bekam einen Funkspruch: »Vorstoß anhalten, rückwärts in Verband der 90. Leichten eingliedern. Weitere Befehle abwarten.«

Briel erhielt den Befehl, als er bei der Batterie der schweren 10,5-cm-Kanonen war. »Feuer!« kommandierte Leutnant Gräb gerade. Und noch einmal: »Feuer!« Die 10,5-Zentimeter hämmerte gegen die englischen Stellungen von El Alamein. »Der Kaffee in Kairo wird kalt, Herr Hauptmann«, bemerkte Funker Schmidt listig. Briel antwortete lachend: »Notfalls trinken wir ihn auch kalt, Schmidt.«

Der englische Ordonnanzoffizier, Oberleutnant Blenton von der 3. südafrikanischen Brigade, jagte über die Küstenstraße in Richtung Alexandria. Mit Befehlen für die Nachschubeinheiten und das Flottenkommando brachte er die Hiobsbotschaft: »Die Deutschen sind bereits mitten im Artilleriekampf gegen El Alamein.« Er weiß nicht, daß die weit vorgeschobene Kampfgruppe Briel nicht das DAK, noch nicht einmal die 90. leichte Division ist und daß sich vor El Alamein nur ein Scharmützel abspielt. Aber in jenen Tagen halten englische Stabsoffiziere alles für möglich.

»Die Deutschen greifen an«, das geht wie ein Lauffeuer durch Alexandria. »Rommel vor den Toren!« Wie einst der Schreckensruf der Römer »Hannibal ante portas«, so atembeklemmend klingen die Meldungen über den Sturm der deutschen Vorausabteilungen gegen El Alamein für die britischen Stäbe. Die englische Flotte erhält Befehl, Alexandria zu verlassen. Sie fährt nach Port Said und Haifa. Die Ägypter sehen es und machen sich ihren Vers. Die englischen Soldaten sehen es und schütteln die Köpfe.

Kein Deutscher ist in der Lage, die Dramatik zu schildern, die damals in Alexandria und Kairo herrschte. Nur der Augenzeuge kann es mit dem Anspruch auf Glaubwürdigkeit unternehmen. Der englische Kriegsberichter Alan Moorehead war in jenen Tagen in Kairo. Auch seine Frau war dort – sie arbeitete beim britischen Oberkommando. Moorehead und seine Freunde saßen zusammen: »Wann wird er kommen?« fragten sie.

»Drei Jahre lang«, so schrieb Moorehead in seinen Kriegsberichten, – »drei Jahre lang hatte das britische Empire alle nur irgend entbehrlichen Truppen, Geschütze und Panzer nach dem Mittleren Osten geschickt. Nur hier hatten die Engländer eine wirkliche Front gegen den Feind. Jetzt schien diese Front zu brechen. Der Verlust von Ägypten stand bevor; und dieser Verlust würde eine unvorstellbare Kette von Unglück nach sich ziehen. Suez, Port Said, Beirut und Syrisch-Tripoli würden den Fall von Alexandria nicht überstehen. Palästina und Syrien würden keine Hoffnung haben durchzuhalten; und waren die Deutschen erst in Jerusalem und Damaskus, dann lagen die Ölquellen vor ihnen, und die Türkei war so gut wie eingekreist.« Moorehead übertrieb nicht.

Die Kais von Alexandria lagen verlassen da. Die Sprengtrupps standen bereit, die Hafenanlagen in die Luft zu jagen. Fast alle britischen Truppen waren aus der Stadt herausgezogen.

Und wie sah es in Kairo aus? Die Straßen waren vollgestopft mit Wagen, die aus Alexandria und dem Lande herunterströmten. Der Belagerungszustand war verhängt. Vor dem englischen Konsulat stand eine riesige Schlange von Bittstellern, die einen Einreisestempel für Palästina in ihren Paß haben wollten. Die Züge aus Kairo glichen fahrenden Menschentrauben. Wer noch Hoffnung oder Ruhe predigte, dem zeigten die Aufgeregten den Rauchschleier, der über der britischen Botschaft und dem Häuserviertel des Großen Hauptquartiers hing: Die Engländer verbrannten ihre Akten und Dokumente. Wer es genau wissen wollte, brauchte nur selbst hinzugehen und durch den Zaun zu blicken: Da schaufelten Soldaten Stöße von Landkarten, Schriftstücken, Codebüchern, Listen in vier offen lodernde Feuer auf einem Bauplatz zwischen den Generalstabsgebäuden.

Lange Kolonnen von Lastwagen, beladen mit Büroeinrichtungen, fuhren in Richtung Palästina. Die amerikanischen Stäbe setzten sich nach Somaliland ab. Die Nachrichtenhelferinnen, Telefonistinnen und alles weibliche Sekretariatspersonal wurden nach Süden abtransportiert. Die Frauen und Kinder britischer Militärs hatten ihre Evakuierungsbefehle erhalten und saßen auf gepackten Koffern. Die Militärpolizei hielt mit gezogener Pistole den Sturm der vor Hitler aus Europa nach Ägypten geflohenen Emigranten auf die Züge ab. »British first« war die Parole.

Draußen, vor der Stadt, an den Pyramiden vorüber, rollte der Rückzugstroß von der Front mit Verwundeten, Versprengten, waffenlosen Soldaten. Hier wieder das Zeugnis Alan Mooreheads: »Geschütze aller Art, RAF-Fahrzeuge, Instandsetzungswagen, Panzer und zahllose Lastautos, überladen mit erschöpften und schlafenden Mannschaften, strömten auf der Wüstenstraße nach Kairo. Eine riesige, über hundert Meilen lange Schlange. ›Ist die ganze Armee auf dem Rückzug?‹ fragten wir uns. Ein großer Teil dieses Rücktransports war nach dem Delta beordert, um dort Verteidigungsstellungen vorzubereiten.«

Verteidigungsstellen im Nildelta! Wir wissen heute, daß General Auchinleck bereits die Preisgabe des Nildeltas ins Auge gefaßt und die Reste der 8. Armee in den Sudan beziehungsweise nach Palästina und in den Irak zurücknehmen wollte. So nahe, so greifbar nahe war der deutsche Sieg in Afrika.

Aber Generale und Soldaten wissen nie, wann sie etwas tun, was einst in den Geschichtsbüchern stehen wird. Große kriegsgeschichtliche Entscheidungen werden meistens erst später erkennbar.

Der Große Generalstab Kaiser Wilhelms II. wußte am 12. September 1914 nicht, daß er an der Marne den Krieg verloren hatte, weil er eine Schlacht für verloren hielt, die gar nicht verloren war oder jedenfalls ebensogut eine Niederlage für die Franzosen sein konnte.

Napoleon wiederum sah im September 1812 nicht, daß sein Sieg bei Borodino, 110 Kilometer vor Moskau, mit der kommenden Niederlage bezahlt werden mußte.

Auch Feldmarschall Erwin Rommel stand am 30. Juni 1942 vor einer Schicksalsstunde; und die Welt merkte es nicht. Hielt nicht, wie man so schön sagt, den Atem an.

Der Plan, den Rommel am 30. Juni seinen Kommandeuren bekanntgab, der Stoß gegen die letzte britische Bastion vor dem Nildelta, war eine Wiederholung der Taktik, die er bei Tobruk und bei Marsa Matruh angewandt hatte. Das DAK sollte noch am 30. Juni, nach Süden, in Richtung Kattara-Senke, vorstoßen, als wollte es dort, am Südrand der 60 km breiten Alamein-Front durchbrechen. Bei Dunkelwerden jedoch sollte es nach Nordosten eindrehen und sich bis auf 20 Kilometer an die Bahnstation von El Alamein herankämpfen. Im Schutze der Nacht sollten die Divisionen des DAK dann zwischen den Stützpunkten Alamein und Deir el Abyad hindurch in den Rücken der Engländer stoßen. Die 90. leichte Division sollte – ebenfalls wie bei Marsa Matruh – um El Alamein südlich herumschwenken, die Küstenstraße erreichen, sie blockieren und den Stützpunkt auf diese Weise einschließen. »Wenn Alamein eingeschlossen ist und unsere Panzerdivisionen im Rükken der südlich gestaffelten Feindkräfte stehen, wird der Gegner zusammenbrechen, wie er in Marsa Matruh zusammenbrach«, sagte Rommel.

Im Hinblick auf die Erfahrungen von Marsa Matruh bot diese Operation eine echte Chance des Sieges. Die deutschen Kräfte waren zwar durch einen fünfwöchigen schweren Feldzug hart angeschlagen und deshalb zu schwach für eine zermürbende Abnützungsschlacht. Aber sie waren noch in der Lage, den Feind auszumanövrieren. Es schien nach allen Erfahrungen wahrscheinlich, daß die 8. Armee endgültig zusammenbrechen würde, wenn Rommel seine Divisionen in den Rücken des britischen Gros hinter die Alameinfront brachte. Aber plötzlich wandte sich das Schicksal gegen Rommel. Die Telegramme, die der amerikanische Militärattaché in Kairo täglich nach Washington sandte und die die deutsche Abwehr zu entschlüsseln vermochte, konnten nicht mehr mitgelesen werden. Genau am 29. Juni waren diese Telegramme mit einem Male anders verschlüsselt. Die Engländer hatten Kenntnis von der deutschen Entschlüsselung erhalten und daraufhin das Chiffrier-Verfahren geändert. Das letzte Telegramm, das die Entzifferungsexperten der deutschen Abwehr in der Berliner Prinzregentenstraße nach dem alten Brown-Code, dem 5-Buchstaben-Code von etwa 8000 Chiffre-Gruppen entschlüsseln konnten, kam vom amerikanischen Militärattaché in Rom und lautete: »Hochgestellte italienische Persönlichkeit hat absolut zuverlässigen Informanten gegenüber im Gespräch erwähnt, daß Geheimschrift unseres Militärattachés Kairo in Rom und Berlin mitgelesen wird. Vorschlage Änderung Chiffre.«

Damit war eine wichtige Informationsquelle versiegt. Aber ein Unglück kommt selten allein. Auch die Aufklärung der Panzerarmee hatte nicht funktioniert. Das DAK kam mit seinem Fahrplan nicht zurecht, weil der Marsch von El Quseir zum Drehpunkt vor El Alamein über schwer befahrbaren Boden führte und durch Sandsturm behindert wurde. Als die Panzerdivisionen am Morgen des 1. Juli bei Deir el Abyad ankamen, fanden sie keinen besetzten englischen Stützpunkt. Sie stellten aber durch ihre Aufklärung fest, daß die Engländer, sechs Kilometer entfernt, einen ausgedehnten Minenstützpunkt bei Deir el Shein hielten. Da Nehrings Aufklärung außerdem erkundete, daß eine andere britische Befestigung nördlich des Ruweisat-Rückens von der 1. südafrikanischen Brigade gehalten wurde, gab es gar keine andere Möglichkeit, als Deir el Shein anzugreifen, um einen Durchbruch in operativer Breite zu erzielen. Rommel stimmte zu. Am Nachmittag des 1. Juli brach das DAK durch die Minenstellungen, und nach schweren Kämpfen wurde die 18. indische Brigade vernichtet. Die 21. Panzerdivision nahm mit staunenswerter Tapferkeit das Werk Deir el Shein. Aber – und dieses Aber wiegt schwer – das DAK verlor 18 seiner nur noch 55 einsatzfähigen Panzer, die Panzerstoßkraft von Rommels Armee war damit schwer angeschlagen.

Die 90. leichte Division stieß während des Nachmittags planmäßig vor und versuchte, befehlsgemäß an den Befestigungen von El Alamein vorbeizukommen, ein taktisch unmögliches Unternehmen, da sie in ein fürchterliches Feuer der 1., 2. und 3. südafrikanischen Brigade rannte und entsetzlich zugerichtet wurde. Als Rommel die Nachricht hörte, fuhr er sofort zur 90. Leichten, um die Division vorwärtszubringen, aber selbst er mußte einsehen, daß dies nicht möglich war.

Mit diesen Ereignissen war im Grunde der Plan Rommels schon gescheitert; denn er beruhte darauf, sich nicht in schwere verlustreiche Schlachten verwickeln zu lassen, sondern den Gegner auszumanövrieren. Aber der Atem stockt, wenn man jetzt in den englischen Generalstabswerken liest, daß die 1. britische Panzerdivision am Morgen des 1. Juli durch Verwirrung in der Befehlsgebung noch nicht in ihre Stellungen südlich des Ruweisat-Rückens gelangt war. Hätte Deir el Shein nicht so erstaunlich tapfer gehalten, dann hätte Nehring am Ruweisat leichtes Spiel gehabt und vielleicht sein Ziel erreicht, in den Rücken des XIII. Korps zu gelangen. Aber durch den hartnäckigen Widerstand der 18. indischen Brigade wurde Nehring um diese Chance gebracht. Die 1. englische Panzerdivision hatte einen Tag gewonnen, um sich zu reorganisieren. Und als die Reste der deutschen Panzerdivisionen am 2. Juli die Stellungen am Ruweisat angriffen, fanden sie einen Feind, der nicht zu werfen war. Die Aufgabe ging einfach über die Kräfte der deutschen Truppen. Noch dazu, da die Royal Air Force das Schlachtfeld beherrschte. Am 3. Juli gab Rommel die Hoffnung auf, in den Rücken des XIII. Korps zu gelangen. Er versuchte nun, das DAK, die 90. leichte und die italienische Division Littorio zu einem Einschließungsmanöver rund um El Alamein zu formieren. Aber ein massiver Angriff der Neuseeländer aus dem Stützpunkt bei Quaret el Abd machte auch diesen Plan zunichte. Freybergs Maoris überrannten die italienische Division Ariete und erbeuteten ihre gesamte Artillerie. Damit war Rommels Flanke offen und bedroht. Noch gab aber der Feldmarschall nicht auf. Er warf seine schweren Waffen ins Gefecht. Die 8,8, schwere Feldartillerie, alles dirigierte er nach vorn. Aber mit 26 Panzern war die britische Stellung nicht zu nehmen. Als sich die schicksalsschwere Nacht des 3. Juli über die Wüste und die Panzerarmee senkte, befahl Rommel seinen Soldaten, sich einzugraben, wo sie standen. Jeder Mann, vom Divisionskommandeur bis zum Landser, begriff, daß der Sturm, der am 26. Mai so siegreich begonnen hatte und der erst in Alexandria enden sollte, nun zum Stillstand gekommen war.

Als Rommel an Kesselring funkte, daß er gezwungen sei, seine Offensive einzustellen, erhielt dieser gerade die Meldung, daß die britische Flotte Alexandria verlassen habe und die britischen Stäbe Kairo räumten. Aber während man in Alexandria und Kairo noch einen schnellen deutschen Sieg fürchtete, war die große Krise Großbritanniens in Nordafrika schon behoben.

In der Altstadt Kairos saßen die Führer der ägyptischen Widerstandsgruppen und warteten vergeblich auf den Befehl zum Losschlagen. König Faruk beriet ununterbrochen mit den Politikern des Landes, wie sich Thron und Regierung beim Einmarsch Rommels verhalten sollten.

Was dann den ganzen Juli über vor El Alamein geschah, war ein Hin- und Herwogen der auf dem Scheitelpunkt stehenden großen Schlacht um den Nil. Rommels militärische Kraft war erschöpft. Seine Lage mehr als gefährlich. Er lag mit seinen ausgepowerten Verbänden vor den von Tag zu Tag stärker werdenden britischen Kräften. Der Nachschubweg der Engländer zu ihren großen Etappenlagern betrug runde 100 bis 200 Kilometer. Der deutsche Nachschub aber lief allein von Tobruk über 574 Kilometer – wenn in Tobruk überhaupt etwas ankam. Meistens beorderten die italienischen Stäbe die Nachschubschiffe aus Sicherheitsgründen nach Tripolis, und von dort zur Front waren es 2000 Kilometer, eine Entfernung von Düsseldorf bis Moskau.

Wenn die deutsch-italienische Panzerarmee den krisenreichen Juli 1942 überhaupt überstand, dann war es der Tapferkeit der Soldaten zu danken. Und es war der Zagheit der Briten zu danken, die Rommels Kräfte noch immer für so stark hielten, daß sie sich zu keiner großen, einheitlichen Offensive entschließen konnten. Der Ic Rommels, Oberstleutnant v. Mellenthin, formulierte es so: »Es war kein Zweifel, daß wir einem Großangriff der 8. Armee nicht mehr hätten standhalten können.«

So überstand Rommels Armee den 4. Juli. Mit knapper Not zwar nur. Die Tommys stießen mit 40 Panzern in die von Rommel befohlene Ablösungsbewegung der 21. Panzerdivision. Die deutsche Artillerie war verschossen. Eine einzige einsatzbereite Batterie der Gruppe Zech brachte den englischen Angriff zum Stehen.

Rommel hielt auch noch den 5. Juli über. Die 15. Panzerdivision hatte nur noch 16 Panzer und ihr gegenüber stand die britische 1. Panzerdivision mit 100 Panzern. Die 4. Infanteriebrigade der Neuseeländer griff an; aber ein glücklicher Einsatz von wenigen deutschen Stukas setzte den gesamten Stab der Brigade außer Gefecht. Die dadurch führerlos gewordenen Verbände stellten den Angriff ein.

Am 6. Juli gruppierte Rommel seine Kräfte um. Minen trafen ein und wurden in aller Eile ausgelegt. 8,8-Batterien wurden an den gefährlichsten Punkten in Stellung gebracht. Britische 25-Pfünder-Beutegeschütze wurden einsatzbereit gemacht. Nachschub, der von Tripolis kam, erreichte endlich die 90. Leichte und die beiden Panzerdivisionen. Das DAK hatte wieder 44 Panzer. Auch für General Auchinleck, der seit Ende Juni die 8. Armee persönlich führte, war damit die Chance verpaßt, mit Rommel schnell Schluß zu machen.

Am 9. Juli ergriff Rommel bereits wieder die Initiative. Er wollte aus der gefährlichen, exponierten Lage heraus. Seine Aufklärung hatte eine schwache Stelle der Engländer im Süden entdeckt. Deutsche und italienische Panzerkräfte traten an und nahmen das wichtige Werk Quaret el Abd. Überraschend leicht ließen sich die Tommys werfen. Aber hinter diesem britischen Nachgeben lag ein Trick. Auchinleck wollte Rommel verführen, sich im Süden zu engagieren; denn er hatte im Norden einen Schlag vor.

Am 10. Juli um 5 Uhr morgens. Rommel, der erst gegen 3 Uhr ins Bett gekommen war, schlief noch. Aber seine Befehle liefen. Gegen 6 Uhr sollte der Angriff erneut aufgenommen und weit nach Osten vorgestoßen werden, dem Alamein-Stützpunkt der Briten in den Rücken. Da ertönte heftiges Artilleriefeuer vom Nordteil der Front. Was jetzt geschah, war schlimm und beeinflußte den ganzen weiteren Verlauf des Feldzuges.

Was geschah, berichtet Oberstleutnant von Mellenthin: »Unser Hauptquartier der Panzerarmee lag nur ein paar Kilometer hinter der Front. Als ich nach vorn fuhr, kamen mir Hunderte von Italienern entgegen, die in panischer Flucht zurückrannten. Es waren Angehörige der Division Sabratha, und es war nicht schwer festzustellen, daß die ganze Division überrannt worden war. Es mußte etwas geschehen, um das aufgerissene Loch zu stopfen. Ich setzte mich sofort mit dem Hauptquartier in Verbindung und raffte alles zusammen, was ich an Stabspersonal, Flak, Infanterie, Nachschubeinheiten, Bäckereikompanien usw. greifen konnte, und stellte mich mit dieser zusammengewürfelten Truppe dem australischen Ansturm entgegen. In härtesten Nahkämpfen, bei denen Stabsoffiziere die Maschinengewehre bedienten, gelang es, den ersten feindlichen Stoß zu brechen.«

Oberstleutnant von Mellenthin schließt seinen Bericht mit der nüchternen Feststellung: »Unglücklicherweise fiel bei diesen Kämpfen der ausgezeichnete Führer des Horchdienstes, Hauptmann Seebohm, und der größte Teil seiner wichtigen Nachrichteneinheit wurde vernichtet oder gefangengenommen.« Hinter dieser knappen Mitteilung verbirgt sich eine Tragödie: Die Horchkompanie, NFAKp 621, war für Rommels Beurteilung der Feindlage von unschätzbarem Wert gewesen. Ihre Leistungen können nicht hoch genug bewertet werden. Sie war das Ohr Rommels, das gewissermaßen an den Wänden der feindlichen Stäbe lauschte, indem sie die Telefonie der Gegenseite mit Spezialgeräten abhörte, den Funkverkehr der feindlichen Einheiten überwachte und auch verschlüsselte Funksprüche knackte. Viele kühne Einsätze des Afrikakorps, die in der Kriegsgeschichte als glückhafte oder geniale Operationen verzeichnet stehen, waren nur möglich dank der Informationen der Horchkompanie.

In der letzten Funklagemeldung der Kompanie vom 9. Juli hieß es: ›Australische Division festgestellt. Einsatzort noch unbekannt.‹ Es war die 9. australische Division, die am 10. Juli angriff, die Sabratha überrollte und die Horchkompanie vernichtete. Zusammen mit dem Ausfall der Kairo-Telegramme waren damit wichtige Informationsquellen Rommels versiegt. Dieses Handicap konnte während der entscheidenden Kämpfe in der Alamein-Stellung nicht mehr wettgemacht werden. Das Tragische am Verlust der so wichtigen Horchkompanie war, daß Hauptmann Seebohm bei den Abwehrkämpfen am 10. Juli eine aussichtslose Stellung zu halten versuchte, weil er vor Marsa Matruh von einem höheren Offizier, der keine rechte Vorstellung von der Bedeutung dieser Truppe hatte, wegen ›zu frühzeitigen Aufgebens einer Stellung‹ gerügt worden war. An falscher Stelle geübte Tapferkeit führte zu einem unersetzlichen Verlust für die ganze Armee.

In den harten Abwehrkämpfen des 10. Juli trat ein neuer Verband des DAK in der nordafrikanischen Wüste auf den Plan: die 164. leichte Afrika-Division. Sie war mit Flugzeugen ohne Fahrzeuge nach Afrika transportiert worden. Der Großteil bestand aus Sachsen. Das Divisionszeichen waren die gekreuzten Schwerter, die das Meißener Porzellan zieren. Das Grenadierregiment 382 und die 3. Kompanie Pionierbataillon 220 wurden von der Ausladestelle direkt in den Kampf geworfen. Sie fochten im Verband der Kampfgruppe Oberst Hecker, die sich dem gegnerischen Durchbruch mit Flak und schwachen Panzerkräften entgegenwarf und ihn stoppte. Die 382er hatten starken Anteil daran, daß der britische Durchbruch an der Nordflanke der Panzerarmee verhindert wurde.

Was der 10. Juli dramatisch enthüllt hatte, bewiesen auch die nächsten Tage: Die italienischen Verbände waren den Strapazen dieses zermürbenden Ringens nicht mehr gewachsen. Rommel mußte immer mehr deutsche Kräfte aus dem Südflügel abziehen, um den nördlichen italienischen Frontabschnitt zu verstärken. Noch einmal versuchte er, die Lage zu wenden. Am 13. Juli nachmittags griff er mit den Panzerkräften der 21. Panzerdivision den Alamein-Stützpunkt an. Vergeblich. Im Abwehrfeuer der 3. südafrikanischen Brigade blieb die deutsche Panzerattacke liegen. Verbissen ließ Rommel die Division am 14. wieder antreten. Am späten Abend fuhren die Panzer an.

Kesselrings Kampfgeschwader bombten ihnen den Weg. Mühsam wurde die Küstenstraße erreicht. Ein Flankenangriff der Australier aus dem Alamein-Stützpunkt aber machte auch diesem Versuch ein Ende. Rommels Kräfte waren zu schwach. Eine kampfkräftige Panzerdivision, eine einzige, hätte diese Lage vielleicht wenden können. Aber sie war nicht da. Der Rußlandkrieg fraß die deutsche militärische Kraft.

Am 15. Juli brachen Neuseeländer und Inder in die Front beim Ruweisat-Rücken ein. Die 15. Panzerdivision und die Aufklärungsabteilungen 3 und 33 traten zum Gegenstoß an und eroberten verlorenes Terrain zurück. Am 16. Juli vernichteten die Australier bei Tel el Eissa die Reste der italienischen Division Sabratha. Das Grenadierregiment 382 hielt die Stellung und verhinderte eine Katastrophe.

Am 17. Juli wurden die Divisionen Trieste und Trento im Südwesten überrannt. Nur mühselig konnte Rommel mit schnell zusammengerafften Kräften die Einbruchsstellen abriegeln. Gegenangriff. Wiedereinnahme der alten Stellungen: ein fürchterliches Ringen.

Am Abend kamen Kesselring und der italienische Generalstabschef Cavallero zu Rommel. Der Feldmarschall erklärte: »Wenn nicht etwas Entscheidendes in puncto Nachschub geschieht, stehen wir vor dem Zusammenbruch.« Er hatte recht.

Auch Kesselring konnte sich darauf berufen, daß er recht behalten hatte. Seine These war gewesen: Zuerst Malta. Dann Stoß zum Nil. Aber Kriegführen ist kein Rechenexempel, sondern eine Kunst besonderer Art, bei der viele unberechenbare Faktoren eine Rolle spielen. Dafür gibt es viele Beispiele. Hier ist eins:

Von der rauchenden Kulisse der Julikämpfe vor El Alamein hebt sich ein Panzergrenadier ab, der in die Kriegsgeschichte eingegangen ist. Sein Bild ging damals durch die deutschen Zeitschriften. Sein Gesicht war knabenhaft. Sein Alter 19 Jahre. Sein Name Günther Halm. Er war ein Junge wie Hunderttausende, die der Krieg viel zu früh in seine blutigen Arme riß. Er war weder ein Raufbold noch ein Draufgänger, er war eher ein schüchterner Knabe. Sein Unteroffizier bei der Rekrutenausbildung hätte Stein und Bein geschworen, daß dieser blasse junge Mann, Jahrgang 22, kein Held werden würde; am allerwenigsten einer, dessen Name mit der Geschichte des Afrikakrieges auf immer verbunden bleiben wird.

Und doch wurde der Maschinenschlosser Günther Halm nach Hubert Brinkforth aus Westfalen als zweiter und jüngster Soldat mit dem Ritterkreuz ausgezeichnet. Er bekam es von Rommel persönlich um den Hals gelegt. Bei der feierlichen Verleihung setzte sich eine Fliege immer wieder hartnäckig auf Halms Nase, und Günther Halm meint heute, daß die Strapaze der strammen Haltung vor seinem Feldmarschall mit der auf der Nase herumkitzelnden Fliege eine schrecklichere Tortur war als der ganze Kampf, der ihm Ruhm und Ritterkreuz einbrachte.

Denn Günther Halm ist nicht ›in der Wüste geblieben‹, wie so viele Berichte und Bücher bisher feststellten. Er lebt. Und ich habe mir von ihm seine Geschichte erzählen lassen. Der heutige Besitzer einer Kohlenhandlung in Bad Münder, Vater von vier prächtigen Töchtern, berichtete langsam und stockend, so, wie man sich an eine längst vergessene Sache erinnert. Er sprach in seinem weichen braunschweigischen Tonfall. Niemand in seiner Umgebung wußte bisher, daß dieser Günther Halm derselbe Mann ist, dessen Jugendbild vor 15 Jahren die Titel der deutschen Illustrierten schmückte. »Warum auch«, zuckt Halm die Schultern. Er hat genug am Ruhm zu tragen gehabt. Daß man ihn, den berühmten Ritterkreuzträger, nach der Rückkehr aus der Gefangenschaft nicht zum Studium des Maschinenbaus auf der Technischen Hochschule in Braunschweig zuließ, war noch das wenigste. Er hat sich mit seiner Frau sein Geschäft aufgebaut. Und heute geht dieses Geschäft gut. Er hat es geschafft. Mit Ruhe, Zähigkeit, Unbeirrbarkeit und jenem eisernen Pflichtgefühl, das ihn auch damals erfüllte – damals, am 22. Juli 1942, in Nordafrika.

Der britische Oberbefehlshaber Auchinleck setzte in der Nacht vom 21. zum 22. Juli seine stärksten Stoßbrigaden zu einem Großangriff in der Mittelfront bei El Alamein an. Sie sollten dem DAK Nehrings das Rückgrat brechen. Australier, Inder und Südafrikaner drangen in mächtigen Stößen in die deutsche Front. Die 15. Panzerdivision focht mit der letzten Kraft gegen die britischen Panzer. Da setzte Auchinleck seine Trumpfkarte ein: Die soeben aus England gekommene 23. Panzerbrigade wurde in die Schlacht geworfen und sollte mit der 161. indischen Brigade die 21. Panzerdivision überrollen.

Am Rande eines 300 Meter breiten Wadis, ein paar Kilometer vom Gefechtsstand der 21. Panzerdivision entfernt, stand der Pakzug der Stabskompanie Panzergrenadierregiment 104 mit seinen beiden Russenpak, Kaliber 7,62 cm. 14 Zentner wog jede Kanone. Zugführer war Leutnant Skubovius. Unteroffizier Jabeck war Geschützführer vom ersten Geschütz. Günther Halm als Richtschütze, das Auge und die Seele der Kanone. Vom Richtschützen hängt es ab, ob getroffen wird oder nicht.

Den ganzen Morgen hämmerte die britische Artillerie auf die Wadihänge. Die Pakbedienung lag hinter dem Geschütz in Deckung. Dreck und Staub der Einschläge hüllten sie ein. Nur Skubovius stand eisern mit dem Glas hinter dem Schutzschild und beobachtete das Wadi. Plötzlich hörte mit einem Schlag das Feuer auf. Als sich der Rauchschleier verzogen hatte, ertönte Skubovius' Stimme: »Sie kommen!« Wie elektrisiert fuhren die Männer hoch. Auch Halm.

Durch das Wadi rollen sie heran. Wie auf dem Exerzierplatz. Eine unübersehbare Gefechtsformation britischer Mark II, Mark IV, Valentins. In 150 Meter Abstand vom Hang, wo Halms Pak steht. Die Männer an der Kanone wissen nicht, daß die Spitze von fünf Panzern unter dem Qualmschleier schon an ihnen vorbei ist. Bald werden sie vor dem Divisionsgefechtsstand stehen. Fünf Stück. Diese ersten fünf sind noch zu knacken. Aber wenn die anderen nachkommen – 10, 20, 30 zählen die Männer an Halms Geschütz, und dahinter immer mehr, über hundert Panzer rollen an – wenn die durchstoßen, ›dann gute Nacht, Marie‹, heißt das in der Landsersprache.

»Feuer frei!« befiehlt Skubovius. Jetzt kommt es darauf an, ob Günther Halm eiserne Nerven hat und richtig visiert. Ob der Ladeschütze kaltblütig und schnell den Schlund des 14-Zentner-Feuerspeiers mit Granaten versorgt. Ob die Schützen 3 und 4 fest auf den Holmen sitzen, damit das Geschütz beim Rückstoß nicht zurückrollt; denn bei dem felsigen Boden kann es nicht eingegraben werden.

Sie sprechen kein Wort. Halm sitzt links an der Zielvorrichtung. Rechts steht der Ladeschütze.

Jetzt nickt Halm. Drückt auf den Knopf. Dreck fliegt ihnen um die Ohren. Qualm hüllt sie ein. Die Holme rucken. Ein Rad springt zurück. Klemmt Halms Bein ein. Sie zerren das Geschütz wieder zurecht. Er spürt keinen Schmerz. »Treffer«, ruft Skubovius. Volltreffer. Schon ist wieder geladen. Halm visiert. Volltreffer.

Es sind noch keine zwei Minuten vergangen, da liegen vier brennende Tommy-Panzer vor ihnen. Die anderen stoppen. Suchen den gefährlichen Feind. Machen ihn aus. Und jetzt ist der Teufel los.

Die Panzer feuern herüber. Ringsum krepieren die Einschläge. Aber die Männer achten nicht darauf. Laden. Visieren. Schuß. Treffer.

Wie ein Orkan tobt es um sie. Eine Panzergranate fährt Halm zwischen den Beinen durch. Eine zweite reißt dem Ladeschützen die Wade ab. »Schütze 3 als Ladeschütze.« Der springt heran. Laden. Visieren. Schuß. Treffer.

Sechs. Sieben. Acht. Jetzt brennt schon der neunte Tommy. Die anderen weichen zurück. Durch dieses Tor ist nicht durchzukommen, sagen sich offenbar die Panzerkommandanten. Einer schert aus und fährt den Djebelhang hinauf, in den Rücken der gefährlichen Pak. Aber das zweite Geschütz auf der anderen Seite ist auf Draht: Zwei Schuß – und dem Mark II reißt es den Turm vom Panzerleib.

Der Sturm der hundert Panzer steht.

Weicht. Vor einer Pak.

Die Nerven von ein paar Männern. Auge und Hand eines Neunzehnjährigen stoppen eine Brigade.

Der Regimentskommandeur Oberst Ewert hat aus seinem Kübelwagen das blutige Duell beobachtet. Ist nach hinten gebraust. Er weiß, lange kann sich das Geschütz nicht halten. Stukas werden alarmiert. Die Panzer der 21. Panzerdivision herandirigiert. Höchste Zeit. Halms Pak liegt jetzt im Feuer der zurückgeworfenen Tommy-Panzer. Das Schutzschild ist zerfetzt. Der Ladeschütze versucht, sich mit einem Notverband zum Verbandsplatz zu schleppen. Er liegt verblutet hundert Meter hinter der Stellung. Fast alle sind verwundet oder haben schwere Prellungen durch die Rückstöße bekommen. Aber immer noch schießen sie. Da schmettert ein Treffer die Zieleinrichtung vom Geschütz. Der Schild fliegt weg. Die Männer liegen im Dreck. Leben sie? Ja.

»Absetzen zum Regimentsgefechtsstand!« Das ist das Ende der Hölle. Das zweite Geschütz von der anderen Seite des Djebelrandes feuert noch. Da brausen Stukas über ihre Köpfe. Da kommen Panzer IV von der 21. Panzerdivision heran. Was dann geschieht, berichtet ein englischer Zeuge: »Die Brigade, die einen falschen Weg eingeschlagen hatte, geriet in das ungeheuer präzise Feuer deutscher Pakabwehr. Die Spitze wurde zusammengeschossen. Neun Panzer, darunter der Kommandeurswagen, standen in wenigen Minuten in Flammen. Sechs weitere wurden manövrierunfähig geschossen. Verwirrung ergriff die Brigade. Ehe sie sich neu formieren konnte, wurde sie von Stukas gepackt. Den Rest besorgten die deutschen Panzer IV. Eine ganze Brigade war dahin. Zwei Jahre Ausbildung, eine Reise um die halbe Welt – und in einer halben Stunde war alles erledigt.«

Gordon Radford, ein Londoner, war einer der wenigen, der seinen Panzer wieder zurückbrachte.

»Es war fürchterlich«, sagte er.

96 Panzer waren verloren.

Der britische Versuch, Nehrings DAK das Rückgrat zu brechen, war gescheitert. Fünf Artilleristen unter einem Leutnant hatten das Hauptverdienst.

Günther Halm erhielt von Rommel das Ritterkreuz. Er wurde Gefreiter. Er focht noch in mancher Schlacht und wurde schließlich Leutnant. Als er 1944 auf dem Gefangenentransporter ›Mauretania‹ nach den USA fuhr, kam er mit einem britischen Offizier, der eine Fußprothese trug, ins Gespräch. Und da ergab sich plötzlich jener erstaunliche Zufall, dem so mancher Soldat begegnete: Dieser englische Offizier hatte in einem der Panzer gesessen, die Günther Halm am 22. Juli im Wadi vor dem Ruweisat-Rücken abschoß.

»Er gab mir damals seine Adresse. Aber später wurde sie mir in französischer Gefangenschaft abgenommen. Ich konnte ihm nie schreiben. Obwohl ich es ihm versprochen hatte«, schloß Günther Halm seine Geschichte.

ALAM HALFA – STALINGRAD DER WÜSTE

Im Tagebuch des Leutnants Ringler steht unter dem 26. August 1942: »Vor El Alamein. Mittags 56 Grad. Kein Lüftchen will aufkommen. Sonst kam wenigstens gegen Mittag für zwei Stunden der Meereswind. Und wir liegen und hören es munkeln: Es geht wieder los, zum letzten Angriff, ins Nildelta. Die Bataillone haben angeblich die Karten bis Irak schon bekommen. Ich habe alle Hände voll zu tun. Wir haben großes Vertrauen zu Rommel und rechnen mit Sicherheit, bald in Kairo zu sein.«

Drei Tage später, am 29. August, sitzt der Kompanieschuster, Obergefreiter Engel, tief in seinem Sandloch und nagelt Afrikaschuhe. Der Schweiß rinnt über den ausgemergelten Körper. Drüben liegt der Obergefreite Weinzheimer an seinem MG und hält Wache, damit nicht einer der üblichen Tommy-Überraschungsvorstöße durch den Minengürtel die vorgeschobene Kompanie am Rande der Katarra-Senke samt Schuster und Schuhen kassiert. Feldwebel Mankiewicz inspiziert unentwegt Waffen und Ausrüstung.

Als er an Engels Reparaturwerkstatt vorbeikommt, bleibt er stehen und schaut zu: »Du mußt es schaffen, Engel.« Er kneift das Auge zu: »Morgen muß alles fertig sein. Morgen ...«, und Mankiewicz klopft beziehungsvoll auf die Brusttasche, wo sein dickes Notizbuch steckt. In dem Notizbuch ist der Tagesbefehl, den er morgen abend, am 30. August, der Kompanie verkünden wird.

Morgen abend.

Und weg ist der Feldwebel. Er spricht drüben mit den alten Obergefreiten, die von Anfang an dabei sind. Alle haben 17 Monate Afrika-Einsatz hinter sich. 17 Monate – ohne Urlaub. Er spricht auch mit ›Pipel‹ Kurth, dem Rechnungsführer. Der klagt dem Feldwebel sein Leid: »Zum viertenmal ist die Kompanie jetzt neu aufgestellt worden. Vom letzten Ersatz habe ich noch nicht einmal ein Namensverzeichnis erhalten. Die sind gleich zum Einsatz gekommen. Und wo blieben sie? Gefangen. Verwundet. Gefallen. Oder krank.« Die Neuen werden von der Wüste gefressen; und auch die Alten werden immer weniger. Den Waffenmeistergehilfen, Afrikaner vom ersten Tage an, hat es erwischt. Den Obergefreiten Gust. Möbius und Feustel. Unteroffizier Appmann und der Feldküchenfahrer Hein Kofahl sind gefallen. Fast alle alten Offiziere, Unteroffiziere, Obergefreiten sind weg. Sechs bis sieben vom alten Stamm sind noch da. Aber die Kompanie steht.

Und wie hier, so ist es überall in der Panzerarmee Afrika im August 1942. Die Kompanien stehen vor Kairo. Aber wie sehen sie aus? Ausgemergelt sind die Männer. Von Hitze, Sand, Fliegen, Durchfall. Es wird geimpft und noch mal geimpft. Wem hilft es? Sie fallen einfach um.

So sieht es aus der Perspektive von Mankiewicz aus, der für morgen, den 30. 8., einen schicksalsschweren Befehl in der Tasche hat.

Und wie ist das Bild für den Feldherrn und seine Generalstäbler, die diesen Befehl ausgearbeitet haben?

Mit entzündeten Augen, von einer Nasendiphtherie gequält, dazu eine geschwollene Leber, so sitzt Feldmarschall Rommel in seinem Omnibus und grübelt über Karten und Luftaufklärungsberichten. In seinen Gesprächen mit den Stabsoffizieren sagt er immer wieder: »Als wir Anfang Juli trotz aller Bedenken und trotz unserer Erschöpfung auf Alamein marschierten, wollte ich vermeiden, daß die Briten noch einmal vor Alexandria Gelegenheit bekommen, sich festzusetzen, und daß auf diese Weise noch einmal ein Materialaufmarsch stattfindet. Ich wollte verhindern, daß der Krieg zu einem Stellungskrieg mit erstarrten Fronten wird; denn für einen solchen Krieg sind die britischen Offiziere und Soldaten erzogen. Die Zähigkeit des Tommys kann bei einer solchen Lage zur Geltung kommen, während sich seine chronische Unbeweglichkeit und Steifheit nicht auswirken.«

Ja, das alles hatte Rommel verhindern wollen. Aber er hatte seine Absicht, bei El Alamein durchzustoßen, nicht verwirklichen können. London und Washington hatten schon darauf gewartet, daß Rommels Panzer vor Alexandria erscheinen würden. Das war Anfang Juli gewesen. Genaugenommen: am 3. Juli abends. Seitdem lag Rommel vor El Alamein.

In der Zeit vom 26. Mai 1942 bis zum 30. Juli waren 60 000 Engländer, Südafrikaner, Inder, Neuseeländer, Franzosen und Australier in die deutsch-italienischen Gefangenenlager marschiert. 2000 britische Panzer und Spähwagen waren zusammengeschossen. Eine ganze britische Offensivarmee lag vernichtet in der Wüste. Rommels Panzerarmee versorgte sich wochenlang mit erbeuteten Lebensmitteln, 85 Prozent der Fahrzeuge waren britisch-amerikanisch. Aber auch Rommels Verluste waren in der Zeit von Mai bis September hoch: 2300 deutsche Offiziere und Soldaten waren gefallen. 7500 verwundet. 2700 in Gefangenschaft geraten. 34 000 Mann betrug die Kampfstärke der deutschen Verbände im August noch. Die Verluste der Italiener beliefen sich auf 1000 Gefallene, 10 000 Verwundete, 5000 Gefangene.

Und Kairo hatte man nicht erreicht. Man lag vor El Alamein und stand genau vor der Gefahr, die Rommel hatte vermeiden wollen. Die Engländer wurden von Tag zu Tag stärker. Ihr Nachschubweg zur Front betrug 90 bis 250 Kilometer. Die angloamerikanische Flotte fuhr um das Kap der Guten Hoffnung heran, was auf die Schiffe ging. Neue Divisionen wurden aus Syrien, Indien und aus dem Irak herangeführt. Und was kam bei Rommel an? Eine Division – die 164. und die Fallschirmbrigade Ramcke – ohne Fahrzeuge. Nie traf mehr als ein Drittel des nötigen Nachschubs an der Front ein. Und der mußte von Tobruk, Benghasi oder gar von Tripolis herangeschafft werden. Über Pisten, die von der englischen Luftwaffe angegriffen wurden. Was der Polyp Malta mit den englischen See- und Luftstreitkräften nicht schon bei der Überfahrt von Italien fraß, das zerstörten die englischen Bomber auf dem Weg zur Front. Dabei standen in Italien zeitweise über 2000 Fahrzeuge und 100 Geschütze für Rommel bereit. 1000 Fahrzeuge und 120 Panzer lagen in Deutschland und warteten auf den Abtransport. Aber sie kamen nicht nach Afrika. Die italienische Flotte schaffte es nicht. Die Rechnung war einfach, und Rommel, der Mann, der einfache Rechnungen einfach darzustellen verstand, sagte zu seinen Offizieren: »Die Erfolge unserer Panzerarmee haben in den letzten Wochen in Washington und London Schrecken und Entsetzen hervorgerufen. Es ist klar, daß dieser Alarm die Angloamerikaner zu größten Anstrengungen führen wird, um den Verlust des Nildeltas und des Vorderen Orients zu verhindern.« Und Rommel klopfte auf die Berichte der Aufklärung und der Berliner Abwehr: »Riesige Konvois marschieren unter mächtiger Flottenbewachung über den Ozean ums Kap der Guten Hoffnung. Schon sind die ersten im Roten Meer. Aber das ist nur ein Anfang. Immer mehr werden kommen. Roosevelt und Churchill wissen, was in Nordafrika auf dem Spiel steht. Es ist abzusehen, daß Mitte September die britische 8. Armee überwältigend stark sein wird, so daß wir ihr nicht mehr gewachsen sind.«

»Mitte September«, sagt Rommel.

Was war zu tun? Die deutschen Generalstäbler stellten Statistiken auf: 3:1 stand Ende August das Kräfteverhältnis, zugunsten der Engländer. In der Luft sogar 5:1.

229 guten deutschen und 243 minderwertigen italienischen Panzern standen 700 britische gegenüber.

Die Minenfelder der Engländer waren teuflisch stark.

Ihre Artillerie überlegen. Ihre Munition reichlich.

Und dann der Sprit. Mehr als für 150 Kilometer Fahrt war bei Rommels Panzerarmee meist nicht vorhanden. Die Tommys schwammen im Sprit.

Aber Generalstäbler sind von Natur aus vorsichtig. Rommel kannte ihre peniblen Rechenexempel, die sie ihm vor jeder Offensive vorgelegt hatten. Er hatte trotzdem gesiegt. Nächtelang saß der Feldmarschall in seinem Omnibus und überlegte.

Auch drüben bei den Tommys überlegte man. Der britische Premierminister Winston Churchill war Anfang August in Kairo eingetroffen. Er war auf dem Fluge nach Moskau, um Josef Stalin zu beruhigen, der entsetzt vor der Tatsache der deutschen Sommeroffensive in Rußland stand. Die Deutschen stürmten am Kaukasus, am Don und vor Stalingrad. Es mußte etwas geschehen.

»Es muß etwas geschehen«, knurrte auch Churchill in Kairo. Und es geschah etwas: General Sir Harold Alexander, der beste strategische Kopf des Empires, wurde zum Oberbefehlshaber Mittelost ernannt. Auch die 8. Armee sollte einen neuen Kopf bekommen. Die Entscheidung Churchills fiel auf General Gott. Voll Sorge warnten Churchills Berater vor dieser Wahl. Der einstmals drahtige und harte Draufgänger Gott, der bei der Truppe den Beinamen ›der Strafer‹ hatte, war müde geworden, abgekämpft, resigniert nach den ständigen Niederlagen. Rommel hätte sich keinen angenehmeren Gegenspieler wünschen können. General Gott war kein Widerpart für den Wüstenfuchs. Aber Churchill blieb bei seiner Wahl und lehnte alle Versuche ab, einen General aus England namens Montgomery mit der Führung der 8. Armee zu betrauen. Churchill mochte den querköpfigen, sturen und eiskalten ›Monty‹ nicht, der durch nichts zu begeistern war. Er zündete nicht auf Churchills geniale Funken und hatte den britischen Premier als ständig widersprechender Divisionsgeneral im Frankreichfeldzug oft genug geärgert. Nach Churchills Geschmack hatte er auch für einen General ein bißchen zuviel Neigung zur Publizität. Nein, den in der Armee unpopulären, weil nicht orthodoxen Monty, wollte Churchill nicht.

Wenn es aber eines Beweises bedarf, wie die Götter mit Hilfe des Zufalls die Kriegsgeschichte lenken, dann blicke man auf den Namen Montgomery.

Die Entscheidung für General Gott war schon gefallen, Montgomery in die Anonymität eines Etappenpostens zurückgewiesen, da geschah dies: Ein einsamer deutscher Aufklärer kurvte am 7. August 1942 langsam von einem Flug über Kairo zurück zu den deutschen Linien. Da: eine britische Transportmaschine ohne Geleitschutz. Ran. Ein Feuerstoß. Brennend stürzt der Tommy ab. Zerschellt am Boden. Mit der Maschine verbrennt – auch General Gott. Er war ohne Begleitschutz geflogen, weil er die Jäger für einen etwaigen Frontflug des Premierministers zurückbeordert hatte.

Es war wie ein Spruch des Schicksals. Und Winston Churchill, der Mann mit der glühenden Phantasie, deutete diesen Spruch auf seine Art: Montgomery soll die 8. Armee führen, entschied er. Der Würfel war gefallen. Der Mann, der Rommel schlagen sollte, betrat die Bühne.

Als Montgomerys Ernennung auf deutscher Seite bekannt wurde, ließ Rommel alles verfügbare Material über diesen General herbeischaffen. Abends las er sehr genau. »Also bei Dünkirchen hat Montgomery sich als Divisionskommandeur und Organisator einen Namen gemacht«, murmelte Rommel. »Ist vorsichtig. Geht kein Risiko ein. Sein Rezept ist materielle Überlegenheit«, las der Feldmarschall weiter aus den Aktennotizen.

»Der Mann ist gefährlich«, war schließlich Rommels Urteil.

Und wie gefährlich er war! Er brachte sich aus England ein paar auf ihn eingeschworene jüngere Offiziere mit. Darunter vor allem den Generalleutnant Brian Horrocks, dem er das Kommando über das XIII. Korps gab. Diese jungen militärischen Führer gehorchten und führten den Krieg nicht auf eigene Faust, der nur vom Interesse ihrer Verbände bestimmt war. Montgomery hob auch sofort alle Instruktionen und Pläne für einen weiteren Rückzug der 8. Armee aus der Alamein-Stellung nach dem Mittleren Osten auf. »Eine Preisgabe der Alamein-Front ist ausgeschlossen«, war seine These.

Er befahl den einzelnen Divisionskommandeuren, ihre Truppenteile nur noch in geschlossenen Verbänden einzusetzen. »Schluß mit der bisherigen Zersplitterung der Kräfte, durch die Rommel seine Siege erringen konnte«, erklärte er. »Panzer und Artillerie werden in Zukunft nur noch in Massen eingesetzt.« Und dann dekretierte Monty grob und unnachgiebig dem britischen Kabinett seine Forderungen. »Ich werde nicht eher angreifen, als sie erfüllt sind; aber ich werde Alamein halten, bis sie erfüllt sind.« Natürlich blieb das der deutschen Führung nicht verborgen. Aber was war zu tun?

»Sollte Rommel«, so sagte General Nehring in einem Gespräch zu mir, »sollte Rommel sich dieser drohenden Offensive gegenüber, die zweifellos mit großer Überlegenheit und größter Sorgfalt erfolgen würde, abwartend verhalten? Oder sollte er versuchen, ihr zuvorzukommen? Oder sollte er in günstigere Positionen ausweichen, etwa bis auf die schon 1941 gehaltenen Stellungen an der italienisch-ägyptischen Grenze?

Rückblickend muß man sagen, daß ein Absetzen in günstigere Verteidigungsräume mit besseren Nachschubbedingungen vielleicht die richtige Lösung gewesen wäre. Aber es wäre ein ›Rückzug‹ gewesen. Berlin und Rom hielten jedoch bekanntlich Rückzüge ›aus politischen Gründen nicht für tragbar‹, obwohl eine solche Entscheidung Rommels beweglicher Kampfweise am besten entsprochen und seine taktische Überlegenheit voll zum Tragen gebracht hätte.«

So der vorsichtige kühl wägende Nehring, der Mann, der sich im Laufe seiner Karriere wegen seiner unvoreingenommenen Lagebeurteilung oft Ärger machte.

Das OKW, Hitler und Mussolini beschworen Rommel, nicht zurückzugehen. Befahlen, zu halten. Daraus konnte sich nur eins ergeben: Angreifen. Noch einmal alle Kräfte zusammenfassen. Noch einmal alles auf eine Karte setzen. So wurde der Plan entworfen, so wurde der Befehl verfaßt, den der Feldwebel Mankiewicz von der 9. Kompanie Panzergrenadierregiment 104 und die Stabsfeldwebel der Panzerarmee am 30. August an die Kompaniegefechtsstände anschlugen:

Panzerarmee Afrika
Der Oberbefehlshaber

A.-Gef.-Stand, den 30. 8. 1942

Armee-Tagesbefehl

Soldaten!
Heute tritt die Armee, verstärkt durch neue Divisionen, zur endgültigen Vernichtung des Feindes erneut zum Angriff an.
Ich erwarte, daß jeder Soldat meiner Armee in diesen entscheidenden Tagen das Letzte hergibt!

Der Oberbefehlshaber
gez. *Rommel*
Generalfeldmarschall

Der Schlachtplan war ein ›echter Rommel‹. Auftakt der Offensive sollte sein: Angriff mit dem DAK, der 90. leichten Division und dem XX. italienischen motorisierten Korps am Südflügel der Armee, etwa aus dem Raum um Djebel Kalakh nach Nordosten. Nach Überschreiten des Ruweisat-Höhenrückens sollten der britische Nordflügel und die hinter ihm stehenden Reserven eingeschlossen und zerschlagen werden.

Die an der Küstenstraße eingesetzte 164. leichte Afrika-Division sowie die nördlich des Ruweisat stehenden italienischen Divisionen, neben denen die deutsche Fallschirmjägerbrigade Ramcke eingesetzt war, sollten durch begrenzten Angriff den Feind vor ihrer Front fesseln. Das italienische XX. Korps und die 90. leichte Division sollten zwischen diesem mehr oder weniger auf der Stelle tretenden Armeeflügel und dem schwenkenden Angriffsflügel des DAK eine Art von Scharnier darstellen, das durch Angriff zugleich auch die Nordwestflanke des DAK zu sichern hatte. Das DAK sollte, wie immer, den Schwerpunkt bilden. War die geplante Vernichtung der 8. Armee auf diese Weise gelungen, so sollte sich sofort der zweite Teil anschließen: Generalkommando DAK mit 15. Panzerdivision und der 90. leichten Division stößt über Kairo auf Suez. 21. Panzerdivision setzt zur Einnahme von Alexandria an.

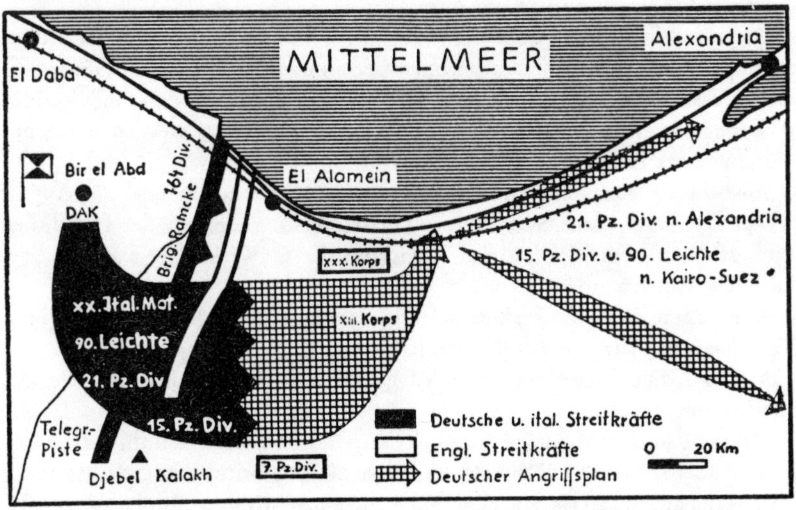

Das war der letzte große Plan Rommels, Kairo und Alexandria zu nehmen. General Nehring stellte eine Handskizze als Unterlage für diese Karte zur Verfügung.

Vor mir liegt eine Handskizze von General Nehring, die den Plan noch einmal lebendig vor Augen führt.

Der Erfolg von Rommels Offensive hing von ein paar entscheidenden Voraussetzungen ab. Da war zuerst seine Idee, den Stoß mit den motorisierten Kräften des DAK nicht im gängigen Gelände des Nordteils der Front zu führen, sondern am unwegsamen Südflügel, am Rande der Salzseesteppe. Der listige Gedanke war, daß die britische Führung hier am wenigsten einen Angriff erwarten würde. Noch dazu, da die Panzerverbände des DAK für die feindliche Luftaufklärung erkenntlich im Norden der Alamein-Front standen. Alle Panzer und Fahrzeuge waren zum Schutz gegen Bombensplitter in Steinboxen eingebaut, die mit Kameldornbüschen, britischem Tarnmaterial oder anderen Behelfsmitteln abgedeckt waren.

Die gleiche Anzahl Boxen und auch Artilleriestellungen ließ Feldmarschall Rommel nun hinter dem Südflügel der Alamein-Front zu Täuschungszwecken aufbauen. Und zwar so – und das war ein raffinierter Trick –, daß der Feind diese Anlagen bei sorgfältiger Beobachtung als Scheinanlagen erkennen mußte. So listig waren die Gedanken des Wüstenfuchses Rommel im listenreichen Afrikakrieg: Erkannte der Brite nämlich die Anlagen als Täuschung, so würde er um so weniger hier an der Südfront an einen Angriff glauben. Hielt er sie jedoch für echte Panzerstellungen, so mußte er die Armee-Reserven doppelt so stark einschätzen, als sie tatsächlich vorhanden waren. Das mußte bei den Briten wiederum zu der Überzeugung führen, daß im Norden mit einer Offensive zu rechnen war.

Der zweite wichtige Punkt des Planes war, daß der Aufmarsch der Offensivgruppe, das Durchstoßen der Minensperren und der Durchbruch hinter die britische Südfront blitzschnell in einer Nacht vollzogen werden mußten. Nur so konnte der zahlenmäßig überlegene Gegner gehindert werden, Umgruppierungen vorzunehmen.

Im Schutze von zwei kurzen Vollmondnächten am 29. und 30. August wurde das DAK nach Süden verlegt. Attrappen spiegelten der feindlichen Luftaufklärung im Norden noch weiterhin die in Wirklichkeit schon abgefahrenen Panzerverbände vor.

Aber blieb diese Maßnahme wirklich geheim? War die erste, wichtigste Voraussetzung für den Erfolg erfüllt?

Merkwürdige Dinge geschahen, Vorgänge, die erst heute ins Licht der Geschichte treten.

Da steht in den Memoiren des britischen Empire-Generalstabschefs Alanbrooke über seinen Besuch bei der 8. Armee in der zweiten Augusthälfte 1942: »Montgomery war erst ein paar Tage in seinem Kommando ... da wußte er bereits genau, daß Rommel zu einem bestimmten Zeitpunkt angreifen würde ..., und zwar an der südlichen Front mit dem Ziel der Nordschwenkung. Er erklärte uns präzise, wie er mit seiner Artillerie diesen Angriff zerschlagen werde. Seine Feststellungen waren von so vollständiger Sicherheit, daß der Premierminister alle seine Pläne und Maßnahmen als bombensicher annahm.«

Auch Montgomery berichtet in seinen Memoiren stolz von seiner festen und richtigen Überzeugung, daß Rommel im Süden angreifen werde. Und aus den Memoiren von Generalleutnant Sir Brian Horrocks, dem Befehlshaber des XIII. Korps, ergibt sich, daß die englischen Abwehrmaßnahmen bis ins kleinste auf den von Rommel so klug ausgedachten Plan abgestimmt waren. Die deutsche Entscheidungs-Offensive bedeutete in Termin und Anlage für die britische Führung in Afrika keinerlei Überraschung. Montgomery betrachtete von Anfang an die Achsenangriffe im nördlichen Teil der Front als Scheinmanöver und ließ sich dadurch nicht im geringsten zu operativen Maßnahmen verleiten.

Er wartete.

An der richtigen Stelle.

Auf den richtigen Zeitpunkt.

General Horrocks, dessen Korpsabschnitt im Bereich des deutschen Hauptstoßes lag, ging sogar nach der Meldung über die begonnene Offensive schlafen.

»Mein Chef des Stabes und der Kopf meines Nachrichtendienstes, Major Freddy de Butts«, – sagte Horrocks – »waren vor der Offensive keinen Augenblick im Zweifel darüber, was Rommel tun würde. Sie erklärten mir: Rommel wird mit seinem DAK die Positionen des XIII. Korps zwischen der neuseeländischen Division und dem Himeimat angreifen. Wenn er die Front der 7. Panzerdivision durchstoßen hat, dann wird er entweder in einem weiten Bogen um Alam Halfa greifen oder er wird einen kleinen Bogen schlagen, genau gegen den Alam Halfa-Rücken.«

Die britischen Generale schreiben nichts von Verrat. Nun, das sagt nicht viel. Auch Rommel hat in seinem Tagebuch seine Kenntnisse aus den Quellen der geheimen Nachrichtendienste nicht breitgetreten. Generale lieben es nicht, ihren Siegeslorbeer mit den Dunkelmännern des Verrats zu teilen.

Montgomery und seine Generale sagen, sie hätten Rommels Plan ›gefolgert‹: aus den Wetterverhältnissen, aus der Stärke und der Treibstofflage des DAK, aus der Taktik Rommels, aus der Mentalität der Deutschen und aus der normalen Aufklärung. Aber folgende Tatsache gibt doch sehr zu denken.

Vor mir liegt eine Karte. General Bayerlein, der damalige Oberst und Chef des Stabes beim DAK, hat sie mir zur Verfügung gestellt. Sie war ein Kernstück für Rommels Offensive und stellt sehr genau in Farbe und Beschriftung die Wegelage, Befahrbarkeit, Bodenbeschaffenheit hinter der britischen Südfront dar. Nach dieser Karte waren Angriffsrichtungen und Terminkalender der deutschen Offensive erarbeitet. Diese Karte war ein Schatz. Sie löste alle Schwierigkeiten, die sich der deutschen Führung vor der Offensive gestellt hatten. Denn das schwierige Gelände im südlichen Angriffsraum der Front war den deutschen Stäben unbekannt. Die deutsche Aufklärung hatte zwar ›zuverlässig‹ Minensperren festgestellt. Aber was war dahinter? Italienische Karten von diesem Raum gab es nur in unzureichender Ausführung. Die Befragung von Eingeborenen blieb unzuverlässig. Bewaffnete Aufklärung verbot sich, um den Gegner nicht mißtrauisch zu machen. Kühne Expeditionszüge der Wehrgeologenstelle ins feindliche Hinterland konnten auch nur für die selbst befahrenen Strecken zuverlässige Geländeübersichten erbringen. Deshalb waren alle Truppenteile angewiesen worden, auf britische Beutekarten aus diesem Raum besonders zu achten. Schon oft hatten solche Beutestücke aus den glänzenden kartographischen Werkstätten der Engländer entscheidende Hilfe geleistet.

Eines Nachts ertönte im deutschen Minenfeld im südlichen Teil der Front Kampfgetöse. Minen gingen hoch. »Alarm«, brüllten die deutschen Wachposten. Die MG-Schützen zogen den Abzug durch. Leuchtpistolen wurden abgefeuert. Im Minenfeld regte es sich. Es schien, daß ein englischer Spähtrupp Verwundete abschleppte.

»Deutscher Spähtrupp vor!« Man fand einen englischen Spähwagen zerstört im Minenfeld. Die Landser schauten nach Beute aus. Was war das auf dem Beifahrersitz? Eine blutbeschmierte Kartentasche. Mitnehmen.

Ein Jubelschrei ging durch Rommels Stab, als man in der Tasche eine Wegekarte des südlichen britischen Frontabschnitts fand. Gut gedruckt, mit Serien- und Geheimnummer. Zerknittert. Schmutzig. Mit Teeflecken, Tintenklecksen. Und vielen Eintragungen. Natürlich war man im Stabe Rommels vorsichtig und mißtrauisch. Prüfte. Verglich. »Echt«, lautete das Urteil. Ja, da hatte man nun, was man noch brauchte. Da waren die befahrbaren festen Serirpisten eingezeichnet und die weichen unbefahrbaren Dünen- und Treibsandgebiete. Da hatte man die tückischen Wadis und die breiten offenen Wüstenflächen. Das ›Sesam-öffne-dich‹ zum Kernstück der britischen Stellungen, der Alam Halfa-Höhe, war in deutscher Hand.

Sofort ging man daran, dieses Beutestück für die Befahrbarkeitskarte auszuwerten. Die Angaben wurden nicht kritiklos übernommen. Trotzdem müssen sich doch noch ein paar gefährliche Fehler in die Karte für den Marschweg der Panzerdivisionen eingeschlichen haben.

Was lange Zeit vermutet wurde, ist jetzt durch die Memoiren General Horrocks Gewißheit geworden.

»Die Fritzen haben den Spähwagen leergemacht«, meldete der Chef der 7. britischen Panzerdivision dem Kommandeur des XIII. Korps, Sir Brian Horrocks, am Morgen, nachdem die deutsche Patrouille den englischen Spähwagen ausgeräumt hatte. Sofort telefonierte Sir Brian mit dem Stabschef Montgomerys, Freddy de Guingand: »Hallo, Freddy. Sie haben dein Ei geholt!«

Montys Chef sagte nur: »Gott gebe, daß sie es auch ausbrüten.«

Was hieß das?

Die Lösung finden wir wieder in General Horrocks Memoiren. Er schreibt: »Um Rommel seine Entscheidung zu erleichtern, hatten wir uns einen glänzenden Trick ausgedacht. Montgomerys Stabschef Guingand hatte die schon erwähnte Wegekarte ausgearbeitet, in der in vollendeter Fälschung die Wegverhältnisse hinter der britischen Südfront dargestellt waren. Die Karte wurde ins deutsche Minenfeld gefahren. Man ließ ein paar S-Minen hochgehen, die den Wagen beschädigten, dann rückte die Patrouille ab und beobachtete, was weiter geschah: Ein deutscher Spähtrupp räumte den Wagen aus und fand auch die Karte. Sie wurde mit zur Grundlage für den Angriffsplan gemacht und als Unterlage für die deutschen Wegekarten genommen. Diese Kartenfälschung hat einen bedeutenden Einfluß auf den Verlauf der Alam Halfa-Schlacht gehabt.« So General Brian Horrocks, in dessen Korpsbereich die Entscheidung fiel. Ich habe die Generalstabskarte der Kämpfe um El Alamein vor mir auf dem Tisch und verfolge noch einmal die farbigen Linien: die eigenen und die feindlichen Stellungen. Lese die Zahlen der strategisch wichtigen Punkte und fahre mit dem Finger über die Pisten. Fritz Bayerlein, Rommels Weggefährte, sitzt neben mir und erklärt.

In den Augusttagen der Schlacht von Alam Halfa war Bayerlein Stabschef des DAK, das unter dem Befehl von General Nehring stand und nach dessen Verwundung am 31. August von General von Vaerst geführt wurde. Er ist neben General von Vaerst heute einer der wenigen noch lebenden Zeugen über die Vorgänge beim DAK in der schicksalhaften Augustoffensive, die als ›Sechstagerennen‹ in die Kriegsgeschichte eingegangen ist. Genau sechs Tage nämlich dauerte dieser letzte Versuch, die Alameinfront zu durchstoßen und das Nildelta zu erobern.

»Ja«, sagt Bayerlein, »so war es.« Und er zeichnet mit ein paar skizzierenden Strichen noch einmal die verschiedenen Situationen und den Verlauf der Schlacht auf. »So wollten wir schlagen. Während die Fallschirmbrigade Ramcke, die 90. leichte Division und das XX. italienische motorisierte Korps wie ein Türflügel aus der Alameinfront nach Norden schwenken sollten, war es die Aufgabe der Panzerdivisionen des DAK, die britische 8. Armee zu umgehen, einzuschließen und durch einen Panzerstoß in den Rücken zu vernichten. Das war Rommels altbewährte Taktik. So hatte er es in Tobruk gemacht, in Marsa Matruh und bei Gazala. Auch hier in Alamein sollte dieses Rezept den großen Erfolg bringen. Der Plan war nicht zuletzt auf psychologische Wirkung berechnet: Eine durchbrochene britische Front, der deutsche Feind im Rücken, das bewirkte nach unserer Erfahrung bei der britischen Truppe eine Panik. Freilich, der mächtige Bogen, den die Panzerdivisionen des DAK kämpfend zu fahren hatten, erforderte beträchtliche Spritvorräte. Erforderte außerdem das Moment der Überraschung und einen schnellen Vorstoß, so daß der Gegner keine Zeit hatte, sich auf diese Operation einzustellen und ihr durch Umgruppierungen zu begegnen. Spritvorrat und Überraschung waren also die beiden Voraussetzungen für das Gelingen der Offensive.

Am 27. August fand im Hauptquartier der Panzerarmee eine entscheidende Besprechung statt zwischen Rommel, dem Chef des italienischen Oberkommandos, Marschall Cavallero, und Feldmarschall Kesselring, dem Oberbefehlshaber Süd. 6000 Tonnen Sprit verlangte Rommel als Mindestreserve für seine Offensive: »Die Schlacht hängt von der rechtzeitigen Überführung dieses Treibstoffes ab«, erklärte er. Cavallero erwiderte: »Sie können die Schlacht beginnen, Herr Feldmarschall, der Treibstoff ist bereits unterwegs.«

Rommel kannte aus der Vergangenheit die Fragwürdigkeit solcher Zusagen. Er kannte die Tücken der langen Nachschubwege und wußte um die düsteren Zufälle, mit denen die italienischen Geleitzüge fast gesetzmäßig in die Arme britischer Seestreitkräfte oder in die Bomben der Kampfflieger-Geschwader der Royal Air Force liefen. Rommel wußte zwar damals nicht alles, was wir heute wissen, aber doch genug, um sehr mißtrauisch zu sein. Er wußte zum Beispiel nicht, was der italienische Fliegeroffizier Antonio Trizzino in einem sensationellen Buch veröffentlicht hat. Darin stehen erstaunliche Dinge. Zum Beispiel dieses: Da saß im Sommer 1942 ein italienischer Marineoffizier in einer eigens für ihn errichteten Funkstelle bei Marsa Matruh und gab Tag und Nacht die wichtigsten militärischen Nachrichten an seinen Chef, den Admiral Maugeri, im italienischen Marine-Geheimdienst, der nach dem Kriege mit einem hohen amerikanischen Orden ausgezeichnet wurde. Derselbe Offizier organisierte später die Landung amerikanischer Agenten an der italienischen Küste und sorgte dafür, daß sie Verbindung mit hohen Stabsoffizieren im italienischen Marineministerium erhielten. Über die Zusammenarbeit hoher italienischer Marineoffiziere, die über den Geleitschiffverkehr nach Afrika unterrichtet waren, mit dem britischen Intelligence Office, finden wir ein ganzes Kapitel. Es ist atemberaubend. Da wird erhärtet, was der amerikanische Fregattenkapitän Ellis M. Zacharias in seinem Buch ›Secret Missions‹ schreibt: ›Wir waren über die Absichten der Admiralstäbe der Achse im Hinblick auf den Afrikakrieg ebensogut unterrichtet wie über die Gespräche zwischen der deutschen und der italienischen Marine.‹ Es wäre falsch, nach diesen aufregenden Informationen nun bei jeder verlorenen Schlacht »Verrat« zu rufen.

Auch Deutschland und Italien hatten sich glänzende Agentenquellen erschlossen. Dieses dunkle Geschäft wurde nicht nur auf einer Seite betrieben. Aber es kann heute mit Sicherheit gesagt werden, daß die Versorgung der Panzerarmee Afrika, die dem italienischen Marineoberkommando oblag, in außergewöhnlicher Weise der Verräterei ausgesetzt war. Die letzte große Offensive Rommels stand geradezu im Schatten dieses Verrats. Der Feldmarschall ahnte schon 1942 etwas von diesen dunklen Zusammenhängen; und wir kennen Gespräche von ihm, in denen er seine Sorge darüber ausdrückte. Es war deshalb für ihn eine große Beruhigung, als ihm Kesselring in jener bedeutsamen Unterredung am 27. August 1942 versicherte, daß die deutsche Luftflotte 2 im Falle des Versagens der italienischen Treibstoffbelieferung den notwendigen Sprit durch Lufttransporte bereitstellen werde.

Am 30. August 1942, gegen 20 Uhr, nach Einbruch der Nacht, rollen die deutschen Panzerdivisionen im Südabschnitt der Alamein-Front los. Der Vollmond scheint auf die mächtig lärmende Panzerwalze. Die 15. Panzerdivision ist leidlich aufgefüllt und geht mit 70 Panzern III und IV in den Kampf. Die 21. Panzerdivision greift mit 120 Panzern an. Im breiten Flächenmarsch geht es vorwärts. Noch vor Mitternacht stoßen die Spitzen der 15. Panzerdivision auf die britische Verteidigung im Minengürtel, die sofort angegriffen wird. Aber wo man nur schwache Kräfte erwartete, findet sich tatkräftige Abwehr. Das I. Bataillon Panzergrenadierregiment 115 unter Major Busch ist auf eine britische Minensperre gefahren, die von Panzern, Artillerie und Infanterie gesichert wird. Es gibt ein fürchterliches Durcheinander. Erst das II. Bataillon unter Hauptmann Weichsel kann die Situation retten, greift über die Minensperre an, bildet einen Brückenkopf und ermöglicht das Schlagen einer Minengasse, in die die Panzer der 15. Panzerdivision einrollen. Ist dieser Vorfall ein Zufall? Ein Versehen der deutschen Aufklärung?

Auch bei der 21. Panzerdivision ist man vor den britischen Minengürtel geraten. Der Bataillonsstab des III. Bataillons Panzergrenadierregiment 104, der vor der Panzerspitze fährt, stößt auf das Minenfeld und wartet auf die Einweisung der Panzer in die Minengasse. Da gehen auf einmal auf der ganzen Linie Pkw in die Luft, Minen detonieren. Wie ein Geist steht vorn ein Oberleutnant der Pioniere und versucht durch Winken das Unheil aufzuhalten: Die Spitze der Division ist also auch hier in ein unbekanntes britisches Minenfeld geraten. Die Panzergrenadiere klettern vorsichtig aus ihren Wagen. Trotzdem explodiert es überall: S-Minen. »Halt! Hinlegen!« kommt der Befehl. Ein Unteroffizier robbt blutend heran. Seine Gruppe ist durch Minenexplosion ausgefallen. Jetzt hämmern vorn auch die englischen Maschinengewehre los. Die Leuchtspur knallt in Fahrzeuge und Kolonnen. Das ist die erste Überraschung dieser Offensive. Und während noch der Ruf nach dem Sanitäter ertönt, Stabsoffiziere durch die stockenden Verbände fahren und Ordnung schaffen, kommt schon ein neuer Schlag:

Die britische Royal Air Force ist da. Der Himmel ist illuminiert von den Leuchtzeichen, die unter der widersinnigen Bezeichnung ›Christbäume‹ in die Geschichte des letzten Krieges eingegangen sind. Die englischen Flieger benutzen außerdem eine neuartige Bodenleuchtmarkierung. Sie werfen einen magnesiumhaltigen Brennstoff ab, der sich erst am Boden entzündet und schwer zu löschen ist. Dadurch liegen die Panzergrenadiere auf einem taghell beschienenen Schlachtfeld.

Der Kommandierende General des DAK, Walther Nehring, fährt in seinem Befehlswagen innerhalb der 21. Panzerdivision. In dem Schützenpanzer sitzen neben Nehring sein Stabschef, Oberst Fritz Bayerlein, Ordonnanzoffizier von Burgsdorff, die beiden Fahrer und drei Funker. Darunter Funker Halcour und Gummersbach. Die Minen detonieren. Granaten bersten. MG-Garben fauchen. Die Schlacht tobt. Da geht bei Nehring die erste Hiobsbotschaft ein: Der Kommandeur der 21. Panzerdivision, Generalmajor Georg v. Bismarck, ist beim Durchbruch durch britische Minenstellungen an der Spitze seiner Division gefallen. Zur gleichen Zeit wird auch Generalmajor Kleemann verwundet, der Kommandeur der 90. leichten Division.

Mitternacht ist vorbei. Der 31. August hat begonnen. Noch immer kämpfen die Divisionen in den weiträumigen und sehr hart verteidigten Minenfeldern der Briten. Aus dem illuminierten Himmel prasseln schwere Bomben. Das Feuer der Bordwaffen britischer Jagd- und Schlachtflieger hämmert auf die vorsichtig operierenden deutschen motorisierten Kräfte. Wie ein Habicht stößt ein britischer Schlachtflieger herunter auf das taghell erleuchtete Schlachtfeld. Er hat den Befehlswagen Nehrings ausgemacht. Die Kampfstaffel feuert aus allen Rohren. Aber der Tommy läßt sich nicht einschüchtern. Im Tiefangriff wirft er seine Bombe. Sie fällt neben die Vorderachse. Detoniert. Trifft alles, was an Männern und Offizieren in der Nähe des Wagens ist. Die Splitter durchschlagen den Panzerschutz. Blutend bricht Nehring zusammen. Das zersiebte Funkgerät rettet Bayerlein und die übrige Besatzung. Draußen ist der Ordonnanzoffizier v. Burgsdorff tödlich getroffen. Auch den bewährten Nachschuboffizier des Korps, Walter Schmitt aus Würzburg, hat es niedergemäht. Unteroffizier Franz Voller jagt mit seinem Kübelwagen heran, schleppt den General hinein und fährt ihn zum Verbandsplatz. So fallen von vier Generalen der Angriffsgruppe drei zu Beginn der Schlacht aus. Bayerlein steigt in einen anderen Schützenpanzer um und führt das Korps weiter, bis General v. Vaerst den Oberbefehl übernimmt.

Erst kurz vor Morgengrauen bricht der Widerstand im britischen Minengürtel zusammen. Auf diese Weise können die Spitzen des DAK und der Aufklärungsgruppe erst nach Tagesanbruch des 31. August den Raum 12 bis 15 Kilometer östlich des eigenen Minenfeldes erreichen. Rommels Absicht, mit den motorisierten Verbänden noch in der mondhellen Nacht 50 Kilometer nach Osten zu stoßen und von dort aus im Morgengrauen zum weiteren Angriff nach Norden einzudrehen, ist mißlungen. Mißlungen wegen des unerwarteten Widerstandes, aber auch wegen der überraschenden Geländeschwierigkeiten, die in der Wegekarte zum Teil nicht dargestellt sind: das Ei von Freddy de Guingand. Wo die Truppe Pisten erwartete, fand sie häufig schwere Sandverwehungen. Wo undurchdringliche Dünen angegeben waren, befanden sich in Wirklichkeit britische Stützpunkte.

»Wir überlegten«, berichtete Bayerlein, »ob wir die Schlacht abbrechen sollten. Die Engländer wußten ja nun, wo wir standen. Rommel besprach mit mir die Lage, und wir kamen zu dem Entschluß, den Angriff weiterzuführen. Aber eines ergab sich zwingend: Die große Lösung, die weitgefaßte Umgehung der 8. Armee, war jetzt nicht mehr möglich; denn der Feind hatte Zeit genug gehabt, sich zu Gegenaktionen bereitzustellen. Die Überraschung war verpaßt. Außerdem war es uns am hellen Tage nicht mehr möglich, an dem befestigten Höhenrücken von Alam Halfa vorbeizustoßen. Der Gegner zwang uns also die ›kleine Lösung‹ auf. Sie bestand darin, daß wir früher als vorgesehen nach Norden eindrehten und dadurch auf den Höhenrücken von Alam Halfa mit der wichtigen Höhe 132 stießen, die nun im direkten Angriff genommen werden mußte.«

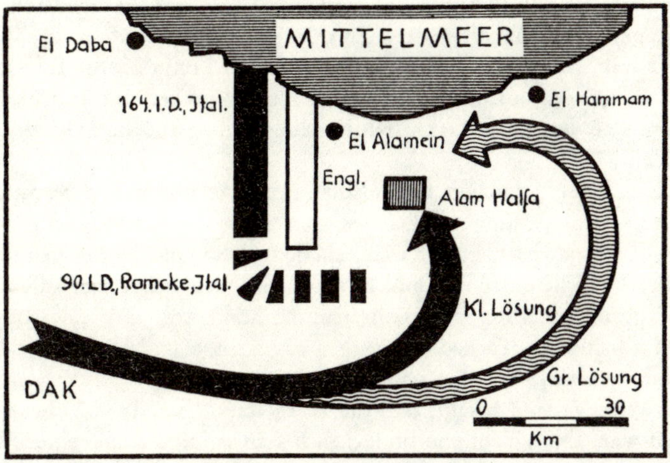

Die ›große Lösung‹ wurde vereitelt, die dadurch notwendige ›kleine Lösung‹ führte zur Schlacht von Alam Halfa.

Die deutsche Aufklärung hatte erkundet, daß Alam Halfa stark befestigt war; aber unbekannt blieb, daß hier eine ganze britische Infanteriedivision, nämlich die 44., die neu aus Großbritannien gekommen war, verschanzt lag und daß schwere Panzerkräfte mit eingegrabenen Panzern bereitstanden.

Zunächst ging der Angriff der 15. und 21. Panzerdivision gut vorwärts. Aber die Italiener der Ariete und Trieste blieben weit zurück. Zum Glück tobte den ganzen Tag über ein Sandsturm, der zwar den Landsern das Leben sauer machte, aber auch die britische Luftwaffe hinderte, mit ihren überlegenen Kräften in den Kampf einzugreifen. Am Abend des 31. war der Spritbestand der Divisionen bedenklich gesunken. Wo aber blieb der von Marschall Cavallero versprochene Treibstoff? Cavallero hatte doch persönlich

Rommel zugesichert: »Sie können die Schlacht beginnen, der Treibstoff ist schon unterwegs.«

Ein Legendenkranz hat sich um dieses dramatische Treibstoff-Kapitel im Hintergrund der Schlacht von Alam Halfa gerankt. Die einen sprechen einfach von Sabotage. Die anderen von Unfähigkeit. Die dritten von teuflischen Zufällen.

Ich bin dieser Sache nachgegangen und habe die Tatbestände, glaube ich, soweit geklärt, wie sie sich überhaupt klären lassen.

Am 22. August war der Tanker ›Picci Fassio‹ aus Livorno ausgelaufen. Am 29. August fuhr er mit dem Tanker ›Abruzzi‹ von Piräus aus nach Tobruk weiter. In der Nähe von Derna wurde zuerst die ›Abruzzi‹ und anschließend die ›Fassio‹ von britischen Torpedofliegern versenkt. Am 27. August hatte Cavallero vorsorglich auch den 12 000-t-Tanker ›Pozza Ricca‹ von Neapel aus in Marsch gesetzt. Er wurde torpediert. Ein zweiter Tanker, bzw. ein mit Spritfässern beladener Frachter, die ›Tergestaere‹, fuhr im Geleit mit Zerstörern aus. Bis kurz vor die Hafeneinfahrt von Tobruk ist der Weg genau zu verfolgen. Dann stehen sich über ihr Schicksal zwei Versionen gegenüber.

Die eine besagt, daß ein italienischer Begleitzerstörer dem Kapitän den Befehl gab, seine Geschwindigkeit wegen der Gefahr von Magnetminen auf 5 Seemeilen herabzusetzen. Während ein deutsches Handelsschiff den italienischen Befehl nicht ausführte und mit 14 Seemeilen Fahrt den schützenden Hafen Tobruk erreichte, soll das italienische Schiff während seiner Bummelfahrt von britischen Torpedoflugzeugen angegriffen und kurz vor der Hafeneinfahrt versenkt worden sein.

Die zweite Version besagt, daß die ›Tergestaere‹ bereits in Tobruk angekommen war, aber einem unerfindlichen Befehl zufolge wegen eines Fliegerangriffs den schützenden Hafen wieder verließ und vor der Hafeneinfahrt von einem britischen U-Boot versenkt wurde. Wie es auch sei, auf jeden Fall war Cavalleros Benzin dahin. Jetzt trat Kesselring in Aktion. Er jagte seine Transportmaschinen nach Afrika. Aber die Flugzeuge verbrauchten den größten Teil des Sprits auf den Transportflügen selber – ein Tatbestand, von dem Kesselring im Wirrwarr der Ereignisse nicht unterrichtet wurde.

Am 1. September stößt die 15. Panzerdivision unter dem Befehl des hervorragenden Panzerführers Oberst Crasemann erneut gegen den Bergrücken von Alam Halfa und kommt nach härtestem Kampf bis kurz vor die Höhe 132. Die Schlacht steht in der Entscheidungsphase. Was die Grenadiere, Pioniere, Artilleristen und Panzermänner aushalten, ist unbeschreiblich. Sie kämpfen unter dem ständigen Hagel von Fliegerbomben und müssen immer wieder durch die tödlichen Vorhänge mächtiger Feuerwalzen der britischen Artillerie. Dazu kommen die starken Panzerangriffe der 7. englischen Panzerdivision gegen die Ostflanke der auf Alam Halfa stoßenden deutschen Divisionen. Aber Rommel will es erzwingen. Er will zum Meer durchstoßen. Das Panzerregiment 8 hat sich bereits durch den Feind gebissen und steht am Nachmittag des 1. 9. mit seiner Spitze 18 Kilometer von der Küste entfernt, im Rücken der Alamein-Front. Aber links hängt das Panzerregiment 5 zurück und kommt nicht durch die britische Verteidigungsstellung. Während des ganzen Tages führt die RAF schwerste Schläge gegen die Panzer und die Panzergrenadierregimenter. Allein im Stabe des DAK fallen sieben Offiziere. Die Versorgung der vorn stehenden Panzerformationen mit Sprit und Munition wird schwierig. Die Verbände liegen zum Teil wegen Treibstoffmangels bewegungslos hinter dem Rücken des Feindes. Erbarmungslos laden die britischen Luftgeschwader ihre Bomben ab. Truppe und Stäbe kauern im ständigen Bombenhagel in der deckungslosen Wüste. Am Abend des 1. September entschließt sich der Feldmarschall, den Angriff abzubrechen und schrittweise in die Ausgangsstellungen nördlich der Katarra-Senke zurückzugehen. Noch drei Tage dauern die schweren Rückzugskämpfe, dann ist das ›Sechstagerennen‹ zu Ende.

Warum verlor Rommel die Partie in dieser entscheidenden Phase des Kampfes um den Nil? Immer wieder ist diese Frage gestellt worden. Immer wieder ist auch geantwortet worden, der Spritmangel allein habe den Ausschlag gegeben. Die These ist in dieser Form nicht aufrechtzuerhalten. Der Sprit war knapp. Aber es sind beim Rückzug nur wenige Fahrzeuge wegen Treibstoffmangels liegengeblieben. General v. Vaerst hat mir diesen Umstand damit erklärt, daß die Tanks der in Ruhestellung gelassenen Fahrzeuge entleert wurden und die Luftwaffe mit Spritlieferungen einsprang. Aber auch General v. Vaerst betont, daß Rommels Kräfte zu schwach waren. Der neue Oberbefehlshaber auf britischer Seite, Montgomery, wohlunterrichtet über die deutschen Pläne, war mit Artillerie und Panzerkräften gut versorgt und himmelhoch überlegen. Vielleicht hätte eine bessere Spritlage beim DAK und dadurch bessere Beweglichkeit und Manövrierfähigkeit auch diesmal die starre Verteidigung der Engländer überspielen können. Vielleicht. Aber unbestritten ist, daß ein wichtiger schlachtentscheidender Faktor die britische Luftüberlegenheit war. Zum erstenmal im Verlauf des Krieges mußte die deutsche Führung erkennen, daß feindliche Überlegenheit im Luftraum für eigene Operationen ein tödliches Handicap war. Ein warnendes Menetekel. Aber die deutsche Führung in Afrika war dagegen machtlos. Feldmarschall Kesselring setzte zwar durch, daß sogar an der Ostfront fliegende Verbände für die Alameinfront freigestellt wurden. Das Schnellkampfgeschwader 210 verlegte man mit drei Staffeln am 17. August von Taganrog nach Tobruk. Aber das war ein Tropfen auf den heißen Stein. Die deutschen Luftverbände in Afrika blieben unterlegen. Dazu kam, daß der wichtige Horchzug des Fliegerführers Afrika, der durch Abhören des feindlichen Boden- und Bordfunkverkehrs der deutschen Luftabwehr glänzende Informationen über den Einsatz des Gegners geliefert hatte, plötzlich taub war. Die Engländer waren mit ihrem Funkverkehr schlagartig von der Kurzwelle zur Ultrakurzwelle übergegangen. Wie der Ausfall der Horchkompanie des Heeres, so wirkte sich nun auch diese plötzliche Taubheit bei der Luftabwehr verhängnisvoll aus.

Alam Halfa beendete jenen Abschnitt des Afrikakrieges, der durch die Kühnheit, die List und den Wagemut des deutschen Oberbefehlshabers und seiner Soldaten bestimmt war. Rommel verlor gegen einen materiell stärkeren Gegner. Gegen eine überlegene Luftwaffe. Gegen eine bessere Artillerie. Vor allem aber gegen einen neuen militärischen Befehlshaber, der unverbraucht, mit Siegeszuversicht und mit überwältigendem Materialeinsatz dem Afrikakrieg eine große Wende gab: Montgomery.

Von nun an begann der Abschnitt, dem der Mann der anderen Seite den Stempel aufprägte. Der Verfechter der risikolosen Materialschlacht trat in die Geschichte des afrikanischen Krieges. Bernard Montgomery diktierte das Geschehen. Die überforderte deutsche Truppe erfuhr die unabwendbare Niederlage in ganzer Wucht. Neben den schweren Verlusten stand das erschütterte Vertrauen in die eigene Siegeskraft. Und es ist wohl kein Zufall, daß die Wende von Alam Halfa zeitlich auch die von Stalingrad einleitete. Weshalb man – in vielerlei Hinsicht – von Alam Halfa als dem Stalingrad der Wüste sprechen kann.

BRITISCHER HANDSTREICH AUF TOBRUK

»Ägypten ist das schönste Land der Erde; aber am schönsten ist es auf der Terrasse des Königlichen Jachtklubs in Alexandria«, sagen die Alexandriner. Wer es im Kriege erlebte, fand es wie im Märchen. Man saß im kühlen Schatten. Vor sich das blaue Meer und die weißen Segel der Jachten. Um sich herum die Etappe; Offiziere, viel Geld, elegante Frauen.

Vor dieser Kulisse jagten Anfang September 1942 die 10. und 15. britische Schnellbootflottille mit 18 Booten immer wieder in kühnen Manöverfahrten vorbei. Sie hatten kleine Landungsboote im Schlepp. Übten Einschiffen, Ablegen, Wieder-an-Bord-Gehen. Es klappte großartig. Die ägyptischen Damen, die sich jeden Nachmittag zum Tee auf der Jachtklub-Terrasse einfanden, brachten ihre Operngläser mit, um sich keine Einzelheit des Marineschauspiels entgehen zu lassen. Stirnrunzelnd sahen es die englischen Admiralstabsoffiziere. Aber ihre Gesichter hellten sich auf, wenn sie das Geplauder der Damen hörten: »Was sind denn das für Marineoffiziersuniformen?«

»Griechen, meine Liebe, Griechen, ich habe es von meinem Manne gehört«, antwortete die Freundin.

»Griechen?«

»Ja, griechische Instrukteure, verstehen Sie«, flüsterte Madame.

Die Freundin verstand nicht, und so wurde sie belehrt: »Wo gehören Griechen hin?«

»Nach Griechenland«, antwortete die Befragte.

»Sehen Sie, Griechenland.«

»Ach so«, kam endlich die verstehende Antwort.

Die griechischen Instrukteure bei den Übungen der Schnellboote vor Alexandria waren eine gute Idee der englischen Spionageabwehr. »Vorsicht«, hieß es bald in allen Befehlen für die Achsentruppen im Mittelmeer. »Vorsicht vor britischen Landungsunternehmen in Griechenland.«

Dabei wurde in Alexandria beileibe nicht für Griechenland geübt.

Angefangen hatte die Sache damit, daß der Oberst John Haselden, Chef der Long Range Desert Group, Anfang Juli 1942 die Idee hatte, Rommel einen schweren Schlag gegen seinen Spritnachschub zu versetzen. Haselden wollte mit einem Spezialkommando die großen Öltanks in Tobruk sprengen. Wie man sich im Sommer 1942 in den englischen Stäben in Kairo an alles klammerte, was einen Hoffnungsschimmer zu verbreiten vermochte, so fand auch der Plan Haseldens viele Anhänger. Man griff danach wie nach einer Wunderwaffe. Und der Plan entwickelte sich prächtig: »Natürlich nicht nur die Öltanks sprengen! Nein, auch die so wichtigen deutschen Instandsetzungswerkstätten in Tobruk, das legendäre Inst.-Regiment 548, das für Rommel die Panzer und Fahrzeuge reparierte, muß vernichtet werden. Diese verdammt tüchtigen Burschen sind die reinste deutsche Panzerfabrik auf afrikanischem Boden.« So wetterten die Pionierführer in Kairo. Selbstverständlich sollten auch die Munitionslager zerstört werden. Und die Kaianlagen. Und dann müßte man die englischen Gefangenen befreien. Und – und – und so wurde aus Haseldens Sabotage-Vorhaben ein richtiger Generalsstabsplan, der das Ausmaß einer kombinierten Land-, Luft- und Seeinvasion 500 Kilometer hinter Rommels Linien annahm.

Am 21. August billigten die drei britischen Oberbefehlshaber – Luft, Heer und Marine – das Projekt und gaben ihm das Kennwort ›Agreement‹.

»Es ist ein verteufeltes Spiel; nur die verzweifelte Lage an der Front rechtfertigt diese Pokertour«, sagte der Marineoberbefehlshaber der Mittelmeerstreitkräfte, Admiral Harwood.

Aber es gibt eben Situationen, wo man hoch pokern muß. Die Zeit lief. Es wurde Mitte September. Und die Gefahr für die britische Front war eigentlich vorbei. Alam Halfa hatte Rommels Kampfkraft zerstört. Aber man steckte das ›verteufelte Spiel‹ nicht auf.

Der Sanitätsgefreite Albert Goldmann, der von Kreta zur Sanitätskompanie 2/220 in Nordafrika kommandiert war, trottete am 13. September mit fünf Kameraden die Straße nach Tobruk hinein. Sie waren eben auf dem Flugplatz gelandet und suchten ein Nachtquartier. Ein paar Dreitonner-Beute-Wagen fuhren an ihnen vorbei. Die sechs wollten die Wagen anhalten; aber dann sahen sie, daß diese vollgepfropft waren mit verlausten, verdreckten englischen Kriegsgefangenen, die offenbar aus der Wüste kamen, wohl von El Alamein. In den Führerhäusern saßen die deutschen Posten eng nebeneinander.

Goldmann winkte den Tommys nach. Einer winkte zurück. ›Die armen Schweine‹, dachte Goldmann.

Sie sahen noch, wie der deutsche Posten an der ersten Befestigungslinie vorn den Schlagbaum für die Tommy-Wagen hob. Sie sahen einen deutschen Storch über die Straße schweben und den Gefangenentransport eine Weile begleiten. Dann war alles im Staub verschwunden. Albert Goldmann und seine Kameraden marschierten an altem Stacheldraht vorbei und an dem Schrott des Krieges. Das Meer leuchtete herauf. Kein Schuß fiel. Der Krieg, die Front waren weit. Schnell kam die Nacht. Goldmann und seine Kameraden stolperten in einen verlassenen Flakstand: »Hier bleiben wir.« Und sie machten es sich bequem.

Die Laster mit den englischen Gefangenen fuhren inzwischen über die Hauptstraße dem Tobruker Hafen zu. Jetzt bogen sie rechts ein. »Halt!« Zwei Feldgendarmen standen da mit Taschenlampen. »Marschbefehl, bitte«, riefen sie dem deutschen Begleitoffizier zu. »Ich komme«, sagte der. Stieg aus. Mit ihm ein riesiger Grenadier. Die Engländer auf dem Wagen waren plötzlich still. Es war fast unheimlich. Dann fielen zwei Taschenlampen zu Boden. Man hörte nur ein kurzes Stöhnen, einen kleinen Schrei.

»Weiter«, befahl der Mann in deutscher Offiziersuniform. War es nicht ein langes Dolchmesser, das er in ein Futteral am Hosenbein schob?

Ein italienischer Offizier an einem Postenhäuschen stoppte die Kolonne. Mitten in die Unterhaltung donnerten drei Flakschüsse: das Zeichen für Fliegeralarm. So ging der Schrei unter, und der italienische Fluch zerrann im Gebrüll der Flak. Der riesige deutsche Grenadier reichte einem der englischen Gefangenen eine italienische MP in den Wagen. Was sagte er? »He won't need this where he's gone.« Und das heißt: »Wo der hingegangen ist, da braucht er das Gewehr nicht mehr.«

Dann wurde es am Himmel lebendig. Pünktlich, wie immer, war die Royal Air Force da. Nur heute waren es bedeutend mehr Flugzeuge als sonst.

Wie jeden Abend gegen 20 Uhr hatten die Landser der Großbatterie Flakabteilung 114 auf der Landzunge von Tobruk auf den Routineangriff der Tommys gewartet. Pünktlich kamen die Flugzeuge. Erst die übliche Gruppe.

Sie wurde unter Feuer genommen. Drehte ab. Aber dann meldete das Funkmeßgerät erneute Anflüge. Welle auf Welle brauste heran. Die zwölf 8,8-Geschütze donnerten ihre Granaten in die Luft. Schuß auf Schuß. Die Batterie- und Geschützführer ahnten noch nicht, daß sie sich heute nacht verschießen würden. 3500 Schuß wird allein die erste Batterie von Oberleutnant Vieweg verfeuern.

Der Sanitätsgefreite Goldmann und seine Kameraden fuhren in ihrem Flakstand hoch, als die ersten Bomben krachten. Mit 180 Flugzeugen beteiligte sich Lord Alexander am Unternehmen ›Agreement‹. Vier Stunden lang hämmerten die Wellington-Bomber auf die Stadt. Zerschlugen die Telefonleitungen. Griffen Flakstellungen an. Hielten Offiziere und Soldaten in den Bunkern und schufen so die Geräuschkulisse für Haseldens Kommandounternehmen. Jenes Kommando, das eben als Kriegsgefangenen-Konvoi durch Tobruk gefahren war, um draußen an der Umm-Esc-Sciausc-Bucht einen Brückenkopf zu erobern. Denn so lautete der Befehl für das Sonderkommando Y 1:

Oberst Haselden fährt mit 90 Mann, als englische Kriegsgefangene getarnt, auf drei Lastwagen nach Tobruk. Deutschsprachige Angehörige des Kommandos in deutschen Uniformen spielen die Bewacher. Im Schutze des Luftangriffs soll Haselden einen Brückenkopf im Süden der Hafenbucht besetzen. Dort stationierte Küstenartillerie und Flak ist in Besitz zu nehmen. Ist das geschehen, soll vor Tobruk stehenden Seestreitkräften durch Leuchtzeichen das Signal zur Landung gegeben werden. Marinetruppen sollen mit Zerstörern am Nordstrand von Tobruk, Stoßtrupps mit Schnellbooten südlich in der von Haselden besetzten Umm-Esc-Sciausc-Bucht landen. Rund 650 Mann sollen an Land gebracht werden und zusammen mit Haseldens Gruppe die von deutschen Nachschubeinheiten, Flak und italienischer Küstenartillerie belegte Stadt erobern. Alle wichtigen Einrichtungen sollen zerstört werden. Der Rücktransport soll mit Schnellbooten und Zerstörern erfolgen. Ein Spezialkommando unter Hauptmann Lloyd Owen, das mit Haselden durch die Wüste bis vor Tobruk stößt, wartet vor der Stadt und wird nach dem Luftangriff in die Festung eindringen. Owen hat die Aufgabe, die Zufahrtstraße abzusperren und die deutsche Funk- und Radar-Station zu erobern, die wichtigsten Geräte abzutransportieren, Stabsquartiere unschädlich zu machen; Nachrichtenverbindungen zu zerstören. Das war der Plan.

An Kühnheit mangelte es ihm nicht. 2500 Kilometer fuhren Haseldens Long Ranger von Kairo durch die Wüste. Es war derselbe Weg – nur in umgekehrter Richtung –, den vor vier Monaten der deutsche Hauptmann Graf Almaszy mit seinen Brandenburgern gemacht hatte, um Rommels Agenten Eppler und Sandstede in Assiut abzusetzen.

Draußen auf See warteten Einheiten der britischen Mittelmeerflotte: die beiden Zerstörer ›Sikh‹ und ›Zulu‹, 18 Schnellboote, 8 kleine Zerstörer der Hunt-Klasse und der Flakkreuzer ›Coventry‹. Die Karten, die Oberst Haselden bei sich führte, stimmten. Die Fliegerfotos waren glänzend ausgewertet.

Sie fanden das Wadi, das den ausersehenen Brückenkopf in zwei Teile teilt. Major Campbell mit 30 Mann nahm die östliche Hälfte. Haselden mit den anderen die westliche. Campbell zog leise ins Dunkle ab. Haseldens Leute stießen die Tür der ersten italienischen Baracke auf, wo der Stab einer italienischen Küstenbatterie bei Kerzenlicht und Chianti hinter verdunkelten Fenstern saß. Die Italiener blickten erstaunt. Ehe sie begriffen, warum in der Tür Männer in deutscher Offiziersuniform standen und Pistolen in der Hand hielten, war es schon zu spät. Handgranaten krachten. MP knatterten. Schreie. Stöhnen. Alles ging im Feuer des Luftangriffs unter, der drüben auf Tobruk niederprasselte. Die Tommys räumten die Toten hinaus und richteten einen Gefechtsstand ein. Der Funktrupp etablierte sich. Oberst Haselden hatte sein Stabsquartier.

Die nächste Baracke stand einen halben Kilometer entfernt. Trotz des Fliegeralarms schliefen die Italiener. David Sillito stieß die Tür auf. Knipste seine Stablampe an. Befahl: Feuer!

Der Kommandoführer MacDonald entdeckte die unterirdischen Schutzstände der Batterie. Er hörte die italienischen Kanoniere schnarchen. Er flüsterte seinen Befehl. Die abgezogenen Handgranaten fielen durch die Luftschächte. Schreie. Bersten. Man warf, bis sie schwiegen.

So ging es auf der Westseite der Bucht von Umm-Esc-Sciausc zu. Nur einmal wehrten sich ein paar Italiener in einem Wachhäuschen. Ihre Karabinerschüsse gingen Leutnant Graham Taylor durch den Arm und die Brust. Seine beiden Leibgardisten, Mackey und Allardyce, warfen dafür so viel Handgranaten in die kleine Bude, daß keiner der Insassen heil davonkam.

Genau wie es der Fahrplan vorsah, lief alles ab. Der Mannschaftsstand einer italienischen Abteilung lag tot in den Baracken oder vor den Geschützen.

»Die grünen Leuchtkugeln schießen«, befahl Oberst Haselden. Das war das Zeichen, daß sich die Westseite der Bucht in britischer Hand befand. Vorn auf der äußersten Landspitze war Leutnant Scott postiert. Er sah die Zeichen. Blickte nach Osten und wartete auf Campbells Leuchtkugeln. Wenn auch die kommen würden, dann hatte er seine Lichtzeichen zu Haseldens Gefechtsstand zu geben, damit von dort das Kennwort ›Nigger‹ an die Flotte gefunkt wurde. ›Nigger‹ hieß: ›Der Brückenkopf ist unser.‹ Und dann würde Scott seine Lichtsignale auch auf See hinauswinken, und die im Dunkeln lauernden Schnellboote würden heranbrausen. Campbells Leuchtkugeln kamen nicht.

Um 1 Uhr 30 dröhnten die Wellen der Wellington-Bomber noch immer über Tobruk. Seit einer halben Stunde warfen sie über dem Nordteil des Hafens keine Christbäume mehr, denn die Landungsflotte der Zerstörer brauchte ja Dunkelheit.

6500 Granaten hatte Oberst Hartmanns Großbatterie auf der Landzunge inzwischen verfeuert. 23 Bomber waren heruntergeholt. Die ersten alarmierenden Telefonanrufe kamen: Der Tommy landet.

In der Kairoer Nachrichten-Zentrale des Hauptquartiers standen indessen die Stabsoffiziere aufgeregt beisammen. Immer wieder blickten sie auf die Uhr. Um 1 Uhr hatte man mit ›Nigger‹ gerechnet. Jetzt war es kurz vor 2 Uhr. Wenn Punkt 2 Uhr das Stichwort nicht da war, dann zog das Marineoberkommando die Flotte vom Einsatz zurück.

10 Minuten vor 2. – 5 Minuten vor 2.

Der Ordonnanzoffizier brachte den Funkspruch, die Operation abzubrechen. Wortlos legte er ihn auf den Tisch. Da! Der Summer. Der Dechiffreur schrieb. Es war nur ein Wort, das der Mann aufs Papier warf: NIGGER. Wie der Blitz sausten die Offiziere ab.

Major Campbell hatte also endlich auch sein Zeichen gegeben, daß er die italienischen Batterien auf der Ostseite des Brückenkopfes besetzt hatte. Bei ihm war nicht alles so glatt gegangen wie bei Haselden. Campbell konnte die eroberten Batteriestellungen nicht halten. Mußte die Geschütze sprengen. Jedenfalls war jetzt der Brückenkopf fest in der Hand des Kommandos. Man war zwar spät dran. Was machte es? Die Marine konnte kommen. Aber nun begann das Verhängnis. Campbells Signalmann, Tom Langton, der – wie Scott bei Haselden – die Schnellboote an der Ostecke der Bucht einleuchten sollte, hatte seinen Handscheinwerfer verloren. Die Schnellboote verfehlten die kleine Bucht. Nur zwei von 18 fanden sie. Die anderen kurvten draußen auf hoher See oder vor der Hafeneinfahrt herum.

Und was war mit der Zerstörerflotte? Die großen Zerstörer ›Sikh‹ und ›Zulu‹, als italienische Kriegsschiffe getarnt, kreuzten dicht unter der Küste vor Tobruk. Als sie das Codewort ›NIGGER‹ empfangen hatten, fuhren sie – mit einstündiger Verspätung – auf den Küstenabschnitt nördlich der Hafeneinfahrt zu, um ihr Marinekorps zu landen, dann in den Hafen zu fahren und Schiffs- und Küstenziele anzugreifen.

Beim Zuwasserlassen der schwerfälligen Landungsboote gab es die ersten Schwierigkeiten. Trotzdem ging die erste Welle mit einer weiteren halben Stunde Verspätung ab. Die Zerstörer fuhren zurück auf Distanz. 40 Minuten später waren sie wieder da, um die zurückkehrenden Landungsboote mit der zweiten Welle zu besetzen. Aber die Boote kamen nicht. Dafür ein Funkspruch, daß der Führer der ersten Welle mit seinem Boot hilflos mit Motorschaden vor der Küste trieb. Die gelandeten Boote waren ohne Führung und lagen wartend am Strand.

Die Zerstörer fuhren jetzt kühn unter Land, um die Aktion zu beschleunigen. Aber da richtete plötzlich der 60-cm-Scheinwerfer der 1. Batterie I/Flakregiment 46 von Oberleutnant Müller-Frank seinen Lichtstrahl aufs Wasser. Mitten darin sah man den britischen Zerstörer ›Sikh‹.

Der Zerstörer begann sofort mit Bordwaffen zu schießen. Italienische Küstenartillerie eröffnete das Feuer. Schiffsgeschütze antworteten.

Inzwischen hatte der Wachtmeister am Funkmeßgerät der Batterie Vieweg seinen Oberleutnant mit der Meldung mobilisiert: »Unser Gerät zeigt in 6000 Meter drei Kriegsschiffe an.«

Jetzt erst – um 4 Uhr früh – rasten die Alarmrufe durch Tobruks Stäbe. Jetzt erst bekam der deutsche Kommandant Meldung. Jetzt erst glaubte man den aufgeregten Mitteilungen versprengter italienischer Kanoniere von der Umm-Esc-Sciausc-Bucht, daß britische Streitkräfte an Land seien. Man hatte gelacht. Nun lachte niemand mehr. Sie sahen es: Vor Tobruk stand eine ganze englische Flotte.

Aber wo war die Kampfgruppe Owen geblieben, die Gruppe Y2? War sie noch nicht in Tobruk? Zum Pech von Haselden war sie es nicht. Owen war mit seinen Männern schon in der Stadt gewesen. Auch ihn hatten die deutschen und italienischen Posten passieren lassen. Wo sie Schwierigkeiten machten, sprachen Dolch oder Drahtschlinge. Owen wartete jedoch vergeblich auf eine Funkverbindung mit Haselden. Wartete vergeblich auf das Stichwort, daß der erste Schlag geklappt hatte. Er sah die Zeiten des Fahrplans verstreichen. Er fühlte sich auf verlorenem Posten. Und als um 1 Uhr die britischen Schiffe immer noch nicht landeten, machte er kehrt und fuhr wieder aus Tobruk hinaus. Er war der einzige, der sein Kommando rettete. Aber dafür entstand auch in den Befehlsstellen von Tobruk keine Verwirrung. Die italienischen Stäbe blickten nicht in englische Pistolen.

Die entscheidend wichtigen 8,8-Batterien auf der Landzunge und am Flugplatz wurden nicht ausgehoben. Die Funk- und Telefonzentralen blieben intakt. Damit waren Haselden und die Flotte schon halb geschlagen.

Um 5 Uhr 10 eröffnete Oberleutnant Vieweg mit Geschütz Dora das Feuer auf den Zerstörer ›Sikh‹. Die erste Lage ging zu weit. Die zweite saß im Ziel.

»Feuer frei für alle Geschütze zum direkten Beschuß.« Es war das reinste Scheibenschießen, wenn auch die Flakkanoniere längst die Übung verloren hatten, auf Seeziele zu feuern.

Über das Kommandogerät faßte Vieweg dann die ganze Batterie zusammen und ließ hochgezogene Flakgranaten ein paar Meter über dem Deck der ›Sikh‹ krepieren. Die britischen Kriegsschiffe erwiderten das Feuer. Aber die Breitseiten gingen irgendwohin in den Djebel. Nur bei Hauptmann Ruhaus 3. Batterie gingen zwei Treffer in die Stellung.

Die ›Sikh‹ trieb brennend mit Schlagseite vor der Küste. Der Zerstörer ›Zulu‹ versuchte, trotz eigener Beschädigungen, die ›Sikh‹ in Schlepp zu nehmen. Aber ein Zufallstreffer einer 8,8-Granate zerschlug die Trossen.

Die Besatzung der ›Sikh‹ verließ das Schiff. Ihr Kommandant und ein Teil der 350 Mann Besatzung wurden später aufgefischt. Auch die ›Zulu‹ wurde von der Flak und einer italienischen Batterie mit englischen 7,65-cm-Beutegeschützen zusammengeschossen und sank. Nur die kleinen Hunt-Zerstörer entkamen, wenn auch zum Teil schwer beschädigt.

Um 7 Uhr liefen drei britische Schnellboote in voller Fahrt auf die Hafeneinfahrt zu. Ehe die Flak zum Schießen kam, war ein itatlienischer Jäger da und erledigte im Tiefflug die anfahrenden Tommys. Es war wie ein Spuk.

An der Südecke von Tobruk und im Wadi der kleinen Bucht lagen die Männer Haseldens. Zerschossen und zerrissen von Handgranaten und MP-Salven. Da lag Oberst Haselden, der kühne Draufgänger von der Long Range Desert Group. Sein Kopf ruhte auf einer MP. Das war also das Ende dieses Abenteurers, von Beruf Baumwollhändler aus Kairo. Und Major Campbell? Auch er lag röchelnd am Strand der kleinen Bucht, in der Hand noch die Pistole.

Viele Tote waren nackt; denn die Tommys, die den Raid in deutschen Uniformen gemacht hatten, wollten nicht in dieser völkerrechtswidrigen Kleidung in Gefangenschaft geraten. Sie verbrannten die bösen Beweise und zogen die englischen Uniformen der toten Kameraden an.

Am Nachmittag des 14. September war alles vorbei. Kommandos der deutschen Instandsetzungs- und Nachschubeinheiten durchkämmten das Gelände und machten Gefangene. Das Oberkommando der Wehrmacht gab bekannt: »Im Abschnitt Tobruk versuchte der Feind heute nacht unter Einsatz von See- und Luftstreitkräften an mehreren Stellen zu landen. Der Versuch ist durch das sofortige Eingreifen italienischer und deutscher Truppen gescheitert.«

Ein halbes Dutzend von Haseldens Männern und eine Handvoll Marinesoldaten schlugen sich in die Wüste durch. Sie gerieten oben vor der Stadt in die italienische Lazarettanlage. Sie glaubten, in ein Militärlager geraten zu sein. Schossen wild in die Zelte. Als sie erkannten, daß sie Verwundete in ihren Betten mordeten, hetzten sie weiter.

Fünf Wochen später wankten verdurstet, verdreckt, zum Skelett abgemagert, sieben Mann in die Arme eines englischen Spähtrupps. Genau zwei Monate nach der Aktion fand eine andere britische Patrouille Leutnant David Lanark, wie ein Gespenst und halb verrückt durch die Wüste geisternd: Der letzte von Haseldens Tobruk-Kommando meldete sich zurück.

DIE TEUFELSGÄRTEN VON ALAMEIN

Steinwüste, wasserloses ödes Felsgelände. Dazwischen Sandflächen mit ein paar armseligen Kameldornbüschen: das ist die Alameinfront. Die Sonne brennt im Norden über dem Steinhügel Tel el Eissa, im Süden über dem 200 Meter hohen Himeimat am Rande der unwegsamen Kattara-Senke. Das sind die beiden Eckpfeiler der Front. 60 Kilometer liegen sie voneinander entfernt. Und nur 90 Kilometer trennen das Ganze von Alexandria. Hier liegen sich im Herbst 1942 die beiden feindlichen Armeen gegenüber. Beide erschöpft von den harten Kämpfen der letzten fünf Monate.

Der Leutnant Friedrich Pfanzagel war ein alter Experte für Minen. Trotzdem mußte er in Afrika noch einmal in die Minenlehre gehen. Denn was in Polen, Frankreich und Griechenland Gültigkeit hatte, wo sich Pfanzagel und seine Kameraden vom Pionierbataillon 220 unter Oberstleutnant Springorum die Sporen verdient hatten, das stimmte in Afrika noch lange nicht. Hier galten neue Gesetze – gerade für den Minenkrieg.

Die Pioniere Rommels hatten ihn zu einer einzigartigen Kunst entwikkelt. Der Armee-Pionierführer Afrika, Oberst Hecker, und seine Einheiten sind aus der Geschichte des Wüstenkrieges nicht wegzudenken. Die Pionierbataillone 200, 220, 33, 900 sowie die Spezialeinheiten und Armee-Verbände blieben zwar im Schatten des Kriegsruhmes; aber ihre Leistungen waren wichtige Voraussetzungen für alle deutschen Siege im afrikanischen Feldzug.

El Alamein wurde der Höhepunkt des Minenkrieges. Zu keiner Zeit und an keiner Stelle des zweiten Weltkrieges kam es zu solchen Mineneinsätzen wie hier.

Als die drei Kompanien des Pionierbataillons 220 an der Nordfront zum Einsatz kamen, lösten sie das in Afrika schon legendäre Pionierbataillon 900 ab. Das waren die Männer unter Major Kube mit der Tradition der Pionierschule Dessau-Roßlau. Wie die 200er für die 21. Panzerdivision und die 33er für die 15., so waren die 900er die Wegmacher, die Rückzugschützer und Vormarschhelfer der 90. leichten Division. Die 220er gehörten zur 164. leichten Afrika-Division. Als Leutnant Glück Friedrich Pfanzagel mit seinem Einsatztrupp in die Arbeit einwies, sagte er: »Hier in Afrika gilt der Pionier etwas. Er ist bei Rommels gegenwärtiger Kriegführung vielleicht die wichtigste Waffengattung geworden. Das macht es zwar auch nicht schöner, von einer Mine zerrissen zu werden, aber immerhin ...« Wochen später stand hinter dem Namen Glück das Kreuz: Gefallen.

Die sechs Infanteriedivisionen Rommels (eine deutsche und fünf italienische) sowie die Fallschirmjägerbrigade Ramcke hatten sich auf der 60 Kilometer breiten Alameinfront eingegraben. Dahinter lag die bewegliche Reserve der deutschen und italienischen Panzerdivisionen.

Die 90. leichte Division hielt Rommel zunächst im Norden an der Küstenstraße verfügbar.

Die 21. Panzerdivision stand am Südflügel beweglich bereit.

Die 15. Panzerdivision wurde in der Mitte der Front zur Verteidigung eingesetzt.

Die Wüstenfüchse waren zum Stellungskrieg gezwungen. Die 15. Panzerdivision hatte sich hinter dem breiten Sperr- und Minengürtel in Verteidigungsnester gegliedert und eingegraben. Die Grenadiere lagen zusammen mit den Männern der Panzerabwehr, dicht hinter ihnen die Artilleristen. Es kostete viel Schweiß, bis die Panzer im felsigen Boden getarnt waren und sich eine Mauer von Steinen um sie türmte. Drüben, auf der anderen Seite, war es genauso. Da hatten sich die elf Divisionen Montgomerys eingegraben. Lauernd lagen sich die beiden Armeen von zusammen einer Viertelmillion Mann gegenüber. Wer würde zuerst zum Sprung ansetzen? Das war die große Frage.

Es blieb der deutschen Führung kein Geheimnis, daß Montgomerys 8. Armee von Tag zu Tag stärker wurde. Ein Strom von Nachschubgütern aus England und den USA floß nach Afrika: Panzer, Geschütze, neue Truppenverbände, vor allem Sprit. Der deutsche Nachschub hingegen floß zum Kaukasus und nach Stalingrad.

Rommel schimpfte. Telefonierte. Funkte. Drohte. Er mobilisierte das deutsche OKW. Er mobilisierte den Duce. Alle versprachen Hilfe, aber keiner hielt sein Versprechen. Man war in Rom und man war in Rastenburg von dem Gedanken beherrscht: Es ist ja bisher gutgegangen trotz Rommels Unkereien. Warum soll es nicht weiter gutgehen?

Für die Panzerarmee wurde es zur Gewißheit, daß die Engländer eher zu einer Offensive bereit sein würden als die Achsenstreitkräfte. Was ergab sich daraus?

Die Alameinfront bot auf Grund der Geländeverhältnisse für beide Gegner die einzige Möglichkeit in Nordafrika, sich auf verhältnismäßig geringer Breite mit Aussicht auf Erfolg verteidigen zu können, da sie nicht umgangen werden und der Verteidiger nicht hinausmanövriert werden konnte. Im Süden stieß die Front an die Salzsümpfe der Kattara-Senke, im Norden ans Meer. Wer also den Sperriegel durchstoßen wollte, mußte den frontalen Durchbruch erzwingen. Es gab für Montgomery keinen anderen Weg. Rommel mußte alles tun, diesen Weg zu verbauen.

Rommel und seine Offiziere wußten, daß die britische Feldarmee für einen sturen frontalen Angriff bessere Voraussetzungen mitbrachte als für die offene Wüstenschlacht. Die Ausbildung des britischen Soldaten beruhte noch immer auf den Erfahrungen der Materialschlachten des ersten Weltkrieges. »Wir sahen der Entwicklung mit großer Sorge entgegen«, erzählte mir General Bayerlein. »Die neuseeländische und australische Infanterie war auf frontalen Angriff trainiert, und die überlegene britische Artillerie mit ihren unerschöpflichen Munitionsvorräten konnte sich vernichtend auswirken. Das machte uns großes Kopfzerbrechen. Es kam für uns darauf an, mit allen Mitteln zu verhindern, daß unsere Stellungen durchbrochen wurden; denn zu einer beweglichen Defensivschlacht war die Panzerarmee nicht mehr in der Lage. Der Mangel an Treibstoff, vor allem aber die erdrückende Überlegenheit der britischen Luftwaffe machten das aussichtslos. Unser Plan war deshalb, die Front unter allen Umständen zu halten. Etwaige Einbrüche des Feindes sollten in sofort einsetzenden Gegenstößen bereinigt werden, damit sie sich nicht zu einem Durchbruch entwickeln konnten. Rommel hatte sich für diese Methode, die eigentlich nicht seiner Art entsprach, wieder besondere Tricks ausgedacht: die ›Teufelsgärten‹.«

Leutnant Pfanzagel und sein Kompaniechef Oberleutnant Junkersdorf eilten herbei, als Rommel sie auf dem Gefechtsstand des Panzergrenadierregiments 433 heranrief. Rommel war zu einer Kommandeurbesprechung gekommen und legte mit Feuereifer seine Ideen dar, die Alamein-Stellung nicht nur durch die üblichen Minensicherungen zu schützen, sondern durch große Minenfelder, die er Teufelsgärten getauft hatte, verteidigungsstark zu machen.

Was die Frontpioniere dazu meinten, fragte Rommel. Er habe mit dem Armee-Pionierführer Hecker die Sache bereits durchgesprochen, und der arbeite schon an den Plänen. Pfanzagel und Junkersdorf antworteten: Spezialminenfelder anzulegen, mache den Pionieren keine Schwierigkeiten. »Aber woher sollen wir das Material und die Minen nehmen, Herr Generalfeldmarschall?« »Dafür werde ich schon sorgen«, meinte Rommel. Die Hauptsache sei, die Pioniere bauten ordentliche und teuflische Gärten, die kein Brite durchstoßen und kein britisches Räumkommando entschärfen könne.

»Keine Sorge, Herr Feldmarschall«, schmunzelte Junkersdorf. Und er erzählte ein paar Tricks, die bei den 220ern ausgeheckt und schon mit Erfolg angewandt worden waren:

Wenn man zum Beispiel ein paar Telegrafenmasten mit den Drähten quer über eine Piste legt, so steigen die britischen Spähwagenfahrer aus, um das Hindernis wegzuräumen. Wenn nun die unverfänglich aussehenden Drähte mit einer in die Piste eingebauten Sprengladung verbunden sind, die auf Drahtzug ausgelöst wird, fliegen nicht nur die Räumer, sondern auch die Spähwagen in die Luft.

Solche Minenkunststücke machten den Gegner nervös und unsicher. Dieser Effekt war vielleicht noch wichtiger als die Verluste. Ja, es war eine tödliche ›psychologische Kriegführung‹, die Heckers Pioniere täglich neu austüftelten.

Die raffiniertesten Einfälle hatte Karl, Gefreiter in einer Pionier-Einsatzgruppe. Seit der bösen Geschichte in Marsa Matruh kannte er nur noch Rache. Die Engländer hatten im Sommer 1942 in den Hotels und Offiziersquartieren raffinierte Minenfallen zurückgelassen. Auf den Toiletten zum Beispiel war die Wasserspülung mit Zugzündern gekoppelt, so daß bei der Betätigung eine Mine hochging. Sogar in den Schubladen waren Minen eingebaut. Es gab hohe Verluste. Darunter war auch Karls bester Freund, Ordonnanz beim Bataillonskommandeur. Seitdem hatte sich Karl auf tödliche Psychologie festgelegt. »Du mußt die Sache psychologisch machen«, war seine ständige Rede; und er konnte lange vor einem Haus stehen: »Mine mit dem Türgriff koppeln – Kinderkram«, winkte Karl ab. »Das haben die Engländer schon bis zur Langeweile gemacht. Darauf fällt niemand mehr herein, das wirkt nicht mehr aufs Gemüt des Gegners.« Und schließlich hing an der Wand des Wohnzimmers nur ein Bild schief. Karl erklärte: »Einen

Tommy-Landser wird das schiefhängende Bild kaum interessieren; aber den englischen Offizier, der hier einzieht, den wird es ärgern. Und der wird ans Bild treten und es gerade rücken. Und das wird die letzte Handlung seines Lebens sein.« Dafür sorgte ein hauchfeiner Draht am Bild, der zu der Sprengladung hinter der Gipswand führte, die in Brusthöhe angebracht war.

Ein paar Tage nach dem Gespräch zwischen Rommel und den Pionieroffizieren auf dem Gefechtsstand der 433er kamen die Befehle vom Pionierführer Afrika, die Teufelsgärten anzulegen. Im Raum der 164. Division hieß die Aufgabe: Bau von vier riesigen Minenkästen zur Absicherung der Nordfront. Die Basis eines jeden Kastens sollte 3 bis 5 Kilometer lang sein, die beiden Seiten ungefähr 4 bis 6 Kilometer. Zur feindlichen Front hin war jeder Kasten natürlich offen, so daß der Angreifer wie in eine Falle hineinlaufen konnte.

Der erste Teufelsgarten, der Kasten H, wurde im Küstenabschnitt des saarländischen Grenadierregiments 125 gebaut, und zwar von der 3. Kompanie des Pionierbataillons 220. Leutnant Drechsel ließ hier seine Phantasie spielen. Der zweite und der dritte Kasten, I und L, befanden sich im Abschnitt des Grenadierregiments 382. Oberleutnant Laurenz baute hier mit der 2. Kompanie die Todesfallen. Der vierte Kasten, K, im Abschnitt des Grenadierregiments 433 wurde von der 1. Pionierkompanie angelegt. Die Einsatzgruppe führte Leutnant Pfanzagel, der später die 2. Kompanie übernahm und den Kasten L fertigbaute.

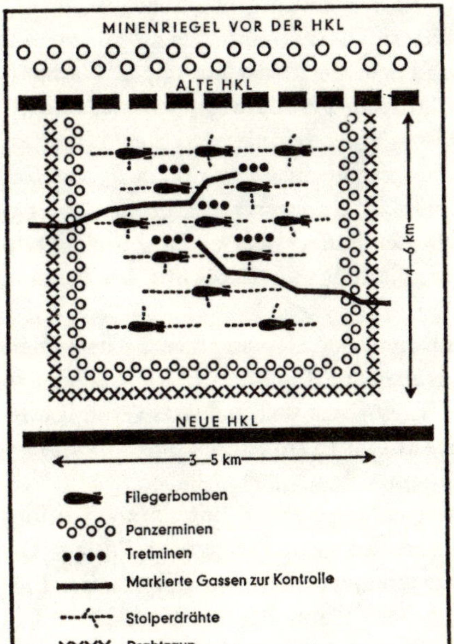

Schematisches Bild eines Teufelsgartens.

Rommel hatte sein Wort wahrgemacht, daß er für die Materialbeschaffung sorgen werde. Was von dem berühmten ägyptisch-libyschen Grenzzaun an Pfählen und Stacheldraht noch übrig war, wurde abmontiert und nach vorn an die Front gebracht. Es war erstaunlich, wieviel Eisenstangen, Drahtrollen, Pfähle und so weiter da zum Vorschein kamen. Draht und Pfähle wurden benutzt, um die Basis der großen U-Kästen einzuzäunen, den Gartenzaun für den Teufelsgarten zu machen.

Endlich kamen auch die Minen an. Wagenladungen voll französischer und ägyptischer Panzerminen. Zehn Meter vom Drahtzaun entfernt wurden die Panzerminen – wiederum in U-Form – ausgelegt. Aber das war nur die unterirdische Umzäunung. Der eigentliche Inhalt des Teufelsgartens sah so aus: Erst kamen einfache Tellerminen. Die Pioniere legten sie zwei- und dreistöckig übereinander. Bahnte sich ein englisches Räumkommando den Weg durch das Feld und entfernte die oberste Mine, so explodierte dabei die zweite, und bei ganz vorsichtigen Räumern, die die zweite entdeckt hatten, brachte die dritte den Tod.

Minenfallen besonderer Art bildeten italienische Handgranaten, die zu Tretminen umgebastelt wurden. Als besondere Spezialität kamen Fliegerbomben dazu, 100- und 500-kg-Bomben. Auch sie wurden schachbrettartig ausgelegt, mit Autotrümmern abgedeckt und von Stolperdrähten umgeben. Wie ein Netz um eine Spinne lagen diese Drähte, und wer einen davon berührte, löste die Bombe aus.

Natürlich wurden die Bomben vorerst nicht scharfgemacht. Rommel hatte sich den Befehl vorbehalten, wann der gefährliche Inhalt der Teufelsgärten entsichert werden sollte. Das war schon deshalb nötig, weil vorerst die Hauptkampflinie noch vor den Minenkästen lag. Erst nach Fertigstellung der Teufelsgärten sollte sie hinter die Kästen zurückgenommen werden.

Infanteristen, Nachrichten- und Panzermänner konnten nur staunen, was die Pioniere alles zuwege brachten und wie sie in der ständigen Nachbarschaft des Todes hantierten, klopften, gruben. Handgranatenbündel und erbeutete Artilleriemunition wurden wie in einer feinmechanischen Werkstatt mit Zugzündern versehen und mit kleinen zwischengeschalteten Sprengkörpern verbunden. Harmlos anmutende Holzpfähle waren mit großen Sprengladungen so gekoppelt, daß ein feindlicher Panzer, der einen solchen Pfahl anfuhr, eine schwere, gutgetarnte Sprengladung zur Explosion brachte und dabei natürlich in die Luft flog.

All diese Arbeit wurde in der Glutsonne des afrikanischen Spätsommers geleistet. Eine halbe Million Minen gruben die Pioniere bei El Alamein in den Sand. Sie arbeiteten nicht nur am Tage – das war noch das erträglichste. Schlimm wurde es bei Nacht. Da mußte alles bis zum letzten durchorganisiert sein, damit die Unfälle auf ein Mindestmaß beschränkt blieben.

Der Pioniertrupp tastete sich vom Regimentsgefechtsstand aus am Telefondraht bis zur vordersten Kompanie vor, die an der Einsatzstelle lag. Die Fahrzeuge folgten im Schritt. Vorn angekommen ließ man sich von der Einheit einen MG-Trupp als Sicherung geben. Dann begann die Arbeit. Ein Trupp holte die Minen vom Lkw. Ein Trupp buddelte. Ein Trupp legte die Minen ein. Ein Trupp deckte sie zu. Der letzte Trupp entsicherte. Schließlich mußte das Feld genau vermessen und in die Karte eingezeichnet werden.

Das Verlegen von 1000 Minen bei einem solchen nächtlichen Einsatz war nichts Außergewöhnliches. 1000 Minen! Die Pioniere bewegten sich in der Nachbarschaft des Todes mit jener Sicherheit, wie sie Arbeiter in schwindelnder Höhe an Türmen zeigen; aber gerade die Gewohnheit wurde zuweilen zum Verhängnis. Da war ein Unteroffizier in der 2. Kompanie. Der erschreckte gern die Infanteristen, indem er sich auf scharfgemachte französische Panzerminen stellte. Sie detonierten im Gegensatz zu den deutschen Panzerminen erst auf einen Druck von 300 Kilo. Aber trotzdem ... Beim Verlegen von Panzerminen marschierte der Unteroffizier wieder einmal durchs gelegte Feld. Aber er hatte vergessen, daß empfindliche deutsche S-Minen dazwischen lagen. Bei der weißen Moschee wurde er begraben.

Rommel hatte eine besondere Vorliebe für den Minenkrieg. Er sagte von sich selbst, er könne eine gelegte Mine auf zehn Meter Entfernung ausmachen. Das war übrigens für den Fachmann gar nicht so schwer, weil gerade im Sand eine kleine Mulde die Lage der Mine bald verrät.

Täglich kontrollierte Rommel den Ausbau der Teufelsgärten. Wenn ihm Oberst Hecker die Spezialfallen erklärte, zeigte sich Rommel stets sehr zufrieden. Und seine Zuversicht, daß die Teufelsgärten ein unüberwindliches Hindernis für Montgomerys 8. Armee seien, wurde immer stärker.

Nach der Schlacht von Alam Halfa wurden die Türen der Alameinfront von den Pionieren endgültig und fest verriegelt. Die Hauptkampflinie (HKL) wurde auf die Basis der Teufelsgärten zurückgenommen. Die U-Schenkel ragten tief ins Vorfeld. Natürlich mußten die Minenkästen von Infanterie gesichert werden. Ein ungesichertes Minenfeld ist ohne Wert. Der Gegner kann es räumen; und dann fühlt man sich völlig unbegründet sicher. So blieben vorn in den alten Stellungen, wo früher Bataillone gelegen hatten, Kompanien oder Züge zurück. Auf verlorenem Posten. In der harten Landsersprache hießen sie ›Köder-Verbände‹.

Die Zwischenräume zwischen den Teufelsgärten wurden gleichfalls mit einem Sperriegel aus T- und S-Minen geschlossen. Es blieb also eine kleine Gasse, nur Eingeweihten bekannt, zur Verbindung mit den Vorpostenkompanien. Auch dabei wurden besondere Tricks angewandt. So erzählt Friedrich Pfanzagel: »In der Gasse vergruben wir Eisenstücke. Kam also ein Räumtrupp der Tommys, so schlugen seine Suchgeräte aus, und er mußte annehmen, daß er auf einer verminten Route sei. Beobachteten wir nachts, daß der Tommy für einen geplanten Spähtrupp eine Gasse durch einen Minengürtel räumte, so ließen wir ihn gewähren. Kaum war das englische Räumkommando 'raus, krochen wir 'rein und legten die Minen neu. Die Markierungen der Tommys ließen wir natürlich liegen. Kam dann der britische Spähtrupp, gab es böse Überraschungen.«

Einen besonderen Sport hatten die Männer von Oberleutnant Hundt, Pionierbataillon 200: Sie schlichen ins englische Minenfeld. Bauten die Zünder aus den britischen Minen und buddelten die entschärften Eier wieder ein. Kontrollierte der Engländer sein Minenfeld mit elektromagnetischen Geräten, war alles in Ordnung. Wie entsetzt aber war die Einheit, die sich sicher wähnte, wenn plötzlich ein deutsches Erkundungsunternehmen losbrach und deutsche Landser durch das Minenfeld stürmten, ohne daß eine einzige Explosion erfolgte.

JOCHEN MARSEILLE

Der Weg von Tripolis nach El Alamein führte an vielen Moscheen vorbei. Und fast alle hatten ein weißes, spitzes Minarett und eine weiße Kuppel. Aber nur eine nannten Landser und Generale einfach ›die weiße Moschee‹. Jeder Afrikasoldat weiß, welche gemeint ist: die kleine Moschee von Sidi Abd el Rahman, kurz vor El Alamein. Der gelbe Hügel. Der viereckige Bau. Und auf der weißen Kuppel der Halbmond. Danach orientierte man sich im fünf Monate dauernden Ringen vor El Alamein. »Unsere Einheit liegt 20 Kilometer südlich der weißen Moschee.« Das genügte. Keiner brauchte mehr zu wissen. Das fand man.

Damals stand sie leer und war ramponiert. Keine Sure wurde in ihr verlesen. Kein Mullah rief vom Minarett zum Gebet. Der heilige Koran lag noch eine Zeitlang am Fuße der Kanzeltreppe. Dann war er verschwunden, wie vieles aus dem stillen, zerstörten Bethaus verschwand.

Heute tönt von seinem Minarett wieder der Ruf ›Allah il Allah‹. Der

Sand ist nicht mehr zerfahren von Panzerketten, nicht mehr zerrissen von Granaten. Nur die Erinnerung ist geblieben. Auch die Erinnerung an das Schicksal von Deutschlands beliebtestem Jagdflieger, der hier den Tod fand.

22 Jahre war er alt; aber die ganze Welt kannte ihn: Joachim Marseille. ›Der Adler von Afrika‹ wurde er in Zeitungsberichten genannt. ›An den Stern der Wüste‹ schrieben junge Mädchen auf ihre Briefe – und diese kamen an.

Über Jochen Marseille ist viel geschrieben worden. Legende und Wahrheit haben sich vermischt. Dabei braucht dieser großartige Flieger keine Legende, um als eine der faszinierendsten Gestalten des letzten Krieges in die Geschichte einzugehen.

Am Heiligabend 1940 kam Jochen Marseille als Oberfähnrich zur 3. Staffel des Jagdgeschwaders 27 nach Berlin-Döberitz. Am 13. Dezember war er gerade 21 Jahre alt geworden. Seine Einsätze am Kanal hatten zwar schon Wagemut offenbart und waren gekrönt durch den Abschuß von acht Bombern. Aber das waren noch keine Anzeichen für sein späteres fliegerisches Können.

Über Berlin konnte sich Marseille nicht auszeichnen; denn es gab damals, zu Beginn des Jahres 1941, über der Reichshauptstadt noch nicht viel zu jagen. Die Zeit wurde mit Übungsflügen, Kartenspielen und Kaffeetrinken hingebracht. Das Geschwader war froh, als es nach kurzem Jugoslawieneinsatz Ende April 1941 nach Afrika ging. Kapitän der 3. Staffel war damals Oberleutnant Homuth. Wie sehr sich die Jagdflieger als Individualisten fühlten, zeigt die Geschichte von Homuths Hündin Kitty. Er hatte sie aus Frankreich mitgebracht, und sie war so etwas wie ein Maskottchen der 3. Staffel. Der Flug über das Mittelmeer sollte in 5000 Meter Höhe erfolgen; aber da mit Hunden noch keine Höhenflugerfahrungen gemacht waren, bat Homuth seinen Gruppenkommandeur Neumann, den Überflug in 4000 Meter Höhe durchzuführen, ›weil ich für Kitty keine Atemmaske habe‹. Der Überflug erfolgte in 4000 Meter Höhe, und Kitty überstand ihn prächtig. Liebenswert, wunderlich und versöhnlich zugleich ragt solche Marotte in das Geschäft des modernen Krieges und zeigt, wie diese Jungen dem Krieg ihre eigenen Gesetze aufprägten.

Als der 21jährige Oberfähnrich Marseille in Afrika landete, war er einer von vielen jungen Männern, die erlebnishungrig und tatendurstig nur von der Sorge erfüllt waren, bis zum Endsiege noch zum Zuge zu kommen. Seine Beurteilung war nicht sehr verheißungsvoll. In seinen Papieren hatten verbitterte Kommandeure Späße aufgezeichnet, die im Jargon der Luftwaffe als ›fliegerische Unzucht‹ bezeichnet wurden. Am Kanal war er bei acht Abschüssen fast ebensooft selbst abgeschossen worden. Als besonderes Kennzeichen brachte er nur seine jungenhafte Unbekümmertheit mit. Der mittelgroße Jüngling mit scharfgeschnittenem Profil und langen blonden Haaren erinnerte an Manfred v. Richthofen, den Fliegerhelden des 1. Weltkrieges. Wie bei diesem, so war auch bei Marseille das Fliegen eine Leidenschaft. Er brauchte ein knappes halbes Jahr, um darin zur großen Kunst zu gelangen.

Während Rommels Sommeroffensive im Jahre 1941 hob sich der Name Marseille bei der Bekanntgabe der Abschußziffern bereits deutlich heraus. Aber noch gab es bessere Jagdflieger – auch in Afrika.

Bei der Abwehr der britischen Offensive, im Winter 1941/42, schoß sich Jochen, wie er von seinen Kameraden allgemein genannt wurde, schon an die Asse des Geschwaders heran. Er hatte sich das Recht auf Sonderwünsche erworben und flog immer nur die ›Gelbe 14‹. Der Laie mag dazu wissen, daß ein Jagdgeschwader drei Gruppen und jede Gruppe drei Staffeln hatte. Die Zahlen auf den Flugzeugen waren so geordnet: Die 1. Staffel jeder Gruppe hatte weiße Zahlen. Die 2. Staffel rote Zahlen. Die 3. gelbe. Wenn manchmal noch eine vierte Staffel dazukam, dann waren die Zahlen blau. Die Maschinen der Stäbe trugen schwarze Doppelwinkel, Winkel- und Strich-Kennzeichen. Eine Staffel hatte oft 12 bis 16 Maschinen. Eine Gruppe also 40 bis 60. Und das Geschwader hatte dann rund 150 Jagdflugzeuge.

Die ›Gelbe 14‹ wurde sehr bald zum Begriff für Wagemut und Fliegerkunst. Im Frühjahr 1942 schmückte ›der Kunstmaler‹ des Geschwaders, Ständler aus München, den zum Wohnwagen umgebauten Laster des Staffelkapitäns Homuth liebevoll aus. Jeder Flugzeugführer der Staffel war als Organist auf einer Orgel spielend gezeichnet. Jeder Abschuß war eine Orgelpfeife. Da saß mancher mit verdrießlichem Gesicht vor seiner Orgel ohne Pfeifen. Aber Marseille schlug schon wie Lehrer Lämpel bei Wilhelm Busch virtuos und mit fliegenden Haaren die Tasten und trat die Pedale. Seine Orgel war bereits mit einer beachtlichen Zahl von Pfeifen ausgestattet.

Die fliegerische Technik, mit der Marseille in scheinbar spielender Leichtigkeit seine Erfolge errang, galt als vollendete Form des Jägers. Er wurde Vorbild, aber kaum einer erreichte ihn. 3 bis 6 Abschüsse waren die Regel, wenn es zur Kampfberührung kam. Seine Abschußkladde verzeichnete zum Beispiel am 1. September bei drei Einsätzen 17 Luftsiege, 16 davon wurden allerdings nur anerkannt. Dabei schoß er am Vormittag in 12 Minuten 9 Gegner ab. Hauptmann Franzisket, selbst Ritterkreuzträger, kletterte kopfschüttelnd aus seinem Flugzeug: »Ich vergaß das Schießen, als ich Marseille im feindlichen Pulk sah.«

Technik und Taktik von Marseilles Angriffen wurden von vielen Jägern studiert, aber keinem gelang es, sie nachzuahmen. Feldwebel Reiner Pöttgen, der monatelang als Deckungsflieger, als ›Kaczmarek‹, wie es in der Fliegersprache hieß, neben Marseille flog, und mir ausführlich berichtet hat, wußte, wie schwierig es war, hinter dem Staffelkapitän Anschluß und Rückensicherung zu halten und dabei gleichzeitig die Abschüsse zu kontrollieren. Marseille nutzte die Verwirrung, die er in gegnerischen Pulks durch sein plötzliches Angreifen hervorrief, um dann jeden einzelnen aus der Sicherheitskette herauszubrechen und im Kurvenkampf abzuschießen. Sein Blick war nur auf die feindliche Maschine gerichtet, wenn er die Knöpfe der Kanonen und MG drückte. Das Fliegen besorgte er völlig mechanisch. Pöttgen stellte fest, daß Marseille in den Kurvenkämpfen den Motor bis auf ein Minimum abdrosselte. Dadurch flog er eine engere Kurve und gelangte unter die Flughöhe seines Gegners. Seine Visierkunst war offenbar eine besondere Begabung. Er besaß einen weit über dem Durchschnitt liegenden ›schnellen‹ Blick.

Nach schwersten Luftkämpfen hatte Marseille bei höchsten Abschußziffern den niedrigsten Munitionsverbrauch. So benötigte er einmal für 6 Abschüsse nur 10 Schuß aus der 20-mm-Kanone und 180 Schuß MG-Munition.

Es ist schwer, das technische und taktische Können Marseilles auseinanderzusetzen, zumal er selbst nur sehr zurückhaltende Erklärungen gegeben hat. Er riß mitten im Pulk den Gashebel zurück. Flog mit gedrosseltem Motor eine enge Kurve. Schoß. Traf. Und ließ Bruchteile von Sekunden später seine Maschine über die Tragfläche abschmieren. Dann riß er das Flugzeug wieder hoch. Stach erneut in den gegnerischen Haufen.

Alles andere ist nur zu erklären aus einer phänomenalen Kunst der Zusammenfassung von Erfahrung, Instinkt und Eingebung. Er zog das Flugzeug an wie andere einen Anzug. Und er flog, als ob er selber Flügel hätte.

Als die deutsche Panzerarmee über die ägyptische Grenze stieß und vor El Alamein stand, war Jochen Marseille neben Rommel der meistgenannte Soldat in Afrika. Er trug die höchsten deutschen und italienischen Auszeichnungen; neben dem Ritterkreuz mit Eichenlaub und Schwertern die seltene italienische goldene Tapferkeitsmedaille, die im zweiten Weltkrieg nur an drei lebende Soldaten verliehen wurde: an Hauptmann Müncheberg, an Marseille und den Herzog von Aosta. Rommel und Nehring trugen sie in Silber.

Marseille war – was es vielleicht nie mehr geben wird – ein ritterlicher Krieger, vollendet in der technischen Kunst des Spezialisten und dabei doch ein Romantiker. Trotzdem wurde er kein Star. Sein Gesicht war im Spiel mit dem Tode hart geworden. Bleich und schmal kletterte er nach jeder Landung aus der Maschine. Der erste Griff galt der Zigarette, die er nur mit zitternden Händen halten konnte. Wer in diesen Minuten Marseille sah, bekam eine Vorstellung davon, welchen Kraft- und Nervenverschleiß jeder seiner Einsätze unter der heißen Sonne Afrikas kostete. Aber der Gefahr des Ausbrennens widerstand er mit der Gesundheit seiner Jugend. Er schüttelte das Erlebnis ab wie der Hund das Wasser. In seinem Quartier waren Generale und hohe Offiziere der Achsen-Stäbe tägliche Gäste. Wenn man sein

Zelt in den Dünen Afrikas betrat, konnte man glauben, in Rom oder Paris in ein Café der Bohemiens geraten zu sein. An einer Zeltwand die winzige Bar. Dahinter ein Neger aus Südafrika. Mathias. Die Barhocker waren aus den Schwänzen englischer Bomben gemacht. Alte Kabelrollen dienten als Tische. Sofa und Sessel waren aus Sandsäcken und Moskitonetzen. Und bis tief in die Nächte tönte Schallplattenmusik. Argentinische Rumbas und italienische Songs. Fast jeden Abend auch Lili Marlen. Hier saßen Marseille und die Männer seiner Staffel, rauchten und tranken und versuchten, mit ihren jungen Jahren und dem Krieg fertig zu werden.

158 Abschüsse erzielte Jochen Marseille. Nach dem 125. wurden ihm, dem 22jährigen, die Brillanten verliehen. Aber Hans Rudolf Marseille, der Bruder, hat mir bestätigt, daß Jochen diese höchste Auszeichnung der deutschen Wehrmacht – die ja nach Hitlers persönlichen Anweisungen in langwieriger Sonderanfertigung hergestellt wurde – nicht mehr bekam. Nach seinem Tode wurde sie auch der Familie nicht übergeben.

Kein Gegner hat Jochen Marseille besiegt. Die Tücke der Technik brachte ihm den Tod. Reiner Pöttgen, der beim letzten Flug wieder neben ihm war, hat mir das Ende geschildert. Es dauerte drei Minuten: »Es war der 30. September 1942. Vormittags. 1500 m zeigte der Höhenmesser. Wir flogen mit der 3. Staffel von einem Vorstoß ohne Feindberührung aus dem Raum Kairo zurück. Wie schon hundertmal zuvor lag meine Me Fläche an Fläche mit der ›Gelben 14‹ des Kapitäns.

11 Uhr 35 zeigte die Borduhr.

Wir waren alle sorglos.

Was konnte noch passieren?

Was konnte überhaupt passieren?

Ich dachte an Jochens schwersten Kampf vor drei Tagen, am 27. September. In 1900 Meter war er auf den englischen Fliegerkönig gestoßen, der mit 35 Abschüssen an der Spitze der englischen Jäger in Afrika stand. Jochen brauchte 12 Minuten, um ihn abzuschießen. Nach der Landung sagte er: ›Es war der schwerste Gegner‹; und bewundernd fügte er hinzu: ›Er hat meisterhaft gekurvt.‹

Mitten in meine Gedanken kam die Stimme Jochens im Kopfhörer: ›Ich habe Rauchentwicklung in der Kabine.‹

Ich sehe hinüber. Ein paar Meter sind es nur. Da ist das Gesicht des Kapitäns. Schneeweiß wirkt es unter dem glitzernden Kabinendach. Seine Linke reißt jetzt die Entlüftung auf. Qualm kommt heraus. Ich blicke auf die Karte: Noch drei Minuten bis zu den deutschen Linien bei El Alamein.

Die Bodenstation hat den ersten Notruf Marseilles gehört. Nun schwirren die Stimmen durch den Äther: ›Was ist, Elbe 1?‹ Fragen. Mahnende Stimmen. ›Ich kann schlecht sehen‹, ruft Jochen nur immer. Die Staffel rückt zusammen. Wir nehmen ihn eng in die Mitte und leiten ihn durch Funkspruch. Unsere Rufe: ›Mehr rechts, mehr links‹, unterbricht er immer wieder mit der Feststellung: ›Ich kann nichts sehen.‹ Ich rufe zurück: ›Noch zwei Minuten bis El Alamein.‹

Von der Bodenstation kommt das Wort ›Aussteigen‹. Aber Marseille will über den feindlichen Linien nicht abspringen. Gefangen, das ist für ihn unvorstellbar.

Drei Runden hat der Sekundenzeiger der Borduhr gedreht: 11 Uhr 38.

Unten im Teufelsgarten L, an einem Geschütz der SIG mot. 707 hat der Geschützführer, Unteroffizier Bauer, gerade das Glas an die Augen genommen und blickt zu den deutschen Jägern hinauf. Erschrocken ruft er seinen Kameraden zu: ›Da brennt einer.‹ Dicker schwarzer Qualm kommt aus einer der Maschinen.

Oben aber in 1500 Meter Höhe starrt Pöttgen immer wieder nach rechts zur ›Gelben 14‹ und dann wieder nach vorn. Da, die weiße Moschee. Die deutschen Linien. Schafft er es? Die Kanzel ist voll Qualm. Was sagt Jochen? Abgerissen kommen seine Worte: ›Ich – halte es – nicht – mehr aus.‹ Und wieder. Und dann: ›Ich muß jetzt 'raus.‹ ›Ich fliege eine weite Linkskurve‹, erzählt Pöttgen, und der Schweiß steht ihm wieder – wie damals – auf der Stirn, Marseille legt seine Maschine auf den Rücken, wie von einer Riesenfaust wird das Kabinendach weggerissen. Jetzt muß er sich rausfallen lassen.

›Der Jochen ist 'raus‹, rufe ich ins Kehlkopfmikrophon.

Aber – was ist das? In rasender Fahrt geht seine Maschine schräg nach unten weg. Sie läßt den Körper nicht los. Schleudert ihn gegen das Leitwerk, als er sich endlich löst.

Er fällt. Fällt. Wie ein Stein. Wo bleibt die weiße mächtige rettende Blüte des Fallschirms?

Eine Viertelstunde später landen wir hinter den Dünen. Einer fehlt: einer von 12.

Hauptmann Franzisket holte ihn. Er lag 7 Kilometer südlich der weißen Moschee.«

Die Männer der Staffel saßen um den Tisch. Sie fanden kein Wort. Mathias, der Neger aus Transvaal, Marseilles Faktotum, war verschwunden. Aus der Küche, wo er sonst wirkte, hörte man keinen Laut. Erst am Abend kam Mathias zurück, irgendwoher aus einer Ecke oder aus der Wüste. Er hatte eine Kette aus Muscheln in der Hand. Die reichte er Pöttgen.

»Mathias, was ist das?«

»57 Muscheln, Herr, 57 Abschüsse, seit ich Ende August zum Hauptmann kam. Ich habe jede einzeln gesucht, und manchmal dauerte es lange, bis ich die passende fand, weiß und schön.«

Mathias war stolz, und dabei liefen ihm die Tränen über sein schwarzes

Gesicht. »Legen Sie ihm die Kette ins Grab«, sagte er, drehte sich um und lief weg.

Drei Jahre später wurde Mathias in Frankreich von Maquisarts gefangen und erschossen. Seine Muschelkette liegt in Jochen Marseilles Sarg. Als sie ihn beisetzten, lag sie auf seiner Brust wie eine glitzernde Ordenskette, leuchtender als Brillanten, verliehen von der Liebe eines schwarzen Mannes.

MONTGOMERY GREIFT AN

Im Herbst 1942 stand Rommel 18 Monate an der Spitze seiner Armee. 18 Monate Wüste, ohne Urlaub.

Professor Horster, Rommels Arzt, hatte schon während der Schlacht um Alam Halfa ein besorgtes Gesicht gemacht. Täglich untersuchte er Rommels geschwollene Leber. Mißbilligend beobachtete er die ständige Halsentzündung.

Auch in Mauerwald bei Rastenburg, wo das OKH saß, und in Hitlers Hauptquartier Wolfsschanze hörte man von Rommels schlechtem Gesundheitszustand. Am 19. September schickte Hitler den General der Panzertruppe Stumme nach Afrika. Als Vertreter für Rommel. Der Feldmarschall ging in den verdienten Urlaub.

Unter dem 22. September 1942 steht im Bordbuch von Oberleutnant Giesen, dem Flugzeugführer Rommels, die Eintragung: ›Flug nach Derna‹. Am 23. ging es nach Rom.

Am 24. flog Rommel zum Duce, der auf seinem Sommersitz in Forli weilte.

Als Rommel sich nach der Besprechung beim Duce an seiner Maschine von Marschall Cavallero verabschiedete, fragte dieser: »Kann Italien mit Ihrer sofortigen Rückkehr rechnen, wenn Montgomery angreift?«

Rommel wandte sich an seinen Flugzeugführer: »Giesen, wie lange brauchen wir, um nach Afrika zurückzukommen, wenn die Tommys angreifen?«

Giesen antwortete: »Auf direktem Flug acht Stunden. Via Rom zehn Stunden, Herr Feldmarschall.« »Genügt das, Herr Marschall?« fragte Rommel. Cavallero nickte eifrig, schüttelte ihm beide Hände und sagte: »Ich danke Ihnen, Herr Feldmarschall.«

Ehe Rommel sich auf den Semmering bei Wien zurückzog, bekam er am 25. September im Führerhauptquartier noch den Marschallstab von Hitler überreicht. Müde und abgekämpft machte er auf dem Rückflug in Berlin Station. Dort lud Goebbels die in- und ausländische Presse in den Theatersaal des Propagandaministeriums. Und der alte Wüstenfuchs ließ sich zu einem Propagandatrick verführen, der ihn später bitter gereut hat:

Rommel blieb bei seinem Eintritt in den Saal an der Tür stehen: Die Klinke behielt er in der Hand. In die erwartungsvolle Stille tönte seine Stimme: »So habe ich die Hand am Türgriff nach Alexandria.«

Vier Wochen später kam das Dementi.

»Morgen ist Vollmond«, sagte Oberst Markert. Er wollte eigentlich hinzufügen: »Monty scheint wirklich noch nicht fertig zu sein; denn jetzt wäre doch die günstigste Zeit für eine Offensive.« Aber Markert kam nicht mehr dazu, diesen Gedanken in Worte zu fassen. Ein mächtiger Donnerschlag zerriß die bis eben noch stille, mondhelle Wüstennacht, fuhr in das große überdachte Erdloch, das Gefechtsstand, Eß- und Aufenthaltsraum für den Stab der 164. leichten Afrika-Division war. Die Offiziere saßen mit dem Divisionskommandeur, General Lungershausen, gerade beim Abendtrunk. Es war, als wenn ein Riese mit der Faust auf den Tisch geschlagen hätte. Oberst Markert, der I a der Division, sauste die Stufen des Ausstiegs hinauf, um zum Befehlswagen zu kommen. Der II a, Major Elterich, konnte gerade noch die Rotsponflasche festhalten. Die Selterflaschen rollten vom Tisch. General Lungershausen blickte durch die in Kopfhöhe offene Verschalung des Unterstandes hinüber zur Front. Er sah ein einziges blitzendes, goldenes Feuerband: Trommelfeuer auf dem ganzen Abschnitt der Division. »Das ist Montgomerys Offensive«, sagte Lungershausen. Er blickte auf seine Armbanduhr. Sie zeigte 20 Uhr 45 Minuten. Es war der 23. Oktober 1942.

Vor fünf Tagen erst war der Chef der Abteilung Fremde Heere West im Generalstab des Heeres, Oberst Liß, aus dem Mauerwald nach Afrika gekommen, um mitzuteilen, die Nachrichtenauswertung zeige, daß Montgomery unmöglich noch im Oktober angreifen könne. Unmöglich!

Montgomery hatte es verstanden, die Kommandostellen der Achsenstreitkräfte irrezuführen. Er hatte listig einen Angriff im Süden der Alameinfront vorgetäuscht, während er unbemerkt die Vorbereitungen für einen Stoß im Norden traf. Montgomery hatte in diesem Punkt von Rommel gelernt. Er hatte sogar einen Nachrichtenkopf für seine Südfront geschaffen, dessen Meldungen ausschließlich für den deutschen Horchdienst bestimmt waren. Er ließ ferner eine Pipeline mit Tankstellen und Benzinlagern aufbauen, langsam, ganz langsam, so daß die deutsche Aufklärung zu der Meinung kommen mußte: »Das dauert noch mindestens vier Wochen, bis es fertig ist.« Genau das war es, was Montgomery den deutschen Generalstab glauben machen wollte. Und er täuschte den deutschen Nachrichtendienst so vollkommen, daß sogar die Ankunft von zwei neuen Divisionen mit 240 Geschützen und 150 Panzern unbemerkt blieb.

Der Hauptüberraschungstrick Montgomerys bestand darin, die Alameinfront an der stärksten Stelle, nicht an der schwächsten, anzugreifen. Nach allen strategischen Grundsätzen hätte er im Süden den Hauptstoß ansetzen müssen. Er griff aber im Norden an. Dort, wo die Pioniere der 164. leichten Division in wochenlanger Arbeit Rommels ›Teufelsgärten‹ angelegt hatten. Mußte das nicht schiefgehen?

Es wäre schiefgegangen, wenn Monty mit seinen Panzern angegriffen hätte und in die Teufelsgärten hineingefahren wäre. Aber der britische Oberbefehlshaber hatte sich eine neue Taktik ausgedacht.

Galt meist der Grundsatz: Erst die feindlichen Panzer durch Panzerangriffe vernichten, dann die ungepanzerten Teile des Feindes überwältigen – so drehte Montgomery jetzt den Spieß um.

»Ich habe beschlossen, das umgekehrte Verfahren zu wählen«, hatte er zu seinen Stabsoffizieren gesagt. »Ich werde zunächst in mächtiger Materialschlacht die Infanterie der Achse in den Verteidigungsstellungen vernichten. Werde Stein um Stein aus Rommels festgefügtem Wall herausbrechen. Werde Rommels Front die Zähne ausschlagen. Erst dann werden wir mit den Panzerdivisionen durchbrechen und die feindlichen Panzerkräfte vernichten.«

Das war Montgomerys neues Rezept. Er konnte es sich leisten.

Es begann mit einem fünfstündigen Trommelfeuer. Tausend britische Geschütze schmetterten ihre Granaten auf den zehn Kilometer breiten Frontabschnitt zwischen Bir el Atash und Bir Abu Sifai, in dem die Regimenter der 164. leichten Division und italienische Infanterie lagen. Auf 10 000 Meter 1000 Geschütze, das bedeutete praktisch alle zehn Meter eine Kanone, die auf die gegenüberliegenden zehn Meter der deutschen Front feuerte. Die deutschen und italienischen Soldaten lagen in einer Hölle von Explosionen, Rauch und Staub. Alle Nachrichtenverbindungen wurden zerschlagen. »Was ist vorn los?« fragte man bei den Stäben. Niemand wußte es.

Um 22 Uhr wurde das britische Feuer auf die Teufelsgärten verlegt. Was damit losging, ist unvorstellbar für den, der es nicht erlebt hat. Jedem Granateinschlag folgten die Explosionen der Minen, das Detonieren der montierten Fliegerbomben und der geballten Ladungen. Da flogen sie in die Luft, die Teufelseier, die Oberst Hecker und seine Pioniere so sorgfältig gelegt hatten. Sie hatten die angreifenden britischen Panzer oder Infanteristen zerreißen sollen. Aber nun werden die Teufelsgärten Rommels umgepflügt. Montgomery war stark genug, sich Minengassen mit kostbaren und zahllosen Granaten aus Amerika frei zu schießen. Das hatte Rommel nicht bedacht.

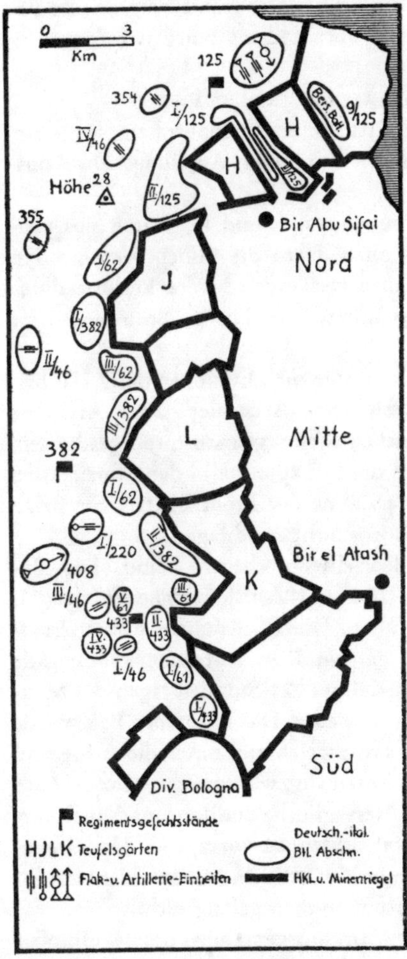

Trento am 23. 10. 42, 20 Uhr 40, Stellungen der 164. l. Afrika-Div. und der ital. Div.

Als die englischen Infanteriedivisionen des XXX. Korps zum Sturm antraten, glaubten sie, kein lebendes Wesen mehr vor und in den deutschen Minensperren zu finden. Aber sie hatten sich getäuscht. Im Raum des Teufelsgartens H lagen die Reste der Bataillone und Kompanien des Panzergrenadierregiments 125. Sie lagen in den armseligen Löchern zwischen zerrissenem Draht und zerpflügten Minenfeldern und – schossen. Schossen mit ihren lädierten Paks. Feuerten mit ihren MG. Der englische Infanterieangriff blieb vor diesem Regimentsabschnitt liegen. Das II. Bataillon unter Hauptmann Wendel trug die Hauptlast der Abwehr.

Aber südlich der 125er, vor und hinter den Minenkästen J und L, sah es schlimm aus. Im Abschnitt des Panzergrenadierregiments 382 verließen die eingegliederten italienischen Bataillone I/62, II/62 und III/62 ihre Stellungen. Verzweifelt verteidigten die Bataillone des Grenadierregiments 382 ihren Frontabschnitt gegen die anstürmende 9. australische und 51. schottische Highland Division.

Da lag der Hauptmann Krüpfganz mit seinem II. Bataillon im Würgegriff mit den Australiern und Highländern. Die britischen Panzer gaben den angreifenden Tommys Artillerie-Feuerschutz und jagten ihre MG-Garben in die deutschen Stellungen. Aber wenn die englischen Infanteristen mit aufgepflanztem Bajonett stürmten, zwang sie das deutsche Bataillon mit Handgranaten und Pistolen in die Knie. Da warfen die Tommys ihre Panzer nach vorn. Das Gros des Bataillons wurde überrollt. Der schwerverwundete Bataillonskommandeur und eine Handvoll Verwundeter wurden gefangengenommen.

Nicht besser ging es dem I. Bataillon unter Hauptmann Pieper.

Die Tommys waren durchgebrochen. Erst hinter der Hauptkampflinie riegelte ein Bataillon der 433er gemeinsam mit einer Abteilung Divisionsartillerie den Angriff ab.

Auch etwas südlicher, zwischen Teufelsgarten L und K, hatten sich neuseeländische und südafrikanische Divisionen durch die Minensperre geboxt. Im Teufelsgarten K hatten britische Panzerverbände schwere Verluste durch hochgehende Fliegerbomben. Aber was nutzte das. Die große Minensperre war überwunden.

Auch im Südteil der Alameinfront versuchten die Divisionen des XIII. britischen Korps, einen Durchbruch zu erzwingen. Auch hier hatten Artillerie und Fliegerbomben die deutsch-italienischen Stellungen sturmreif geschossen, die Vorposten zusammengeschlagen und die Stützpunkte in den Minengassen mit Artilleriefeuer eingedeckt. Aber die Zähne der Front hielten. Sir Brian Horrocks konnte sie mit seinem XIII. Korps nicht einschlagen.

Die Kampfgruppe Kiehl warf jeden eingebrochenen Feind. Die Bataillone des Panzergrenadierregiments 104 und Artillerieeinheiten der 21. Panzerdivision kämpften bis zum Umfallen. Die 10. Kompanie unter Leutnant Ringler hielt den Angriff eines ganzen Regiments der 44. Brigade 24 Stunden lang zwischen dem Minengürtel auf. 24 Stunden lagen die Männer ohne Essen, ohne Trinken pausenlos im Feuer. Das Rad einer Pak wurde durch Treffer weggesprengt. Da legten sich zwei Mann unter die Achse und machten das Geschütz schießklar. So knackten sie zwei schwere Panzer. Auch die Italiener der Division Ariete, die Bersaglieri-Bataillone und die Verbände der Division Brescia und Folgore fochten hervorragend. Montgomerys XIII. Korps konnte zwar Einbrüche in die östlichen Minenfelder erzwingen; aber bis zur Hauptkampflinie durchzubrechen gelang nicht.

Im Norden sah es dagegen schlimm aus. Im Morgengrauen des 24. Oktober hatten die Briten zwei Korridore geschlagen. Hinter den drei eingebrochenen Infanteriedivisionen setzte der britische Oberbefehlshaber nun die 1. und

10. Panzerdivision mit 700 Panzern in Bewegung und stieß mit dieser mächtigen Panzerwalze nach Westen. War dies das Ende der Panzerarmee Afrika? Würde die Front der Achse zum Einsturz kommen?

Aber Montgomery war kein Mann, der alles auf eine Karte setzte. Die deutsche Führung bekam die Chance, die gefährliche Krise zu meistern. Über der deutschen Führung schien jedoch ein Unstern zu stehen. General Stumme, der stellvertretende Oberbefehlshaber der Panzerarmee, ein tapferer Mann, der erst seit kurzem in Afrika war, glaubte es der Rommel-Tradition schuldig zu sein, selbst in vorderster Linie nach dem Rechten zu sehen. Er fuhr – nur vom Armeenachrichtenführer Oberst Büchting begleitet – über die ›Alarmpiste‹ an die Front. Er fuhr genau an die Krisenstelle nahe der Höhe 28. Da knallte englisches MG- und Pakfeuer los.

Oberst Büchting erhielt einen tödlichen Kopfschuß. Der Fahrer versuchte, mit dem Kübelwagen aus dem Feuerüberfall zu entkommen. Stumme, der auf die Straße gesprungen war, hielt sich am wegbrausenden Wagen fest. Stürzte, ohne daß es der Fahrer merkte, und blieb liegen. Ein Spähtrupp des I. Bataillons der 125er holte den General. Feldwebel Holzschuh und Obergefreiter Kiel von der 2. Kompanie fanden ihn. Er war tot.

Als der Fernsprecher am Klappenschrank im Armee-Oberkommando das Gespräch vermittelte, mit dem Oberst Westphal den Oberquartiermeister über den tragischen Vorfall informierte, zitterte seine Hand beim Umlegen des Kipphebels. Er dachte an die Gespräche, die er seit der Ankunft General Stummes in Afrika fast jeden Abend mit einem bakteriologischen Feldlabor vermittelt hatte. Das erste Mal hatte der Fernsprecher neugierig mitgehört: Was wohl der OB mit dem Feldlabor zu reden hatte? Und dann hörte er:

»Bärbel?« – »Ja, Vati.«

General Stumme sprach mit seiner Tochter. Sie arbeitete im bakteriologischen Labor in Marsa Matruh. Als dieses erste Gespräch beendet war, sagte der Vermittler zu seinem Kollegen in Marsa Matruh: »Mensch, hast du gehört, Vater und Tochter in Afrika.« Und der Mann in der Vermittlung Marsa Matruh antwortete in prächtigem Schwäbisch: »Kerle, i ham gemoint, mi haut's hin. Die erschte weibliche Stimm seit oim Jahr.«

Daran mußte der Gefreite am Klappenschrank des AOK am 24. Oktober denken. Ein paar Sekunden. Dann wischte der Krieg alle Gefühle weg.

»Verbindung zum DAK.«

»Das Kommando der Panzerarmee übernimmt General Ritter von Thoma. Er bleibt auf dem Gefechtsstand des DAK.«

Am Abend des 24. Oktober forderte das OKW von Westphal innerhalb einer Stunde eine Meldung, ob es sich um einen Aufklärungsvorstoß oder einen Großangriff handele. Westphals Antwort lautete: »Einwandfrei lange erwarteter Großangriff. Rückkehr Feldmarschall Rommels notwendig.«

In immer neuen Wellen griff Montgomerys Infanterie an. Die Artillerie hämmerte fast pausenlos. Und dann die Flieger. Sie waren Tag und Nacht über der Front.

Oberleutnant Bernhard Orth hatte das nachtscharfe Glas 10×50 vor den Augen. Er lag mit der 1. Batterie Panzerartillerieregiment 33 etwa 8 Kilometer hinter der vordersten Linie. Er war dem Verband der Kampfgruppe Süd der 15. Panzerdivision, die Generalleutnant von Vaerst mit seinem afrikabewährten I a Heinrich Müller führte, zugeteilt. Oberst Teege, der Kommandeur Panzerregiment 8, führte die Kampfgruppe. Als die Morgensonne des 24. Oktober den Pulverdampf und die Rauchschwaden durchbrach, sah Oberleutnant Orth von seinem Panzer-Beobachtungswagen aus die von Entsetzen gepackten italienischen Infanteristen zurückströmen. »Front capputt, Front capputt«, schrien sie und verschwanden nach Westen. Hinter den letzten Gruppen tauchten auch schon die ersten Feindpanzer auf. Durchweg neue amerikanische ›Sherman‹-Panzer und ›General Grant‹. »Feindpanzer im Anmarsch«, ging der Ruf über Funk. Das war die Stunde der Artillerie, die mit ihren Kanonen, Mörsern und Feldhaubitzen das Rückgrat der Panzerdivisionen bildete. Am Morgen des 24. Oktober zeigte sich das wieder einmal. Kurzes Einschießen. Dann Wirkungsfeuer auf die vordersten Panzer. Schuß um Schuß jagten die Batterien heraus. Das Feuer lag gut. Die ersten Panzer blieben brennend und rauchend liegen. Die Panzerspitze war zum Stehen gebracht. Das war der Augenblick zum Gegenangriff für die I. Abteilung Panzerregiment 8 unter Hauptmann Stiefelmayer. Sein kräftiger Panzerstoß drückte die englischen Panzer in den Teufelsgarten L. Das war verhängnisvoll für die Tommys. Zwar waren durch das nächtliche britische Trommelfeuer viele Minen zur Detonation gebracht worden. Aber jetzt zeigte sich, daß doch noch genug von den gefährlichen Teufelseiern intakt waren. Dort ging eine Stichflamme hoch. Da wieder eine. Montierte Fliegerbomben detonierten und riefen unter den feindlichen Panzern eine wilde Panik hervor. 35 Panzer blieben im Teufelsgarten L liegen. Der Rest zog sich zurück; Montgomerys Durchbruch am nördlichen Korridor war abgewiesen.

Aber für die Panzerarmee Afrika galt das Wort vom ›Krieg des armen Mannes‹. Montgomery hingegen schöpfte aus dem Vollen. Vor allem hatte er seine Luftstreitkräfte schlagkräftig eingesetzt. Die britischen Flieger beherrschten jetzt den afrikanischen Luftraum. Ununterbrochen wurden die deutschen Bodenstreitkräfte bombardiert. Die ›sturen 18‹ – der übliche britische Angriff mit 18 Bombern unter Jagdschutz von 14 Jägern – wurde zum geflügelten Wort bei den Afrika-Landsern. Sie flogen immer stur ihren Kurs und bombardierten stets ein anderes Planquadrat. Immer kamen sie zu 18.

Im Morgengrauen des 25. Oktober griff Montgomery nach kräftiger Artillerie-Vorbereitung und einem Luftbombardement erneut an. Die Höhe 28 wurde zum Drehpunkt der Schlacht. Hier wollten die Tommys durch.

Während um diesen armseligen, ein paar Meter hohen Dünenhügel die Granaten barsten, stand in Wiener-Neustadt Erwin Rommel vor seiner He 111 mit den Kennzeichen DH YA.

Es war 7 Uhr 50. Flugzeugführer Oberleutnant Giesen kämpfte noch auf der Wetterwarte um Starterlaubnis. Der Bordfunker, Stabsfeldwebel Hahne, meldete die Maschine klar und berichtete vom Kampf mit den Wetterfröschen. »Wir fliegen«, sagte Rommel. Und dabei blieb es auch, obwohl Giesen zurückkam und dem Feldmarschall meldete: »Startverbot wegen Vereisungsgefahr bis in 6000 Meter Höhe.«

Giesen und Hahne – ›Adele‹ und ›Gockel‹, wie Rommels Fliegergespann genannt wurde – nickten sich zu. ›Bazi‹ Wolf, Bordmechaniker, und Beobachter Sadrich saßen schon in der Maschine. Ab ging es. Richtung Rom. Von hier nach kurzer Zwischenlandung nach Iraklion auf Kreta. Von dort in einer Do 217 hinüber nach Afrika. Um 17 Uhr 20 landete Rommel in El Daba. Er stieg sofort in einen Storch und brauste zur Front weiter. Noch vor Dunkelwerden stand der Feldmarschall in seinem Gefechtsstand und ließ sich von Westphal über die Lage unterrichten.

Am anderen Vormittag hielt General Ritter von Thoma, asketisch, hager, pedantisch, Vortrag. Er schloß mit den Worten: »Die Lage, Herr Feldmarschall, hat sich äußerst ungünstig entwickelt. Die überwältigende feindliche Artillerie hat unsere Teufelsgärten zerschlagen. Wir konnten den Feind aufhalten, aber nicht zurückwerfen. Die Betriebsstofflage läßt nur geringe Bewegungen zu. Artilleriefeuer und rollende Bombenangriffe haben die Verbände dezimiert. In der 15. Panzerdivision sind noch 31 Panzer einsatzbereit.«

Das war ein böser Bericht. Rommel stand vor der Karte. Die Hand am Kinn. Die Augen zusammengekniffen. Würde er hier viel retten können?

Er zog sofort alle beweglichen Kräfte der Nordfront zu einem massierten Gegenstoß zusammen. Aber er konnte sich nicht entschließen, auch die 21. Panzerdivision aus ihrer Reservestellung im Südteil der Front nach Norden zu holen. Er war nicht sicher, ob die nördliche Offensive der Briten nicht doch noch durch einen Stoß an der Südfront ergänzt werden würde. Die Täuschungsmaßnahmen Montgomerys wirkten sich aus.

Inzwischen zog Montgomery Infanteriebrigaden und Panzerkräfte von seiner Südfront ab und warf sie im Norden in den Kampf. Am 27. entschloß sich auch der Feldmarschall, seine 21. Panzerdivision und die Hälfte aller Artillerieverbände vom Süden abzuziehen. Er spielte jetzt hoch. Aber was blieb ihm anderes übrig? Das Loch in der Nordfront mußte gestopft werden, oder alles war aus.

Die 21. Panzerdivision griff über die noch haltenden Teile der 15. Panzerdivision hinweg die eingebrochenen Gegner an. General v. Randow mit seinem Ia, Major v. Heuduck – die beide zwei Monate später, am Heiligabend, das Opfer einer von der Long Range Desert Group gelegten Mine wurden – fährt mit seiner Division in die Wand aus Staub und Rauch, die über dem Kampffeld steht. Der Kommandeur Panzerregiment 8, Oberst Teege, schließt sich mit dem Rest seiner Panzer dem Angriff an. Der Stoß wird von mächtigem Artilleriefeuer getroffen. Dann geht der Kampf gegen die an Stärke und Reichweite überlegenen neuen Panzer der Briten los. Trotzdem gelingt es, den Gegner zurückzudrängen; aber eine Entscheidung kann nicht erzwungen werden. Der Gegner ist zu stark. Es kommt zu schweren Krisen. Englische Infanterie taucht nicht selten im Rücken der kämpfenden Verbände vor den Stellungen der schweren Artillerie auf. Da hilft nur der Kampf mit dem Karabiner. Die Artilleristen werden zu Infanteristen, wie die Männer von den 10,5-cm-Kanonen der Artillerieabteilung 408. Zweimal werfen sie die Tommys im harten Mann-gegen-Mann-Kampf aus ihren Stellungen wieder hinaus.

Das war die Schule ihres altbewährten Kommandeurs Major Dr. Böckmann. Der Major war Reserveoffizier, von Beruf Lehrer und Oberstudiendirektor in Hameln. Bei der Artillerie kannte jedermann diesen großartigen Offizier. »Krause, was sagt Böckmann« war ein geflügeltes Wort. Weil der Feldmarschall in schwierigen Situationen stets seinen Höheren Artillerie-Kommandeur Afrika, Generalmajor Krause, nach dem Urteil des Major Böckmann fragte. Was Böckmann sagte, das stimmte. General Krause wußte es. Rommel wußte es. Und – die Männer von 408 wußten es. Keiner von ihnen hat bis heute vergessen, wie der Major den altbewährten Unteroffizier Attenberger begrub. Wie ihm die Tränen übers Gesicht liefen, als er von seinem Freund, dem Unteroffizier, sprach. Zur Zeit der Alameinkämpfe lag Böckmann verwundet im Lazarett. Er entkam dem Krieg in Afrika, um in Rußland zu sterben.

Am 28., 29. und 30. Oktober zeigte sich immer deutlicher, daß Rommels Streitkräfte dem britischen Ansturm nicht mehr gewachsen waren. Die britischen Bomberflotten bewegten sich ungehindert am Himmel und zerschlugen jede Truppenansammlung. »Achtung, Parteitaggeschwader«, lautete der verzweifelt-zynische Ruf der Landser, wenn die Bomberverbände der RAF wie im Exerzierflug daherkamen, um ihre Bombenteppiche zu legen. Es war für die Panzerarmee im wahrsten Sinne eine Schlacht ohne Hoffnung. Der siegreichste Feldherr Deutschlands wurde mit der Materialüberlegenheit der Westmächte konfrontiert, gegen die keine noch so große Tapferkeit nutzte. »Auch der tapferste Soldat wird von einer Fliegerbombe totgeschlagen«, kommentierte Rommel resigniert die Lage.

In der Nacht zum 31. Oktober trat Montgomery zu seinem Unternehmen

›Supercharge‹ an. Zum großen Durchbruch im Norden. Nach einstündigem Trommelfeuer griffen die Australier frontal und aus der Flanke das Panzergrenadierregiment 125 an. Panzerverbände überwalzten eine Artillerieabteilung der Italiener. Am Morgen des 31. Oktober standen die Briten mit schweren Panzern an der Küstenstraße. Rommel warf die Aufklärungsabteilung 33 in den Kampf, um zu verhindern, daß der nördliche Frontbogen abgeschnitten würde. Die letzten Stukas wurden eingesetzt. Die 90. leichte Division und die 21. Panzerdivision traten zum Gegenstoß an. Es gelang zwar, die Verbindung zu den eingeschlossenen Teilen des Nordflügels wiederherzustellen, aber ein entscheidender Erfolg konnte nicht errungen werden.

Da holte Montgomery zum großen Schlage aus. Alle Panzer, die er von seiner ehemals 800 Kampfwagen starken Armada noch hatte, faßte er zusammen und warf sie in den Kampf. 400 britische Kampfwagen standen gegen 80 bis 100 deutsche und italienische Panzer.

DER FÜHRERBEFEHL: ZUM SIEGE ODER ZUM TODE

Als sich die Nacht vom 1. zum 2. November 1942 über die nordafrikanische Wüste legte, mit Pulverrauch, mit dem Gestank verbrannten Öls, mit Durst und Angst, da dauerte die Schlacht um El Alamein den neunten Tag. Rommels Teufelsgärten waren fast völlig im Besitz des Feindes, der Nordabschnitt der deutschen Front eingedrückt und an vielen Stellen zerrissen. Die neue Frontlinie wurde von wenigen Geschützen, wenigen Panzern und Resten der zusammengeschmolzenen Divisionen gehalten. Die Grenadierregimenter 125, 104, 382 und 433 lagen seit neun Tagen ununterbrochen in der Schlacht.

Aber was nützte alle Tapferkeit der Grenadiere, Artilleristen und Panzermänner bei der haushohen Überlegenheit des Gegners.

Montgomerys Nachtangriffe rollten nach bewährter Methode. Drei Stunden lang schlugen die Granaten aus 400 bis 500 britischen Geschützen in Rommels Hauptkampflinie. Rollende Nachtbomberangriffe der Royal Air

Force zermürbten die Truppe. Dann traten die britische Infanterie und dahinter die Panzermassen zum Sturm an. Was kommen mußte, kam: Die Front südwestlich der berühmten Höhe 28 wurde durchbrochen. Etwa 400 feindliche Kampfwagen ergossen sich durch das aufgerissene Loch nach Westen. Weitere 400 Panzer hielt Montgomery östlich der Minenfelder in Reserve.

»Antreten zum Gegenstoß«, lautete Rommels Befehl. Sie traten an – die Reste der Panzerarmee: ein paar Dutzend Panzer. Die zusammengeschmolzenen Panzergrenadierregimenter. Die Flak. Die Heeresartillerie. Die Kampfgruppen aus Pionieren, Stäben und Nachschubeinheiten. Die Panzerschlacht von Tel el Aqqaqir entbrannte. Sie steht als eine der härtesten Panzerschlachten Afrikas in der Kriegsgeschichte. Ununterbrochen trommelten die britischen Luftgeschwader und die britische Artillerie mit unerschöpflichen Munitionsmengen. Die deutsche Artillerie hingegen litt in ihren Frontstellungen dauernd an Munitionsmangel. Nicht, weil es in Afrika keine Granaten mehr gegeben hätte. Sie waren da. Lagen in Tobruk oder in rückwärtigen Depots. Aber es fehlten die Transportmittel, und es fehlte der Sprit, sie zur Front zu bringen. Selbst Feldküchen wurden von General Krause eingesetzt, um Granaten nach vorn zu transportieren. So holte sich die II. Abteilung Artillerieregiment 115 mit ihren Verpflegungsfahrzeugen für ihre 21-cm-Mörser die Granaten aus Tobruk. Ganze 10 Schuß gingen auf einen 3-Tonner, und die Fahrt dauerte drei Tage. Das war der Krieg des armen Mannes.

Trotzdem gelang es den deutschen Verbänden, die vier Kilometer breite Einbruchstelle der Engländer abzuriegeln. Nun aber konzentrierte Montgomery auch seine Panzer zweiter Linie an der Einbruchsstelle. Das DAK verfügte aber nur noch über 35 einsatzbereite Kampfwagen.

Die Geschütze des Panzerartillerieregiments 33 schossen wie auf dem Exerzierplatz in die angreifenden Tommy-Panzerregimenter. Die II. Abteilung des Regiments wurde niedergewalzt. In der I. Abteilung rettete nur die Umsicht von Oberleutnant Orth die 1. Batterie. Er zog sie aus dem Feuerbereich der mittleren und leichten britischen Artillerie und setzte sie an günstiger Stelle wirksam wieder gegen Panzer ein. Dank der Feuerunterstützung dieser Batterie und einer 8,8 konnte auch Leutnant Bickes drei Geschütze seiner 2. Batterie aus dem feindlichen Feuerhagel herausbringen und hinter der Telegrafenpiste erneut zur Panzerabwehr einrichten. Das alte und stolze Panzerartillerieregiment 33, das unter seinem ersten Afrikakommandeur Oberstleutnant Crasemann alle Siege und alle Krisen der Panzerarmee in Afrika mitgefochten und mitgetragen hatte, war nun bis auf sieben Geschütze aufgerieben. Auch das ruhmreiche Panzerregiment 8 ging unter. Der Regimentskommandeur Oberst Teege fiel als einer der letzten in seinem brennenden Befehlspanzer. Die vielgenannten Grenadierregimenter, Pionierbataillone, Flak- und Nachrichteneinheiten, Aufklärungsabteilungen und alle anderen Verbände bestanden nur noch aus ausgepumpten Soldaten, die übermüdet, verwundet und ohne Wasser in ihren Löchern lagen. Das war die Situation am 3. November 1942. Im Tagebuch des Leutnants Ralf Ringler, Chef der 10. Kompanie Panzergrenadierregiment 104, steht:

»3. November 1942. An der Telegrafenpiste, der Wüstenstraße von Sidi Abd el Rahman. Wieder kommt ein Morgen. Hunger. Kälte. Vom Gefreiten Franken finden wir nichts mehr. Die Sicht wird klarer. Die Sonne dringt durch den Qualm. Die Kälte vergeht, aber der Hunger bleibt. Und nun kommt auch der Durst. Wir sind hier ein paar eingegrabene Grenadiere. Alle 20 Meter, zuweilen auch nur alle 50 liegen ein paar Männer. Und zwei Pakgeschütze. Sonst nichts. Links soll die 9. Kompanie liegen. 12 Kilometer weiter das Meer. Und hinter uns? Nichts. Und südlich? Auch nichts. Uns gegenüber aber eine Armada von Panzern. Gestern kamen sie. Zwei, vier, acht, zehn – sie greifen an. Alarm!

In Sekunden stehen unsere Kanoniere geduckt hinter dem Geschütz. Aber erst herankommen lassen. Das ist ja unsere einzige Chance. 50 Meter: Jetzt raus, was rausgeht! Der erste brennt, ein ›Mark VI‹, die Besatzung läuft zum zweiten Panzer. Ein ›Pilot‹. Zielwechsel. Treffer. Zielwechsel. Die Geschoßhülse klemmt. Doch dann geht der Schuß raus. Nochmals Zielwechsel. »Ruhig, Gebhart, nimm den dritten.« Schuß. Und noch mal Schuß. Und noch mal. Treffer. Abschuß. Wieder ein ›Pilot‹. In drei Minuten, mit elf Schuß also, drei Panzer. Die anderen drehen ab. Mein Gott, wenn die wüßten, was für ein armseliger Haufen wir sind.

Aber dann kommt die Rache.

Vier Panzer fahren wieder auf meine Stellung zu.

Warum schießt denn die Pak nicht? Im Glas sehe ich, wie die Männer verzweifelt an dem Verschluß herumreißen.

Jetzt werden wir also kassiert.

Die vier Panzer sind heran. Panzer-Nahkampfmittel gibt es in Afrika nicht. Sprengladung oder geballte Ladung haben wir nicht. Jetzt ist der erste schon bei der MG-Stellung. Er fährt über die zwei Deckungslöcher. Er hält. Kreischendes Klirren der Ketten. Er dreht. Er gräbt sie lebendig ein. Er zerquetscht sie. Und da kommt ein Mark II auf meine Deckung zugefahren. Ich kauere mich zusammen. Habe Angst. Nimmt denn das kein Ende, das kreischende Gleiten der Ketten über meinem Loch? Wann bleibt er stehen, um zu drehen? Um mich zu zermalmen? Jetzt ist er über mich weg. Ich springe auf. Halb rechts fährt der dritte Panzer. Sein Kommandant ist so sicher, daß er sich weit aus der Luke beugt. Ich reiße die Eierhandgranate vom Koppel, ziehe ab und werfe sie hinüber. Am Turm prallt sie ab und explodiert wirkungslos. Der Panzerkommandant grinst zu mir herüber. Er hat sich nur ein wenig geduckt. Jetzt schwenkt er mit den Armen wie auf dem Schießstand: Fehlanzeige – und fährt weiter. Drüben am linken Flügel meiner Stellung laufen fünf meiner Männer mit erhobenen Armen auf einen Tommy-Panzer zu und sitzen auf. Es ist der Feldwebel von der Rußlandfront mit vier vom Ersatz. Eben erst angekommen. In der Nacht schon waren sie mit ihren Nerven fertig. So sieht also das Ende aus. Wird es heute auch für mich kommen?«

Und so war es überall in der Hauptkampflinie des Nordabschnitts der Alamein-Front am 3. November 1942. Sollten sie alle sterben oder in Gefangenschaft gehen? Rommel faßte den richtigen Entschluß: Aufgabe der Alamein-Stellung, Rückzug.

Der Feldmarschall hatte in seinem Lagebericht vom 2. November das Führerhauptquartier auf diese Möglichkeit bereits hingewiesen. Auf Grund der Tatsache, daß ihm Rastenburg bisher in entscheidenden Situationen freie Hand gelassen hatte, glaubte er auch diesmal, daß man ihm nicht in die Zügel fallen würde. Trotzdem hatte er ein unbehagliches Gefühl; denn er kannte Hitler und auch Mussolini und wußte, daß beide einen Rückzug als etwas Schimpfliches ansahen. Rommels Ansicht nach ging es hier aber nicht um die Frage des Rückzuges in die vielgenannte Fuka-Linie oder die alte Marsa el Brega-Stellung oder bis Tripolis, es ging um viel mehr: Es ging um die Frage, ob nach den verpaßten Chancen jetzt unter den veränderten Umständen die afrikanische Position überhaupt noch zu halten war. Würde man das in der 3000 Kilometer von Afrika entfernten ostpreußischen ›Wolfsschanze‹ erkennen?

Rommel beschloß, seinen Ordonnanzoffizier, den Reservehauptmann Ingemar Berndt, einen Ministerialrat aus dem Propagandaministerium, der sich bei Hitler eines besonderen Ansehens erfreute, ins Führerhauptquartier zu schicken. »Machen Sie dem Führer unsere Situation klar und deuten Sie an, daß der afrikanische Kriegsschauplatz für uns wahrscheinlich verloren ist. Versuchen Sie, volle Handlungsfreiheit für die Panzerarmee zu bekommen«, sagte Rommel. Dann fuhr er auf der Küstenstraße nach Osten zur Front.

Die Mission Berndts ist häufig dramatisiert worden. Aber sie war doch nur eine Episode. Daß sich Rommel für diese wichtige Aufgabe statt eines Generalstabsoffiziers eines ›politischen Offiziers‹ bediente, zeigt nur, daß der Fuchs aus Schwaben wußte, wie mißtrauisch Hitler gegen Generalstabsoffiziere war. Als Oberst Westphal sich anbot, den Flug nach Rastenburg zu machen, sagte Rommel mit Recht: »Ihnen nimmt er doch kein Argument ab.«

Während Rommel am Morgen des 3. November noch mit Westphal die technischen Probleme des Absetzens vom Gegner erörterte, kamen die Meldungen, daß Montgomery an diesem Vormittag nur zögernd angriff. Er schien seine Verbände zu reorganisieren. Die Gelegenheit zum Rückzug in die Fuka-Stellung war also günstig. Rommel befahl den Abmarsch der italienischen Verbände nach Westen.

Die Infanterie bei einem Rückzug zu retten, war das Kernproblem. Die Panzerarmee besaß nicht mehr genug Fahrzeuge, um die Infanteristen mitzunehmen. So mußten diese marschieren, immer der Gefahr ausgesetzt, durch motorisierte feindliche Verbände eingeholt und gefangen zu werden. Aber es schien alles gut zu laufen. Der Rückzug der Infanterie war in vollem Gange. Rommel war vorn und beobachtete die Lage. Vielleicht glückte es doch, Montgomery ein Schnippchen zu schlagen.

Gegen 13 Uhr saß Oberst Westphal im Gefechtsstand der Panzerarmee mitten zwischen Funkmeldungen, Karten und Kanistern vor seinem Mittagessen. Da riß der Ordonnanzoffizier, Rittmeister v. Helldorff, die Tür auf. Er hatte ein Papier in der Hand und meldete: »Ein Befehl des Führers, Herr Oberst!«

»Was steht denn drin, Helldorff?«

»Die Armee ist zum Tode verurteilt, Herr Oberst.«

»Was«, knurrte Westphal und griff nach dem Papier. Las, knallte den Schrieb auf den Tisch: »Jetzt sind die da oben ganz verrückt geworden!«

In dem Augenblick fuhr Rommels Befehlspanzer vor. Der Feldmarschall sprang heraus. Westphal reichte ihm den Funkspruch.

»Befehl des Führers«, sagte er nur.

Rommel schaute ihn fragend an. Aber Westphal sagte kein Wort weiter. Rommel las. Das Grummeln der Front bildete die Geräuschkulisse für die betretene Stille, die um den Feldmarschall herrschte. Die Augen seiner Offiziere waren auf ihn gerichtet, und sie sahen, wie die Muskeln seines Gesichts beim Lesen zuckten. Dann legte Rommel den Funkspruch auf den Tisch, drehte sich um und starrte hinüber zur Front. Und nun konnten sie es alle lesen:

»Mit mir verfolgt das deutsche Volk in gläubigem Vertrauen auf Ihre Führerpersönlichkeit und auf die Tapferkeit der Ihnen unterstellten deutsch-italienischen Truppen den heldenhaften Abwehrkampf in Ägypten. In der Lage, in der Sie sich befinden, kann es keinen anderen Gedanken geben als auszuharren, keinen Schritt zu weichen und jede Waffe und jeden Kämpfer in die Schlacht zu werfen. Trotz seiner Überlegenheit wird auch der Feind am Ende seiner Kräfte sein. Es wäre nicht das erste Mal in der Geschichte, daß der stärkere Wille über die stärkeren Bataillone des Feindes triumphierte. Ihrer Truppe aber können Sie keinen anderen Weg zeigen als den zum Siege oder zum Tode. Adolf Hitler.«

Sollte man den Befehl befolgen? Oder sollte man ihn ignorieren? Sollte man zurückfunken: ›Wir gehorchen, aber wir machen darauf aufmerksam, daß . . .?‹ Oder sollte man einfach funken: ›Rückzug bereits im Gange!‹ Das waren die Fragen, die in den nächsten Stunden zwischen Rommel und Westphal diskutiert wurden. Der kühle Analytiker Westphal vertrat die Ansicht, daß der pathetische Funkspruch wohl kaum in Kenntnis der Lagemeldung vom 2. November verfaßt worden sein konnte.

»Das ist eine Aufmunterungsspritze«, sagte Westphal. »Wer weiß, vor wieviel Tagen die Sache schon verfaßt wurde.« Aber gegen Westphals These sprach der Vermerk über die Absendezeit des Funkspruchs aus dem Hauptquartier. Der Befehl war geraume Zeit nach dem bestätigten Eingang von Rommels Lagemeldung vom 2. November abgegangen. Trotzdem versuchte der Oberst, den Feldmarschall dahin zu bringen, den Führerbefehl zu ignorieren. Aber Rommels soldatischer Sinn sträubte sich gegen eine solche Lösung. Für den Feldherrn war das Problem schwieriger als für den Generalstabsoffizier.

»Ich habe bisher immer unbedingten Gehorsam von meinen Soldaten verlangt. Auch wenn sie vielleicht meine Befehle nicht verstanden oder für falsch hielten. Ich kann mich jetzt nicht persönlich diesem Prinzip entziehen. Auch ich muß mich ihm unterordnen«, sagte er zu Westphal.

»Das ist der Untergang der Armee«, antwortete der.

»Ich bin Soldat«, erwiderte Rommel.

So ging es stundenlang. Der Feldmarschall konnte sich nicht vorstellen, daß Hitler seinen Sieg-oder-Tod-Befehl ohne Kenntnis der Frontlage vor El Alamein gegeben hatte. Er konnte nicht wissen, was für ein tragikomischer Irrtum hinter Hitlers Befehl stand.

Rommel erwog eine Rückfrage im OKW; aber was hätte er für andere Argumente ins Feld führen können als seinen Lagebericht vom 2. November? Der Hauptmann Berndt wurde mobilisiert, Hitler erneut persönlich die Lage vorzutragen. Aber was sollte inzwischen geschehen?

Spät in der Nacht zum 4. November entschied Rommel, alle Rückzugsbewegungen zu stoppen, und gab den Befehl: ›Kampf bis zur letzten Patrone!‹

Aus was für einer verzweifelten inneren Situation dieser Befehl gegeben wurde, zeigt die Tatsache, daß Rommel selbst seinen Armeestab für den Nahkampf mit Handgranaten und MP ausgerüstet sehen wollte. Zur Ausfertigung des entsprechenden Befehls kam es jedoch nicht mehr. Die Ereignisse überstürzten sich.

Am Vormittag des 4. November war die Lage so: Die Reste des DAK und die 90. leichte Division hielten eine dünne Frontlinie beiderseits der zwar nur vier Meter hohen, aber beherrschenden Sanddüne Tel el Mampsra. Südlich davon stand das stark angeschlagene italienische Panzerkorps mit den Resten der Divisionen Ariete, Littorio und Trieste. Der südliche Frontabschnitt war durch die italienische Division Trento, die Fallschirmjägerbrigade Ramcke und das X. italienische Korps besetzt. Um 8 Uhr früh hatte Montgomery nach einstündiger Artillerie-Vorbereitung angegriffen. Die Reste der Divisionen des DAK kämpften unter dem Befehl des Generals von Thoma und wehrten sich verzweifelt gegen den Angriff der Engländer, die mit 200 Panzern anstürmten.

Als sich Oberst Bayerlein in der Morgendämmerung bei General von Thoma abgemeldet hatte, um südlich El Daba den rückwärtigen Gefechtsstand einzurichten, bemerkte er, daß der General alle seine Orden angelegt hatte, was sonst in Afrika nicht üblich war. »Bayerlein«, sagte Thoma, »der Führerbefehl ist ein Wahnsinn. Er ist das Todesurteil für die Armee. Wie soll ich das vor den Soldaten vertreten?«

Thoma hatte Bayerlein dabei angeblickt und hinzugefügt: »Gehen Sie nach El Daba, ich bleibe hier und übernehme persönlich die Verteidigung von Tel el Mampsra.« Er fügte resigniert, aber ironisch hinzu: »Wie es Rastenburg befiehlt.«

Bayerlein war die tiefe Niedergeschlagenheit des Generals von Thoma aufgefallen, und er ahnte nichts Gutes, als er sich nach El Daba auf den Weg machte. Will der General sterben? dachte er.

Als der britische Angriff begann, lag der Schwerpunkt auf Tel el Mampsra. Im Gebiet der Sanddünen war die Hölle los. Ritter von Thoma war an der Spitze der Kampfstaffel des DAK in vorderster Linie.

Um 11 Uhr kam Oberleutnant Hartdegen, Ordonnanzoffizier bei von Thoma, auf dem Gefechtsstand Bayerleins an und meldete: »General von Thoma hat mich mit der Funkstelle zurückgeschickt. Er sagte, er brauche mich nicht mehr. Auf Tel el Mampsra sind unsere Panzer, unsere Pak und unsere Flak vernichtet. Was mit dem General ist, weiß ich nicht.« Erschrokken sprang Bayerlein in einen kleinen Panzerspähwagen und fuhr nach Osten. Plötzlich wurde er von einem Hagel von Panzergranaten überschüttet. In der Luftspiegelung der Mittagsstunden sah er unzählige schwarze Panzerkolosse. Er sprang aus dem Wagen und rannte zu Fuß in der glühenden Mittagshitze auf den Dünenkamm zu. Dort fand er eine Residenz des Todes: brennende Panzerwracks, vernichtete Flak. Zerschossene Pak. Gefallene und immer wieder Gefallene. Nur ein paar Schwerverwundete lebten noch. Bayerlein warf sich in ein Sandloch und hielt Ausschau. 200 Meter vor ihm ein brennender Panzer. Daneben, im Feuerhagel stehend, General Ritter von Thoma. Der große hagere Mann hob sich gespenstisch gegen den Himmel ab.

Ritter von Thoma: in beiden Weltkriegen zwanzigmal verwundet. Das Urbild von Mut und Tapferkeit. Seinen Adel hatte er sich im ersten Weltkrieg

Weithin leuchtet die weiße Moschee von Sidi Abd el Rahman (l.). Sie war das Wahrzeichen von El Alamein und lag knapp hinter den deutschen Stellungen. Den Soldaten und Fliegern war sie ein untrügliches Wegzeichen. Die Kampfgruppe Briel stürmte hier vorbei, um im Husarenstreich bis an die Vorstädte von Alexandria zu dringen. Rechts: Hauptmann Briel führt General Nehring das neue MG 42 vor, das von seiner Kampfgruppe bei Bir Hacheim zum ersten Male eingesetzt wurde. Unten: Die erstarrte Front vor El Alamein reichte vom Meer bis an die undurchdringliche Katarrasenke.

General v. Bismarck, Kommandeur der 21. Panzerdivision, mit seinem Divisionsstab in der Alamein-Stellung. V. l. n. r.: Artilleriekommandeur Oberst Bruer, ein Ordonnanzoffizier, General v. Bismarck, im Wagen stehend Major v. Heuduck, rechts von der Flagge Major Beil und Hauptmann Schubert.

Jochen Marseille, mit 158 Abschüssen erfolgreichster Jagdflieger in Afrika, mit Mathias, dem schwarzen Mann aus Transvaal, der unermüdlich für seinen Hauptmann sorgte.

Winston Churchill erschien im August 1942 auf dem Kriegsschauplatz und bestimmte die Neubesetzung der führenden Kommandostellen (unten).

Aus Kameldornbüschen und Geröll bauten die deutschen Landser vor der Alamein-Front große Steinboxen zur Tarnung der Panzer und Fahrzeuge des DAK.

Britische Kommandotruppen drangen am 14. September 1942 in Tobruk ein. Die Stadt sollte im Handstreich genommen und die Spritlager zerstört werden. Die Aktion scheiterte. Nur ein paar Tankwagen gerieten in Brand.

»Hecker, was machen die Teufelsgärten«, erkundigte sich Rommel fast täglich auf dem Gefechtsstand des Pionierführers Afrika, Oberst Hecker (am Spähwagen stehend). Die Teufelsgärten waren die Minenbefestigungen vor Alamein.

Bei den Abwehrkämpfen in der Alamein-Front zeichnete sich der 19jährige Richtschütze Günther Halm besonders aus. Er schoß 9 Panzer ab und erhielt von Rommel das Ritterkreuz

Eine schwere Feldhaubitze der 1. Batterie Panzerartillerieregiment 33 beim Abfeuern während der Abwehr eines Panzerangriffs im Nordabschnitt der Alamein-Front.

Unten links: Rommel mit General Ramcke. Die Fallschirmjägerbrigade war in der Alamein-Front zur Verteidigung eingesetzt. Sie focht verzweifelt und entzog sich nach dem britischen Durchbruch im Norden der Gefangenschaft durch einen kühnen Wüstenmarsch.

Unten rechts: Der Stellvertreter Rommels, General Ritter von Thoma, wurde am 4. November auf dem Schlachtfeld gefangengenommen. Feldmarschall Montgomery empfing ihn mit Handschlag.

Der Anfang vom Ende: Tausend Geschütze gingen in der Nacht des 23. Oktober 1942 an der Alamein-Front los. Fünf Stunden rollte die Feuerwalze.

Duell mit Panzern: Oberleutnant Orth, Panzerartillerieregiment 33.

Schwerer Granateinschlag vor der Stellung britischer Artilleriebeobachter.

»Hotel Metropol« in Marsa Matruh. Einst eine gastliche Stätte, nach der großen Schlacht ein Trümmerhaufen.

General von Vaerst.

General Sir Harold Alexander, der britische Oberbefehlshaber Mittelmeer und Mittelost, war einer der besten Strategen des Empire (rechts mit Glas). Links grüßend: General Harding, Kommandeur der berühmten 7. britischen Panzerdivision.

Wie an allen Fronten, so kämpften auch in Tunesien Sonderkommandos der geheimnisvollen Brandenburger hinter den feindlichen Linien: Unten: Eine Brücke hinter der gegnerischen Front ist gesprengt. In einem Wadi versteckt sich das Kommando bis zum Eintritt der Nacht. Links: Hauptmann von Koenen erhielt von General von Pfuhlstein das Ritterkreuz umgehängt.

Ein seltenes Dokument: Oberst Graf Schenk von Stauffenberg (r.), I a der 10. Pz.-Div., mit General von Broich.

Im Tunis-Hauptquartier der 5. Panzerarmee. Rechts: Oberst Heinz Pomtow, I a. Links: Major Moll, I c.

Generaloberst v. Arnim (l.) wurde im März 1943 als Nachfolger Rommels Oberbefehlshaber der Heeresgruppe Afrika. Rechts: General Weber, Kommandeur der 334. Infanteriedivision.

Der Bart war eigentlich verboten; aber Oberst Barenthin läßt bei Feldwebel Koppel eine Wette gelten.

Fallschirmjäger mit ihrem ausgezeichneten Leichtgeschütz im Brückenkopf Tunesien.

Der letzte Appell vor der Kapitulation: Aus dem Soldbuch wird die Seite 3 mit der Bezeichnung des Truppenteils herausgerissen.

Wo einst die heißen Kämpfe der Alamein-Front tobten, blieb die Stille des deutsch-italienischen Mahnmals von Tel el Eyssa.

Und aus dem Sand von Tobruk erhebt sich »Die Festung der Toten«, zu Ehren der Gefallenen, zur Mahnung an die Lebenden.

mit der höchsten bayerischen Tapferkeitsauszeichnung, dem Max-Josephs-Orden, erworben. Er hatte in der Legion Condor im spanischen Bürgerkrieg gefochten und war im Panzer durch Rußlands Weiten gefahren. Vor ein paar Tagen noch Kommandierender der Panzerarmee Afrika stand er jetzt wie ein Denkmal allein neben einem brennenden Panzer im Brausen der Schlacht. Im weiten Halbkreis waren die britischen Shermans auf nächste Entfernung herangekommen. Das Sperrfeuer, das sie auf die Sanddüne legten, war so stark, daß Bayerlein keine Aussicht hatte, lebend bis zum General hinüberzukommen.

Da hört das Feuer mit einem Schlage auf. Die britischen Panzer setzen sich in Bewegung. Thoma steht wie erstarrt, die kleine Segeltuchtasche mit den Dingen für das tägliche Leben, wie sie jeder General besaß, in der Hand. Das Gesicht auf die anrückenden englischen Panzer gerichtet. Eine Karrette, von zwei Sherman-Panzern gefolgt, braust heran. Der Captain Grant-Singer von den 10. Husaren hat die Maschinenpistole im Anschlag. Er ruft. Der General blickt auf. Schreitet zur Karrette hinüber und steigt ein. Bayerlein springt aus seinem Loch und rennt nach Westen. Es dauert lange, ehe er zum Gefechtsstand bei El Daba kommt, Rommel trifft und ihm berichten kann, was er gesehen hat. Mächtige Staubwolken im Süden und Südosten von El Daba bilden die Kulisse zu Bayerleins düsterem Vortrag. Denn dort unten spielt sich eine andere Tragödie ab. Dort findet der Kampf der schlecht gepanzerten italienischen Kampfwagen des XX. Korps mit etwa 100 schweren britischen Panzern statt. Die Italiener sind in ihrer offenen Flanke umfaßt. Aber sie kapitulieren nicht. Sie wehren sich, wie Rommel es befohlen hat, und das Korps wird bis zum letzten Panzer vernichtet. Mit der Meldung über diese Tragödie bringt ein Nachrichtenoffizier des DAK auf einem Zettel auch eine Funksprechmeldung, die der deutsche Horchdienst aufgenommen hat. Sie stammt von den 10. Husaren, ist im Klartext an Montgomery gerichtet und lautet: »Wir haben soeben einen General gefangen. Er nennt sich Ritter von Thoma. Captain Grant-Singer.«

Am Vormittag dieses tragikumwitterten 4. November war auf dem Gefechtsstand der Panzerarmee Feldmarschall Kesselring aus Italien eingetroffen. Es hatte eine frostige Begrüßung der beiden Marschälle gegeben, weil Rommel fürchtete, Kesselring käme als eine Art Kontrolleur des Führerhauptquartiers. Rommel war sehr überrascht, als Kesselring in Gegenwart von Westphal erklärte, bei Berücksichtigung der Lage halte er den Führerbefehl vom Vortage für undurchführbar.

Rommel entschloß sich, einen Funkspruch an Hitler zu schicken und um Zurücknahme des Befehls zu ersuchen. Kesselring unterstützte Rommels Forderung in einem eigenen Funkspruch ans Führerhauptquartier.

Damit wäre eigentlich alles getan gewesen, was ein General überhaupt in einer solchen Lage tun kann. Aber Rommel zeigte, daß er mehr konnte als gehorchen.

Er war durch die Ereignisse der letzten Stunden immer mehr in der Auffassung bestärkt, daß es kein moralisches und kein soldatisches Argument gab, welches den Gehorsam gegenüber dem Führerbefehl begründete. Man kann einem Soldaten befehlen zu sterben, kann einer Armee befehlen, sich zu opfern. Aber kann, darf man befehlen, sinnlos zu sterben, sinnlos eine Armee zu opfern?

Rommels Antwort war: nein.

Der Feldmarschall fuhr zum Gefechtsstand des DAK. Nahm Bayerlein beiseite und sagte: »Unsere Front ist zerbrochen. Der Feind ergießt sich in unser Hinterland. Der Führerbefehl ist sinnlos geworden. Wir weichen in die Fuka-Stellung aus, um zu retten, was noch zu retten ist.« Und dann fügte Rommel hinzu: »Oberst Bayerlein, ich übertrage Ihnen die Führung des DAK. Sie wissen, was das bedeutet. Wenn wir für den Ungehorsam, den wir jetzt begehen, vor ein Kriegsgericht gestellt werden, so müssen wir für unseren Entschluß geradestehen. Machen Sie Ihre Sache gut. Alle Ihre Befehle an die Truppe sind in meinem Namen gegeben. Sagen Sie das den rangälteren Kommandeuren, falls Sie Schwierigkeiten haben sollten.« Ein paar Atemzüge herrschte Schweigen. Der General hatte sich zum Ungehorsam gegen seinen obersten Befehlshaber entschlossen. Bewußt und in voller Klarheit über die möglichen Konsequenzen hatte Hitlers Feldmarschall diesen entscheidenden Schritt getan.

»Ich werde mein Bestes tun, Herr Feldmarschall«, antwortete Bayerlein.

Rommel bestieg seinen Befehlswagen und fuhr zum Gefechtsstand seiner geschlagenen Armee zurück, wo ihn Westphal mit den für den Rückzug vorbereiteten Befehlen erwartete. Spät abends kam aus der Wolfsschanze ein Funkspruch Hitlers an: »Zu Ihrem Funkspruch Nr. 135/42 gKdos. Chefs. vom 4. 11. habe ich meine Auffassung dem Duce übermitteln lassen. So wie sich die Lage entwickelt hat, billige auch ich Ihren Entschluß. Die entsprechenden Befehle hat der Duce durch das Commando Supremo gegeben.«

Wie war das zu verstehen? Was war im Führerhauptquartier vorgegangen? Ich habe mich bemüht, diese wichtige Frage gewissenhaft zu ergründen.

»Warum wird mir dieser Bericht erst jetzt vorgelegt?« hatte Hitler am Mittag des 3. November 1942 in der Wolfsschanze General Jodl angeknurrt, als der Chef des Wehrmachtführungsstabes Rommels Meldung vom 2. November überreichte. Jodl hätte antworten können: »Weil Sie zu lange zu schlafen pflegen, mein Führer.« Aber das sagte der General natürlich nicht. Kein General der Welt macht seinem obersten Befehlshaber Vorwürfe darüber, daß er zu spät ins Bett geht und zu spät aufsteht.

Rommels Lagemeldung vom 2. November abends, in der die katastrophale

Situation an der Alamein-Front und die Durchbrüche der Engländer gemeldet und der Rückzug auf die Fuka-Stellung, 100 Kilometer hinter El Alamein, als einzige Rettung der Panzerarmee Afrika bezeichnet wurden, war in der Nacht zum 3. November im Führerhauptquartier angekommen.

Der nachtdiensttuende Offizier in Hitlers Wolfsschanze war ein Major der Reserve, im Zivilberuf Direktor eines großen Industriekonzerns. In jenen Wochen der angespannten Kämpfe um Stalingrad war er an alarmierende Nachrichten gewöhnt, und er sah keinen Anlaß, wegen des Lageberichts aus Nordafrika Hitler oder auch nur Jodl zu wecken, die soeben erst schlafen gegangen waren, als die Funkmeldung entziffert vorlag. Es war Hitlers Gewohnheit, die halbe Nacht mit Diskussionen, Plänemachen oder düsterem Sinnieren über den Karten zu verbringen. Solange er wach war, mußten Generale und Adjutanten, Sekretäre und Verbindungsmänner zu den wichtigsten Ministerien immer gewärtig sein, daß sie gerufen wurden. Deshalb blieben auch sie auf. Kaum aber ging die Meldung durchs Lager: »Er ist schlafengegangen«, da streckten auch die Paladine und die Sbirren die müden Glieder auf die Feldbetten in ihren Bunkerkojen. Natürlich schliefen sie dann, wie Hitler, bis in den tiefen Vormittag.

So waren auch Jodl und Keitel am 3. November erst gegen 9 Uhr aufgestanden. Gegen 10 Uhr hatte Jodl Rommels Meldung gelesen und war sofort alarmiert: Was war mit dem Führerbefehl? War er schon 'raus? Hatte ihn Rommel schon erhalten? Seit Tagen hatte dieser Befehl auf Hitlers Schreibtisch gelegen. Gestern nacht vor dem Schlafengehen hatte ihn Hitler noch abgezeichnet, und Jodl hatte ihn zum Verschlüsseln und zur Funkweitergabe auf den Weg gebracht. Als ›moralische Spritze‹, wie Westphal richtig analysiert hatte, war dieser von Hitler selbst verfaßte ›Führerappell‹ gedacht. Er ging davon aus, daß die Lage an der Front von Alamein zwar angespannt, aber noch nicht katastrophal war. Jodl griff zum Telefon und ließ sich mit der Funkzentrale verbinden. »Ja, der Führerbefehl ist noch in der Nacht abgegangen«, hieß es.

Jodl ging sofort hinüber zur Führerbaracke, um Hitler noch vor Beginn der täglichen Lagebesprechung Meldung zu machen. Aber er mußte sich bis 12 Uhr gedulden, ehe Hitler ihn empfing; denn der war erst um 11.15 Uhr aufgestanden.

»Was gibt es, Jodl?« fragte Hitler mißtrauisch. »Schlechte Nachricht von Rommel, mein Führer«, antwortete Jodl und überreichte die Funkmeldung vom vergangenen Abend. Hitler las. Sein Gesicht wurde rot. »Auch das noch«, murmelte er. Seine Augen waren, wie immer in solchen Momenten, auf einen fernen Punkt gerichtet. Ein gefährliches Zeichen. Leise fragte er: »Ist der Sonderbefehl an Rommel abgegangen?«

»Jawohl, mein Führer, der ist gestern nacht gefunkt.«

»Warum erfahre ich die Lagemeldung Rommels erst jetzt? Warum ist mir das nicht gestern nacht noch vorgelegt worden? Warum bin ich nicht geweckt worden? Warum?« Immer lauter hallte es durch die Baracke.

Jodl verwies darauf, daß die Meldung sehr spät in der Nacht eingegangen sei. »Der diensttuende Major glaubte ...« Weiter kam Jodl nicht.

»Der Herr Major glaubte«, echotete Hitler. »Wer ist dieser Mensch? Hat er sich nicht klargemacht, daß ich mich angesichts der Lage in Afrika mit dem abgesandten Befehl blamieren muß?« Als Jodl schwieg, brüllte Hitler: »Das ist wieder so ein Fall von Dummheit und Gleichgültigkeit. Ich werde ein Exempel statuieren. Ich werde den Herrn Major vor ein Kriegsgericht stellen.« Bis hinüber zur ›Lagebaracke‹ hörte man Hitlers rasenden Zorn. Offiziere und Sekretäre zogen die Köpfe ein.

Es waren noch keine drei Stunden vergangen, da stand der Major vor einem Kriegsgericht. Und am Abend war das Urteil unterschrieben: Degradierung zum einfachen Soldaten und sofortige Kommandierung in ein Arbeitsbataillon. Man hatte den Sündenbock gefunden und bestraft. Aber der Befehl blieb in Kraft.

Den ganzen Tag tobte Hitler über die Schlamperei in seinen Stäben; aber es widersprach seiner Mentalität, etwa von sich aus den Haltebefehl zurückzunehmen. Die Funksprüche Rommels und Kesselrings ermöglichten ihm dann die Rücknahme des Befehls. Hätte Rommel allerdings darauf gewartet, dann wäre die Katastrophe vollkommen gewesen. Seine gerade noch rechtzeitige eigenmächtige Außerkraftsetzung des Befehls rettete den Rest der Panzerarmee vor Vernichtung und Gefangenschaft.

»Ein Sieg hat viele Väter, aber die Niederlage ist ein Waisenkind«, schrieb der italienische Außenminister Graf Ciano, Mussolinis Schwiegersohn, einmal in sein Tagebuch. Auf den Krieg in Afrika angewandt, heißt das: Wenn die Siege zwischen Marsa el Brega und der weißen Moschee von Abd el Rahman die Siege Rommels waren, dann war auch die Niederlage von Alamein seine Niederlage. Aber ebenso sicher ist, daß mit den Kräften, die Rommel im Herbst 1942 zur Verfügung standen, wahrscheinlich kein Feldherr der Welt einen Sieg über Montgomerys 8. Armee hätte erringen können. Das Mißverhältnis der Kräfte war zu groß. Was Rommels Soldaten trotzdem in der zwölftägigen Abwehrschlacht von Alamein noch geleistet haben, ist erstaunlich. Die geschichtliche Entfernung kann die Leistung nicht schmälern, sondern sie eher nur vergrößern. Montgomerys Sieg bei Alamein war zwangsläufig. Aber was war schon ein Sieg in der Wüste! Es waren in 19 Monaten auf beiden Seiten schon viele Schlachten verloren und viele gewonnen worden. Was Rommels Niederlage von Alamein aber so schwer machte, war der durch Hitler verzögerte Rückzug, der starke Teilkräfte verlorengehen ließ, die nicht mehr rechtzeitig den motorisierten Kräften Montgomerys entkommen konnten. Auch viele Geschütze, die aus der Rückzugsbewegung heraus gegen die durchgebrochenen englischen Panzerverbände wieder angesetzt worden waren, gingen verloren. Montgomery war jedoch noch vor dem geschlagenen Gegner auf der Hut, wie der Jäger vor dem verwundeten Löwen. Die 8. Armee rollte nur vorsichtig nach Westen.

Wie groß Rommels Niederlage war, wie hoch seine Verluste, das stand bisher immer nur auf Spitze und Knopf von Behauptungen. Und diese Behauptungen wichen sehr voneinander ab. Von italienischer, aber auch von deutscher Seite wurden die Verluste oft bagatellisiert, und es wurde dem Feldmarschall vorgeworfen, den Rückzug schnell und ohne den notwendigen hinhaltenden Widerstand vollzogen zu haben. Aber alle Berichte aus der Umgebung Rommels besagen, daß es bis zum 6. November nicht möglich war, die Truppe zu ordnen. Daher war schnellster Rückzug nötig. Ohne Halt ging es vorbei an den alten Plätzen des Sieges, rückwärts, rückwärts, heraus aus den britischen Luftangriffen, das war das Gebot der Stunde.

Es gibt andere Stimmen, die sagen, Rommel habe sich in die Idee verrannt, alles wäre verloren; und nur ein Rückzug nach Tripolitanien, ja, nur der Abtransport der Armee aus Afrika könne das einzig Richtige sein. Deshalb habe er nichts mehr riskiert, den Gegner nicht durch hartnäckigen Widerstand geschwächt und den Tommy zu schnell nach Westen vordringen lassen.

Dieser Vorwurf erhält einen dramatischen Akzent dadurch, daß am 8. November General Eisenhower mit einem alliierten Expeditionskorps in Marokko und Algerien landete, um auf Tunesien zu stoßen. Eisenhower und Montgomery voneinander getrennt zu halten, eine Vereinigung zu verhindern, war die Aufgabe, die sich für die deutsch-italienische Strategie zwingend anbot. Verständlich, daß Rom, Rastenburg und der Oberbefehlshaber Süd, Feldmarschall Kesselring, von Rommel verlangten, daß er sich der 8. Armee Montgomerys zwischen Fuka und Tunesien zum Kampf stellte. War das unter den gegebenen Verhältnissen überhaupt möglich? Konnte Rommel Stellungen halten, die jeweils durch Umgehen durch die Wüste aus den Angeln zu heben waren? Die Frage ist immer wieder heftig diskutiert worden.

Der letzte Armeekraftfahroffizier in der Panzerarmee, Oberstleutnant (Ing.) Dr. Müller, hat einen Teil seiner Originalunterlagen gerettet, aus denen die Verluste der Alamein-Schlacht klar hervorgehen. Dr. Müller überließ mir die Akten zur Auswertung. Sie enthüllen jene Seite des modernen technischen Krieges, die ganz unpathetisch ist, wo nicht mit Blut, sondern mit Tinte geschrieben, nicht geschossen, sondern gerechnet, gezeichnet und geschlossert wird. In Tabellen und grafischen Darstellungen wurden Sieg oder Niederlage vorausgesagt. Hier war ein Panzer III nicht so sehr ein Instrument in der Hand eines tapferen oder eines vorsichtigen Kommandanten, hier war er eine Maschine, die auf 100 Kilometer 400 Liter Sprit brauchte. 400 Liter! Beim Armeekraftfahroffizier wurden alle Angelegenheiten der Instandsetzung der Motorfahrzeuge, des Spritverbrauchs usw. bearbeitet.

Sein Arbeitsgebiet erinnert an die militärische Organisation unserer Tage, wo die Meister der Schlachten Ingenieure sind und die Soldaten in der Montur von Technikern stecken.

Aus den Dokumenten von Dr. Müller ergibt sich die wahre Ausrüstungslage der deutschen Panzerverbände vor und nach der Alamein-Schlacht.

Am 23. Oktober, als die britische Offensive begann, standen Rommels Armee nach den genauen Listen 285 Panzerkampfwagen, 8 Panzerbefehlswagen und 1 Sturmgeschütz zur Verfügung. Bis zum 2. 12., 18 Uhr, wurden folgende Totalausfälle gemeldet und bestätigt: 221 Panzerkampfwagen, 8 Panzerbefehlswagen und 1 Sturmgeschütz. Am 2. Dezember hatte also die Panzerarmee noch 64 Panzerkampfwagen; davon befanden sich 11 in Reparaturwerkstätten, so daß listenmäßig 53 einsatzbereit waren. In dem Originalbericht Dr. Müllers für den Oberquartiermeister und für Feldmarschall Rommel heißt es: »Der hohe Totalausfall ist auch auf den am 4. 11. schon während des Rückzugs durchgegebenen Führerbefehl zum Halten der Alameinstellung zurückzuführen. Da die Panzerwerkstattkompanien auf Grund dieses Befehls größere Montagearbeiten neu vornahmen, mußten beim Panzerregiment 5 etwa 40 nicht fahrbereite Wagen gesprengt werden.«

Die Erhaltung eines wenn auch kleinen Teils der Panzerkräfte Rommels war zum großen Teil der Tätigkeit der Panzerwerkstattkompanien und der Panzer-Ersatzkolonne zu danken.

Wer vom Afrikakrieg spricht oder schreibt und die Instandsetzungsdienste – kurz I-Dienste genannt – nicht erwähnt, berichtet unvollständig.

Das Instandsetzungsregiment 548 unter Major Deus, die I-Dienste der 15. und 21. Panzerdivision unter den Oberstleutnanten Eschenlohr und Johannes waren Felsen in der Brandung des Krieges. Besonders die Panzerwerkstattkompanien der Panzerregimenter 5 und 8 mit ihren bewährten Führern, Hauptmann Hauska, Major Burger und McLean. Ebenso der unvergessene Ferdi Schneider, Werkmeister im Sonderverband 288, dem späteren Panzergrenadierregiment Afrika, und auch Oberstleutnant (Ing.) Straub. Die Männer dieser technischen Einheiten waren Zauberer, die aus Verbranntem und Zerschossenem Neues machten und die kompliziertesten Kriegsmaschinen intakt hielten. Der VW-Zug, der Bosch-Zug, Opel-Müller mit seinen Lkw-Spezialisten, die Büssing-Gruppe, Steurers Maybach-Spezialisten für die Panzermotoren, die Zylinder- und Kurbelwellenschleiferei, das alles waren tolle Sachen und tolle Leistungen. Diese Techniker und Facharbeiter müssen neben den tapfersten Front- und Kampfeinheiten genannt werden.

Winston Churchill hat die technischen Dienste Rommels als einen Pfeiler der deutschen Siege in Afrika bezeichnet. Mit Recht.

Das taktische Zeichen der Instandsetzungsdienste war der Negerkopf mit dem Zahnrad am linken Ohr. Jeder Afrikasoldat kannte es.

Freilich, was nutzte alle technische Kunst der Spezialisten, was die Zehn-Stunden-Tagesarbeit in den Werkstätten in der Wüstenhitze, wenn die Front nicht zum Halten kam; wenn die defekten Panzer in Feindeshand fielen; wenn Tieflader und Werkzeugmaschinen, wenn Drehbänke und Labors gesprengt werden mußten, weil aus dem Rückzug Flucht geworden war?

Ach, dieses verfluchte El Alamein.

Diese verfluchte Verzweiflung, die sich bei Mann und Offizier einnistete, weil der Himmel schwarz war von britischen Bombern und die Wüste übersät von anrückenden britischen Panzern.

Gegen diesen Rückzug verlor sogar der Glutsommer von El Alamein seine Schrecken – trotz seiner Millionen Fliegen, trotz Ruhr und Gelbsucht. El Alamein war schlimm; aber El Alamein lag auf der Straße des Sieges nach Kairo. Nun war El Alamein verloren. War weit weg. Die weiße Moschee war außer Sicht. Die zahllosen Gräber blieben verlassen zurück. Wie lautet ein alter Spruch? »Über Gräber vorwärts.« Jetzt ging es über Gräber rückwärts.

DIE VERLORENE ARMEE

Militärische Rückzüge nach einer Niederlage sind immer fürchterlich. Die Angst und das Rette-sich-wer-kann lösen alle Bande der Disziplin; und nichts ist erschütternder als eine Armee, das Sinnbild der Disziplin, im disziplinlosen Zustand.

Als der 5. November anbrach, sah man die Reste der Panzerarmee durch die Wüste und an der Küste zurückgehen. Die Fuka-Stellung war das Ziel. Sie lag 100 Kilometer hinter El Alamein. Aber was als Rettung gedacht war, wurde nur zur kurzen Rast. Montgomery stieß mit 200 Panzern gegen die desorganisierten deutsch-italienischen Verbände. Rommel sah sich gezwungen, weiter zum Rückzug zu blasen, wenn seine Armee nicht in Fuka noch das eben mühselig verhinderte Desaster von El Alamein ereilen sollte.

Die britischen Flieger jagten Rommels Stab, der wohl durch den Funkbetrieb ausgemacht worden war. Ein Bombenteppich. Rommel und Westphal konnten sich gerade noch in ein Deckungsloch fallen lassen.

Weiter.

Über verstopfte Straßen. Durch Minenfelder, vor denen sich die Fahrzeuge stauten. Unter heulenden Bomben weg.

Weiter.

Bald standen Rommels Soldaten wieder auf libyschem Boden. Blickten hinunter in die ägyptische Küstenebene, durch die sie vor mehr als vier Monaten nach Osten gejagt waren. Dem Nildelta entgegen. Auf englischen Beutewagen. Mit englischem Sprit und englischer Verpflegung. Jetzt lag Tobruk wieder hinter ihnen. Die Pioniere waren wieder das Schlußlicht der Panzerarmee. Sie sprengten die Serpentinen bei Derna. Spickten die an der Straße liegenden italienischen Kolonistenhäuser mit Minen. Und machten hinter der letzten deutschen oder italienischen Kolonne die Straßen durch die Cyrenaika unbefahrbar. Man sah die Sprengtrupps am Wegrand hocken, vorbei jagten, hasteten, ächzten die Veteranen von Tobruk, Sidi Rezegh und El Alamein. Lkw, Kräder, Selbstfahrlafetten, wenige Panzer und noch weniger 8,8. Noch eine Zigarette. Die Kolonnen werden kleiner und dünner. Da kommt noch ein Trupp.

»Noch was hinter euch?«

»Außer dem Tommy nichts!«

»Dann los«, befiehlt der Pionieroffizier.

Mit arabischen Straßenarbeitern, die unter dem Befehl eines italienischen Unteroffiziers stehen, reißen die Pioniere die Straße auf. Dann kommt das übliche Geschäft: Tod im Schachbrettmuster. Aber sie haben sich neue Tricks ausgedacht, die Pioniere Rommels, die seit einigen Tagen unter dem Befehl des Generals Bülowius stehen; den alten Armee-Pionierführer, Oberst Hecker, hat nun auch die Gelbsucht und die Ruhr erwischt.

Die neuen Tricks sind wieder psychologisch-teuflisch.

Als wären wirklich Minen in die Straße gebuddelt, so sieht die erste Sperre aus: Schachbrettartig sind zugeschüttete Löcher zu sehen. Fünf Meter weiter noch einmal. Und wieder fünf Meter weiter abermals. Aber in diesen Löchern liegen nur zusammengedrückte Konservendosen; dann und wann eine alte Tellermine ohne Zünder. Wozu? Wir werden es gleich sehen.

Da kommt die englische Vorausabteilung. Der vorderste Spähwagen erkennt die Löcher. Man hält. »Minensucher nach vorn!« Tommy-Pioniere mit ihren modernsten Minensuchgeräten, die wie elektrische Bohnerbesen aussehen, gehen an die Arbeit. Streichen über die Straße. Der warnende elektrische Summerton verrät ihnen die Anwesenheit von Metall. Behutsam wird Loch um Loch aufgebuddelt. Was kommt heraus? Konservendosen – Konservendosen. »Damned, diese Germans sind anscheinend verrückt oder sie haben keine Minen mehr und wollen uns mit Tricks aufhalten.« Bei der vierten Reihe Konservendosen wird den Tommys die Sache zu dumm: »Aufsitzen!« Sie brausen los. Und – nach 20 Metern fahren sie auf die richtige, fein getarnte Minensperre: Schreie und Tod.

Nun macht die Kolonne wieder vor jedem Loch in der Straße halt. Nun buddeln sie wieder Konservendosen aus. Bis es ihnen wieder zu dumm wird. Und bis es wieder bumst. Radio Kairo meldete: »Der Vormarsch der 8. Armee stößt auf geringen Widerstand, wird aber durch die Tätigkeit deutscher Pioniere stark behindert.«

Wie oft war der Kurierfahrer Oberjäger Karl Leiner für den Stab der Fallschirmjägerbrigade Ramcke mit seinem VW die Kanisterpiste entlanggebraust bis hinunter zur Katarra-Senke. Hatte schnell einen Blick in den Küchenwagen zu Oberjäger Sablewski geworfen und geschnuppert: »Mensch, wieder Torte aus Keksen!« Und wenn Sablewski gute Laune hatte, erhielt Karl Leiner seine Portion. Papa Ramcke bekam schon noch genug von seiner Spezialität.

Anfang November sind diese Zeiten längst vorbei. Jetzt steht Karl Leiner mit einem halben Dutzend Fallschirmjägern, die die Engländer seit Kreta die grünen Teufel nennen, in einem Citroën bei Marsa Matruh vor einem Minenfeld, wo sich die Fahrzeuge zum unentwirrbaren Knäuel ballen. »Mensch«, sagt Leiner, »wenn jetzt der Tommy kommt. Fahr los, Hahn, fahr los, wir werden schon durchkommen. Da liegt doch eine Spur.« Und der Obergefreite Gille balanciert auf der Spur voran, um den Citroën mit dem Fahrer Hahn richtig einzuwinken. Und sie kommen durch.

Glücklich, wer bei diesem Rückzug einen fahrbaren Untersatz besitzt. Unglücklich die Infanterie, die nur ihre Füße hat. Die mangelhafte Motorisierung der Panzerarmee wurde beim Rückzug aus El Alamein zum eigentlichen Verhängnis. Die Frage für Rommel lautete: Die Infanterie ihrem Schicksal überlassen oder zu ihrer Rettung die Wagenparks der motorisierten Verbände überlasten und sie damit manövrier- und kampfunfähig machen. Da die italienischen Fußtruppen nicht zu retten waren, konnte Rommel natürlich auch nicht die deutschen Infanterieeinheiten und selbst solche Spezialverbände wie die Fallschirmjägerbrigade Ramcke aus der Front abtransportieren lassen, abgesehen davon, daß eben auch für Sondereinsätze keine Fahrzeuge da waren.

»Wir werden Ramckes Fallschirmjäger abschreiben müssen«, hatte Rommel gesagt, als er die Meldung erhielt, daß das X. italienische Korps im Süden der Alamein-Front beim Rückzug von britischen Kräften überrollt und gefangen war. Aber Rommel sollte sich wundern.

Es ist ein alter und bis heute nicht geklärter Streitpunkt, ob Rommel den Fallschirmjägern nicht doch hätte Fahrzeuge stellen müssen, um diese wichtige Spezialtruppe zu retten. General Ramcke war jedenfalls der Meinung und beklagte sich später bitter bei Göring, daß das nicht geschehen war. Vielleicht war Rommels mangelnde Rücksicht zu beanstanden; aber die Akten des Oberstleutnant Dr. Müller weisen aus, daß Ramcke einen ganz beachtlichen Troß von Fahrzeugen zur Verfügung seiner Brigade hatte, womit mindestens ein Teil seiner Männer hätte abtransportiert werden können. Die Fahrzeuge waren im allgemeinen Chaos abgefahren und hatten nicht auf die Jäger von der Front gewartet. Die Bataillonskommandeure und Kompanieführer haben denn auch nicht schlecht geflucht; aber aufgeben taten die Fallschirmjäger deshalb noch lange nicht. Die Bataillone traten am 3. November mit wenigen Kübelwagen und Krädern zum Fußmarsch an. Die Artillerieabteilung unter Major Fenski deckte den Abmarsch. Ein britischer Panzerstoß wurde zusammengeschlagen. Der Funkwagen der Brigade war ausgefallen. Die Wasserkolonne war nicht mehr angekommen. Die Feldküchen mußten mangels Zugmaschinen gesprengt werden. Jeder Mann hatte noch einen halben Liter Wasser. Für 100 Kilometer bis Fuka.

Der alte Haudegen Major Burckhardt führte das Nachhutbataillon. Er enterte eine italienische Artillerieabteilung und brachte sein Bataillon auf diese Weise weit nach Westen. Glücklicher Burckhardt, alter, bewährter Kampfgruppenkommandeur. Aber genutzt hat es ihm nichts. Bald mußte er trotzdem ins Joch der Gefangenschaft. Ein paar seiner Männer entwischten den Tommys. Mogelten sich durch die Engländer durch. Bastelten sich eine alte gefundene deutsche Zündapp wieder zusammen und erreichten damit in nächtlichen Fahrten – bei Tag lagen sie im Versteck – am 13. Tag die Oase Siwa. Hier ging leider auch diese Odyssee zu Ende. Traurig und ärgerlich; denn ausgerechnet ägyptische Polizisten fingen Heinz Friedrich und seine beiden Kameraden. 5½ Jahre Gefangenschaft schlossen sich an: Nur eine von vielen solcher Geschichten.

Major Fenski mit seiner Artillerie erwischte es früher als Burckhardts Haufen. Nach einem Gefecht mit britischen Panzern, bei dem er sich bis zur letzten Granate wehrte, schnappten ihn die Engländer. Dasselbe Schicksal ereilte die Fallschirmjägerpakkompanie von Oberleutnant Haseneder. Aber das Gros der Brigade entkam. Und nicht nur das: Weit vor Fuka wurde in der Nacht eine britische Transportkolonne ausgemacht. Mit Pistole und MP schlichen sich die Fallschirmjäger in Kampftrupps an.

»Los.« Auf die Lkw.

Die Tommys entwaffnet. Den Fahrern die Pistole ins Kreuz: Ab, go on, schnell!

Ehe die Besatzungen der britischen Begleitpanzer gemerkt hatten, was passierte, war die Kolonne schon davon. Eine Pak hielt die Panzer in Schach, und weg waren die ›Grünen Teufel‹ auf englischen Lastwagen. Es war eine großartige Beute. Nicht nur fahrbare Untersätze, einen Schatz hatten sie erwischt.

Die Lkw hatten Sprit. Hatten Wasser. Hatten Konserven, vom Corned beef bis zur Ananas. Hatten Zigaretten. Die ganze Versorgungskolonne einer Panzerabteilung hatten Ramckes Männer geschnappt.

»Was kommt denn da?« fragte Rommel am nächsten Tag, dem 7. November, gegen 10 Uhr vormittags auf seinem Gefechtsstand an der Küstenstraße hinter Marsa Matruh den Oberst Westphal. Alles hob die Gläser an die Augen und blickte in Richtung Wüste, wo eine Staubwolke zu sehen war. Ein Kübelwagen brauste heran. Mit einem Räuberbart und staubverkrustetem Gesicht meldete General Ramcke seine Brigade zur Stelle.

Rommel hatte allen Ärger vergessen, als er die 600 Fallschirmjäger begrüßte. 350 Kilometer waren sie kämpfend durch die Wüste gekurvt. Ein kühnes Kapitel der Geschichte eines kühnen Haufens.

Aber es gab auch zahllose Einzelwanderer.

Der Sanitätsobergefreite Dr. med. Otto Buchinger warf sich hinter die kleine Sanddüne, als die englischen Hurricanes im Tiefflug über seinen Truppenverbandsplatz hinwegbrausten. Sekunden später hörte er das Prasseln der Bordwaffen, mit denen die Tommys den Flugplatz beharkten. Alle zwei Stunden kamen in den letzten Tagen solche Angriffe. Buchingers Sanitätszelt stand in einer kleinen Mulde einsam und verlassen. Keine Menschenseele war mehr zu sehen. Die letzten Verwundeten hatte der Sanitätsunteroffizier Otto Boddien mit seinem Sanka abtransportiert. Der Sanitätsgefreite König war mit dem Krad hinüber zur Flakstellung gefahren. »Besorgen Sie einen Lkw«, hatte Buchinger gesagt, »der mich mit dem Zelt und dem Sanitätsmaterial abholt.« Er wollte nicht einfach von den anrollenden Tommys geschnappt werden. Montgomery drängte ja ganz gegen seine Gewohnheit mit ungewöhnlichem Elan gegen die auf Fuka zurückweichenden Verbände Rommels. Marschierte in kühnem, überholendem Parallelkurs mit den Deutschen und ließ ihnen keine Zeit, sich zu ordnen oder zur Verteidigung festzusetzen. Auch in Fuka nicht. Die britische Führung schien über die katastrophale Lage, in der sich Rommel befand, Bescheid zu wissen. Man kann vermuten, daß dieser oder jener gefangene Offizier – durch Niederlage und Rückzug aus dem Gleichgewicht gebracht – durch harte Vernehmung britischen Verhörspezialisten Informationen über den inneren Zusammenbruch der Panzerarmee gegeben hat. Ob diese Vermutung stimmt, muß dahingestellt bleiben. Schließlich konnte sich Montgomery aber auch auf Grund seiner Luftaufklärung ausrechnen, wie es mit der Kampfkraft der zurückströmenden Armee bestellt war. Wie dem auch sei: Die überraschende Kühnheit der britischen Verfolgung fiel auf und zwang den Feldmarschall, die mit soviel Hoffnung umgebene Fuka-Stellung schnell wieder zu räumen, weil Montgomery drauf und dran war, sie zu umgehen. Die Aufklärungsabteilung 580, die unter Hauptmann Voß in Fuka verblieben war, kam in eine schwierige Situation.

Der Sanitätsobergefreite Dr. med. Otto Buchinger in den Sanddünen hinter dem Flugplatz von Fuka wußte natürlich von Rommels Entscheidungen nichts. Er wußte auch nicht, daß sein letzter Sanka und das Beiwagenkrad inzwischen von Jabos zerschossen auf der Piste vor Marsa Matruh lagen. Er wußte nur, daß die Tommys nicht weit weg sein konnten.

Wachtmeister Krol von der Flakstellung drüben am Flugplatz war am Vormittag noch mal mit dem Krad dagewesen und hatte gesagt: »Doktor«, alle sagten zu dem Sani Buchinger Doktor – »Doktor, wir gehen nicht ohne Sie weg. Wir schicken Ihnen einen Lkw.« Dann war Krol wieder zum Flugplatz gefahren. Kurz darauf erfolgte erneut ein Luftangriff der Tommys. Buchinger hörte nur die leichte Flak. »Komisch«, dachte er. Aber er ahnte nichts Böses. Er wartete. Er hörte nicht, wie drüben bei der Flak Leutnant Schmidt mit seinem 1. Zug der 4. Batterie zusammengebombt wurde. Wie Wachtmeister ›Odje‹ Krol Befehle zum Abrücken bekam und nervös seine Kommandos gab. Wie ein Kfz. zu allem Überfluß noch Feuer fing und mit der ganzen Ladung abbrannte. Schließlich brauste Krol mit dem Rest der 4. Batterie davon. Buchinger hatten sie vergessen.

Wenn der Doktor auf die Düne kletterte, die Hand über die Augen legte, sah er drüben noch immer eine 8,8 ihre Mündung in den Himmel recken. Was er nicht sah, war, daß diese 8,8 zerbombt war, daß sie verlassen dastand. Die Wüste schwieg.

Die Rote-Kreuz-Flagge flatterte müde in der leichten Mittagsbrise, die gegen 1 Uhr täglich vom Meer kam. »In Bad Pyrmont ist jetzt kühler Herbst«, ging es Buchinger durch den Kopf. In Pyrmont, wo das Sanatorium der Buchingers stand, vom Vater Otto gegründet und zu gutem Ruf gebracht. Aber was nützte der gute Ruf in den deutschen Gauen, wenn der Gauleiter aus den Familienpapieren die ideologische Unzuverlässigkeit folgerte. Auf diese Weise war in die Personalakte des Dr. Otto Buchinger junior trotz glänzender Zeugnisse, trotz bewährter Segelfliegerei und trotz wackeren Bekenntnisses zum Soldatentum das Wort gelangt: »Nicht zur Beförderung zum Offizier geeignet.« Und eben deshalb war Dr. med. Otto Buchinger, der Sohn eines Generalarztes des ersten Weltkrieges, zuerst nur Lkw-Fahrer, nach tapferen Einsätzen wurde er schließlich zum Sanitätsgefreiten und dann sogar zum Sanitätsobergefreiten gemacht. Aber – und deshalb erzähle ich die Geschichte so ausführlich – in Afrika bei Rommel scherte man sich wenig um die ideologischen Drahtzäune der heimatfernen Gauleiter. Man konnte sie zwar nicht einreißen, aber man ging drum herum, drunter oder drüber weg. So konnte der Doktor Buchinger, der wegen Tapferkeit im Feuer mit dem EK I und II ausgezeichnet war, zwar nur die Rangabzeichen eines Sanitätsobergefreiten tragen, aber er wurde trotzdem von dem vorgesetzten Regimentsarzt seines Flakregiments 6 wie auch vom Divisionsarzt der 19. Flakdivision als Arzt eingesetzt und geführt. »Truppenarzt z. b. V.«, zur besonderen Verwendung, hieß es. Jeder Landser und jeder Offizier bis zu den Kommandeuren der 90. leichten Division und der 19. Flakdivision schmunzelte, wenn Buchinger sein Männchen baute. Alle begrüßten den Sani-Doktor mit besonderem Wohlwollen.

Er war der bekannteste und prominenteste Obergefreite in Rommels Armee. Zeitweilig kurvte er mit der I. Abteilung Flakregiment 6 aus Hamburg-Osdorf durch die Wüste. Den Rückzug machte er beim II. Bataillon der 361er mit, dem er mit der 4. Batterie von Oberleutnant Reese zugeteilt war. Sein Verbandszelt hütete er wie seinen Augapfel. Seine Patienten waren niemals Drückeberger; denn bei Buchinger gab es als erstes – Rauchverbot und, wenn es irgend ging, Diätkost. Trotzdem liebten die Verwundeten und die wirklich Kranken ihren Sani-Doktor und Naturapostel. Unermüdlich stand er am Verbands- und Operationstisch und tat seine Pflicht wie die vielen anderen Ärzte in der Wüste, auf den Truppenverbandsplätzen oder in den großen Lazaretten.

Da stand in jenen Oktobertagen 1942 in der Nähe von El Daba, auch mitten in den Dünen, nahe am Strand eine richtige Lazarettstadt. Am Fuße der höchsten Düne, des Ras el Daba, hatte die Sanitätskompanie 1/200, die zur 21. Panzerdivision gehörte, ihre Zelte aufgeschlagen. Zwei weitere Sanitätskompanien waren dem Chef von 1/200, Oberstabsarzt Dr. Cyran, unterstellt. Die Ausstattung war vorbildlich. Die Operationszelte waren mit modernsten Instrumenten, Verbandmaterial, Medikamenten, Sterilisiergeräten ausgestattet. In den Krankenzelten bei 1/200 waren allein 300 Feldbetten vorhanden. Ein Aggregat sorgte für elektrischen Strom in allen Zelten.

Überall zwischen den Zelten sah man große Kreuze aus Benzinkanistern in den Sand gebaut; die Kanister rot angestrichen, der Sand mit Kalk weiß gespritzt: das Rote Kreuz auf weißem Feld. Das Zeichen der Barmherzigkeit, das in Afrika, in der Regel jedenfalls, respektiert wurde. Manchmal allerdings auch nicht.

Noch ehe die britische Großoffensive gegen El Alamein begonnen hatte, waren umfangreiche Verwundeten- und Krankentransporte in der Lazarettstadt von El Daba eingetroffen. Mit den zunehmenden Kämpfen füllten sich die Zelte immer mehr. In Lastkraftwagen, Sankas, auf Beutefahrzeugen wurden die Verwundeten herangefahren. Tag und Nacht waren die Ärzte und Sanis an der Arbeit. Die Chirurgen Dr. Wagner und Dr. Dietel standen an den Operationstischen. Ein steifer Kaffee, eine Zigarettenlänge, das waren die Pausen zwischen den Operationen.

Nicht nur Verwundete kamen, auch Schwerkranke: Gelbsucht, Ruhr, Furunkulose. Alarm gab es, als hier, in der Nähe von El Alamein, zum erstenmal während des nordafrikanischen Krieges Fälle von Malaria auftauchten.

Bis dahin war man von dieser Tropenkrankheit, die die Anopheles-Mücke überträgt, verschont geblieben. Der Mangel an Süßwasser zwischen Tripolis und Kairo hatte eben auch etwas Gutes: Die tückische Mücke konnte sich nicht vermehren. Aber woher kam dann die Malaria vor El Alamain? Trotz aller Arbeit nahmen sich die deutschen Ärzte die Zeit zur Beobachtung und konnten schließlich eine wissenschaftlich exakte Antwort geben. Die Anopheles-Mücke wurde an bestimmten Tagen bei starkem Ostwind aus den hundert Kilometer entfernten Sümpfen des Nildeltas in die Schützenlöcher bei El Alamein getrieben. Bis diese Lösung gefunden war, hatten Oberverdachtschöpfer schon an einen Bakterienkrieg der anderen Seite geglaubt. Zum Glück wurde der Verdacht entkräftet. Nicht auszudenken, was geschehen wäre, wenn man der geheimnisvollen Malaria vor El Alamein nicht auf die Spur gekommen wäre.

Das Schlimmste, was auf einem Hauptverbandsplatz geschehen konnte, war die Überfüllung. Wenn die Verwundeten schrien, wenn sie im Sand lagen und kein Sanitäter da war, um sie zu versorgen, das war schlimmer als die blutigste Schlacht.

Nur keine Überfüllung, war deshalb auch hier in der Lazarettstadt bei El Daba die Parole, als die Transporte der Verwundeten aus der hart angeschlagenen Front immer größer wurden. Deshalb fuhren die Lkw und die Krankenwagen, die die Verwundeten abgeladen hatten, auf der anderen Seite der Zeltstadt mit den Transportfähigen und Versorgten wieder weiter, nach hinten, weg von der Front. Für Schwerverwundete, denen ein Transport über die zerschossenen Straßen unvorstellbare Marter gebracht hätte, stand eine Luftwaffen-Sanitätsbereitschaft zur Verfügung. Mancher Landser erinnert sich an Oberstabsarzt Dr. Kuhn mit seinen Störchen, die das große Rote Kreuz an Rumpf und Tragflächen hatten und die Schwerkranken und Schwerverwundeten von El Daba wegschafften. Zurück zu den Sammelstellen, wo die Lazarett-Ju's warteten. Für den Transport in die großen Lazarette auf Kreta und Griechenland.

Da lag der Panzerfeldwebel Stockmann mit einem schweren Hüftgelenkschuß seit Tagen in einem Gipsverband. Die Operation war gelungen. Das Bein erhalten.

Feldwebel Stockmann hatte kein Fieber mehr, und als Dr. Cyran das bei der Visite feststellte, lachte er und sagte: »Stockmann, heute geht's ab.« Von diesem Augenblick an war der Feldwebel aufgeregt wie ein junges Mädchen vor dem ersten Rendez-vous. Er hörte den Motor von Dr. Kuhns Storch. Er lachte, als seine Trage in die kleine Flugkiste geschoben wurde. Er hörte, wie Dr. Kuhn auf den Führersitz kletterte. Der Storch zog eine riesige Staubfahne hinter sich her. Sie stand noch über den Zelten, als die Maschine mit Feldwebel Stockmann längst hinter den Dünen verschwunden war.

Aber was war denn das? Kam der Vogel zurück? Nein, das war doch das Geräusch englischer Jagdbomber. Sie hielten geradewegs auf die Stelle zu, wo eben Kuhns Storch gestartet war. Sahen die Tommys denn das mächtige rote Kreuz nicht? Verdeckte es der Staub? Hielten sie den Hauptverbandsplatz mit Zelten, die vollgepfropft waren mit Verwundeten und Kranken, für einen Flugplatz? Wer weiß es? Jedenfalls sah Dr. Cyran, wie die Jabos ihre Bomben ausklinkten. Und diese Bomben sausten genau auf die Lazarettstadt herunter. Der Doktor konnte nur noch »Fliegeralarm« brüllen und sich in die nächste Bodenwelle werfen, da krachten auch bereits mitten zwischen den Zelten die Einschläge. Rums. Und nochmals Rums. Dann nichts mehr. Gott sei Dank. Im Bereich von 1/200 waren nur zwei Bomben niedergegangen, und sie waren zum Glück in die breite Lagerstraße gefallen. Hatten nur ein paar Zelte weggepustet, aber sonst keinen großen Schaden angerichtet. Schlimmer war es drüben bei den Nachbarplätzen. Eine Bombe ging mitten ins Operationszelt. Der operierende Chirurg fiel mit aufgerissener Schlagader über den Panzergrenadier auf dem Operationstisch, dem ein mächtiger Splitter wie ein Riesenskalpell den Brustkorb aufgerissen hatte. Arzt und Grenadier ereilte der Tod in der gleichen Sekunde. Noch zehn Tote und mehr als 30 Schwerverletzte blieben hinter den abziehenden Tommys zurück.

Das rote Kreuz lag zerfetzt. Aber als erstes baute man es wieder zusammen. Der Glaube an die Fairneß war stärker als die Ausnahme ihrer Mißachtung.

Wenige Tage später war der große deutsche Verteidigungsriegel vor El Alamein zersprengt, der Rückzug in vollem Gange. Und auch Dr. Cyrans Samariterstadt fuhr in langen Troßkolonnen durch die Wüste. Rückwärts. Auf Fuka zu. An Fuka vorbei. Und immer weiter.

Hinter dem Flugplatz von Fuka aber drehte der Sanitätsobergefreite Dr. med. Otto Buchinger am Morgen des 6. November immer wieder an der Kurbel seines Feldtelefons, mit dem er Verbindung zur Flakstellung hatte. Es kam keine Antwort. Statt dessen sah Buchinger drüben über den Dünen merkwürdige Panzerspähwagen in Richtung Küstenstraße schaukeln. Panzer mit runden Kuppeln. Tommys. »Jetzt aber weg«, gab Buchinger sich selbst den Befehl. Er schleppte noch schnell alles Sanitätsmaterial vors Zelt. Ließ schließlich seine schöne Tommy-Behausung über den Sanitätsschätzen zusammenfallen. Goß einen Kanister Sprit darüber. Und ehe er sich wie in alten Zeiten als Wandervogel auf den ungewissen Marsch machte, warf er noch ein Streichholz in die Benzinpfütze. Über eine Stunde lang sah er, wenn er sich umdrehte, die Rauchfahne hinter den Dünen von Fuka.

Buchinger hielt sich immer parallel der Küstenstraße unter aufmerksamer Beobachtung der ›Feindlage‹. Nachts schlug er sein Lager in kleinen Wadis auf. Der Mantel war Matratze und Decke. Die mondhellen Nächte zeigten im Westen Mündungsfeuer der Artillerie und die Christbäume der Bombenflugzeuge. Die Schlacht war dem Doktor davongelaufen. Er lief ihr nach – und hatte es doch eigentlich nicht nötig. Aber das deutsche Expeditionskorps in der Wüste hatte seine eigenen Gesetze des Lebens und der Kameradschaft. Man vergesse nicht, daß es bei Rommel in Afrika vier Dinge nicht gab: keinen SD, keine Geiselerschießungen, keine politische Schulung und auch keine Frontbordelle. Anders als an anderen Fronten. Daraus ergaben sich auch festere Formen dessen, was wir gemeinhin mit dem viel mißbrauchten Wort Pflicht meinen. Der Sani-Doktor tat trotz aller Nackenschläge, die er von übereifrigen Anhängern des Regimes in der Heimat erfahren hatte, seine Pflicht; denn die Panzerarmee Afrika war nicht ein Regime, sondern war das gute Deutschland. Und so wanderte er dem Kriege und den Kameraden nach. Schlief in Höhlen und Sandlöchern und winkte endlich nach vier Tagen kurz vor Marsa Matruh einem deutschen Panzerspähwagen zu. Das war eine fröhliche Begrüßung. Ein tiefer Schluck aus der Kaffeeflasche. Und der Rat, den Weg in die Stadt möglichst nicht auf der Straße zu machen, da die britischen Jabos die Angewohnheit hätten, gerade auf Einzelgänger sportliche Jagden zu veranstalten. Das war ein guter Tip. Als dann der Doktor freudig winkend am Stadtrand von Marsa Matruh auf einen Trupp deutscher Landser zuging, machten diese entsetzte Gesten. Erst als Buchinger vor ihnen stand, begriff er, was sie meinten; aber da war es schon gut: Er war durch ein Minenfeld neben der Küstenstraße gewandert, das die deutschen Pioniere eben gelegt hatten. Ein guter Geist muß wohl den Schritt des Doktors gelenkt haben. Buchinger kam gerade noch rechtzeitig bei der 90. leichten Division an, um sich mit ihren Nachhuten wieder in Marsch zu setzen: weiter nach Westen. Rückwärts.

EISENHOWER KOMMT

»Zuweilen ist es sehr unvorteilhaft, einen guten militärischen Ruf zu besitzen. Man selbst kennt seine Grenzen, während die andern von einem Wunder verlangen und jede Niederlage als Böswilligkeit auslegen.« Tiefe Resignation spricht aus diesen Worten Rommels. Er wußte, daß seine Niederlage von El Alamein kein unglückliches Geschick war, sondern die Quittung für die in Rom und Rastenburg in den Wind geschlagenen Warnungen, Mahnungen und Forderungen. Montgomery hatte die deutsche Front zerbrochen, weil die 8. Armee stärker und besser ausgerüstet war. Vor allem aber, weil sie die Luftherrschaft im Kampfgebiet besaß. Zum erstenmal wurde klar, daß gegen die feindliche Luftherrschaft auch bei noch so großer Tapferkeit der Erdtruppen nichts auszurichten war. Zweimal ergaben sich daraus echte Katastrophen: bei El Alamein im Jahre 1942 und in der Ardennen-Offensive 1944. Beide Male wurden die entscheidenden Panzerkräfte mattgesetzt, die Erdtruppen paralysiert und dadurch die Schlacht verloren.

Rommel hatte in Afrika schon manchen Rückschlag hinnehmen müssen und darauf neu zu neuen Siegen aufgebaut. Aber in seiner Niederlage von El Alamein sah er mehr als nur eine verlorene Schlacht. Er sah darin den verlorenen Feldzug in Afrika. Er wurde in seiner Auffassung bestärkt, als er am 8. November die Funkmeldungen bekam, daß die Amerikaner in Marokko und Algerien gelandet waren.

Da kamen 80 000 Boys aus den USA und 25 000 Briten von der anderen Seite Afrikas und wollten die weichende Armee Rommels in die große Schere nehmen. Im Doppelnelson sollte die deutsche Panzerarmee endgültig zu Boden gebracht werden. Durch die Franzosen nur wenig behindert, hatte General Eisenhower, der amerikanische Oberbefehlshaber, die Kanonen, Flugzeuge und Truppen an Afrikas Nordküste gelandet. Es war zwar ein langer Weg von dort nach Tunis, Tripolis oder Tobruk; aber es war nur ein Zeitproblem. Wer sollte sie denn aufhalten, die Amis? Berlin und Rom hatten Rommels Panzerarmee in 18 Monaten nicht stark genug machen können, um eine Armee der Engländer zu besiegen. Wie sollten dann zwei Armeen geschlagen werden können?

In der Nacht vom 8. auf den 9. November 1942 sitzt Rommel im Befehlswagen von General Lungershausen, dem Kommandeur der 164. leichten Division. Aus dem Funkwagen nebenan tönt Adolf Hitlers Traditionsrede aus dem Bürgerbräukeller in München. Der Führer spricht von Sieg. Bei Capuzzo aber liegen die Männer der 90. leichten, der 164. leichten Division und des DAK erschöpft im Wüstensand. Als die 2. Kompanie Pionierbataillon 220 angetreten ist, meldet Feldwebel Öhler dem Kompaniechef: »Kompanie angetreten mit 28 Mann.« Vor sechs Monaten waren sie voll ausgerüstet und kriegsstark aus Kreta herübergekommen.

Das alles wollte der Führer im Bürgerbräukeller in München nicht wissen; aber Rommel wußte es. Und voll Bitterkeit spricht er in jener Nacht General Lungershausen gegenüber aus, was er fürchtet: »Der Feldzug ist verloren. Afrika ist verloren. Wenn man das in Rom und Rastenburg nicht einsieht und nicht rechtzeitig Maßnahmen zur Rettung meiner Soldaten unternimmt, dann wird eine der tapfersten deutschen Armeen in die Gefangenschaft wandern. Wer soll dann Italien gegen die drohende Invasion verteidigen?«

Das war Rommels Sorge. Und immer fester nahm ein kühner Plan in seinem Geist Gestalt an: Er wollte das Dünkirchen Afrikas exerzieren. Alles, was auf dem Wasser fahren konnte und alles, was die italienische Kriegsmarine zum Schutze hatte, wollte er eingesetzt sehen, um wenigstens seine Soldaten zu retten. Er diskutierte mit Oberst Westphal darüber. Sprach mit Bayerlein davon und machte es dem fanatischen Anhänger Hitlers, seinem Ordonnanzoffizier Berndt, klar. Er rechnete ihnen vor: »Was bedeutet denn schon das Material, das wir zurücklassen? Das meiste ist englisches Beutegut.

Der Rest hat sowieso nur noch Schrottwert. Aber 150 000 Menschen, davon 70 000 erprobte, kampfgestählte deutsche Soldaten, damit können wir in Sizilien oder Südfrankreich noch Schlachten gewinnen, die totale Niederlage abwenden.«

Rommel hatte den Mut, vor seinen Offizieren Churchills Rückzug von Dünkirchen 1940 nicht nur als glänzende organisatorische Leistung zu erklären, sondern diesen in Deutschland von Goebbels als ›schmählich‹ beurteilten Rückzug ohne Waffen – als mutigen und weitblickenden Entschluß zu werten. Was wäre aus Englands militärischer Kraft geworden, wenn ihm für die späteren Kämpfe nicht die Offiziere und Unteroffiziere von Dünkirchen zum Aufbau einer neuen Armee zur Verfügung gestanden hätten?

Aber den Mut zum rechtzeitigen Rückzug, der neue Schwerpunkte bilden ließ, hat die oberste deutsche Führung nie gehabt. Damit fehlte ihr etwas Entscheidendes zum Sieg. Das mag paradox klingen, aber es ist so. Die Rechnung dafür war bitter.

Die 21. Panzerdivision war am 6. und 7. November im Raume Fuka im Kampf gegen den anstürmenden Panzerfeind zusammengeschlagen und hatte von ihren dreißig Panzern, die aus den Alameinkämpfen gerettet waren, noch vier übrigbehalten.

Die II. Abteilung des vor El Alamein neugebildeten Afrika-Artillerieregiments 2 unter Hauptmann Duval de Navarre hatte sich am Trigh Capuzzo als Nachhut geopfert. Hundert Mann blieben übrig.

Die kampferprobte 3. Kompanie Fla-Bataillon 606 wurde in hartem Abwehrkampf noch vor Fuka überrollt. Der Hauptteil des Bataillons wurde aufgerieben. Nur die Trosse entgingen unter Führung des Oberleutnants Dany der Gefangenschaft.

Nimmermüde Kampfverbände wie die Kampfstaffel des Oberbefehlshabers bestanden nur noch aus halbverdursteten, vor Schlaflosigkeit halbtoten Männern. Und trotzdem schossen sie sich immer wieder aus der feindlichen Panzerumklammerung heraus.

Zum Umfallen müde leistete in diesen Novembertagen die 90. leichte Division unter der Führung ihres Generals Graf Sponeck Erstaunliches bei der Abwehr des hart nachdrängenden britischen Panzerfeindes und beim Schutz der zurückflutenden deutsch-italienischen Verbände.

Am Halfayapaß entging die 90. leichte Division nur durch die Aufmerksamkeit ihres Kommandeurs der Vernichtung. Durch die Waffenstreckung eines italienischen Bataillons am Paß konnte eine ganze britische Panzerbrigade nach Westen durchbrechen. Aber Graf Sponeck, der sich selbst auf Erkundung befand, entdeckte rechtzeitig den feindlichen Panzerverband, alarmierte seine in Ruhestellung liegende Division und entzog sie mit geschickter Taktik dem Zugriff der Tommys.

Der dreimal eroberte und dreimal wieder verlorene Halfayapaß war dahin.

An der Gazalalinie, mit den berühmten Schlachtorten von 1941 und 1942, zog die Division wieder vorbei. Rückwärts. Da sind die Pisten um Mechili. Vorbei. Bengasi. Vorbei. Die Cyrenaika wird geräumt

Am 13. November sind die Spitzen von Rommels geschlagener Armee 1000 Kilometer rückwärts marschiert. Die Marsa el Brega-Stellung wird von den ersten Teilen erreicht. Damit ist Rommel wieder einmal am alten Ausgangspunkt, von dem aus er schon zweimal zu seinem großen Siegeslauf gegen den Nil antrat. Werden El Agheila und Marsa el Brega noch einmal der schicksalhafte Wendepunkt zum Guten werden? Aber diesmal ist alles anders. Zwei Daten und zwei Orte geben dem afrikanischen November das Gepräge: der 24. November am Arco dei Fileni und der 28. November in Rastenburg.

Am 24. November fand am architektonisch kühn gebauten Arco dei Fileni, dem Wüstentor zwischen Cyrenaika und Tripolitanien, das für jeden Landser ein Wahrzeichen bedeutete, eine Konferenz zwischen Rommel, Kesselring und den italienischen Marschällen Bastico und Cavallero statt. Im Schatten eines Monuments, das eine neue imperiale Epoche faschistischer Kolonisierung Afrikas einleiten sollte, prallten die Meinungen der deutschen und italienischen Marschälle aufeinander. »Die Marsa el Brega-Stellung muß gehalten werden. Vorbereitungen zu einer baldigen Offensive gegen die englische 8. Armee sind zu treffen.« Das war Mussolinis Befehl. Rommel aber war hart. Er legte den Italienern die Situation dar und stellte die Forderung: baldige Räumung Tripolitaniens. Vergeblich versuchte Kesselring zu vermitteln. Rommel sah keine Chance mehr für einen afrikanischen Sieg. Er sah nur die Tatsache, daß er mit äußerster Mühe seine Verbände in die Marsa el Brega-Stellung gebracht hatte. Mehr als einmal hatte sich Oberst Bayerlein, der das DAK in jenen Wochen führte, vor schweren Entscheidungen befunden: Sollte, konnte noch gehalten werden, oder war es höchste Zeit, aus der britischen Umklammerung herauszuflitzen? Montgomery stellt in seinen Memoiren bewundernd fest, daß es Rommels Verbänden immer wieder gelang, im letzten Augenblick aus den berüchtigten ›Bottlenecks‹, den Flaschenhälsen, zu entwischen. Wie schwer, wie gewissensschwer die Entscheidung oft war, zeigt, daß selbst Bayerlein, der alte Gefährte Rommels, vom Feldmarschall mit dem Kriegsgericht bedroht wurde, weil er zuweilen nicht wörtlich nach dem Befehl, sondern auf Grund seiner Einsicht in die Lage handelte.

Rommel sah nur noch ein sinnvolles Ziel: So schnell wie möglich zurück nach Tripolis oder nach Tunis, um die Armee hinüber aufs Festland zu retten.

Am 27. November ging bei Rommels Kurierstaffel der Befehl ein: »Reise-

und Begleitmaschine in der Nacht zum 28. 11. am Arco dei Fileni bereitstellen.« Das Bordbuch des Funkers und Stabsfeldwebels Richard Hahne weist aus, daß Flugzeugführer Giesen mit Rommels Maschine nach der letzten Leuchtbombe eines britischen Bombenangriffs auf dem Platz am Arco dei Fileni landete. 15 Minuten später ist Rommel da. Um 2 Uhr 50 wird gestartet. Ziel: Hitlers Hauptquartier Wolfsschanze. Rommel will unangemeldet zu seinem Führer vordringen und ihm die Räumung Afrikas abtrotzen. Ehe sich Rommel zu diesem Flug entschloß, hatte er lange mit Westphal diskutiert und sich in Rede und Gegenrede die schlagkräftigsten Argumente zurechtgelegt. Rommels Plan sah eine sichere Rettung von mindestens 75 Prozent des Personalbestandes der Armee für den Weiterkampf auf dem europäischen Kontinent vor.

»Ich will jetzt niemanden sehen, Giesen«, sagte Rommel kurz vor der Zwischenlandung in Grottaglie bei Tarent. Feldwebel Hahne zog die Vorhänge vor den Kabinenfenstern zu. Um 6 Uhr 50 rollte die He auf den verschlafenen Platz. Rommel blieb während des Tankens in seinem Sessel sitzen. Er hatte die Augen geschlossen. Schlief er? Oder legte er sich die Argumente für seine Aussprache mit Hitler zurecht? Rommels Ordonnanzoffizier, Oberleutnant Berndt, blätterte in alten Nummern der ›Oase‹, der gutgemachten Soldatenzeitung der Panzerarmee.

Um 8 Uhr 15 ging es weiter nach Wiener Neustadt. Rommel sagte seiner Frau guten Tag. Um 12 Uhr 40 aber saß er schon wieder im Flugzeug. Um 15 Uhr 15 wurde der stählerne Vogel auf dem Flugplatz des Führerhauptquartiers eingewinkt. In einem Kurierwagen fuhr Rommel hinüber in das ostpreußische Eichenwäldchen, wo Hitlers ›Wolfsschanze‹ versteckt lag. Am Tor 2 salutierte die Wache. Der Schlagbaum ging hoch. Der Wagen blieb auf dem Hauptweg der Anlage, bog dann nach links in einen Nebenweg ein und hielt vor der Baracke, die Feldmarschall Keitel bewohnte. In einer fast einstündigen Unterhaltung gab Rommel einen Bericht über die militärische Lage in Nordafrika und schlug die Räumung vor. Keitel, Jodl und der Chef der Militäradjutantur Hitlers, Generalmajor Schmundt, hörten ihm ruhig und interessiert zu. Sie schienen mit Rommels Auffassungen übereinzustimmen. Und so ging der Feldmarschall ganz optimistisch in die Baracke Hitlers, als er und seine Gesprächspartner um 18 Uhr zur Führerbesprechung gerufen wurden.

Hitler hatte Rommel nicht allein erwartet. Der Reichsmarschall Göring war bei ihm. »Wie steht es in Afrika«, begann Hitler die Unterhaltung. Rommel setzte die Gründe auseinander, warum die Engländer die Alamein-Linie durchbrechen konnten: »Sie hatten besseres Material, hatten stärkere Artillerie, mehr Panzer und die Luftüberlegenheit.«

Rommel legte dar, warum er nach dem britischen Durchbruch zu keiner beweglichen Kampfführung mehr fähig war. »Wir hatten keinen Sprit«, war Rommels erstes Argument. Wie auf ein Stichwort fuhr Göring auf: »Aber Ihre Fahrzeuge flohen doch zu Hunderten in wilder Flucht und mit Affenfahrt auf der Küstenstraße zurück. Dafür war Sprit da.« Hitler blickte Rommel an, sagte aber kein Wort.

Rommel: »Wir hatten auch keine Munition.«

Göring: »Trotzdem haben Sie Zehntausende Artilleriegranaten in Tobruk und Bengasi liegen lassen.«

Rommel stieg der Zorn ins Gesicht: Sollte er den Dicken fragen, wie er diese Munition hätte abtransportieren sollen? Wie er sie zu den Geschützen hätte bringen sollen? Hitler sagte noch immer nichts. Hatte er mit Göring ein Spiel mit verteilten Rollen verabredet? »Wir hatten«, fuhr Rommel mit erhobener Stimme fort, »wir hatten auch nicht genug Waffen.«

»Und wo sind die Waffen geblieben«, fragte Göring. Er machte eine kleine Kunstpause. Dann wetterte der Reichsmarschall mit erhobener Stimme: »Die Waffen wurden auf der Flucht weggeschmissen.« Und jetzt, wie auf ein Stichwort, schaltete sich Hitler ein: »Wer aber keine Waffen hat, muß verrecken.« Rommel sprang aus seinem Sessel hoch. Sein Gesicht war krebsrot. »Mein Führer«, setzte er an. Aber Hitler knallte die Faust auf den Tisch und wiederholte: »Wer die Waffen wegwirft und dann kein Gewehr mehr hat, um sich zu verteidigen, muß verrecken.«

Stalingrad stand im Raum. Stalingrad, das vor zehn Tagen, am 19. November, eingeschlossen worden war. Stalingrad, das Hitler zu halten geschworen hatte, wütend, drohend, gegen alle Vernunft. Und da sollte er in Afrika weichen?

»Niemals!« rief Hitler. Er wandte sich an Keitel: »Was liegen in Neapel für Waffen?«

»6000 Gewehre liegen transportbereit, mein Führer.«

»Schicken Sie alles sofort hinüber.«

Aber mit 6000 Gewehren ließ sich Rommel nicht beschwichtigen. »Was sollen 6000 Gewehre, mein Führer.« Und dann entwickelte er trotz Hitlers drohender Stimmung seine These, daß Nordafrika nach der alliierten Invasion in Marokko und Algerien auf die Dauer nicht zu halten sei. »Nehmen Sie die Panzerarmee ohne Rücksicht auf Material nach Italien zurück, um den Kontinent gegen die zu erwartende Invasion Eisenhowers verteidigen zu können, mein Führer«, beschwor Rommel seinen obersten Befehlshaber. Aber eiskalt fuhr da Hitler seinen Feldmarschall an: »Rommel, ich wünsche einen solchen Unfug aus Ihrem Munde nicht mehr zu hören. Nordafrika wird verteidigt wie Stalingrad verteidigt wird. Eisenhowers Invasionsarmee muß vor der italienischen Haustür zerschlagen werden, nicht erst im Wohnzimmer Sizilien.« Das klang gut. Das klang schön. Und es war sogar richtig. Aber dann mußten genug Panzer und genug Flugzeuge und genug Soldaten nach Afrika geschickt werden. Aber man hatte zwanzig Monate nicht genug geschickt, um eine Armee zu besiegen, und da wollte man in den nächsten Monaten zwei Armeen schlagen? Man hatte in Rastenburg den Krieg in Nordafrika seit zwei Jahren nur als einen Kolonialkrieg angesehen, nicht als einen Kriegsschauplatz, wo europäische Entscheidungen fallen konnten, wie viele sooft gemahnt hatten.

Rommel wollte noch einmal ansetzen; aber da schnitt ihm Hitler das Wort ab: »Nordafrika wird verteidigt – nicht geräumt; dies ist ein Befehl, Herr Feldmarschall.«

Dies ist ein Befehl, Herr Feldmarschall.

Ja, Adolf Hitler wußte um die Magie dieses Wortes. Er wußte, an welcher Stelle er seine Marschälle packen mußte.

»Dies ist ein Befehl.«

Rommel akzeptierte diese alte Formel preußisch-deutscher Tradition, bei der jeder Widerspruch zertreten wurde. Er gehorchte. Mit halbem und mit verwundetem Herzen.

Sein Glaube an Adolf Hitler war von dieser Stunde an zerbrochen. Rommels Feldherrnglück auch. Abgespannt, müde und verzweifelt fuhr der Feldmarschall mit Göring in dessen Sonderzug nach Rom. Der Reichsmarschall wollte die Verhandlungen mit Mussolini, Kesselring und den italienischen Militärs selber in die Hand nehmen, um, wie er sagte, ›die weitere Verteidigung Afrikas sicherzustellen‹.

Nach fruchtlosen Gesprächen, bei denen wieder einmal viel versprochen aber nichts gehalten wurde, kam Rommel in einer Kuriermaschine schließlich wieder zu seiner Armee, die bei Marsa el Brega stand. Hier, beim Kilometerstein von El Agheila, hatte für das deutsche Afrikakorps vor zwanzig Monaten der Krieg angefangen. Hier hatte der erste Siegeslauf begonnen. Hier hatte man sich wieder gefangen, als Niederlagen im November 1941 die Armee zum Rückzug zwangen. Und von hier waren die altbewährten Divisionen im Januar 1942 wieder losgezogen und bis vor die Tore Alexandrias gestürmt. Nun waren sie wieder einmal an ihre Schicksalsecke am Rande der Cyrenaika zurückgeworfen. Würde der berühmte Kilometerstein von El Agheila zum dritten Male Ausgangspunkt einer neuen siegreichen Offensive in Richtung Ägypten sein? Die Landser Rommels hofften es. Aber während sich die Männer der Kampfgruppe von der Heydte in der östlichen Hälfte der libyschen Wüste mit den Panzerspitzen von Montgomerys 8. Armee herumschlugen und die vorderste Linie der Brega-Stellung hielten, tobte in ihrem Rücken in Tunesien bereits der zweite nordafrikanische Krieg.

In den Morgenstunden des 8. November war der US-General Dwight D. Eisenhower – dessen Namen damals die meisten Menschen zum ersten Male hörten – mit einer mächtigen Invasionsflotte vor Casablanca, Oran und Algier erschienen und hatte seine Sturmbataillone gelandet. Seine Divisionen kamen zum Teil aus England, zum Teil aber auch direkt aus den USA. Das ›Unternehmen Torch‹ hatten Roosevelt und Churchill diese kühne Aktion getauft. Sagte ich ›kühn‹? Es müßte eigentlich ›abenteuerlich‹ heißen; denn schließlich gehörten Marokko, Algerien und Tunesien zu Frankreich, und dieses Frankreich hatte mit Deutschland einen Waffenstillstandsvertrag geschlossen und betrachtete sich nicht mehr als kriegführende Nation. Marschall Pétain, der französische Staatschef, und sein Premierminister Laval gingen den Weg der deutsch-französischen Kollaboration. Für diese Zusammenarbeit hatten sie sich den Vorteil erkauft, daß Hitler ihre nordafrikanischen Kolonialgebiete als wirtschaftliche Ressource und politisches Imperium unangetastet ließ. Intakte französische Divisionen standen dort in ihren Garnisonen.

Der englische und amerikanische Geheimdienst hatten die Landung gut vorbereitet. Der französische Befehlshaber in Algier, General Juin, aus deutscher Gefangenschaft als zuverlässiger Anhänger Pétains entlassen, war für die Sache der Alliierten gewonnen. Der General war bereit, auch gegen den Befehl seines Staatschefs und Oberbefehlshabers zu Eisenhowers Truppen überzugehen. Aber wie raffinierte Pläne oft von kleinen Dingen durchkreuzt werden, so brachte auch hier ein Zufall alles durcheinander. Am Tage der Landung befand sich der pétaintreue Oberbefehlshaber der französischen Vichy-Streitkräfte, Admiral Darlan, zufällig in Algier. Er besuchte seinen Sohn, der an Kinderlähmung erkrankt war. Dieser tragische persönliche Anlaß wurde Ausgangspunkt eines politischen Dramas voll düsterer Verwicklungen.

Der Zufall von Darlans Anwesenheit brachte es mit sich, daß nicht Juin, sondern Darlan den Oberbefehl hatte. Die Akteure Londons und Washingtons waren entsetzt.

Darlan war ein Deutschenfreund und haßte die Engländer und auch die Amerikaner. Was London und Washington befürchteten, trat ein: Darlan befahl den militärischen Widerstand gegen die Invasion. Vergeblich versuchte General Juin das Offizierskorps auf seine Seite zu ziehen. Nur eine Handvoll folgte ihm. Das Gros der französischen Streitkräfte schoß auf Eisenhowers Soldaten. Statt eines begeisterten Empfangs, für den die amerikanischen Regimenter sogar ihre Musikkapellen mitgebracht hatten, wurden in Algier zwei britische Zerstörer versenkt, in Oran das Sturmbataillon der 1. amerikanischen Panzerdivision von französischen Marinetruppen zusammengeschossen und gleichfalls zwei Zerstörer mit Mann und Maus auf den Grund des Meeres geschickt. Erst nach 24stündigem Kampf war der französische Widerstand gebrochen.

In Casablanca war es für Eisenhower noch schlimmer. Auch hier hatte sich der englische Geheimdienst des französischen Befehlshabers Béthouart versichert. Aber auch hier klappte die Sache nicht. Der Resident General Noguès stand treu zu Pétain. Er verhaftete Béthouart und befahl den Widerstand. Die amerikanischen Seestreitkräfte mußten erst sieben französische Schiffe zusammenschießen, ehe die Sturmtruppen an Land gehen konnten. Tausend Franzosen fanden dabei den Tod. Aber General Noguès focht weiter. Pessimisten in London sahen bereits die Katastrophe nahen. Sie fürchteten, daß die Toten von Casablanca, Oran und Algier die Grundlage für ein deutsch-französisches Waffenbündnis werden könnten. Die Geschichte stand auf einem Scheitelpunkt. Da machte ein großartig eingefädeltes diplomatisches Spiel der Krise ein Ende. Der gefährliche Mann Darlan, der den Invasionsfahrplan Roosevelts und Churchills durcheinanderbrachte, wurde mattgesetzt, mehr noch: Er wurde ›umgedreht‹.

Churchill hatte immer schon gewußt, wie gefährlich dieser antibritische Admiral war. Kurz vor der Invasion hatte er in vertrautem Kreise zu Eisenhower gesagt: »Könnte ich an Darlan herankommen, ich würde – so sehr ich ihn hasse – eine Meile auf allen vieren kriechen, wenn ich ihn dadurch bestimmen könnte, seine Flotte den alliierten Streitkräften zuzuführen!« Churchill brauchte nicht auf allen vieren zu kriechen. Die Sache wurde anders gelöst.

Den ganzen Nachmittag und die halbe Nacht des 8. November hatte Admiral Darlan in Konferenzen und Stabsbesprechungen zugebracht. Dann hatte er noch am Krankenbett seines Sohnes gesessen. Er war gerade todmüde auf ein Sofa gesunken, da schreckte ihn das Telefon wieder hoch. Er möge doch sofort zu General Juin kommen, bestellte ihm ein Offizier. Es wäre äußerst wichtig. Von nationaler Bedeutung.

Darlan, übermüdet, nicht mehr kritisch genug, fuhr zu Juin. Er fuhr in seine Falle. Der damalige US-Generalkonsul Murphy – heute ein führender Diplomat Amerikas – hatte die Idee gehabt, den Admiral dem General in die Hände zu spielen und gefangenzusetzen. Der Plan klappte.

Was in jener Nacht geschah, ist nie aktenkundig geworden. Bei Winston Churchill kann man allerdings nachlesen, daß Darlan, als er merkte, daß er in eine Falle gegangen war, zu Murphy mit zornrotem Gesicht sagte: »Ich wußte immer schon, daß die Engländer skrupellos sind; aber ich hatte gedacht, daß die Amerikaner besser wären.«

Merkwürdigerweise kamen noch in der Nacht von Admiral Darlan unterzeichnete Befehle, die zum Abbruch des französischen Widerstandes aufforderten. Diese Befehle kamen natürlich auch zur Kenntnis Hitlers. Da er den finsteren Hintergrund des Falles nicht kannte, schloß er begreiflicherweise auf einen lange geplanten Verrat Darlans. Sein Verdacht richtete sich sogar gegen den alten Marschall Pétain; und wütend befahl Hitler deshalb die Okkupation des bisher unbesetzten Vichy-Gebietes. Das war ein törichter Kurzschluß; denn jetzt erschien Marschall Pétain für die Weltöffentlichkeit nicht mehr als unabhängiger Staatschef, der von einem unbesetzten Gebiet aus regierte, sondern der Greis bot das Bild eines Gefangenen, der im Schatten der deutschen Bajonette handelte.

Unglücklicherweise erzwang Hitler bei Pétain auch noch ein Verdammungsurteil gegen den ›Verräter Darlan‹ und dessen Amtsenthebung. Diese Maßnahmen trieben den durch die persönlichen Schicksalsschläge verwirrten Admiral nunmehr zwangsläufig an die Seite seiner Feinde von gestern.

Nach entsprechender Beratung bei Murphy eilte Eisenhower persönlich zu dem ›hassenswerten Schurken‹, wie Churchill den Admiral Darlan noch vor ein paar Wochen genannt hatte, und bewirkte durch ehrenwörtliche Zusicherungen die Schwenkung des Admirals auf die Seite der Westmächte. Damit wurde der offizielle Oberbefehlshaber der französischen Streitkräfte der Verbündete Eisenhowers. Ein glänzendes Kabinettstückchen der angelsächsischen Diplomatie. Der Mann, den die englische und amerikanische Presse noch ein paar Tage vorher einen ›Verräter, Faschisten und treulosen Banditen‹ genannt hatte, war für Eisenhower jetzt mehr wert als eine Armee.

Der Admiral spielte seine tragische Rolle fair. Die Gegenseite nicht. Am 24. Dezember, am Heiligabend, wurde er bei einem mysteriösen Attentat ermordet. Sein Mörder wurde 48 Stunden später hastig und ohne ordentliche Gerichtsverhandlung standrechtlich erschossen. Winston Churchill aber schreibt mit souveräner Kühle in seinen Memoiren: »Darlans Ermordung, so verbrecherisch sie war, befreite die Alliierten von dem Dilemma, welches aus der Zusammenarbeit mit diesem Manne erwuchs; andererseits blieben uns alle Gewinne erhalten, die er uns in den entscheidenden Stunden der Landung verschafft hatte.«

Ja, durch das Glück der Stunde war das Unwahrscheinliche Wirklichkeit geworden: Im Rücken Rommels stand eine englisch-amerikanische Armee.

Im Gegensatz zu Mussolini hatte Hitler eine solche Landung in Nordafrika nicht erwartet und deshalb auch nichts dagegen unternommen. Noch am Morgen des 8. November war Göring der Meinung gewesen, die gesichtete alliierte Landungsflotte ziele auf Südfrankreich. »Und da sollen sie nur kommen«, hatte er verkündet. Nun, sie kamen, wie gesagt, woanders. Der Telefondraht von Berlin und Rastenburg nach Rom zu Kesselring wurde nicht mehr kalt.

»Was können Sie an Landetruppen nach Tunis werfen, Kesselring«, fragte Hitler eindringlich seinen OB-Süd am Telefon. »Eine Handvoll Fallschirmjäger und meine Stabskompanie«, war Kesselrings Antwort. »Werfen Sie hinüber, was Sie haben«, antwortete Hitler beschwörend.

WETTRENNEN NACH TUNIS

Am 11. November war auf den italienischen Flugplätzen um Neapel und Trapani Hochbetrieb, wie man es lange nicht erlebt hatte. Eine Ju 52 nach der anderen stieg auf. 40 Stück. Sie hatten wertvolle Fracht an Bord: Kesselring ließ das Fallschirmjägerregiment 5 unter Oberstleutnant Koch hinüber nach Tunis fliegen. Er wollte versuchen, einen Brückenkopf zu bilden und diese Stadt mit ihren 220 000 Einwohnern und dem wichtigen Hafen den Alliierten streitig zu machen.

Es waren tapfere Jungens, die da in den alten Ju's nach Afrika hinüberschaukelten. Fast keiner der Jäger war über 20 Jahre. Die drahtigen Unterführer höchstens 21. Die Offiziere kampferprobt. Kochs Regiment war ja aus dem alten ruhmreichen Fallschirm-Sturmregiment Meindl hervorgegangen. Lüttich und Kreta standen in seinen Akten. Nach der Neuaufstellung in Großborn war das Regiment nach Frankreich verlegt und dort für den Einsatz gegen Malta trainiert worden. Aber Malta fand ja nicht statt.

Brummend zogen die Ju's übers Mittelmeer. In der Führer-Ju saßen Koch und der Regimentsstab. »Schöner Mist«, brummte der Regimentsarzt Dr. Waitzel. Der Regimentsadjutant Oberleutnant Wolf nickte verständnisvoll. Koch hatte die Bemerkung gehört, obgleich er sich gerade mit Hauptmann Graubartz, dem Nachrichtenoffizier, unterhielt. »Nicht so trübsinnig, Doktor«, rief Koch herüber. »Ist doch mal was anderes, die Amerikaner in die Pfanne zu hauen. Chesterfield und Butterkeks, ist das vielleicht nichts?« In diesem Augenblick rief der Funker der Ju: »Tunis – wir landen!«

»Fertigmachen zur Landung«, wurde auch in den anderen 39 Ju's gerufen. Wie in Tempelhof setzten die Maschinen eine nach der anderen auf. Die sprunggewohnten Jäger konnten ihren Schirm zulassen; denn Kesselring und zwei geschickte Diplomaten der Wilhelmstraße, der Gesandte Rudolf Rahn und der Generalkonsul Friedrich Möllhausen, hatten sich bei ihrem amerikanischen Kollegen Murphy für den Darlan-Streich revanchiert. Rahn war vom Berliner Auswärtigen Amt als ›politischer Beauftragter für Tunis‹ nach Nordafrika geschickt worden. Als Kenner der französischen Probleme sollte er eine Art politische Feuerwehr sein. Rahn gelang es denn auch, den französischen Generalresidenten, Admiral Estéva, zur neutralen Haltung zu bestimmen.

Unter dem Befehl von Oberst Harlinghausen, dem ›Fliegerführer Tunis‹, war bereits am 9. November der Flugplatz von Tunis, El Aouina, besetzt worden. Mit einer He 111, begleitet von zwei Me 109, war Harlinghausen am Mittag des 9. November gelandet. Unmittelbar danach setzten drei Focke-Wulf Condor auf, und um 10 Uhr 55 rollten die Ju's mit dem technischen Personal des Jagdgeschwaders 53 auf den Platz. Hinter ihnen landeten die erste Stukagruppe und Teile des Jagdgeschwaders 53 sowie Transport-Ju's mit Benzin, Öl, leichten Flakgeschützen und ihren Bedienungsmannschaften. Darunter war auch die altbewährte Transporteinheit K. G. z. b. V. 105, die gerade aus Rußland herausgezogen worden war. Dann kam Rahn und begab sich zum Residenten.

Die Franzosen standen in ihren Deckungsgräben rings um das Flugfeld. Aber sie schossen nicht. Nach einem stundenlangen Gespräch mit Rahn gab Admiral Estéva gegen Mitternacht den Befehl, die deutschen Truppen ›nicht als Feinde‹ anzusehen. Der französische Divisionsgeneral Barré zog daraufhin seine Verbände vom Flugplatz ab. Auf diese Weise konnten 24 Stunden später Kochs Jäger wie im Manöver auf dem Flugplatz El Aouina landen und in Marschkolonnen durch Tunis in die berühmte Marschall-Foch-Kaserne ziehen. Die Deutschen waren da. Ein knappes Regiment zwar nur. Ein Regiment für den Schutz einer Stadt mit 220 000 Einwohnern. Aber immerhin. Ein Regiment. Man würde sehen.

Vom Westen her rückte indessen die 1. britische Armee unter General

Kenneth A. N. Anderson heran. Und auch die Kampfgruppe B der 1. amerikanischen Panzerdivision unter General Robinett stieß auf Tunis. General Eisenhower hielt die Einnahme der Stadt für eine Sache von Tagen.

Zum Pech für die Amerikaner regnete es. Die Straßen weichten auf. Damit hatte man nicht gerechnet. Am 15. November stand zwar in Tunis noch immer keine deutsche Armee; aber das OKW hatte wenigstens einen General geschickt. Einen erfahrenen, tüchtigen Afrikaner, der nach halber Genesung von seiner Verwundung eigentlich ausersehen war, die Marsa el Brega-Stellung auszubauen, aber nun nach Tunis geschickt wurde: Walther Nehring. Er übernahm als Kommandierender General des 90. Korps die Befehlsgewalt in Tunesien. 90. Korps. Dabei war es noch nicht einmal eine Division. Neben Kochs Regiment hatte Nehring noch das Fallschirmjäger-Pionierbataillon des Major Witzig zur Verfügung, das in aller Eile nach Bizerta geworfen wurde.

Zur Streitmacht Nehrings gehörte schließlich noch die Panzerspähkompanie 190 unter Oberleutnant Kahle. Außerdem stand dem 90. AK als Glanzstück eine Flakbatterie 8,8 von der 20. Flakdivision zur Verfügung.

Keine Sanitätsgruppe – bis auf einen Oberarzt.

Keine eigenen Kraftfahrzeuge – statt dessen gemietete tunesische Taxen.

Der Stab dieses merkwürdigen 90. Korps bestand aus einem General und einem Ordonnanzoffizier. Als Chef war der tüchtige Oberst Pomtow vorgesehen. Aber der befand sich noch bei der 3. Panzerdivision im Kaukasus als I a. Schneestürme verhinderten seinen Abflug. Das OKW hatte offenbar in ganz Europa keinen anderen Stabschef für das kuriose 90. Korps finden können. Trotzdem brachte dieses Gespensterkorps erstaunliche militärische Leistungen zuwege. Sie stellen ein Beispiel von Tapferkeit, Kühnheit und Improvisationskunst dar.

Auch in Bizerta war die erste deutsche Landung in einem frechen Handstreich erfolgt: Das Marschbataillon 16, das von Laibach via Athen an Rommels Front transportiert werden sollte, war schnell nach Rom dirigiert worden. Dort machte der OB-Süd das »Feldbataillon Tunis 1« daraus; und mit der 1. Kompanie, verstärkt durch den Fallschirmjäger-Pionierzug Ahrendt, landete Oberleutnant Werner Wolff am 11. November auf dem Flugfeld von Bizerta. Zu Wolffs Überraschung stand dort bereits eine Ju mit Nachschubgut. Sie war außerhalb des Pulks geflogen und hatte mit zwei Fallschirmjägern des Pionierzuges Ahrendt als erste gewissermaßen den Flugplatz Bizerta erobert.

Nach dem Krieg wurde in amerikanischen und englischen Berichten oft beklagt, daß man nicht auch gleich in Bizerta gelandet sei. Aber es ist keineswegs sicher, ob Eisenhowers Landungskräfte in Bizerta wie die Deutschen ohne heftige Kämpfe an Land gekommen wären. Der strategisch wichtigste

Kriegshafen vor der drittgrößten Stadt Tunesiens war von Admiral Dériens Marinetruppen besetzt. Es waren 14 000 Mann. Dérien aber war ein Anhänger Pétains. Die 30-cm-Geschütze der Festungsbatterien hätten bei einem englisch-amerikanischen Landeversuch wohl kaum geschwiegen. Eisenhower hatte also vielleicht gar nicht so unrecht, die Einnahme Bizertas nicht von der See her zu planen. Er wollte es von der Landseite nehmen. Aber – und hier liegt sein Fehler – dazu hätte er etwas flinker sein müssen. Der Befehlshaber der 1. britischen Armee, General Anderson, bekam den Befehl, die Stadt mit Verbänden, die in Algier gelandet waren, zu besetzen. Aber diesen Plan machte General Nehring eben mit seinen Fallschirmjägern zunichte. Admiral Dérien folgte dem Befehl aus Vichy, deutschen Truppen keinen Widerstand entgegenzustellen. Das Fallschirmjäger-Pionierbataillon Major Witzig übernahm sofort die Sicherung entlang der Straße Mateur–Abiod. Stieß kühn nach Westen vor. Erreichte den Raum östlich Abiod und sperrte dort den Spitzen der anrückenden starken britischen Kräfte der 78. Infanteriedivision den Weg. Die Tommys waren nicht wenig erschrocken, den ›grünen Teufeln aus Kreta‹ zu begegnen. Zwei italienische Sturmgeschütze, die Witzig zur Verfügung hatte, schossen ununterbrochen, bis die Tommy-Spähwagen sich schleunigst zurückzogen.

Aber General Anderson wollte es genauer wissen und stieß mit starken Panzerkräften vor. Kämpfend zog sich Witzig auf eine günstige Verteidigungsstellung zurück, setzte sich am Jefna-Tunnel fest und schlug alle Angriffe ab. Die Engländer kamen an dieser Stelle bis zum Januar 1943 keinen Schritt voran. Die Kämpfe am Jefna-Tunnel wurden so etwas wie ein kleines Verdun Tunesiens. Das Tunis-Bataillon, welches die Fallschirmjäger ablöste, erwarb sich hier bei den harten Abwehrkämpfen viele EK und das Ritterkreuz für den Feldwebel Mrouseck.

Im Morgengrauen des 17. November 1942 stand der Oberjäger Rudolf Bohn mit den Männern des verstärkten Radfahrzuges fröstelnd auf dem regenfeuchten Flugplatz von Tunis. Die Fallschirmjäger hatten ihre Sprungausrüstung und alle Waffen für einen Einsatz hinter den feindlichen Linien bei sich. Sie nahmen aber auch ihre Fahrräder mit. Natürlich wußte keiner etwas Genaues, aber diese und jene Parolen wurden durch die Reihen gemunkelt. Nach der Besprechung der Unterführer bei Leutnant Kempa wurde dann jedenfalls soviel klar: Es ging gegen den Flugplatz Gabes. Den sollten sie durch überraschende Luftlandung besetzen.

»Was ist das wieder für ein Nest?« fragte der Gefreite Beder. Rudolf Bohn holte eine Karte aus der großen Hosentasche seiner Kombination, fuhr mit dem Finger darauf entlang: »Golf von Gabes«, las er, dann tippte er auf den Städtepunkt: »Hier!« Die Jäger drängten sich um Bohn und blickten auf die Karte. Sie waren Soldaten, und jeder Soldat sah: Gabes war ein wichtiger strategischer Platz für die Verbindung vom Brückenkopf Tunis zu Rommels Armee. Wenn die Tommys oder die Amis von Oran oder aus dem Raum Algier–Bougie eher dahinkamen, war die ganze tunesische Landzunge abgeschnitten. Unter Ausnutzung der französischen Stellungen in der Marethlinie konnten sie dann der Panzerarmee Rommel, die noch 1500 Kilometer entfernt war, den Rückmarsch nach Tunis sperren. Währenddessen hätten die alliierten Hauptkräfte Tunesien aufrollen und den Sprung nach Sizilien vorbereiten können. Gabes mußte also in deutsche Hand geraten, um eine solche Entwicklung zu verhindern. Zur Zeit war es von französischen Einheiten des Generals Barré besetzt. Man wußte nicht, mit welcher Partei es der General hielt. An verschiedenen Stellen hatten seine Verbände deutschen Spähtrupps den Weg verlegt, sie sogar gefangen und dann entwaffnet zurückgeschickt. War der General bereits mit Eisenhower im Bunde?

In zwölf Ju's brummte Leutnant Kempas Garde von 50 Mann, zusammen mit der 3. Wachkompanie des OB Süd auf Gabes zu – die weiße Stadt. Die erste Rotte der Ju-Flotte kurvte auf den Platz von Gabes ein. Da: Mündungsfeuer, Leuchtspur. Was war das? Prasselnd kam von unten der Beschuß mit Panzer-MG. Die Franzosen feuerten aus ihren Panzerspähwagen, die den Flugplatz sicherten, auf die deutschen Maschinen. Ein paar Ju's erhielten Treffer. Der Kompanieführer der Wachkompanie, Oberleutnant Salg, der sich in der dritten Maschine befand, gab über Dauerton den Befehl zum Durchstarten. Die Maschinen zogen wieder hoch, drehten ab und flogen Richtung Tunis zurück. Aber der Pulk war durch den Beschuß und das abgebrochene Landemanöver völlig auseinandergesprengt. Nur sechs Ju's mit Kempas Fallschirmjägern und dem als Flugplatzkommandant für Gabes bestimmten Hauptmann Grund sammelten sich schnell. Eine siebente Ju, die mit Sauerstoffflaschen nach Tripolis unterwegs war, schloß sich an. Etwa 40 Kilometer westlich der Straße Sfax–Gabes sah der Staffelkapitän einen geeigneten Landeplatz. Durch Sprechfunk ließ Leutnant Kempa die anderen sechs Maschinen verständigen, und dann wurde zur Landung angesetzt. Alles ging glatt. Nur eine Ju machte Fahrgestellbruch.

»Diese blöden Franzmänner«, fluchten die Jäger. Was nun? Sollten sie mit ihren Fahrrädern einen Angriff auf die Panzereinheit in Gabes fahren? Leutnant Kempa tat, was in solchen Fällen getan werden mußte. Er schickte einen Spähtrupp los, um die Lage in Gabes zu erkunden. Schließlich lautete sein Auftrag: »Der Flugplatz von Gabes ist im Handstreich zu besetzen, am nächsten Morgen ankommende Luftlandetruppen sind durch weiß-grün-weiße Leuchtzeichen zur Landung einzuweisen.«

Der Spähtrupp ging los. Kurz vor der Stadt aber wurde er von französischen Spähwagen gestellt. Mit Mühe und Not und im Schutz einer Kamelkarawane konnten sich die Jäger durch wilde Flucht der Gefangennahme entziehen. Ohne Fahrräder und recht mißgelaunt saßen sie in einer Mulde. Oberjäger Bohn feierte einen traurigen 21. Geburtstag.

Am Morgen des 18. November gegen 10 Uhr rollten Ju's mit den Landungstruppen für den Raum Gabes über ihre Köpfe. Die Männer unten winkten, aber die da oben hielten das nur für Grüße und wackelten fröhlich mit den Tragflächen. »Mein Gott, die werden was erleben über dem verfluchten Nest!« knurrte der Gefreite Schneider. Aber was war denn das?

Hinter einem Palmenwald, dort wo Gabes lag, stiegen weiß-grün-weiße Leuchtzeichen in den Himmel, und die Ju's setzten zur Landung an. »Mensch!«

Im Galopp jagten die sechs ins nächste Araberdorf. Requirierten zwei Eselgespanne und fuhren nach Gabes. Dort fanden sie auf dem Flugplatz eine fröhliche Runde. Held war der Gefreite Beder.

Was war geschehen? Der Zufall hatte wieder einmal eine Schlacht entschieden. Als der erste Spähtrupp des Radfahrzuges nicht zurückkam, schickte Leutnant Kempa, getreu militärischer Sitte, eine zweite Patrouille los. Aber auch diese sieben Männer unter dem Gefreiten Beder fuhren französischen Aufklärern in die Arme. Sie konnten nicht wie ihre Kameraden flüchten. Sie wurden gefangen. Man brachte sie nach Gabes.

Dort verhörte sie der französische Kommandeur: »Was wollt ihr hier?« Der Gefreite Beder spielte den forschen Mann. Er habe Befehl mitzuteilen, daß der Flugplatz zu übergeben sei, widrigenfalls erfolge in den Morgenstunden ein Stuka-Angriff. Der Franzose war wütend. »Gut«, sagte er, »wir werden sehen. Kommen morgen früh keine Flugzeuge, lasse ich euch erschießen.« Er sperrte die sieben Mann in eine Wellblechbaracke und stellte einen Posten davor. Beder und seine Kameraden verbrachten eine unangenehme und sorgenvolle Nacht.

Am Vormittag des 18. ließ der Franzose die sieben aus ihrem Gefängnis holen, offenbar wollte er sie erneut vernehmen. Da aber brummten die Ju's mit Jagdschutz heran. So schnell er konnte, ließ der französische Major seine Männer aufsitzen und brauste davon. Beder und seine sechs Kameraden ließ er einfach stehen. So konnte der Gefreite den Ju's Weiß-Grün-Weiß schießen: ›Platz ist feindfrei.‹ Der Schlüsselpunkt für die Verbindungslinie zu Rommels Armee war in deutscher Hand.

Es war aber auch höchste Zeit; denn: drei Tage später tauchten vor Gabes die ersten US-Panzer auf. Auch Eisenhowers Generale hatten die strategische Bedeutung dieses Ortes erfaßt. Aber zu spät. Die deutschen Fallschirmjäger empfingen die Amis mit MG- und Leichtgeschützfeuer und machten Spuk für ein ganzes Regiment. Die amerikanischen Spitzen verhielten. Lange genug, um zwei Bataillone der italienischen Division Superga in Eilmärschen heranzuholen, die Kochs Fallschirmjäger ablösten und Gabes hielten.

Wer in Tunis war, kennt den Namen Barenthin. Sein Fallschirmjägerregiment war die dritte Säule der improvisierten Abwehr während der ersten Novemberwochen. Das Regiment Barenthin, benannt nach seinem Kommandeur, dem Oberst und Korps-Pionierführer Walther Barenthin, war schnell für den Tunesien-Einsatz aus verschiedenen Truppenteilen des Fallschirmjägerkorps zusammengestellt, gut motorisiert und mit 5-cm-Pak und Flak-MG ausgerüstet. Am 20. November traf der erste Transport mit Stab, Kradschützenzug, Pionierzug, Nachrichtenzug und Sanitätsabteilung in Bizerta ein. Stab und III. Bataillon stießen sofort in den Raum Mateur. Hier, gewissermaßen am Hintereingang zur Seefestung, übernahm Oberst Barenthin den Befehl als ›Kampfgruppenkommandeur Mateur‹. Das kleine Nest wurde bald zu einem wichtigen Drehpunkt des Krieges, so wie weiter südöstlich das Städtchen Tebourba für Stadt und Hafen Tunis.

Die Lage in Mateur war wenig verheißungsvoll. In dem Städtchen lagen zwei Bataillone italienische Infanterie und eine italienische Sturmgeschützabteilung. Aber viel los war mit ihnen nicht. Barenthin ließ sofort auf den Höhen vor der Stadt Verteidigungsanlagen bauen. Das Bataillon Witzig bildete die Sicherung der rechten Flanke. Kradschützen und Pioniere übernahmen den Schutz der linken Flanke und stellten Verbindung zum Regiment Koch her. Damit war eine – wenn auch hauchdünne – Frontlinie vor Bizerta und Tunis im Raum Jefna–Mateur–Tebourba–Massicault errichtet. Man war in den Stellungen gerade etwas ›heimisch‹ geworden, als es losging.

Am 26. November griffen die Engländer der 36. britischen Brigade an. Die Italiener wurden überrannt und hoben die Hände. Barenthin aber ließ mit seiner Pak einen wilden Feuerzauber machen. Die Engländer wurden stutzig und vorsichtig.

Wann würden sie zum Großangriff ansetzen? Eine ganze Brigade war nicht mit einem Bataillon aufzuhalten. Schlug der Tommy zu, dann war Bizerta verloren. Würde er zuschlagen, ehe Barenthin die Reste seines Regiments heranholen konnte? Die Tommys kamen nicht. Oberst Barenthin hat mir die aufregende Geschichte erzählt: »Am 28. November waren die Engländer zu unserer Überraschung immer noch bei Schanzarbeiten zu sehen. Sie bauten also ihre Stellungen offenbar noch aus. Da erschien der Kaid von Mateur auf meinem Gefechtsstand. Stolz teilte er mir mit, die Engländer würden nicht angreifen. Und warum nicht? Der Kaid hatte einen seiner Scheiks zu den Tommys geschickt. Der hatte ihnen ›verraten‹, daß um Mateur ein verstärktes, ganz besonders kampflustiges Fallschirmjägerregiment aus Kreta mit allen schweren Waffen liege. Das war den Engländern in die Glieder gefahren.«

Der pfiffige Barenthin war an dieser ›Geheimdienst-Information‹, die die Araber den Engländern übermittelt hatten, natürlich nicht unschuldig. Barenthin hatte gemäß dem Befehl des Kommandierenden Generals ein besonders freundschaftliches Verhältnis zur arabischen Bevölkerung hergestellt. Die Folge war, daß er bald bei jeder seiner Kompanien zehn bis zwölf arabische Freiwillige hatte, die als Soldaten, Kuriere, ›Mädchen für alles‹ und auch für Sonderaktionen hinter den feindlichen Linien sehr gute Dienste leisteten und die Verbindung zu den arabischen Würdenträgern herstellten. Die Politik Barenthins machte sich, wie man sieht, bezahlt. Sie machte sich übrigens überall an der tunesischen Front bezahlt: Es gab während des ganzen Feldzuges nicht einen einzigen Sabotagefall durch die Araber. Ein höchst bemerkenswerter Tatbestand.

Als General Anderson am 29. November den Angriff gegen Barenthins Stellungen wieder aufnahm, waren inzwischen das I. und II. Bataillon eingetroffen. Jetzt war wirklich das ganze Regiment der ›grünen Teufel‹ da, und die britische Brigade wurde zurückgeschlagen.

So gut die Sache bei Mateur gelaufen war, so böse sah es links von Barenthin im Raum Medjez-el-Bab aus. Kochs Fallschirmjäger waren weit über Tebourba bis Medjez-el-Bab vorgestoßen. Trafen auf französische Streitkräfte des Generals Barré, die die Straße gesperrt hielten. Deutsche Spähtrupps wurden beschossen und sogar gefangengenommen. Kesselring gab den Befehl, mit den Franzosen zu verhandeln, um die Straße nach Westen freizugeben.

Als das aber nichts nützte, ließ er von Stukas die Spitzen der französischen Division zerschlagen. Aber inzwischen war Zeit vergangen, und die britische Gardebrigade sowie Teile der amerikanischen 1. Panzerdivision waren eingetroffen und griffen am 20. November Medjez-el-Bab an. Es war die Brigade des US-Generals Robinett, die hervorragend focht. Kochs Fallschirmjäger kämpften wie die Berserker. Zweimal wechselte der Bahnhof von Medjez-el-Bab seinen Besitzer. Dann aber mußte das Regiment Schritt für Schritt weichen. Das war bitter, denn dadurch wurde die wichtige Straße nördlich des Medjerda-Flusses nach Tebourba für den Gegner frei. Und wie selten ein Unglück allein kommt, so stieß auch hier zu allem Pech noch eine kühne amerikanische Panzergruppe mit 60 Panzern und Spähwagen überraschend über den Chougui-Paß nördlich Tebourba, überschritt das Tine-Flüßchen und rollte gegen die schwachen Kräfte der Panzerspähkompanie Oberlt. Kahle. Die Kompanie wurde beiseite gedrückt, und das 2. US-Panzerbataillon jagte mit seinen ›General-Grant-Panzern‹ an Tebourba vorbei. Schloß eine Kompanie der Kampfgruppe Barenthin ein und stürmte weiter nach Djedeida. Die leichte deutsche Flak vor dem Feldflugplatz von Djedeida sah plötzlich starke amerikanische Panzerkräfte vor sich. Wurde überrollt. 14 Me's und 24 Ju's, die auf dem Platz standen, kamen vom regendurchweichten Boden nicht mehr rechtzeitig los. Panzergranaten zersägten sie. Dann jagten die Amis weiter: Richtung Tunis. Es war klar, daß sie die Stadt und den Hafen im Handstreich nehmen wollten.

Die Ami-Panzermänner konnten schon die Türme von Tunis sehen. Die Stadt in der Ebene lag nur noch zwölf Kilometer von ihnen entfernt. Wenn sie jetzt Schneid hatten, dann fuhr in Tunis für Nehring der Omnibus ab.

Aber in solchen Situationen bewährte sich der kühle Kopf des Panzergenerals Nehring. Zwei 8,8-Geschütze der 20. Flakdivision hatte er an der Einfahrtstraße zur Stadt stehen. Auf diese beiden Geschütze setzte Nehring seine Hoffnung. Die beiden 8,8 spien Feuer gegen die amerikanischen Aufklärungspanzer, schossen die Spitzen zusammen und legten stärkstes Sperrfeuer vor die Angreifer. Das war den kriegsunerfahrenen Boys aus USA zuviel. Die Abteilung stoppte und zog sich auf Djedeida zurück. Tunis war gerettet. Aber die krisenhafte Lage blieb natürlich bestehen.

Die 8,8 beseitigte auch vor Tebourba eine gefährliche Situation; und Wachtmeister Wilhelm Voigt von der Flakbatterie 8/52 (mot) hat mit dafür gesorgt, daß der Olivenhain vor Tebourba in die Kriegsgeschichte eingegangen ist. Als er mit seinem Batteriechef Hauptmann Welte bei einer Erkundung in die Olivenplantage kroch, um für sein Geschütz eine neue Stellung auszusuchen, zogen, kaum 350 Meter entfernt, schwere amerikanische Panzerverbände im Schutze der Plantage auf Tebourba. »Hier sind wir richtig«, meinte Welte und sprang zurück zur alten Stellung, um Voigts Geschütz herbeizudirigieren. Der Wachtmeister baute unterdes schnell zwischen zwei Olivenbäumen einen Tarnzaun aus Ästen und Zweigen gegen Feindeinsicht. Da wurde die 8,8 auch schon von der schweren Zugmaschine herangeschleppt.

Das Geschütz war noch nicht in Stellung, da fuhren drüben zwei Ami-Panzer auf eine Lichtung. Ahnungslos waren ihre 7,5-cm-Kanonen, die Schnellfeuerkanone 3,7 cm und je fünf MG nach der anderen Seite gerichtet. Wenn die Amerikaner gewußt hätten, was sich 350 Meter hinter ihnen zusammenbraute, wären sie wohl weniger sorglos gewesen. Als sie es merkten, war es zu spät. Gleich der erste Schuß – es war der erste Schuß aus Voigts Geschütz auf afrikanischem Boden überhaupt – durchschlug den US-Panzer Typ ›Pilot‹. Stichflamme. Explosion. Sofort warf der Fahrer des zweiten Panzers den Gang rein und brauste mit aufheulendem Motor los. Der berüchtigte trockene Knall der 8,8 grollte wieder durch den Olivenhain, drüben zuckte eine Stichflamme aus der Kuppel. Zwei Mann sprangen noch heraus. Warfen ihre brennenden Jacken weg und taumelten hinter einen Hügel.

Dieser Feuerschlag im Olivenhain war die Ouvertüre zu dem zweitägigen Panzerkampf, den die Batterie zusammen mit schweren deutschen Panzerkräften im Zuge der Schlacht um Tebourba ausfocht. 20 Panzer schoß sie ab. Davon brachte Oberleutnant Happach zwölf auf das Konto seines Geschützes. Wilhelm Voigt buchte vier. Aber das war nur eine Episode aus der

Schlacht, mit der General Nehring den ersten großangelegten Versuch Eisenhowers vereitelte, den Brückenkopf Tunis einzudrücken und Rommel den Rückweg und die Versorgungsbasen abzuschneiden.

Kaum war diese Gefahr beseitigt, als sich zwei neue gefährliche Krisen anzubahnen schienen:

Araber meldeten am 28. November die Landung von angeblich 2000 Mann alliierter Truppen bei Cap Serrat. Sie waren anscheinend angesetzt, um die Kampfgruppe Witzig zu umfassen und damit die Verteidigung von Bizerta mattzusetzen.

Die zweite Alarmnachricht war gleichfalls eine arabische Meldung. Sie besagte, 1000 amerikanische Fallschirmjäger seien nördlich Zaghouan abgesprungen. Das hieß, daß Eisenhower handstreichartig die weichste und der Stadt Tunis am nächsten befindliche Stelle der Verteidigungsfront mit Elitetruppen durchbrechen wollte.

Gegen die Landungstruppen von Cap Serrat setzte Nehring zusammengeraffte Marschbataillone an. Die Abwehr klappte. Die gelandeten Verbände wurden entweder abgefangen oder in die Landungsfahrzeuge zurückgetrieben. Es waren übrigens nicht 2000, sondern nur 500 Mann.

Gegen die gefährliche Landung der amerikanischen Fallschirmjäger im Raume Zaghouan wurde von Nehring wieder die Panzerspähkompanie 190, die bewährte Feuerwehr des Brückenkopfes, eingesetzt. Auch hier erwies sich glücklicherweise die arabische Meldung als eine Übertreibung. 500 Mann waren bei Depienne nördlich Pont du Fahs abgesprungen. Wegen ihrer schweren Ausrüstung mit Waffen und Gerät waren sie ziemlich unbeweglich. Die Panzerspähkompanie und italienische Verbände der Division Superga kreisten die Amis ein, der größte Teil wurde gefangen, etwa 100 entkamen, ihnen werden wir noch einmal begegnen.

Wochenlang hatte Nehring mit seinen geringen Kräften auf diese Art Krieg ›von der Hand in den Mund‹ geführt. Endlich, am 29. November, waren starke Teile der deutschen 10. Panzerdivision unter Generalmajor Fischer in Bizerta und Tunis eingetroffen. Und noch etwas war angekommen. Drei Exemplare des neuen Panzerwunders ›Tiger‹. Die 56 bis 60 Tonnen schweren Ungetüme mit der sagenhaften 8,8 als Panzerkanone waren mächtige Panzerwerke, die an keiner Front ihresgleichen hatten. Allerdings brauchten diese Giganten für hundert Kilometer Fahrt 900 Liter Sprit, und das winterliche tunesische Gelände mit seinen angeschwollenen Flüssen, seinen versumpften Straßen und den Gebirgspässen war nicht gerade ideal für die Wunderpanzer.

Die ›Tiger‹ waren eigentlich für Rußland konstruiert, um Stalins berüchtigten T 34 mattzusetzen. Bei ihrem Kampfeinsatz in Tunesien zeigte sich jedoch, daß ihnen noch manche Kinderkrankheit anhaftete. So versagte zum

Teil nach 300 km Fahrt der Motor. Die Funkanlagen hatten Fehler, und auch mit dem Getriebe gab es zuweilen Ärger.

Trotzdem griffen die ›Tiger‹ entscheidend in die Kämpfe um Tebourba ein. Die mächtigen und doch eleganten Panzer erfüllten die Landser mit Vertrauen. Sie kamen aus dem niedersächsischen Fallingbostel, wo Major Lueder die erste Tiger-Abteilung 501 aufgestellt hatte. Lueder brachte seine ›Tiger‹ selbst nach Tunis. Chef der 1. Kompanie war der prachtvolle Panzerführer Hauptmann von Nolde. Wie sich die Helden alter Zeit ihre silberne Rüstung anlegten, ehe sie in die Schlacht gingen, so zog sich Baron von Nolde wider allen Kommißgeist vor dem Einsatz stets seine Turnschuhe an.

Wie Nolde, so waren auch die Fallschirmjäger-Kommandeure Barenthin, Koch, Witzig und die Panzeraufklärer Kahle und sein Nachfolger Heine großartige Soldatenführer. Sie bildeten die alte Garde der Tunesien-Kämpfer.

Inzwischen waren im Raume Bizerta–Tunis die Teile der 10. Panzerdivision so versammelt, daß ihre Verschiebung nach allen Richtungen möglich war.

Am 1. Dezember gab Nehring den Befehl zum Angriff auf die vorgeschobenen englisch-amerikanischen Kräfte bei Tebourba.

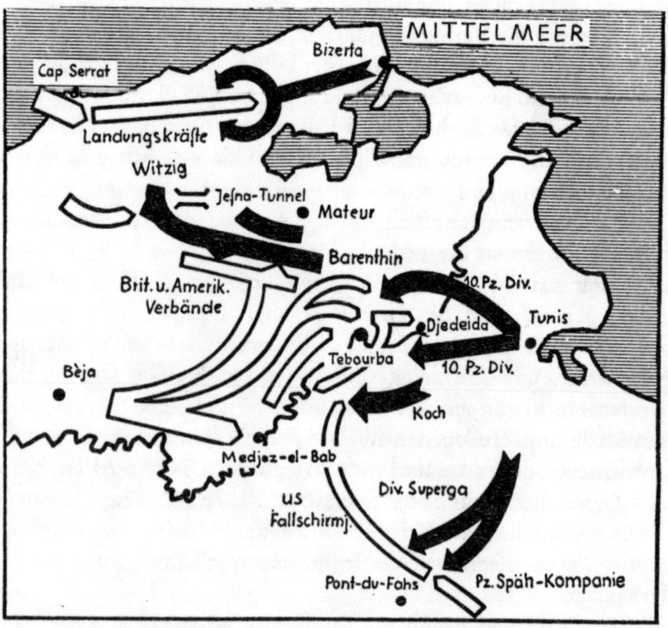

Auf Tunis vorstoßende englisch-amerikanische Panzerkräfte wurden zerschlagen, bei Cap Serrat gelandete feindliche Truppen vernichtet.

Im Nordabschnitt westlich von Bizerta führte Oberst von Broich, den Mittelabschnitt befehligte der Kommandeur der 10. Panzerdivision, Generalmajor Fischer. Italienische Kräfte bewachten die Front südlich Tunis. Alles, was Beine oder fahrbare Untersätze hatte, zog in die Schlacht: das Panzerregiment 7, Panzergrenadierregiment 86, das Kradschützenbataillon 10, Panzerjägerabteilung 90, Teile der Nachrichtenabteilung 90, die Tigerkompanie, 8,8-Batterien und Marschbataillone. In der Stadt Tunis mit ihren 220 000 Einwohnern blieb nur eine Hafenwache von 30 Mann zurück. Zwei 8,8-Flakgeschütze standen am Stadteingang Wache.

Nehrings Ziel war, die vorgestoßenen Feindkräfte im Raume Tebourba einzuschließen. In der Stadt Tebourba standen noch immer eingeschlossen eine Kompanie und der Regimentspionierzug von Barenthins Fallschirmjägern. Alle Versuche einer englischen Gardebrigade und der amerikanischen Kampfgruppe B, diesen Pfahl im Fleische zu beseitigen, waren fehlgeschlagen. Die Fallschirmer hatten sich seit dem 25. November zäh verteidigt und bildeten nun einen Stützpunkt mitten im Rücken des Feindes. Oberstleutnant Koch, dessen Regiment den Kessel um Tebourba von Südwesten her im Angriff schloß, setzte jetzt auch den Pionierzug seines Regiments mit Oberfeldwebel Ahrendt ein. Der durchstieß die rückwärtigen Sicherungen der Engländer und stellte die Verbindung mit Barenthins Pionieren in Tebourba her. Gemeinsam sperrten die Fallschirmjägerpioniere den Tommys und Amis die wichtige Verbindungsstraße zwischen Tebourba und Medjez-el-Bab. Damit war der erste Akt der Einkesselungsschlacht um Tebourba vollzogen.

Oberfeldwebel Ahrendt war in seinem Element. Beiderseits der Straßenbrücke über den Medjerda-Fluß, 4 km westlich El Bathan, hatte er zwei MG aufgebaut. Diese einzige Brücke über den Medjerda-Fluß, die mangels Sprengmitteln nicht in die Luft gejagt werden konnte, verminte er mit geballten Ladungen. Und da kamen auch schon die ersten Tommy-Lkw. Ein gewaltiger Krach, und die Lkw lagen als natürliche Barrikade auf der Brücke. Wer zum Räumen absaß, wurde unter prasselndes MG-Feuer genommen. Drei Tage und zwei Nächte hielt Ahrendt diese Schlüsselposition während der Schlacht um Tebourba und versperrte der Masse einer britischen Brigade und Teilen der 1. amerikanischen Panzerdivision Nachschub und Rückzugsmöglichkeit. Inzwischen setzten die Verbände der 10. Panzerdivision General Fischers zur Zange an. Ein kühner Schlag schien zu gelingen. Aber wie so oft in der Kriegsgeschichte trat General Zufall auf den Plan.

Die am 28. November bei Pont du Fahs entkommenen amerikanischen Fallschirmjäger waren nach Nordwesten ausgewichen. Sie gerieten gerade zu dem Zeitpunkt in den Kampfraum Medjez-el-Bab, als Teile des Regiments Koch nach Südwesten stießen, um den Kessel hinter den bei Tebourba eingeschlossenen Feindkräften zuzumachen. Kochs Bataillone wußten nicht, was das für eine Einheit war, die da plötzlich vor ihnen auf der Straße auftauchte, in Stellung ging und zu schießen begann. Die Amis ihrerseits wußten nicht, in was für eine Operation sie geraten waren. Aber sie fochten wie die Teufel, weil sie meinten, alles gehe um sie und ihre Vernichtung. So entspannen sich Kämpfe, die den Gesamtfahrplan der deutschen Einkesselung durcheinanderbrachten und Teilen der englisch-amerikanischen Verbände bei Tebourba die Möglichkeit gaben, aus dem Sack zu flüchten und sich auf Tebourba – Sidi Nsir und den Raum Medjez-el-Bab zurückzuziehen. Dank versprengter Fallschirmjäger.

Die vier Tage dauernde Schlacht von Tebourba wurde ein voller deutscher Erfolg, ein Sieg. Es war die Wende der ersten Runde in Tunesien. Die Kampferfahrung der deutschen Truppe hatte trotz zahlen- und waffenmäßiger Unterlegenheit über die englisch-amerikanischen Neulinge in Afrika gesiegt. Die 11. britische Brigade sowie die amerikanische Kampfgruppe B verloren ihre gesamte Ausrüstung. Das 18. Infanterieregiment der 1. amerikanischen Panzerdivision erlitt schwere Verluste. Ein britisches Bataillon wurde vollständig vernichtet. 1100 Gefangene schickten die deutschen Verbände nach Tunis. 134 Feindpanzer lagen ausgebrannt auf dem Schlachtfeld. 40 Geschütze wurden erbeutet. 47 feindliche Flugzeuge über dem Kampfraum abgeschossen. Das war eine schwere Niederlage für die Invasionsarmee General Eisenhowers.

Auch auf deutscher Seite gab es Verluste. Zu den Gefallenen gehörte der beliebte Kompaniechef der ›Tiger‹-Panzer, Hauptmann von Nolde. Er fiel, als er beim vielumkämpften Olivenwäldchen nordwestlich Djedeida aus seinem Kübelwagen gesprungen war, um Hauptmann Deichmann in seinem Tiger einen Befehl zu übermitteln. Ein Granateinschlag riß Hauptmann Nolde beide Beine ab. Hauptmann Deichmann kämpfte die beiden amerikanischen Panzer, die Nolde den Tod gebracht hatten, nieder. Als er sich aber aus dem Turm seines Tigers schwang, um sich zu orientieren, streckte ihn der Gewehrschuß eines im Wäldchen versteckten englischen Infanteristen nieder.

Auch Oberfeldwebel Ahrendt war unter den Gefallenen. Durch Funkspruch aus dem Führerhauptquartier hatte er das Ritterkreuz verliehen bekommen. Aber man konnte es ihm noch nicht einmal auf den Sarg legen. Ahrendt war durch einen Kopfschuß bei Nachhutgefechten mit einem versprengten Feindtrupp gefallen. Die Pioniere hatten ihn in einen Strohdiemen gebettet, der dann beim Gefecht Feuer fing und prasselnd niederbrannte. Dabei verbrannte auch die Leiche des Oberfeldwebels.

Wie diese Männer, so waren noch viele gestorben. Aber der Sieg schien die Opfer wert zu sein.

Tebourba war zwar keine jener mächtigen mörderischen Schlachten wie die von El Alamein oder Stalingrad. Aber bei Tebourba entschied sich der

Bestand des deutschen Brückenkopfes Tunesien. Der Feldzug des Generals Nehring, der Feldzug der kühnen Improvisationen, war zu einem guten Ende gebracht. Das amerikanische Generalstabswerk vom November 1944 über den Nordafrikakrieg stellt nüchtern fest: »Die Deutschen gewannen den Wettlauf nach Tunesien.«

KONFERENZ IM FÜHRERHAUPTQUARTIER: DIE 5. PANZERARMEE ENTSTEHT

Das Rennen nach Tunis war von den Deutschen gewonnen. Der Brückenkopf hielt. Die Hintertür für Rommels Rückzug blieb vorläufig offen. Aber von Casablanca, Oran und Algier rollten Eisenhowers Verstärkungen aus den USA heran. Was der alliierte Oberbefehlshaber im Auge hatte, das konnte sich jeder deutsche Soldat in Tunesien an den fünf Fingern abzählen. Man brauchte dazu die geheimen Beschlüsse Roosevelts und Churchills auf der Konferenz von Casablanca nicht zu kennen. Das alliierte Ziel hieß: den Brückenkopf Tunesien eindrücken – zumindest im Süden zur tunesischen Küste stoßen, Rommel den Rückweg in den Brückenkopf verlegen und eine Verbindung zwischen Eisenhowers Invasionsarmee und Montgomerys 8. Armee herstellen.

Das war kleines Einmaleins der Strategie. Aber bis Anfang Dezember war Eisenhower mit seinem Einmaleins noch nicht weit gekommen. Seine Panzerspitzen, Fallschirmjäger und Infanterieverbände saßen zwar seit dem

12. November in Bône, seit dem 15. in Tebessa und seit dem 25. in Medjez-el-Bab. Am 28. November hatte er schließlich das Gebiet Sbeitla, Gafsa, Kasserine-Paß besetzt; aber damit war auch sein Vormarsch zu Ende. Mit geringen Kräften hatte Nehring ihn gestoppt. Dabei dürfen wir einen Hauptverbündeten der Deutschen nicht vergessen: den Wettergott. Die für die amerikanischen Truppenverbände ungewohnten Wege- und Geländeschwierigkeiten wirkten sich auf die Pläne der Alliierten sehr nachhaltig aus. Eisenhowers Bericht darüber in seinen Memoiren ist ein einziges Klagelied, illustriert mit vielen Beispielen über Motorräder, die im Schlamm steckenblieben, über Panzer, die bis über den Unterbau im Dreck der grundlosen Wege versanken. Mit solchen Sachen wußten die aus Rußland schlammgewohnten deutschen Soldaten besser Bescheid als die Amis und die Tommys. Oberst Barenthin weiß viele Beispiele zu berichten, wie die Erfahrung gegen den unerfahrenen Gegner siegte. In der Zeit der Kämpfe um Tebourba zum Beispiel schlugen Barenthins Jäger mit zwei Pakzügen südlich der Tine-Brücke einen englischen Panzerangriff von 40 Panzern ab. Barenthins Trick war, eine mitherangezogene 8,8-Flakkanone immer vier Schüsse in kürzester Folge abfeuern zu lassen, um auf diese Weise eine ganze Batterie vorzutäuschen. Er legte das Feuer abwechselnd auf die angreifenden Panzer, die nur auf der Straße fahren konnten, und dann wieder auf die berühmte Gespensterfarm – ein französisches Gut im Niemandsland. Gleich bei den ersten vier Schüssen wurde ein Panzer erwischt und ein Munitionsstapel bei der Farm getroffen. Dieses ›vielfältige‹ Artilleriefeuer überraschte die Tommys. Nach zehn Geschoßlagen drehten die Panzer ab. Barenthin konnte endlich die feindliche Straßensperre an der wichtigen Wegverbindung Chouigui–Tebourba beseitigen. Ob man diese Episode nimmt oder die trickreichen Einsätze des Bataillons Witzig am Jefnatunnel; ob man die kühnen Überraschungsangriffe des Oberleutnants Boerger mit einer Kompanie Fallschirmjäger auf die beherrschenden Höhen von Sidi Nsir heranzieht oder die am 8. Dezember im Handstreich erfolgte Entwaffnung der 12 000 Franzosen mit ihrer schweren Küstenartillerie in Bizerta durch General Gause mit einer einzigen Jägerkompanie, ein paar Spähwagen und einigen in der Luft kreisenden Stukas – es war alles glänzend gemacht, war alles bewundernswerte Tapferkeit und Führungskunst. Aber kein Generalstäbler konnte im unklaren darüber sein, daß früher oder später dieser Trick-Krieg aufhören mußte. Immer wieder brachte General Nehring diese Tatsache beim OB Süd in Erinnerung. Seine Lagebeurteilung beschönigte nichts. Nehring sah nicht viel Chancen. Aber was wollte Hitler, was wollte das OKW? Sollte Rommels Armee aus Afrika gerettet werden, und war nur deshalb der Brückenkopf Tunesien gebildet worden? Oder wollte Hitler in Afrika wieder offensiv werden?

Am 3. Dezember 1942 fand im Führerhauptquartier in Rastenburg eine sehr interessante Unterredung statt, aus der sich die Antwort auf diese Fragen ergab.

Hitler hatte den Generaloberst von Arnim und Generalleutnant Ziegler von der Ostfront zu sich befohlen. Ziegler, der etwas früher als Arnim eintraf, wurde gleich von Hitler empfangen. Der Führer eröffnete ihm, daß in Tunesien die 5. Panzerarmee neugebildet werden sollte. Generaloberst von Arnim sei als Oberbefehlshaber vorgesehen. Er, Ziegler, solle die Stelle des ›ständig bevollmächtigten Vertreters‹ einnehmen. Es war interessant, wie Hitler diese neuartige Einrichtung eines ›ständig bevollmächtigten Vertreters‹ begründete. Er wolle, so sagte Hitler, die Verhältnisse nicht wieder so haben wie bei Feldmarschall Rommel, daß alles auf der einen Führerpersönlichkeit beruhe. Der Oberbefehlshaber einer Armee müsse die Möglichkeit zu einer Aussprache mit einem gleichgestellten Offizier haben. Vor allem aber sollte mit dieser neuen Regelung erreicht werden, daß bei Frontfahrten des Oberbefehlshabers – die in Afrika wegen der weiten Entfernungen und der fehlenden klaren Frontlinien einen anderen Charakter trügen als auf den europäischen Kriegsschauplätzen – immer ein bevollmächtigter Vertreter anwesend sei. Es müsse auf diese Weise erreicht werden, daß jederzeit die Möglichkeit für Entscheidungen durch das Oberkommando in Tunis bestünden.

General Ziegler war ein tüchtiger Offizier und ein kühl denkender Realist. Er stellte die Frage, was für Truppen die neue Panzerarmee bekommen sollte. Keitel, der an der Führerbesprechung teilnahm, antwortete: Noch drei Panzerdivisionen und drei motorisierte Schützendivisonen würden nach Tunesien in Marsch gesetzt; darunter die Luftwaffen-Elitedivision ›Hermann Göring‹. General Ziegler fragte, ob auch der Nachschub über das Mittelmeer für eine so große Anzahl von Divisionen sichergestellt sei. »Selbstverständlich«, war Hitlers Antwort. Unter diesen Voraussetzungen, so meinte General Ziegler, sei es wohl möglich, den Krieg in Nordafrika offensiv zu führen. Und der General legte seine Pläne über eine solche offensive Kriegführung dar: Aus dem Raum Bizerta–Tunis nach Westen vorstoßen, um möglichst schnell die Gebirge an der tunesisch-algerischen Grenze zu erreichen. Eroberung und Ausschaltung der Häfen Bône und Philippville. Dann die Eroberung der weiter westlich gelegenen algerischen Häfen. General Ziegler rechnete mit einem Aufstand der Araber auf deutscher Seite. Mit Unterstützung einer solchen arabischen Aufstandsbewegung hielt er es für möglich, bis Oran vorzustoßen. Damit wäre dann der letzte und wichtigste nordafrikanische Hafen genommen. Eisenhowers Armee bliebe nur die Wahl, gefangen zu werden oder sich wieder einzuschiffen. Unabdingbare Voraussetzung für eine solche Entwicklung, so betonte Ziegler, sei jedoch die Garantie des laufenden Nachschubs, und dafür wiederum die Eroberung der Insel Malta; denn die Inbesitznahme der Insel sei, wie sich gezeigt habe, das A und O für eine sichere Nachschubverbindung über See. Das waren kühne Worte. Und kühne Pläne.

Nach seiner Unterredung mit Ziegler empfing Hitler den inzwischen eingetroffenen Generaloberst von Arnim. Er kam aus Rschew, wo er das 39. Panzerkorps befehligt hatte. Auch von Arnim stellte die gleichen Fragen: Wieviel Divisionen wird meine neue Panzerarmee haben? Wird der Nachschub garantiert sein? Nach der positiven Antwort Hitlers gab Generaloberst von Arnim dieselbe Lagebeurteilung wie General Ziegler. Darauf billigte Hitler die Auffassung und die Pläne der beiden Generale. Arnim und Ziegler gingen erwartungsvoll nach Tunesien.

Am 9. Dezember verabschiedete sich Nehring in einem Tagesbefehl von seinen Soldaten des bisherigen 90. Korps. »Unsere Lage war einmalig in der Kriegsgeschichte«, hieß es darin. Vollauf zu Recht.

Am gleichen Tage übernahm Generaloberst von Arnim das Armeeoberkommando der neuen 5. Panzerarmee.

Der neue ›Oberquartiermeister Tunis‹, Oberst Heigl, und der aus dem Rußlandkrieg erfahrene Chef des Stabes, Oberst Pomtow, fingen an, sich – wie jahrelang Rommels Offiziere – damit herumzuquälen, den deutschen und italienischen Führungsstellen die Schicksalsfrage Nachschub jeden Tag vor Augen zu führen: Vergeblich! Weder Panzer noch Nachschub kamen in ausreichendem Maße. Es kamen auch keine Divisionen.

Die Last der Kriegführung gegen Eisenhowers Invasionsarmee ruhte weiter auf den Fallschirmjägerregimentern, auf der 10. Panzerdivision und Teilen der 334. Division, die mit General Weber inzwischen in Tunesien eingetroffen waren. Besonders das Gebirgsjägerregiment 756 bewährte sich in den Dezemberkämpfen und in den ersten Januarwochen am Chouigui-Paß, am berüchtigten Djebel Lanserine und dem heißumkämpften Weihnachtsberg.

Ja, der Weihnachtsberg. ›Longstop Hill‹ nannten die Amerikaner diese taktisch wichtige Höhe. Die Männer der ›Kampfgruppe Oberstleutnant Bürker‹ von der 10. Panzerdivision werden den Heiligabend des Jahres 1942 ihr Leben lang nicht vergessen. Christkind und Bescherung bestanden für sie in einem blutigen Waffengang gegen eine britische Brigade, die den Weihnachtsberg hielt. Sie wurde geworfen und 300 Gefangene wurden gemacht. Aber am ersten Weihnachtstag setzte der englische Befehlshaber eine Gardebrigade zum Gegenstoß ein. Sie warf die deutsche Kampfgruppe wieder den Hügel hinunter. Das I. Bataillon Panzergrenadierregiment 69, die ehemals Wandsbeker 69er (mot.), stürmte darauf erneut zusammen mit der 5. und 8. Batterie Panzerartillerieregiment 90 und der II. Abteilung Artillerieregiment 50 den Berg. Sie warfen die englische Garde im Nahkampf und hielten die Höhe, die den Brückenkopf Tunis nach Westen absicherte. 500 Tommys ergaben sich.

In den folgenden Kämpfen um den ›Longstop Hill‹ zeichneten sich auch das Panzergrenadierregiment 86 und das Infanterieregiment 754 aus. Es wurde für die Alliierten wirklich ein ›Longstop Hill‹; denn bis zum Ende des tunesischen Feldzuges konnte die Höhe nicht genommen werden.

BRANDENBURGER IM EINSATZ HINTER DER FRONT

Noch krachten die Handgranaten der Weihnachtskämpfe am ›Longstop Hill‹, da stand in der Buerat-Stellung, 200 Kilometer vor Tripolis, bei Oberst Bayerlein ein junger Hauptmann über die Karten vom Raume Südtunesien gebeugt. Drei Punkte waren hinter den gegnerischen Linien mit blauen Kreuzen bezeichnet: drei Brücken über Flüsse und Wadis an der Eisenbahnstrecke Oran–Algier in den Raum Tebessa, Gafsa, Tozeur. Die Bahnlinie konnte ein wichtiger Lebensstrang für den alliierten Nachschub werden. An der Bahnlinie liefen auch die Telefon- und Telegrafenleitungen: Nachschub und Nachrichtenstrang. Das sollte getroffen werden.

In seinem Gesamtbericht über die Kämpfe seines 90. Armeekorps in Tunesien schreibt General Nehring über die verschiedenen operativen und taktischen Maßnahmen: »Darüber hinaus wurden Sprengkommandos und Kampfkommandos weit im Westen abgesetzt. Über ihre Erfolge gegen Bahnen, Brücken und Vorratslager liegen keine Unterlagen mehr vor.«

Lagen keine Unterlagen vor. Und das war lange Zeit gut so; denn nach solchen Unterlagen suchten die alliierten Nachrichtendienste auch lange nach Kriegsende noch. Die wagemutigen Kommandos sollten hinter Schloß und Riegel gebracht werden.

Heute endlich kann über einige dieser kühnen Einsätze berichtet werden.

Hauptmann Fritz von Koenen war ein Farmerssohn aus Südwestafrika und sprach Englisch als zweite Muttersprache. Er führte die 13. Kompanie des Regiments Brandenburg. Die erste Halbkompanie war mit Koenen gleich mit den ersten Fallschirmjägern nach Tunesien gegangen. Am 5. Dezember war dann auch die zweite Halbkompanie von Neapel herübergeflogen worden. Im idyllischen Hammamet am Meer, in den Villen zwischen Orangen- und Zitronenhainen, war sie untergebracht. Aber zu faulem Leben war keine Gelegenheit. Wo es brannte, konnte man in den ersten Wochen des Tunesienfeldzuges den ›Sonderverband Koenen‹ im Einsatz sehen, obwohl die Brandenburger für regulären Kampfeinsatz eigentlich nicht da waren. Ihr Geschäft war anderer Art: Brandenburger saßen hinter den feindlichen Linien und lenkten das Feuer der eigenen Artillerie. Sie zerschnitten Nachrichtenverbindungen. Bauten Wegeschilder um und machten Pisten unbefahrbar und anderes mehr.

Am 26. Dezember 1942 um Mitternacht zogen wieder einmal Brandenburger aus. Auf dem Flugplatz Bizerta starteten drei Ju 52 mit je einem Lastensegler im Schlepp gen Süden.

Lastensegler sind keine komfortablen Einrichtungen. Man sitzt auf einem Brett mit Handgriffen hintereinander. Für die Füße gibt es rechts und links ein Bodenbrett.

Von Zeit zu Zeit blickte sich Hauptmann von Koenen, der hinter dem Segler-Piloten saß, um und musterte seine Männer. Da sah er den schon in manchem Einsatz bewährten Pionierunteroffizier Hans Neumann. Dahinter den Dolmetscher Reginald Dade. Dann den Unteroffizier Sloka. Und noch fünf Mann. Mehr trug ein Segler nicht. Zu reden gab es nichts mehr. Jeder kannte den Plan und seine eigene Rolle dabei. Jeder wußte auch, daß unter den Sitzen die Kisten mit den Waffen, Geräten und – 150 kg Sprengstoff lagen.

Das Schleppseil blinkte im Mondlicht. Tief unter ihnen glänzte das Mittelmeer. In großem Bogen kurvten die drei Schleppflugzeuge in 2500 Meter Höhe landeinwärts. Es war ausgemacht, daß die Segler 70 Kilometer vor dem Ziel ausgeklinkt werden sollten. Von vorn kamen die Lichtzeichen. Die Piloten klinkten die Seile aus. Das Motorgeräusch wurde still. Lautlos glitt Koenens Segler dahin. Unten im Mondlicht lagen die Bahnlinie und die Brücke, die mit ihren weiten Bogen das Wadi el Kbir überspannte.

Der Pilot kurvte im Gleitflug noch eine Schleife. Dann neigte sich die Kiste.

Pfeifend sauste der Flugwind, in rasendem Sturz ging es der Erde zu. Alles klammerte sich fest. »Na, hoffentlich geht das gut«, zuckte es jedem durch den Sinn. Schließlich saßen sie auf 150 kg Sprengstoff. Der tüchtige Pilot fing den Segler rechtzeitig auf. Warf die Glaskuppel ab. Knirschend gingen die Kufen über das Geröll. Sie waren mit Stacheldraht umwickelt – und das bremste schnell und gut.

Drüben ging der zweite Lastensegler herunter. Auch er landete ohne Bruch. Aber wo war der dritte? Weg. Nichts zu sehen. Erst nach der Rückkehr werden sie erfahren, daß sich die Ju mit diesem Segler aus Versehen einem deutschen Verband anschloß, der Tarnung flog. Zu spät merkte der Pilot seinen Fehler.

Stahl scheppert. Kommandos werden getuschelt. Männer huschen. Werfen sich nieder. MG im Anschlag. Aber das Land bleibt still. Hauptmann von Koenen, Unteroffizier Neumann und ein Melder springen geduckt hinüber zur 300 Meter langen Brücke. »Ein mächtiges Ding«, knurrt Koenen. Vorsichtig pirschen sie sich heran. Sie befürchten feindliche Posten. Aber die Franzosen sitzen drüben im kleinen Stationsgebäude, das im Mondlicht verschlafen und weiß herüberblinzelt, und trinken algerischen Wein. Oder schlafen. Koenen blickt durch sein Nachtglas. Er kann die schwarzen Buchstaben des Stationsnamens lesen: Sidi bou Baker.

»Die Luft ist rein.«

Der Melder prescht zurück. Und dann kommt Unteroffizier Sloka mit den anderen angekeucht. Sie schleppen den Sprengstoff. Koenen stellt Sicherungen aus.

Neumann dirigiert die Anbringung der Sprengladungen: zweimal drei kg auf den Oberbau der Brücke. Je ein kg vor und hinter der Brücke auf den Schienenstrang. Zwei mächtige Ladungen von je 70 kg an die Breitseite des mittleren Brückenpfeilers. Indessen klettert ein Mann auf einen Telegrafenmast, um die Drähte zu kappen. Da keine Zange zur Verfügung steht, schlägt er mit dem Klauenbeil die Drähte ab. Das Kupfer dröhnt; und als der letzte Draht reißt, schnellt der Mast zur anderen Seite, daß es den Mann um ein Haar herunterschleudert. So. Jetzt die Zündschnur.

»Wo sind die Zündschnüre?«

Waren im dritten Lastensegler – der verschwunden ist.

Koenen knirscht mit den Zähnen: »Verdammt!«

Aber was wäre das für ein Brandenburger Pionier, der nicht ein paar Sprengkapselzünder zur Hand hätte. Und Neumann hat sie. Diese Teufelsdinger mit dem Reißzünder haben den Nachteil, daß sie nur 60 Sekunden Brenndauer haben. Das ist nur sehr wenig. Da muß gut aufgepaßt werden. Neumann macht einen Pfiff mit seiner Trillerpfeife als Zeichen für das Anreißen der Zünder für die beiden Hauptladungen aus.

Der Mond blickt strahlend und hell. Grell geht die Trillerpfeife. Die drei Männer auf dem Oberbau der Brücke reißen die Zündkapseln und rennen. Neumann horcht: Nummer eins brennt. Ratsch, der nächste. Lauschen. Brennt. 20 Sekunden sind 'rum. Jetzt aber weg. Da verheddert er sich in den herumliegenden Telegrafendrähten. Er stürzt. Unteroffizier Sloka springt von der Brücke fünf Meter tief ins Wadi, um Neumann zu helfen. Aber dabei verstaucht sich Sloka den Fuß. Zum Glück ist Neumann jetzt hoch und kann seinem Helfer beispringen. Er packt Sloka und schleppt ihn zum Wadirand. Sie werfen sich hin. Da kracht die erste Detonation der Schienensprengung. Aber wo bleiben die anderen Explosionen? Sie müßten doch alle gleichzeitig kommen? Neumann steht auf und blickt zur Brücke hinüber. Da zucken Stichflammen hoch. Der Druck reißt ihm die Beine unterm Leib weg und wirft ihn zu Boden. Heulend gehen die Brocken über ihre Köpfe. Aber die Männer empfinden keine Furcht. Sie empfinden nur Triumph: Es hat geklappt.

Als sich die Staubwolke verzieht, steht die Brücke im Mondlicht wie ein alter Zahn.

Ursprünglich sollte der Sammelplatz nach der Aktion in einer kleinen südlichen Mulde sein. Aber das erweist sich als zu nahe dem Stationsgebäude, und aus dem schießen die Franzosen jetzt schon wild mit ihren MG. Also befiehlt von Koenen Sammeln bei den Lastenseglern.

»Ist alles da?« Rundblick.

»Nein.«

»Zwei Mann fehlen.« Unteroffizier Sloka meldet sich freiwillig, die beiden zu suchen. Die anderen springen geduckt hinüber ins Gebirge. Vorher werden geballte Ladungen an den Flugkisten befestigt. Sie grollen Sekunden später hinter den huschenden Schatten her.

Als der Tag graute, hatten die arabischen Führer ein kleines Wadi im Djebel Bou Ramli gefunden. Dort warfen sich die Männer zu Boden: Schlafen. Zum Weitermarsch kam ja nur die Nacht in Frage.

Gegen Mittag gaben die Posten Alarm. Araber kamen das kleine Wadi herauf. Der Dolmetscher wurde hinübergeschickt. Man sah ihn gestikulieren. Dann kamen alle angerannt. Einer warf seinen Burnus weg: Es war Berger, einer der beiden Vermißten. Als Palästinadeutscher hatte er sich in einem nahen Dorf den Arabern verständlich machen können, und sie hatten ihn mit sicherem Instinkt ins richtige Versteck geführt. Stolz palaverten sie mit vielen Gesten mit Reginald Dade, dem Dolmetscher Koenens, und boten sich schließlich an, die Kolonne schnell auf sicheren Wegen aus der Gefahrenzone zu bringen. Bei Dunkelwerden brach das Kommando auf. In einem Gewaltmarsch von 65 km lotsten die Araber die Männer durch den Djebel, an der Stadt Gafsa vorbei und über Schleichpfade in den Djebel Orbata. Am sechsten Tag nach der Sprengung zog Koenen in Maknassy ein. Einen halben Tag später brachte ein Trupp Araber den zweiten Vermißten, Hannes Feldmann, einen Urbayer, wohl versorgt und sogar auf einem Esel reitend an. Und dabei stand auf Hilfe für einen Deutschen Todesstrafe. Nur Unteroffizier Sloka kehrte nicht zurück. Agentenberichte meldeten, daß ihn eine französische Patrouille gefangen und erschossen habe.

In der Nacht, da Hauptmann von Koenen mit seinen 20 Mann ins Wadi el Kbir flog, flogen zehn andere seiner Kompanie unter Führung von Leutnant Hagenauer und dem Pionierführer-Unteroffizier ›Poldi‹ in einem Lastensegler zum Einsatz gegen die Brücke nördlich Kasserine. Aber das Unternehmen stand unter einem schlechten Stern. Schon bei der Landung gab es Bruch. Und schließlich wurde die ganze Gruppe von einer französischen Panzeraufklärungsabteilung gefangengenommen. Nur zwei Mann, der Obergefreite Franz Wodjerek und Unteroffizier Willi Clormann, retteten sich in einem Elf-Tage-Marsch mit 67 Zigaretten, einer Dose Cola und zwei Pistolen mit je sieben Schuß zu den deutschen Linien. Auch ihnen wurde von tunesischen Bauern geholfen.

Und was war mit dem dritten blauen Kreuz auf der Karte?

Vierzehn Tage später, am 10. Januar, ging es gegen eine Brücke im südlichen Teil Tunesiens, im Raum Tozeur. Hauptmann Bisping, Führer des Kommandos, und Feldwebel Klima entschieden sich für den Einsatz mit Lastwagen von Kebili aus, da der Aktionsraum nördlich des Salzsees Schott Djerid lag und sich im Djebel Morra ein vorgeschobener italienischer Stützpunkt befand. Aber der Anmarsch des Kommandos wurde von französischen Sicherungsstreitkräften entdeckt. Nur mit Mühe konnten sich die Brandenburger durch die Flucht retten. In richtiger psychologischer Einschätzung versuchten sie es jedoch in der nächsten Nacht aufs neue. Und diesmal gelang es. Feldwebel Klima packte in aller Ruhe den Sprengstoff um den Mittelpfeiler. Ein Teil wurde oben auf der Brücke angebracht, der Rest zwischen den Schienen verstaut. Klima zog den Zehn-Minuten-Zünder ab – und dann brauste der Wagen in voller Fahrt zurück. Nach zehn Minuten hielten sie am Rande des Djebel an. Nachtgläser 'raus. Majestätisch stand die Brücke im Mondlicht. 15 Minuten.

Nichts.

Klima wurde nervös.

20 Minuten.

»Da stimmt etwas nicht, ich muß nachsehen.«

Hauptmann Bisping hielt ihn zurück. Drüben ratterte ein Zug heran. Jetzt ertönte das Pfeifsignal der Lokomotive vor der Brücke. Alles starrte gespannt hinüber. Da krachte die Explosion. Die Männer sprangen auf den Wagen. Brausten davon.

Die Luftbilder, die am nächsten Abend vorlagen, zeigten, daß zwischen den Trümmern der gesprengten Brücke eine Lokomotive und die Waggons eines zerstörten Zuges lagen.

Die Rache der Engländer ging daneben. Ein britisches U-Boot setzte bei Hammamet ein Sprengkommando ab, das offensichtlich die Zentrale Koenens in die Luft jagen sollte. Aber die zweite Halbkompanie von Koenens 13. paßte gut auf. Hermann Müller, der am Strand Wache hatte, hörte das Geräusch eines knirschenden Bootes und dann das Klicken, als wenn Stacheldraht durchschnitten wurde. Er schoß drei weiße Leuchtkugeln. Und im gleißenden Licht sah man die Silhouetten hastender Schatten. Es begann eine wilde Jagd: Der Landungstrupp flüchtete; aber in den nächsten 48 Stunden wurden die acht Engländer, die von dem U-Boot ausgesetzt waren, samt ihrem britischen Captain von Angehörigen der neu gebildeten Arabischen Legion des Oberst von Hippel aufgespürt und gefangen. Ein Leutnant der Long Rangers, der versucht hatte, schwimmend das U-Boot wieder zu erreichen, wurde tot an die Küste gespült. Die Tommys hatten im Golf von Hammamet eben kein Glück mit ihren U-Booten. Erst Ende Dezember hatte Leutnant Horst Heine mit Teilen seiner Panzerspähkompanie das Kunststück fertiggebracht, ein britisches U-Boot, das dicht unter der Küste einen italienischen Frachter jagte, auf 800 Meter Entfernung durch konzentriertes Feuer mit 7,5- und 2-cm-Kanonen zusammenzuschießen. Ein Kuriosum des letzten Krieges.

PANZERSTURM AM FAID-PASS

Am 1. Februar 1943 meldeten sich die letzten Verbände der 6. Armee in Stalingrad bei der deutschen Führung durch Funkspruch ab.

Vier Tage später, am 5. Februar, fuhr in Tunesien Generalleutnant Fischer, der Kommandeur der 10. Panzerdivision, bei einer Erkundung auf eine italienische Mine. Während die italienischen Teufelsdinger sonst so oft nicht losgingen, wenn sie losgehen sollten, verrichtete diese ein entsetzliches Werk. Dem General wurden beide Beine und der linke Arm abgerissen. Beherrscht wie dieser Mann immer war, verlangte er ein Notizbuch und begann an seine Frau zu schreiben. Anderthalb Seiten. Der Tod ließ ihm keine Zeit, den Gruß zu vollenden. »Es geht zu Ende«, waren die letzten Worte.

Mit General Fischer wurde der I a der Division, Oberstleutnant i. G. Bürklin, schwer verletzt; Ordonnanzoffizier und Fahrer waren gleich tot.

Durch die italienischen Minen, die General Fischer und seinen Stab in die Luft sprengten, wurde ein Mann ins Licht der Kriegsgeschichte gerückt, dessen Name 18 Monate später in aller Munde sein sollte: Der Oberstleutnant i. G. Graf Stauffenberg wurde der Ia der 10. Panzerdivision, die Generalmajor von Broich übernommen hatte. Kühn, mit hervorragender organisatorischer Begabung, wirkte Stauffenberg in Nordafrika, bis ihn eine schwere Verwundung vor dem Schicksal der Gefangenschaft bewahrte. Die Geschichte hatte ihm eine andere Rolle zugedacht, als in einem amerikanischen Kriegsgefangenenlager das Kriegsende zu überleben. Er, der in Afrika leidenschaftlich für den Sieg der deutschen Waffen focht, legte später in Rastenburg die Bombe gegen Hitler.

General Eisenhower war Anfang Februar 1942 immer noch weit von seinem Ziel entfernt, den deutschen Brückenkopf Tunis einzudrücken. In kühnen Vorstößen hatten Arnims Fallschirmjäger, Panzergrenadiere, Infanteristen, Artilleristen und zusammengesuchte Marschbataillone im Bergland von Tunesien nicht nur ihre Stellungen gehalten, sondern den Brückenkopf auch noch ausgedehnt. Mitte Januar hatten Einheiten der Angriffsgruppe Weber, in der Hauptsache Kräfte der 334. Infanteriedivision, mit dem Unternehmen ›Eilbote I‹ die französischen Fremdenlegions-Regimenter im Südwesten des Brükkenkopfes geworfen. Damit war die Gefahr beseitigt, daß die italienische Flanke eingedrückt wurde, wie sie am 12. Januar greifbar zutage getreten war, als die Franzosen die Bergstellungen der italienischen Division Superga überrannt hatten. Mit ›Eilbote I‹ hatten Arnims Verbände die Kräfte des französischen Korps hart angeschlagen. 4000 Gefangene wurden eingebracht. Die beherrschenden Höhenstellungen und Pässe zwischen Pont du Fahs und Pichon waren in deutscher Hand.

›Eilbote II‹ allerdings, die Fortführung des Unternehmens, mit dem Ziel, Pichon zu erobern und damit die gesamte französische Front aufzurollen, gelang nicht mehr.

Am 31. Januar trat die Angriffsgruppe Weber an. Entlang der Straße Pont du Fahs–Rebaa–Ousseltia. Zehn Kilometer ging es gut vorwärts. Aber bald zeigte sich, daß das französische Korps durch amerikanische Einheiten verstärkt war, die mit moderner Panzerabwehr und schwerer Artillerie ausgerüstet waren. Auf diese Weise erlitt die eingesetzte Tigerabteilung 501 mehrere Ausfälle.

Schwere Kämpfe entbrannten südwestlich des Djebel Chirich. Der Djebel Mansour wurde genommen. Von der britischen Garde wieder gestürmt. Von den Infanteristen der 334. Infanteriedivision wieder genommen. Und gehalten!

Aber viel weiter ging es nicht. Das Infanterieregiment 47 stürmte zwar nach Pichon hinein; aber unter dem Druck der starken Feindkräfte mußte Weber seine Truppen auf die Höhen ostwärts Pichon zurücknehmen.

Das Ziel, die französischen Kräfte im Raum Pichon zu vernichten, war nicht erreicht. Warum nicht? Weil von Arnims Angriffsverbände zu schwach waren. Weil die Munitionierung wegen des mangelhaften Nachschubs auf unüberwindliche Schwierigkeiten stieß. Weil – nun, eben weil es dasselbe Lied war wie bei Rommel.

Inzwischen hatte sich seit Mitte Januar im südlichen Frontabschnitt der 5. Panzerarmee wenigstens die Chance ergeben, eine ständige Gefahr zu beseitigen, die immer wie ein Damoklesschwert über dem deutschen Brückenkopf gehangen hatte: Seit Dezember saßen die Alliierten auf dem strategisch wichtigen Faid-Paß. Jeden Tag konnten amerikanische Panzer über die Paßhöhe auf Sfax stoßen, die Nachschubstraße zur Panzerarmee Rommels sperren und die beiden deutschen Armeen endgültig trennen.

Aber womit hätte Arnim die Gefahr bannen sollen? Er hatte bis Ende Januar dafür keine Kräfte.

Da erschien wie ein Lotteriegewinn die 21. Panzerdivision des DAK im Befehlsbereich von Arnims. Im Zuge der Absetzbewegungen Rommels aus der Buerat-Front in die Mareth-Linie war die 21. die erste Division, die über die libysch-tunesische Grenze kam. Sie sollte zur Auffrischung herausgezogen und in Reserve gelegt werden. Da jedoch die Lage am Faid-Paß immer bedrohlicher wurde, entschloß sich Generaloberst von Arnim, diese altbewährte Kampfdivision ohne Verzug auf den Faid-Paß anzusetzen.

Am 30. Januar trat die Division unter Führung des italienischen XXX. Armeekorps gegen den Paß an. Am 31. war er genommen und wurde allen Gegenangriffen zum Trotz gehalten. »Ein Alpdruck ist weg«, meinte von Arnim zu seinem Ia. »Ja, man wird bescheiden«, antwortete Oberst Pomtow. Immerhin, auch er atmete auf.

Auch in der Enge bei Maknassy war durch eine deutsch-italienische Kampfgruppe unter dem italienischen General Imperiali in wechselvollen Kämpfen äußerst geschickt gefochten worden. Die Enge konnte gehalten werden. Eisenhower verpaßte die Chance, zum Meer durchzustoßen. Am 31. Januar waren zwar neue amerikanische Verstärkungen auf Maknassy angetreten, und die deutschen Sicherungen zogen sich zurück. Aber am 9. Februar setzten sich die Amerikaner auf Gafsa ab, und die deutschen Stellungen wurden wieder vorgeschoben. Man erkennt an diesen Vorgängen, wie wenig Eisenhowers Kräfte angriffsbereit waren; andererseits aber auch, wie man im Brückenkopf nach drei Monaten Feldzug noch immer strategisch von der Hand in den Mund lebte.

Aber der Gegner wurde immer stärker; immer gefährlicher. Es mußte mehr geschehen. Sowohl Arnim als auch Rommel faßten weitgehende Offensivmaßnahmen ins Auge.

So verschieden Feldmarschall Rommel und Generaloberst von Arnim die Lage und die Möglichkeiten auch beurteilten, in einem Punkte waren sie völlig einig: Die akuteste Gefahr drohte aus dem südlichen Teil der alliierten Tunesienfront. Hier mußte etwas geschehen. Hier mußte Eisenhower geworfen werden, ehe Montgomery aus der östlichen Wüste gefährlich werden konnte.

Zu Beginn des Monats Februar liefen beim AOK 5 immer häufiger Meldungen ein über fortschreitende Versammlung amerikanischer Kräfte im Raum Tebessa–Sbeitla und Sidi bou Zid. Auch die Araber brachten Informationen über amerikanische Truppenbewegungen in diesem Raum. Die Armee kam deshalb bei der Beurteilung der Feindlage zu dem Schluß, daß hier in einigen Wochen mit einem Großangriff gerechnet werden mußte. Er konnte nur das Ziel haben, das Meer zu erreichen, die deutsch-italienische Panzerarmee von der 5. Panzerarmee abzuschneiden.

Rommel hatte mit seiner Panzerarmee am 22. Januar Tripolis geräumt und war am 12. Februar in die Mareth-Stellung eingerückt. In Rom stockte den Faschisten und den Monarchisten der Atem: Tripolitanien, die Perle des römischen Kolonialimperiums, war dahin! Nie würde man Rommel das verzeihen. Nie wird der Feldmarschall die goldene Tapferkeitsmedaille erhalten, die ihm Mussolini schon zugedacht hatte. Aber Tapferkeitsmedaille hin, Tapferkeitsmedaille her, dachte Rommel. Die deutsch-italienische Panzerarmee und die 5. Panzerarmee waren jetzt wenigstens auf Tuchfühlung gekommen. Und diese Tuchfühlung durfte nicht wieder verlorengehen.

Generaloberst von Arnim, General Ziegler und der Armeestab mit dem tüchtigen Chef Oberst von Quast und dem erfahrenen und bewährten Ia Oberst Pomtow knobelten einen Plan aus, bei dem mit zwei Divisionen ein entscheidender Erfolg gegen Eisenhowers Tunesienfront erfochten werden sollte. Oberst Pomtow hat mir seine Unterlagen zur Verfügung gestellt, und sie geben ein akurates Bild von dem Unternehmen ›Frühlingswind‹, wie die Operation getauft wurde.

Der Plan sah so aus: Die 10. und die 21. Panzerdivision sollten in einem Überraschungsstoß gegen die westlich des Faid-Passes in Versammlung gemeldeten amerikanischen Kräfte angesetzt werden. Waren die amerikanischen Panzerkräfte durch konzentrischen Angriff zerschlagen, dann sollte mit zusammengefaßten Kräften nach Norden gestoßen und die Front Eisenhowers vor Tunis aufgerollt werden. Das war keine himmelstürmende Offensive, die das Schicksal von Eisenhowers Armee in Frage stellen konnte. Aber es war ein klug geplanter, auf die verfügbaren Kräfte gestützter Angriff, der eine entscheidende Entlastung versprach. Die Lanzenspitze der Offensive war die 1. Kompanie Tigerabteilung 501, die der 10. Panzerdivision unterstellt war. Ihre mächtigen Panzer mit der 8,8-cm-Kanone sollten überraschend über den Faid-Paß in die feindliche Versammlung stoßen. Die Führung der Operation ›Frühlingswind‹ hatte Generalleutnant Ziegler mit einem Stab aus dem Panzer-AOK 5. Oberst Pomtow war Chef der Führungsgruppe.

Noch während Ziegler und Pomtow auf ihrem Gefechtsstand in La Fauconnerie die letzten Vorbereitungen trafen, nahm Feldmarschall Rommel mit ihnen Verbindung auf. Seine Verbände waren bereits in der Mareth-Stellung aufmarschiert; aber da mit einem Angriff der 8. britischen Armee noch nicht zu rechnen war, bot der Feldmarschall an, seinerseits mit Verbänden des DAK von Arnims Offensive im Süden aus der Mareth-Stellung heraus zu unterstützen. Freilich, der alte Wüstenfuchs hatte dabei noch etwas anderes im Auge. Der Feldmarschall war mit der vorsichtigen Planung Arnims gar nicht einverstanden. Sein Gedanke war, weit im Rücken des Gegners auf den Versorgungs- und Verkehrsknotenpunkt Tebessa zu stoßen, von dort zur Mittelmeerküste zu jagen und damit Eisenhowers Invasionsarmee von den algerischen Häfen abzuschneiden und die alliierte Front zum Einsturz zu bringen. Das war die alte kühne Wüstenstrategie Rommels. Das war das Prinzip seiner mächtigen Raids von Gazala, Tobruk und Sollum. Generaloberst von Arnim und sein Stab hielten jedoch nichts von einer solchen Operation. Ihr Haupteinwand war: Die verfügbaren Kräfte sind zu schwach. Die Aktion ist daher zu gewagt. Generaloberst von Arnim steht auch heute noch, wie er mir sagte, auf dem Standpunkt – und er hat viele Anhänger unter den sachkundigen Strategen –, daß ein solcher Stoß, der weit in das schwer zugängliche tunesisch-algerische Bergland führen sollte, auch ein einwandfrei arbeitendes Versorgungssystem verlangt hätte, welches nicht vorhanden war. Dazu kam, daß Tebessa durch drei hintereinander liegende Gebirgsriegel geschützt war. Was sich heute im algerisch-französischen Krieg genau in demselben Raum abspielt, wo die Algerier eine mehrere hunderttausend Mann starke reguläre französische Armee in Schach halten, könnte von Arnims Auffassung bestärken. Wie dem auch sei: Arnim beharrte damals auf dem ›Nahziel‹ seiner Operation ›Frühlingswind‹. Und da das OKW sich nicht entschließen konnte, Feldmarschall Rommel den Oberbefehl in Afrika einzuräumen, blieb es bei der getrennten Führung der beiden Armeen und damit bei getrennten Plänen.

Am 14. Februar um 4 Uhr morgens traten die 10. und 21. Panzerdivision an. In zwei Kampfgruppen stieß die 10. Panzerdivision über den Paß bei Faid. Vom Süden her kam die 21. zum umfassenden Bogen. Der Flugsand brannte in den Augen der Männer. Es war kalt. Die Straßen erbärmlich verdreckt. Aber der Angriff ging gut voran. Schon gegen 15 Uhr waren die US-Panzerverbände des II. Panzerkorps im Raum von Sidi bou Zid eingeschlossen. Die Panzergruppe der 10. Panzerdivision drehte nach Süden ein und nahm den Ort. Eine klassische Panzerschlacht entwickelte sich. Die deutschen Panzerabteilungen brausten der tiefgestaffelten feindlichen Panzergruppe in die Flanke und in den Rücken. Die Kommandanten fuhren mit offener Luke. Granaten heulten. Leuchtspurgeschosse zeichneten pittoreske Spuren zwischen die kurvenden Panzer. Mächtig donnerten die 8,8 der Tigerpanzer. Wütend wehrten sich die Amerikaner. Selbst die Besatzungen außer Gefecht gesetzter Panzer kämpften noch erbittert gegeneinander. 68 US-Panzer blieben auf der Strecke. Die amerikanische Kampfgruppe A versuchte durch einen Gegenangriff die eingekesselten Teile des 168. Regiments zu entsetzen; aber der Erfolg war nur, daß auch diese Kampfgruppe mit in den Untergang gezogen wurde.

Am nächsten Tag, dem 15., stieß Ziegler in Richtung Sbeitla vor. Die 1. amerikanische Panzerdivision versuchte einen Gegenangriff. Er wurde mit schweren Verlusten abgewehrt. Am Abend lagen 165 US-Panzer oder gepanzerte Fahrzeuge ausgebrannt auf dem Schlachtfeld. 2000 Gefangene wanderten auf den Rückzugsstraßen nach Tunis. Die amerikanische Elite-Kampfgruppen A und C waren zerschlagen. Nur die Kampfgruppe B blieb noch intakt. Im Pentagon in Washington war man entsetzt, und im Weißen Haus fragte Roosevelt seine Militärexperten: »Können unsere Boys nicht kämpfen?«

Gemäß von Arnims Plan wurde die 10. Panzerdivision nach Norden auf Pichon angesetzt. Noch in der Nacht sollte dieser wichtige Stützpunkt angegriffen und die dort befindliche französische Kampfgruppe durch einen Überraschungsangriff zerschlagen werden, um die alliierte Front zum Einsturz zu bringen. Aber der Durchstoß gelang nicht gleich. General Ziegler erhielt deshalb für den nächsten Tag, den 17. Februar, das Infanterieregiment 47 unter Oberst Buhse zugeteilt, die Lüneburger, die Generaloberst von Arnim noch heute ›die Feuerwehr von Tunesien‹ nennt. Das Regiment wurde zum Frontalangriff auf Pichon angesetzt. Aber in der Nacht vom 16. auf den 17. wurde Arnims Unternehmen ›Frühlingswind‹ abgeblasen. Die Angriffsgruppe Ziegler wurde aufgelöst. Die 10. und 21. Panzerdivision kamen unter den Befehl von Feldmarschall Rommel. Der Stab der Angriffsgruppe ging nach Tunis zum Panzer-AOK 5 zurück.

Was war geschehen? Die Frage umschließt eins der umstrittensten aber auch erregendsten Kapitel der Kriegsgeschichte.

Wie die Aufzeichnungen des stellvertretenden Kommandierenden Generals des DAK, Freiherr von Liebenstein, zeigen, hatte Feldmarschall Rommel schon am 5. Februar dem Commando Supremo vorgeschlagen, aus der Mareth-Stellung heraus einen Vorstoß auf Gafsa zu machen, um diese Flankenbedrohung zu beseitigen. Aber sein Plan war abgelehnt worden. Das Commando Supremo wollte nicht gegen die festgelegte Abgrenzung der Operationsräume beider Armeen verstoßen. Die Demarkationslinie war der 34. Breitengrad. Eine wahrhaft phantastische Handhabung moderner Kriegskunst. Übrigens nur zu verstehen aus den schwierigen Kompetenzfragen, die sich aus dem Fehlen eines einheitlichen afrikanischen Oberbefehls ergaben. Natürlich war Rommel über die Ablehnung seines Vorschlages wütend. Am 8. Februar gab er von Liebenstein den Auftrag, mit Kräften der 164. und der 15. Panzerdivision und der schweren Artillerie des DAK – alles in allem eine Division – doch den Vorstoß vorzubereiten. In der Nacht vom 14. zum 15. gaben aber die Amerikaner – wohl als Folge der Operation ›Frühlingswind‹ und der verlustreichen Kämpfe bei Sidi bou Zid – Gafsa kampflos auf. Rommel griff sofort zu: Er ließ Gafsa vom Panzergrenadierregiment Afrika, dem alten ruhmreichen Sonderverband 288 des Oberst Menton, besetzen. Gleichzeitig trieb er einen Aufklärungsverband auf Feriana vor. Teile des DAK besetzten am 17. Februar diesen Schlüsselpunkt auf dem Weg von Gafsa nach Tebessa. Sie standen damit in der tiefen Flanke der amerikanischen Panzerverbände, die sich bei Sbeitla gegen von Arnims Divisionen wehrten.

Rommel mußte diese Entwicklung als einen Wink des Schicksals ansehen. Sein kühner Plan, Tebessa zu nehmen und über diesen Versorgungsdrehpunkt der Alliierten weit im Rücken der amerikanischen Front nach Norden zu stoßen, bot sich geradezu an.

Auch das Führerhauptquartier in Rastenburg sah diese günstige Entwicklung. Sah die Chance, Rommels kühnen, bisher für zu kühn gehaltenen Plan zu verwirklichen. Jodl gab dem Drängen Rommels nach. In der Nacht vom 16. auf den 17. Februar unterstellte das OKW die Verbände der Angriffsgruppe Ziegler Rommels Kommando und genehmigte die Weiterführung des Angriffs in Richtung Tebessa.

Das also war der Grund für die Auflösung der Angriffsgruppe Ziegler.

Zuerst ging alles im Sinne von Rommels Plan wie am Schnürchen. Die 21. Panzerdivision nahm Sbeitla. Die 10. Panzerdivision wurde auf den Kasserine-Paß angesetzt. Weit im Süden besetzten deutsch-italienische Verbände Tozeur. Teile des DAK und der 15. Panzerdivision nahmen am 18. Februar den Amerikanern den wichtigen Flugplatz Thelepte weg. Am 19. Februar fühlten Rommels Aufklärungskräfte auf den Kasserine-Paß vor. Indessen stürmten Aufklärungseinheiten auf der direkten Straße von Thelepte bereits in Richtung Tebessa. Jetzt befahl Rommel den Angriff auf den Vordereingang nach Tebessa: den Kasserine-Paß, das Tor ins tunesische Bergland. Noch in der Nacht vom 19. auf den 20. drangen Teile der Aufklärungsabteilung 3 auf die Höhen des Passes, um dem Gegner die Paßstraße zu entreißen. Aber der Versuch scheiterte. Rommel setzte das in vielen Kämpfen so bewährte Panzergrenadierregiment Afrika unter Menton ein. Aber auch dieser Angriff blieb im amerikanischen Artilleriefeuer liegen.

Am Morgen des 20. Februar standen die 21. und 10. Panzerdivision, Teile der 15. Panzerdivision und die italienische Division Ariete auf einem Raum von 12 km Länge und 6 km Breite massiert vor dem Paß. Nebelwerfer-Batterien des Werferregiments 71 feuerten in die gegnerischen Stellungen. Infernalisch waren die Einschläge der Riesengeschosse. Sie fetzten Erdreich und Felsen auseinander. Um 17 Uhr hatte sich der Major Stotten mit seiner Panzerabteilung am Paß festgesetzt. Das Panzerregiment 8 jagte über die Paßstraße, bildete einen Brückenkopf und verhinderte amerikanische Gegenstöße. Dann ging es in massiertem Angriff über den Paß.

In amerikanischen Publikationen wird drastisch über das Durcheinander berichtet, das bei den amerikanischen Verbänden und Stäben nach dem Verlust des Kasserine-Passes herrschte. Bis zu Eisenhower hinauf hatte kein Mensch an einen deutschen Angriff an dieser Stelle geglaubt. Nichts war zur Abwehr vorbereitet. Wie immer in solchen Fällen – und wie auf jeder Seite – versuchten die Kommandeure, durch ›eiserne Befehle‹ die Lage zu meistern. Der Kommandierende der 1. britischen Armee, General Anderson, wetteiferte gewissermaßen mit Hitler und befahl seiner Armee: »Niemand weicht einen Fußbreit, es sei denn in Richtung auf den Feind.« Das sind die Befehle für die Geschichtsbücher; sie werden aber deshalb nicht gescheiter. Das Trostreiche an der Sache ist nur, daß solche Befehle auch von englischen Hauptquartieren gegeben wurden.

Am 21. Februar ließ Rommel die 21. Panzerdivision um das Gebirge herum und die 10. Panzerdivision nach Norden auf Thala antreten, um die Gebirgsriegel vor Tebessa durch Umfassung zu öffnen. Da die 21. Panzerdivision auf starken Feind stieß, kam es nicht zu der geplanten Vereinigung mit der 10. Panzerdivision. Die Schlacht hatte bereits große Erfolge gebracht: 3000 Gefangene waren gemacht, 169 Feindpanzer, 95 Panzerspähwagen, 36 Selbstfahrlafetten und 60 andere Geschütze wurden vernichtet oder erbeutet. Aber Eisenhower führte nicht einen Krieg des armen Mannes. Er hatte Material und Truppen genug. Zwar konnte die 10. Panzerdivision noch Thala nehmen. Aber der Widerstand verstärkte sich. Der deutsche Stoß geriet in starke feindliche Reservestellungen der 6. englischen Panzerdivision und der Gardebrigade. Die Division war allein zu schwach. Thala mußte wieder geräumt werden. Auch die Kampfgruppe des DAK unter General Bülowius, der den verwundeten General von Liebenstein vertrat, geriet bei ihrem Versuch, schnell nach Westen zu stoßen und Tebessa im Handstreich zu nehmen, auf die amerikanische Kampfgruppe B. Sie focht wie besessen und wich nicht einen Schritt. Britische Tiefflieger und US-Bomber griffen in das Kampfgeschehen ein. Der Gegner hatte die Panik überwunden und sich wieder gefangen. Er schlug zurück. Und er hatte genug, um zurückzuschlagen. Schließlich befehligte Eisenhower anderthalb Armeen. Er hatte Jagdflugzeuge, Bomber, Artillerie. Generaloberst von Arnim hatte auf

Wunsch Feldmarschall Rommels versucht, im Frontabschnitt der 5. Panzerarmee durch massive Vorstöße feindliche Kräfte zu binden. Das verstärkte Infanterieregiment 47 hatte unter seinem verdienten Kommandeur Oberst Buhse in kräftigen Stößen weit nach Westen angegriffen, Pichon genommen und war sogar 20 km darüber hinaus vorgestoßen. Aber dann hatte sich auch dieser Entlastungsstoß festgelaufen. Es war der 22. Februar, der Tag, an dem auch der Angriff des DAK vor der amerikanischen Kampfgruppe B liegen blieb. Wieder zeigte es sich: Der Gegner war zu stark. Er war überall zu stark. Auf deutscher Seite gab es schwere Verluste. Rommel selbst geriet in einen Artillerieüberfall und wurde durch ein Kakteenwäldchen gejagt. Während rundherum die Einschläge krachten, versuchte Oberst Bayerlein, viel erfahren in solchen Situationen, eben in einem Hühnernest gefundene Eier trotz der Deckungssprünge durch die Kakteenhecken heil über die Runden zu bringen. Es gelang sogar, wenn auch mit einigen ›Verlusten‹.

Rommel mußte am 22. Februar erkennen, daß er weder in Richtung Thala-Le Kef, wie es ein italienischer Befehl vorsah, noch auf Tebessa, wie es Rommels Plan war, weiterkommen konnte. Seine Kräfte waren zu schwach. Das Berggelände zu schwierig für schnelle Operationen, der Nachschub stockend. Es stellte sich heraus, daß man für die vorgesehenen Operationen, und zwar sowohl in Richtung Tebessa, als auch für ein späteres Eindrehen nach Norden, viel mehr Zeit gebraucht werden würde, als man gedacht hatte. Inzwischen aber wuchs die Rückenbedrohung durch die an die Mareth-Stellung heraneilende 8. britische Armee unter Montgomery.

Angesichts dieser Lage brach Rommel nach einer Lagebesprechung am Kasserine-Paß, bei der auch Feldmarschall Kesselring anwesend war, die Schlacht ab.

HEERESGRUPPE AFRIKA

Am 23. Februar, einen Tag nach der gescheiterten Offensive, entschloß sich die oberste deutsche Führung endlich, in Nordafrika klare zentrale Führungsverhältnisse zu schaffen: Feldmarschall Rommel erhielt das Oberkommando über die neue »Heeresgruppe Afrika«, die aus der 5. Panzerarmee und der deutsch-italienischen Panzerarmee bestand. Es war von vornherein klar, daß Rommel nach der Formierung der Heeresgruppe den Oberbefehl an Generaloberst von Arnim abgeben sollte, um endlich seine ramponierte Gesundheit wieder herzustellen.

Es ist müßig, darüber zu streiten, ob der Tebessa-Operation Erfolg beschieden gewesen wäre, wenn Rommel von Anfang an den Oberbefehl in Tunesien gehabt hätte und sein Ziel ohne Einschränkungen hätte verfolgen dürfen. Rommel glaubte auch später noch, daß schnelles Handeln und zentraler Stoß auf Tebessa die amerikanische Front zum Einsturz hätten bringen können. So mancher amerikanische Bericht über die Panik bei den unerfahrenen amerikanischen Truppen und Stäben könnte als Bestätigung für Rommels Auffassung genommen werden. Andererseits standen weit hinter der britischen Kampffront noch mindestens drei frische für Sizilien bestimmte Divisionen, und es bleibt eine erwiesene Tatsache, daß das deutsch-italienische Versorgungssystem nicht ausreichte. Nur durch ein übergroßes Maß an Glück und Bluff hätten sich vielleicht Erfolge erringen lassen können, wie Rommel sie erhoffte.

Vielleicht! Aber hätte das auf die Dauer die Lage in Afrika angesichts der Versorgungslage ändern können? Freilich, das ist eine Frage des Chronisten, nicht des Generals. Und Rommel war General. Ein kühner Truppenführer, der so schnell nicht aufgab, wenn die Niederlage auch schwer war.

Das bewies er auch jetzt wieder. In einem sehr aufschlußreichen Gespräch mit dem Ia der 5. Panzerarmee, Oberst Pomtow, in einem Wadi bei Sbeitla billigte Rommel die Pläne Arnims, sich mit der 5. Panzerarmee günstigere Ausgangspositionen zu erkämpfen, um der im Frühjahr zu erwartenden Großoffensive Eisenhowers besser Trotz bieten zu können. Die Offensive erhielt – Gott weiß warum – den Decknamen »Ochsenkopf«.

Rommel sagte klar und offen, daß seiner Meinung nach der deutsch-italienische Widerstand nicht länger als bis Mitte Mai fortgeführt werden könnte. Und auch dazu sei es nötig, daß sich die Heeresgruppe auf einen kleinen Brückenkopf beschränkte. Die Widerstandslinie dieses Brückenkopfes müsse westlich von Tunis, etwa in dem bisherigen Verlauf der deutschen Stellungen liegen. Allerdings bedürften sie einer Verbesserung und müßten sich südlich von Tunis bis an den Gebirgsrand von Enfidaville erstrecken.

Das Unternehmen »Ochsenkopf« war die letzte deutsche Angriffsoperation in Tunesien. Hauptziel war, wichtige Höhenzüge zu besetzen, die Nachschubstraße für Eisenhower von Beja nach dem berüchtigten Medjez-el-Bab zu sperren und im Norden bei Abiod einen panzersicheren Abschnitt zu gewinnen. Aber selbst für diese begrenzten Ziele hatte von Arnim nicht genug Kräfte. Seine 10. Panzerdivision war aus der 5. Panzerarmee ausgeschieden und blieb Rommel direkt unterstellt. Die übrigen Verbände, auch die Teile der Division ›Hermann Göring‹, die unter Generalmajor »Beppo« Schmid zum Einsatz kamen, waren abgekämpft und längst überanstrengt. Um wenigstens eine zusätzliche bewährte Kampfgruppe zu haben, wurde das Infanterieregiment 47 aus dem Raum Pichon abgezogen und an die Nahtstelle zwischen »Division von Manteuffel« und 334. Infanteriedivision verlegt, wo schon lange eine peinliche Lücke klaffte.

Noch eine zusätzliche Division bekam Arnim inzwischen zur Verfügung, oder wenigstens Teile einer Division: Berlin hatte die 999. Infanteriedivision geschickt. Eine »Bewährungseinheit«. Mit Soldaten, die wegen Abhörens feindlicher Sender, wegen Schwarzschlachtens und, was weiß ich alles, verurteilt waren. Dazu in den Mannschaftsstand degradierte Offiziere und Unteroffiziere und aus dem KZ ›begnadigte‹ Häftlinge. Alles Leute also, die keinen Anlaß hatten, Vaterland und Hitler-Regime gleichzusetzen. Um es aber gleich hier zu sagen: Die Division, deren Kommandeur beim Überfliegen über dem Mittelmeer abgeschossen wurde, hat sich erstaunlich gut geschlagen, vor allem das Schützenregiment unter Oberstleutnant Wolf. Keine zehn Prozent sind zum Feind übergelaufen. Die anderen versuchten, durch Tapferkeit ihr Strafregister zu tilgen. Aber immerhin: Statt »Elitedivisionen« eine »Bewährungsdivision«! Eine Bewährungsdivision für den Endkampf in Afrika. Das war also von den Versprechungen im Führerhauptquartier übriggeblieben.

Wie es um die Kampfkraft der 5. Panzerarmee bestellt war, zeigt am besten die Aufstellung für den Angriff: Im Norden stand die »Division von Manteuffel« mit dem italienischen Bersaglieri-Regiment 10, dem Fallschirmjäger-Pionierbataillon Witzig, dem Regiment Barenthin, dem bataillonsstarken Sonderverband Hauptmann von Koenen und einem neu gebildeten Regimentsverband aus zwei Tunisbataillonen. Dazu kamen 4 bis 5 Batterien Artillerie. Die Bezeichnung Division war wahrlich kühn, und sie wurde im Grunde auch nur zur Täuschung des Gegners gewählt.

In der Mitte und im Süden stand die Korpsgruppe Weber. Sie setzte sich zusammen aus der Brigade Lang mit dem Infanterieregiment 47, der Tigerabteilung 501 mit 30 Tigern und der Masse der 334. Infanteriedivision. Dazu kamen Teile der Division ›Hermann Göring‹ und einige Tunisbataillone. Vier Abteilungen des Artillerieregiments 334 mit 12 Batterien, darunter 6 Gebirgshaubitzen 10,5 cm mit Maultieren bespannt, bildeten die artilleristische Ausrüstung der ganzen Gruppe. Das war alles.

So zog man am 26. Februar in die Schlacht gegen Eisenhowers Invasionsarmeen. Trotzdem gab es Anfangserfolge. Am Nordflügel gelang der »Division von Manteuffel« die Überraschung des Gegners. Cap Serrat wurde unter Mitwirkung einer von Schnellbooten gelandeten schwachen Kampfgruppe genommen. Aber dann kam der Regen. Der endlose Guß der zweiten Regenzeit, die in Tunesien Mitte Februar beginnt. Die Straßen wurden zu Morasten. Die Wadis zu reißenden Gebirgsbächen. Das Gelände stand unter Wasser und war völlig versumpft. Die Tigerpanzer konnten nicht von der Straße herunter und wurden zu guten Zielen für die geschickt kämpfende Pak-Abwehr des Gegners. Die Jäger der Kompanie Boerger vom Regiment Barenthin schimpften zu Recht, daß man ihre Erfahrung aus hundert Spähtruppunternehmen an der Höhe Sidi Nsir nicht nutzte und mit Tigerpanzern nehmen wollte, was im geschickten Infanterieangriff viel besser zu nehmen war. Nun, schließlich mußten die Jäger doch die Kastanien aus dem Feuer holen. An der Höhe Sidi Nsir, wie beim Straßenkreuz am Djebel Zebla.

Auch der Südgruppe gelang ein Durchbruch bei Goubellat. Aber auch hier setzten Regen und der Mangel an Artillerie der Operation ihre Grenzen.

In der Mitte hatte die Brigade Lang ihr Ziel, die Straße nach Medjez-el-Bab zu sperren, teilweise erreicht. Die Grenadiere vom Infanterieregiment 47 saßen auf den Höhen und bepflasterten die Straßen. Nachts wurden Minen gelegt, so daß der Gegner seinen Verkehr mit Medjez-el-Bab einstellen mußte. Aber – auch hier war die Truppe bereits überfordert. Es gelang nicht mehr, die gegenüberliegenden Höhen zu gewinnen.

Auf dem Südflügel lief die Operation überhaupt nicht. Schwierigstes Gelände und starker Widerstand ließen die Division ›Hermann Göring‹ trotz größter Anstrengung nicht vorwärts kommen. Das Jägerregiment 3 stürmte zwar die feindlichen Stellungen, mußte sie aber nach dreitägigem Kampf wieder aufgeben. Der Befehl zum Abbruch des Unternehmens ›Ochsenkopf‹ war die logische Folge. Die letzte deutsche Offensive in Tunesien war zu Ende.

DER VERRAT VON MEDENINE

Wer sich mit Rommels Strategie und Taktik befaßt hat, der weiß, daß es immer zu seinen Künsten gehörte, den Gegner bei der Versammlung zum Angriff zu packen und zu schlagen. Wie oft war ihm das in den 25 Monaten Afrika-Krieg gelungen. Dieses alte Rezept wollte Rommel nach dem Scheitern der Tebessa-Offensive und nach dem Ende des Unternehmens ›Ochsenkopf‹ gegen Eisenhowers Armee nun noch einmal aus der Mareth-Stellung heraus gegen seinen alten Gegner Montgomery anwenden. Noch einmal sollten alle Kraft, alle List, alle Kühnheit eingesetzt werden, um die sieggewohnte 8. Armee zu treffen, ihren Aufmarsch für lange Zeit aus dem Konzept zu bringen und wesentliche Teile zu vernichten.

Die deutsch-italienische Panzerarmee stand nach Rommels Ernennung zum Oberbefehlshaber der ›Heeresgruppe Afrika‹ unter dem Befehl des italienischen Generalobersten Messe. Er hatte sich an der südrussischen Front als Führer eines italienischen Korps das Ritterkreuz geholt. Sein italienischer

Stabschef war der sehr tüchtige, klarblickende General Manzinelli. Als ›deutscher Chef des Stabes‹ war ihm Fritz Bayerlein beigegeben, inzwischen zum Generalmajor befördert.

Da liegen sie: Die 90. leichte Division als Korsettstange beiderseits der Straße von Medenine nach Gabes. Links von ihr, bis zum Meer hin, die italienischen Verbände der tapferen Division »Jungfaschisten«, eine der ältesten Divisionen in Nordafrika, die überall, wo sie hingestellt wurde, mit Bravour focht. Nach rechts bis ins Matmatagebirge hinein schließen sich die Divisionen ›Trieste‹ und ›Pistoia‹ an. Die 164. leichte Division sichert in breiter Front die Pässe des Marethgebirges. Italienische Verbände und eine Aufklärungsabteilung der Armee schützen die tiefe Flanke westlich des Gebirges El Kebili. Die 15., 21. und 10. Panzerdivision sowie die Heeresartillerie waren gleichfalls zur Verfügung der deutsch-italienischen Panzerarmee. Den Rücken deckten nördlich der Salzseen – noch unter dem Befehl der 5. Panzerarmee – die Divisionen Centauro unter Graf Calvi und bei Sened Teile der Brigade Imperiali.

Das Gelände bot für die Verteidigung einige Vorteile, die in den tief eingeschnittenen Wadis des Qued el Zeuß lagen und den westlich der Ebene ziemlich steil aufragenden Höhen des Marethgebirges, das nur auf den Pässen zu überschreiten war. Die Pässe waren durch französische Stützpunkte geschützt, die allerdings nach dem deutsch-französischen Waffenstillstand abgerüstet waren. Dem Gegner bot sich in der Ebene nur nord-nordwestlich Metameur ein Höhenrücken für seinen Artillerieaufmarsch an. Der Nachteil dieser Verteidigungsstellung aber lag in der Möglichkeit, sie durch die offene Wüste westlich des Matmata-Gebirges zu umgehen, beziehungsweise zu umfassen.

Die Vergangenheit hatte ja oft genug gezeigt, daß die Wüste motorisierten Kolonnen kein absolutes Hindernis in den Weg zu stellen vermochte. Außerdem drohte auch noch eine Umfassung durch Freifranzösische Kräfte aus der Sahara heraus.

Es war daher wahrscheinlich, daß angesichts dieser Umstände bei einem Großangriff der 8. Armee in der Mareth-Stellung kein langer Widerstand geleistet werden konnte. Das war der Grund für Rommels Entschluß, Montgomery noch im Aufmarsch zu schlagen. General Ziegler, der vertretungsweise das DAK führte, bekam daher von Rommel den Auftrag, den Angriff zu erkunden und einen Vorschlag zu machen.

Im Laufe der Vorbereitungen kam es zu starken Meinungsverschiedenheiten über die Art, wie der Angriff angelegt werden sollte. Bis heute sind sie Gegenstand vielfältiger Erörterungen mit der immer wiederkehrenden Frage: »Was wäre geschehen, wenn ...«

Ziegler wollte den Angriff vom Westen her auf Medenine gegen die südlich der Mareth-Linie stehenden Kräfte führen. Ein sehr langer Anmarschweg der Panzerdivisionen bei britischer Luftüberlegenheit war die Schwäche dieses Plans. General Ziegler hat mir über das Problem folgendes geschrieben: »In der entscheidenden Besprechung in einem Chausseehaus an der Straße Gabes–Mareth billigte Feldmarschall Rommel, der von Generalmajor Gause begleitet war, schließlich trotz mancher Bedenken den Angriffsvorschlag vom Westen her mit Schwerpunkt Richtung Medenine. Es war nicht leicht, den Feldmarschall von der taktischen Unmöglichkeit des von ihm gewollten Angriffs von Norden her zu überzeugen. Immer wieder mußten die Gründe eingehend auseinandergesetzt werden, wobei es fast zu dramatischen Auftritten kam. Aber auch über die Führung des Angriffs auf Medenine selbst waren die Auffassungen verschieden. Feldmarschall Rommel sah in einem Stoß mit Schwerpunkt südlich Medenine zu sehr die Gefahr, daß die dort eingesetzten Kräfte durch schnell von Südosten herangeführte Feindreserven abgeschnitten oder wenigstens stark gebunden werden könnten. Ein solches Risiko wollte er aber unter keinen Umständen eingehen. Deshalb befahl er, die weitere Erkundung auf den Plan zu richten, daß der Schwerpunkt des Panzerflügels nördlich Medenine liegen und auf die im Höhengelände nördlich Metameur anzunehmende feindliche Artilleriegruppierung zu richten sei. Auch die 10. Panzerdivision sollte hierbei mit Stoßrichtung Metameur nördlich Medenine vorgehen. Die neue Erkundung wurde auf den 2. März festgesetzt. Damit wurde wegen des langen und schwierigen Anmarschweges der 10. Panzerdivision leider eine weitere Verschiebung des Angriffbeginns notwendig. Der Angriff war ursprünglich auf den 4. März festgelegt. Nun wurde er auf den 6. März verschoben. Diese Verzögerung sollte böse Folgen haben.«

Im dunstigen Morgengrauen des 6. März traten die 15., die 21. und die 10. Panzerdivision an. Sie wurden unterstützt durch die Verbände der Heeresartillerie unter Generalmajor Krause, durch die 90. und 164. leichte Afrikadivision und die italienische Panzerdivision Ariete. Den Befehl über das DAK hatte am Tage vor dem Schlachtbeginn ein bewährter Panzerführer übernommen: General Cramer, der ehemalige Kommandeur des Panzerregiments 8.

Strahlend blauer Himmel. X-Zeit des Angriffs ist 6 Uhr. Die Schlacht beginnt mit einem mächtigen Feuerschlag der Batterien des DAK. Die 17-cm-Langrohr- und die 21-cm-Mörser-Batterien hämmern ihre Salven hinüber in den Raum Medenine-Metameur. Dann werden die Panzer losgelassen. Von seinem Gefechtsstand auf dem Djebel Tebaga sieht der Kommandierende General des DAK tief unten seine Panzer manövrieren: links die 40 Panzer seines alten Panzerregiments 8, das Oberst Irkens anführt. In der Mitte in breiter Front das Panzerregiment 5 von Oberst Gerhard Müller, dem ›Panzermüller‹. Ganz rechts das Panzerregiment 7 der 10. Panzerdivision unter Oberst Gerhard, das einstige Schwesterregiment der 8er aus der ehemaligen 4. Panzerbrigade. Hinter Gerhards Panzern folgt das Panzergrenadierregiment 86. Und dahinter ist das Panzerartillerieregiment 90 aus dem Marsch direkt in Feuerstellung gegangen.

Aber mit der Überraschung ist es nichts: Britische Jabos greifen an. Das ist in dem deckungslosen Gelände kein Vergnügen. Artilleristen und Grenadiere werfen sich in Deckung. Weiter. Die Panzerschlacht rollt. Sie rollt mit klirrenden Ketten. Mit brummenden Motoren. Mit hämmernden MG. Mit feuernder Artillerie. Und vorwärts schreitenden Grenadieren. Das ist die moderne Schlacht. Kein Hurra. Kein schneidiger Sturmangriff.

Die Grenadiere haben den Stahlhelm ins Genick geschoben. Sie sind mit Munitionskästen bepackt. Viele haben die Zigarette im Mundwinkel: So sah man sie vor der Maginotlinie, am Bug, am Dnjepr und vor Stalingrad.

Als General Cramer zum Gefechtsstand der 21. Panzerdivision kommt, steht ihr Kommandeur, Generalmajor Hildebrandt, mit ernstem Gesicht im Granatfeuer neben seiner Panzerreserve. »Es geht nicht vorwärts«, sagt er. Aber Cramer sieht schon selber, daß vorn eine einzige Feuerwand steht. Britische Batterien schleudern einen höllischen Granathagel gegen die angreifenden Panzer. Der steinige Boden macht aus den Einschlägen tausendfache Schrapnells: tödliche Splitter für Grenadiere und Artilleristen. Major Schlickes Männer von der Panzerbeobachtungsabteilung 326 liegen mit Schallmeßtafeln und Lichtmeßapparaten weit vorn, um die feindlichen Artilleriestellungen genau einzupeilen. Denn die Frage aller Kommandeure war: »Wo kommt diese verfluchte Artillerie her?«

Auch General von Broich bei der 10. Panzerdivision macht ein düsteres Gesicht. Seine Panzergrenadiere liegen mit schweren Verlusten im Artilleriefeuer der Engländer fest. Die Batterien seines Artillerieregiments haben durch Tieffliegerbeschuß schwere Ausfälle. Weit vor der Front liegen auch hier die Trupps der Beobachtungsabteilung, die Heinzelmänner der Artillerie. Sie versuchen fieberhaft, die eigene artilleristische Feuerleitung zu lenken und mit ihren Schallmeß- und Lichtmeßtrupps die feindlichen Batterien zu orten. Was die Beobachter erfassen, ist schlimm genug. Mehr als 40 Batterien hat Montgomery genau vor der Angriffsfront Rommels aufgebaut. Es war das erste Ziel des deutschen Angriffs gewesen, die starke feindliche Artilleriegruppe von der Flanke und von hinten abzuschneiden. Jetzt traf der deutsche Angriff aber frontal auf die gegnerische Artillerie. Und sie war, wie sich später erwies, seit zwei Tagen abwehrbereit. Es war kein Zweifel: Montgomery war über die Angriffsabsichten Rommels unterrichtet und hatte rechtzeitig seine Artillerie umgruppiert. Hier war Verrat im Spiel. Und der Verratsbeweis fand sich bald in der Tasche eines gefangenen französischen

Unteroffiziers, der ein Papier bei sich hatte mit genauen Angaben über den Offensivbeginn und über die geplante Angriffsrichtung Rommels. Als Angriffstermin war in der Notiz der 4. März genannt, also der ursprüngliche Termin. Die zwei Tage, um die der Angriff verschoben worden war, hatten dem britischen Oberbefehlshaber Zeit gegeben, alle Vorbereitungen gut zu treffen. Da der ganze Schlag Rommels auf Überraschung gestellt war, jedoch von Überraschung keine Rede mehr sein konnte, war die Schlacht bereits verloren, ehe sie begonnen hatte. Aber wie immer stellte sich das erst viel später heraus.

Auf dem Gefechtsstand der 10. Panzerdivision steht der I a, Oberstleutnant Graf Stauffenberg, über die Meldungen gebeugt. »Die Nebelwerfer, die Nebelwerfer«, murmelt er immer wieder. »Wenn überhaupt, dann können uns nur die Werfer eine Bresche in den feindlichen Artillerieriegel schlagen.« Stauffenberg dirigiert selbst den Einsatz der Werfer, der neuen wirksamen Waffe auf afrikanischem Boden, Vorläufer der modernen Rakete. Aber auch sie nützen nichts. Die drei Werferbatterien des Nebelwerferregiments 71 werden von Jabos zusammengeschossen, und die Panzer bleiben im fürchterlichen Abwehrfeuer der britischen Artillerie liegen. Mittags stehen bereits 55 ausgebrannte deutsche Panzer auf dem Schlachtfeld vor Metameur. Der Angriffsplan ist verraten. Niemand auf den Gefechtsständen zweifelt jetzt mehr daran.

Wie genau der Verräter gearbeitet hatte, zeigte auch das Verhalten der britischen Verbände gegen den Frontalangriff der 90. leichten Division. Sie war zu Täuschungszwecken nach Süden eingesetzt und sollte britische Kräfte binden. Montgomery aber zog seine Verbände vor der Front der 90. leichten Division zurück, so daß der deutsche Stoß ins Leere ging. Der britische Oberbefehlshaber hatte offenbar nicht die geringste Sorge, daß an diesem Teil der Front ein ernsthafter Angriff drohen könnte. Wer war der Verräter? Von vielen Seiten ist nach dem Kriege der Verdacht geäußert worden, daß der Verrat von einem hohen italienischen Kommandostab ausgegangen sei. Aber ich will darauf verzichten, der düsteren Geschichte weiter nachzugehen.

Am Nachmittag des 6. März gegen 16 Uhr war es für Rommel und seine Kommandeure klar, daß auf dem Schlachtfeld von Medenine-Metameur nichts mehr zu gewinnen war. General Cramer schlug vor, den Angriff abzubrechen. Rommel stimmte zu. Damit war auch der letzte Großangriff der deutsch-italienischen Panzerarmee vorbei. Düster kündigte sich das Ende des afrikanischen Feldzuges an.

Drei Tage nach der Schlacht von Medenine-Metameur, am 9. März 1943, verließ Feldmarschall Rommel Afrika. Er flog nach Rom und von dort ins Führerhauptquartier, um noch einmal zu versuchen, Rettungsmaßnahmen für die beiden Armeen der Heeresgruppe Afrika in Gang zu bringen. Aber Hitler war keinem Argument zugänglich. Rommel bekam den Befehl, sich sofort ›zur Kur‹ zu begeben.

DAS AFRIKAKORPS MELDET SICH AB

Dem Generaloberst von Arnim fiel als Oberbefehlshaber der Heeresgruppe die Aufgabe zu, die ›Tunisfamilie‹ und die ›Wüstenfüchse‹ zum bitteren Ende zu führen. Chef des Stabes blieb General Gause; I a wurde der unermüdliche Oberst Pomtow. Die 5. Panzerarmee übernahm General von Vaerst, der ehemalige Kommandeur der ruhmreichen 15. Panzerdivision. Sein Chef des Stabes war General von Quast.

Der preußische Kavalier von Arnim, »einer der letzten Kavaliere alter Schule«, wie mir sein I a Pomtow schrieb, hat seine Aufgabe erfüllt, mit viel Umsicht, mit Tapferkeit und auch mit Humanität, die bei seinen Soldaten und beim Feind unvergessen sind.

Hier ein Beispiel, das wert ist, in die Annalen der Geschichte vom Krieg in Afrika aufgenommen zu werden: Vor Tunis auf der Reede von La Goulette lag in den ersten Maitagen der italienische Versorger ›Beluno‹ mit 700 englischen und amerikanischen Kriegsgefangenen an Bord. Da griffen britische Bomberflugzeuge das Schiff an. Die italienische Besatzung ging von Bord. Der Hafenkapitän Keller rief den Heeresgruppenstab an und bat um Jagdflugzeugschutz für die ›Beluno‹. Aber woher sollte man die Jagdflugzeuge zum Schutz alliierter Kriegsgefangener gegen ihre Bomber nehmen, wo keine da waren, um die eigene Truppe zu schützen? Kapitän Keller beschwor Oberst Pomtow, etwas zu tun; und Pomtow schilderte von Arnim die grausame Situation. »Funken Sie an Alexander, er soll die Bombenangriffe gegen seine eigenen Leute einstellen«, befahl von Arnim seinem I c Major Moll. Und so ging ein offener Funkspruch der Heeresgruppe Afrika an den englischen Oberbefehlshaber in Tunesien und Stellvertreter Eisenhowers, General Alexander. »Stoppen Sie Luftangriff auf Hafen Tunis. Angegriffenes Schiff hat 700 englisch-amerikanische Kriegsgefangene an Bord.« Alexander reagierte prompt. Die britischen Bomber wurden durch Funkspruch zurückgerufen.

Später, als von Arnim in die Gefangenschaft ging, empfing ihn Alexander – General Eisenhower lehnte es ab, den deutschen Heerführer zu sehen – und fragte: »Herr Generaloberst, haben Sie einen Wunsch?« Arnim hatte einen: »Revanchieren Sie sich für die damaligen 700 Tommys und lassen Sie 700 deutsche Schwerverwundete mit Lazarettschiffen nach Italien bringen.« General Alexander hatte einen Augenblick gezögert, dann aber genickt: »Ich werde Ihren Wunsch erfüllen.« Und er erfüllte ihn.

Aber von der Schlacht bei Medenine bis zur Gefangenschaft war noch ein langer Weg von zwei Monaten. Und diese zwei Monate Endkampf in Nordafrika stellen ein dramatisches und tragisches Kapitel dar. Die Tapferkeit der Soldaten und Offiziere in jenen Monaten ist um so höher zu achten, da sie nicht von der Hoffnung des Sieges getragen wurde, sondern nur von der Pflicht, der bitteren, harten Pflicht, eine aussichtslose Sache anständig zu Ende zu bringen. Im Stabe von Arnims und bei der Truppe war sich nach der Schlacht von Medenine jeder darüber klar, daß das Ende begonnen hatte. Der Gegner war an Kräften und Material den deutschen und italienischen Truppen so überlegen, daß die Frage jetzt nur noch lauten konnte: Wie lange kann der Widerstand auf afrikanischem Boden noch dauern? Besonders kraß und geradezu verzweiflungsvoll war die alliierte Luftüberlegenheit.

Die Heeresgruppe hatte eine Front von rund 800 Kilometer zu verteidigen. Hierfür standen ihr zwei Armeen zur Verfügung mit einer Gesamtstärke von rund 300 000 Mann: Davon waren etwa 100 000 deutsche und 200 000 italienische Soldaten. Zieht man die Nachschuborganisation ab, die vor allem bei den Italienern sehr umfangreich war, so blieben echte Kampfverbände von vielleicht 150 000 Mann.

Mit einer so geringen Anzahl von Kampftruppen war eine 800 Kilometer lange Front nicht zu verteidigen, selbst wenn der Einsatz in dem günstigen Gelände und gemäß dem Charakter der Kriegführung in Afrika nur schwerpunktmäßig erfolgte, und ganze Frontstrecken nur durch Sicherungen oder Feldwachen gedeckt werden mußten. Wie weitmaschig die Front war, beweist eine phantastische Geschichte, die mir Generaloberst von Arnim selbst erzählt hat.

Oberst Heigl, der Wirtschaftsexperte im Stabe von Arnim, hatte festgestellt, daß die Preise auf dem Schwarzen Markt in Tunis plötzlich mächtig anzogen. Als Ursache wurden große Käufe der arabischen Landbevölkerung festgestellt. In umfangreichen Eselskarawanen wurden die Waren aus Tunis hinausbefördert. Merkwürdigerweise zahlten die Araber in Dollars oder englischen Pfunden. Für die deutschen Truppen trat durch die Käufe nicht nur eine Verteuerung der Landesprodukte wie Wein, Früchte, Mehl usw. ein, sondern auch eine Verknappung. Das war ein ernstes Problem bei der erbärmlichen Nachschublage. Kein Wunder, daß Heigl ein Auge auf die arabischen Transporte warf. Und wer beschreibt das Staunen, als ein aufmerksamer Feldgendarm eines Tages unter dem Burnus eines arabischen Eseltreibers ein Paar englische Militärschuhe hervorgucken sah und bei näherer Untersuchung ein richtiger Tommy-Sergeant zum Vorschein kam! Die Lösung: Die Engländer kauften mit Sonderkommandos auf dem Schwarzen Markt in Tunis ein und brachten mit ihren Karawanen die Waren zur britisch-amerikanischen Front. Ein wahrlich merkwürdiger Kriegsschauplatz.

Zum Mangel an Kräften für die 800 Kilometer lange Front kam die miserable Versorgung. Es gab nicht genug zu essen, nicht genug Munition und nicht genug Sprit. Rastenburg und Rom waren nicht mehr in der Lage, die Heeresgruppe mit dem Existenzminimum zu versehen. Im Hafen von Tunis kamen nur noch kleine Schiffe bis zu 3000 Tonnen an. Siebel-Fähren wurden eingesetzt; aber diese an sich zweckmäßigen Vehikel transportierten nur 20 Tonnen. Was war das bei einem Verbrauchsminimum von 75 000 Tonnen im Monat?

Auch der Nachschub durch die Luft konnte keine entscheidende Besserung bringen. Kesselring hätte gewaltige Flotten von Ju's und ›Giganten‹ einsetzen müssen, die er nicht hatte, und soweit er sie hatte, wurden sie über dem Mittelmeer abgeschossen. Generaloberst von Arnim sagte mir in militärischer Kürze: »Auch ohne alliierte Offensive hätte ich spätestens am 1. Juni kapitulieren müssen, weil wir nichts mehr zu essen hatten.«

Am 18. März stellte die deutsche Luftaufklärung fest, daß eine mächtige Armada von 3000 britischen Fahrzeugen durch die Wüste kurvte, um das zu tun, was alle Kommandeure bereits vor Wochen befürchtet hatten: die Mareth-Stellung zu umgehen. Montgomery rollte mit zwei neuseeländischen Divisionen, einer Heerespanzerbrigade und der 1. englischen Panzerdivision gen Norden und griff die Mareth-Stellung zugleich frontal und umfassend an.

Ein Teilangriff der Gardebrigade wird am 16. März durch das Infanterie-

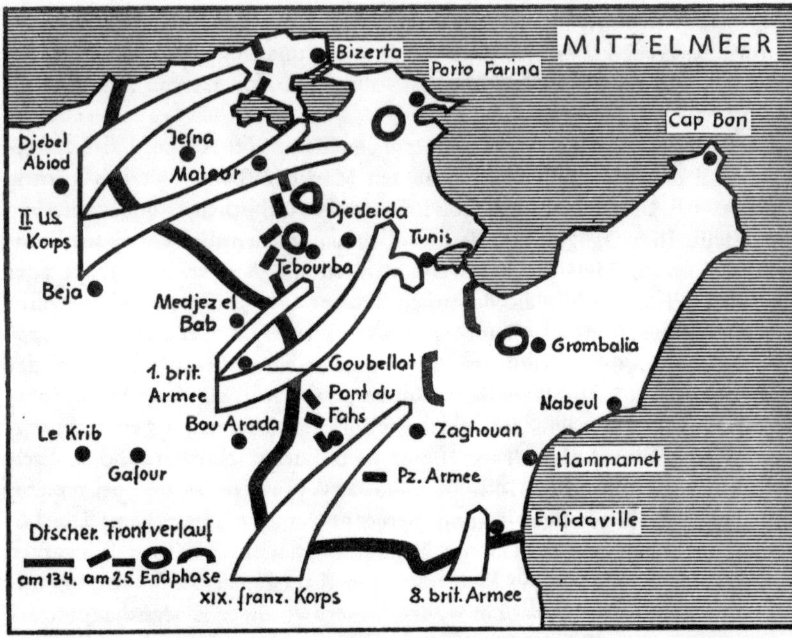

Die Endkämpfe in Tunesien vom 13. 4. bis zur Kapitulation.

regiment 361, in dessen Reihen ein Bataillon vom Infanterieregiment 47 kämpft, zurückgeworfen. Am 20. März greift die Garde wieder die Höhe 151 an. Wieder vergeblich. Aber in der Mitte der Front bricht die englische 50. Infanteriedivision über den zwei Meter tiefen und vier Meter breiten Graben des Wadi Zigzaghou in die Stellungen ein. Ehe die Tommys jedoch ihre Panzerabwehrwaffen nachziehen können, trifft sie der Gegenstoß der 15. Panzerdivision. In erbittertem Nahkampf werden die Briten wieder geworfen. Hunderte von toten Tommys liegen im Wadi Zigzaghou.

Am 22. März greift die britische Umfassungsarmee den Flankenschutz der Italiener jenseits des Gebirges an. Die 21. Panzerdivision kann die Front gerade noch halten. Aber auch weiter nördlich stürmen nun die Amerikaner von Gafsa aus auf die El Guettar-Enge gegen die Division Centauro und die Brigade Imperiali. Das war Angriff gegen Front, Flanke und Rücken. Angesichts dieser Lage befiehlt Generaloberst von Arnim die Räumung der Mareth-Stellung. Die Armee Messe kämpft sich zurück.

Die neue Auffangstellung hieß: Chott- oder Akarit-Front, eine Enge zwischen den Salzseen und der Küste des Golfs von Gabes.

Es begann nun ein dramatisches Wettrennen. Am 26. März brachen die

Neuseeländer im Schutze eines Sandsturms in die äußerste Flanke Messes ein und bis zu den Artilleriestellungen durch. Hell stand der Vollmond am Himmel. Die Neuseeländer strebten in Richtung El Hamma zur Küste. Kamen sie durch, dann war die ganze Armee Messe abgeschnitten und erledigt. Die Heeresgruppe hatte keine Reserven mehr, das Unheil zu verhindern. In dieser kritischen Stunde warf General Borowiez seine 15. Panzerdivision herum und stieß ohne Rücksicht auf seine zahlenmäßige Unterlegenheit den Neuseeländern in die Südflanke. Die Neuseeländer waren überrascht und machten gegen den unerwarteten Feind rechts um und ließen sich tatsächlich von ihrem Ziel abbringen. Auf diese Weise konnte die 164. leichte und die 21. Panzerdivision bei El Hamma einen Riegel aufbauen, der den britischen Angriff so lange aufhielt, bis die Infanterie von Messes Panzerarmee in der neuen Chott- oder Akarit-Stellung war.

Aber nun geht es Schlag auf Schlag.

Das amerikanische II. Armeekorps greift von Gafsa her die italienischen Verteidigungsstellungen im Rücken der neuen Stellung von Messe an. Es droht ein Durchbruch ans Meer. Ein verzweifelter deutscher Gegenstoß der 10. Panzerdivision bleibt im Artilleriefeuer des Gegners stecken. Gleichzeitig treten Eisenhowers Verbände vom Westen her zum Angriff auf die Enge von Maknassy an. Auch sie wollen zum Meer. Einzelne Tigerpanzer rollen heran. Oberst Lang muß mit einer im Norden zusammengerafften Gruppe, bestehend aus je einem Bataillon der Regimenter 69 und 86 und einigen Batterien 8,8, nach Maknassy jagen, denn dort geht es um Stunden: Bataillone gegen Divisionen.

Am Wadi El Leben hält der Major Friedrich Wilhelm Voß mit seiner Aufklärungsabteilung die 1. amerikanische Panzerdivision auf. Am Maknassy-Paß spielt sich ein Drama ab. Ein Stück wie aus der Legende des Altertums über den Spartaner Leonidas. Das ehemalige Begleitkommando Rommels unter Major Medicus bringt es fertig, den Paß über eine Woche lang gegen Angriffe von anderthalb amerikanischen Divisionen zu halten. 80 Mann, ein Pionierhalbzug und der Kompanietrupp der Kampfstaffel, fechten unter Oberleutnant Brenner schließlich wie die Scharen Andreas Hofers: Sie rollen Felsbrocken von den Hängen gegen anfahrende Panzer und werfen mit Steinen. Der Amerikaner gibt es schließlich auf. Er dreht nach Süden ab.

Am 26. März besitzt die 21. Panzerdivision wieder einmal nur noch 25 Panzer. Die 15. Panzerdivision hat noch drei mehr. Trotzdem stemmen sie sich zusammen mit den Resten der italienischen Division Centauro bei Guettar gegen die stürmischen alliierten Angriffe.

Im Norden fällt Cap Serrat in englische Hand. Alles bröckelt. Dazu kein Nachschub. Sondereinheiten destillieren Sprit aus tunesischem Wein: Bankrott!

Auch die Chott-Stellung ist nicht zu halten. Wie sollen auch Stellungen Siege bringen? Sie hatten keine unüberwindlichen Mauern und sie hatten vor allem kein Dach gegen die ununterbrochenen Angriffe der alliierten Luftwaffe.

Monty stürmt. Seine 51. schottische Highland Division nimmt den blutgetränkten Djebel Roumana und die Höhe 175. Noch einmal werfen die deutschen Infanterieregimenter 361 und 200 den Feind. Aber dann bricht die italienische Front. Am 6. April ist es soweit: Rückzugsbefehl. Marsch in die Enfidaville-Stellung, weit oben am Golf von Hammamet.

Wie ein düsteres Symbol dieses Krieges mit seinen verzwickten ideologischen Fronten steht die Tatsache, daß es die Männer des 1. Regiments der Bewährungsdivision 999 waren, die im Verband der Kampfgruppe Oberst Fullriede sechs Tage lang die Enge bei Pichon–Fondouk gegen mehr als zwei Divisionen hielten, 60 amerikanische Panzer abschossen und dadurch den Rückzug in die neue Stellung deckten, die am 13. April erreicht war.

Und noch eine Episode läßt uns einen Blick tun in die geheimnisvollen Zusammenhänge menschlicher Geschicke und historischer Ereignisse:

In seinem Pkw stehend braust der Oberstleutnant Graf Stauffenberg daher. Ein britischer Jabo stößt herunter. Die MG-Garbe rattert. Schwerverwundet bricht Stauffenberg zusammen. Zum Glück ist ein Sanka zur Hand. Man legt den Oberstleutnant hinein.

Die Männer des Panzerartillerieregiments 90, die das sahen, ahnten nicht, daß der MG-Schütze eines britischen Jabos eben Schicksal gespielt hatte; denn als Verwundeter kam Graf Stauffenberg aus Afrika heraus. Die Geschichte hatte noch eine Rolle für ihn bereit.

Die Kriegsgeschichte kennt mindestens ebensoviel gelungene Rückzüge als Bausteine zu großen Siegen wie kühne Vormärsche. Der Rückzug der Heeresgruppe Afrika in die Enfidaville-Stellung war ein solches Meisterstück der Kriegskunst und der Kampferfahrung der Truppe. Daß es nicht zu einem Siege führte, ist eine andere Sache. Kein Weg und kein Schleichpfad führte mehr zum Siege. Als Mitte April der Endkampf in Tunesien begann, trat Eisenhower mit 15 englischen und fünf amerikanischen voll ausgerüsteten Divisionen an. Dazu kam noch ein französisches Armeekorps. Und Luftflotten sowie Spezialverbände für Nachrichten, Nachschub und Pionierwesen.

Dagegen hatte von Arnim neun ausgepumpte deutsche Divisionen, von denen die meisten höchstens auf zwei Fünftel Sollstärke waren. Sechs italienische Divisionen hatten nur stark herabgeminderten Kampfwert. Dazu kamen einige Sonderverbände, die den Titel Brigade, Regiment oder Kampfgruppe führten, aber doch nur Bataillone waren. Dieses Kräfteverhältnis sagt alles.

Zwar klapperte die Maschine des Krieges noch weiter in ihrem Trott, als könne es in Afrika kein Ende geben. Der Apparat lief. Der Apparat brachte zwar keine Waffen, keine Granaten und nichts zu essen; aber er brachte zuweilen noch Soldaten.

Unteroffizier Weinzheimer vom altbewährten Kradschützenbataillon 15 wurde mit Teilen einer Marschkompanie noch in den letzten Tagen mit italienischen Transportmaschinen nach Tunis gebracht. Die Maschinen gingen zu Bruch. Die Piloten fielen. Weinzheimer ging mit dem Rest seiner Männer aus der notgelandeten Maschine in Gefangenschaft.

Noch einige Wochen vorher wurde ein kriegsstarkes Ersatzbataillon des Panzergrenadierregiments 104 unter Oberstleutnant Reinhold May, der 1941 und 1942 schon bei Sidi Rezegh dabeigewesen war, auf drei italienischen Zerstörern nach Tunis verschifft. Durch Torpedotreffer wurden die Zerstörer versenkt. Wegen der stürmischen See konnten von dem ganzen Bataillon nur sechs Mann gerettet werden.

General Alexander, der seine Kräfte umgruppiert hatte, zog starke Verbände an der Mittelfront zusammen und bildete aus britischen Truppen eine Offensivgruppe von 6 Infanterie- und 2 Panzerdivisionen zum Hauptangriff auf Tunis. Sein Stoß führte durch das Medjerda-Tal und entlang der Straße über Massicault.

Auch im Süden, im Raume Pont du Fahs, stellten sich die Franzosen zum Angriff bereit. Sie wurden unterstützt von drei britischen Divisionen.

Vom 20. April bis zum 5. Mai brandeten die Angriffe Alexanders gegen die dünnen Linien der deutsch-italienischen Front. Im Norden mußte das Regiment Barenthin, das nach der Verwundung des Regimentskommandeurs von Major Baier geführt wurde, schrittweise auf die alte Jefna-Stellung ausweichen. Am 1. Mai erzwang ein drohender Durchbruch die Zurückverlegung der Front bis westlich Mateur.

Zur gleichen Zeit kämpften Teile der 334. Infanteriedivision und das Infanterieregiment 47 gegen das II. amerikanische Korps um die Höhe 609, die am 1. Mai verlorenging. Bei Mateur machten die Reste der Division und der 47er wieder Front.

Am heißumkämpften Weihnachtsberg stürmte die 78. britische Division gegen ein Bataillon der 334. ID. Der blutgetränkte Longstop Hill war von Granaten zerwühlt. Seit Weihnachten in deutscher Hand ging er jetzt, am 24. April, verloren. Damit war der Riegel vor Tunis gebrochen.

Am Kamelberg entriß die 6. englische Panzerdivision den Bataillonen der Division ›Hermann Göring‹ die Stellungen. Die Grenadiere der 10. Panzerdivision eroberten sie zurück.

So wogten zwischen dem 28. April und dem 1. Mai Angriffe und Gegenstöße hin und her. An der Straße nach Massicault, bei der French-Ferme, tobten heftigste Kämpfe. Hier fochten die Grenadiere der 15. Panzerdivision, und Oberst Irkens jagte mit seinen letzten 50 Panzern immer wieder zu den bedrohten Stellen der Front. Die noch übriggebliebenen 8,8-Geschütze der 20. Flakdivision kämpften immer wieder britische Panzerangriffe nieder. Die 8/52 (mot.) von der 20. Flakdivision gab mit ihren so oft bewährten 8,8-Kanonen noch eine Abschiedsvorstellung. Nördlich des vielumkämpften Mateur schossen zwei Geschütze der Batterie von Oberleutnant Happach dreizehn amerikanische Panzer aus einer zum Angriff sich sammelnden Panzerbrigade heraus: feuriger Salut des Feldwebels Voigt zum Ruhme der 8,8. Auch die zu einer Batterie zusammengeschrumpfte, vielgenannte II. Abteilung des Artillerieregiments 190 unter Hauptmann Seidel lieferte am 5. Mai bei Mateur gegen den amerikanischen Panzerangriff das letzte Duell. Auch hier ging es mehr um tapferen Trotz als um militärischen Zweck.

In der Nacht vom 5. auf den 6. Mai schwillt das feindliche Artilleriefeuer auf der ganzen Front zum rollenden Trommelfeuer an. Pausenlos werfen alliierte Flugzeuge ihre Bomben auf die deutschen Stellungen. Auf 6 Kilometer Breite treten zwei britische Infanteriedivisionen von Panzern begleitet zum Sturm an und treffen auf zwei schwache Regimenter von der 334. ID. und der Division ›Hermann Göring‹. Die wehren sich. MG- und Pakfeuer schlägt den Angreifern aus den Schützennestern entgegen. Es ist wie ein letztes Aufbegehren. Aber es nützt nichts mehr. Die Front zerbröckelt. Langsam frißt sich der alliierte Angriff nach Osten und erreicht mit dem Untergang der Sonne den Rand von Massicault.

Die Tapferkeit von Oberst Irkens mit den letzten Panzern der 15. Panzerdivision nützte nichts. Die Tapferkeit des Fallschirmjägerzuges Kleinschmid auf der Höhe 530 südlich Mateur nützte nichts. Man hatte zwar 260 Tommys gefangen, und Oberleutnant Boerger war auf einem Araberhengst dahergesprengt: Tapfer. Bewundernswert. Aber doch schon ohne Sinn.

Am 7. Mai früh traten die Briten nach Ablösung ihrer vorderen Infanterie wieder zum Sturm an. Wütend und verzweifelt schickte Oberst Irkens seine letzten Panzer der 15. Panzerdivision ins letzte Gefecht. Vergeblich. Am Nachmittag standen Montgomerys 11. Husaren am Stadtrand von Tunis. Gleichzeitig besetzten die Amerikaner das geräumte Bizerta. Die Heeresgruppe Afrika war auseinandergeschlagen. Die 5. Panzerarmee bestand nur noch aus kleinen kämpfenden Gruppen. General von Vaerst, der Befehlshaber der 5. Panzerarmee, hatte sich mit den letzten zwei Panzern und einigen hundert Infanteristen bis zur Küste bei Porto Farina zurückgekämpft. Auch am Djebel Achkel, nördlich Mateure, hielten kleinere Kampfgruppen ihre Stellungen. Teile der Division ›Hermann Göring‹ und des Regiments Koch fochten noch am Miliana-Flüßchen. General Frantz baute hier mit den Resten seiner 19. Flakdivision und Bataillonen der ehemaligen Brigade Ramcke sowie einzelnen 8,8-Flakgeschützen einen Verteidigungsriegel auf. Die 4. indische Division wurde noch einmal abgewiesen.

Das Ende wurde durch einen Befehl aus Rastenburg besiegelt. Er lautete: »An die Heeresgruppe Afrika – das deutsche Volk erwartet, daß Sie bis zur letzten Patrone kämpfen.«

Der Generaloberst von Arnim war kein Mann, der gegen Befehle rebellierte. Aber er war ein Offizier, der von jedem Befehl verlangte, daß er sinnvoll war. War dieser Befehl sinnvoll?

Stalingrad stand vor aller Augen. Sollte Tunesien ein afrikanisches Stalingrad werden?

Der Generaloberst fragte seinen Stab: »Was heißt ›die letzte Patrone‹ in einem modernen Krieg?« Es gab keine Meinungsverschiedenheiten; und so ließ von Arnim die Truppe wissen, daß unter ›letzter Patrone‹ bei einem Panzerangriff die letzte Granate zu verstehen sei. Dann seien die Waffen zu vernichten und dem Gegner von den Divisionen sei die Übergabe anzubieten.

Die 10. Panzerdivision hatte ihre letzten sieben Panzer eingegraben, da kein Tropfen Sprit mehr da war. Mit den letzten Granaten wurde am Mittag des 11. Mai noch einmal ein amerikanischer Panzerangriff zum Stehen gebracht.

Wütend saßen die Männer an den Kanonen. »Da, noch eine. Und noch diese. Und nun die letzte. Feierabend.« Die Panzer und Geschütze wurden gesprengt. Die Division meldete sich ab: »Munition verschossen. Waffen und Ausrüstung zerstört.«

Am Djebel Zaghouan stürmten in der Nacht vom 11. zum 12. Mai Freie Franzosen und wollten den Durchbruch erzwingen. Die Sicherungen der Division ›Hermann Göring‹ wurden niedergemacht. Kein Mensch konnte sich erklären, warum plötzlich die glutrote Wut da war. Aber jedenfalls entbrannte am Djebel Zaghouan noch einmal ein letzter Nahkampf mit Pistole, Messer, Handgranate und Seitengewehr. Die deutsche Kampfgruppe behauptete das Feld. Es war das letzte blutige Treffen in Afrika.

Am Nachmittag des 12. Mai bot Generaloberst von Arnim für die beiden Stäbe der Heeresgruppe und des DAK die Kapitulation an. General Cramer, der letzte Kommandeur des DAK, gab seinen letzten Funkspruch:

»An OKW. Munition verschossen, Waffen und Kriegsgerät zerstört. Das DAK hat sich befehlsgemäß bis zur Kampfunfähigkeit geschlagen. Das deutsche Afrikakorps muß wieder erstehen. Cramer.«

Auch im Süden, bei der deutsch-italienischen Panzerarmee des Generalobersten Messe, bei den Wüstenfüchsen, den alten Divisionen der ehemaligen Armee Rommel, kam das Ende. Am 10. Mai war die 6. englische Panzerdivision bei Hammam Lif durchgebrochen und nach Süden in den Rücken der Armee Messe gerollt. Die Division ›Jungfaschisten‹ und die 90. leichte Division stemmten sich gegen die englische Panzerwalze. Hielten zwei Tage.

Aber am 12. Mai brach der Damm. Die Geschütze der Südarmee feuerten ihre letzten Granaten gegen den Einschließungsring aus der 8. englischen Armee und der 6. englischen Panzerdivision. Dann war es auch dort still. Der Krieg in Afrika schwieg.

Am 12. Mai um 18 Uhr kapitulierte die alte bewährte 90. leichte Division.

Am 13. Mai um 11 Uhr streckte als letzter Verband die 164. leichte Afrika-Division die Waffen.

130 000 deutsche Soldaten marschierten in die Gefangenenlager. 18 594 blieben zurück: Sie liegen in Ägypten, Libyen und Tunesien begraben. Über 3400 sind vermißt.

Die Zahl der deutschen Gefallenen, die auf der Fahrt oder beim Flug übers Mittelmeer den Tod fanden und auf dem Meeresgrunde ruhen, ist bis heute unbekannt.

Die italienischen Gefallenen des nordafrikanischen Kriegsschauplatzes werden von amtlicher italienischer Seite mit 13 748 angegeben. Dazu kommen 8821 Vermißte.

Die englische Kriegsgräberkommission teilte mir Ende April 1958 mit, daß die Streitkräfte des britischen Commonwealth in Nordafrika 35 476 Gefallene zu beklagen hatten.

Die amerikanische Kriegsgräberkommission gibt die Gesamtverluste aller amerikanischen Waffengattungen in Nordafrika mit 16 500 Mann an.

Nimmt man die Zahl der französischen Gefallenen dazu, für die ich keine genaue Angabe erhalten konnte, so sind über 100 000 Tote die blutige Rechnung des nordafrikanischen Krieges.

100 000 gefallene Soldaten! Die Mahnmale in Alamein, in Tobruk und auf den Heldenfriedhöfen ehren diese Toten und mahnen die Lebenden an die Schrecken des Krieges.

Im letzten Sturmboot, mit dem ein Sonderkommando der Division Brandenburg auf Befehl des Oberkommandos der Wehrmacht Geheimmaterial, Spezialisten und für die Ostfront bestimmte Generalstabsoffiziere und Kommandeure aus der tunesischen Falle nach Sizilien fuhr, saß auch Achmed el Bedui, ein ganz unbekannter Araber. Er war der Bursche von Oberleutnant Dr. Wagner, des eben noch gefallenen Kommandoführers der ›Küstenjäger Brandenburg‹. Achmed war einer von den vielen, die auf Deutschland gesetzt hatten. Er wollte nicht in Afrika zurückbleiben und fuhr mit seinem neuen Kommandeur, Hauptmann Kuhlmann, hinüber auf den stürmischen Kontinent Europa. Er machte noch eine lange Reise mit seinen deutschen Kameraden: Es ging über Palermo, Neapel, Rom und Athen. Er kämpfte mit in der Ägäis, vor Korfu und im Dodekanes. Er bekam das deutsche Infanteriesturmabzeichen und das EK verliehen. Und als die Kompanie ins trostlose Gefangenenlager marschierte, war er dabei.

Die Zettelchen mit Informationen, die er seinem Kommandeur ins Lazarett schmuggelte, trugen die Anrede »mon père, mon commandant«. Dann stand Achmed eines Tages vor einem französischen Kriegsgericht, das ihn, den französischen Bürger, gemäß den Buchstaben des Gesetzes zum Tode verurteilte. Zum Tode durch den Strang. Sein letzter Zettel, den er wenige Stunden vor der Hinrichtung an seinen deutschen Hauptmann schrieb, trug wie immer die Unterschrift »ton fils« – Dein Sohn.

Unglücklichster aller Söhne.

Dein Name steht an keinem Mahnmal.

Kein Vaterland erinnert sich Deiner.

Aber gerade darum mahnst du eindrucksvoller als Kreuz und Stein über alte und neue Fronten hinweg: Jeder Krieg, auch der faire, der gesittete, ist ein unseliger Krieg.

VERZEICHNIS DER NAMEN UND DER ORTE

(Kursive Ziffer = Foto)

BILDNACHWEIS

Almaszy 2, Baier 1, Barenthin 1, Bayerlein 2, Böhnisch 2, Bues 1, Cramer 1, Dettmann 4, Ehle 4, Eppler 1, Feth 1, Frevert 5, Halm 1, Hamacher 2, Heilmann 1, Heraucourt 1, Hirsch 2, Hug 1, Hurtmanns 2, Imperial War Museum 24, Klein 1, Koch 1, Krause 1, Lammich 1, Liestmann 2, Moosmüller 3, Nehring 1, Neumann 2, Orth 2, Otto 2, Pöttgen 1, Pomtow 1, Reinen 2, Ritter 1, Schauer 1, Schlieper 4, Schöppe 1, Seeger 4, Seelbach 8, Stumpf 1, Torrini 1, Ullstein 4, Vack 3, Dr. Weis 2, Westphal 1, Wichmann 1, Wirths 1, Wolf 3, Wolz 3, Zorn 1.

BÜCHER, AUS DENEN ZITIERT WURDE:

History of the Second World War »The Mediterranean and Middle East« — Kurt Assmann, »Deutsche Schicksalsjahre« — Pietro Badoglio, »Italien im zweiten Weltkrieg« — Arthur Bryant, »The Turn of the Tide 1939-1943« — Winston Churchill, »Der zweite Weltkrieg«, Band 3 und 4 — D. D. Eisenhower, »Kreuzzug in Europa« — Sir Brian Horrocks, »Memoiren« — Albert Kesselring, »Soldat bis zum letzten Tag« — Gordon Landsborough, »Tobruk Commando« — Rudolf Lusar, »Die deutschen Waffen und Geheimwaffen des zweiten Weltkrieges« — Major-General F. W. von Mellenthin, »Panzer Battles 1939-1945« — Feldmarschall Montgomery, »Von El Alamein zum Sangro« — Alan Moorehead, »Afrikanische Trilogie 1940-1943« — Lt.-Col. David Lloyd Owen, »The Desert my Dwelling Place« — Rudolf Rahn, »Ruheloses Leben« — Erwin Rommel, »Krieg ohne Haß« — Anwar El Sadat, »Geheimtagebuch der ägyptischen Revolution« — Antonio Trizzino, »Die verratene Flotte« — Desmond Young, »Rommel« — Ellis M. Zacharias, »Secret Missions«.

INHALT

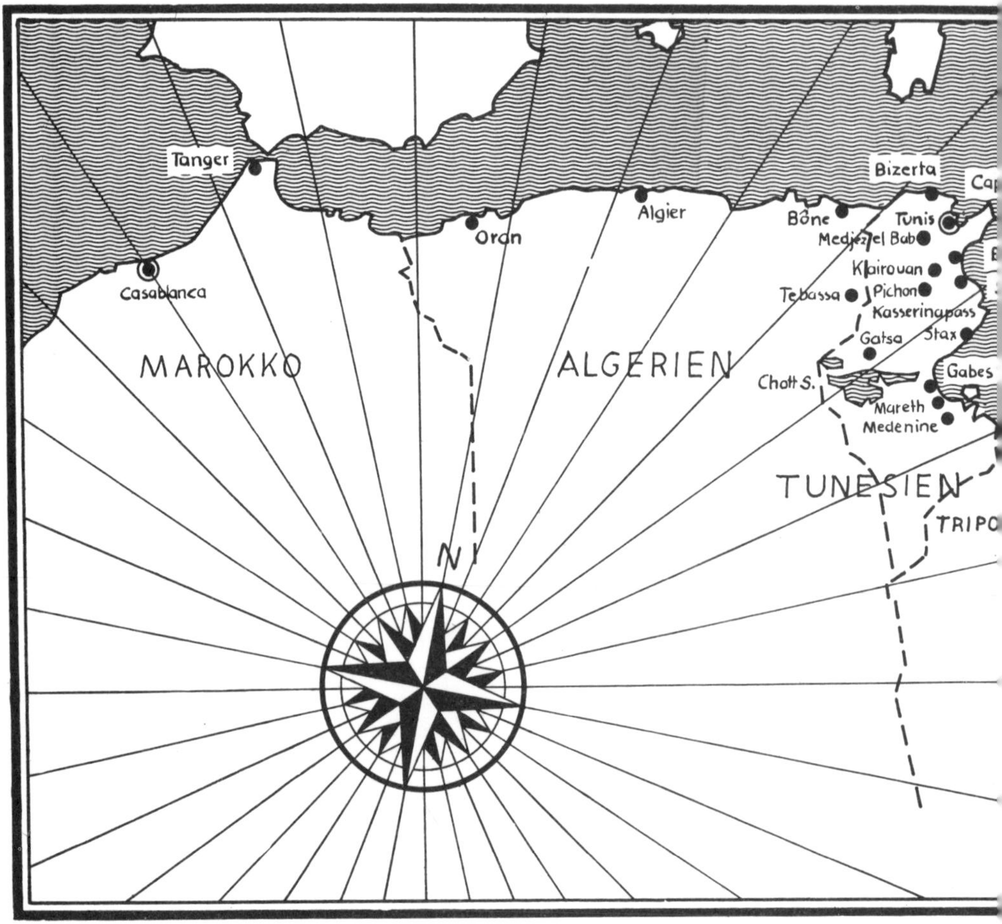
Tanger
Casablanca
Oran
Algier
Bizerta
Bône
Tunis
Medjez el Bab
Kairouan
Tebassa
Pichon
Kasserinapass
Gatsa
Sfax
Gabes
Chott S.
Mareth
Medenine
MAROKKO
ALGERIEN
TUNESIEN
N